逐条解説

建築基準法

改訂版

《下巻》

逐条解説建築基準法編集委員会

［編著］

ぎょうせい

凡　例

1　法令名等の略語

　本文中並びに本文（ ）内の法令名は，次に掲げる略語を用いた。それ以外のものは，原則としてフルネームを用いた。

- 法　…　建築基準法
- 令　…　建築基準法施行令
- 則　…　建築基準法施行規則
- R（H，S）○国交（建）告第△号　…　令和（平成，昭和）○年国土交通（建設）省告示第△号
- R（H，S）○住指発第△号　…　令和（平成，昭和）○年国土交通（建設）省住指発第△号

2　内容現在

　本書の内容は，原則として令和6年3月29日現在，令和6年4月1日施行の法令等によった。

総 目 次

〔上 巻〕

第1章　総　　　則……………………　1
第2章　一般構造…………………　213
第3章　構造強度…………………　317
第4章　防　　　火………………　485
第5章　避難施設等………………　675
第6章　建築設備…………………　791

〔下 巻〕

第7章　都市計画区域等におけ
　　　　る建築物の敷地，構造，
　　　　建築設備及び用途……………　1
第8章　建築協定…………………　415
第9章　既存建築物の取扱い……　431
第10章　工作物等…………………　525
第11章　型式適合認定・構造方
　　　　法等の認定…………………　589
第12章　機関・建築審査会・不
　　　　服申立て……………………　619
第13章　罰　　　則………………　705

建築基準法の主要な改正経過
索　引

＜細　目　次＞

第7章　都市計画区域等における建築物の敷地，構造，建築設備及び用途

第1節　総　　論

1　集団規定とは ……………………………………………… 1
2　集団規定の沿革 …………………………………………… 2
3　地域地区の構成 ………………………………………… 12

第2節　適用区域

法第41条の2（適用区域）…………………………………… 19

第3節　道路，建築物の敷地と道路との関係

第1項　道路の定義

法第42条（道路の定義）……………………………………… 20

　令第144条の4（道に関する基準）……………………… 22

　　則第9条（道路の位置の指定の申請）………………… 23

　　則第10条（指定道路等の公告及び通知）……………… 23

　　則第10条の2（指定道路図及び指定道路調書）……… 24

　令附則……………………………………………………… 24

法附則………………………………………………………… 25

　旧市街地建築物法第7条（建築線）…………………… 40

　旧市街地建築物法第9条（建築線による建築制限）… 40

—— 1 ——

細 目 次 (第7章)

第2項　敷地等と道路との関係

法第43条（敷地等と道路との関係）……………………………………41

　令第144条の5（窓その他の開口部を有しない居室）……………42

　　則第10条の3（敷地と道路との関係の特例の基準）……………42

法第43条の2（その敷地が4メートル未満の道路にのみ接す

　　　　　　る建築物に対する制限の付加）………………………47

第3項　道路内の建築制限

法第44条（道路内の建築制限）…………………………………………48

　令第145条（道路内に建築することができる建築物に関す

　　　　　　る基準等）…………………………………………………52

第4項　私道の変更又は廃止

法第45条（私道の変更又は廃止の制限）………………………………55

第5項　壁面線による建築制限

法第46条（壁面線の指定）………………………………………………56

法第47条（壁面線による建築制限）……………………………………57

第4節　用途規制

第1項　用途規制

法第48条（用途地域等）…………………………………………………59

法別表第2（用途地域等内の建築物の制限）…………………………68

　1　第一種低層住居専用地域

　令第130条の3（第一種低層住居専用地域内に建築するこ

　　　　　　　　とができる兼用住宅）……………………………79

　令第130条の4（第一種低層住居専用地域内に建築するこ

　　　　　　　　とができる公益上必要な建築物）………………82

　令第130条の5（第一種低層住居専用地域内に建築しては

　　　　　　　　ならない附属建築物）……………………………86

　2　第二種低層住居専用地域

　令第130条の5の2（第二種低層住居専用地域及び田園住

　　　　　　　　　　居地域内に建築することができる店

　　　　　　　　　　舗，飲食店等の建築物）……………………88

—— 2 ——

細 目 次（第7章）

3　第一種中高層住居専用地域

令第 130 条の 5 の 3　（第一種中高層住居専用地域内に建築
することができる店舗，飲食店等の
建築物）‥‥‥‥‥‥‥‥‥‥‥‥‥‥‥‥‥89

令第 130 条の 5 の 4　（第一種中高層住居専用地域内に建築
することができる公益上必要な建築
物）‥‥‥‥‥‥‥‥‥‥‥‥‥‥‥‥‥‥‥‥90

令第 130 条の 5 の 5　（第一種中高層住居専用地域内に建築
してはならない附属建築物）‥‥‥‥‥‥‥‥91

4　第二種中高層住居専用地域

令第 130 条の 6　（第二種中高層住居専用地域内に建築する
ことができる工場）‥‥‥‥‥‥‥‥‥‥‥‥‥93

令第 130 条の 6 の 2　（第二種中高層住居専用地域及び工業
専用地域内に建築してはならない運
動施設）‥‥‥‥‥‥‥‥‥‥‥‥‥‥‥‥‥94

令第 130 条の 7　（第二種中高層住居専用地域内に建築して
はならない畜舎）‥‥‥‥‥‥‥‥‥‥‥‥‥‥94

5　第一種住居地域

令第 130 条の 7 の 2　（第一種住居地域内に建築することが
できる大規模な建築物）‥‥‥‥‥‥‥‥‥‥96

6　第二種住居地域

令第 130 条の 8　（第二種住居地域内に建築することができ
る附属自動車車庫）‥‥‥‥‥‥‥‥‥‥‥‥‥98

7　準住居地域

令第 130 条の 8 の 3　（準住居地域内で営むことができる特
殊の方法による事業）‥‥‥‥‥‥‥‥‥‥ 100

8　田園住居地域

令第 130 条の 9 の 3　（田園住居地域内に建築してはならな
い建築物）‥‥‥‥‥‥‥‥‥‥‥‥‥‥‥ 103

—— 3 ——

細 目 次 （第7章）

令第130条の9の4 （田園住居地域内に建築することがで
きる農業の利便を増進するために必
要な店舗，飲食店等の建築物） ················ 104

9 近隣商業地域

令第130条の9の5 （近隣商業地域及び準工業地域内に建
築してはならない建築物） ····················· 105

10 商業地域

令第130条の9の6 （商業地域内で営んではならない事
業） ·· 109

11 準工業地域

令第130条の9の7 （準工業地域内で営むことができる特
殊の方法による事業） ·························· 110

消防法別表第1 ·· 111

危険物の規制に関する政令第1条 （品名の指定） ·················· 115

危険物の規制に関する規則第1条の3 （品名から除外さ
れるもの） ····················· 116

令第130条の9の8 （準工業地域内で営むことができる可
燃性ガスの製造） ································ 120

12 工業地域

13 工業専用地域

14 危険物の貯蔵又は処理の用途に供する建築物の規制

令第130条の9 （危険物の貯蔵又は処理に供する建築物） ·················· 127

15 用途規制に関する例外許可

令第130条 （用途地域の制限に適合しない建築物の増築等
の許可に当たり意見の聴取等を要しない場合
等） ·· 132

則第10条の4の3 （住居の環境の悪化を防止するために
必要な措置） ································ 133

—— 4 ——

細　目　次（第 7 章）

16　大規模集客施設の立地規制

令第 130 条の 8 の 2（第二種住居地域等内に建築してはな

らない建築物の店舗，飲食店に類す

る用途）……………………………… 138

第 2 項　特別用途地区

法第49条（特別用途地区）………………………………………… 140

第 3 項　特定用途制限地域

法第49条の 2（特定用途制限地域）……………………………… 145

令第 130 条の 2（特定用途制限地域内において条例で定め

る制限）……………………………… 146

第 4 項　条例による規制

法第50条（用途地域等における建築物の敷地，構造又は建築

設備に対する制限）……………………………… 147

第 5 項　位置決定する特殊建築物

法第51条（卸売市場等の用途に供する特殊建築物の位置）………………… 148

令第 130 条の 2 の 2（位置の制限を受ける処理施設）……………………… 149

令第 130 条の 2 の 3（卸売市場等の用途に供する特殊建築

物の位置に対する制限の緩和）……………………… 149

第 5 節　形態規制等

1　容積率

法第52条（容積率）…………………………………………………… 157

令第 135 条の15（条例で地盤面を別に定める場合の基準）……………… 169

則第10条の 4 の 4（容積率の算定の基礎となる延べ面積

に床面積を算入しない機械室等に設

置される給湯設備その他の建築設

備）…………………………………… 174

則第10条の 4 の 5（市街地の環境を害するおそれがない

機械室等の基準）…………………… 174

—— 5 ——

細 目 次 （第 7 章）

令第 135 条の14（高層住居誘導地区内の建築物及び法第52
条第 8 項に規定する建築物の容積率の上
限の数値の算出方法）……………………………… 177

令第 135 条の17（敷地内の空地の規模等）…………………… 178

令第 135 条の19（容積率の算定に当たり建築物から除かれ
る部分）……………………………………………… 187

則第10条の 4 の 6 （容積率の制限の緩和を受ける構造上
やむを得ない建築物）…………………………… 189

2 建蔽率

法第53条（建蔽率）………………………………………………… 191

令第 135 条の21（建蔽率の制限の緩和に当たり建築物から
除かれる部分）……………………………………… 194

則第10条の 4 の 8 （建蔽率の制限の緩和を受ける構造上
やむを得ない建築物）…………………………… 195

法第53条の 2 （建築物の敷地面積）…………………………… 198

法第54条（第一種低層住居専用地域等内における外壁の後退
距離）………………………………………………………… 200

令第 135 条の22（第一種低層住居専用地域等内における外
壁の後退距離に対する制限の緩和）…………… 201

法第55条（第一種低層住居専用地域等内における建築物の高
さの限度）………………………………………………… 202

令第 130 条の10（第一種低層住居専用地域等内における建
築物の高さの制限の緩和に係る敷地内の
空地等）……………………………………………… 203

則第10条の 4 の 9 （第一種低層住居専用地域等内におけ
る建築物の高さの制限の緩和を受け
る構造上やむを得ない建築物）………………… 205

3 斜線制限

法第56条（建築物の各部分の高さ）……………………………… 206

—— 6 ——

細 目 次（第 7 章）

法別表第 3 （前面道路との関係についての建築物の各部分の
　　　　　高さの制限）………………………………………………… 208

　令第 130 条の11（建築物の敷地が 2 以上の地域，地区又は
　　　　　　　　区域にわたる場合の法別表第 3 ㈛欄に掲
　　　　　　　　げる距離の適用の特例）………………………… 213

　令第 130 条の12（前面道路との関係についての建築物の各
　　　　　　　　部分の高さの制限に係る建築物の後退距
　　　　　　　　離の算定の特例）…………………………………… 217

　令第 131 条（前面道路との関係についての建築物の各部分
　　　　　　　の高さの制限の緩和）……………………………… 219

　令第 131 条の 2 （前面道路とみなす道路等）……………………… 220

　令第 132 条（ 2 以上の前面道路がある場合）…………………… 221

　令第 134 条（前面道路の反対側に公園，広場，水面その他
　　　　　　　これらに類するものがある場合）………………… 224

　令第 135 条の 2 （道路面と敷地の地盤面に高低差がある場
　　　　　　　　　合）………………………………………………… 226

　令第 135 条の 3 （隣地との関係についての建築物の各部分
　　　　　　　　　の高さの制限の緩和）………………………… 231

　令第 135 条の 4 （北側の前面道路又は隣地との関係につい
　　　　　　　　　ての建築物の各部分の高さの制限の緩
　　　　　　　　　和）………………………………………………… 236

　令第 135 条の 5 （天空率）…………………………………………… 243

　令第 135 条の 6 （前面道路との関係についての建築物の各
　　　　　　　　　部分の高さの制限を適用しない建築物の
　　　　　　　　　基準等）…………………………………………… 246

　令第 135 条の 7 （隣地との関係についての建築物の各部分
　　　　　　　　　の高さの制限を適用しない建築物の基準
　　　　　　　　　等）………………………………………………… 253

—— 7 ——

細 目 次（第 7 章）

令第 135 条の 8（北側の隣地との関係についての建築物の
　　　　　　　　各部分の高さの制限を適用しない建築物
　　　　　　　　の基準等）……………………………………………… 259
令第 135 条の 9（法第56条第 7 項第 1 号の政令で定める位
　　　　　　　　置）……………………………………………………… 261
令第 135 条の10（法第56条第 7 項第 2 号の政令で定める位
　　　　　　　　置）……………………………………………………… 263
令第 135 条の11（法第56条第 7 項第 3 号の政令で定める位
　　　　　　　　置）……………………………………………………… 266

4　日影規制

法第56条の 2（日影による中高層の建築物の高さの制限）……………… 268
法別表第 4（日影による中高層の建築物の制限）………………………… 270
令第 135 条の12（日影による中高層の建築物の高さの制限
　　　　　　　　の適用除外等）………………………………………… 280
令第 135 条の13（建築物が日影時間の制限の異なる区域の
　　　　　　　　内外にわたる場合等の措置）………………………… 285

5　高架工作物内建築物の特例

法第57条（高架の工作物内に設ける建築物等に対する高さの
　　　　　制限の緩和）…………………………………………………… 289
法第57条の 2（特例容積率適用地区内における建築物の容積
　　　　　　　率の特例）………………………………………………… 289
令第 135 条の23（特例容積率の限度の指定の申請について
　　　　　　　　同意を得るべき利害関係者）………………………… 291
法第57条の 3（指定の取消し）…………………………………………… 295
令第 135 条の24（特例容積率の限度の指定の取消しの申請
　　　　　　　　について同意を得るべき利害関係者）…………… 296
法第57条の 4（特例容積率適用地区内における建築物の高さ
　　　　　　　の限度）…………………………………………………… 296
法第57条の 5（高層住居誘導地区）……………………………………… 297

—— 8 ——

細 目 次（第 7 章）

　6　高度地区

法第58条（高度地区）……………………………………………………… 299

　　　則第10条の 4 の15（高度地区内における建築物の高さの

　　　　　　　　　　　　制限の緩和を受ける構造上やむを得

　　　　　　　　　　　　ない建築物）……………………………………… 301

　7　高度利用地区

法第59条（高度利用地区）………………………………………………… 301

　8　総合設計

法第59条の 2 （敷地内に広い空地を有する建築物の容積率等

　　　　　　　　の特例）………………………………………………… 303

　　　令第 136 条（敷地内の空地及び敷地面積の規模）………………… 304

　9　特定街区

法第60条（特定街区）……………………………………………………… 308

第 6 節　特別の地区

　1　都市再生特別地区

法第60条の 2 （都市再生特別地区）……………………………………… 310

　2　居住環境向上用途誘導地区

法第60条の 2 の 2 （居住環境向上用途誘導地区）…………………… 312

　3　特定用途誘導地区

法第60条の 3 （特定用途誘導地区）……………………………………… 314

　4　特定防災街区整備地区

法第67条（特定防災街区整備地区）……………………………………… 315

　　　令第 136 条の 2 の 4 （建築物の防災都市計画施設に係る間

　　　　　　　　　　　　　口率及び高さの算定）………………………… 320

　5　景観地区

法第68条……………………………………………………………………… 324

　6　景観重要建造物

法第85条の 2 （景観重要建造物である建築物に対する制限の

　　　　　　　　緩和）…………………………………………………… 326

―― 9 ――

細 目 次 （第7章）

7 伝統的建造物群保存地区

法第85条の3 （伝統的建造物群保存地区内の制限の緩和） ……………… 327

第7節　地区計画等の区域内の制限

1 地区計画制度等の創設……………………………………………… 329

2 地区計画……………………………………………………………… 331

3 沿道地区計画………………………………………………………… 335

4 集落地区計画………………………………………………………… 338

5 防災街区整備地区計画……………………………………………… 340

6 歴史的風致維持向上地区計画……………………………………… 342

法第68条の2 （市町村の条例に基づく制限） ……………………………… 344

　令第136条の2の5 （地区計画等の区域内において条例で

　　　　　　　　　　　定める制限） ………………………………… 347

法第68条の3 （再開発等促進区等内の制限の緩和等） …………………… 359

　令第136条の2の6 （再開発等促進区等内において高さの

　　　　　　　　　　　制限の緩和を受ける建築物の敷地面

　　　　　　　　　　　積の規模） ………………………………… 363

法第68条の4 （建築物の容積率の最高限度を区域の特性に応

　　　　　　　じたものと公共施設の整備の状況に応じたも

　　　　　　　のとに区分して定める地区計画等の区域内に

　　　　　　　おける建築物の容積率の特例） ……………………… 365

法第68条の5 （区域を区分して建築物の容積を適正に配分す

　　　　　　　る地区計画等の区域内における建築物の容積

　　　　　　　率の特例） ……………………………………………… 367

法第68条の5の2 （区域を区分して建築物の容積を適正に配

　　　　　　　　　分する特定建築物地区整備計画等の区域

　　　　　　　　　内における建築物の容積率の特例） ………… 368

法第68条の5の3 （高度利用と都市機能の更新とを図る地区

　　　　　　　　　計画等の区域内における制限の特例） ……… 369

—— 10 ——

細 目 次（第7章）

法第68条の5の4（住居と住居以外の用途とを区分して定め
　　　　　　る地区計画等の区域内における建築物の
　　　　　　容積率の特例）‥‥‥‥‥‥‥‥‥‥‥‥‥‥　371

法第68条の5の5（区域の特性に応じた高さ，配列及び形態
　　　　　　を備えた建築物の整備を誘導する地区計
　　　　　　画等の区域内における制限の特例）‥‥‥‥‥　374

法第68条の5の6（地区計画等の区域内における建築物の建
　　　　　　蔽率の特例）‥‥‥‥‥‥‥‥‥‥‥‥‥‥‥　375

法第68条の6（道路の位置の指定に関する特例）‥‥‥‥‥‥　381

法第68条の7（予定道路の指定）‥‥‥‥‥‥‥‥‥‥‥‥‥　382

　令第136条の2の7（予定道路の指定の基準）‥‥‥‥‥‥‥　384

　令第136条の2の8（予定道路の指定について同意を得る
　　　　　　べき利害関係者）‥‥‥‥‥‥‥‥‥‥‥‥‥　385

法第68条の8（建築物の敷地が地区計画等の区域の内外にわ
　　　　　　たる場合の措置）‥‥‥‥‥‥‥‥‥‥‥‥‥　385

第8節　都市計画区域及び準都市計画区域以外の区域内の建築物の敷地及び構造

法第68条の9 ‥‥‥‥‥‥‥‥‥‥‥‥‥‥‥‥‥‥‥‥‥‥　387

　令第136条の2の9（都道府県知事が指定する区域内の建
　　　　　　築物に係る制限）‥‥‥‥‥‥‥‥‥‥‥‥‥　387

　令第136条の2の10（準景観地区内の建築物に係る制限）‥‥‥　388

第9節　一団地の総合設計制度・連担建築物設計制度

法第86条（一の敷地とみなすこと等による制限の緩和）‥‥‥‥　393

—— 11 ——

細 目 次（第8章）

令第136条の12（一団地内の空地及び一団地の面積の規
　　　　　模）………………………………………………… 396

則第10条の17（一定の一段の土地の区域内の現に存する
　　　　　　建築物を前提として総合的見地からする
　　　　　　設計の基準）……………………………………… 396

則第10条の18（対象区域内の建築物の位置及び構造に関
　　　　　　する計画）………………………………………… 397

則第10条の19（一の敷地とみなすこと等による制限の緩
　　　　　　和の認定又は許可に関する公告事項等）……… 397

法第86条の2（公告認定対象区域内における建築物の位置及
　　　　　び構造の認定等）………………………………… 405

法第86条の3（一の敷地内にあるとみなされる建築物に対す
　　　　　る高度利用地区等内における制限の特例）……… 408

法第86条の4（一の敷地内にあるとみなされる建築物に対す
　　　　　る外壁の開口部に対する制限の特例）…………… 408

法第86条の5（一の敷地とみなすこと等の認定又は許可の取
　　　　　消し）……………………………………………… 410

法第86条の6（総合的設計による一団地の住宅施設について
　　　　　の制限の特例）…………………………………… 411

第10節　建築物の敷地が区域，地域又は地区の内外にわたる場合の措置

法第91条（建築物の敷地が区域，地域又は地区の内外にわた
　　　　る場合の措置）………………………………………… 413

第8章　建築協定

法第69条（建築協定の目的）……………………………………… 416

法第70条（建築協定の認可の申請）…………………………… 418

—— 12 ——

細 目 次 （第 9 章）

法第71条（申請に係る建築協定の公告）………………………………… 420

法第72条（公開による意見の聴取）……………………………………… 420

法第73条（建築協定の認可）……………………………………………… 421

　則第10条の 6 （建築協定区域隣接地に関する基準）………………… 422

法第74条（建築協定の変更）……………………………………………… 422

法第74条の 2 …………………………………………………………………… 423

法第75条（建築協定の効力）……………………………………………… 424

法第75条の 2 （建築協定の認可等の公告のあつた日以降建築

　　　　　　協定に加わる手続等）………………………………………… 425

法第76条（建築協定の廃止）……………………………………………… 426

法第76条の 2 （土地の共有者等の取扱い）……………………………… 427

法第76条の 3 （建築協定の設定の特則）………………………………… 427

法第77条（建築物の借主の地位）………………………………………… 429

第 9 章　既存建築物の取扱い

第 1 節　既存の建築物に対する制限の緩和

第 1 項　増築等をする場合の制限の緩和

法第86条の 7 （既存の建築物に対する制限の緩和）…………………… 440

　1　基準時

　令第 137 条（基準時）…………………………………………………… 442

　2　増築等を行うことができる政令で定める範囲

　令第 137 条の 2 （構造耐力関係）……………………………………… 444

　令第 137 条の 2 の 2 （大規模の建築物の主要構造部等関

　　　　　　　　　　　係）………………………………………………… 465

　令第 137 条の 2 の 3 （屋根関係）……………………………………… 466

　令第 137 条の 2 の 4 （外壁関係）……………………………………… 466

—— 13 ——

細 目 次 （第9章）

令第 137 条の 2 の 5 （大規模の木造建築物等の外壁等関
係） ……………………………………………… 467

令第 137 条の 3 （防火壁及び防火床関係） ……………………… 467

令第 137 条の 4 （耐火建築物等としなければならない特殊
建築物関係） ………………………………… 467

令第 137 条の 6 の 2 （階段等関係） …………………………… 468

令第 137 条の 6 の 3 （敷地内の避難上及び消火上必要な通
路関係） …………………………………… 469

令第 137 条の 6 の 4 （防火壁及び防火区画関係） ……………… 469

令第 137 条の10 （防火地域関係） ……………………………… 470

令第 137 条の11 （準防火地域関係） …………………………… 471

令第 137 条の11の 2 （防火地域及び準防火地域内の建築物
の屋根関係） ……………………………… 472

令第 137 条の11の 3 （特定防災街区整備地区関係） ………………… 473

令第 137 条の 6 （非常用の昇降機関係） ……………………… 481

令第 137 条の 4 の 2 （石綿関係） ……………………………… 482

令第 137 条の 5 （長屋又は共同住宅の各戸の界壁関係） ………… 483

令第 137 条の 7 （用途地域等関係） …………………………… 483

令第 137 条の 8 （容積率関係） ………………………………… 485

令第 137 条の 9 （高度利用地区等関係） ……………………… 487

令第 137 条の12 （大規模の修繕又は大規模の模様替） ………… 489

第2項　独立部分に対する制限の緩和

法第86条の 7 （既存の建築物に対する制限の緩和） ……………… 494

令第 137 条の13 （技術的基準から除かれる防火区画） ………… 494

令第 137 条の14 （独立部分） …………………………………… 496

第3項　部分適用による制限の緩和

法第86条の 7 （既存の建築物に対する制限の緩和） ……………… 497

令第 137 条の15 （増築等をする部分以外の部分に対して適
用されない基準） ……………………………… 498

—— 14 ——

細 目 次（第 9 章）

第 4 項　移転を行う場合の制限の緩和

法第86条の 7 （既存の建築物に対する制限の緩和）‥‥‥‥‥‥‥‥‥‥ 500

　令第 137 条の16（移転）‥‥‥‥‥‥‥‥‥‥‥‥‥‥‥‥‥‥‥‥‥ 500

第 2 節　既存建築物の段階的な改修

法第86条の 8 （既存の一の建築物についての 2 以上の工事に

　　　　　　　分けて増築等を含む工事を行う場合の制限の

　　　　　　　緩和）‥‥‥‥‥‥‥‥‥‥‥‥‥‥‥‥‥‥‥‥‥‥ 503

法第 3 条（適用の除外）‥‥‥‥‥‥‥‥‥‥‥‥‥‥‥‥‥‥‥‥‥ 504

第 3 節　公共事業の施行等に伴う敷地面積の減少

法第86条の 9 （公共事業の施行等による敷地面積の減少につ

　　　　　　　いての第 3 条等の規定の準用）‥‥‥‥‥‥‥‥‥‥ 507

法第 3 条（適用の除外）‥‥‥‥‥‥‥‥‥‥‥‥‥‥‥‥‥‥‥‥‥ 508

　令第 137 条の17（公共事業の施行等による敷地面積の減少

　　　　　　　　　について第 3 条等の規定を準用する事

　　　　　　　　　業）‥‥‥‥‥‥‥‥‥‥‥‥‥‥‥‥‥‥‥‥‥ 508

法第86条の 9 （公共事業の施行等による敷地面積の減少につ

　　　　　　　いての第 3 条等の規定の準用）‥‥‥‥‥‥‥‥‥‥ 509

第 4 節　用途変更

第 1 項　用途変更に係る手続

法第87条（用途の変更に対するこの法律の準用）‥‥‥‥‥‥‥‥‥‥ 511

　令第 137 条の18（建築物の用途を変更して特殊建築物とす

　　　　　　　　　る場合に建築主事の確認等を要しない類

　　　　　　　　　似の用途）‥‥‥‥‥‥‥‥‥‥‥‥‥‥‥‥‥ 512

第 2 項　用途変更時に適用される基準

法第87条（用途の変更に対するこの法律の準用）‥‥‥‥‥‥‥‥‥‥ 513

細 目 次（第10章）

第3項　既存不適格建築物の用途変更に係る制限の遡及適用
　　　　と緩和

法第87条（用途の変更に対するこの法律の準用）………………… 515

　　令第137条の19（建築物の用途を変更する場合に法第27条

　　　　　　　　　　等の規定を準用しない類似の用途等）………… 519

法第87条の2　（既存の一の建築物について2以上の工事に分

　　　　　　　　けて用途の変更に伴う工事を行う場合の制限

　　　　　　　　の緩和）…………………………………………………… 521

第10章　工作物等

第1節　工 作 物

第1項　工作物に対する単体規定の準用

法第88条（工作物への準用）………………………………………… 527

　　令第138条（工作物の指定等）…………………………………… 529

　　令第138条の2　（工作物に関する確認の特例）……………… 532

　　令第144条の2　（型式適合認定の対象とする工作物の部分

　　　　　　　　　　　及び一連の規定）…………………………… 532

第2項　工作物に準用される構造関係基準

　　令第139条（煙突及び煙突の支線）……………………………… 534

　　令第140条（鉄筋コンクリート造の柱等）…………………… 536

　　令第141条（広告塔又は高架水槽等）…………………………… 537

　　令第142条（擁壁）………………………………………………… 539

　　令第143条（乗用エレベーター又はエスカレーター）……… 540

　　令第144条（遊戯施設）…………………………………………… 541

第3項　工作物に対する集団規定の準用

法第88条（工作物への準用）………………………………………… 547

　　令第138条（工作物の指定等）…………………………………… 549

—— 16 ——

細 目 次（第10章）

令第 144 条の 2 の 2 （製造施設，貯蔵施設，遊戯施設等）·················· 553

令第 144 条の 2 の 3 （処理施設）······························· 554

令第 144 条の 2 の 4 （特定用途制限地域内の工作物）·················· 554

第 4 項　看板等に対する手続規定の準用

法第88条（工作物への準用）····························· 554

第 5 項　手続の合理化

法第88条（工作物への準用）····························· 555

第 2 節　簡易な構造の建築物

法第84条の 2 （簡易な構造の建築物に対する制限の緩和）·············· 557

令第 136 条の 9 （簡易な構造の建築物の指定）··············· 557

令第 136 条の10（簡易な構造の建築物の基準）··············· 560

令第 136 条の11（防火区画等に関する規定の適用の除外）·········· 563

第 3 節　災害及び仮設建築物

法第84条（被災市街地における建築制限）················· 564

法第85条（仮設建築物に対する制限の緩和）··············· 564

法第87条の 3 （建築物の用途を変更して一時的に他の用途の
　　　　　　建築物として使用する場合の制限の緩和）············· 569

第 4 節　仮設建築物・準用工作物に関する
　　　　政令の規定の緩和

令第 147 条（仮設建築物等に対する制限の緩和）············· 573

第 5 節　工事現場又は工事中の建築物

法第90条（工事現場の危害の防止）················· 577

令第 136 条の 2 の20（仮囲い）················· 577

令第 136 条の 3 （根切り工事，山留め工事等を行う場合の
　　　　　　危害の防止）················· 578

—— 17 ——

細 目 次（第11章）

令第 136 条の 4　（基礎工事用機械等の転倒による危害の防
　　　　　　　　　止）…………………………………………………… 582

令第 136 条の 5　（落下物に対する防護）………………………… 583

令第 136 条の 6　（建て方）………………………………………… 584

令第 136 条の 7　（工事用材料の集積）…………………………… 584

令第 136 条の 8　（火災の防止）…………………………………… 585

法第90条の 2　（工事中の特殊建築物等に対する措置）………… 585

法第90条の 3　（工事中における安全上の措置等に関する計画
　　　　　　　　の届出）…………………………………………… 586

令第 147 条の 2　（工事中における安全上の措置等に関する
　　　　　　　　　計画の届出を要する建築物）………………… 586

第11章　型式適合認定・構造方法等の認定

第 1 節　型式適合認定

法第68条の10（型式適合認定）…………………………………… 589

令第 136 条の 2 の11（型式適合認定の対象とする建築物の
　　　　　　　　　　　部分及び一連の規定）…………………… 590

令第 144 条の 2（型式適合認定の対象とする工作物の部分
　　　　　　　　　及び一連の規定）……………………………… 593

第 2 節　型式部材等製造者認証

法第68条の11（型式部材等製造者の認証）……………………… 596

法第68条の12（欠格条項）………………………………………… 597

法第68条の13（認証の基準）……………………………………… 597

法第68条の14（認証の更新）……………………………………… 599

令第 136 条の 2 の12（型式部材等製造者等に係る認証の有
　　　　　　　　　　　効期間）…………………………………… 599

—— 18 ——

細　目　次　（第12章）

法第68条の15（承継）·· 599

法第68条の16（変更の届出）·· 600

法第68条の17（廃止の届出）·· 600

法第68条の18（型式適合義務等）·· 601

法第68条の19（表示等）·· 602

法第68条の20（認証型式部材等に関する確認及び検査の特
　　　　　　　例）·· 602

法第68条の21（認証の取消し）·· 603

法第68条の22（外国型式部材等製造者の認証）································ 604

法第68条の23（認証の取消し）·· 605

　令第136条の2の13（認証外国型式部材等製造者の工場等
　　　　　　　　　　における検査等に要する費用の負
　　　　　　　　　　担）·· 605

法第68条の24（指定認定機関等による認定等の実施）···················· 606

第3節　構造方法等の認定

法第68条の25（構造方法等の認定）·· 608

第4節　特殊構造方法等認定

法第38条（特殊の構造方法又は建築材料）···································· 615

法第66条（第38条の準用）·· 615

法第67条の2（第38条の準用）·· 615

法第68条の26（特殊構造方法等認定）·· 617

第12章　機関・建築審査会・不服申立て

第1節　指定機関

第1項　指定に関する規定

法第77条の56（指定性能評価機関）·· 624

―― 19 ――

細 目 次 （第12章）

法第77条の17の 2 ··· 625
　令第 136 条の 2 の14（親会社等）··························· 630
　令第 136 条の 2 の15（指定確認検査機関に係る指定の有効
　　　　　　　　　　　期間）··· 644
　令第 136 条の 2 の16（指定構造計算適合性判定機関に係る
　　　　　　　　　　　指定の有効期間）··························· 644
　令第 136 条の 2 の17（指定認定機関等に係る指定等の有効
　　　　　　　　　　　期間）··· 644
法第77条の 6 （役員の選任及び解任）····························· 644
法第77条の17の 2 ··· 645
第 2 項　業務に関する規定
法第77条の28（指定区分等の提示等）····························· 657
法第77条の35の 2 （指定）··· 657
法第77条の46（国土交通大臣への報告等）····················· 658
法第77条の10（事業計画等）··· 659
第 3 項　国・特定行政庁等による関与に関する規定
法第77条の32（照会及び指示）··· 671
法第77条の33（指定確認検査機関に対する配慮）············· 672
法第77条の35の 8 （委任の公示等）·································· 672
法第77条の35の20（構造計算適合性判定の委任の解除）···· 672
第 4 項　業務の休・廃止・指定の取消しに関する規定

第 2 節　承認機関

法第77条の54（承認）··· 686
法第77条の55（承認の取消し等）······································· 686
　令第 136 条の 2 の18（承認認定機関等の事務所における検
　　　　　　　　　　　査に要する費用の負担）············· 687
法第77条の57（承認性能評価機関）··································· 688

細 目 次（第13章）

第3節　建築審査会

法第78条（建築審査会）……………………………………… 689

法第79条（建築審査会の組織）……………………………… 690

法第80条（委員の欠格条項）………………………………… 691

法第80条の2（委員の解任）………………………………… 691

法第81条（会長）……………………………………………… 692

法第82条（委員の排斥）……………………………………… 692

法第83条（条例への委任）…………………………………… 692

第4節　不服申立て

法第94条（不服申立て）……………………………………… 694

法第95条………………………………………………………… 695

法第77条の53（審査請求）…………………………………… 703

法第77条の17（審査請求）…………………………………… 704

第13章　罰　　則

第1節　建築主，設計者，施工者等に対する罰則

法第98条………………………………………………………… 706

法第99条………………………………………………………… 707

法第101条……………………………………………………… 709

法第103条……………………………………………………… 711

第2節　指定機関に対する罰則

法第99条………………………………………………………… 717

法第100条……………………………………………………… 717

細 目 次（第13章）

法第 101 条··· 718
法第 102 条··· 718
法第 103 条··· 718
法第 104 条··· 719
法第 106 条··· 720

第3節　その他の者に対する罰則

法第99条··· 722
法第 101 条··· 722
法第 106 条··· 722

第4節　法人重科（両罰規定）

法第 105 条··· 725

第5節　条例に違反する者に対する罰則

法第 107 条··· 727

建築基準法の主要な改正経過···························· 729
索　　引··· 771

第7章　都市計画区域等における建築物の敷地，構造，建築設備及び用途

第1節　総　　論

1　集団規定とは

　法第3章は，接道義務，道路内建築制限，用途規制，容積率制限，建蔽率制限など，集団としての建築物の秩序に関する制限が定められており，これらの規定を通常「集団規定」と呼んでいる。

　単体規定は，ある1個の建築物に着目して，その構造等に制限を加え，建築物を地震，火災等から守り，その建築物を利用している人々の生命，健康及び財産を守るという観点から定められたものであるのに対し，集団規定は，建築物の形態，用途，接道等について制限を加え，建築物が集団で存している都市の機能確保や市街地環境の確保を図ろうとするものである。

　集団規定には，次のような制限がある。

① 　敷地等と道路との関係─接道義務（法第43条，第43条の2）

② 　道路内の建築制限（法第44条）

③ 　壁面線による建築制限（法第47条）

④ 　建築物の用途に関する制限（法第48条，第49条，第49条の2，第51条）

⑤ 　建築物の延べ面積の敷地面積に対する割合─容積率（法第52条，第57条の2）

⑥ 　建築物の建築面積の敷地面積に対する割合─建蔽率（法第53条）

⑦ 　建築物の敷地面積に関する制限（法第53条の2）

⑧ 　低層住居専用地域内における建築物の外壁の後退距離に関する制限（法第54条）

⑨ 　建築物の高さに関する制限（法第55条から第57条まで，第57条の4）

⑩ 　高層住居誘導地区内の建築物に関する制限（法第57条の5）

⑪ 　高度地区内の建築物に関する制限（法第58条）

⑫ 　高度利用地区内の建築物に関する制限（法第59条）

⑬ 　総合設計制度（法第59条の2）

第7章　都市計画区域等における建築物の敷地，構造，建築設備及び用途

⑭　特定街区内の建築物に関する制限（法第60条）

⑮　都市再生特別地区内の建築物に関する制限（法第60条の2）

⑯　居住環境向上用途誘導地区内の建築物に関する制限（法第60条の2の2）

⑰　特定用途誘導地区内の建築物に関する制限（法第60条の3）

⑱　防火地域及び準防火地域内の建築物の防火上の構造に関する制限（法第61条から第66条まで）

（※本書では規定内容を鑑み，「第4章　防火／第3節　地域による建築物の防火」で解説）

⑲　特定防災街区整備地区内の建築物に関する制限（法第67条，法第67条の2）

⑳　景観地区内の建築物に関する制限（法第68条）

㉑　地区計画等の区域内の建築物に関する制限（法第68条の2から第68条の8まで）

㉒　都市計画区域及び準都市計画区域以外の区域内の建築物に係る制限（法第68条の9）

なお，集団規定と密接な関係を有するものとして建築協定の制限が法第4章に定められている。

2　集団規定の沿革

今日の建築基準法の母法である旧市街地建築物法は，大正8年に姉妹法である旧都市計画法と同時に公布され，大正9年から，まず東京，京都，大阪，神戸，横浜，名古屋の六大都市に適用され，その後逐次適用範囲が拡大され，昭和25年の同法廃止時には，1,000余の市町村に適用されていた。

法制の内容は，その経緯からも明らかなように，都市計画の実現を図るための建築物の建築制限を目的としたもの（集団規定）であったが，同時に，それまで各都道府県の警察命令として，建築物の構造等に関し定められていた建築取締規則の目的（単体規定）をも取り込んだものである。このうち，集団規定関係としては，建築線制，用途地域制（住居，商業，工業及び未指定の4地域），防火地区制，美観地区制等の制限が規定されていた。その後，昭和13年の改正において，用途地域として住居専用地区及び工業専用地区を追加するとともに，空地地区及び高度地区の規定の新設などが行われた。

現行建築基準法は昭和25年に公布，施行されたが，集団規定関係の主要な内容は次のとおりである。

（1）用途地域については大筋では旧市街地建築物法どおりであるが，次の点で差

異がある。

① 従来の未指定地域に相当するものとして準工業地域が設けられた。

② 新たに特別用途地区を設けた。

③ ただし書許可制度について，建築審査会の同意を要件とした。

(2) 建築線の制度を改め，道路及び壁面線の制度とした。

(3) 甲乙二種の防火地区制を，防火地域と準防火地域に改めた。

その後，市街化の進展と建築技術の進歩に対応して，集団規定も何回か改正されたが主要な点は次のとおりである。

1 昭和27年5月31日法律第160号（耐火建築促進法）による附則改正

① 商業地域内で，かつ，防火地域内にある耐火建築物については，建蔽率の制限を廃止した。

② 住居，準工業又は工業地域内で，かつ，準防火地域内の建築物の建蔽率制限については，敷地面積から30㎡を引くことを廃止した。

③ 防火地域内における既存建築物に対して一定の範囲内で制限を緩和した。

2 昭和32年5月15日法律第101号（建築基準法の一部を改正する法律〔第1次〕）による改正

① 道路内建築制限を緩和し，アーケード（公共用歩廊）などの建築物で特定行政庁が建築審査会の同意を得て許可したものが建築できることとした。

② 商業地域内で，かつ，準防火地域内の耐火構造の建築物の建蔽率制限を緩和した。

③ 都市計画として決定した一団地の住宅について，空地地区の制限の特例を認めた。

3 昭和34年4月24日法律第156号（建築基準法の一部を改正する法律〔第2次〕）による改正

① がけ地その他土地の状況によりやむを得ない場合においては，幅員1.8m未満の既存の道も特定行政庁が建築審査会の同意を得て指定することにより本法にいう道路として取り扱うことができるものとした。

② 接道対象道路から自動車のみの交通の用に供する道路を除外した。

③ 歩廊の柱その他これに類するもので特定行政庁が建築審査会の同意を得て許可したものが壁面線を越えて建築できることとされた。

④ 用途地域・専用地区内の建築制限について，新しく制限を必要とする建築物を追加するとともに，制限の合理化を図った。

第7章　都市計画区域等における建築物の敷地，構造，建築設備及び用途

⑤　特別用途地区内における建築制限について必要と認める場合には，建設大臣の承認を得て，地方公共団体の条例で制限を緩和することができるものとした。

⑥　用途地域等内における建築設備等の制限で，その地域等の指定の目的のために必要なものは，地方公共団体の条例で定めることができることとした。

⑦　卸売市場等の建築物については，都市計画でその敷地の位置が決定されているものでなければ，原則として，新築・増築ができないものとした。

⑧　特定行政庁が建設大臣の承認を得て指定する区域については，建蔽率の限度を10分の6とし，その際，敷地面積から30㎡を差し引かないものとした。

⑨　空地地区における外壁等より敷地境界線までの距離の制限を，外壁等が公園等の空地に面する場合には緩和できるものとした。

⑩　建築物の周囲に広い空地がある場合等で，交通上支障がない場合等には，道路斜線制限を緩和できるものとした。

⑪　高架の工作物内に設ける建築物等に対する高さ制限を緩和した。

⑫　耐火建築物及び簡易耐火建築物の規定の導入に伴い，防火地域関係の規定を整備した。

4　昭和36年6月5日法律第115号（建築基準法の一部を改正する法律〔第3次〕）による改正

①　特定街区の制限を設けた。

②　商業地域内において作業場の床面積の合計が300㎡を超えない自動車修理工場を建築できることとした。

5　昭和38年7月16日法律第151号（建築基準法の一部を改正する法律〔第4次〕）による改正

①　容積地区制度を設け，容積地区内においては，従来の31m及び20mの絶対高制限を廃止し，容積率制限および隣地斜線制限を設けた。

②　特定街区の規定の整備を図った。

6　昭和45年6月1日法律第109号（建築基準法の一部を改正する法律〔第5次〕）による改正

①　市街地における土地利用の純化を図るため，従来あった4つの用途地域と2つの専用地区（住居地域，商業地域，準工業地域，工業地域，住居専用地区内及び工業専用地区）を細分化し，8つの用途地域とした。

②　容積率制限を都市計画区域の全域に適用することとし，従来の絶対高制限

（31m又は20m）を廃止した。また，第一種住居専用地域内の建築物については，低層住宅に係る良好な環境を保護するため，新たに10mの絶対高制限を設けた。

③　建蔽率制限の合理化を図るとともに，空地地区の制度を廃止した。

④　私道の構造等を適正化するため，私道の位置指定の基準を政令で定めることとした。

⑤　市街地環境の整備改善に資する都市計画を誘導するため，一定規模以上の敷地内に一定の空地を有する建築物の容積率制限等を緩和する総合設計制度を創設した。

7　昭和49年 6 月 1 日法律第67号（都市計画法及び建築基準法の一部を改正する法律）による改正

①　工業専用地域内の建蔽率の強化，多様化を行った。

②　製造施設，貯蔵施設，遊戯施設等の一定の工作物について，用途規制を行うこととした。

8　昭和51年11月15日法律第83号（建築基準法の一部を改正する法律〔第 6 次〕）による改正

①　第二種住居専用地域における用途規制を強化し， 3 階以上の部分を店舗，事務所等第一種住居専用地域内で建築することができない建築物の用途に供する建築物及びこれらの用途に供する部分が大規模な建築物は，大学，病院等のほかは建築できないこととなった。

②　第二種住居専用地域内の建蔽率，容積率の強化，多様化を行った。

③　主として住居系の地域において，建築物の周辺の日照条件の悪化を防ぎ，良好な居住環境を保つため，中高層の建築物について敷地外一定距離以上の部分に条例で指定された時間以上日影を生じさせないよう日影規制の制度を設けた。

④　第一種住居専用地域，第二種住居専用地域，住居地域等の区域内の建築物について，前面道路幅員による容積率制限を強化した。

⑤　第一種住居専用地域内において，その敷地内に一定以上の空地を存し，かつ，その敷地面積の規模が一定以上である建築物であって，特定行政庁が認めるものについては，高さ10mを超えて12mまで建築することができることとした。

⑥　建築物又はその敷地が制限を受ける区域又は地域の内外にわたる場合におけ

第 7 章　都市計画区域等における建築物の敷地，構造，建築設備及び用途

る容積率，建蔽率又は各部分の高さについては，容積率，建蔽率については異なる区域又は地域に属する敷地の部分に面積により加重平均した制限を適用することとし，各部分の高さについては，当該各部分の存する区域又は地域の制限を適用することとした。

9　昭和55年5月1日法律第35号（都市計画法及び建築基準法の一部を改正する法律）による改正

①　地区計画等の区域内においては，地区計画等の内容として定められた事項について，条例で，これらに関する制限として定めることができることとした。

②　地区計画等に道の配置及び規模が定められている場合の道路の位置に関する特例を設けた。

③　地区計画等の区域においては予定道路の指定を行うことができるようにした。

10　昭和62年6月5日法律第66号（建築基準法の一部を改正する法律〔第7次〕）による改正

①　前面道路幅員による容積率制限に関して合理化を行った。

②　第一種住居専用地域内における建築物の高さの限度を10m又は12mのうちから都市計画で定めることとした。

③　前面道路の境界線から後退した建築物についてその後退距離に応じて道路斜線制限を緩和するとともに，道路斜線制限の適用距離を定めた。

④　高さが20m又は31mを超える部分が隣地境界線から後退した建築物についてその後退距離に応じて隣地斜線制限を緩和した。

⑤　総合的設計による一団地の建築物の取扱いの整備改善を行った。

11　昭和63年5月20日法律第49号（都市再開発法及び建築基準法の一部を改正する法律）による改正

再開発地区計画の区域内における容積率制限，斜線制限を特定行政庁の認定等で緩和できることとするとともに，用途制限の例外許可について特例を設けた。

12　平成元年6月28日法律第56号（道路法等の一部を改正する法律）による改正

①　地区計画又は再開発地区計画において建築物等の敷地として併せて利用すべき区域として定められた区域（以下「重複利用区域」という。）内の自動車のみの交通の用に供する道路又は特定高架道路等の上空又は路面下においては，地区計画又は再開発地区計画の内容に適合する建築物で特定行政庁が安全上，防火上及び衛生上支障がないと認めるものを建築できることとした。

第1節　総　　論

②　地区計画又は再開発地区計画において重複利用区域として定められた区域内の特定高架道路等を接道対象道路から除くこととした。

13　平成2年6月29日法律第61号（都市計画法及び建築基準法の一部を改正する法律）による改正

①　容積率の最高限度が住宅とそれ以外の用途とに区分して定められた一定の地区計画（用途別容積型地区計画）の区域内における容積率制限の特例を設けた。

②　住宅地高度利用地区計画の区域内における容積率制限，建蔽率制限，絶対高さ制限，斜線制限を特定行政庁の認定等で緩和できることとするとともに，用途制限の例外許可について特例を設けた。

14　平成4年6月26日法律第82号（都市計画法及び建築基準法の一部を改正する法律）による改正

①　特定行政庁が，地方特性や土地の状況により必要と認める区域内においては，幅員6mを基準とすることができる旨を規定した。

②　12種類の用途地域を創設し，用途地域内の建築物に係る制限等を整備した。
・新設用途地域における建築物の敷地，用途等の制限を創設
・社会福祉施設，工場等に対する用途制限等の規制の合理化
・特定行政庁の用途規制に係る許可の手続についての合理化
・商業地域に関する容積率メニュー（200，300％）の追加
・第一種，第二種低層住居専用地域に関して最低敷地規模規制を導入

③　用途地域の指定のない区域において，容積率制限の強化メニュー（100，200，300％），建蔽率制限の強化メニュー（50，60％）を追加し，日影規制を行うことができる旨を規定した。

④　地区計画における誘導容積制度を創設した。

⑤　地区計画における容積適正配分制度を創設した。

⑥　建築物の敷地が予定道路に接する場合等の容積率制限の特例を創設した。

⑦　都市計画区域外で都道府県知事が指定する区域内においては，地方公共団体は，条例で要な制限を定めることができる旨を規定した。

⑧　一定の条件に該当する地区計画の区域内においては，一団地の総合的設計による建築を工区を分けて行うことができる旨を規定した。

15　平成6年6月29日法律第62号（建築基準法の一部を改正する法律〔第8次〕）による改正

7

第 7 章　都市計画区域等における建築物の敷地，構造，建築設備及び用途

建築物の地階で住宅用途に供する部分の床面積については，当該建築物の住宅用途部分の床面積合計の 3 分の 1 を限度として延べ面積に不算入とする旨を規定した。

16　平成 7 年 2 月26日法律第13号（都市再開発法等の一部を改正する法律）による改正

① 住居系用途地域において，一定の要件を満たす建築物について，斜線勾配を緩和した。

② 道路境界から後退して壁面線の指定がある場合等において，特定行政庁が認める建築物については，道路境界が当該壁面線にあるものとみなして道路斜線制限を適用することとした。

17　平成 9 年 6 月13日法律第79号（都市計画法及び建築基準法の一部を改正する法律）による改正

① 共同住宅の共用の廊下又は階段の用に供する部分の床面積については，容積率算定する際の延べ面積に算入しない旨を規定した。

② 高層住居誘導地区を創設し，地区内の住宅部分が一定割合以上の建築物について，容積率制限，前面道路幅員による容積率制限，斜線制限を緩和した。

18　平成10年 6 月12日法律第100号（建築基準法の一部を改正する法律〔第 9 次〕）による改正

① 連担建築物設計制度を創設し，既存建築物の存在を前提として，相互に設計調整して建築される建築物について，同一敷地内にあるものとみなして容積率制限等の規制を適用できることとした。

② 接道義務の特例，道路内建築制限の特例，建蔽率制限の特例について，特定行政庁の許可を要することとする旨を規定した。

19　平成12年 5 月19日法律第73号（都市計画法及び建築基準法の一部を改正する法律）による改正

① 準都市計画区域内において原則として集団規定を適用することとした。

② 特定用途制限地域に関する都市計画で定められた制限すべき用途の概要に即して，地方公共団体の条例により建築物等の用途を制限することとする旨を規定した。

③ 用途地域の指定のない区域における容積率制限（80，50％），建蔽率制限（40，30％）等のメニューを追加し，特定行政庁が土地利用の状況に応じて選択することとする旨を規定した。

第 1 節 総 論

④ 商業地域に関する都市計画で定められた特例容積率適用区域内において土地所有者等の申請に基づき，特定行政庁が敷地ごとの容積率を指定できることとした。

⑤ 隣地側に壁面線の指定等がある建築物について，特定行政庁の許可の範囲内で建蔽率制限を緩和できることとした。

20 平成14年4月5日法律第22号（都市再生特別措置法）による改正

都市再生特別地区を創設し，地区内の建築物について，容積率制限，高さ制限等を適用除外（都市計画で別途定める。）とした。

21 平成14年7月12日法律第85号（建築基準法の一部を改正する法律〔第10次〕）による改正

① 容積率制限，建蔽率制限，日影制限等の選択肢を拡充した。

② 総合設計制度における審査基準を定型化し，許可を経ずに，建築確認の手続で迅速に緩和できる制度を導入した。

・一定の住宅系建築物について，指定容積率の1.5倍以下で，容積率制限の緩和

・斜線制限を適用した場合と同程度の採光等を確保する建築物について，斜線制限の適用除外

③ 総合設計制度と一団地認定制度の手続を一本化した。

④ 地区計画制度を整理・合理化し，一つの地区計画で，地区の特性に応じて用途制限，容積率制限等を緩和・強化できる旨を規定した。

22 平成15年6月20日法律第101号（密集市街地における防災街区の整備の促進に関する法律等の一部を改正する法律）による改正

① 敷地が4m未満の道路にのみ接する建築物について，条例で制限を付加できる旨を規定した。

② 特定防災街区整備地区を創設し，地区内の建築物について，耐火建築物又は準耐火建築物を義務付ける旨等を規定した。

23 平成16年6月2日法律第67号（建築物の安全性及び市街地の防災機能の確保等を図るための建築基準法等の一部を改正する法律）による改正

① 卸売市場等の用途に供する特殊建築物の位置に係る規制の対象となる施設を明確化した。

② 条例によって容積率算定の基礎となる地盤面を設定できる旨を規定した。

9

第7章　都市計画区域等における建築物の敷地，構造，建築設備及び用途

③　特例容積率適用区域を廃止するとともに，特例容積率適用地区を創設し，低層住居専用地域及び工業専用地域以外の用途地域における地区内において土地所有者等の申請に基づき，特定行政庁が敷地ごとの容積率を指定できることとした。

④　一団地の総合設計制度及び連担建築物設計制度について，一の計画建築物の敷地と防災空地等の空地からなる一団地内において建築される建築物についても適用できる旨を規定した。

24　平成16年６月18日法律第111号（景観法の施行に伴う関係法律の整備等に関する法律）による改正

①　景観法に基づき指定された景観重要建造物について，市町村が，国土交通大臣の承認を得て，条例で，容積率制限，建蔽率制限，斜線制限等を適用除外又は緩和できる旨を規定した。

②　美観地区を廃止するとともに景観地区を創設し，地区内の建築物について，特定行政庁の認定により，斜線制限を適用除外できることとした。

25　平成18年５月31日法律第46号（都市の秩序ある整備を図るための都市計画法等の一部を改正する法律）による改正

①　一定の大規模な店舗等に係る規制を合理化した。

・商業地域，近隣商業地域及び準工業地域以外の用途地域並びに都市計画区域及び準都市計画区域内の用途地域の指定のない区域（市街化調整区域を除く。）内における一定の大規模な店舗等の建築について，特定行政庁の許可を義務化

・近隣商業地域において，客席部分が一定規模以上の劇場，映画館，演芸場又は観覧場の用途に供する建築物の用途の制限を緩和

②　開発整備促進区の区域内における当該地区計画の内容に適合する建築物で，特定行政庁が認める一定のものについて，第二種住居地域，準住居地域，工業地域及び用途地域の指定のない地域における用途制限を適用除外とした。

26　平成19年３月31日法律第19号（都市再生特別措置法等の一部を改正する法律）による改正

防災街区整備地区計画の区域内について，建築物の容積を適正に配分した場合の容積率の特例を規定した。

27　平成20年５月23日法律第40号（地域における歴史的風致の維持及び向上に関す

第1節　総　論

る法律）による改正

歴史的風致維持向上地区計画の区域内について，用途規制の特例を規定した。

28　平成26年5月21日法律第39号（都市再生特別措置法等の一部を改正する法律）
による改正

特定用途誘導地区を創設し，地区内の建築物について，容積率の最高限度及び建
築物の用途の制限を適用除外するとともに，高さの最高限度の制限を行うことがで
きること（都市計画で別途定める）とした。

29　平成26年6月4日法律第54号（建築基準法の一部を改正する法律）による改正

①　エレベーターの昇降路の部分の床面積については，容積率算定する際の延べ
面積に算入しない旨を規定した。

②　老人ホーム等の地下室について，住宅と同様に，容積率の算定基礎となる床
面積から除外した。

30　平成27年12月28日法律第45号（風俗営業等の規制及び業務の適正化等に関する
法律の一部を改正する法律）による改正

風営法でナイトクラブ及びダンスホールの規制が緩和されたことに伴い，これら
の建築物の用途規制についても見直しを行い，一部の用途地域において立地を可能
とすることとした。

31　平成28年6月7日法律第72号（都市再生特別措置法等の一部を改正する法律）
による改正

特定用途誘導地区内の建築物について，容積率及び建築物の建築面積の最低限度
を都市計画で別途定められることとした。

32　平成29年5月12日法律第26号（都市緑地法等の一部を改正する法律）による改
正

13番目の用途地域である田園住居地域の創設に併せ，当該用途地域内の建築物に
係る制限等を整備した。

33　平成30年4月25日法律第22号（都市再生特別措置法等の一部を改正する法律）
による改正

重複利用区域が定められた区域内において，立体道路制度を活用できる道路の対
象を一般道路に拡充した。

34　平成30年6月27日法律第67号（建築基準法の一部を改正する法律）による改正

①　防火地域・準防火地域等において，延焼防止性能の高い建築物の建蔽率を緩

11

第 7 章　都市計画区域等における建築物の敷地，構造，建築設備及び用途

和した。

② 　老人ホーム等の共用の廊下や階段等について，共同住宅と同様に，容積率の算定基礎となる床面積から除外した。

③ 　接道規制，用途規制及び日影規制の適用除外の手続について，建築物の用途・規模や接道状況等が所定の基準に適合していると特定行政庁が認める場合，建築審査会の同意を不要とすることとした。

35 　令和 2 年 6 月10日法律第43号（都市再生特別措置法等の一部を改正する法律）による改正

立地適正化計画の居住誘導区域内において生活利便施設の立地を促進するための区域として新たに設けられた「居住環境向上用途誘導地区」内の建築物の容積率・建蔽率・用途制限等に関する制限を定めた。

36 　令和 4 年 6 月17日法律第69号（脱炭素社会の実現に資するための建築物のエネルギー消費性能の向上に関する法律等の一部を改正する法律）による改正

建築物の省エネ化の促進に資する観点から，以下の基準の合理化を実施した。

① 　省エネ改修工事等建築物の構造上やむを得ない場合に建蔽率・容積率・高さ制限に係る特例許可制度の拡充を実施した。

② 　住宅の機械室等の容積率不算入に係る認定制度を創設した。

③ 　接道義務・道路内建築制限について，一定の改修工事を遡及適用対象外とした。

④ 　一団地の総合的設計制度・連担建築物設計制度の対象行為として大規模の修繕・大規模の模様替を追加した。

3　地域地区の構成

(1)　地域地区制の意義

都市内の土地利用のあり方（用途，密度，形態等）について，一定の都市計画上の目的に沿ってこれを実現する手段としては，第一に都市計画の立案者たる，あるいは直接的な立案者でなくてもそれを推進する側である行政主体が自ら能動的に行う建設事業，第二に民間建設事業に対する税制又は財政による誘導，助成措置，第三に一定の基準を設け，市街地における建設行為をその基準に合わせるようにする規制措置の三つが考えられる。

用途地域に係る建築基準法の規定は第三の規制措置に属するものであり，土地を一定の区域に区分しその区域ごと規制の内容を定めているところから，地域地

区制と呼ばれている。

　地域地区制は個々人の所有に属する土地について一定の制限を課することによってその目的を達成するものであるので，その制限の内容が私権を制限するに足る公共性に裏付けられていること，かつ，土地所有者等に対して過酷な制限とならないことが必要である。

　地域地区制に関する制限の公共性は，効率的かつ健全な土地利用を実現するためには，相互に悪影響を及ぼしあう用途の混在を防ぐとともに，同質の用途や相互に関連しあう用途を一定の単位ごとに集めることが必要であり，ひいてはそれが，例えば住宅を建てるための地域では，住宅のための環境及び利便が確保されるといった形で，制限を受ける個々人の利益にも還元されるという考え方に裏付けられている。また，制限の内容が適正なものかどうかは，制限の程度の問題であり，土地の所有形態，都市の形成過程等の条件の差異から，国により都市により異なってくるものであるが，具体的条件のもとで制限の妥当性が説明できるものでなければならない。

　具体的な土地に対する制限の内容が，その土地の状況及び長期的な土地利用の計画から見て適切なものであるかどうかについては，(3)で述べる一連の手続に従って地域地区を都市計画で定めるという方法により担保されている。

(2)　地域地区の構成

　ある都市において，どういう地域ごとにいかなる建築規制を行うかは，その都市の土地利用計画と現在の建築物の状況から判断されるべきであろう。アメリカのように市町村が地域地区制の権限を持ち，市町村ごとに異なる地域地区制が採用されている国もある。しかし，日本のような社会的流動性が高く，かつ，国土の全体に均質化した文化をもつ国では，市町村が異なると全く別の地域地区制となっているのは問題であるので，基本的には法定された13の用途地域で対処し，必要な場合には特別用途地区や高度地区等他の地域地区及び，地域地区以外の手段として，地区の特性に応じ建築物の用途，形態等に関し，きめ細かな規制を行うことができる制度として昭和55年度に創設された地区計画を用いること等により地域の特性を生かすという形をとっている。

　具体的な規制方法としては，建築物の用途，密度，形態のそれぞれの規制の種類ごとに地域地区を設けて制限する方法もあるが，種々の規制の結果として達成されるであろう街のビジョンが明らかになるように，集団規定の根幹となる用途

第 7 章　都市計画区域等における建築物の敷地，構造，建築設備及び用途

地域については，種々の規制を地域ごとに一括して定める方式が現在とられている。つまり，都市計画に用途地域を定める場合は，建築基準法に規定されている用途地域ごとのメニューから，容積率，建蔽率，低層住居専用地域にあっては建築物の高さの限度等を同時に定めることとなり，具体的にそれぞれの地域地区の設定目的及び規制の基準を定める根拠は次のとおりである（表7－1，表7－2）。

表7－1　用途地域の設定目的

地域の種類	地 域 設 定 の 目 的
第一種低層住居専用地域	低層住宅に係る良好な住居の環境を保護するため定める地域
第二種低層住居専用地域	主として低層住宅に係る良好な住居の環境を保護するため定める地域
第一種中高層住居専用地域	中高層住宅に係る良好な住居の環境を保護するため定める地域
第二種中高層住居専用地域	主として中高層住宅に係る良好な住居の環境を保護するため定める地域
第一種住居地域	住居の環境を保護するため定める地域
第二種住居地域	主として住居の環境を保護するため定める地域
準住居地域	道路の沿道としての地域の特性にふさわしい業務の利便の増進を図りつつ，これと調和した住居の環境を保護するため定める地域
田園住居地域	農業の利便の増進を図りつつ，これと調和した低層住宅に係る良好な住居の環境を保護するため定める地域
近隣商業地域	近隣の住宅地に対する日用品の供給を行うことを主たる内容とする商業その他の業務の利便を増進するため定める地域
商業地域	主として商業その他の業務の利便を増進するため定める地域
準工業地域	主として環境の悪化をもたらすおそれのない工業の利便を増進するため定める地域
工業地域	主として工業の利便を増進するため定める地域
工業専用地域	工業の利便を増進するため定める地域

第1節　総　　論

表7－2　その他の地域地区の規制の根拠

特別用途地区	用途地域内の一定の地区における当該地区の特性にふさわしい土地利用の増進，環境の保護等の特別の目的の実現を図るため当該用途地域の指定を補完して定める地区
特定用途制限地域	用途地域が定められていない土地の区域（市街化調整区域を除く。）内において，その良好な環境の形成又は保持のため当該地域の特性に応じて合理的な土地利用が行われるよう，制限すべき特定の建築物等の用途の概要を定める地域
特例容積率適用地区	第一種・第二種中高層住居専用地域，第一種・第二種住居地域，準住居地域，近隣商業地域，商業地域，準工業地域又は工業地域内の適正な配置及び規模の公共施設を備えた土地の区域において，建築物の容積率の限度からみて未利用となっている建築物の容積の活用を促進して土地の高度利用を図るため定める地区
高層住居誘導地区	住居と住居以外の用途とを適正に配分し，利便性の高い高層住宅の建設を誘導するため，第一種・第二種住居地域，準住居地域，近隣商業地域又は準工業地域でこれらの地域に関する都市計画において一定の容積率が定められたものの内において，建築物の容積率の最高限度，建築物の建蔽率の最高限度及び建築物の敷地面積の最低限度を定める地区
高度地区	用途地域内において市街地の環境を維持し，又は土地利用の増進を図るため，建築物の高さの最高限度又は最低限度を定める地区
高度利用地区	用途地域内の市街地における土地の合理的かつ健全な高度利用と都市機能の更新とを図るため，建築物の容積率の最高限度及び最低限度，建築物の建蔽率の最高限度，建築物の建築面積の最低限度並びに壁面の位置の制限を定める地区
特定街区	市街地の整備改善を図るため街区の整備又は造成が行われる地区について，その街区内における建築物の容積率並びに建築物の高さの最高限度及び壁面の位置の制限を定める街区
都市再生特別地区	都市再生緊急整備地域のうち，都市の再生に貢献し，土地の合理的かつ健全な高度利用を図る特別の用途，容積，高さ，配列等の建築物の建築を誘導する必要があると認められる区域について定める地区
居住環境向上用途誘導地区	立地適正化計画に記載された居住誘導区域のうち，当該居住誘導区域に係る居住環境向上施設を有する建築物の建築を誘導する必要があると認められる区域について定める地区
特定用途誘導地区	立地適正化計画に記載された都市機能誘導区域のうち，当該都市機能誘導区域に係る誘導施設を有する建築物の建築を誘導する必要があると認められる区域について定める地区
防火地域又は準防火地域	市街地における火災の危険を防除するため定める地域
特定防災街区整備地区	防火地域又は準防火地域が定められている土地の区域のうち，防災都市計画施設と一体となって特定防災機能を確保するための防災街区として整備すべき区域その他当該密集市街地における特定防災機能の効果的な確保に貢献する防災街区として整備すべき区域について定める地区
景観地区	市街地の良好な景観の形成を図るため定める地区
風致地区	都市の風致を維持するため定める地区

15

第7章　都市計画区域等における建築物の敷地，構造，建築設備及び用途

　都市計画法上は，このほかに地域地区として，臨港地区，駐車場整備地区，歴史的風土特別保存地区，緑地保全地域，特別緑地保全地区，緑化地域，流通業務地区，伝統的建造物群保存地区，生産緑地地区，航空機騒音障害防止特別地区等があげられているが，前記の一般的地域別規制の地区とは若干性質が異なるので，ここでは省略する。

　都市計画法第13条第1項第七号において，地域地区の指定の基礎的基準が定められているが，この中で市街化区域については少なくとも用途地域を定めるものとしている。また，指定に当たっての考え方について，地方公共団体に対する国の技術的助言である「都市計画運用指針」がとりまとめられている。

　建築基準法においては，同法にいう地域地区は都市計画法に定める地域地区であることを法第2条第二十一号において明らかにすることにより，都市計画法との直結を明示している。

(3) 地域地区の決定方法

　都市計画の内容として地域地区のうち，建築基準法において具体的な制限を規定しているものは，用途地域，特別用途地区，特定用途制限地域，特例容積率適用地区，高層住居誘導地区，高度地区，高度利用地区，特定街区，都市再生特別地区，居住環境向上用途誘導地区，特定用途誘導地区，防火地域及び準防火地域，特定防災街区整備地区並びに景観地区であり，これらのうち都市再生特別地区以外の地域，地区又は街区については市町村が都市計画決定を行うこととされている。なお，用途地域，特例容積率適用地区及び高層住居誘導地区の都市計画は，従来，都道府県が決定する場合と市町村が決定する場合とがあり，大都市とその周辺の地域等を含む都市計画区域については都道府県が，その他の都市計画区域については市町村が決定することとされていたが，「地域の自主性及び自立性を高めるための改革の推進を図るための関係法律の整備に関する法律（平成23年法律第105号）」に基づき，平成24年4月1日からいずれも市町村が決定することとなった。

　また，市町村が決定する都市計画は地区計画等の一定事項を除き都道府県知事の協議（町村にあっては都道府県知事の同意）を必要とし，都道府県知事が決定する都市計画については国の利害に重大な関係のある都市計画に限って国土交通大臣の協議・同意を必要とする。都道府県知事が自ら都市計画を決定する場合においては都市計画審議会の議を経なければならない（都市計画法第18条）。

　その他の決定手続を含めて一連の決定手続を図示すると図7−1のようになる。

第1節　総　論

○都道府県が定める都市計画の決定手続
　　＜手続例＞

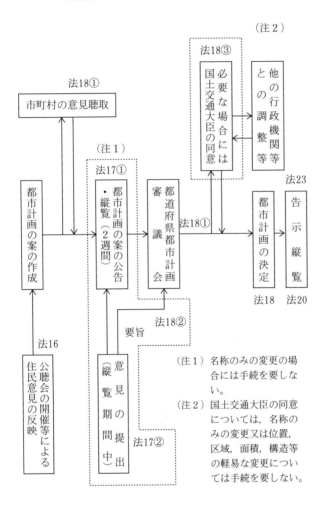

(注1) 名称のみの変更の場合には手続を要しない。
(注2) 国土交通大臣の同意については，名称のみの変更又は位置，区域，面積，構造等の軽易な変更については手続を要しない。

17

第7章　都市計画区域等における建築物の敷地，構造，建築設備及び用途

○市町村が定める都市計画の決定手続
　　＜手続例＞

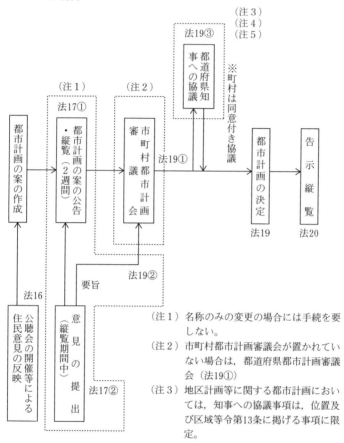

(注1) 名称のみの変更の場合には手続を要しない。
(注2) 市町村都市計画審議会が置かれていない場合は，都道府県都市計画審議会（法19①）
(注3) 地区計画等に関する都市計画においては，知事への協議事項は，位置及び区域等令第13条に掲げる事項に限定。
(注4) 都道府県知事への協議については，名称のみの変更又は位置，区域，面積，構造等の軽易な変更については手続を要しない。
　　　平成23年の地域主権改革一括法による都市計画法の改正により，市については都道府県知事の協議のみとなった。
(注5) 政令指定都市については，一部国土交通大臣の同意（都道府県知事は意見を添付）を必要とする場合がある。

図7-1　都道府県知事及び市町村が定める都市計画の決定手続

第2節　適用区域

> （適用区域）
> **法第41条の2**　この章（第8節を除く。）の規定は，都市計画区域及び準都市
> 　計画区域内に限り，適用する。
>
> （昭34法156・追加，平4法82・平12法73・一部改正）

　本条は，集団規定の性質上都市計画区域（都市計画法第4条第2項にいう都市計
画区域で，一体の都市として総合的に整備，開発，保全すべき区域）及び準都市計
画区域（都市計画法第4条第2項にいう準都市計画区域で，都市計画区域外の区域
のうち，そのまま土地利用を整序することなく放置すれば，将来における都市とし
ての整備，開発及び保全に支障が生じるおそれのある区域）に限って適用される旨
を明らかにしたものである。

　なお，都市計画区域及び準都市計画区域のいずれでもない区域内の建築物に係る
制限についても，地方公共団体の条例により行うことが可能であるため，上記から
法第3章第8節の規定を除外している。

第7章　都市計画区域等における建築物の敷地，構造，建築設備及び用途

第3節　道路，建築物の敷地と道路との関係

第1項　道路の定義

（道路の定義）

法第42条　この章の規定において「道路」とは，次の各号のいずれかに該当する幅員4メートル（特定行政庁がその地方の気候若しくは風土の特殊性又は土地の状況により必要と認めて都道府県都市計画審議会の議を経て指定する区域内においては，6メートル。次項及び第3項において同じ。）以上のもの（地下におけるものを除く。）をいう。

一　道路法（昭和27年法律第180号）による道路

二　都市計画法，土地区画整理法（昭和29年法律第119号），旧住宅地造成事業に関する法律（昭和39年法律第160号），都市再開発法（昭和44年法律第38号），新都市基盤整備法（昭和47年法律第86号），大都市地域における住宅及び住宅地の供給の促進に関する特別措置法（昭和50年法律第67号）又は密集市街地整備法（第6章に限る。以下この項において同じ。）による道路

三　都市計画区域若しくは準都市計画区域の指定若しくは変更又は第68条の9第1項の規定に基づく条例の制定若しくは改正によりこの章の規定が適用されるに至つた際現に存在する道

四　道路法，都市計画法，土地区画整理法，都市再開発法，新都市基盤整備法，大都市地域における住宅及び住宅地の供給の促進に関する特別措置法又は密集市街地整備法による新設又は変更の事業計画のある道路で，2年以内にその事業が執行される予定のものとして特定行政庁が指定したもの

五　土地を建築物の敷地として利用するため，道路法，都市計画法，土地区画整理法，都市再開発法，新都市基盤整備法，大都市地域における住宅及び住宅地の供給の促進に関する特別措置法又は密集市街地整備法によらないで築造する政令で定める基準に適合する道で，これを築造しようとする者が特定行政庁からその位置の指定を受けたもの

2　都市計画区域若しくは準都市計画区域の指定若しくは変更又は第68条の9第1項の規定に基づく条例の制定若しくは改正によりこの章の規定が適用さ

第3節　道路，建築物の敷地と道路との関係

れるに至つた際現に建築物が立ち並んでいる幅員4メートル未満の道で，特定行政庁の指定したものは，前項の規定にかかわらず，同項の道路とみなし，その中心線からの水平距離2メートル（同項の規定により指定された区域内においては，3メートル（特定行政庁が周囲の状況により避難及び通行の安全上支障がないと認める場合は，2メートル）。以下この項及び次項において同じ。）の線をその道路の境界線とみなす。ただし，当該道がその中心線からの水平距離2メートル未満で崖地，川，線路敷地その他これらに類するものに沿う場合においては，当該崖地等の道の側の境界線及びその境界線から道の側に水平距離4メートルの線をその道路の境界線とみなす。

3　特定行政庁は，土地の状況に因りやむを得ない場合においては，前項の規定にかかわらず，同項に規定する中心線からの水平距離については2メートル未満1.35メートル以上の範囲内において，同項に規定するがけ地等の境界線からの水平距離については4メートル未満2.7メートル以上の範囲内において，別にその水平距離を指定することができる。

4　第1項の区域内の幅員6メートル未満の道（第1号又は第2号に該当する道にあつては，幅員4メートル以上のものに限る。）で，特定行政庁が次の各号の一に該当すると認めて指定したものは，同項の規定にかかわらず，同項の道路とみなす。

　一　周囲の状況により避難及び通行の安全上支障がないと認められる道

　二　地区計画等に定められた道の配置及び規模又はその区域に即して築造される道

　三　第1項の区域が指定された際現に道路とされていた道

5　前項第3号に該当すると認めて特定行政庁が指定した幅員4メートル未満の道については，第2項の規定にかかわらず，第1項の区域が指定された際道路の境界線とみなされていた線をその道路の境界線とみなす。

6　特定行政庁は，第2項の規定により幅員1.8メートル未満の道を指定する場合又は第3項の規定により別に水平距離を指定する場合においては，あらかじめ，建築審査会の同意を得なければならない。

（昭27法181・昭34法156・昭39法160・昭43法101・昭44法38・昭45法109・昭47法86・昭50法67・昭63法49・平2法62・平4法82・平9法50・平11法87・平12法73・平14法85・平15法101・平30法67・一部改正）

第7章　都市計画区域等における建築物の敷地，構造，建築設備及び用途

（道に関する基準）

令第144条の4　法第42条第1項第5号の規定により政令で定める基準は，次の各号に掲げるものとする。

一　両端が他の道路に接続したものであること。ただし，次のイからホまでのいずれかに該当する場合においては，袋路状道路（法第43条第3項第5号に規定する袋路状道路をいう。以下この条において同じ。）とすることができる。

　　イ　延長（既存の幅員6メートル未満の袋路状道路に接続する道にあつては，当該袋路状道路が他の道路に接続するまでの部分の延長を含む。ハにおいて同じ。）が35メートル以下の場合

　　ロ　終端が公園，広場その他これらに類するもので自動車の転回に支障がないものに接続している場合

　　ハ　延長が35メートルを超える場合で，終端及び区間35メートル以内ごとに国土交通大臣の定める基準に適合する自動車の転回広場が設けられている場合

　　ニ　幅員が6メートル以上の場合

　　ホ　イからニまでに準ずる場合で，特定行政庁が周囲の状況により避難及び通行の安全上支障がないと認めた場合

二　道が同一平面で交差し，若しくは接続し，又は屈曲する箇所（交差，接続又は屈曲により生ずる内角が120度以上の場合を除く。）は，角地の隅角を挟む辺の長さ2メートルの2等辺三角形の部分を道に含む隅切りを設けたものであること。ただし，特定行政庁が周囲の状況によりやむを得ないと認め，又はその必要がないと認めた場合においては，この限りでない。

三　砂利敷その他ぬかるみとならない構造であること。

四　縦断勾配が12パーセント以下であり，かつ，階段状でないものであること。ただし，特定行政庁が周囲の状況により避難及び通行の安全上支障がないと認めた場合においては，この限りでない。

五　道及びこれに接する敷地内の排水に必要な側溝，街渠^{きょ}その他の施設を設けたものであること。

2　地方公共団体は，その地方の気候若しくは風土の特殊性又は土地の状況により必要と認める場合においては，条例で，区域を限り，前項各号に掲げる

第3節　道路，建築物の敷地と道路との関係

基準と異なる基準を定めることができる。

3　地方公共団体は，前項の規定により第1項各号に掲げる基準を緩和する場合においては，あらかじめ，国土交通大臣の承認を得なければならない。

（昭45政333・追加，昭50政2・旧第144条の3繰下，昭56政144・平12政312
・平14政329・平30政255・一部改正）

（道路の位置の指定の申請）

則第9条　法第42条第1項第5号に規定する道路の位置の指定を受けようとする者は，申請書正副2通に，それぞれ次の表に掲げる図面及び指定を受けようとする道路の敷地となる土地（以下この条において「土地」という。）の所有者及びその土地又はその土地にある建築物若しくは工作物に関して権利を有する者並びに当該道を令第144条の4第1項及び第2項に規定する基準に適合するように管理する者の承諾書を添えて特定行政庁に提出するものとする。

図面の種類	明示すべき事項
附近見取図	方位，道路及び目標となる地物
地籍図	縮尺，方位，指定を受けようとする道路の位置，延長及び幅員，土地の境界，地番，地目，土地の所有者及びその土地又はその土地にある建築物若しくは工作物に関して権利を有する者の氏名，土地内にある建築物，工作物，道路及び水路の位置並びに土地の高低その他形上特記すべき事項

（昭34建令34・旧第7条繰下・一部改正，平30国交令69・一部改正）

（指定道路等の公告及び通知）

則第10条　特定行政庁は，法第42条第1項第4号若しくは第5号，第2項若しくは第4項又は法第68条の7第1項の規定による指定をしたときは，速やかに，次の各号に掲げる事項を公告しなければならない。

一　指定に係る道路（以下この項及び次条において「指定道路」という。）の種類

二　指定の年月日

三　指定道路の位置

四　指定道路の延長及び幅員

2　特定行政庁は，法第42条第3項の規定による水平距離の指定（以下この項

23

第7章　都市計画区域等における建築物の敷地，構造，建築設備及び用途

及び次条において「水平距離指定」という。）をしたときは，速やかに，次の各号に掲げる事項を公告しなければならない。

一　水平距離指定の年月日
二　水平距離指定に係る道路の部分の位置
三　水平距離指定に係る道路の部分の延長
四　水平距離

3　特定行政庁は，前条の申請に基づいて道路の位置を指定した場合においては，速やかに，その旨を申請者に通知するものとする。

（平19国交令66・全改）

（指定道路図及び指定道路調書）

則第10条の2　特定行政庁は，指定道路に関する図面（以下この条及び第11条の3第1項第7号において「指定道路図」という。）及び調書（以下この条及び第11条の3第1項第8号において「指定道路調書」という。）を作成し，これらを保存するときは，次の各号に定めるところによるものとする。

一　指定道路図は，少なくとも指定道路の種類及び位置を，付近の地形及び方位を表示した縮尺2,500分の1以上の平面図に記載して作成すること。この場合において，できる限り一葉の図面に表示すること。

二　指定道路調書は，指定道路ごとに作成すること。

三　指定道路調書には，少なくとも前条第1項各号に掲げる事項を記載するものとし，その様式は，別記第42号の24様式とすること。

四　特定行政庁は，第9条の申請に基づいて道路の位置を指定した場合においては，申請者の氏名を指定道路調書に記載すること。

五　特定行政庁は，水平距離指定をした場合においては，水平距離指定に係る道路の部分の位置を指定道路図に，前条第2項各号に掲げる事項を指定道路調書に記載すること。

2　指定道路図又は指定道路調書に記載すべき事項が，電子計算機に備えられたファイル又は電磁的記録媒体に記録され，必要に応じ特定行政庁において電子計算機その他の機器を用いて明確に紙面に表示されるときは，当該記録をもつてそれぞれ指定道路図又は指定道路調書への記載に代えることができる。

（平19国交令66（平20国交令32）・追加，令2国交令98・令5国交令98・一部改正）

令附則（昭和45年12月2日政令第333号）抄

第3節　道路，建築物の敷地と道路との関係

　　（施行期日）
1　この政令は，建築基準法の一部を改正する法律（昭和45年法律第109号。以下「改正法」という。）の施行の日（昭和46年1月1日）から施行する。
　　（改正前の建築基準法第42条第1項第5号の規定による指定）
2　この政令の施行の際現に改正法による改正前の建築基準法第42条第1項第5号の規定による道路の位置の指定を受けている道は，この政令による改正後の建築基準法施行令第144条の4第1項各号に掲げる基準に適合するものとみなす。

　　　　　（昭50政2・一部改正）
3　（略）

法附則（平成30年6月27日法律第67号）抄
　　（施行期日）
第1条　この法律は，公布の日から起算して1年を超えない範囲内において政令で定める日から施行する。ただし，次の各号に掲げる規定は，当該各号に定める日から施行する。
　一　附則第4条の規定　公布の日
　二　第1条の規定並びに次条並びに附則第3条，第9条及び第15条（高齢者，障害者等の移動等の円滑化の促進に関する法律（平成18年法律第91号）第24条の改正規定に限る。）の規定　公布の日から起算して3月を超えない範囲内において政令で定める日
　　（経過措置）
第2条　第1条の規定の施行の際現に存する同条の規定による改正前の建築基準法（次項において「旧法」という。）第42条第1項第3号に掲げる道に該当するものは，第1条の規定による改正後の建築基準法（次項において「新法」という。）第42条第1項第3号に掲げる道に該当するものとみなす。
2　（略）
第3条〜第5条　（略）

　市街地は，単純化すれば建築物と公共施設との集合体であり，この両者が合理的な関係を保って配置されなければ，健全な都市機能の発揮は期待できない。
　公共施設と建築物との関係のなかでも，とりわけ道路と建築物との関係が重要であって，建築物を利用するための交通，非常時における防火，避難等の問題を考え

25

第7章　都市計画区域等における建築物の敷地，構造，建築設備及び用途

ても明らかなように，建築物の機能は，道路との関係によるところが大きい。集団
規定において，道路と建築物との関係を基本として種々の規制が行われる理由もこ
こにある。本条は，集団規定を適用するに当たって，その前提として何が建築基準
法上の道路であるかを定義したものである。

　建築基準法の道路は，道路法あるいは道路交通法のように一般交通の用に供する
場所としての道路が問題になるというよりは，むしろ建築物の利用，配置，形態，
防災の面からの道路が問題になるという点である。このため，通行上の効用そのも
のよりも，建築物又はその敷地の通常の利用上支障がないものであることや非常時
における防火，避難等安全上支障がないものであることのほうが重要である。した
がって，本条は，道路法第2条第1項，道路交通法第2条第一号の定義と違い，道
路そのものの効用について特に規定せずに，主として建築物の利用及び安全上の観
点から道路の定義をしている。

第1項

　次の第一号から第五号までのいずれかに該当するもので，幅員が4m以上のもの
が建築基準法上の道路である旨を定めている。道路の幅員は，道路として有効に利
用できる部分，つまり路面が人車の通行に適し，一般公衆の実際に通行できる部分
の意味であって，側溝はこの幅員に入るものとされるが法敷は含まれない（行政実
例S27住指発第1280号）。

　また，特定行政庁が指定する区域においては，原則として，幅員6m以上の道に
限って道路として取り扱うこととされている。これは，開発許可の適用を受けて広
幅員の道路網が整備された地域や積雪の著しい地域などのように，土地利用の状況
や気候・風土の特殊な地域において幅員基準の強化の途を開くものである。

　なお，地下の道路については，法第44条第1項に規定する道路内建築制限等の規
定を適用する実益がなく，実務上，道路として取り扱われていなかったことから，
平成12年改正で，「地下におけるものを除く」として，本項の規定による道路でな
いことを明確化している。

第1号

　道路法による道路である。

　一般国道については，政令で路線が指定され（道路法第5条第1項），都道府県
道，市町村道については，それぞれ，都道府県知事又は市町村長が路線を認定し
（道路法第7条，第8条），公示（道路法第9条）した後，道路管理者が道路の区
域を決定，公示し（道路法第18条），供用を開始することになる。

26

第3節　道路，建築物の敷地と道路との関係

「道路法による道路」として建築基準法上の道路といいうるためには，少なくとも道路の区域の決定がなされており，かつ，建築物又はその敷地の通常の利用上支障がなく，非常時における防火，避難等安全上支障がない程度に道路としての実態が備わっていればよく，必ずしも供用が開始されていなくともよい。

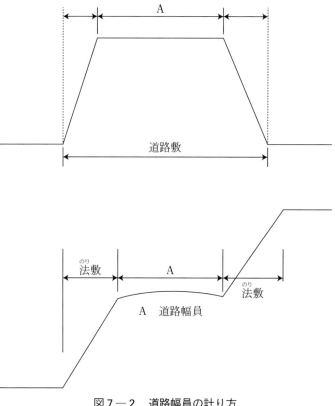

図7－2　道路幅員の計り方

　なお，区域が決定された段階での道路予定地で，道路としての実態を備えていない場合については，特定行政庁の指定により建築基準法上の道路となりうる場合がある（法第42条第1項第四号）。
　道路法による道路の種類としては，高速自動車国道，一般国道，都道府県道及び市町村道がある（道路法第3条）。ただし，高速自動車国道は，自動車のみの交通の用に供する道路であるから（高速自動車国道法第17条），法第44条を除き原則と

第7章　都市計画区域等における建築物の敷地，構造，建築設備及び用途

して建築基準法上の道路から除かれる（法第43条第1項第一号）。

第2号

　都市計画法，土地区画整理法，旧住宅地造成事業に関する法律，都市再開発法，新都市基盤整備法，大都市地域における住宅及び住宅地の供給の促進に関する特別措置法又は密集市街地における防災街区の整備の促進に関する法律による道路である。

　都市計画法による道路とは，都市計画法第11条第1項第一号に掲げられている都市施設としての「道路」で，同法第59条以下に定める手続に従って都市計画事業として整備された道路のことである。このような都市計画法による道路は，その都市計画決定に際して道路管理者との間の事前協議をした上で整備されており，一般には，道路法による道路でもある場合が多いが，道路法による道路として移管されない場合や最終的に移管される場合でもその移管が行われるまでの間においては，都市計画法による道路として，これを建築基準法上の道路として扱うことになる。

　また，都市計画法第29条に規定する，いわゆる「開発許可」を受けて行われる開発行為により整備される道路についても，都市計画法による道路とされるものがある。都市計画法第33条及び同法施行令第25条及び同法施行規則第20条には，開発許可に当たっての道路の幅員等の基準が定められているが，この基準が適用される開発許可を受けて築造される道路は，都市計画法による道路といえるものであるからである。

　しかしながら，例えば自己の居住の用に供する住宅を建築する目的で築造される道路については，開発許可を受けた開発行為であっても同法第33条等に定める基準が適用されないものであるため，このような道路については都市計画法による道路とはいえず，建築基準法上の道路とするには，法第42条第1項第五号による特定行政庁の指定が必要である。

　なお，地区計画等において地区施設（都市計画法第12条の5第2項），2号施設（都市計画法第12条の5第5項第一号）等としてその配置及び規模が定められた道路又は道については，都市計画事業として整備されることが通常想定されておらず，また，道路に関する法令上の基準も定められていないものであるので，ここにいう都市計画法による道路には該当しない。

　土地区画整理法，旧住宅地造成事業に関する法律，都市再開発法，新都市基盤整備法，大都市地域における住宅及び住宅地の供給の促進に関する特別措置法又は密集市街地における防災街区の整備の促進に関する法律による道路とは，それぞれの

第3節　道路，建築物の敷地と道路との関係

法律に基づき行われる土地区画整理事業，市街地再開発事業，新都市基盤整備事業，住宅街区整備事業，防災街区整備事業により築造される道路である。

第3号

　建築基準法第3章の規定が適用されるに至った際，現実に存在する道である。

　具体的には，都市計画区域・準都市計画区域の決定を受けたとき（建築基準法の施行の日の昭和25年11月23日当時すでに都市計画区域の指定を受けていた区域については，同日）や地方公共団体の条例により建築物又は敷地と道路の関係に係る規定を別途定めた区域に新たに含まれることとなった際に，現実に道路としての実態を備えており，かつ，幅員が4m以上あれば，いわゆる公道，私道の別を問わず，建築基準法上の道路として取り扱うこととしたものである。

　上記に掲げる規定適用の時点は平成30年の法律改正において，より具体的に明示されたものである。なお，当該改正以前に本号の対象となっていた道については，法附則（平成30年法律第67号附則第2条）に定める経過措置の規定に基づき，従前のとおり取り扱われており，実態上の変更は生じていない。

第4号

　道路法，都市計画法，土地区画整理法，都市再開発法，新都市基盤整備法，大都市地域における住宅及び住宅地の供給の促進に関する特別措置法又は密集市街地における防災街区の整備の促進に関する法律による新設又は変更の事業計画のある道路で，2年以内にその事業が執行される予定のものとして特定行政庁が指定したものである。

　これらの計画道路は，その位置及び形状が明確に定まっており，かつ，近い将来にその計画どおりに道路ができあがることが明らかであるものとして，建築基準法の諸規定について現に道路が存する場合と同様に取り扱うこととしている。

　また，これらの事業は，基本的に，当該地方公共団体の他の部局又は他の地方公共団体等で施行されるものであるので，特定行政庁が指定する場合には，それらの部局と十分協議をすることが必要である。

　地区施設，2号施設等である道路又は道については，地区計画等に定められただけでは建築基準法上の道路にはならないが，当該道路又は道について道路法等による事業計画があり，かつ，第四号に規定する要件に該当するときには計画道路の指定を行うことは可能である。

　事業計画があっても，いまだ実際に事業にかかっていないものは，本号に基づく特定行政庁の指定があってはじめて建築基準法上の道路として取り扱われることに

第7章　都市計画区域等における建築物の敷地，構造，建築設備及び用途

なる。

　この指定後は，建築基準法の諸規定について現に道路が存する場合と同様に扱われることとなるので，この計画道路は，その位置及び形状が明確に定まっており（例えば道路法による道路にあっては，道路法第18条の規定により区域が決定されていること）かつ，近い将来にその計画どおりに道路ができあがることが明らかでなければならない。したがって，この指定に当たっては道路関係部局等と十分協議する必要がある。

　なお，これまで，法第42条第1項第四号，第2項，第4項又は法第68条の7第1項の規定による指定に係る道路は，指定が行われる場合の公告等の手続が明確になっておらず，また，法第42条第2項の規定による指定に係る道路は包括指定されている事例が多かったため，指定がなされた事実が関係者等に必ずしも十分に伝わっていないなどの問題があった。このため，平成19年省令改正（平成22年4月1日施行）により，特定行政庁がこれらの道路の指定をした場合は，当該指定道路の種類・位置・延長及び幅員と指定の年月日を公告すべきこととされた（則第10条）。これにより，実質的に包括指定は禁止され，1件ずつ個別指定することが求められることとなる。

　加えて，上記の指定道路及び法第42条第1項第五号の規定による指定に係る道路について，

　　・指定道路に関する情報が必ずしも適正に管理されていないことから，円滑な建築確認申請の審査等に支障が生じている
　　・建築行為を行おうとする者にとってどの道が指定道路とされているか必ずしも直ちに明らかでない

等の問題があったことから，同じく平成19年省令改正（平成22年4月1日施行）により，指定に際して，当該指定道路に関する図面（指定道路図）及び調書（指定道路調書）を作成し，これらを保存する場合は，規則に定める記載事項とするものとし（則第10条の2），また，当該指定道路図及び指定道路調書は法第93条の2の規定により閲覧に供することとされた（則第11条の4）。

〔道路位置の指定〕

第5号

　道路法，都市計画法，土地区画整理法，都市再開発法，新都市基盤整備法，大都市地域における住宅及び住宅地の供給の促進に関する特別措置法又は密集市街地における防災街区の整備の促進に関する法律によらないで築造する政令で定める基準

30

第3節　道路，建築物の敷地と道路との関係

に適合する道で，特定行政庁からその位置の指定を受けたものである。

　後述のように法第43条の接道義務（建築物の敷地は，原則として2m以上道路に接しなければならない。）との関係で，建築基準法上の道路がない未開発地，あるいは，大きな敷地を細分化して利用しようとする場合等には，新たに道路を築造しなければ，建築物の敷地として利用することはできない。このような場合には，私人の負担において幅員4m以上の私道を築造する以外にないが，築造しようとする者は私道の区域を明確にする意味で，その位置について特定行政庁の指定を受けなければならない。

　この位置の指定がない私道は，法第42条第1項第三号又は同条第2項の道路に該当する場合でなければ，いかに実態が道路の形態を備えていても建築基準法上の道路ではない。

　この私道の位置の指定は，第四号の指定が特定行政庁が能動的に行うべきものであるのと異なり，私人の位置の指定申請に基づいて特定行政庁が行うものである。

　私道の位置の申請手続については，則第9条に定められており，申請書のほか添付書類として，①附近見取図，②地籍図，③指定を受けようとする道路の敷地となる土地の所有者並びに当該道を基準に適合するように管理する者及びその土地又はその土地にある建築物若しくは工作物に関して権利を有する者の承諾書，が必要であるとされている。

　道路位置指定は，その敷地となった土地について重大な制限を課するものであることから，関係権利者の承諾を欠く指定処分は重大な瑕疵のある行政行為として無効とされることがある。裁判例としては，その瑕疵が職務の誠実な遂行に当然要求される程度の調査ないし手続（例えば登記簿を調べる等）を行えば容易に判明すべきものであるような重大かつ明白な瑕疵である場合には，指定処分は無効であるとするものが多いが（東京地裁昭和34年3月19日判決，同34年11月11日判決，同39年5月28日判決），関係権利者の承諾がない場合には，それだけで当然無効とするものもある（東京地裁昭和42年8月16日判決）。したがって，特定行政庁は道路位置の指定の申請があった場合には，必要に応じて公簿との照合，関係者への照会，現場調査等により真実の権利者の承諾が実際にあったかどうかを確認してから処分を行うべきである。

　特定行政庁による道路位置の指定は法文上裁量の要件が規定されていないが，建築基準法上の接道義務規定を考えるなら，指定を拒否することは，通常はその土地を建築物の敷地として利用することを不可能とし財産権に対する重大な制約となる

31

第7章　都市計画区域等における建築物の敷地，構造，建築設備及び用途

ことから，全くの自由裁量ではなく，裁量の範囲はかなり限定されているというべきである。

　したがって，政令で定める基準に適合する場合においては，指定の拒否が土地に建築物を建てること自体の禁止にならない場合（例えば，他の既存の道に接道しているような場合）で，かつ，指定をすることにより公益上の支障がある場合，又は土地の利用を制約することを是認しうるほどの重大な公益上の支障がある場合を除き原則として申請に基づいて指定すべきことになる。

　なお，第五号の規定により道路位置の指定をした場合は，一定事項の公告，申請者への通知等が必要となる。

〔私道に関する基準〕

　令第144条の4は法第42条第1項第五号による指定をする場合の私道に関する基準を定めたものである。

　私道は，一般私人が自らの費用で築造しその維持管理も私人の自由に任されている点で公道と同一に論ずることはできないものであるが，既成市街地の道路網は重要な幹線道路を除き，かなりの部分が私道で占められており，市街地の道路整備は，私道の整備を抜きに論ずることはできない。そこで，昭和45年の法改正により私道に関する基準を新たに政令で定め，全国的に私道の水準の向上を期したものである。

　本条で，この私道に関する基準を定めるに当たっての基本的考え方は，次のようなものであった。

① 　主として都市計画法の開発許可制度の対象範囲とされていない小規模な開発行為に伴って築造される私道についての基準として妥当なものにすること。したがって，当然開発許可の道に関する基準（都市計画法施行規則第24条）よりも少なくとも厳しいものでありえず，またそれに比べあまりに緩すぎるものであってもならないこと。

② 　一部の特定行政庁での私道位置指定基準によってある程度の行政実績がつくられているので，それらの基準との連続性を十分確保したものにすること。

③ 　地方的な特殊事情も十分反映できるものにすること。

　なお，令第144条の4に定める道に関する基準が適用される以前に法第42条第1項第五号により指定されていた道については，この基準に適合しないものについても令第144条の4第1項に定める基準に適合しているものとみなすことにしている（昭和45年改正令附則第2項）。

32

第1項の標準的な基準の内容は，次のとおりである。

第1号

通り抜け道路とすること。

　新設の道路は，既存の建築基準法上の道路にその両端を接続させる必要がある。この場合の既存の道路としては，幅員が4m未満の法第42条第2項の道路であっても差し支えない。例外的に，その一端のみが他の道路に接続した袋路状道路（行き止まり道路）とすることができるのは，次の場合に限られる。

① 延長が35m以下の場合。ただし，接続される既存の道路が袋路状道路で幅員が6m未満のときは，既存の袋路状部分の延長をも加算するものとする。

　35mという数値は，通常の敷地規定として，だいたい十宅地程度の接道はやむをえないという判断によるほか，当時の特定行政庁の私道位置指定基準による実績をも尊重したものである。

② 終端が公園，広場等であり，自動車の転回に支障をきたさない場合

　自動車の転回に支障がない公園，広場等につながっていれば，通り抜け道路と同等の機能が期待できることもあるからである。

③ 延長が35mを超える場合で，国土交通大臣の定めた基準に適合する自動車の転回広場を終端と区間35m以内ごとに設けている場合

　自動車の転回広場の基準については，告示（昭和45年12月28日建設省告示第1837号）に定められている。それによれば，小型四輪自動車のうち最大なもの（幅1.7m，長さ4.7m）が2台以上停車することができる広さのもので，かつ，これらの自動車が転回できる形状のものであることが必要とされる。ここで「転回できる」とは，円を描いて回り込むことができることまで要求するものではなく，通常の運転操作によって方向転換ができる程度で足りる。

　なお，区間の算定については，他の道路との接続点又は自動車の転回広場の中心点を起算点とする。

④ 幅員が6m以上の場合

　幅員が6m以上あれば，袋路状となっても消防活動等に際し，消防車と他の車両とのすれ違いも可能であるなど避難及び通行上特に支障はないとの判断による。

⑤ 前述①から④までに準ずる場合で，特定行政庁が周囲の状況により避難及び通行の安全上支障がないと認めた場合

　例えば，延長が40m程度の袋路状道路について，幅員を5m程度とっている

第7章 都市計画区域等における建築物の敷地，構造，建築設備及び用途

場合で，①から④までのいずれにも該当しないが，他に適切な措置が講じられており，総合的にみれば，同等以上の条件が備わっていると認められる場合である。しかしながら，単に，①から④までのいずれか一つの場合に準ずるものであるからといって，安易にこの特例を適用すべきではなく，一部の基準に満たない点を他の面でカバーしているといった場合に限るべきであろう。

(1) 袋路状道路とできる場合

(イ) 延長が35m以下の場合
既存道路が袋路状道路でない場合

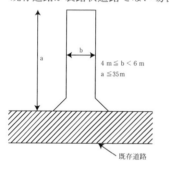

(ロ) 終端が公園，広場等に接続したもので自動車の転回に支障がない場合

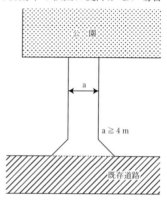

既存道路が袋路状道路である場合

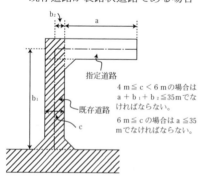

(ハ) 転回広場を設けた場合

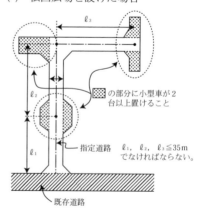

第3節　道路，建築物の敷地と道路との関係

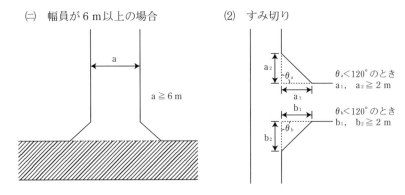

図7－3　道に関する基準（令第144条の4）

第2号
　交差，接続，屈曲により生ずる内角が120°以上の場合を除き，交差，接続，屈曲部は，角地の隅角を含む辺の長さ2mの二等辺三角形の部分を道に含むすみ切りを設けたものであること。ただし，角地に堅固な工作物，建築物等があってすみ切りを設けることが困難な状況と認められる場合や歩道のある広幅員の道路との交差部などですみ切りを設ける必要がないと認められる場合は，特定行政庁の判断によりすみ切りを設けなくてもよい。

第3号
　砂利敷その他ぬかるみとならない構造であること。
　舗装道路であることが望ましいことはいうまでもないが，少なくとも砂利敷等の排水の良好な構造とすべきこととしたものである。

第4号
　縦断勾配が12%以下であり，かつ，階段状でないものであること。
　都市計画法施行規則第24条第三号において，開発許可の道路に関する縦断勾配が原則として9%以下と定められているのに比べ，本基準はやや緩いものとなっている。
　階段状道路は，消防車，救急車などの通行ができないため禁止される。しかし，周囲の状況によって，やむをえない場合もあり，避難，消防活動等にも支障がないし通行上も安全であると認められるものについては，特定行政庁の判断で例外的取扱いをすることができる。

第5号

第7章　都市計画区域等における建築物の敷地，構造，建築設備及び用途

　道路及びこれに接する敷地内の排水に必要な側溝，街渠その他の施設を設けたものであること。

　地方の事情によっては第1項の基準では厳しすぎるという場合もあり，また，逆に第1項の基準のみでは不十分であるという場合もありうる。そこで，第2項において特定行政庁がその地方の気候，風土の特殊性や土地の状況により必要と認める場合には，規則で区域を限って第1項の基準の緩和をしたり，あるいは強化をしたりすることができる途を開いている。

　例えば，気候の特殊性により，多雪地帯の冬期の積雪時に備えて，除雪のためのスペースを要求する等の基準の強化を行うことや，傾斜の多い土地柄で，縦断勾配の制限の緩和をすることが考えられる。さらに，既存の道路網の水準に見合った私道網の整備を図る等のため，第1項の基準と異なる基準を定めることも，必要とされる場合があろう。

　第3項は，第1項の基準は，建築基準法上の道路としての最低限の基準であることから，特定行政庁が第2項に基づいて第1項の基準を緩和する場合は，事前に国土交通大臣の承認を要する旨規定したものである。

〔42条2項道路〕

　道路の幅員が4m以上あることが第一の要件とされているが，実際の既成市街地内の道路の整備状況からみて，幅員4m未満の道路をすべて道路でないとすることは，法第43条の接道義務との関係で幅員4m未満の道路にしか接道していない建築物については，増改築その他の新たな建築行為がいっさいできないこととなるので適当でない。本条の第2項以下の規定は，そのような場合の救済規定である。

第2項

　第3章の規定（集団規定）が適用されるに至った際（具体の適用時点については，第1項第三号の定義と同様），現実に建築物が立ち並んでいる道で特定行政庁が指定したものは，幅員が4m未満のものであっても道路とみなし，その代わりに道路の中心線から左右に振り分けて2mずつ後退した線を道路の境界線とみなすものとしている。この法第42条第2項により指定された道路が，いわゆる「2項道路」である。

　その結果，この後退した線と実際の道路との間にはさまれた部分は，道路部分とみなされるので，敷地として利用できなくなる。沿道の既存の建築物が全部建て替えられ所定の境界線まで後退することによって，将来幅員4mの空間が確保されることを期待する趣旨の規定である。ただし，道路の片側が，がけ地，川，線路敷地

36

第 3 節　道路，建築物の敷地と道路との関係

等に面する場合は，幅員を 4 m 確保することができないので，がけ地，川，線路敷
地等のある側の道路境界線とその線から道路の側へ 4 m とった線を道路境界線とみ
なすこととして，この場合でも将来 4 m の幅員の空間が確保されるようにしている
（同項ただし書）。

　なお，2 項道路の指定をした場合は，第 1 項第四号の規定による指定に係る道路
と同様に，一定事項の公告等が必要となる。

37

第7章 都市計画区域等における建築物の敷地，構造，建築設備及び用途

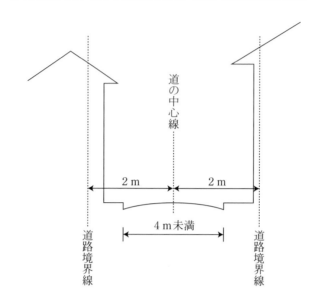

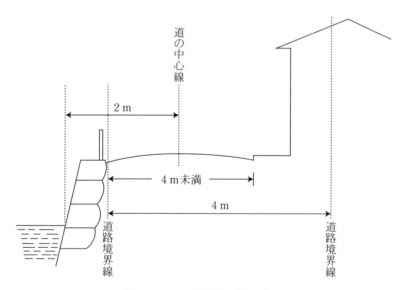

図7－4　2項道路の振り分け

第3節　道路，建築物の敷地と道路との関係

第3項

　第2項の水平距離についての特例を定めたもので，例えば傾斜地に発達した市街地で幅員を4m確保すると敷地利用面積が極端に不足する場合のように土地の状況によりやむをえない場合には，中心線からの左右の振り分けについては，2m未満1.35m以上の範囲内で，がけ地，川，線路敷地等からの距離については，4m未満2.7m以上の範囲内で，別に水平距離の指定をすることができるとするものである（なお，第3項に基づく水平距離の指定については，「法第42条第3項の規定に基づく水平距離の緩和指定運営要領について（S35住発第179号）」や「建築基準法第42条第3項の規定の運用について（H16国住街第382号）」を参照）。

第4項

　地方の土地の状況等により，幅員6m以上の指定がされた区域内であっても，幅員4m以上が確保されていることを条件に，避難及び通行の安全上支障がない場合や地区計画等に即して築造される場合は建築基準法上の道路として取り扱われる。また，第2項に相当する規定として，幅員6m以上の区域として指定された時点ですでに建築基準法の道路として取り扱われている道は，引き続き同様に取り扱われる。

　なお，第4項の規定により指定をした場合は，第1項第四号の規定による指定に係る道路と同様に，一定事項の公告等が必要となる。

第5項

　第2項の規定を適用すると，すでに2項道路の指定がされている幅員4m未満の道路であっても，幅員6m以上の区域として指定された場合，道路の中心線から水平距離3mの線が道路の境界線として取り扱われてしまうことから，第2項の規定にかかわらず，幅員6m以上の区域として指定された際道路の境界線とみなされていた線を，指定後も引き続き同様に境界線として取り扱うこととしている。

第6項

　第2項に基づく道路の指定及び第3項に基づく水平距離の指定は，特定行政庁の自由裁量に任されるものであるが，あまりに狭い幅員の道路を指定したり，あるいは第3項の特例をいたずらに適用することは好ましいことではないので，第6項では，既存の幅員1.8m未満の道路を第2項に基づき指定する場合及び第3項に基づき水平距離の緩和指定をする場合は，事前に建築審査会の同意を要することとしている。

　2項道路の指定は，特定行政庁が関係権利者の承諾を要することなく一方的に行

第7章 都市計画区域等における建築物の敷地，構造，建築設備及び用途

うものであり，かつ，これによって2項道路の敷地の権利者は無償でその土地の利用について重大な制限を受けることになる。このため2項道路の指定が，私有財産の保護について定める憲法第29条の規定に違反するのではないかということが問題となるのであるが，2項道路の指定による制限は公共の福祉の要請に基づく制約すなわち財産権に内在する制約であって憲法第29条に違反するものではないといえる。これについては同旨の裁判例がある（東京地裁昭和34年12月16日判決）。

　法第42条第1項第四号及び第五号又は同条第2項によって指定された道路の廃止又は変更の手続について建築基準法には特に規定されていないが，このような道路を建築基準法上の道として取り扱う必要がなくなった場合等で，当該道の廃止あるいは変更をしようとするときは，特定行政庁は当該道に関する指定処分の撤回等の廃止処分あるいは指定の変更を行い，それを告示する必要がある（行政実例昭和46年1月18日住街発第53号）。

法附則　抄
　（この法律施行前に指定された建築線）
5　市街地建築物法第7条但書の規定によつて指定された建築線で，その間の距離が4メートル以上のものは，その建築線の位置にこの法律第42条第1項第5号の規定による道路の位置の指定があつたものとみなす。

旧市街地建築物法
　（建築線）
第7条　道路幅ノ境界線ヲ以テ建築線トス但シ特別ノ事由アルトキハ行政官庁ハ別ニ建築線ヲ指定スルコトヲ得
　（建築線による建築制限）
第9条　建築物ハ建築線ヨリ突出シテ之ヲ建築スルコトヲ得ズ但シ建築物ノ地盤面下ニアル部分ハ此ノ限リニ在ラズ

　建築線とは旧市街地建築物法に定められていた制度である。

　建築線とは，道路若しくは将来道路とすべき土地と建築物の敷地及びこれに面して建築される建築物との間を規制するために法令によって地上に想定された線である。すなわち，この建築線が引かれることにより建築物は建築線を超えて建築することが禁止されることになっていた（旧市街地建築物法第9条）。

　建築線は，まず原則として道路幅の境界線をもって建築線とされた（旧市街地建築物法第7条本文）。これを法定建築線と呼んだ。道路のあるところには何らかの

40

第3節　道路，建築物の敷地と道路との関係

行政処分を待たずして必ず建築線があることとされたわけである。これに対して，特別の理由がある場合においては，行政官庁は独自の権限において建築線を指定する場合があり（旧市街地建築物法第7条ただし書），これを指定建築線と呼んだ。

　建築基準法の施行に伴い，市街地建築物法は廃止され，これにより建築線による制限もなくなったのであるが，指定建築線のうちその間の距離が4m以上のものについては，その建築線の位置に法第42条第1項第五号による道路の位置の指定があったものとみなされることになっている（法附則第5項）。

第2項　敷地等と道路との関係

　　（敷地等と道路との関係）

　法第43条　建築物の敷地は，道路（次に掲げるものを除く。第44条第1項を除き，以下同じ。）に2メートル以上接しなければならない。

　　一　自動車のみの交通の用に供する道路

　　二　地区計画の区域（地区整備計画が定められている区域のうち都市計画法第12条の11の規定により建築物その他の工作物の敷地として併せて利用すべき区域として定められている区域に限る。）内の道路

　2　前項の規定は，次の各号のいずれかに該当する建築物については，適用しない。

　　一　その敷地が幅員4メートル以上の道（道路に該当するものを除き，避難及び通行の安全上必要な国土交通省令で定める基準に適合するものに限る。）に2メートル以上接する建築物のうち，利用者が少数であるものとしてその用途及び規模に関し国土交通省令で定める基準に適合するもので，特定行政庁が交通上，安全上，防火上及び衛生上支障がないと認めるもの

　　二　その敷地の周囲に広い空地を有する建築物その他の国土交通省令で定める基準に適合する建築物で，特定行政庁が交通上，安全上，防火上及び衛生上支障がないと認めて建築審査会の同意を得て許可したもの

　3　地方公共団体は，次の各号のいずれかに該当する建築物について，その用途，規模又は位置の特殊性により，第1項の規定によつては避難又は通行の安全の目的を十分に達成することが困難であると認めるときは，条例で，そ

41

第7章　都市計画区域等における建築物の敷地，構造，建築設備及び用途

の敷地が接しなければならない道路の幅員，その敷地が道路に接する部分の長さその他その敷地又は建築物と道路との関係に関して必要な制限を付加することができる。

一　特殊建築物

二　階数が3以上である建築物

三　政令で定める窓その他の開口部を有しない居室を有する建築物

四　延べ面積（同一敷地内に2以上の建築物がある場合にあつては，その延べ面積の合計。次号，第4節，第7節及び別表第3において同じ。）が1,000平方メートルを超える建築物

五　その敷地が袋路状道路（その一端のみが他の道路に接続したものをいう。）にのみ接する建築物で，延べ面積が150平方メートルを超えるもの（一戸建ての住宅を除く。）

（昭34法156・昭45法109・平元法56・平2法61・平7法13・平10法100・平11

法160・平12法73・平14法85・平16法67・平30法22・平30法67・一部改正）

　（窓その他の開口部を有しない居室）

令第144条の5　法第43条第3項第3号の規定により政令で定める窓その他の開口部を有しない居室は，第116条の2に規定するものとする。

（昭45政333・追加，昭50政2・旧第144条の4繰下，平元政309・旧第144条

の5繰下，平30政202・旧第144条の6繰上，平30政255・一部改正）

　（敷地と道路との関係の特例の基準）

則第10条の3　法第43条第2項第1号の国土交通省令で定める道の基準は，次の各号のいずれかに掲げるものとする。

一　農道その他これに類する公共の用に供する道であること。

二　令第144条の4第1項各号に掲げる基準に適合する道であること。

2　令第144条の4第2項及び第3項の規定は，前項第2号に掲げる基準について準用する。

3　法第43条第2項第1号の国土交通省令で定める建築物（その用途又は規模の特殊性により同条第3項の条例で制限が付加されているものを除く。）の用途及び規模に関する基準は，次のとおりとする。

一　次のイ及びロに掲げる道の区分に応じ，当該イ及びロに掲げる用途であること。

　　イ　第1項第1号に規定する道　法別表第1(い)欄(1)項に掲げる用途以外の

42

第3節　道路，建築物の敷地と道路との関係

　　　用途
　　ロ　第1項第2号に規定する道　一戸建ての住宅，長屋又は法別表第2(い)
　　　項第2号に掲げる用途
　二　延べ面積（同一敷地内に2以上の建築物がある場合にあつては，その延
　　べ面積の合計）が500平方メートル以内であること。
4　法第43条第2項第2号の国土交通省令で定める基準は，次の各号のいずれ
　かに掲げるものとする。
　一　その敷地の周囲に公園，緑地，広場等広い空地を有する建築物であるこ
　　と。
　二　その敷地が農道その他これに類する公共の用に供する道（幅員4メート
　　ル以上のものに限る。）に2メートル以上接する建築物であること。
　三　その敷地が，その建築物の用途，規模，位置及び構造に応じ，避難及び
　　通行の安全等の目的を達するために十分な幅員を有する通路であつて，道
　　路に通ずるものに有効に接する建築物であること。
　　　　　　　（平11建令14・追加，平12建令41・一部改正，平19国交令66・旧第10条の2
　　　　　　　繰下，平30国交令58・旧第10条の2の2繰下，平30国交令69・令5国交令93
　　　　　　　・一部改正）

　市街地における道路は，単に通行の場というにとどまらず，建築物の利用，災害
時の避難路，消防活動の場，建築物等の日照，採光，通風等の確保など安全で良好
な環境の市街地を形成する上で極めて重要な機能を果たしている。道路のないとこ
ろで建築物が相当の密度で立ち並ぶことは平時の利用に不便なばかりでなく，災害
時の避難や消防活動にも大きな支障をきたす。
　本条第1項は，建築物の敷地は，法第42条に規定する建築基準法上の道路に2m
以上接していなければならないこととし，これを満たさない敷地には，原則として
建築物の建築を認めないこととしている（接道義務）。したがって，既存の道路が
ないところに建築物を建築するためには，接道義務を満たすよう，新たに建築基準
法上の道路を築造することが必要となる。
　ただし，次の道路は接道対象道路から除かれている。
①　自動車のみの交通の用に供する道路（本条第1項第1号）
②　一定の地区計画の区域内の道路等（本条第1項第2号）
　自動車のみの交通の用に供する道路とは，自動車のみの交通の用に供することが

第7章 都市計画区域等における建築物の敷地，構造，建築設備及び用途

法的にも担保されている道路のことであって，道路法第48条の2第1項の規定に基づき自動車専用道路の指定を受けた道路等がこれに該当する。例えば，道路法第48条の2第1項に規定する自動車専用道路については，人がみだりに立ち入ったり，歩行したりすることは禁止されている（道路法第48条の11第1項）が，このように沿道建築物の利用に供することを想定していない道路を接道対象道路とすることは接道義務の趣旨からして不適当であることから，自動車のみの交通の用に供する道路は，接道対象道路から除かれているものである。

　一定の地区計画の区域とは，地区整備計画が定められている区域のうち都市計画法第12条の11の規定により建築物その他の工作物の敷地として併せて利用すべき区域として定められている区域（いわゆる重複利用区域）のことである。

　重複利用区域内の道路等は，地区計画の内容に適合し，かつ，政令（令第145条第1項）で定める基準に適合する建築物については特定行政庁の認定により道路内建築制限を解除することができることとされているので（法第44条第1項第3号），他の道路に比し道路内に建築物が建築される蓋然性が高いこと等から，これを接道対象道路とすることは接道義務の趣旨からして不適当であるので除かれている。

　なお，自動車のみの交通の用に供する道路又は重複利用地域内の道路等は，沿道建築物の利用に供される道路ではないことから，法第43条以下の規定においては，法第44条（道路内建築制限）の場合を除き，道路としては取り扱われないこととされている。

　また，都市再生特別措置法の一部を改正する法律（平成23年法律第24号）により，特定都市再生緊急整備地域において，都市再生特別地区に関する都市計画として，重複利用区域が定められた道路（特定都市道路）については，前述した令第144条の5に規定する基準に合致しない場合であっても，特定高架道路等とみなすこととされている（都市再生特別措置法第36条の2，第36条の3第1項）。

　以上の原則に対する例外として，第2項では，
　①　敷地の周囲に公園，緑地，広場等広い空地を有する場合
　②　敷地が，農道等の幅員4m以上の公共の用に供する道に2m以上接する場合
　③　敷地が，十分な幅員を有し，かつ，道路に通ずる通路に有効に接する場合
のいずれかに適合する建築物で，特定行政庁が建築審査会の同意を得て許可したものについては，必ずしも道路に接していなくてもよいこととしている（本条第2項第2号，則第10条の3第4項）。

44

第3節　道路，建築物の敷地と道路との関係

　なお，本許可については，従来，建築確認の際に建築主事が個別にその安全性等を審査し認めていたものを，平成10年の建築基準法改正により，建築確認検査事務が民間開放されたことに伴い，特定行政庁の許可を要することとされたものである。このため，従来は建築主事が確認していたものであっても，現在は，特定行政庁の許可が必要であることに注意が必要である。

　さらに，その敷地が幅員4m以上の道であって，一定の基準に適合する道に2m以上接する建築物のうち，その用途及び規模から利用者が少数であることが明らかな場合は，特定行政庁の認定のみで，建築審査会の同意は不要となる。用途及び規模に関する基準は，道の種類に応じて定められており，具体的には下表のとおり。この際，法第43条第3項に基づく条例により制限が付加されている建築物については，認定の対象外となる。また，対象となる用途に供する建築物に関しては，用途上不可分である附属建築物も含まれている。この場合，認定の申請に際しては，将来にわたって関係者の通行を保証する観点から，道の土地の所有者・権利者のほか，管理者の承諾書を申請書に添えるものとしている（規則第10条の4の2第2項）。

　また，法上の道路と建築物の敷地との間にある河川や水路等（公共団体等が所有又は管理するものに限る。）に橋や蓋等が設けられている部分であって，当該部分が一般通行の用に供されている場合は，法上の道路と当該部分を合わせて規則第10条の3第1項第1号又は第4項第2号に規定する「農道その他これに類する公共の用に供する道」として扱い，認定又は許可の対象として差し支えないこととしている。

　なお，建築審査会が置かれていない限定特定行政庁の管内の建築物に対する許可については，都道府県知事が許可を実施しているが，本条第2項第1号で定める許可を有しない認定については，限定特定行政庁が実施することとなるのでその役割分担について注意を要する。（令第148条第2項）

　一方，百貨店，映画館，劇場，市場，倉庫等のように不特定多数の人あるいは多量の物資が搬出入する建築物の場合などは，それらの建築物の敷地が幅員4mの道路に2mのみ接すればよいとする制限だけでは，避難又は通行の安全を十分に確保できないことがむしろ普通である。

　第3項は，このような場合を考慮して，地方公共団体の条例で，建築物の用途又は規模の特殊性に応じて，各地方の実情にあわせて必要な制限を付加することができる旨規定したものである。

45

第7章　都市計画区域等における建築物の敷地，構造，建築設備及び用途

条例で制限を付加することができる建築物は，次の五つである。
①　特殊建築物
②　階数が3以上の建築物
③　政令（令第144条の6）で定める窓その他の開口部を有しない居室を有する建築物
④　延べ面積が1,000㎡を超える建築物
⑤　敷地が袋路状道路にのみ接する建築物で延べ面積が150㎡を超える建築物（一戸建て住宅を除く）。

なお，特殊建築物とは学校，劇場，病院，共同住宅等（法第2条第2号）である（法第2条の解説を参照）。

また，条例で付加することができる制限の内容は，次の四つである。
①　敷地が接しなければならない道路の幅員（例：一定規模以上の映画館は，幅員6m以上の道路に接すること）
②　敷地が道路に接する部分の長さ（道路延長。例：一定規模以上の百貨店の敷地は，道路に敷地の周長の8分の1以上接していること）
③　①及び②以外の敷地と道路との関係（例：劇場の敷地は，道路面より著しく低くてはならない）
④　建築物と道路との関係（例：百貨店の前面には，雑踏をさばく空地を設けること）

本条第1項にいう「道路に2m以上接しなければならない」という趣旨は，建築物の敷地が2m以上連続して道路に接するということであり，例えば1mずつ2箇所で道路に接しているような場合は，第1項に定める接道義務を満たしているということにはならない。また，道路と敷地との間の高低差がある場合については，十分な幅員の通路又は階段等を設けて通行上あるいは避難上支障がないものでなくてはならない。

また，路地状部分により接道している敷地については，本条（第2項に基づく条例）で要求される接道延長さえ満足すれば，路地状部分がどのような形態であってもよいというわけではない。路地状部分が途中で狭い幅しかないとか，長くて曲がりくねった形状のものであるというように，形式的には問題がないものであっても，実質的に，接道義務の趣旨にもとるような場合には，有効に接道していないものとして取り扱うべきであろう。すなわち，接道義務そのものの趣旨に立ち帰って個別的に接道の有効性を判定すべきである。

　　　　　　　　　　　　　　　　　第3節　道路，建築物の敷地と道路との関係

　なお，都道府県の条例によるのが適当であるかあるいは市町村の条例によるのが
適当かについては，法第40条の条例を定める場合と同様のことがいえるであろう
（法第40条の解説参照）。

〔建築物に対する制限の付加〕

　　（その敷地が4メートル未満の道路にのみ接する建築物に対する制限の付
　加）
法第43条の2　地方公共団体は，交通上，安全上，防火上又は衛生上必要があ
　ると認めるときは，その敷地が第42条第3項の規定により水平距離が指定さ
　れた道路にのみ2メートル（前条第3項各号のいずれかに該当する建築物で
　同項の条例によりその敷地が道路に接する部分の長さの制限が付加されてい
　るものにあつては，当該長さ）以上接する建築物について，条例で，その敷
　地，構造，建築設備又は用途に関して必要な制限を付加することができる。

　　　　　　　（平15法101・追加，平30法67・一部改正）

　密集市街地には法第42条第2項に基づき指定された幅員4m未満の道路（2項道
路）が多く，かつ，これに接する敷地の面積も狭小であるため，このような敷地に
存する建築物を建て替える場合は，建築物を道路境界線とみなされる線まで後退さ
せなければならず（法第44条），狭小な敷地にもかかわらず更に建築できる面積が
制限されることとなり，老朽化した木造建築物の任意の建替えが進まないことが危
惧される。

　このため，建築物の建替えに際し必要となる後退距離が2項道路よりも短い3項
道路（法第42条第3項に基づき水平距離を指定された道路）を活用することによっ
て，任意の建替えを促進することも重要であるが，密集市街地においては，単に3
項道路の指定を行うだけでは，交通上，安全上，防火上又は衛生上の観点から支障
が生じる場合があるため，3項道路の指定を行った場合，地方公共団体が，当該観
点から必要があると認めるときは，3項道路にのみ接する建築物について，条例
で，その敷地，構造，建築設備又は用途に関して必要な制限を付加できることとし
ている。

　なお，近年，歴史的街並みを有する地区において，歴史的街並みの特性を表す構
成要素として必要な建築物全般を対象とした街並み保存のニーズが高まっている。
これらの地区について，歴史的街並みの大きな要素である町家の保全及び町家と調
和した市街地環境の形成を図っていく上で，法第42条第3項の水平距離の指定と併

47

第 7 章　都市計画区域等における建築物の敷地，構造，建築設備及び用途

せて本条例を活用することも考えられる。

第 3 項　道路内の建築制限

　（道路内の建築制限）

法第44条　建築物又は敷地を造成するための擁壁は，道路内に，又は道路に突き出して建築し，又は築造してはならない。ただし，次の各号のいずれかに該当する建築物については，この限りでない。

一　地盤面下に設ける建築物

二　公衆便所，巡査派出所その他これらに類する公益上必要な建築物で特定行政庁が通行上支障がないと認めて建築審査会の同意を得て許可したもの

三　第43条第 1 項第 2 号の道路の上空又は路面下に設ける建築物のうち，当該道路に係る地区計画の内容に適合し，かつ，政令で定める基準に適合するものであつて特定行政庁が安全上，防火上及び衛生上支障がないと認めるもの

四　公共用歩廊その他政令で定める建築物で特定行政庁が安全上，防火上及び衛生上他の建築物の利便を妨げ，その他周囲の環境を害するおそれがないと認めて許可したもの

2　特定行政庁は，前項第 4 号の規定による許可をする場合においては，あらかじめ，建築審査会の同意を得なければならない。

　　　　（昭32法101・昭34法156・昭43法101・平 元 法56・平10法100・平14法85・平30法22・一部改正）

　本条は，いわゆる道路内建築制限を定めたものである。

　市街地における道路は，一般交通の用に供する空間，街区の整序，沿道建築物の日照，採光，通風等の確保，災害時の避難や消防活動の場等として安全で良好な市街地環境の確保をする上で極めて重要な役割を果たしている。本条は，このような重要な役割を果たしている道路又は道路の上空を開放空間として確保し，道路が担っている種々の機能の保持を図る趣旨で設けられた規定である。建築基準法は，道路又は道路の上空が開放空間として確保されることを前提に建築物と道路との関係について種々の規制を行っており，道路内建築制限は，その前提となる重要な制限である。

48

第3節　道路，建築物の敷地と道路との関係

　建築物又は敷地を造成するための擁壁は，原則として道路内に，又は道路に突き出して建築してはならない（道路内建築制限）。建築物に附属する門，へいは，建築物（法第2条第1号参照）であるから，道路内建築制限がかかる。建築物の出入口及び窓の扉も建築物の一部である以上道路に突き出ることはできない（行政実例S26住指発第634号）。本条にいう道路には自動車のみの交通の用に供する道路も含まれる。

　ただし，第1項各号に掲げる建築物については，例外的に道路内に建築することができることとされている。第1項に定められているのは，次の①から④に掲げる建築物である。

①　地盤面下に建築する建築物

　地盤面下に建築する建築物は，道路上空の開放空間の確保等を図るという道路内建築制限の目的に抵触しないので，道路内に建築することができるとされている。

②　公衆便所，巡査派出所等の公益上必要な建築物で特定行政庁が通行上支障がないと認めて建築審査会の同意を得て許可したもの

　道路内に立地することが公益上の観点からみて合理的に必要と認められる建築物で道路内にあっても通行上支障がないものである。

③　地区計画において道路と建築物等の一体的整備をすることが適切であると位置づけられている区域（いわゆる重複利用区域。都市計画法第12条の11）内道路等の上空又は路面下に設ける建築物のうち，当該地区計画の内容に適合し，かつ，政令（令第145条第1項）で定める基準に適合するもので特定行政庁が支障がないと認めるもの

　いわゆる立体道路制度により道路内に建築される建築物である。立体道路制度とは，市街地における幹線道路の整備と併せて，良好な市街地環境を確保しつつ適正かつ合理的な土地利用を促進するため，道路法等の一部を改正する法律（平成元年法律第56号）により創設された道路と建築物等を一体的に整備するための制度で，「許可」に比べて裁量の範囲の狭い「認定」により道路内建築制限を解除することで建築物の計画段階において道路内建築制限が解除されるかどうかという予測を可能とし，道路と建築物の一体的整備の円滑化を図ったものである。

　法第44条第1項第3号の認定（以下「本認定」という。）の対象となる道路については，道路内に建築物が設けられても周辺の市街地環境に及ぼす影響が少なく，災害時の避難や消火活動の上でも支障がないものでなければならないという

49

第7章　都市計画区域等における建築物の敷地，構造，建築設備及び用途

観点から，地区計画の内容及び令第145条第1項で定める基準に適合しているものに限っている。なお，重複利用区域は，都市計画施設である道路の整備と併せて当該都市計画施設である道路の上空又は路面下において建築物等の整備を一体的に行うことが適切であると認められる場合に限って定められる（都市計画法第12条の11）ものであり，本認定により道路内に建築される建築物の敷地は，他の道路に接していることが必要である。

　なお，前述した特定都市道路の上空又は路面下に設ける建築物のうち，当該特定都市道路に係る都市再生特別地区に関する都市計画の内容に適合するものについても，特定行政庁の認定等により，本号に該当する建築物とみなすこととされている。（都市再生特別措置法第36条の3第2項）

　本認定の対象となる建築物に関する基準については，令第145条第1項の解説を参照されたい。

④　公共用歩廊その他政令（令第145条第2項，第3項）で定める建築物で特定行政庁が他の建築物の利便を妨げ，その他周囲の環境を害するおそれがないと認めて許可したもの

　許可の対象となるのは，次に掲げる建築物である。

　㋐　公共用歩廊

　　公共用歩廊とは，がんぎ，商店街のアーケード等公衆が自由に利用し，又は出入りすることができる場所に設けられる歩廊のことをいう。なお，アーケードの取扱いについては，「アーケード設置基準」（S30発住第5号，国消発第72号，発備第2号）が出されており，アーケードを設置する場合における許可等の考え方を定めている。

　㋑　道路の上空に設けられる渡り廊下等の通行又は運搬の用途に供する建築物で，次のイ，ロ，又はハのいずれかに該当し，かつ，特定主要構造部が耐火構造であるか，又は主要構造部が不燃材料で造られている建築物に設けられるもの

　　イ　学校，病院，老人ホームその他これらに類する用途に供する建築物に設けられるもので，生徒，患者，老人等の通行の危険を防止するために必要なもの

　　ロ　建築物の5階以上の階に設けられるもので，その建築物の避難施設として必要なもの

　　ハ　多数人の通行又は多量の物品の運搬の用途に供するもので，道路の交通

50

第3節　道路，建築物の敷地と道路との関係

の緩和に寄与するもの

　いわゆる道路上空通路で危険防止，避難，交通の緩和に寄与するものについては，個別に支障の有無を判断し，支障がない場合には特定行政庁の許可により道路内に建築することができることとしたものである。なお，道路上空通路の取扱いについては，「道路の上空に設ける道路に係る建築基準法第44条第1項第四号の規定に基づく許可の運用について」（H30国住指第1201号，国住街第80号）が出されており，道路上空通路を設置する場合における許可等の考え方を定めている。

⑰　建築物の高さの最低限度が定められている高度地区（最低限高度地区），高度利用地区又は都市再生特別地区内の自動車のみの交通の用に供する道路の上空に設けられる建築物

　最低限高度地区は，土地利用の増進を図るため建築物の高さの最低限度を定める地区（都市計画法第9条第17項），高度利用地区は，市街地における土地の合理的かつ健全な高度利用と都市機能の更新とを図る地区（都市計画法第9条第18項），都市再生特別地区は，都市の再生に貢献し，土地の合理的かつ健全な高度利用を図る地区（都市再生特別措置法第36条第1項）である。いずれも土地の高度利用を図るべき要請が高い地区であることから，上空に建築物が設けられた場合であっても，周辺の市街地環境に与える影響が相対的に少ない自動車のみの交通の用に供する道路の上空については，個別に支障の有無を判断した上で，支障がない場合には特定行政庁の許可により建築物を建築することができることとしたものである。

㊁　高架の道路の路面下に設けられる建築物

　高架の道路の路面下については，市街地における開放空間としての役割を果たしていないものもあり，建築物が設けられても周辺の市街地環境に与える影響が比較的少ない場合があることから，個別に支障の有無を判断した上で，支障がない場合には特定行政庁の許可により建築物を建築することができることとしたものである。

㊥　自動車のみの交通の用に供する道路に設けられる建築物である休憩所，給油所その他の自動車に燃料又は動力源として電気を供給するための施設及び自動車修理所

　自動車のみの交通の用に供する道路は，周辺市街地とは隔絶された閉鎖空間であることから，その内に利用者のための休憩所，給油所，水素自動車のため

51

第7章　都市計画区域等における建築物の敷地，構造，建築設備及び用途

の水素等供給施設や電気自動車のための充電施設等及び自動車修理所を設ける場合があるが，これらは利用者のためのサービス施設であって，公益上必要な建築物には該当しないので，特定行政庁の許可により道路内に建築することができることとしたものである。

なお，④から㋖に掲げる建築物のうち道路の上空に設けられているものの構造については，令第145条第3項において，延焼の防止や路上への落下防止の観点から一定の制限を設けている。

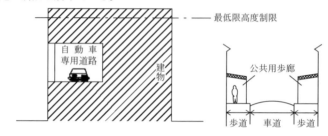

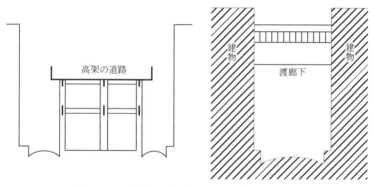

図7－5　道路，建築物の敷地と道路との関係

（道路内に建築することができる建築物に関する基準等）
令第145条　法第44条第1項第3号の政令で定める基準は，次のとおりとする。
　一　特定主要構造部が耐火構造であること。
　二　耐火構造とした床若しくは壁又は特定防火設備のうち，次に掲げる要件

第3節　道路，建築物の敷地と道路との関係

を満たすものとして，国土交通大臣が定めた構造方法を用いるもの又は国土交通大臣の認定を受けたもので道路と区画されていること。

　　イ　第112条第19項第1号イ及びロ並びに第2号ロに掲げる要件を満たしていること。

　　ロ　閉鎖又は作動をした状態において避難上支障がないものであること。

　三　道路の上空に設けられる建築物にあつては，屋外に面する部分に，ガラス（網入りガラスを除く。），瓦，タイル，コンクリートブロック，飾石，テラコッタその他これらに類する材料が用いられていないこと。ただし，これらの材料が道路上に落下するおそれがない部分については，この限りでない。

2　法第44条第1項第4号の政令で定める建築物は，道路（高度地区（建築物の高さの最低限度が定められているものに限る。以下この項において同じ。），高度利用地区又は都市再生特別地区内の自動車のみの交通の用に供するものを除く。）の上空に設けられる渡り廊下その他の通行又は運搬の用途に供する建築物で，次の各号のいずれかに該当するものであり，かつ，特定主要構造部が耐火構造であるか又は主要構造部が不燃材料で造られている建築物に設けられるもの，高度地区，高度利用地区又は都市再生特別地区内の自動車のみの交通の用に供する道路の上空に設けられる建築物，高架の道路の路面下に設けられる建築物並びに自動車のみの交通の用に供する道路に設けられる建築物である休憩所，給油所その他の自動車に燃料又は動力源としての電気を供給するための施設及び自動車修理所（高度地区，高度利用地区又は都市再生特別地区内の自動車のみの交通の用に供する道路の上空に設けられるもの及び高架の道路の路面下に設けられるものを除く。）とする。

　一　学校，病院，老人ホームその他これらに類する用途に供する建築物に設けられるもので，生徒，患者，老人等の通行の危険を防止するために必要なもの

　二　建築物の5階以上の階に設けられるもので，その建築物の避難施設として必要なもの

　三　多数人の通行又は多量の物品の運搬の用途に供するもので，道路の交通の緩和に寄与するもの

3　前項の建築物のうち，道路の上空に設けられるものの構造は，次の各号に定めるところによらなければならない。

第7章　都市計画区域等における建築物の敷地，構造，建築設備及び用途

　　一　構造耐力上主要な部分は，鉄骨造，鉄筋コンクリート造又は鉄骨鉄筋コ
　　　ンクリート造とし，その他の部分は，不燃材料で造ること。
　　二　屋外に面する部分には，ガラス（網入ガラスを除く。），瓦，タイル，コ
　　　ンクリートブロック，飾石，テラコッタその他これらに類する材料を用い
　　　ないこと。ただし，これらの材料が道路上に落下するおそれがない部分に
　　　ついては，この限りでない。
　　三　道路の上空に設けられる建築物が渡り廊下その他の通行又は運搬の用途
　　　に供する建築物である場合においては，その側面には，床面からの高さが
　　　1.5メートル以上の壁を設け，その壁の床面からの高さが1.5メートル以下
　　　の部分に開口部を設けるときは，これにはめごろし戸を設けること。

　　　　　（昭34政344・追加，昭37政332・昭42政335・平元政309・平5政170・平12政
　　　　　211・平12政312・平14政191・平17政246・平30政255・令元政30・令元政181
　　　　　・令5政280・令5政324・一部改正）

　法第44条第1項第3号の認定の対象となる建築物については，建築物又は道路の
一方で火災が起こった場合に他方に及ぶ影響を最小限に抑えるとともに，路上への
落下物を防止する観点から，第1項は次のような基準を定めている。
第1号
　建築物の特定主要構造部を耐火構造とすること。
　建築物において火災が生じた場合に，他の建築物や道路への延焼を防止し，逆
に，道路上で火災が生じた場合に，建築物に延焼することを防止するため，建築物
の特定主要構造部を耐火構造とすることとした。
第2号
　建築物と道路とは，耐火構造の床若しくは壁又は特定防火設備のうち一定の要件
を満たすもの若しくは国土交通大臣の認定を受けたもので区画すること。
　建築物又は道路の一方で火災が生じた場合に他方への延焼を防止するため，ある
いは，延焼の時間をできるだけ遅らせるため，建築物と道路とは，耐火構造の床若
しくは壁又は特定防火設備のうち国土交通大臣の定める基準を満たすもの若しくは
国土交通大臣の認定を受けたもので区画することとした。なお，当該区画は，令第
112条第18項に規定するいわゆる異種用途区画と同等の区画である。
　なお，国土交通大臣が定める基準については，S48建告第2564号において定めら
れている。

54

第3節　道路，建築物の敷地と道路との関係

第3号

　建築物が道路の上空に設けられる場合には，道路に面する部分には，原則として，ガラス，瓦等落下するおそれのある材料を用いないこと。

　地震，強風等により建築物から落下物が生じ，道路交通に支障をきたさないよう，建築物の道路に面する部分には，落下物対策を講ずることとした。

　第2項及び第3項については，法第44条第1項第4号の解説を参照されたい。

第4項　私道の変更又は廃止

　（私道の変更又は廃止の制限）

法第45条　私道の変更又は廃止によつて，その道路に接する敷地が第43条第1項の規定又は同条第3項の規定に基づく条例の規定に抵触することとなる場合においては，特定行政庁は，その私道の変更又は廃止を禁止し，又は制限することができる。

2　第9条第2項から第6項まで及び第15項の規定は，前項の措置を命ずる場合に準用する。

　　　　　　（平5法89・平30法67・一部改正）

　私道は，私人が自己の所有する土地（又は借地）を提供して築造する道路でその管理も私人が行うものであるから，私道を変更し又は廃止することは，本来自由なはずである。しかし，当該私道によって法第43条の接道義務を満たしている第三者の建築物の敷地がある場合は，当該私道の変更又は廃止によってその第三者の建築物が一方的に違反状態になることとなる。

　このような不合理な結果が生じないように，私道の変更又は廃止によってその道路に接する敷地が法第43条の接道義務に抵触することとなる場合は，特定行政庁は，法第9条に基づく一般の違反是正命令に準じた手続で私道の変更又は廃止を禁止し，又は制限することができるとするのが本条の規定である。この規定の趣旨を受けて，特定行政庁の規則では，私道の変更又は廃止に関して事前の届出，承認等の手続を要求している例が多い。このような定めがある場合は，所定の手続を経ずに私道を変更したり廃止したりすることは許されない。

　私道の変更又は廃止の例としては，へい等の障害物を設けて通行を遮断し，あるいは制限したりする場合などが考えられる。ただし，法第43条で予定している道路

第7章　都市計画区域等における建築物の敷地，構造，建築設備及び用途

の効用を損わない程度のもの，例えば道路の破損防止等のため重量車の通過を禁ずる交通制限等であれば，道路交通法等他法令の関係は別として，少なくとも本条に違反するものとはいえないであろう。

第5項　壁面線による建築制限

（壁面線の指定）

法第46条　特定行政庁は，街区内における建築物の位置を整えその環境の向上を図るために必要があると認める場合においては，建築審査会の同意を得て，壁面線を指定することができる。この場合においては，あらかじめ，その指定に利害関係を有する者の出頭を求めて公開による意見の聴取を行わなければならない。

2　前項の規定による意見の聴取を行う場合においては，同項の規定による指定の計画並びに意見の聴取の期日及び場所を期日の3日前までに公告しなければならない。

3　特定行政庁は，第1項の規定による指定をした場合においては，遅滞なく，その旨を公告しなければならない。

（平5法89・一部改正）

法第44条の道路内の建築制限は，道路への建築物の突出を禁止し，最小限道路幅員だけの空間を確保するものであるが，建築物と道路との相対的な位置についてまで制限を加えるものではない。

これに対して，壁面線による建築制限は，特定行政庁が指定した壁面線より建築物を後退させることによって建築物の位置を整えたり，建築物と道路境界線との間に空地を確保すること等を目的とするものである。

壁面線制度の活用により，地域の特性に応じて，例えば以下の効果の実現を図ることが考えられる。

①　住宅地では，道路に面した敷地に前庭が確保されたり，建築物の位置も整うなど環境の向上に役立つ。

②　商店街では，買物客の通行のためのスペースができて雑踏をさばくのに効果的であるとともに建築物の配置を整え街区の環境の向上を図ることができる。

なお，道路に沿って，壁面線の指定がある場合において特定行政庁が敷地内に道

56

第3節　道路，建築物の敷地と道路との関係

路と一体的かつ連続的に有効な空地が確保されていること等の基準に適合すると認めて許可した建築物については，前面道路幅員による容積率制限が緩和される（法第52条第11項）こととされている。また，前面道路又は隣地境界線から後退して壁面線の指定がある場合において，特定行政庁が安全上，防火上及び衛生上支障がないと認めて許可した建築物の建蔽率は，緩和できる（法第53条第4項，第5項）こととされている。

第1項

壁面線の指定は，以上のような効果をねらって必要に応じて特定行政庁が能動的に行うべきものであるが，壁面線によって敷地の利用は重大な制限を受けることになるので，その指定に当たっては，事前に利害関係者の参加を求めて公開による聴聞を行うことを義務づけ，利害関係者の保護を期している。また，建築審査会の同意も必要である。

第2項

聴聞会を開催する場合は，①壁面線の指定計画，②聴聞の期日・場所を期日の3日前までに公告する必要がある。これは，利害関係人が聴聞に参加する機会を失わないようにするためである。

第3項

また，壁面線の指定をした場合は，遅滞なくその旨を公告しなければならない。公告の方法については，特段の定めはないが，公報への掲載や役所の掲示板への掲示など少なくとも当該地方公共団体が行っている通常の方法程度の周知措置を講ずる必要があろう。

（壁面線による建築制限）

法第47条　建築物の壁若しくはこれに代る柱又は高さ2メートルをこえる門若しくはへいは，壁面線を越えて建築してはならない。ただし，地盤面下の部分又は特定行政庁が建築審査会の同意を得て許可した歩廊の柱その他これに類するものについては，この限りでない。

（昭34法156・一部改正）

壁面線を越えて建築できないものとしては，次のものがある（法第47条本文）。

①　建築物の壁又はこれに代る柱

「建築物の壁」には，屋根，外壁のないバルコニー，外壁のない屋外階段，玄関のポーチ等は含まれない。

第7章　都市計画区域等における建築物の敷地，構造，建築設備及び用途

②　高さ2mを超える門又はへい

上記の①，②の例外として，次のものは壁面線を越えて建築することができる（同条ただし書）。

⑦　地盤面下の部分

①　特定行政庁が建築審査会の同意を得て許可した歩廊の柱その他これらに類するもの

⑦は，壁面線の制限をすること自体が無意味な場合であるし，①は，中高層建築物の低層部を歩廊として利用するため中層部と低層部とで壁面の位置をずらした立体的な壁面線の指定をした場合（例えば，歩道確保のため高さ3mまで道路境界から2mの壁面線を指定するという場合）等のための措置である。

第4節　用途規制

第4節　用途規制

第1項　用途規制

（用途地域等）

法第48条　第一種低層住居専用地域内においては，別表第2(い)項に掲げる建築物以外の建築物は，建築してはならない。ただし，特定行政庁が第一種低層住居専用地域における良好な住居の環境を害するおそれがないと認め，又は公益上やむを得ないと認めて許可した場合においては，この限りでない。

2　第二種低層住居専用地域内においては，別表第2(ろ)項に掲げる建築物以外の建築物は，建築してはならない。ただし，特定行政庁が第二種低層住居専用地域における良好な住居の環境を害するおそれがないと認め，又は公益上やむを得ないと認めて許可した場合においては，この限りでない。

3　第一種中高層住居専用地域内においては，別表第2(は)項に掲げる建築物以外の建築物は，建築してはならない。ただし，特定行政庁が第一種中高層住居専用地域における良好な住居の環境を害するおそれがないと認め，又は公益上やむを得ないと認めて許可した場合においては，この限りでない。

4　第二種中高層住居専用地域内においては，別表第2(に)項に掲げる建築物は，建築してはならない。ただし，特定行政庁が第二種中高層住居専用地域における良好な住居の環境を害するおそれがないと認め，又は公益上やむを得ないと認めて許可した場合においては，この限りでない。

5　第一種住居地域内においては，別表第2(ほ)項に掲げる建築物は，建築してはならない。ただし，特定行政庁が第一種住居地域における住居の環境を害するおそれがないと認め，又は公益上やむを得ないと認めて許可した場合においては，この限りでない。

6　第二種住居地域内においては，別表第2(へ)項に掲げる建築物は，建築してはならない。ただし，特定行政庁が第二種住居地域における住居の環境を害するおそれがないと認め，又は公益上やむを得ないと認めて許可した場合においては，この限りでない。

7　準住居地域内においては，別表第2(と)項に掲げる建築物は，建築してはならない。ただし，特定行政庁が準住居地域における住居の環境を害するおそ

59

第7章　都市計画区域等における建築物の敷地，構造，建築設備及び用途

れがないと認め，又は公益上やむを得ないと認めて許可した場合においては，この限りでない。

8　田園住居地域内においては，別表第2(ち)項に掲げる建築物以外の建築物は，建築してはならない。ただし，特定行政庁が農業の利便及び田園住居地域における良好な住居の環境を害するおそれがないと認め，又は公益上やむを得ないと認めて許可した場合においては，この限りでない。

9　近隣商業地域内においては，別表第2(り)項に掲げる建築物は，建築してはならない。ただし，特定行政庁が近隣の住宅地の住民に対する日用品の供給を行うことを主たる内容とする商業その他の業務の利便及び当該住宅地の環境を害するおそれがないと認め，又は公益上やむを得ないと認めて許可した場合においては，この限りでない。

10　商業地域内においては，別表第2(ぬ)項に掲げる建築物は，建築してはならない。ただし，特定行政庁が商業の利便を害するおそれがないと認め，又は公益上やむを得ないと認めて許可した場合においては，この限りでない。

11　準工業地域内においては，別表第2(る)項に掲げる建築物は，建築してはならない。ただし，特定行政庁が安全上若しくは防火上の危険の度若しくは衛生上の有害の度が低いと認め，又は公益上やむを得ないと認めて許可した場合においては，この限りでない。

12　工業地域内においては，別表第2(を)項に掲げる建築物は，建築してはならない。ただし，特定行政庁が工業の利便上又は公益上必要と認めて許可した場合においては，この限りでない。

13　工業専用地域内においては，別表第2(わ)項に掲げる建築物は，建築してはならない。ただし，特定行政庁が工業の利便を害するおそれがないと認め，又は公益上やむを得ないと認めて許可した場合においては，この限りでない。

14　第一種低層住居専用地域，第二種低層住居専用地域，第一種中高層住居専用地域，第二種中高層住居専用地域，第一種住居地域，第二種住居地域，準住居地域，田園住居地域，近隣商業地域，商業地域，準工業地域，工業地域又は工業専用地域（以下「用途地域」と総称する。）の指定のない区域（都市計画法第7条第1項に規定する市街化調整区域を除く。）内においては，別表第2(か)項に掲げる建築物は，建築してはならない。ただし，特定行政庁が当該区域における適正かつ合理的な土地利用及び環境の保全を図る上で支

第4節　用途規制

障がないと認め，又は公益上やむを得ないと認めて許可した場合において
は，この限りでない。

15　特定行政庁は，前各項のただし書の規定による許可（次項において「特例
　　許可」という。）をする場合においては，あらかじめ，その許可に利害関係
　　を有する者の出頭を求めて公開により意見を聴取し，かつ，建築審査会の同
　　意を得なければならない。

16　前項の規定にかかわらず，特定行政庁は，第1号に該当する場合において
　　は同項の規定による意見の聴取及び同意の取得を要せず，第2号に該当する
　　場合においては同項の規定による同意の取得を要しない。

　一　特例許可を受けた建築物の増築，改築又は移転（これらのうち，政令で
　　　定める場合に限る。）について特例許可をする場合

　二　日常生活に必要な政令で定める建築物で，騒音又は振動の発生その他の
　　　事象による住居の環境の悪化を防止するために必要な国土交通省令で定め
　　　る措置が講じられているものの建築について特例許可（第1項から第7項
　　　までの規定のただし書の規定によるものに限る。）をする場合

17　特定行政庁は，第15項の規定により意見を聴取する場合においては，その
　　許可しようとする建築物の建築の計画並びに意見の聴取の期日及び場所を期
　　日の3日前までに公告しなければならない。

　　　　　　（昭45法109・全改，平4法82・平5法89・平18法46・平29法26・平30法67・
　　　　　　一部改正）

　用途規制は，都市計画における土地利用計画の実現を図るとともに，市街地の環
境を保全するためのもっとも基本的な制限であり，建築物の密度，形態等の制限と
併せて，健康で文化的な都市生活を実現させ，都市活動をより機能的なものにする
ために定められるルールである。

　これにより，市街地を構成する各建築物，各用途相互の悪影響を防止するととも
に，それぞれの用途に応じ十分な機能を発揮させようとするものである。例えば，
住宅と公害を発生させる工場といったようなそれぞれ相容れない異なる用途を仕分
けし隔離するとともに，住宅地においては日用品店舗等の住宅の近隣に必要な用途
のみを立地させること等により，全体として調和のとれた都市を形成していこうと
するものである。

　現在わが国で行われている用途規制では，基本的に市街地を，住宅地，商業業務

61

第7章　都市計画区域等における建築物の敷地，構造，建築設備及び用途

地，工業地の三種に分け，それらをさらに，第一種低層住居専用地域，第二種低層
住居専用地域，第一種中高層住居専用地域，第二種中高層住居専用地域，第一種住
居地域，第二種住居地域，準住居地域，田園住居地域，近隣商業地域，商業地域，
準工業地域，工業地域，工業専用地域の13種類の地域に分けて制限を行っている。
加えて，地区内の建築物の用途構成の特殊性，産業の特殊性等に即応したよりきめ
細かな用途規制を行う必要のある場合，基本となる用途規制を補完して，特別用途
地区，特定用途制限地域，地区計画，又は法第48条第1項から第14項までの各々の
ただし書許可により対応することが可能であり，これにより，全国一律適用の13種
類の用途地域をベースに，地域の実情に合わせたより柔軟な規制とすることができ
る。

　用途規制の方法としては次の二つがある。

　①　ある地域の指定目的に従い，できるだけ限定して許容できる用途の幅を定め
　　　る方法で，通常はいくつかの許容できる用途を列記する方法をとる。

　②　ある地域における環境の阻害，各種機能の利便の阻害等を防止するため，そ
　　　の地域に許容できない用途の範囲を定める方法で，通常はいくつかの許容でき
　　　ない用途を列記する方法をとる。

現行の建築基準法では，第一種低層住居専用地域，第二種低層住居専用地域，第
一種中高層住居専用地域及び田園住居地域については，第一のタイプを，第二種中
高層住居専用地域及び第一種住居地域では，第二のタイプをベースにして第一のタ
イプを混合した方法を，他の7地域については第二のタイプの規制方法をとってい
る。

　第一種低層住居専用地域，第二種低層住居専用地域，第一種中高層住居専用地
域，第二種中高層住居専用地域，第一種住居地域，第二種住居地域，準住居地域，
近隣商業地域，商業地域，準工業地域の用途制限は，主として住環境の保全の観点
からは，この順序で緩やかになっている。田園住居地域は，農業の利便の増進と住
環境の保護を両立する地域であり，用途制限は第二種低層住居専用地域におけるも
のを基本とし，小規模な農業関連施設がこれに追加されている。商業地域は，工場
等を除いては，最も用途規制が緩く，遊興施設を含んだ雑多な用途の集積した地域
となる。また，工業地域及び工業専用地域については，工業の利便性の観点から用
途の規制が行われている。

　なお，用途地域制度の沿革をみると，昭和45年の法改正により，それまでの住居
地域，商業地域，準工業地域及び工業地域に加えて，近隣商業地域が新たに設けら

第4節　用途規制

れるとともに，住居専用地区及び工業専用地区が廃止され，第一種住居専用地域，第二種住居専用地域及び工業専用地域が設けられることにより，8地域とされた。さらに，平成4年の法改正により，第一種住居専用地域，第二種住居専用地域及び住居地域が廃止され，第一種低層住居専用地域，第二種低層住居専用地域，第一種中高層住居専用地域，第二種中高層住居専用地域，第一種住居地域，第二種住居地域及び準住居地域が設けられることにより，用途規制が12地域に詳細化された。その後，平成29年の法改正により，田園住居地域が新たに設けられたことにより，現行の13地域となったものである。なお，第一種低層住居専用地域，第二種中高層住居専用地域及び第二種住居地域の用途規制は，それぞれ法改正前の第一種住居専用地域，第二種住居専用地域及び住居地域の用途規制を概ね引き継ぐものとなっている。

　また，具体的な建築物の用途を規定する法別表第2については，昭和34年，35年，36年，37年，45年，50年，51年，59年，62年，平成4年，10年，18年，29年にそれぞれ一部改正が行われ現在に至っている。

63

第7章　都市計画区域等における建築物の敷地，構造，建築設備及び用途

表7－3　用途地域内の

例示	第一種低層住居専用地域	第二種低層住居専用地域
住宅，共同住宅，寄宿舎，下宿		
兼用住宅のうち店舗，事務所等の部分が一定の規模以下のもの		
幼稚園，小学校，中学校，高等学校		
図書館等		
神社，寺院，教会等		
老人ホーム，身体障害者福祉ホーム等		
保育所等，公衆浴場，診療所		
老人福祉センター，児童厚生施設等	1)	1)
巡査派出所，公衆電話所等		
大学，高等専門学校，専修学校等		
病院		
2階以下かつ床面積の合計が150㎡以内の一定の店舗，飲食店等		
〃　　　500㎡以内　　　〃		
上記以外の店舗，飲食店		
上記以外の事務所等		
ボーリング場，スケート場，水泳場等		
ホテル，旅館		
自動車教習所，床面積の合計が15㎡を超える畜舎		
マージャン屋，ぱちんこ屋，射的場，勝馬投票券発売所等		
カラオケボックス等		
2階以下かつ床面積の合計が300㎡以下の自動車車庫		
営業用倉庫，3階以上又は床面積の合計が300㎡を超える自動車車庫（一定の規模以下の附属車庫等を除く）		
客席の部分の床面積の合計が200㎡未満の劇場，映画館，演芸場，観覧場		
〃　　　200㎡以上　　　〃		
劇場，映画館，演芸場，観覧場，店舗，飲食店，展示場，遊技場，勝馬投票券発売所，車券売場，勝舟投票券発売所に供する建築物でその用途に供する部分の床面積の合計が10,000㎡を超えるもの		
キャバレー，料理店，ナイトクラブ，ダンスホール等		
個室付浴場業に係る公衆浴場等		
作業場の床面積の合計が50㎡以下の工場で危険性や環境を悪化させるおそれが非常に少ないもの		
作業場の床面積の合計が150㎡以下の自動車修理工場		
作業場の床面積の合計が150㎡以下の工場で危険性や環境を悪化させるおそれが少ないもの		
日刊新聞の印刷所，作業場の床面積の合計が300㎡以下の自動車修理工場		
作業場の床面積の合計が150㎡を超える工場又は危険性や環境の悪化させるおそれがやや多いもの		
危険性が大きいか又は著しく環境を悪化させるおそれがある工場		

第4節　用途規制

建築物の用途に関する制限

第一種中高層住居専用地域	第二種中高層住居専用地域	第一種住居地域	第二種住居地域	準住居地域	近隣商業地域	商業地域	準工業地域	工業地域	工業専用地域	白地地域
									5)	
									5)	
	2)	3)	4)	4)			4)		5)	4)
	2)	3)								
		3)								
		3)								
		3)								
			4)	4)			4)			4)
			4)	4)			4)	4)		4)
										4)

第7章　都市計画区域等における建築物の敷地，構造，建築設備及び用途

火薬類，石油類，ガス等の危険物の貯蔵，処理の量が非常に少ない施設			
〃　　　　　　　　　　少ない施設			
〃　　　　　　　　　　やや多い施設			
〃　　　　　　　　　　多い施設			

☐建てられる用途　▨建てられない用途

1）については，一定規模以下のものに限り建築可能。

2）については，当該用途に供する部分が2階以下かつ1,500㎡以下の場合に限り建築可能。

3）については，当該用途に供する部分が3,000㎡以下の場合に限り建築可能。

4）については，当該用途に供する部分が10,000㎡以下の場合に限り建築可能。

5）については，物品販売店舗，飲食店が建築禁止。

※田園住居地域については，第二種低層住居専用地域の建築可能用途に加え，以下のものが建築可能。

- 農産物の生産，集荷，処理又は貯蔵に供するもの（著しい騒音を発する物を除く）
- 農業の生産資材の貯蔵に供するもの
- 地域で生産された農産物の販売を主たる目的とする店舗その他の農業の利便を増進するために必要な店舗，飲食を除く。）

第 4 節　用途規制

	2）	3）								

店等でその用途に供する部分の床面積の合計が500平方メートル以内のもの（3階以上の部分をその用途に供するもの

第7章　都市計画区域等における建築物の敷地，構造，建築設備及び用途

法別表第2　用途地域等内の建築物の制限（第27条，第48条，第68条の3関係）

（昭34法156・旧別表第1繰下・一部改正，昭35法140・昭36法115・昭37法81・昭45法109・昭50法59・昭51法83・昭59法76・昭62法66・平4法82・平10法55・平18法46・平24法67・平26法54・平27法45・平29法26・一部改正）

(い)	第一種低層住居専用地域内に建築することができる建築物	1　住宅 2　住宅で事務所，店舗その他これらに類する用途を兼ねるもののうち政令で定めるもの 3　共同住宅，寄宿舎又は下宿 4　学校（大学，高等専門学校，専修学校及び各種学校を除く。），図書館その他これらに類するもの 5　神社，寺院，教会その他これらに類するもの 6　老人ホーム，保育所，福祉ホームその他これらに類するもの 7　公衆浴場（風俗営業等の規制及び業務の適正化等に関する法律（昭和23年法律第122号）第2条第6項第1号に該当する営業（以下この表において「個室付浴場業」という。）に係るものを除く。） 8　診療所 9　巡査派出所，公衆電話所その他これらに類する政令で定める公益上必要な建築物 10　前各号の建築物に附属するもの（政令で定めるものを除く。）
(ろ)	第二種低層住居専用地域内に建築することができる建築物	1　(い)項第1号から第9号までに掲げるもの 2　店舗，飲食店その他これらに類する用途に供するもののうち政令で定めるものでその用途に供する部分の床面積の合計が150平方メートル以内のもの（3階以上の部分をその用途に供するものを除く。） 3　前2号の建築物に附属するもの（政令で定めるものを除く。）
(は)	第一種中高層住居専用地域	1　(い)項第1号から第9号までに掲げるもの 2　大学，高等専門学校，専修学校その他これらに

第4節　用途規制

	内に建築することができる建築物	類するもの 3　病院 4　老人福祉センター，児童厚生施設その他これらに類するもの 5　店舗，飲食店その他これらに類する用途に供するもののうち政令で定めるものでその用途に供する部分の床面積の合計が500平方メートル以内のもの（3階以上の部分をその用途に供するものを除く。） 6　自動車車庫で床面積の合計が300平方メートル以内のもの又は都市計画として決定されたもの（3階以上の部分をその用途に供するものを除く。） 7　公益上必要な建築物で政令で定めるもの 8　前各号の建築物に附属するもの（政令で定めるものを除く。）
(に)	第二種中高層住居専用地域内に建築してはならない建築物	1　(ほ)項第2号及び第3号，(へ)項第3号から第5号まで，(と)項第4号並びに(り)項第2号及び第3号に掲げるもの 2　工場（政令で定めるものを除く。） 3　ボーリング場，スケート場，水泳場その他これらに類する政令で定める運動施設 4　ホテル又は旅館 5　自動車教習所 6　政令で定める規模の畜舎 7　3階以上の部分を(は)項に掲げる建築物以外の建築物の用途に供するもの（政令で定めるものを除く。） 8　(は)項に掲げる建築物以外の建築物の用途に供するものでその用途に供する部分の床面積の合計が1,500平方メートルを超えるもの（政令で定めるものを除く。）
(ほ)	第一種住居地域内に建築してはならない	1　(へ)項第1号から第5号までに掲げるもの 2　マージャン屋，ぱちんこ屋，射的場，勝馬投票券発売所，場外車券売場その他これらに類するも

69

第7章　都市計画区域等における建築物の敷地，構造，建築設備及び用途

	建築物	の 3　カラオケボックスその他これに類するもの 4　㈱項に掲げる建築物以外の建築物の用途に供するものでその用途に供する部分の床面積の合計が3,000平方メートルを超えるもの（政令で定めるものを除く。）
㈡	第二種住居地域内に建築してはならない建築物	1　㈣項第3号及び第4号並びに㈤項に掲げるもの 2　原動機を使用する工場で作業場の床面積の合計が50平方メートルを超えるもの 3　劇場，映画館，演芸場若しくは観覧場又はナイトクラブその他これに類する政令で定めるもの 4　自動車車庫で床面積の合計が300平方メートルを超えるもの又は3階以上の部分にあるもの（建築物に附属するもので政令で定めるもの又は都市計画として決定されたものを除く。） 5　倉庫業を営む倉庫 6　店舗，飲食店，展示場，遊技場，勝馬投票券発売所，場外車券売場その他これらに類する用途で政令で定めるものに供する建築物でその用途に供する部分の床面積の合計が1万平方メートルを超えるもの
㈣	準住居地域内に建築してはならない建築物	1　㈤項に掲げるもの 2　原動機を使用する工場で作業場の床面積の合計が50平方メートルを超えるもの（作業場の床面積の合計が150平方メートルを超えない自動車修理工場を除く。） 3　次に掲げる事業（特殊の機械の使用その他の特殊の方法による事業であつて住居の環境を害するおそれがないものとして政令で定めるものを除く。）を営む工場 (1)　容量10リットル以上30リットル以下のアセチレンガス発生器を用いる金属の工作 （1の2）　印刷用インキの製造 (2)　出力の合計が0.75キロワット以下の原動機を使用する塗料の吹付

第4節　用途規制

（2の2）　原動機を使用する魚肉の練製品の製造

(3)　原動機を使用する2台以下の研磨機による金属の乾燥研磨（工具研磨を除く。）

(4)　コルク，エボナイト若しくは合成樹脂の粉砕若しくは乾燥研磨又は木材の粉砕で原動機を使用するもの

（4の2）　厚さ0.5ミリメートル以上の金属板のつち打加工（金属工芸品の製造を目的とするものを除く。）又は原動機を使用する金属のプレス（液圧プレスのうち矯正プレスを使用するものを除く。）若しくはせん断

（4の3）　印刷用平版の研磨

（4の4）　糖衣機を使用する製品の製造

（4の5）　原動機を使用するセメント製品の製造

（4の6）　ワイヤーフォーミングマシンを使用する金属線の加工で出力の合計が0.75キロワットを超える原動機を使用するもの

(5)　木材の引割若しくはかんな削り，裁縫，機織，撚糸，組ひも，編物，製袋又はやすりの目立で出力の合計が0.75キロワットを超える原動機を使用するもの

(6)　製針又は石材の引割で出力の合計が1.5キロワットを超える原動機を使用するもの

(7)　出力の合計が2.5キロワットを超える原動機を使用する製粉

(8)　合成樹脂の射出成形加工

(9)　出力の合計が10キロワットを超える原動機を使用する金属の切削

(10)　メッキ

(11)　原動機の出力の合計が1.5キロワットを超える空気圧縮機を使用する作業

(12)　原動機を使用する印刷

(13)　ベンディングマシン（ロール式のものに限る。）を使用する金属の加工

(14)　タンブラーを使用する金属の加工

第 7 章　都市計画区域等における建築物の敷地，構造，建築設備及び用途

		(15)　ゴム練用又は合成樹脂練用のロール機（カレンダーロール機を除く。）を使用する作業 (16)　(1)から(15)までに掲げるもののほか，安全上若しくは防火上の危険の度又は衛生上若しくは健康上の有害の度が高いことにより，住居の環境を保護する上で支障があるものとして政令で定める事業 4　(る)項第 1 号(1)から(3)まで，(11)又は(12)の物品（(ぬ)項第 4 号及び(る)項第 2 号において「危険物」という。）の貯蔵又は処理に供するもので政令で定めるもの 5　劇場，映画館，演芸場若しくは観覧場のうち客席の部分の床面積の合計が200平方メートル以上のもの又はナイトクラブその他これに類する用途で政令で定めるものに供する建築物でその用途に供する部分の床面積の合計が200平方メートル以上のもの 6　前号に掲げるもののほか，劇場，映画館，演芸場若しくは観覧場，ナイトクラブその他これに類する用途で政令で定めるもの又は店舗，飲食店，展示場，遊技場，勝馬投票券発売所，場外車券売場その他これらに類する用途で政令で定めるものに供する建築物でその用途に供する部分（劇場，映画館，演芸場又は観覧場の用途に供する部分にあつては，客席の部分に限る。）の床面積の合計が 1 万平方メートルを超えるもの
(ち)	田園住居地域内に建築することができる建築物	1　(い)項第 1 号から第 9 号までに掲げるもの 2　農産物の生産，集荷，処理又は貯蔵に供するもの（政令で定めるものを除く。） 3　農業の生産資材の貯蔵に供するもの 4　地域で生産された農産物の販売を主たる目的とする店舗その他の農業の利便を増進するために必要な店舗，飲食店その他これらに類する用途に供するもののうち政令で定めるものでその用途に供する部分の床面積の合計が500平方メートル以内

第4節　用途規制

		のもの（3階以上の部分をその用途に供するものを除く。） 5　前号に掲げるもののほか，店舗，飲食店その他これらに類する用途に供するもののうち政令で定めるものでその用途に供する部分の床面積の合計が150平方メートル以内のもの（3階以上の部分をその用途に供するものを除く。） 6　前各号の建築物に附属するもの（政令で定めるものを除く。）
(り)	近隣商業地域内に建築してはならない建築物	1　(ぬ)項に掲げるもの 2　キャバレー，料理店その他これらに類するもの 3　個室付浴場業に係る公衆浴場その他これに類する政令で定めるもの
(ぬ)	商業地域内に建築してはならない建築物	1　(る)項第1号及び第2号に掲げるもの 2　原動機を使用する工場で作業場の床面積の合計が150平方メートルを超えるもの（日刊新聞の印刷所及び作業場の床面積の合計が300平方メートルを超えない自動車修理工場を除く。） 3　次に掲げる事業（特殊の機械の使用その他の特殊の方法による事業であつて商業その他の業務の利便を害するおそれがないものとして政令で定めるものを除く。）を営む工場 (1)　玩具煙火の製造 (2)　アセチレンガスを用いる金属の工作（アセチレンガス発生器の容量30リットル以下のもの又は溶解アセチレンガスを用いるものを除く。） (3)　引火性溶剤を用いるドライクリーニング，ドライダイイング又は塗料の加熱乾燥若しくは焼付（赤外線を用いるものを除く。） (4)　セルロイドの加熱加工又は機械のこぎりを使用する加工 (5)　絵具又は水性塗料の製造 (6)　出力の合計が0.75キロワットを超える原動機

73

を使用する塗料の吹付

(7) 亜硫酸ガスを用いる物品の漂白

(8) 骨炭その他動物質炭の製造

(8の2) せつけんの製造

(8の3) 魚粉，フェザーミール，肉骨粉，肉粉若しくは血粉又はこれらを原料とする飼料の製造

(8の4) 手すき紙の製造

(9) 羽又は毛の洗浄，染色又は漂白

(10) ぼろ，くず綿，くず紙，くず糸，くず毛その他これらに類するものの消毒，選別，洗浄又は漂白

(11) 製綿，古綿の再製，起毛，せん毛，反毛又はフェルトの製造で原動機を使用するもの

(12) 骨，角，牙，ひづめ若しくは貝殻の引割若しくは乾燥研磨又は3台以上の研磨機による金属の乾燥研磨で原動機を使用するもの

(13) 鉱物，岩石，土砂，コンクリート，アスファルト・コンクリート，硫黄，金属，ガラス，れんが，陶磁器，骨又は貝殻の粉砕で原動機を使用するもの

(13の2) レディーミクストコンクリートの製造又はセメントの袋詰で出力の合計が2.5キロワットを超える原動機を使用するもの

(14) 墨，懐炉灰又はれん炭の製造

(15) 活字若しくは金属工芸品の鋳造又は金属の溶融で容量の合計が50リットルを超えないるつぼ又は窯を使用するもの（印刷所における活字の鋳造を除く。）

(16) 瓦，れんが，土器，陶磁器，人造砥石，るつぼ又はほうろう鉄器の製造

(17) ガラスの製造又は砂吹

(17の2) 金属の溶射又は砂吹

(17の3) 鉄板の波付加工

(17の4) ドラム缶の洗浄又は再生

第4節　用途規制

<table>
<tr><td></td><td></td><td colspan="2"><ul><li>(18)　スプリングハンマーを使用する金属の鍛造</li><li>(19)　伸線，伸管又はロールを用いる金属の圧延で出力の合計が4キロワット以下の原動機を使用するもの</li><li>(20)　(1)から(19)までに掲げるもののほか，安全上若しくは防火上の危険の度又は衛生上若しくは健康上の有害の度が高いことにより，商業その他の業務の利便を増進する上で支障があるものとして政令で定める事業</li></ul>
4　危険物の貯蔵又は処理に供するもので政令で定めるもの</td></tr>
<tr><td>(る)</td><td>準工業地域内に建築してはならない建築物</td><td>1</td><td>次に掲げる事業（特殊の機械の使用その他の特殊の方法による事業であつて環境の悪化をもたらすおそれのない工業の利便を害するおそれがないものとして政令で定めるものを除く。）を営む工場
(1)　火薬類取締法（昭和25年法律第149号）の火薬類（玩具煙火を除く。）の製造
(2)　消防法（昭和23年法律第186号）第2条第7項に規定する危険物の製造（政令で定めるものを除く。）
(3)　マッチの製造
(4)　ニトロセルロース製品の製造
(5)　ビスコース製品，アセテート又は銅アンモニアレーヨンの製造
(6)　合成染料若しくはその中間物，顔料又は塗料の製造（漆又は水性塗料の製造を除く。）
(7)　引火性溶剤を用いるゴム製品又は芳香油の製造
(8)　乾燥油又は引火性溶剤を用いる擬革紙布又は防水紙布の製造
(9)　木材を原料とする活性炭の製造（水蒸気法によるものを除く。）
(10)　石炭ガス類又はコークスの製造
(11)　可燃性ガスの製造（政令で定めるものを除</td></tr>
</table>

75

く。)

⑿　圧縮ガス又は液化ガスの製造（製氷又は冷凍を目的とするものを除く。)

⒀　塩素，臭素，ヨード，硫黄，塩化硫黄，弗化水素酸，塩酸，硝酸，硫酸，燐酸，苛性カリ，苛性ソーダ，アンモニア水，炭酸カリ，洗濯ソーダ，ソーダ灰，さらし粉，次硝酸蒼鉛，亜硫酸塩類，チオ硫酸塩類，砒素化合物，鉛化合物，バリウム化合物，銅化合物，水銀化合物，シアン化合物，クロールズルホン酸，クロロホルム，四塩化炭素，ホルマリン，ズルホナール，グリセリン，イヒチオールズルホン酸アンモン，酢酸，石炭酸，安息香酸，タンニン酸，アセトアニリド，アスピリン又はグアヤコールの製造

⒁　たんぱく質の加水分解による製品の製造

⒂　油脂の採取，硬化又は加熱加工（化粧品の製造を除く。)

⒃　ファクチス，合成樹脂，合成ゴム又は合成繊維の製造

⒄　肥料の製造

⒅　製紙（手すき紙の製造を除く。）又はパルプの製造

⒆　製革，にかわの製造又は毛皮若しくは骨の精製

⒇　アスファルトの精製

㉑　アスファルト，コールタール，木タール，石油蒸溜産物又はその残りかすを原料とする製造

㉒　セメント，石膏，消石灰，生石灰又はカーバイドの製造

㉓　金属の溶融又は精練（容量の合計が50リットルを超えないるつぼ若しくは窯を使用するもの又は活字若しくは金属工芸品の製造を目的とするものを除く。)

第4節　用途規制

		(24)　炭素粉を原料とする炭素製品若しくは黒鉛製品の製造又は黒鉛の粉砕
		(25)　金属厚板又は形鋼の工作で原動機を使用するはつり作業（グラインダーを用いるものを除く。），びょう打作業又は孔埋作業を伴うもの
		(26)　鉄釘類又は鋼球の製造
		(27)　伸線，伸管又はロールを用いる金属の圧延で出力の合計が4キロワットを超える原動機を使用するもの
		(28)　鍛造機（スプリングハンマーを除く。）を使用する金属の鍛造
		(29)　動物の臓器又は排せつ物を原料とする医薬品の製造
		(30)　石綿を含有する製品の製造又は粉砕
		(31)　(1)から(30)までに掲げるもののほか，安全上若しくは防火上の危険の度又は衛生上若しくは健康上の有害の度が高いことにより，環境の悪化をもたらすおそれのない工業の利便を増進する上で支障があるものとして政令で定める事業
		2　危険物の貯蔵又は処理に供するもので政令で定めるもの
		3　個室付浴場業に係る公衆浴場その他これに類する政令で定めるもの
(を)	工業地域内に建築してはならない建築物	1　(る)項第3号に掲げるもの
		2　ホテル又は旅館
		3　キャバレー，料理店その他これらに類するもの
		4　劇場，映画館，演芸場若しくは観覧場又はナイトクラブその他これに類する政令で定めるもの
		5　学校（幼保連携型認定こども園を除く。）
		6　病院
		7　店舗，飲食店，展示場，遊技場，勝馬投票券発売所，場外車券売場その他これらに類する用途で政令で定めるものに供する建築物でその用途に供する部分の床面積の合計が1万平方メートルを超えるもの

第7章　都市計画区域等における建築物の敷地，構造，建築設備及び用途

(ヲ)	工業専用地域内に建築してはならない建築物	1　(ヌ)項に掲げるもの 2　住宅 3　共同住宅，寄宿舎又は下宿 4　老人ホーム，福祉ホームその他これらに類するもの 5　物品販売業を営む店舗又は飲食店 6　図書館，博物館その他これらに類するもの 7　ボーリング場，スケート場，水泳場その他これらに類する政令で定める運動施設 8　マージャン屋，ぱちんこ屋，射的場，勝馬投票券発売所，場外車券売場その他これらに類するもの
(ワ)	用途地域の指定のない区域（都市計画法第7条第1項に規定する市街化調整区域を除く。）内に建築してはならない建築物	劇場，映画館，演芸場若しくは観覧場，ナイトクラブその他これに類する用途で政令で定めるもの又は店舗，飲食店，展示場，遊技場，勝馬投票券発売所，場外車券売場その他これらに類する用途で政令で定めるものに供する建築物でその用途に供する部分（劇場，映画館，演芸場又は観覧場の用途に供する部分にあつては，客席の部分に限る。）の床面積の合計が1万平方メートルを超えるもの

1　第一種低層住居専用地域

　第一種低層住居専用地域は，低層住宅地に係る良好な住居の環境を保護するため定める地域として設定されており，建築物の形態等について厳しい規制を設けているが，用途についても，専用住宅を中心として，住宅の近隣に必要不可欠な社会・文化施設や，公益上必要な施設であり，かつ住宅地の静隠を害するおそれのない用途に供されるものに限って建築できることになっている。

　法別表第2(い)第2号の「住宅で事務所，店舗その他これらに類する用途を兼ねるもの」とは，いわゆる「兼用住宅」をいい，住宅と非住宅部分が構造的にも機能的にも一体となっているものをいうが，あくまで住宅を主たる用途とすることが前提である。

78

第4節　用途規制

　したがって，令第130条の3では非住宅部分について規模制限が設けられており，また，兼用される用途も，第一種低層住居専用地域の本来の目的に照らし，広域的なサービスを目的とするものではなく当該住宅地における近隣住民に対するサービスを目的としたもので，かつ，近隣の住環境を阻害しない事務所，店舗等に限られている。

（第一種低層住居専用地域内に建築することができる兼用住宅）

令第130条の3　法別表第2(い)項第2号（法第87条第2項又は第3項において法第48条第1項の規定を準用する場合を含む。）の規定により政令で定める住宅は，延べ面積の2分の1以上を居住の用に供し，かつ，次の各号のいずれかに掲げる用途を兼ねるもの（これらの用途に供する部分の床面積の合計が50平方メートルを超えるものを除く。）とする。

一　事務所（汚物運搬用自動車，危険物運搬用自動車その他これらに類する自動車で国土交通大臣の指定するもののための駐車施設を同一敷地内に設けて業務を運営するものを除く。）

二　日用品の販売を主たる目的とする店舗又は食堂若しくは喫茶店

三　理髪店，美容院，クリーニング取次店，質屋，貸衣装屋，貸本屋その他これらに類するサービス業を営む店舗

四　洋服店，畳屋，建具屋，自転車店，家庭電気器具店その他これらに類するサービス業を営む店舗（原動機を使用する場合にあつては，その出力の合計が0.75キロワット以下のものに限る。）

五　自家販売のために食品製造業（食品加工業を含む。以下同じ。）を営むパン屋，米屋，豆腐屋，菓子屋その他これらに類するもの（原動機を使用する場合にあつては，その出力の合計が0.75キロワット以下のものに限る。）

六　学習塾，華道教室，囲碁教室その他これらに類する施設

七　美術品又は工芸品を製作するためのアトリエ又は工房（原動機を使用する場合にあつては，その出力の合計が0.75キロワット以下のものに限る。）

（昭45政333・追加，平5政170・平12政312・平29政156・一部改正）

　ここでは，住宅部分の非住宅部分に対する比率が1以上で，かつ，非住宅部分の床面積の合計が50㎡以下であることのほか，非住宅部分について用途が制限されて

第7章　都市計画区域等における建築物の敷地，構造，建築設備及び用途

いる。

　第1号の「事務所」については，特に，近隣に悪臭，騒音等の悪影響を及ぼし住居の環境を阻害する特殊な車両を備え，同一敷地内にそれらを駐車させるような業務，例えば清掃事務所，危険物取扱所などの事務所を除いてある。なお，現在の時点において，この号に定める国土交通大臣の特殊車両の追加指定は行われていない。

　第2号の「日用品の販売を主たる目的とする店舗」とは，雑貨屋や八百屋などをいい，非日用品である貴金属を販売する店舗等は含まれない。また，食堂若しくは喫茶店とは，レストラン，そば，うどん店，すし店などをいい，風俗営業に該当する料理店，カフェー，キャバレー，待合等の接客・遊興業種は含まれない。

第3号，第4号

　一般にサービス業といわれるもののうち，列記されている業種のように近隣住民が日常的に利用すると考えられる業種をいう。平成4年の法改正により，クリーニング取次店（ただし，洗濯物の受渡しを行うものに限られ，店舗内で機械を使用して自ら洗濯を行うものは含まれない。）が追加されるとともに，洋服店における原動機の出力について0.75kWに引き上げられた。

第5号

　食品販売業等を営む店舗のうちそれに附属して原動機を使用する製造部分を持ったものをいう。パン屋その他の店舗で，原動機を使用しない製造部門を持つものは，第二号に該当する。また，製造したものを，他の店舗に卸す場合には，店舗としてではなく工場に該当するものとして取り扱われるから禁止されることになる。

第6号

　近隣住民のための社会教育的な教室等をいう。教室と呼ばれるものであっても遊興的性格の強い施設（不特定多数を対象とするダンス教室等）はこれに含まれない。また，住宅兼用武道塾，住宅兼用音楽教室はこの規定に該当する（昭和60年2月9日付新潟県土木部長宛市街地建築課長回答）。

第7号

　アトリエ又は工房についての規定であるが，原動機を使用するものにあっては，その出力の合計が0.75kW（平成4年の法改正により出力を引き上げ）以下のものについて建築できる。

法別表第2（ろ）項第3号

　独立住宅以外の住宅その他これらに類するものに関する規定である。寄宿舎は一

80

般に「寮」と呼ばれることが多いが，「寮」と呼ばれている施設であっても実態として企業等の保養所，レクリエーション施設，料理店又はそれに類したものとして利用されるものがあり，これらについてはホテル，旅館，料理店等として取り扱われることになる。また，下宿とは住宅の一部を家族以外の人のために長期間宿泊させる施設をいう。

法別表第2(い)第4号

近隣社会と直接結びつき，当該地域内の居住者の利用に供する教育文化施設をいう。近隣社会とは必ずしも直接関係のない大学等は，多数の人間が集散し，周辺を商業化する等近隣の居住環境を悪化させるおそれがあるから除かれている。また，近隣住民のための公民館，集会所等は，「その他これらに類するもの」として建築することができる（昭和53年8月11日付東京都都市計画局建築指導部長宛市街地建築課長回答）。

また，博物館については必ずしも「その他これらに類するもの」に含まれるとは限らないが，当該地区外から一時に多数の人又は車の集散するおそれのない教育的な目的をもつものについては，「その他これらに類するもの」に含まれると解せられる（昭和46年8月10日付東大阪市長宛市街地建築課長回答）。

なお，学校教育法による幼稚園は本来，幼児の教育を目的とするものであり学校に含まれるが，児童福祉法による保育所は本来，日々保護者の委託を受けて，保育に欠けるその乳児又は幼児を保育することを目的とする施設であるから，学校には含まれない（昭和32年1月7日付長野県土木部長宛建築指導課長回答）が，第六号に掲げる「保育所」に当たると解される。

法別表第2(い)第5号

神社，寺院，教会その他これらに類する施設であり，主として宗教の教義を究め，儀式行事，礼拝等を行うことの用に供する施設をいい，これらの施設に附属して建てられる納骨堂なども含むものと解される。

法別表第2(い)第6号

居住のための施設としての継続的入所施設，近隣住民に必要不可欠な通園施設である社会福祉施設及び有料老人ホームである（H5住指発第225号，住街発第94号第四2を参考のこと。なお，児童福祉法等の改正により，一部名称が異なっているものもある。）。また，母子保健法（昭和40年法律第141号）に基づく産後ケアセンターのうち，入所・通所型のもので，病院・診療所に該当しないものについても，これに含むものとして解される。

第7章　都市計画区域等における建築物の敷地，構造，建築設備及び用途

法別表第2(い)第7号

　第一種低層住居専用地域においては，公衆浴場は建築できるが，「公衆浴場法」にいう浴場業であっても「風俗営業等の規制及び業務の適正化等に関する法律」第2条第6項第一号に該当する営業のためのもの（従来「個室付浴場」と称されていたもの）は除かれる。

　また，公衆浴場に宿泊・宴会施設を伴ったヘルスセンター等の大規模な建築物については，宿泊・宴会等の施設が旅館，料理店等の用途に該当し公衆浴場の用途には包含されないものであるので，公衆浴場とこれら用途との複合した建築物として扱われる。したがって，いわゆるヘルスセンター等は第一種低層住居専用地域では建築できない。

法別表第2(い)第8号

　本号にいう診療所には，医療法にいう診療所のほか，助産所並びにあん摩マッサージ指圧師，はり師，きゅう師及び柔道整復師の施術所も含まれる（昭和60年5月7日付東京都都市計画局建築指導部長宛市街地建築課長回答）。

　医療法にいう診療所とは，医師又は歯科医師が医業又は歯科医業を営むもので病院（ベッド数20以上のものは病院となる。）以外のものをいい，通常，医院，診療所等と呼ばれているものである。

　なお，介護保険法に規定される介護老人保健施設及び介護医療院については，介護保険法施行令第37条第2項及び第37条の2の2第2項に基づき，入所定員が19人以下のものが法別表第2において「診療所」として取り扱われ，すべての用途地域で建築可能であるが，入所定員が20人以上のものは，「病院」として取り扱われ，第一種低層住居専用地域，第二種低層住居専用地域，田園住居地域，工業地域及び工業専用地域で建築が禁止される。また，犬猫の診療所については，ここでいう診療所には含まれない。

法別表第2(い)第9号

　近隣住民にとって必要な公益サービス施設である小規模な郵便の業務に供する施設，地方公共団体の支庁又は支所等の施設を令第130条の4で列挙している。

　（第一種低層住居専用地域内に建築することができる公益上必要な建築物）
　令第130条の4　法別表第2(い)項第9号（法第87条第2項又は第3項において法第48条第1項の規定を準用する場合を含む。）の規定により政令で定める公益上必要な建築物は，次に掲げるものとする。

第 4 節　用途規制

一　郵便法（昭和22年法律第165号）の規定により行う郵便の業務の用に供
　　する施設で延べ面積が500平方メートル以内のもの
二　地方公共団体の支庁又は支所の用に供する建築物，老人福祉センター，
　　児童厚生施設その他これらに類するもので延べ面積が600平方メートル以
　　内のもの
三　近隣に居住する者の利用に供する公園に設けられる公衆便所又は休憩所
四　路線バスの停留所の上家
五　次のイからチまでのいずれかに掲げる施設である建築物で国土交通大臣
　　が指定するもの
　　イ　電気通信事業法（昭和59年法律第86号）第120条第1項に規定する認
　　　　定電気通信事業者が同項に規定する認定電気通信事業の用に供する施設
　　ロ　電気事業法（昭和39年法律第170号）第2条第1項第16号に規定する
　　　　電気事業（同項第2号に規定する小売電気事業を除く。）の用に供する
　　　　施設
　　ハ　ガス事業法第2条第2項に規定するガス小売事業又は同条第5項に規
　　　　定する一般ガス導管事業の用に供する施設
　　ニ　液化石油ガスの保安の確保及び取引の適正化に関する法律第2条第3
　　　　項に規定する液化石油ガス販売事業の用に供する施設
　　ホ　水道法第3条第2項に規定する水道事業の用に供する施設
　　ヘ　下水道法第2条第3号に規定する公共下水道の用に供する施設
　　ト　都市高速鉄道の用に供する施設
　　チ　熱供給事業法（昭和47年法律第88号）第2条第2項に規定する熱供給
　　　　事業の用に供する施設

　　　　（昭45政333・追加，昭47政420・昭52政266・昭60政31・平5政170・平6政
　　　411・平7政359・平11政5・平11政431・平12政312・平16政59・平19政235・
　　　平24政202・平28政43・平29政40・一部改正）

　公益施設であっても，近隣のサービス施設に限って認められているため，各々の
施設は床面積その他の規模の制限を受けている。
　第1号については，従来，「郵便局で延べ面積が500㎡以内のもの」と定められて
おり，郵便局は，日本郵政公社が郵便，小包，郵便貯金，簡易生命保険等の業務を
行う一体的な施設として位置づけられてきたが，郵政民営化に伴い，平成19年10月

83

第7章　都市計画区域等における建築物の敷地，構造，建築設備及び用途

１日をもって，日本郵政公社は廃止され，日本郵政公社の業務のうち郵便の業務は郵便事業株式会社に，郵便，郵便貯金及び簡易生命保険の窓口業務は郵便局株式会社に，郵便貯金の業務は郵便貯金銀行に，簡易生命保険の業務は郵便保険会社に対してそれぞれ承継されることになった。

その後，平成24年10月１日からは，郵便事業株式会社が廃止され，郵便局株式会社から名称を変更した「日本郵便株式会社」が郵便事業株式会社の業務を引き継ぎ，郵便の業務は日本郵便株式会社が行うこととなった。

このうち，郵便の業務は，郵便法（昭和22年法律第165号）の規定により，郵便の役務をなるべく安い料金で，あまねく，公平に提供することとなっており，いわゆるユニバーサルサービスが義務づけられ，公共性の高い事業であることから，当該業務の用に供する施設については公益上必要な建築物として位置づけられている。

なお，日本郵便株式会社の営業所である郵便局にあっては，郵便の窓口業務に利用する部分に関しては郵便の業務の用に供する施設として，郵便貯金及び簡易生命保険の窓口業務に利用する部分に関しては銀行の支店，損害保険代理店，宅地建物取引業を営む店舗その他これらに類するサービス業を営む店舗（以下「サービス業を営む店舗」という。）として，小包の窓口業務その他の業務に利用する部分に関してはその業態に応じた用途として，それぞれ法の用途規制が適用される。

また，郵便貯金銀行の支店，郵便保険会社の営業所にあっては，サービス業を営む店舗等として法の用途規制が適用される。

第２号の福祉関係施設の範囲は，社会福祉事業の用に供する施設のうち，集会施設及び通園施設の類に限られる（Ｓ46住指発第44号）。

第５号の規定による国土交通大臣が指定する建築物は，以下のとおりである（Ｓ45建告第1836号）。

(1)　認定電気通信事業者が認定電気通信事業の用に供する次のイ及びロに掲げる施設である建築物で執務の用に供する部分の床面積の合計が700㎡以内のもの

　　イ　電気通信交換所

　　ロ　電報業務取扱所

(2)　電気事業の用に供する次のイ及びロに掲げる施設である建築物

　　イ　開閉所

　　ロ　変電所（電圧17万Ｖ未満で，かつ，容量90万kVA未満のものに限る。）

(3)　ガス事業の用に供する次のイからハまでに掲げる施設である建築物

イ　バルブステーション

　　ロ　ガバナーステーション

　　ハ　特定ガス発生設備（液化ガスの貯蔵量又は処理量が3.5 t 以下のものに限る。）

(4)　液化石油ガス販売事業の用に供する供給設備である建築物（液化石油ガスの貯蔵量又は処理量が3.5 t 以下のものに限る。）

(5)　水道事業の用に供するポンプ施設（給水能力が毎分6 ㎥以下のものに限る。）である建築物

(6)　公共下水道の用に供する次のイ及びロに掲げる施設である建築物

　　イ　合流式のポンプ施設（排水能力が毎秒2.5㎥以下のものに限る。）

　　ロ　分流式のポンプ施設（排水能力が毎秒1 ㎥以下のものに限る。）

(7)　都市高速鉄道の用に供する次のイからハまでに掲げる施設である建築物（イに掲げる施設である建築物にあっては，執務の用に供する部分の床面積の合計が200㎡以内のものに限る。）

　　イ　停車場又は停留場

　　ロ　開閉所

　　ハ　変電所（電圧12万V未満で，かつ，容量4万kVA未満のものに限る。）

　なお，(1)において電気通信交換所とは，交換設備及びその附属設備を設置して電話，電信，データ通信等の交換を行う施設である。

　電報業務取扱所とは，従来の電報局及び従来の電報電話局のうち電報業務の用に供される部分に相当する施設物である（S 60住街発第42号）。

　また，(7)における執務の用に供する部分とは，駅事務室，出札所，改札所等駅業務を直接行うための部分をいい，旅客便所，コンコース，旅客通路及び旅客階段並びに直接の駅業務と付随して必要となる寝室，休養室，食堂，厨房室，浴室，更衣室，通路等は含まないものとする（S 52住指発第778号）。

法別表第2(い)第10号

　第一種低層住居専用地域においては，建築できる建築物の用途を限定列挙してあることから，ある用途の建築物に附属する用途の適法性が問題になるので，附属の建築物について，令第130条の5で定めるものを除くほかはすべて認める旨を明示したものである。

　用途上不可分の関係にある2以上の建築物（同一敷地内に2棟以上の建築物があり，それぞれの棟に敷地分割することによって，それぞれの建築物の用途上の機能

第7章　都市計画区域等における建築物の敷地，構造，建築設備及び用途

が満たされないため，敷地分割することができない建築物群）については，一般的に，敷地の用途を決定する建築物と，これに機能上関連する建築物（附属建築物）とから構成されると考えられる。

　また，同一棟であるか別棟であるかは「附属するもの」か否かの別に，直接の関係はない。

　さらに，建築物の用途上可分・不可分の関係の判定は，建築物の用途面における機能上の関連性に着目して行われ，土地又は建物の所有状況によって直接左右されるものではない。

　なお，学校敷地内のプール，工作室，食堂，売店等のように，それらを単独の用途として取り出した場合には学校とは異なった規制対象となる場合であっても，学校運営上必要な施設であって，一般公衆の利用に供さず，社会通念上も学校施設の一部として認められるものについては，学校という総合的な用途の中に内包され，用途規制上は全体を学校として規制することとなる。

（第一種低層住居専用地域等内に建築してはならない附属建築物）

令第130条の5　法別表第2(い)項第10号，(ろ)項第3号及び(ち)項第6号（法第87条第2項又は第3項において法第48条第1項，第2項及び第8項の規定を準用する場合を含む。）の規定により政令で定める建築物は，次に掲げるものとする。

　一　自動車車庫で当該自動車車庫の床面積の合計に同一敷地内にある建築物に附属する自動車車庫の用途に供する工作物の築造面積（当該築造面積が50平方メートル以下である場合には，その値を減じた値）を加えた値が600平方メートル（同一敷地内にある建築物（自動車車庫の用途に供する部分を除く。）の延べ面積の合計が600平方メートル以下の場合においては，当該延べ面積の合計）を超えるもの（次号に掲げるものを除く。）

　二　公告対象区域内の建築物に附属する自動車車庫で次のイ又はロのいずれかに該当するもの

　　イ　自動車車庫の床面積の合計に同一敷地内にある建築物に附属する自動車車庫の用途に供する工作物の築造面積を加えた値が2,000平方メートルを超えるもの

　　ロ　自動車車庫の床面積の合計に同一公告対象区域内にある建築物に附属する他の自動車車庫の床面積の合計及び当該公告対象区域内にある建築

第 4 節　用途規制

　　　　物に附属する自動車車庫の用途に供する工作物の築造面積を加えた値
　　　　が，当該公告対象区域内の敷地ごとに前号の規定により算定される自動
　　　　車車庫の床面積の合計の上限の値を合算した値を超えるもの
　　三　自動車車庫で 2 階以上の部分にあるもの
　　四　床面積の合計が15平方メートルを超える畜舎
　　五　法別表第 2 (と)項第 4 号に掲げるもの
　　　　　　　（昭45政333・追加，平 5 政170・平11政 5 ・平29政156・一部改正）

　附属する建築物であっても除かれているものは，一定面積以上又は 2 階以上の部
分にある自動車車庫，一定面積以上の畜舎（禽舎を含む。）及び準住居地域でも制
限されている一定量以上の危険物の貯蔵又は処理を行う建築物である。
　自動車車庫の考え方は次のとおりである。
　①　附属建築物として建築できる自動車車庫（第一号）
　　附属自動車車庫の床面積の合計の上限は，600㎡である。ただし，
　　ア　建築物（自動車車庫の用途に供する部分を除く。）の延べ面積の合計が600
　　　㎡未満の場合にはその値をもって上限とする。
　　イ　同一敷地内に建築物である自動車車庫と建築物以外の工作物である自動車
　　　車庫がある場合に，建築物の床面積と工作物の築造面積の合計の上限を600
　　　㎡又は建築物（自動車車庫の用途に供する部分を除く。）の延べ面積の合計
　　　のいずれか小さいほうの値とする。
　　ウ　工作物である附属自動車車庫の築造面積が50㎡以下である場合には，当該
　　　部分の築造面積を算入しない。また，階数の制限として， 1 階以下にあるも
　　　のに限られている。
　②　総合的設計による一団地の建築物に附属する場合（第二号）
　　・各敷地に設けることができる車庫の面積の上限は2,000㎡である。
　　・一団地内のすべての車庫の面積は①により算定された面積の合計以下とす
　　　る。
　なお，建築物の屋上を自動車車庫の用途に供している場合には，上部を屋根その
他のおおいによっておおっているといないとにかかわらず，自動車車庫としての規
制を受けることとなる。

2　第二種低層住居専用地域

　第二種低層住居専用地域は，第一種低層住居専用地域において建築することがで

87

第7章　都市計画区域等における建築物の敷地，構造，建築設備及び用途

きる建築物に加えて，いわゆるコンビニエンスストア等の小規模な店舗等の立地を
認める低層住宅の専用地域である。

法別表第2(ろ)第2号

　令第130条の5の2で定めるものについては，当該用途に供する部分の床面積の
合計が150㎡以下であり，かつ，1階及び2階部分となる場合についてのみ立地を
認めている。したがって2階建て以下であれば，第一種低層住居専用地域とは異な
り，兼用住宅でなくても独立した立地が認められる。

　　（第二種低層住居専用地域及び田園住居地域内に建築することができる店
　舗，飲食店等の建築物）
　令第130条の5の2　別表第2(ろ)項第2号及び(ち)項第5号（法第87条第2項
　　又は第3項において法第48条第2項及び第8項の規定を準用する場合を含
　　む。）の規定により政令で定める建築物は，次に掲げるものとする。
　　一　日用品の販売を主たる目的とする店舗又は食堂若しくは喫茶店
　　二　理髪店，美容院，クリーニング取次店，質屋，貸衣装屋，貸本屋その他
　　　これらに類するサービス業を営む店舗
　　三　洋服店，畳屋，建具屋，自転車店，家庭電気器具店その他これらに類す
　　　るサービス業を営む店舗で作業場の床面積の合計が50平方メートル以内の
　　　もの（原動機を使用する場合にあつては，その出力の合計が0.75キロワッ
　　　ト以下のものに限る。）
　　四　自家販売のために食品製造業を営むパン屋，米屋，豆腐屋，菓子屋その
　　　他これらに類するもので作業場の床面積の合計が50平方メートル以内のも
　　　の（原動機を使用する場合にあつては，その出力の合計が0.75キロワット
　　　以下のものに限る。）
　　五　学習塾，華道教室，囲碁教室その他これらに類する施設
　　　　　　　（平5政170・追加，平29政156・一部改正）

　第1号～第5号に規定された建築物については，令第130条の3の解説を参照の
こと。なお，事務所，アトリエ・工房については，令第130条の5の2では規定さ
れていないことから単独立地は認められないものである。

法別表第2(ろ)第3号

　第一種低層住居専用地域の法別表第2(い)第10号を参照のこと。

3 第一種中高層住居専用地域

第一種中高層住居専用地域は，中高層住宅にかかる良好な住居の環境を保護する地域であり，住宅以外はスーパーマーケットなど中規模の店舗などを認めるものである。

法別表第2㈼第2号

第一種低層住居専用地域，第二種低層住居専用地域及び田園住居地域において立地が禁止されている大学，高等専門学校等の立地を認めるものである。なお，「その他これらに類するもの」とは，教育施設，研究施設その他の教育文化施設で第一種中高層住居専用地域の居住環境を害するおそれが少ないものであることを実態的に判断することとされており，騒音の発生等により近隣の居住環境を害するおそれのある用途が主である自動車教習所等については原則としてその建築が禁止されている。

法別表第2㈼第4号

社会福祉施設のうち，騒音の発生等により近隣の居住環境を害するおそれがない集会施設及び通園施設の類のものである（H5住指発第225号，住街発第94号参照）。

法別表第2㈼第5号

令第130条の5の3に定められるものについては，当該用途に供する床面積の合計が500㎡以下であり，かつ，2階以下にあるものについてその建築を認めている。

（第一種中高層住居専用地域内に建築することができる店舗，飲食店等の建築物）

令第130条の5の3　法別表第2㈼項第5号（法第87条第2項又は第3項において法第48条第3項の規定を準用する場合を含む。）の規定により政令で定める建築物は，次に掲げるものとする。

一　前条第2号から第5号までに掲げるもの

二　物品販売業を営む店舗（専ら性的好奇心をそそる写真その他の物品の販売を行うものを除く。）又は飲食店

三　銀行の支店，損害保険代理店，宅地建物取引業を営む店舗その他これらに類するサービス業を営む店舗

　　（平5政170・追加）

第7章　都市計画区域等における建築物の敷地，構造，建築設備及び用途

第二種低層住居専用地域において建築可能な建築物に加えて，①日用品以外の趣味用品や専門品を扱う店，スポーツ用品店等の物品販売業を営む店舗，②食堂以外の居酒屋等の飲食店，③銀行の支店，損害保険代理店，宅地建物取引業を営む店舗等が建築可能とされている。

法別表第2㈡第6号

第一種低層住居専用地域及び第二種低層住居専用地域においては，自動車車庫は一定の規模のものについて附属建築物として建築可能とされているが，第一種中高層住居専用地域においては，床面積の合計が300㎡以内又は都市計画決定されたものであり，かつ，2階以下のものについては独立した建築が認められている（第八号についても参考のこと。）。

法別表第2㈡第7号

第一種中高層住居専用地域内において建築することができる公益上必要な建築物を令第130条の5の4に列挙している。

　（第一種中高層住居専用地域内に建築することができる公益上必要な建築物）

令第130条の5の4　法別表第2㈡項第7号（法第87条第2項又は第3項において法第48条第3項の規定を準用する場合を含む。）の規定により政令で定める建築物は，次に掲げるものとする。

一　税務署，警察署，保健所，消防署その他これらに類するもの（法別表第2㈠項第9号に掲げるもの及び5階以上の部分をこれらの用途に供するものを除く。）

二　第130条の4第5号イからハまでの一に掲げる施設である建築物で国土交通大臣が指定するもの（法別表第2㈠項第9号に掲げるもの及び5階以上の部分をこれらの用途に供するものを除く。）

　　　　　（平5政170・追加，平12政312・平19政235・一部改正）

第一種中高層住居専用地域内においては，第一種低層住居専用地域内において建築することができる公益上必要な建築物に加え，以下の建築物（4階以下の部分のみ）について建築が認められている。

① 税務署，警察署，保健所，消防署等

② 電気通信事業，電気事業，ガス事業の用に供する施設で国土交通大臣が指定するもの（H5建告第1451号）

第4節　用途規制

国土交通大臣が指定する建築物は，以下のとおりである。

(1)　認定電気通信事業者が認定電気通信事業の用に供する次のイからハまでに掲げる施設である建築物

　イ　電気通信交換所

　ロ　電報業務取扱所

　ハ　イ及びロに掲げる施設以外の施設の用途に供するものでその用途に供する部分の床面積の合計が1,500㎡以下のもの（3階以上の部分をその用途に供するものを除く。）

(2)　電気事業の用に供する変電所である建築物（電圧30万V未満で，かつ，容量110万kVA未満のものに限る。）

(3)　ガス事業の用に供するガス工作物の工事，維持及び運用に関する業務の用に供する建築物で執務の用に供する部分の床面積の合計が1,500㎡以内のもの

　なお，従来，公益上必要な建築物として例示されていた「郵便局」は，郵政民営化に伴い削除されたが，郵便の業務の用に供する施設については，同号の「その他これらに類するもの」に該当する施設として引き続き第一種中高層住居専用地域内に建築することができる公益上必要な建築物となる。

法別表第2 (は)第8号

　第一種中高層住居専用地域内において建築することができるとされているある用途の建築物に附属する建築物について，令第130条の5の5で定めるものを除くほかはすべて認める旨明示したものである。

　なお，建築物の用途上の可分・不可分の関係については前述のとおりであるが，一の建築物であっても，例えば中高層住宅の1階に店舗が入っている等の場合には，一敷地に住宅と店舗というように複数の用途が併存することがある。このような場合，関連性のない複数用途が併設されたにすぎず，附属とは扱われない。

（第一種中高層住居専用地域内に建築してはならない附属建築物）

令第130条の5の5　法別表第2 (は)項第8号（法第87条第2項又は第3項において法第48条第3項の規定を準用する場合を含む。）の規定により政令で定める建築物は，次に掲げるものとする。

　一　自動車車庫で当該自動車車庫の床面積の合計に同一敷地内にある建築物に附属する自動車車庫の用途に供する工作物の築造面積（当該築造面積が300平方メートル以下である場合には，その値を減じた値。第130条の7の

第7章　都市計画区域等における建築物の敷地，構造，建築設備及び用途

　　　2第3号及び第4号並びに第130条の8において同じ。）を加えた値が3,000
　　　平方メートル（同一敷地内にある建築物（自動車車庫の用途に供する部分
　　　を除く。）の延べ面積の合計が3,000平方メートル以下の場合においては，
　　　当該延べ面積の合計）を超えるもの（次号に掲げるものを除く。）
　　二　公告対象区域内の建築物に附属する自動車車庫で次のイ又はロのいずれ
　　　かに該当するもの
　　　イ　自動車車庫の床面積の合計に同一敷地内にある建築物に附属する自動
　　　　車車庫の用途に供する工作物の築造面積を加えた値が1万平方メートル
　　　　を超えるもの
　　　ロ　自動車車庫の床面積の合計に同一公告対象区域内にある建築物に附属
　　　　する他の自動車車庫の床面積の合計及び当該公告対象区域内にある建築
　　　　物に附属する自動車車庫の用途に供する工作物の築造面積を加えた値
　　　　が，当該公告対象区域内の敷地ごとに前号の規定により算定される自動
　　　　車車庫の床面積の合計の上限の値を合算した値を超えるもの
　　三　自動車車庫で3階以上の部分にあるもの
　　四　第130条の5第4号及び第5号に掲げるもの

　　　　　　　　　　　　　　（平5政170・追加，平11政5・一部改正）

　附属する建築物であっても，第一種低層住居専用地域内において建築してはなら
ないとされている建築物については，一定規模以下又は2階部分にある自動車車庫
を除き，建築してはならないこととされている。
　第2号は，総合的設計による一団地の建築物に附属する場合について定めてい
る。

4　第二種中高層住居専用地域

　第二種中高層住居専用地域は，主として中高層住宅に係る良好な住居の環境を保
護するため定める地域である。このため，第二種中高層住居専用地域では，建築物
の3階以上の部分は原則として第一種中高層住居専用地域と同様の用途規制が適用
されるという立体的な用途規制が行われるとともに，第一種中高層住居専用地域の
用途規制に適合しない部分の床面積の合計は原則として1,500㎡以下に制限される
という規模規制が行われている。

法別表第2(に)第1号

　第一種住居地域で禁止されている用途のうち，工場関係（第2号で別途規制して

第4節　用途規制

いる。）及び法別表第2㈹第4号（第8号で別途規制）を除き，すべて禁止したものである。

法別表第2㈢第2号

　令第130条の6で定める一定の規模，業種のものを除き，一般的に工場を制限したものである。

　工業学校や，工業試験所等は，原動機を使用して加工を行うもの等であっても，教育，研究のため行うものであり，直接生産を目的としていないので「工場」には該当しない。

　なお，学校の給食センターや仕出し屋については次のように取り扱うことになる。給食センターの場合には，個々の学校の内部にある給食施設は学校の機能の一部とみることができるので「工場」には該当しないが，学校敷地内にあっても複数の学校を対象とした共同給食調理場の場合には，当該学校と用途上可分のものとして取り扱えることになるので，学校の一部ではなく「工場」としての取り扱いを受けることになる。仕出し屋の場合には，店頭販売については店舗としての取り扱いを受けるが，もっぱら相当量の製品を一定の所に納めるなどの場合には，店舗ではなく「工場」としての取り扱いを受ける。

　（第二種中高層住居専用地域内に建築することができる工場）

　令第130条の6　法別表第2㈢項第2号（法第87条第2項又は第3項において法第48条第4項の規定を準用する場合を含む。）の規定により政令で定める工場は，パン屋，米屋，豆腐屋，菓子屋その他これらに類する食品製造業を営むもの（同表㈠項第3号（2の2）又は（4の4）に該当するものを除く。）で，作業場の床面積の合計が50平方メートル以内のもの（原動機を使用する場合にあつては，その出力の合計が0.75キロワット以下のものに限る。）とする。

　　　　　（平5政170・全改）

　第二種中高層住居専用地域内に建築することができる工場を定めており，これは，作業場の床面積の合計が50㎡以内であり，かつ，出力の合計が0.75kW以下の原動機を使用するパン屋，米屋等の食品製造業を営むものに限られている。これは，第一種中高層住居専用地域における兼用住宅の作業場の規模，業種と同じであるが，第二種中高層住居専用地域ではその程度であれば，独立の工場も認めたものである。

93

第7章　都市計画区域等における建築物の敷地，構造，建築設備及び用途

　なお，食品製造業であっても，準住居地域では禁止されている魚肉の練製品の製造や糖衣機を使用する菓子の製造は，当然禁じられる。また，床面積の算定は，作業場に限定されているため，倉庫部分や事務所部分等は算入されない。

法別表第2（に）第3号

　ボーリング場，スケート場又は水泳場は，不特定多数者が集散し，発生交通量が大きく，騒音が著しいので禁止されている。

　「その他これらに類する政令で定める施設」は令第130条の6の2に具体的に定められている。

　　（第二種中高層住居専用地域及び工業専用地域内に建築してはならない運動　施設）

　令第130条の6の2　法別表第2（に）項第3号及び（わ）項第7号（法第87条第2項又は第3項において法第48条第4項及び第13項の規定を準用する場合を含む。）の規定により政令で定める運動施設は，スキー場，ゴルフ練習場及びバッティング練習場とする。

　　　　　　　　　　　　　　（平5政170・追加，平29政156・一部改正）

法別表第2（に）第4号

　ホテル又は旅館は，不特定多数者が出入りし，また，利用時間も多岐にわたることなどから禁止されている。会社の寮，保養所の類についても，実態がホテルや旅館と大差ないものについてはこれに該当する。

法別表第2（に）第5号

　自動車教習所は，発生・集中する交通量が多く，排気ガス・騒音の発生量が大きいことなどから禁止される。なお，自動車教習所であれば専修学校又は各種学校の許可を受けたものであっても建築できない。

法別表第2（に）第6号

　制限される畜舎の規模は令第130条の7で定められている。

　　（第二種中高層住居専用地域内に建築してはならない畜舎）

　令第130条の7　法別表第2（に）項第6号（法第87条第2項又は第3項において法第48条第4項の規定を準用する場合を含む。）に規定する政令で定める規模の畜舎は，床面積の合計が15平方メートルを超えるものとする。

　　　　　　　　　　　　　（昭45政333・追加，平5政170・一部改正）

94

第二種中高層種住居専用地域で禁じられている畜舎は，第一種低層住居専用地域における附属建築物と同様，その床面積の合計が15㎡を超えるものである。

法別表第2（に）第7号

3階以上の部分を政令で定めるものを除き，第一種中高層住居専用地域内で建築できない建築物は禁止されている。なお，政令により規制対象から除かれるものについては，定められていない。

法別表第2（に）第8号

第一種中高層住居専用地域内で建築できない建築物の用途に供するもので，当該用途に供する床面積が1,500㎡を超えるものについては，政令で定めるものを除き禁止されている。なお，政令により規制対象から除かれるものについては定められていない。

5　第一種住居地域

第一種住居地域は，住居の環境を保護することを目的とした地域で，大規模な事務所や店舗等について立地を制限している。

法別表第2（ほ）第1号

第二種住居地域内において禁止されている用途（床面積の合計が10,000㎡を超える大規模集客施設を除く。）について禁止するものである。

法別表第2（ほ）第2号

マージャン屋，パチンコ屋，射的場，勝馬投票券販売所，場外車券場等は，客の射幸心をそそるおそれのある遊技をさせる営業を行うものであり，住宅地にはなじまないので禁止されたものである。

なお，「その他これらに類するもの」とは，ゲームセンターのほか，射幸心をそそるおそれがある営業を営む施設として，モーターボート競走法に規定する場外発売場等が含まれる。

法別表第2（ほ）第3号

カラオケボックスについては，不特定多数の人や自動車が集散し継続的な騒音等の発生により居住環境に影響を与えるおそれが大きいものであることから，平成4年の法改正により用途規制が強化されたところである。

なお，カラオケボックスとは，小規模に区画された個室において客が専用装置により伴奏音楽に合わせて歌唱するサービスを提供する施設をいうものであり，「その他これに類するもの」とは，カラオケルーム等の名称を有する施設であってカラオケボックスと同等の機能を有するものをいい，スナック等にカラオケ施設を設置しただけのものは直ちにこれに該当するものではない。

第7章　都市計画区域等における建築物の敷地，構造，建築設備及び用途

　なお，平成27年に風俗営業等の規制及び業務の適正化等に関する法律（昭和23年法律第122号）が改正され，風俗営業からダンスホールが削除されたことに伴い，ダンスホールは用途規制においても風俗営業を行う施設としての立地規制が廃止され，「カラオケボックスその他これに類するもの」に該当するものとして取り扱われることとなった。

法別表第2(は)第4号

　第一種中高層住居専用地域内で建築できない建築物の用途に供するもので，当該用途に供する床面積の合計が3,000㎡を超えるものについては，令130条の7の2に定めるものを除き，禁止されている。

　（第一種住居地域内に建築することができる大規模な建築物）

　令第130条の7の2　法別表第2(は)項第4号（法第87条第2項又は第3項において法第48条第5項の規定を準用する場合を含む。）の規定により政令で定める建築物は，次に掲げるものとする。

　一　税務署，警察署，保健所，消防署その他これらに類するもの

　二　電気通信事業法第120条第1項に規定する認定電気通信事業者が同項に規定する認定電気通信事業の用に供する施設である建築物で国土交通大臣が指定するもの

　三　建築物に附属する自動車車庫で，当該自動車車庫の床面積の合計に同一敷地内にある建築物に附属する自動車車庫の用に供する工作物の築造面積を加えた値が当該敷地内にある建築物（自動車車庫の用に供する部分を除く。）の延べ面積の合計を超えないもの（3階以上の部分を自動車車庫の用に供するものを除く。）

　四　公告対象区域内の建築物に附属する自動車車庫で，床面積の合計に同一公告対象区域内にある建築物に附属する他の自動車車庫の床面積の合計及び当該公告対象区域内にある建築物に附属する自動車車庫の用に供する工作物の築造面積を加えた値が当該公告対象区域内の建築物（自動車車庫の用に供する部分を除く。）の延べ面積の合計を超えないもの（3階以上の部分を自動車車庫の用に供するものを除く。）

　五　自動車車庫で都市計画として決定されたもの

　　　　（平5政170・全改，平11政5・平12政312・平16政59・平19政235・一部改正）

公益上必要な施設であって床面積及び階数にかかわらず建築を認めるものを定めている。

第1号の「その他これらに類するもの」とは，公共性を有する建築物のうち近隣住民のサービスのため必要な建築物である。したがって，管理機能が中心である都道府県の本庁等はこれに含まれないが，近隣住民へのサービス機能が中心であるもの，例えば町村の庁舎又はこれに準ずる市の庁舎でサービス範囲の小さいものはこれに含まれる。

なお，従来，大規模な建築物として例示されていた「郵便局」は，郵政民営化に伴い削除されたが，郵便の業務の用に供する施設については，同号の「その他これらに類するもの」に該当する施設として引き続き第一種住居地域内に建築することができる大規模な建築物となる。

第2号は，平成5年6月24日付建設省告示第1436号で，電気通信事業者がその事業の用に供する施設が指定されている。

第3号は，建築物に附属する自動車車庫で，敷地内の自動車車庫以外の用に供する延べ面積以下であるもの（2階以下のものであり，工作物の車庫についても延べ面積に算入する。）。

第4号は総合的設計による一団地の建築物に附属する場合について定められている。

第5号は都市計画決定された自動車車庫についてであり，床面積，階数にかかわらず建築可能となっている。

6　第二種住居地域

第二種住居地域は，既成市街地にあって具体的には第一種住居地域では禁止されている，マージャン屋，パチンコ屋等のほか，カラオケボックスについては立地を認めるなどある程度用途の混在を許容しつつ，主として住居の環境を保護することを目的とした地域である。このため，近隣商業地域内において建築が禁止されている建築物や劇場，映画館，演芸場又は観覧場のほか，一定規模以上の工場については，住居地の環境を損なうおそれのある用途の建築物として排除している。

法別表第2(ヘ)第1号

近隣商業地域内において建築することが禁止されている用途の建築物のほか，準住居地域内において建築することが禁止されている住居地としての環境を損なうおそれのある用途の工場を定めている。

法別表第2(ヘ)第2号

第7章　都市計画区域等における建築物の敷地，構造，建築設備及び用途

工場に対する一般的な制限であり，原動機を使用し，作業を営む作業場の床面積の合計が50㎡を超えるものは，業種等を問わず，すべて禁止されている。

法別表第2(ヘ)第3号

劇場，映画館，演芸場又は観覧場については，不特定多数の人が集散する娯楽施設であるため，規模にかかわらずすべて禁止されている。なお，平成27年の風俗営業等の規制及び業務の適正化等に関する法律（昭和23年法律第122号）の改正に，ナイトクラブ営業のうち低照度飲食店営業以外のものを営む施設等が劇場，映画館等と同様に，近隣商業地域・準住居地域でも建築できるようになったことを踏まえ，本号での禁止用途として，ナイトクラブその他これに類するもの（令第130条の7の3）が追加で例示されている。

法別表第2(ヘ)第4号

建築物である自動車車庫については，床面積の合計が300㎡以下で2階以下にあるものは立地が認められている。なお，都市計画決定された自動車車庫については，床面積及び階数についての制限はない。

また，建築物に附属して建築することができる自動車車庫については令第130条の8に定められており，第一種住居地域内において建築することができるものについては建築が認められている。

（第二種住居地域内に建築することができる附属自動車車庫）

令第130条の8　法別表第2(ヘ)項第4号（法第87条第2項又は第3項において法第48条第6項の規定を準用する場合を含む。）の規定により政令で定める建築物に附属する自動車車庫は，次に掲げるものとする。

一　床面積の合計に同一敷地内にある建築物に附属する自動車車庫の用途に供する工作物の築造面積を加えた値が当該敷地内にある建築物（自動車車庫の用途に供する部分を除く。）の延べ面積の合計を超えないもの（3階以上の部分を自動車車庫の用途に供するものを除く。）

二　公告対象区域内の建築物に附属する自動車車庫で，床面積の合計に同一公告対象区域内にある建築物に附属する他の自動車車庫の床面積の合計及び当該公告対象区域内にある建築物に附属する自動車車庫の用途に供する工作物の築造面積を加えた値が当該公告対象区域内の建築物（自動車車庫の用途に供する部分を除く。）の延べ面積の合計を超えないもの（3階以上の部分を自動車車庫の用途に供するものを除く。）

（平5政170・全改，平11政5・一部改正）

第4節　用途規制

法別表第2(へ)第5号

　倉庫業を営む倉庫とは，一般に第三者の寄託を受けた物品の保管を行う営業用倉庫をいう。なお，自家用倉庫については，住居地域内に商店や一定限度の工場等の建築が認められている関係上，それらに付随する自家用倉庫は認められる。ただし，自家用倉庫であっても，その中で継続して製造・加工等の作業をする場合は，工場としての扱いを受ける。

法別表第2(へ)第6号

　床面積の合計が10,000㎡を超える大規模集客施設の立地を規制している（「(16)大規模集客施設の立地規制」参照）。

7　準住居地域

　準住居地域は，道路の沿道としての地域特性にふさわしい業務の利便の増進を図りつつ，これと調和した居住環境を保護することを目的とした地域であり，自動車修理工場やミニシアターなどの立地が許容されているが，近隣商業地域内において建築できないもの及び一定規模以上等の工場や危険物の貯蔵又は処理をする施設については立地が認められていない。

法別表第2(と)第1号

　近隣商業地域で規制されている建築物，すなわち，商業地域で規制されているものに加え，料理店等がすべて禁止されている。

法別表第2(と)第2号

　工場に対する一般的な制限で，原動機を使用し，作業を営む作業場の床面積の合計が50㎡を超えるものは，作業場の床面積の合計が150㎡以下の自動車修理工場を除き，業種等を問わず，すべて禁止されている。

　なお，自動車修理工場には，小規模に行う洗車，自動車の点検，タイヤ交換，オイル交換等のサービスの提供をガソリンの供給に付随して行うガソリンスタンドは含まれないものであると解する。

法別表第2(と)第3号

　床面積の多少にかかわらず，その業種又は業態によって禁止されている工場が掲げられている。ここに掲げてある業種又は業態の工場は発生する騒音，振動等が住宅地の環境上好ましくないものを中心としたものであり，商業地域，準工業地域における工場の規制に比べて，内容が強化されている。なお，特殊の機械の利用などにより住居の環境を害するおそれがないものについては，政令で定め本号の適用を除外できることとしており，令第130条の8の3に定めるものについては，建築す

99

第7章　都市計画区域等における建築物の敷地，構造，建築設備及び用途

ることができる。

（準住居地域内で営むことができる特殊の方法による事業）

令第130条の8の3　法別表第2(と)項第3号（法第87条第2項又は第3項において法第48条第7項の規定を準用する場合を含む。）の規定により政令で定める特殊の方法による事業は，同号(11)に掲げる事業のうち，国土交通大臣が防音上有効な構造と認めて指定する空気圧縮機で原動機の出力の合計が7.5キロワット以下のものを使用する事業とする。

　　　　（平5政170・追加，平12政312・一部改正，平18政350・旧第130条の8の2繰下）

　国土交通大臣の指定する空気圧縮機は，①ロータリー式の空気圧縮機，②パッケージ式の空気圧縮機が定められている（H5建告第1438号）。

(1)　容量が10ℓ以上のアセチレンガス発生器（水の中にカーバイドを投入してアセチレンガスを発生させるタンクをいう。）を用いる金属の工作を禁止したものである。商業地域等において容量が30ℓを超えるアセチレンガス発生器を使用するものを禁止しているため，表現上本号では10ℓ以上30ℓ以下となっている。

(1の2)　印刷用インクの製造である。

(2)　塗料の吹付を禁止したものである。商業地域で0.75kWを超えるものを禁止しているので，表現上本号では0.75kW以下のものを禁止したわけである。

(2の2)　かまぼこ，はんぺん，ちくわ，さつまあげ，魚肉ソーセージ等魚肉の練製品の製造で原動機を使用するものである。

(3)　金属の乾燥研磨（ただし，工具研磨は除かれる。）を禁止したものであるが，商業地域において3台以上の研磨機を使用するものを禁止したため表現上本号では2台以下となっている。

(4)　原動機を用いたコルク，エボナイト，合成樹脂の粉砕，乾燥研磨又は原動機を用いた木材の粉砕である。

(4の2)　製かん，板金，自動車修理作業等の金属のつち打加工で，厚さ0.5mm以上の厚手の金属板を加工するものを規制するが，金属工芸品の製造は除かれる。

　原動機を使用した金属のプレス（打抜き，絞り，押出し等），切断の作業としては，金属玩具，自動車，自動車部品，金属製家庭器具の製造，製かん作業等が

あげられる。ただし，液体の圧力を利用して加圧を行う「液圧プレス」のうち，加工時の過りやひずみを除く二次加工を行う専用機である「矯正プレス」については除かれる。また，機械のこぎりを使用するもの以外の「金属の切断」のうちワイヤーカット，レザーカット等の特殊加工による切断についても除かれており，「せん断」のみが規制対象となっている。

(4の3)　オフセット印刷用亜鉛板等を再生するための研磨である。

(4の4)　糖衣機を使用して行う製品全般の製造である。

(4の5)　コンクリートブロック，セメント瓦等のセメント製品の製造で，ミキサー，バイブレーター等の原動機を用いるものを使用するものである。なお，生コンクリートの製造工場は本号に該当しないが，商業地域で禁止されるもの（(ぬ)第3号(13の2)）に含まれるので，準住居地域においても建築できない。

(4の6)　撚線，金網の製造のほか，コイルばねの製造等も含め，ワイヤーフォーミングマシンを使用する金属線の加工で，合計0.75kWを超える原動機を使用するものを一律規制対象としたものである。

(5)　原動機を使用した木材の引割若しくはかんな削りの木材加工，裁縫等の繊維加工，やすりの目立て等で，出力の合計0.75kW以下の軽易なものを除き禁止している。

　なお，木材チップ製造の作業工程についても，木材の引割若しくはかんな削りに該当する（昭和49年8月9日付大分県土木部長宛市街地建築課長回答）。

(6)　原動機を使用した製針又は石材の引割で，出力の合計1.5kW以下の軽易なものを除き禁止している。なお，製針で(4の6)に該当するメリヤス針の製造等の場合は，原動機の出力が1.5kW以下でも0.75kWを超える場合は禁止される。

(7)　穀類の製粉で2.5kWを超える原動機を使用するものである。

(8)　合成樹脂の加工には射出成形加工，中空成形加工，押出成形加工などの加工法があるが，このうち，特に射出成形加工を禁止している。なお，射出成形機は，加熱熔融したプラスチックをノズルから射出して成形加工する機械である。

(9)　金属のつち打加工，プレス若しくは切断(4の2)に加えて原動機の出力の合計が10kWを超える原動機を使用する金属の切削も禁止される。切削作業は，施盤，ボール盤などもっとも一般的な金属加工機による作業が含まれる。

(10)　メッキとは，品物の表面を金属の薄い被膜で覆うことであり，電気メッキ，

第7章　都市計画区域等における建築物の敷地，構造，建築設備及び用途

化学メッキ，真空メッキなどの種類がある。

(11)　合計1.5kWを超える空気圧縮機を使用する作業は一般的に禁止されている。空気圧縮機は広範な用途に使われており，ボイラーの使用に附随してバーナーに使われる場合も多い。なお，令第130条の8の3に定める空気圧縮機を使用する事業については，この限りではない。

(12)　印刷については，原動機を使用する場合は認められない。

(13)　ベンディングマシンは金属板等の曲げ加工を行う機械である。なお，ロール式以外のものであっても，（4の2）において「金属のプレス」として規制対象となるものもある。

(14)　タンブラーは鋳物等金属製品の研磨等を行う機械であり，ここでは，乾式のもの湿式のものを問わず規制対象となるものである。

(15)　ゴムや合成樹脂に薬品等を加えるなどして練る機械である。ゴム練用又は合成樹脂練用のロール機を対象とするが，カレンダーロール機は振動の少なさ等に配慮して除外している。

法別表第2(と)第4号

危険物の貯蔵又は処理に供するもので令第130条の9で定められている（危険物に関する用途については，14　危険物の貯蔵又は処理の用途に供する建築物の規制を参照）。

法別表第2(と)第5号

劇場，映画館等は，近隣社会と直接的な結びつきが少なく，しかも不特定多数の人間が集散する娯楽施設であるが，ミニ劇場等がショッピングセンター等に併設される場合が増加していることから，客席部分の床面積の合計が200㎡未満のものについては建築が認められる。また，平成27年の風俗営業等の規制及び業務の適正化等に関する法律（昭和23年法律第122号）の改正により，ナイトクラブ営業のうち低照度飲食店営業以外のものが風俗営業から除外されたことを踏まえ，当該施設も，劇場，映画館と同様，当該用途に供する床面積の合計が200㎡未満のものについては，建築が認められることとしている。

法別表第2(と)第6号

床面積の合計が10,000㎡を超える大規模集客施設の立地を規制している（「(15)大規模集客施設の立地規制」参照）。

8　田園住居地域

第4節　用途規制

　田園住居地域は，農業の利便の増進を図りつつ，これと調和した低層住宅に係る良好な住居の環境を保護するための地域であり，平成29年の都市計画法の改正により，13番目の用途地域として定められた。用途地域にはじめて農地を位置付け，住宅と農地とが共存するエリアを望ましい市街地像として新たに示したものである。

　具体的には，市街化区域の縁辺部にある低層住居専用地域などの住宅地の中に農地が多く賦存し，営農環境と住環境の調和を図る地域や，立地適正化計画において居住誘導区域外となる区域で，農地の開発やスプロール化を抑制し，良好な住環境を維持する地域などが該当しうる。

　立地可能な建築物の用途としては，第二種低層住居専用地域におけるものを基本としつつ，小規模な農業関連施設がこれに追加されている。

法別表第2㈭第1号，第5号，第6号

　第二種低層住居専用地域における法別表第2㈣第1号～第3号を参照のこと。

法別表第2㈭第2号

　建築物として取り扱われる温室や，農作物の集出荷施設，乾燥施設及び貯蔵施設等がこれに該当する。ただし，該当する施設のうち，令第130条の9の3に定めるものは，建築が禁止されている。

（田園住居地域内に建築してはならない建築物）

令第130条の9の3　法別表第2㈭項第2号（法第87条第2項又は第3項において法第48条第8項の規定を準用する場合を含む。）の規定により政令で定める建築物は，農産物の乾燥その他の農産物の処理に供する建築物のうち著しい騒音を発生するものとして国土交通大臣が指定するものとする。

　　　　　　（平29政156・追加）

　著しい騒音が発生するものとして，国土交通大臣が指定する建築物は，下記のいずれかに該当するものである。（H30国告第236号）

対象となる農作物	処理の内容	使用する原動機の出力の合計
大豆・小豆その他これに類する農作物	乾燥	2kW超
米，小麦，大麦その他これに類する農作物	もみすり	4kW超
茶	精揉	2kW超

103

第7章 都市計画区域等における建築物の敷地，構造，建築設備及び用途

法別表第2(ち)第3号

農機具の収納施設等がこれに該当する。

法別表第2(ち)第4号

いわゆる農家レストラン，農産物の直売所，自家販売用の加工所などがこれに該当しており，その類例が令第130条の9の4で定められている。また，当該用途に供する部分が3階以上にある又は床面積の合計が500㎡超であるような大規模な建築物は建築が禁止されている。

（田園住居地域内に建築することができる農業の利便を増進するために必要な店舗，飲食店等の建築物）

令第130条の9の4 法別表第2(ち)項第4号（法第87条第2項又は第3項において法第48条第8項の規定を準用する場合を含む。）の規定により政令で定める建築物は，次に掲げるものとする。

一 田園住居地域及びその周辺の地域で生産された農産物の販売を主たる目的とする店舗

二 前号の農産物を材料とする料理の提供を主たる目的とする飲食店

三 自家販売のために食品製造業を営むパン屋，米屋，豆腐屋，菓子屋その他これらに類するもの（第1号の農産物を原材料とする食品の製造又は加工を主たる目的とするものに限る。）で作業場の床面積の合計が50平方メートル以内のもの（原動機を使用する場合にあつては，その出力の合計が0.75キロワット以下のものに限る。）

（平29政156・追加）

---

9 近隣商業地域

近隣商業地域は，地方都市の商業地，郊外の商業地等の小規模なもので近隣の住宅地の住民に対する日用品の供給を行うことを主たる内容とする商業その他の業務の利便を増進するため定める地域であり，通常住宅地と連続して存在する場合が多いため，都心中心部等の商業地とは違って，一定の歓楽施設が禁止されている。

法別表第2(り)第1号

商業地域で禁止されている用途の建築物は，近隣商業地域においてもすべて禁止したものである。

法別表第2(り)第2号

「キャバレー，料理店その他これらに類するもの」とは，風俗営業等の規制及び

104

業務の適正化等に関する法第2条第1項に定義されている風俗営業のうち，同項第1号及び第2号に該当するものをいう。この場合，飲食店と料理店との区分については，名称の如何にかかわらず，飲食が主か遊興が主かによって区分することとしており（S26住指発第534号），通常のレストランは飲食店に含まれるが，遊興を主としたものは料理店に含まれる。

また，平成27年の風俗営業等の規制及び業務の適正化等に関する法律（昭和23年法律第122号）の改正により，ナイトクラブ営業のうち低照度飲食店営業以外のものが風俗営業から除外されたことを踏まえ，当該施設については，本号から除外され，近隣商業地域での建築が認められることとなった。一方，低照度飲食店営業を営む施設については，「キャバレー，料理店その他これに類するもの」として，引き続き立地が禁止されることとしている。

法別表第2(り)第3号

「その他これに類する政令で定めるもの」については，令第130条の9の5に定められており，風俗営業等の規制及び業務の適正化等に関する法律第2条第6項に規定する店舗型性風俗特殊営業のうち個室付浴場以外の施設についても個室付浴場と同様に建築が禁止されている。

（近隣商業地域及び準工業地域内に建築してはならない建築物）

令第130条の9の5　法別表第2(り)項第3号及び(る)項第3号（法第87条第2項又は第3項において法第48条第9項及び第11項の規定を準用する場合を含む。）の規定により政令で定める建築物は，ヌードスタジオ，のぞき劇場，ストリップ劇場，専ら異性を同伴する客の休憩の用に供する施設，専ら性的好奇心をそそる写真その他の物品の販売を目的とする店舗その他これらに類するものとする。

（平5政170・追加，平18政350・一部改正，平27政382・旧第130条の9の2繰下，平29政156・旧第130条の9の3繰下・一部改正）

なお，劇場，映画館等については，客席の床面積が一定規模（200㎡）未満のものに限ってその建築を認めてきたが，近隣商業地域は，そもそも大規模な商業施設，展示場，アミューズメント施設等の立地を認める地域であり，また，近年の映画館の主流であるシネコンは，主に商業施設の集客範囲の住民を想定して，ほとんどが商業施設等と複合して設置されていることから，都市の秩序ある整備を図るための都市計画法等の一部を改正する法律（平成18年法律第46号）により，200㎡以

第7章　都市計画区域等における建築物の敷地，構造，建築設備及び用途

上の劇場，映画館等の用途制限が撤廃（緩和）されている。

10　商業地域

　商業地域は，主として商業その他の業務の利便を増進するため定める地域であり，都心又は副都心の商業地等商業，業務，娯楽等の施設の集中立地を図るべき区域に定められるもので，土地利用密度が高く，中高層建築物が建ち並ぶ場合が多い。そこでこの地域においては，土地の高度利用に対応するため，活発な商業，業務活動の障害となる工場等の建築物についてのみ規制が行われている。

法別表第2㈱第1号

　準工業地域で禁止されている工場等は，商業地域においても禁止したものである。

法別表第2㈱第2号

　工場一般に対する制限であり，原動機を使用し，作業場の床面積の合計が150㎡を超えるものは禁止される。ただし，日刊新聞の印刷所は，その事業の性質上，発行所が都心部に立地する必要があり，また印刷所と発行所とが近接している必要があると認められるので，禁止から除外されている。また，自動車修理工場は，サービス業的な要素が強く，ある程度商業地域内に立地することの必要性も認められるので，作業場の床面積の合計が300㎡を超えないものに限って，建築できるものとされている。

法別表第2㈱第3号

　作業場の床面積にかかわりなく，業種等により工場の建築を禁止したものである。特殊の機械の使用等によって商業その他の業務の利便を害するおそれがないものについては政令に定めることにより，除くこととされているが，具体の施設について，現時点では政令の定めはされていない。

(1)　線香花火，ねずみ花火等の製造である。なお，その他の火薬類の製造工場については，準工業地域において禁止されており，本項第1号の規定により商業地域でも禁止されることとなる。

(2)　アセチレンガスと圧縮酸素とを使用して溶接又は溶断する作業等であり，容量が30ℓを超えるものを禁止したものである。

(3)　ドライクリーニングとは，非親水性の溶剤で行う洗たく法のことをいう。また，ドライダイイングには，非親水性の溶剤に染料を溶解して色染する方法や，生ゴムを揮発油に溶解した「ゴム糊」で布地に模様を書き入れ，他の部分を普通に色染めした後「ゴム糊」を揮発油で洗い落とす液書法等がある。

これらの作業のうち，ベンゼン等の引火性溶剤を用いたもののみ規制の対象
としており，トリクロルエチレンやパークロルエチレン等引火性のない溶剤を
使用する作業は除かれる。

　塗料の加熱乾燥又は焼付とは，ブリキ印刷や自転車・自動車の部品，電気器
具部品，金属製玩具の製造等において，顔料を溶剤に稀釈溶解したもの又は塗
料を塗装した後，加熱乾燥，焼付をする作業である。

(4)　水蒸気，熱湯又は直火によるセルロイドの加熱作業又は円鋸機を使用する作
業等をいう。

(5)　油絵具，水彩用絵具，色鉛筆，クレヨン及び水性塗料等の製造をいう。

(6)　溶剤を用いた塗料を圧縮空気で吹き付ける作業で，使用する原動機の出力の
合計が0.75kW以下の軽易なものを除き禁止している。

(7)　亜硫酸ガスを用いて綿花，麦わら，軸木等を燻蒸室で密閉漂白する作業をい
う。

(8)　獣類の骨又は血液等を乾燥しているつぼに入れ炉中で燻焼したもので，脱色
剤等として使用される。

(8の2)　せっけんは，油脂，硬化油，脂肪酸等に苛性ソーダを加えて加熱けん化
し，食塩を加え，廃液を分離して製造する。

(8の3)　魚粉等は，魚類を乾燥粉砕し，大豆かす等を混合して製造するものである
が，このほか，フェザーミール，肉骨粉，肉粉，血粉についても規制対象とし
ている。

(8の4)　手すき紙は，繊維を水に混和し，濾具ですくい上げ，水をこして紙葉を作
り，圧搾，乾燥して製造する。

(9)　羽毛，人毛，獣毛の精製加工である。

(11)　製綿とは，原料綿を使用目的に応じ開棉機，打棉機，梳棉機等を用いて加工
するものである。また，古綿の再製とは，打棉機を用いる打直し作業である。

　起毛とは，織布を針金等により毛羽立てる仕上工程である。せん毛とは，主
に毛織物の仕上工程で毛先を切りそろえる作業をいう。

　反毛とは，毛ぼろを水洗乾燥して反毛機にかけ，綿として回収する作業であ
る。

　フェルトは，羊毛，兎毛を原料としてラップ製造作業をした後，起毛，せん
毛，染色の工程を経て製造される。

(12)　骨，角，牙，ひづめ，貝殻の引割又は乾燥研磨は，櫛，歯ブラシ，玩具，ボ

第7章 都市計画区域等における建築物の敷地，構造，建築設備及び用途

タンの製造等の作業である。

　　金属の乾燥研磨には，金剛砥石による平面，内面研磨又はガラ機を使用する
鋳物研磨等の作業があり，羽布を使用するメッキ作業における錆とり艶出し作
業もこれに含まれる。ただし，石鹸水等を併用する湿式研磨機は除かれる。

(13)　鉱物，骨等の粉砕は，クラッシャープラントによるタルク粉，磨き粉，粉末
硫黄，アルミニウム粉，煉瓦，硝子の原料製造，骨粉，胡粉の製造等の作業で
ある。

(13の2)　レディーミクストコンクリートの製造，セメントの袋詰を行う工場で出力
の合計が2.5kWを超えるものは禁じられている。なお，生コンクリートの製造
工場は通常，レディーミクストコンクリートの製造工場に該当し（昭和45年10
月30日付仙台南警察署長宛市街地建築課長回答），ミキサー車に原料を投入す
る施設であってもレディーミクストコンクリートの製造に該当する。

(14)　墨，懐炉灰又はれん炭の製造は，禁止されている。

(15)　準工業地域において容量の合計が50ℓ以上のるつぼを使用する場合を禁じて
いるため，表現上本号では5ℓを超えないるつぼを使用する場合を禁じてい
る。

(16)　瓦，れんが，土器，陶磁器，人造砥石，るつぼ又はほうろう鉄器の製造は，
禁止されている。

(17)　ガラスの砂吹とは，圧縮空気で乾燥した金剛砂を硝子面に吹き付けてすりガ
ラスを製造するものである。

(17の2)　金属の溶射とは，溶解金属を圧縮空気で金属表面に吹き付け，被膜を作る
メタリコン加工のことをいう。

　　金属の砂吹とは，けい砂や鉄粒等の金属の表面に吹付け滑らかにする作業を
いう。

(17の3)　鉄板の波付け加工とは鉄板を矯正ローラーにかけた後，波付ローラーによ
り波付を行うものである。

(17の4)　ドラム缶の洗浄とは，蒸気加熱により内部に付着している油脂等を溶融
し，又は苛性ソーダ等で洗浄する作業で，洗浄に当たっては缶の内部にチェー
ン又は砂利等を入れて廻転する。

　　ドラム缶の再生とは，凹凸を矯正するため圧搾空気を填入し，つちで叩く作
業である。

(18)　スプリングハンマーによる金属の鍛練，変形，延展の作業である。

108

第4節 用途規制

　なお，スチームハンマー，ベルトハンマー，エアーハンマーを使用する金属の鍛造工場は準工業地域で禁止されており，本項第1号の規定によって商業地域でも禁止されることとなる。

⒆　伸線機，ドローベンチを使用して金属線及びパイプの径を小さくする作業又はロール機による圧延作業である。

　なお，準工業地域内において4kWを超えるものが禁止されているので，表現上本号では4kW以下となっている。

⒇　商業その他の業務の利便を増進する上で支障があるものとして，令第130条の9の6に定めるものについては建築が禁止される。

（商業地域内で営んではならない事業）

令第130条の9の6　法別表第2㊄項第3号⒇（法第87条第2項又は第3項において法第48条第10項の規定を準用する場合を含む。）の規定により政令で定める事業は，スエージングマシン又はロールを用いる金属の鍛造とする。

　　　　　（平5政170・追加，平27政382・旧第130条の9の3繰下，平29政156・旧第
　　　　　130条の9の4繰下・一部改正）

　なお「スエージングマシン又はロールを用いる金属の鍛造」については，準工業地域における特殊の方法等による事業として指定されており，準工業地域の規制対象外となっている。

法別表第2㊄第4号

　危険物の貯蔵又は処理に供するもので，規模は令第130条の9で定められている（危険物に関する用途については，14　危険物の貯蔵又は処理の用途に供する建築物の規制を参照）。

11　準工業地域

　準工業地域は，主として環境の悪化をもたらすおそれのない工業の利便を増進するために定める地域である。準工業地域では住宅や店舗と工場が混在して立地するので，住居の環境保全の要求と，工業の業務活動の利便の追求とが相反することもある。そこで，工場等について，安全上，防火上，衛生上の観点から一定の業種等の立地を禁止しているが，規模による制限は設けていない。なお，特殊の方法による事業で環境の悪化をもたらすおそれのない工業の利便を害するおそれがないものについては，令第130条の9の7の定めにより，規制対象から除外される。

109

第7章 都市計画区域等における建築物の敷地，構造，建築設備及び用途

　（準工業地域内で営むことができる特殊の方法による事業）
令第130条の9の7　法別表第2(る)項第1号（法第87条第2項又は第3項において法第48条第11項の規定を準用する場合を含む。）の規定により政令で定める特殊の方法による事業は，次に掲げるものとする。
一　法別表第2(る)項第1号(5)に掲げる銅アンモニアレーヨンの製造のうち，液化アンモニアガス及びアンモニア濃度が30パーセントを超えるアンモニア水を用いないもの
二　法別表第2(る)項第1号(12)に掲げる圧縮ガスの製造のうち，次のいずれかに該当するもの
　　イ　内燃機関の燃料として自動車に充填するための圧縮天然ガスに係るもの
　　ロ　燃料電池又は内燃機関の燃料として自動車に充填するための圧縮水素に係るものであつて，安全上及び防火上支障がないものとして国土交通大臣が定める基準に適合する製造設備を用いるもの
三　法別表第2(る)項第1号(16)に掲げる合成繊維の製造のうち，国土交通大臣が安全上及び防火上支障がないと認めて定める物質を原料とするもの又は国土交通大臣が安全上及び防火上支障がないと認めて定める工程によるもの
四　法別表第2(る)項第1号(28)に掲げる事業のうち，スエージングマシン又はロールを用いるもの
五　法別表第2(る)項第1号(30)に掲げる事業のうち，集じん装置の使用その他国土交通大臣が石綿の粉じんの飛散の防止上有効であると認めて定める方法により行われるもの
　　　　　　　　（平5政170・追加，平12政312・平13政98・平17政74・一部改正，平27政382
　　　　　　　　・旧第130条の9の4繰下・一部改正，平29政156・旧第130条の9の5繰下・
　　　　　　　　一部改正）

第2号

　水素の製造が，①電気により水を分解する方法又は②水蒸気により炭化水素を改質する方法により行われるものであり，高圧ガス保安法第5条第1項に基づき，一般高圧ガス保安規則第7条の3第2項各号に掲げる基準に適合するものとして都道府県知事の許可を受けたものについては，適用除外とされている（H17国交告第359

第4節　用途規制

号）。

第3号

合成繊維の製造のうち，次の各号に掲げる物質を原料とするそれぞれ当該各号に掲げる合成繊維の製造であって重合反応を伴う工程によるもの以外のものについては，適用除外とされている（H5建告第1440号）。

(1)　アクリル繊維　アクリロニトリル

(2)　ポリエチレン繊維　エチレン

(3)　ポリエステル繊維　エチレングリコール

(4)　ポリ塩化ビニル繊維又はポリ塩化ビニリデン繊維　塩化ビニル

(5)　ビニロン　酢酸ビニル

(6)　ポリプロピレン繊維　プロピレン

第5号

随時閉鎖することができる構造の戸を有する開口部を除き，屋根及び壁で区画された作業場において，ろ過集じん機又は電気集じん機を使用して行われる作業については，適用除外とされている（H5建告第1441号）。

法別表第2(る)第1号

禁止される業種等の工場を掲げてある。

(1)　火薬類取締法第2条第1項に該当する火薬類の製造で，発火爆発の危険が多い。なお，危険性の比較的小さい玩具煙火の製造は除かれている。

(2)　消防法に規定する危険物について，原則として，建築基準法においても危険物として取り扱い，その製造工場を規制している。消防法では，同法別表及び関係政省令において，以下のとおり危険物の定義を定めている。

消防法別表第1　（第2条，第10条，第11条の4関係）　(昭63法55・全改，平11
法160・平13法98・一部改正，平15法84・旧別表・一部改正)

類　別	性　　質	品　　　　　名
第1類	酸化性固体	1　塩素酸塩類 2　過塩素酸塩類 3　無機過酸化物 4　亜塩素酸塩類 5　臭素酸塩類 6　硝酸塩類 7　よう素酸塩類

第7章　都市計画区域等における建築物の敷地，構造，建築設備及び用途

		8	過マンガン酸塩類
		9	重クロム酸塩類
		10	その他のもので政令で定めるもの
		11	前各号に掲げるもののいずれかを含有するもの
第2類	可燃性固体	1	硫化りん
		2	赤りん
		3	硫黄
		4	鉄粉
		5	金属粉
		6	マグネシウム
		7	その他のもので政令で定めるもの
		8	前各号に掲げるもののいずれかを含有するもの
		9	引火性固体
第3類	自然発火性物質及び禁水性物質	1	カリウム
		2	ナトリウム
		3	アルキルアルミニウム
		4	アルキルリチウム
		5	黄りん
		6	アルカリ金属（カリウム及びナトリウムを除く。）及びアルカリ土類金属
		7	有機金属化合物（アルキルアルミニウム及びアルキルリチウムを除く。）
		8	金属の水素化物
		9	金属のりん化物
		10	カルシウム又はアルミニウムの炭化物
		11	その他のもので政令で定めるもの
		12	前各号に掲げるもののいずれかを含有するもの
第4類	引火性液体	1	特殊引火物
		2	第1石油類
		3	アルコール類
		4	第2石油類

112

第4節　用途規制

		5	第3石油類
		6	第4石油類
		7	動植物油類
第5類	自己反応性物質	1	有機過酸化物
		2	硝酸エステル類
		3	ニトロ化合物
		4	ニトロソ化合物
		5	アゾ化合物
		6	ジアゾ化合物
		7	ヒドラジンの誘導体
		8	ヒドロキシルアミン
		9	ヒドロキシルアミン塩類
		10	その他のもので政令で定めるもの
		11	前各号に掲げるもののいずれかを含有するもの
第6類	酸化性液体	1	過塩素酸
		2	過酸化水素
		3	硝酸
		4	その他のもので政令で定めるもの
		5	前各号に掲げるもののいずれかを含有するもの

備考

1　酸化性固体とは，固体（液体（一気圧において，温度20度で液状で
　あるもの又は温度20度を超え40度以下の間において液状となるものを
　いう。以下同じ。）又は気体（一気圧において，温度20度で気体状で
　あるものをいう。）以外のものをいう。以下同じ。）であつて，酸化力
　の潜在的な危険性を判断するための政令で定める試験において政令で
　定める性状を示すもの又は衝撃に対する敏感性を判断するための政令
　で定める試験において政令で定める性状を示すものであることをい
　う。

2　可燃性固体とは，固体であつて，火炎による着火の危険性を判断す
　るための政令で定める試験において政令で定める性状を示すもの又は
　引火の危険性を判断するための政令で定める試験において引火性を示

113

第7章　都市計画区域等における建築物の敷地，構造，建築設備及び用途

すものであることをいう。

3　鉄粉とは，鉄の粉をいい，粒度等を勘案して総務省令で定めるものを除く。

4　硫化りん，赤りん，硫黄及び鉄粉は，備考第2号に規定する性状を示すものとみなす。

5　金属粉とは，アルカリ金属，アルカリ土類金属，鉄及びマグネシウム以外の金属の粉をいい，粒度等を勘案して総務省令で定めるものを除く。

6　マグネシウム及び第2類の項第8号の物品のうちマグネシウムを含有するものにあつては，形状等を勘案して総務省令で定めるものを除く。

7　引火性固体とは，固形アルコールその他一気圧において引火点が40度未満のものをいう。

8　自然発火性物質及び禁水性物質とは，固体又は液体であつて，空気中での発火の危険性を判断するための政令で定める試験において政令で定める性状を示すもの又は水と接触して発火し，若しくは可燃性ガスを発生する危険性を判断するための政令で定める試験において政令で定める性状を示すものであることをいう。

9　カリウム，ナトリウム，アルキルアルミニウム，アルキルリチウム及び黄りんは，前号に規定する性状を示すものとみなす。

10　引火性液体とは，液体（第3石油類，第4石油類及び動植物油類にあつては，一気圧において，温度20度で液状であるものに限る。）であつて，引火の危険性を判断するための政令で定める試験において引火性を示すものであることをいう。

11　特殊引火物とは，ジエチルエーテル，二硫化炭素その他一気圧において，発火点が100度以下のもの又は引火点が零下20度以下で沸点が40度以下のものをいう。

12　第1石油類とは，アセトン，ガソリンその他一気圧において引火点が21度未満のものをいう。

13　アルコール類とは，1分子を構成する炭素の原子の数が1個から3個までの飽和1価アルコール（変性アルコールを含む。）をいい，組成等を勘案して総務省令で定めるものを除く。

第4節　用途規制

14　第2石油類とは，灯油，軽油その他一気圧において引火点が21度以上70度未満のものをいい，塗料類その他の物品であつて，組成等を勘案して総務省令で定めるものを除く。

15　第3石油類とは，重油，クレオソート油その他一気圧において引火点が70度以上200度未満のものをいい，塗料類その他の物品であつて，組成を勘案して総務省令で定めるものを除く。

16　第4石油類とは，ギヤー油，シリンダー油その他一気圧において引火点が200度以上250度未満のものをいい，塗料類その他の物品であつて，組成を勘案して総務省令で定めるものを除く。

17　動植物油類とは，動物の脂肉等又は植物の種子若しくは果肉から抽出したものであつて，一気圧において引火点が250度未満のものをいい，総務省令で定めるところにより貯蔵保管されているものを除く。

18　自己反応性物質とは，固体又は液体であつて，爆発の危険性を判断するための政令で定める試験において政令で定める性状を示すもの又は加熱分解の激しさを判断するための政令で定める試験において政令で定める性状を示すものであることをいう。

19　第5類の項第11号の物品にあつては，有機過酸化物を含有するもののうち不活性の固体を含有するもので，総務省令で定めるものを除く。

20　酸化性液体とは，液体であつて，酸化力の潜在的な危険性を判断するための政令で定める試験において政令で定める性状を示すものであることをいう。

21　この表の性質欄に掲げる性状の2以上を有する物品の属する品名は，総務省令で定める。

危険物の規制に関する政令

（品名の指定）

第1条　消防法（以下「法」という。）別表第1第1類の項第10号の政令で定めるものは，次のとおりとする。

一　過よう素酸塩類

二　過よう素酸

三　クロム，鉛又はよう素の酸化物

四　亜硝酸塩類

第 7 章　都市計画区域等における建築物の敷地，構造，建築設備及び用途

　　五　次亜塩素酸塩類
　　六　塩素化イソシアヌル酸
　　七　ペルオキソ二硫酸塩類
　　八　ペルオキソほう酸塩類
　　九　炭酸ナトリウム過酸化水素付加物
2　法別表第 1 第 3 類の項第11号の政令で定めるものは，塩素化けい素化合物とする。
3　法別表第 1 第 5 類の項第10号の政令で定めるものは，次のとおりとする。
　　一　金属のアジ化物
　　二　硝酸グアニジン
　　三　1 ―アリルオキシ―2.3 ―エポキシプロパン
　　四　4 ―メチリデンオキセタン― 2 ―オン
4　法別表第 1 第 6 類の項第 4 号の政令で定めるものは，ハロゲン間化合物とする。

　　　　　（昭63政358・全 改，平13政300・平16政19・平22政16・平23政405・一 部 改
　　　　　正）

　危険物の規制に関する規則

　（品名から除外されるもの）
第 1 条の 3　法別表第 1 備考第 3 号の粒度等を勘案して総務省令で定めるものは，目開きが53マイクロメートルの網ふるい（日本産業規格（産業標準化法（昭和24年法律第185号）第20条第 1 項の日本産業規格をいう。以下同じ。）Ｚ8801― 1 に規定する網ふるいをいう。以下この条において同じ。）を通過するものが50パーセント未満のものとする。
2　法別表第 1 備考第 5 号の粒度等を勘案して総務省令で定めるものは，次のものとする。
　　一　銅粉
　　二　ニッケル粉
　　三　目開きが150マイクロメートルの網ふるいを通過するものが50パーセント未満のもの
3　法別表第 1 備考第 6 号の形状等を勘案して総務省令で定めるものは，次のものとする。
　　一　目開きが 2 ミリメートルの網ふるいを通過しない塊状のもの

二　直径が 2 ミリメートル以上の棒状のもの

4　法別表第 1 備考第13号の組成等を勘案して総務省令で定めるものは，次の
　ものとする。

　　一　1 分子を構成する炭素の原子の数が 1 個から 3 個までの飽和 1 価アル
　　　コールの含有量が60パーセント未満の水溶液

　　二　可燃性液体量が60パーセント未満であって，引火点がエタノールの60
　　　パーセント水溶液の引火点を超えるもの（燃焼点（タグ開放式引火点測定
　　　器による燃焼点をいう。以下同じ。）がエタノールの60パーセント水溶液
　　　の燃焼点以下のものを除く。）

5　法別表第 1 備考第14号の組成等を勘案して総務省令で定めるものは，可燃
　性液体量が40パーセント以下であって，引火点が40度以上のもの（燃焼点が
　60度未満のものを除く。）とする。

6　法別表第 1 備考第15号及び第16号の組成を勘案して総務省令で定めるもの
　は，可燃性液体量が40パーセント以下のものとする。

7　法別表第 1 備考第17号の総務省令で定めるところにより貯蔵保管されてい
　るものは，次のものとする。

　　一　令第11条第 1 項第 3 号の 2 から第 9 号まで（特定屋外タンク貯蔵所（令
　　　第 8 条の 2 の 3 第 3 項に規定する特定屋外タンク貯蔵所をいう。以下同
　　　じ。）であって，昭和52年 2 月15日前に法第11条第 1 項前段の規定による
　　　設置の許可を受け，又は当該許可の申請がされていたもののうち，令第11
　　　条第 1 項第 3 号の 2 及び第 4 号に定める技術上の基準に適合しないものに
　　　ついては，当該各号は，危険物の規制に関する政令等の一部を改正する政
　　　令（平成 6 年政令第214号）第 2 条の規定による改正後の危険物の規制に
　　　関する政令の一部を改正する政令（昭和52年政令第10号）附則第 3 項各号
　　　とし，準特定屋外タンク貯蔵所（令第11条第 1 項第 3 号の 3 に規定する準
　　　特定屋外タンク貯蔵所をいう。以下同じ。）であって，平成11年 4 月 1 日
　　　前に現に設置され，又は設置の工事中であったもののうち，令第11条第 1
　　　項第 3 号の 3 及び第 4 号に定める技術上の基準に適合しないものについて
　　　は，当該各号は，危険物の規制に関する政令の一部を改正する政令（平成
　　　11年政令第 3 号）による改正前の令第11条第 1 項第 4 号とする。），第11号
　　　から第11号の 3 まで及び第15号，同条第 2 項（同項においてその例による
　　　ものとされる同条第 1 項第 1 号から第 3 号まで，第10号，第10号の 2 ，第

第7章　都市計画区域等における建築物の敷地，構造，建築設備及び用途

　　　12号から第14号まで及び第17号を除く。），令第12条第１項第１号，第２
　　　号，第４号から第８号まで，第10号，第10号の２及び第12号から第18号ま
　　　で，同条第２項（同項においてその例によるものとされる同条第１項第３
　　　号，第９号，第９号の２，第11号，第11号の２及び第19号を除く。），令第
　　　13条第１項（第５号及び第９号から第12号までを除く。），同条第２項（同
　　　項においてその例によるものとされる同条第１項第５号及び第９号から第
　　　12号までを除く。）又は同条第３項（同項においてその例によるものとさ
　　　れる同条第１項第５号及び第９号から第12号までを除く。）の基準の例に
　　　よるタンクに加圧しないで，常温で貯蔵保管されているもの
　　二　第42条及び第43条に規定する構造及び最大容積の基準の例による容器で
　　　あって，収納する物品の通称名，数量及び「火気厳禁」又はこれと同一の
　　　意味を有する他の表示を容器の外部に施したものに，第43条の３に規定す
　　　る容器への収納の基準に従って収納され，貯蔵保管されているもの
　8　法別表第１備考第19号の総務省令で定めるものは，次のものとする。
　　一　過酸化ベンゾイルの含有量が35.5パーセント未満のもので，でんぷん
　　　粉，硫酸カルシウム２水和物又はりん酸１水素カルシウム２水和物との混
　　　合物
　　二　ビス（４―クロロベンゾイル）パーオキサイドの含有量が30パーセント
　　　未満のもので，不活性の固体との混合物
　　三　過酸化ジクミルの含有量が40パーセント未満のもので，不活性の固体と
　　　の混合物
　　四　1.4―ビス（２―ターシャリブチルパーオキシイソプロピル）ベンゼン
　　　の含有量が40パーセント未満のもので，不活性の固体との混合物
　　五　シクロヘキサノンパーオキサイドの含有量が30パーセント未満のもの
　　　で，不活性の固体との混合物

　　　　　　（平元自省令５・追加，平２自省令１・平５自省令22・平８自省令32・平10
　　　　　　自省令６・平12自省令44・平13総省令136・平17総省令37・平19総省令26・平
　　　　　　23総省令165・令元総省令19・令２総省令40・一部改正）

(3)　安全マッチと呼ばれている赤リンマッチの製造は，塩素酸カリウム，二酸化
　マンガン，重クロム酸カリウム，硫黄等と膠着剤（ニカワ等）を使用して軸頭
　を製造し，赤リン，硝子粉末，膠着剤等を原料として塗布することにより箱を

118

製造している。

⑷　ニトロセルロース製品は，セルロイドのほかに，硝化綿ラッカー，人造絹糸，人造レザー，爆薬などの用途がある。なお，セルロイドについては，「硝酸エステル類」の一つであり，消防法により危険物と判定されたものは⑵においてその製造工場を規制対象とし，危険物に該当しないと判定されたセルロイドについては⑷の「ニトロセルロース製品」に該当することとなる。

⑸　ビスコース製品（ビスコースレーヨン，セロハン等を含む。）の製造には二硫化炭素が使用される。アセテート及び銅アンモニアレーヨンは天然に存在する繊維に化学的な処理を加えて製造されるものであり，銅アンモニアレーヨンの製造のうち一定のものについては，令第130条の9の7の定めにより規制対象から除外されている。

　なお，アセテートとは，日本標準産業分類中のレーヨン・アセテート製造業におけるアセテート及びプラスチック製造業におけるアセテートプラスチックと同義である。

⑹　合成染料は，コールタールの蒸留物等を原料として製造するが，その過程で種々の中間物が発生する。これらの中間物は，医薬品，香料，合成樹脂，合成繊維，合成ゴム，殺虫剤，農薬，食品添加物等さまざまな用途の製造原料としても使用される。硝化，硫酸処理，塩素処理，酸化，還元等の製造工程を伴う。

　顔料とは，染料と異なり，水・油に溶けない物質で固有の色をもつものをいい，水油等とねりあわせて使用する。無機性のものとして鉛，クロム，コバルト，鉄，バリウムなどを原料としたものがある。有機性のものとしてレーキ顔料や，顔料色素がある。

　塗料には，油性塗料（ボイル油，油性エナメルペイント，油ワニス，コールタール等），アルコール塗料（シェラックワニス），セルロース誘導体塗料（ラッカー等），水性塗料（ポリ酢酸ビニル，ラテックスペイント，タンニン等），漆，合成樹脂塗料（塩化ビニル樹脂塗料，メラミン樹脂ワニス等）など，様々な種類があるが，漆又は水性塗料の製造を除き禁止している。

⑺　ゴム製品には，タイヤ，チューブ，ゴムベルトなどがあり，その製造に引火性溶剤を使用するものについては禁止している。

　芳香油は，水蒸気蒸留では香成分に変化のおそれのある場合には石油エーテルやベンゼンなどの引火性有機溶剤を用いて抽出することがある。また，いず

第7章　都市計画区域等における建築物の敷地，構造，建築設備及び用途

れも水蒸気蒸留した留出分をアルコール等の引火性溶剤に溶触し，金属ナトリウムで還元し製造するものもある。

(8)　乾燥油とは亜麻仁油，桐油，荏油等のように空気中で酸素を吸収し自然に乾固する性質のある脂肪油であり，これを紙，布に塗布したものが油紙・油布である。擬革紙布とは人造皮革の一種で，ニトロセルロース，ポリ塩化ビニル等を溶剤に溶かして布に塗布したものである。また，引火性溶剤を用いた防水紙布には，ゴム布等がある。

(9)　木材を原料とする活性炭の製造は禁じられるが，炉における加熱の際，水蒸気を吹込む水蒸気法によるものは除かれる。

(10)　石炭を乾溜又はガス化すると石炭ガスを発生しコークスが残る。石炭ガス類としては，石炭ガス，コールタールの他発生炉ガス，水性ガス，モンドガス，プラウガス等と呼ばれる分留・処理されたベンゼン類，タール酸類等をも含む。

(11)　可燃性ガスの製造について，製造過程及び製品自体に着目して，その製造工場を規制対象として追加している。ただし，アセチレンガスの製造及びガス事業として行われる可燃性ガスの製造については，準工業地域の指定目的に照らし，これらを用途規制上の規制対象とすることがかえって支障となることに鑑み，令第130条の9の8に定め，規制対象から除外している。

　　　また，可燃性ガスの単なる移充填は「製造」ではなく「処理」にあたるものと解される。

（準工業地域内で営むことができる可燃性ガスの製造）

令第130条の9の8　法別表第2(る)項第1号(11)（法第87条第2項又は第3項において法第48条第11項の規定を準用する場合を含む。）の規定により政令で定める可燃性ガスの製造は，次に掲げるものとする。

一　アセチレンガスの製造

二　ガス事業法第2条第2項に規定するガス小売事業又は同条第9項に規定するガス製造事業として行われる可燃性ガスの製造

　　　　　（平5政170・追加，平6政411・一部改正，平27政382・旧第130条の9の5繰下，平29政40・一部改正，平29政156・旧第130条の9の6繰下・一部改正）

---

(12)　圧縮ガスとは，常温で液化しない程度に圧縮したもの，つまり35℃で10気圧

以上の圧力を有するもの等をいう。酸素，水素，チッ素，空気等がその主なものである。液化ガスとはアンモニア，炭酸，ガスプロパン，塩素等を主とするもので，ガスを常温で圧縮して液化させたものである。ただし，製氷機，冷凍機等で熱交換の冷媒として，これらのガスを使用するものについては，除外している。また，燃料として自動車に充填するための圧縮天然ガスの製造については，令第130条の9の7の定めにより規制対象から除外される。

　なお，圧縮ガス，液化ガスの単なる移充填は「製造」ではなく「処理」にあたるものと解される。

⒀　本号では，⑵が危険性の大きいものを列挙してあるのに対し，製造中に悪臭を発し，あるいは，有害な廃液を生じるものを挙げている。

　塩素は有毒ガスであり，漂白剤，殺菌等用途は広い。

　臭素は，常温で揮散する液体で，有毒であるが，塩素よりも反応は弱い。染色，医薬，写真材料等に使用される。

　ヨードは，結晶体で，常温で揮散昇華しやすく有害である。ヨードチンキその他医薬品，分析用試薬等に使用される。

　硫黄は，亜硫酸ガスを発生して有毒である。硫酸，二硫化炭素，マッチの製造に利用されるほか広い用途がある。

　塩化硫黄は，常温で発散し蒸気は有毒である。二硫化炭素に溶かしたものはゴムの冷加硫剤である。

　沸化水素酸は，腐触性が強く有毒であり，ほとんどあらゆる金属と化合する。フレオンガスの原料，ガラスのつや消しとして使用される。

　塩酸は，調味料，染料の製造その他各種の用途に使用される。

　硝酸は，火薬，染料，セルロイド，肥料の製造の他用途は広い。

　硫酸は，化学工業の基礎原料その他広い範囲に利用される。

　燐酸は，有害な蒸気を発生する。肥料，金属メッキ，医薬に用いられる。

　苛性カリ及び苛性ソーダは，塩化カリウム，食塩の水溶液を電解して製造する場合，塩素ガスが同時に発生する。有機合成に幅広く利用されている。

　アンモニア水は，液体で刺激臭を有し有毒である。窒素肥料，人絹，硝酸，色素の製造等に用いられる。

　炭酸カリは，医薬品，染色石けん，硝子，酢酸カリウムその他カリウム塩類の製造に用いられる。

　せんたくソーダ及びソーダ灰とは，炭酸ソーダの濃厚な溶液を冷却したもの

121

及び工業用の無水炭酸ソーダのことであり，ガラス製品，アミノ酸醤油，薬品，紙パルプの製造等に用いられる。

さらし粉は，パルプ，人絹，木綿の漂白や，殺菌，有機薬品の合成等に使用する。

次硝酸蒼鉛は，硝ソウ，ビスマットと呼ばれ，チッ素酸化物の発散の危険がある。収束作用を持ち，胃痛，胃カタル等の医薬としてよく用い，また，化粧品，陶器の白色顔料として用いる。

亜硫酸塩類には，主なものとして亜硫酸ソーダがある。亜硫酸ガスの発散，廃液による公害のおそれがある。写真薬，漂白剤，防腐剤等に用いる。

チオ硫酸塩類には，主なものとしてチオ硫酸ソーダがある。写真現象の定着剤等に用いる。

砒素化合物には猛毒のものが多く，砒素そのものを含めて，公害の危険が大きい砒化水素，砒酸などがある。医薬，農薬などに用いられる。

鉛化合物には，鉛丹，鉛白，リサージ，酢酸塩等があり，いずれも有毒である。顔料，蓄電池，塩化ビニル安定剤，医薬等に用いられる。

バリウム化合物には，酸化バリウム，炭酸バリウム，硝酸バリウム等があり，医薬品，顔料，ガラス等に用いられる。

銅化合物には，硫酸銅，硝酸銅等があり，いずれも有毒である。農薬，防腐剤，メッキ，医薬等に用いられる。

水銀化合物には，硫化水銀（朱，辰砂），塩化水銀（昇汞，甘汞）等があり，製造過程で発生する水銀蒸気，塩素ガス，亜硫酸ガス等により危険である。顔料，医薬，電池，触媒等に用いられる。

シアン化合物には，シアン化カリウム，青酸ソーダ，黄血塩，赤血塩等で，製造中有害な青酸ガス及びこれを含む排液を発生するおそれがある。メッキ，有機合成，医薬，顔料等に用いられる。

クロールズルホン酸は，製造中，有毒な塩酸ガス，硫酸ガスを発生し，水と作用すると硫酸と塩酸との混合物になる。サッカリンの製造，スルファミン剤等に使用される。

クロロホルムは，液体で麻酔性にとむ劇薬である。有機物の溶剤あるいは合成原料として用いられる。

四塩化炭素は，有毒であり，また，クロロホルムと同様に原料の引火性，有毒性の問題がある。消火剤又は溶剤を用いる。

第4節　用途規制

　ホルマリンは，ホルムアルデヒドの商品名であり，液体で臭気を有し有毒である。消毒，殺菌，防腐剤等として用いるほか，合成樹脂の原料として重要である。

　ズルホナールは，劇薬であり，催眠剤等として用いる。

　グリセリンは，爆薬の製造，医薬，化粧品，タバコの味付けなどに用いられる。

　イヒチオールズルホン酸アンモンは，消炎，血管収縮，殺虫作用を有し，主として外用医薬品として使用される。

　酢酸は代表的な有機酸で，自然界に広く存在し，刺激臭があり引火性にとむ液体である。食酢，酢酸ビニル，酢酸エステル，酢酸繊維の製造原料などのほか，溶剤，医薬，農薬，など多方面に用いられる。

　石炭酸は，フェノール樹脂，ナイロン，染料，医薬，農薬，香料等の合成に用いられる他，溶剤，消毒剤として用いられる。

　安息香酸は，防腐剤，殺菌剤，医薬，アニリン染料の製造等に用いられる。

　タンニン酸は，媒染剤，薬品製造に用いる。

　アセトアニリドは，鎮痛剤，解熱剤として使用されるほか，有機合成中間体の製造等に使用される。

　アスピリンは，解熱鎮痛剤として使用される。

　グアヤコールは，クレオソートの主成分で，防腐，殺菌性を有し，医薬品として用いられる。

⒁　タンパク質を希塩酸等で加水分解すると種々のアミノ酸が生ずる。化学調味料，アミノ酸醤油等の製造があり，ハム，ソーセージ等の食肉加工は含まれない。

⒂　油脂の採取は，原料（植物油の種実類及び動状性の畜類，魚類，蛹類等）を煮沸したり，粉砕，加温，圧搾したり又は溶剤により浸出して行う。また加熱加工としては，ボイル油，硬化油，脂肪酸類等がある。ただし，化粧品の製造は除かれている。

⒃　ファクチスはゴム軟化剤の一種である。

　合成樹脂には石灰酸樹脂（ベークライト），尿素樹脂，メラミン樹脂，塩化ビニール樹脂，ポリエチレン樹脂，スチロール樹脂，ポリエステル樹脂等多種類がある。

　合成ゴム又は合成繊維の製造は，合製樹脂と原材料，工程が類似している

123

第7章　都市計画区域等における建築物の敷地，構造，建築設備及び用途

　　が，合成繊維の製造のうち一定のものについては，令第130条の9の7の定め
　　により規制対象から除外されている。なお，合成繊維とは，日本標準産業分類
　　中の合成繊維製造業における合成繊維と同様である。
⒄　肥料には，過燐酸石灰，石灰窒素，硫酸アンモン，化成肥料，大豆浸出粕，
　　魚肥等がある。
⒅　紙は，パルプ等を原料とし化学処理等を経て乾燥させることにより製する。
　　パルプは小片にした木材を化学処理して製する。
⒆　製革は，原皮の軟化・脱塩・脱毛等の作業である。
　　骨の精製は骨を煮沸して脂肪及びにかわ等を離脱させるものである。
　　にかわの精製は低温で乾固させる。
⒇　天然アスファルトの粉砕・溶融を経て精製すること等により製する。
㉑　木れんがその他の防腐木材，絶縁電線，ルーフィングペーパー，舗装材料等
　　の製造も含まれる。
㉒　セメント及び石膏は，炭酸石灰と粘土とを粉砕混和し，灼焼したものを粉砕
　　すること等により製する。石膏は天然産のものを焙焼加工すること等により精
　　製する。
　　　消石灰と生石灰は，石灰石又は貝殻を石灰窯で焼成すること等により製す
　　る。
　　　カーバイトは，石灰石等を原料とし，木炭，コークス又は無煙炭等を粉砕混
　　合して電気炉に入れて焼成すること等により製する。水を吸収すると発熱して
　　アセチレンガスを発生する。
㉓　金属の溶融としては鉄鋳物，亜鉛メッキ等，金属の精練としては亜鉛鉱から
　　亜鉛を精練する等各種のものがある。ただし，容量の合計が50ℓ以下のるつぼ
　　で取り扱う程度のものは規制から除外している。
㉔　炭素粉を原料とする炭素製品や黒鉛製品には，電気用カーボンをはじめ多様
　　な製品がある。これらは，コークス，無煙炭，黒鉛の類を粉砕し，これにピッ
　　チ等を加え加熱混和したものを圧搾・成形した上空気を遮断して焼成すること
　　等により製する。
　　　黒鉛の粉砕は，原鉱石をフレットミルで砕き高速度廻転粉砕機にかけて粉末
　　状にすること等により製する。
㉕　汽罐，鉄槽，煙突類の工作並びに鉄骨組立作業で，びょう打，はつり，孔埋
　　を伴うものが禁止される。

124

第4節　用途規制

㉖　頭付機を使用する釘，鋲等の製造及び特殊の研磨機を使用する鋼球の製造等である。

㉗　ロール機による金属線，金属管の製造又は金属板類の圧延である。ただし，原動機の出力の合計が4kW以下である場合は除かれている。

㉘　スチームハンマー，ベルトハンマー，エアーハンマー等を使用して金属の鍛練，変形，延長等の作業を行うものである。なお，スプリングハンマーを使用する鍛造はここで除外し，別表第2(ぬ)項第3号(18)で定め，商業地域で規制される。鍛造プレス機を使用する鍛造は，ここには含まれず，別表第2(と)項第3号（4の2）に含まれ，準住居地域で規制される。

　また，スエージングマシン又はロールを用いる鍛造は，令第130条の9の7の定めにより規制対象から除外されている。

㉙　動物質臓器を原料とするものにケーシング，ガット，ペプシン，トリプシン，レニット，ヒンテリン，インシュリン，ビタミン油等，排せつ物を原料とするものにホルモン等の製造がある。

㉚　石綿を含有する製品の製造又は粉砕を規制対象としている。

　なお，一定のものについては令第130条の9の7の定めにより，規制対象から除外されている。また，販売に際して行われる軽微な加工（穴あけ，切断，型ぬき等）は，石綿を含有する製品の製造には該当しない。

法別表第2(る)第3号

　危険物の貯蔵又は処理に供するもので規模は令第130条の9で定められている（危険物に関する用途については，14　危険物の貯蔵又は処理の用途に供する建築物の規制を参照）。

12　工業地域

　工業地域は，主として工業の利便を推進するため定める地域である。準工業地域までが，工場について，安全上，防火上，衛生上の観点から業種等について規制を加えているのに対し，工業地域では，公害の発生のおそれが大きい業種も含む工場一般を集積させるため，環境上の配慮が特に必要な学校等の施設を排除して，工業生産活動に伴い発生する騒音，振動等の周辺への影響に対する配慮等を緩和し，その生産活動の利便を増進させようとする用途規制が定められている。

法別表第2(を)第1号，第2号，第3号及び第4号

　ホテル，旅館，キャバレー，料理店，劇場，映画館等は土地利用上工業地とはなじまないものであり，これらからの発生交通が工業生産活動の障害となるものでも

125

第 7 章　都市計画区域等における建築物の敷地，構造，建築設備及び用途

あるので禁止している。

法別表第 2 ㊏第 5 号及び第 6 号

　学校及び病院は環境上の配慮が特に必要な施設であるので，工場の集積する工業地域に併存させることはできない。なお，保育園（幼保連携型認定こども園を含む。），職業訓練校，診療所等で，学校，病院にあたらないものは本号には該当しない。

法別表第 2 ㊏第 7 号

　床面積の合計が10,000㎡を超える大規模集客施設の立地を規制している（「16 大規模集客施設の立地規制」参照）。

13　工業専用地域

　工業専用地域は，工業の利便を増進するために定める地域で，工業団地等に指定されることが多い。工業専用地域では，工業生産活動の利便を低下させるような用途，工業地としての土地利用純化の障害となるような用途，工場生産活動に伴い発生する騒音，振動等の影響を避けるべき用途の建築物が幅広く禁止される。

法別表第 2 ㊗第 1 号

　工業地域で禁止される用途の建築物は工業専用地域においてもすべて禁止される。

法別表第 2 ㊗第 2 号及び第 3 号

　住宅，寄宿舎等の居住施設は，環境上の配慮が必要な施設として工業専用地域に立地することは好ましくないほか，工業地としての土地利用純化の障害ともなるため禁止される。

法別表第 2 ㊗第 4 号

　老人ホーム，福祉ホーム等について，規制対象としたものであるが，保育所については，工場通勤者等に必要不可欠な通園施設として規制対象から除かれている。

法別表第 2 ㊗第 5 号

　店舗等は，工業地としての土地利用純化の障害となる用途であるため禁止される。なお，ガソリンスタンドも，物品販売業を営む店舗として規制の対象となる。

法別表第 2 ㊗第 6 号，第 7 号及び第 8 号

　図書館，ボーリング場（法別表第 2 ㊁第 3 号の解説参照），マージャン屋（法別表第 2 ㊑第 2 号の解説参照）等は，工業地にはなじまない用途の建築物であり，工業生産活動の利便の増進上支障をきたすおそれがあるため，禁止される。

126

第 4 節　用途規制

14　危険物の貯蔵又は処理の用途に供する建築物の規制

　危険物の貯蔵又は処理の用途に供する建築物に対する規制については，第一種低層住居専用地域，第二種低層住居専用地域，第一種中高層住居専用地域又は田園住居地域では単独で危険物の貯蔵又は処理の用途に供する建築物の建築が禁止されており，第二種中高層住居専用地域，第一種住居地域，第二種住居地域，準住居地域，近隣商業地域，商業地域及び準工業地域においては，それぞれ令第130条の 9 で定める数量を超える危険物の貯蔵又は処理の用途に供する建築物の建築が禁止されている。また，工業地域及び工業専用地域については，制限がない。

（危険物の貯蔵又は処理に供する建築物）

令第130条の 9　法別表第 2 (と)項第 4 号，(ぬ)項第 4 号及び(る)項第 2 号（法第87条第 2 項又は第 3 項において法第48条第 7 項，第10項及び第11項の規定を準用する場合を含む。）の規定により政令で定める危険物の貯蔵又は処理に供する建築物は，次の表に定める数量を超える危険物（同表に数量の定めのない場合にあつてはその数量を問わないものとし，圧縮ガス又は液化ガスを燃料電池又は内燃機関の燃料として用いる自動車にこれらのガスを充填するための設備（安全上及び防火上支障がないものとして国土交通大臣が定める基準に適合するものに限る。）により貯蔵し，又は処理される圧縮ガス及び液化ガス，地下貯蔵槽により貯蔵される第 1 石油類（消防法別表第 1 の備考12に規定する第一石油類をいう。以下この項において同じ。），アルコール類（同表の備考13に規定するアルコール類をいう。），第 2 石油類（同表の備考14に規定する第 2 石油類をいう。以下この項において同じ。），第 3 石油類（同表の備考15に規定する第 3 石油類をいう。以下この項において同じ。）及び第 4 石油類（同表の備考16に規定する第 4 石油類をいう。以下この項において同じ。）並びに国土交通大臣が安全上及び防火上支障がない構造と認めて指定する蓄電池により貯蔵される硫黄及びナトリウムを除く。）の貯蔵又は処理に供する建築物とする。

用途地域 危険物			準住居地域	商業地域	準工業地域
(1)	火薬類 （玩具 煙火を 除く。）	火薬	20キログラム	50キログラム	20トン
		爆薬		25キログラム	10トン
		工業雷管，		1 万個	250万個

127

第 7 章　都市計画区域等における建築物の敷地，構造，建築設備及び用途

		電気雷管及び信号雷管		
		銃用雷管	3 万個	10 万個	2,500 万個
		実包及び空包	2,000 個	3 万個	1,000 万個
		信管及び火管		3 万個	50 万個
		導爆線		1.5 キロメートル	500 キロメートル
		導火線	1 キロメートル	5 キロメートル	2,500 キロメートル
		電気導火線		3 万個	10 万個
		信号炎管，信号火箭及び煙火	25 キログラム	2 トン	
		その他の火薬又は爆薬を使用した火工品	当該火工品の原料をなす火薬又は爆薬の数量に応じて，火薬又は爆薬の数量のそれぞれの限度による。		
(2)	マッチ，圧縮ガス，液化ガス又は可燃性ガス		A／20	A／10	A／2
(3)	第 1 石油類，第 2 石油類，第 3 石油類又は第 4 石油類		A／2（危険物の規制に関する政令第 2 条第 1 号に規定する屋内貯蔵所のうち位置，構造及び設備について国土交通大臣が定める基準	A（特定屋内貯蔵所，第一種販売取扱所又は危険物の規制に関する政令第 3 条第 2 号ロに規定する第二種販売取扱所（以下この表にお	5 A

128

第4節　用途規制

		に適合するもの（以下この表において「特定屋内貯蔵所」という。）又は同令第3条第2号イに規定する第一種販売取扱所（以下この表において「第一種販売取扱所」という。）にあつては，3A／2）	いて「第二種販売取扱所」という。）にあつては，3A）	
(4)	(1)から(3)までに掲げる危険物以外のもの	A／10（特定屋内貯蔵所又は第一種販売取扱所にあつては，3A／10）	A／5（特定屋内貯蔵所又は第一種販売取扱所にあつては，3A／5）	2A（特定屋内貯蔵所，第一種販売取扱所又は第二種販売取扱所にあつては，5A）

　この表において，Aは，(2)に掲げるものについては第116条第1項の表中「常時貯蔵する場合」の欄に掲げる数量，(3)及び(4)に掲げるものについては同項の表中「製造所又は他の事業を営む工場において処理する場合」の欄に掲げる数量を表すものとする。

2　第116条第2項及び第3項の規定は，前項の場合に準用する。ただし，同条第3項の規定については，準住居地域又は商業地域における前項の表の(1)に掲げる危険物の貯蔵に関しては，この限りでない。

　　　（昭34政344・全改，昭35政272・一部改正，昭37政309・旧第130条の3繰下，昭45政333・旧第130条の4繰下・一部改正，昭50政2・平5政170・平12政312・平14政331・平15政523・平16政19・平26政232・平29政156・一部改正）

第 7 章　都市計画区域等における建築物の敷地，構造，建築設備及び用途

第 1 項

　法別表第 2 の各項で用途地域ごとに禁止した危険物の貯蔵又は処理に供する建築物について，一括して危険物の種類ごとに許容量を定めたものである。

　なお，ここでいう「危険物」は，準工業地域で製造が禁止される以下のものを指す。

①　火薬類取締法の火薬類（玩具煙火を除く。）

②　消防法第 2 条第 7 項に規定する危険物

③　マッチ

④　可燃性ガス

⑤　圧縮ガス又は液化ガス

　危険物の貯蔵又は処理に関する数量は，当該工場の作業場等において取り扱う危険物の瞬間における最大停滞量（作業場内の機械，管，貯蔵場等の中に存置することのできる危険物の最大数量）による（昭和28年 7 月14日付富山県土木部長宛建築指導課長回答）。

　地下貯蔵槽に貯蔵される重油，ガソリン等については，地上貯蔵の場合とは区別されているが，消防法上の地下貯蔵槽については，地下にあるかどうかだけではなく，同法による一定の構造制限に従っているかどうかによって判断されるため，例えば建築物の地階に設けられる場合でも必ず地下貯蔵槽となるとは限らない（一般的には屋内貯蔵所として扱われる場合が多く，この場合には建築基準法上も地下貯蔵槽とは取り扱わない。）。

　また，貯蔵槽とはタンク部分のみをいい，地下配管部分については，除外規定は働かない。

　火薬類については，住居系地域（第二種中高層住居専用地域，第一種住居地域，第二種住居地域，準住居地域）では，火薬類取締法施行規則に基づき販売店で火薬庫外貯蔵を認められている数量，近隣商業地域及び商業地域では火薬類取締法施行規則に規定する三級火薬庫に貯蔵できる数量，準工業地域では，同じく二級火薬庫に貯蔵できる数量が原則として認められている。

　なお，石油類について，屋内貯蔵所のうち位置，構造及び設備について国土交通大臣が定める基準に適合するものは，以下のとおりである（H 5 建告第1439号）。

(1)　屋内貯蔵所のうちその貯蔵倉庫（軒高（危険物の規制に関する政令（昭和34年政令第306号）第10条第 1 項第四号に規定する軒高をいう。次号において同じ。）が 6 m 未満のものに限る。）が危険物の規制に関する規則（昭和34年総理

第 4 節　用途規制

府令第55号）第16条の 2 の 3 第 2 項各号に掲げる基準に適合するもの

(2)　屋内貯蔵所のうちその貯蔵倉庫（軒高が 6 m以上20m未満のものに限る。）
　が危険物の規制に関する規則第16条の 2 の 3 第 2 項第 2 号から第 5 号までに掲
　げる基準に適合するもの

　　圧縮ガス又は液化ガスについては，①一般高圧ガス保安規則第 7 条第 2 項各号に
掲げる基準に適合する天然ガススタンド，②同規則第 7 条の 3 第 2 項各号に掲げる
基準に適合する圧縮水素スタンドとして，高圧ガス保安法第 5 条第 1 項に基づく都
道府県知事の許可を受けた施設については，適用除外となる（H26告示第1203号）

第 2 項

　　土木工事その他の事業のための一時的使用及び支燃性，不燃性の圧縮ガス，液化
ガスに関しては，無制限であること，同一の建築物に 2 種類以上の危険物を貯蔵す
る場合には，各々の制限限度の数値で貯蔵又は処理しようとする数値を割った数量
（一種の相対的危険度）の和が 1 以下となるようにしなければならないことを定め
ている。ただし，後者のルールは，準住居地域及び商業地域の火薬類の貯蔵には適
用されず，したがって，各々の限度までの貯蔵が認められるが，処理については，
適用除外の扱いはなされない。

15　用途規制に関する例外許可

　　法第48条第 1 項から第14項までの各項において，別表第 2 に従い一般的に禁止さ
れる用途あるいは許容される用途が定められているが，周囲の環境を十分に尊重す
る等によりその各用途地域の設定目的から逸脱せず，あるいは，公益上やむをえな
い等として特定行政庁が認めて許可する場合には，例外的に建築できることになっ
ている。この許可を行う場合，特定行政庁は，法第48条第15項及び第16項の規定に
より，あらかじめ，その許可に利害関係を有する者の出頭を求めて公開による聴聞
を行うとともに，建築審査会の同意を得なければならない。聴聞を行う場合におい
ては，許可しようとする建築物の建築計画並びに聴聞の期日及び場所を，期日の 3
日前までに公告しなければならない。

　　なお，聴聞の際の利害関係者とは，通常敷地の周囲に土地・建物を所有するもの
とされているが（昭和48年12月14日付長野県住宅部長宛市街地建築課長回答），こ
れも建築物規模等によって適宜判断すべきである。また，聴聞を開催する場合には
その日時等を計画建築物の周辺の適当な場所に掲示したり，公報に掲載するなどに
より知らしめる必要がある。

第7章　都市計画区域等における建築物の敷地，構造，建築設備及び用途

　用途地域による建築物の規制は，各地域の土地利用が均質で，かつ，安定している時にもっとも効果を発揮するが，実際には，細部についてみると局地的な条件や時間的な経過による土地利用の状況の変化により，用途地域の指定目的に照らして当該建築物の建築を認めても差し支えない場合がある。この場合の例外許可は，その地域の特殊性，建築物の特殊性等に合わせて妥当なものは許可していく，一般規制の補助手段であるといえる。

　（用途地域の制限に適合しない建築物の増築等の許可に当たり意見の聴取等を要しない場合等）

令第130条　法第48条第16項第1号の政令で定める場合は，次に掲げる要件に該当する場合とする。

　一　増築，改築又は移転が特例許可を受けた際における敷地内におけるものであること。

　二　増築又は改築後の法第48条各項（第15項から第17項までを除く。次号において同じ。）の規定に適合しない用途に供する建築物の部分の床面積の合計が，特例許可を受けた際におけるその部分の床面積の合計を超えないこと。

　三　法第48条各項の規定に適合しない事由が原動機の出力，機械の台数又は容器等の容量による場合においては，増築，改築又は移転後のそれらの出力，台数又は容量の合計が，特例許可を受けた際におけるそれらの出力，台数又は容量の合計を超えないこと。

2　法第48条第16項第2号の政令で定める建築物は，次に掲げるものとする。

　一　日用品の販売を主たる目的とする店舗で第一種低層住居専用地域又は第二種低層住居専用地域内にあるもの

　二　共同給食調理場（2以上の学校（法別表第2(い)項第4号に規定する学校に限る。）において給食を実施するために必要な施設をいう。）で第一種中高層住居専用地域，第二種中高層住居専用地域，第一種住居地域，第二種住居地域又は準住居地域内にあるもの

　三　自動車修理工場で第一種住居地域，第二種住居地域又は準住居地域内にあるもの

　　　　（平5政170・全改，平7政214・平18政350・平29政156・令元政30・一部改正）

第4節　用途規制

　次の要件に該当する場合には，増築，改築又は移転については，例外許可をする
場合の手続の合理化がなされており，意見の聴取及び建築審査会の同意の手続は不
要とされている。

(1)　増築，改築又は移転が特例許可を受けた際における敷地内におけるものであ
　　ること。

(2)　増築又は改築後の不適合用途に供する部分の床面積の合計が，特例許可を受
　　けた際のその部分の床面積の合計を超えないこと。

(3)　不適合の事由が原動機の出力，機械の台数又は容器等の容量による場合に
　　は，増築，改築又は移転後のそれらの出力，台数，容量の合計が，特例許可を
　　受けた際のものを超えないこと。

　また，日常生活に必要な建築物について住環境の悪化を防止するための措置が講
じられているものとして，令第130条第2項各号に掲げる以下の要件に該当する場
合には，例外許可をする場合の手続の一部合理化が図られており，建築審査会の同
意の手続は不要とされている（この場合においては，利害関係者に対する意見の聴
取の手続は省略できない。）。

対象となる建築物	対象となる用途地域	措置の内容
日用品販売店舗 （第1号）	第一種低層住居専用地域 第二種低層住居専用地域	規則第10条の4の3 第1項第1号
共同給食調理場 （第2号）	第一種中高層住居専用地域 第二種中高層住居専用地域 第一種住居地域 第二種住居地域 準住居地域	規則第10条の4の3 第1項第2号
自動車修理工場 （第3号）	第一種住居地域 第二種住居地域 準住居地域	規則第10条の4の3 第1項第3号

（住居の環境の悪化を防止するために必要な措置）

則第10条の4の3　法第48条第16項第2号の国土交通省令で定める措置は，次
　の表の上欄に掲げる建築物に対応して，それぞれ同表の下欄に掲げるものと
　する。

建築物	措置
1　令 第130条	イ　敷地は，幅員9メートル以上の道路に接するもの

第2項第1号に掲げる建築物	とすること。
	ロ　店舗の用途に供する部分の床面積は，200平方メートル以内とすること。
	ハ　敷地内には，専ら，貨物の運送の用に供する自動車（以下この条において「貨物自動車」という。）の駐車及び貨物の積卸しの用に供する駐車施設を設けること。
	ニ　排気口は，道路（法第42条第2項の規定により道路とみなされるものを除く。次号ヘ及び第3号ルにおいて同じ。）に面するものとすること。ただし，排気口から当該排気口が面する隣地境界線までの水平距離が4メートル以上ある場合においては，この限りでない。
	ホ　生鮮食料品の加工の用に供する場所は，建築物及びその敷地内に設けないこと。
	ヘ　専ら喫煙の用に供させるための器具及び設備は，建築物及びその敷地内に設けないこと。
	ト　道路の見通しに支障を及ぼすおそれがある塀，柵その他これらに類するものは，敷地内に設けないこと。
	チ　商品を陳列し，又は販売する場所は，屋外に設けないこと。
	リ　ごみ置場は，屋外に設けないこと。ただし，ごみを容器に密閉し，かつ，施錠して保管する場合においては，この限りでない。
	ヌ　電気冷蔵庫若しくは電気冷凍庫又は冷暖房設備の室外機を設ける場合においては，当該室外機の騒音の大きさを国土交通大臣が定める方法により計算した値以下とすること。
	ル　午後10時から午前6時までの間において営業を営む場合においては，次に掲げる措置を講じること。
	（1）隣地境界線に沿つて車両の灯火の光を遮る壁その他これに類するものを設けること。
	（2）店舗内には，テーブル，椅子その他の客に飲食をさせるための設備を設けること。ただし，飲食

第 4 節　用途規制

	料品以外の商品のみを販売する店舗については，この限りでない。 (3)　隣地境界線上の鉛直面の内側の照度は，5ルクス以下とすること。 (4)　屋外広告物の輝度は，400カンデラ毎平方メートル以下とすること。 (5)　屋外における照明の射光の範囲は，光源を含む鉛直面から左右それぞれ70度までの範囲とすること。
2　令 第130条第2項第2号に掲げる建築物	イ　調理業務の用に供する部分の床面積は，500平方メートル以内とすること。 ロ　貨物自動車の交通の用に供する敷地内の通路は，幼児，児童又は生徒の通行の用に供する敷地内の通路と交差しないものとすること。 ハ　作業場は，臭気を除去する装置を設けることその他の臭気の発散を防止するために必要な措置を講じること。 ニ　敷地内には，専ら貨物自動車の駐車及び貨物の積卸しの用に供する駐車施設を設けること。 ホ　敷地の貨物自動車の出入口の周辺には，見通しを確保するための空地及びガードレールを設けることその他幼児，児童又は生徒の通行の安全上必要な措置を講じること。 ヘ　排気口は，道路に面するものとすること。ただし，排気口から当該排気口が面する隣地境界線までの水平距離が4メートル以上ある場合においては，この限りでない。 ト　ごみ置場は，屋外に設けないこと。ただし，ごみを容器に密閉し，かつ，施錠して保管する場合においては，この限りでない。 チ　道路の見通しに支障を及ぼすおそれがある塀，柵その他これらに類するものは，ホの出入口の周辺に設けないこと。 リ　電気冷蔵庫若しくは電気冷凍庫又は冷暖房設備の室外機を設ける場合においては，騒音を防止するた

135

第7章　都市計画区域等における建築物の敷地，構造，建築設備及び用途

	めに必要なものとして国土交通大臣が定める措置を講じること。 ヌ　食品を保管する倉庫その他の設備を設ける場合においては，臭気が当該設備から漏れない構造のものとすること。 ル　ボイラーを設ける場合においては，遮音上有効な機能を有する専用室に設けること。ただし，ボイラーの周囲に当該専用室と遮音上同等以上の効果のある遮音壁を設ける場合においては，この限りでない。
3　令第130条第2項第3号に掲げる建築物	イ　敷地は，幅員16メートル以上の道路に接するものとすること。 ロ　作業場の床面積は，次の(1)又は(2)に掲げる地域の区分に応じ，それぞれ(1)又は(2)に定める面積以内とすること。 　(1)　第一種住居地域及び第二種住居地域　150平方メートル 　(2)　準住居地域　300平方メートル ハ　敷地の自動車の主要な出入口は，イの道路に接するものとし，かつ，その幅は，8メートル以上とすること。 ニ　作業場の主要な出入口は，イの道路に面するものとすること。 ホ　ニの出入口が設けられている外壁以外の外壁は，次に掲げるものとすること。 　(1)　遮音上有効な機能を有するものとすること。 　(2)　開口部を設けないこと。ただし，換気又は採光に必要な最小限度の面積のものとし，かつ，防音上有効な措置を講じたものとする場合においては，この限りでない。 ヘ　油水分離装置を設けること。 ト　産業廃棄物の保管の用に供する専用室を設けること。 チ　敷地内には，専ら貨物自動車の駐車及び貨物の積卸しの用に供する駐車施設を設けること。

	リ　ハの出入口の周辺には，見通しを確保するための空地を設けることその他歩行者の通行の安全上必要な措置を講じること。 ヌ　ニの出入口を道路から離して設けることその他騒音を防止するために必要な措置を講じること。 ル　排気口は，道路に面するものとすること。ただし，排気口から当該排気口が面する隣地境界線までの水平距離が4メートル以上ある場合においては，この限りでない。 ヲ　作業場以外の場所は，作業の用に供しないものとすること。 ワ　作業場は，板金作業及び塗装作業の用に供しないものとすること。 カ　冷暖房設備の室外機を設ける場合においては，騒音を防止するために必要なものとして国土交通大臣が定める措置を講じること。 ヨ　空気圧縮機を設ける場合においては，騒音を防止するために必要なものとして国土交通大臣が定める措置を講じること。 タ　午後6時から午前8時までの間においては，騒音を発する機械を稼働させないこと。 レ　午後10時から午前6時までの間において営業を営む場合においては，次に掲げる措置を講じること。 　(1)　隣地境界線上の鉛直面の内側の照度は，10ルクス以下とすること。 　(2)　屋外における照明の射光の範囲は，光源を含む鉛直面から左右それぞれ70度までの範囲とすること。

2　地方公共団体は，その地方の気候若しくは風土の特殊性又は土地の状況により必要と認める場合においては，条例で，区域を限り，前項に規定する措置と異なる措置を定めることができる。

3　地方公共団体は，前項の規定により第1項に規定する措置を緩和する場合においては，あらかじめ，国土交通大臣の承認を得なければならない。

（令元国交令15・追加）

第7章　都市計画区域等における建築物の敷地，構造，建築設備及び用途

　上記対象となる建築物，用途地域及び措置の内容については，特定行政庁による
用途特例許可の実績が，過去に一定程度蓄積されているものを対象としており，実
際に行われた許可に係る基準や要件等をもとに定められたものである（実績の蓄積
がないという観点から，例えば田園住居地域は，現時点で対象とされていない。）。

　第1号の「日用品販売店舗」については，いわゆるコンビニエンスストアや調剤
薬局等がこれに該当するものであり，一般に「店舗」として取り扱われている。低
層住居専用地域において，建築物の規模，騒音・臭気対策，周辺交通・交通安全に
対する配慮及び夜間営業への配慮等の観点から措置が講じられているものを対象と
している。

　第2号の「共同給食調理場」については，一般に給食センター（給食室を有する
学校で，調理した給食を他の学校に配送しているものも含まれる。）と称される施
設であり，一般に「原動機を使用する工場」として取り扱われている。中高層住居
専用地域等において，建築物の規模，騒音・臭気対策及び周辺交通・交通安全に対
する配慮等の観点から措置が講じられているものを対象としている。

　第3号の「自動車修理工場」については，「原動機を使用する工場」として取り
扱われている。第一種住居地域等において，建築部の規模，騒音・臭気対策，廃油
流出防止対策，周辺交通・交通安全に対する配慮及び夜間営業への配慮等の観点か
ら措置が講じられているものを対象としている。

　また，規則第10条の4の3第1項各号において定める必要な措置については，地
方公共団体において条例を定めることにより，地域の実情に即し，①制限の付加，
②国土交通大臣の承認を得た上での緩和をそれぞれ行うことができることとしてい
る（同条第2項・第3号）。

16　大規模集客施設の立地規制

　（第二種住居地域等内に建築してはならない建築物の店舗，飲食店等に類す
　る用途）
令第130条の8の2　法別表第2(へ)項第6号及び(を)項第7号（法第87条第2項
　又は第3項において法第48条第6項及び第12項の規定を準用する場合を含
　む。）の規定により政令で定める用途は，場外勝舟投票券発売所とする。
2　法別表第2(と)項第6号及び(わ)項（法第87条第2項又は第3項において法第
　48条第7項及び第14項の規定を準用する場合を含む。）の規定により政令で
　定める店舗，飲食店，展示場，遊技場，勝馬投票券発売所及び場外車券売場

第 4 節　用途規制

に類する用途は，場内車券売場及び勝舟投票券発売所とする。

（平18政350・追加，平27政382・平29政156・一部改正）

　都市の秩序ある整備を図るための都市計画法等の一部を改正する法律（平成18年法律第46号）により，以下の①，②のとおり，大規模集客施設（床面積10,000㎡以上）の立地が規制されることとなった。これは，都市構造に広域的に大きな影響を及ぼす大規模集客施設について，商業地域等を除き，立地を一旦制限した上で，立地にあたって都市計画の手続を経ることにより，地域の判断を反映した適正な立地を確保しようとするものである。

①　用途地域の指定のない地域（市街化調整区域を除く。）

　用途地域の指定のない，いわゆる「白地地域」については，以前は大規模集客施設の立地規制がされていなかったが，平成18年法改正により，

ア　劇場，映画館，演芸場，観覧場

イ　店舗，飲食店，展示場，遊技場，勝馬投票券発売所，場外車券売場その他これらに類する用途で政令で定めるものに供する建築物でその用途に供する部分（劇場，映画館，演芸場又は観覧場の用途に供する部分にあっては，客席の部分に限る。）の床面積の合計が10,000㎡を超えるものの立地が規制されることとなった（法第48条第14項，法別表第 2 (か)）。その後，平成27年の風営法改正により，ナイトクラブ等も上記アに該当するものとして取り扱われている。

　ただし，用途地域の指定又は用途を緩和する地区計画（都市計画法第12条の 5 第 4 項に規定する開発整備促進区）の決定などにより，立地規制を適用除外とすることができる（法第68条の 3 第 7 項）。

②　第二種住居地域，準住居地域，工業地域

　第二種住居地域，準住居地域，工業地域については，①イに掲げる大規模集客施設の立地が規制されるが（法第48条第 6 項，第 7 項，第12項，法別表第 2 (へ)第 6 号，(と)第 6 号，(を)第 7 号），①の場合と同様に，用途地域の変更又は用途を緩和する地区計画（開発整備促進区）の決定などにより，立地規制を適用除外とすることができる。

　なお，準工業地域はそもそも最も多様な用途の混在を許容する地域であり，また，三大都市圏や政令市を中心に，工場跡地等の円滑な用途転換を図る要請も強く，建築基準法上は，大規模集客施設の立地を規制する地域にはされていないが，

第7章　都市計画区域等における建築物の敷地，構造，建築設備及び用途

三大都市圏及び政令市以外の地方都市においては，準工業地域においても，特別用途地区の活用による立地制限の強化を行うことが望ましい。

第2項　特別用途地区

> （特別用途地区）
>
> **法第49条**　特別用途地区内においては，前条第1項から第13項までに定めるものを除くほか，その地区の指定の目的のためにする建築物の建築の制限又は禁止に関して必要な規定は，地方公共団体の条例で定める。
>
> 2　特別用途地区内においては，地方公共団体は，その地区の指定の目的のために必要と認める場合においては，国土交通大臣の承認を得て，条例で，前条第1項から第13項までの規定による制限を緩和することができる。
>
> 　　　　　（昭34法156・昭43法101・一部改正，昭45法109・旧第52条繰上・一部改正，
>
> 　　　　　平4法82・平11法160・平29法26・一部改正）

　都市計画区域内の用途規制については，基本となる13種類の用途地域に加え，さらに地区内の建築物の用途構成の特殊性，産業の特殊性等に応じたよりきめの細かなものとすべき場合も少なくない。特別用途地区の制度は，基本となる用途地域制を補完してこのようなケースに対応した適切な用途規制を実現することを目的とするものである。

　特別用途地区とは，用途地域内において特別の目的からする土地利用の増進，環境の保護等を図るため定める地区であって（都市計画法第9条第14項），都市計画において定めることになっている。都市計画においては，地区の名称（特別の目的を明らかにした特別用途地区の種類），位置及び区域を定めているだけで，その規制内容などについては定めない。

　特別用途地区の指定は，都市計画として市町村が決定する（同法第15条第1項）が，地区内の建築制限は，建築基準法に基づき地方公共団体の条例で定めることとなっている。

　本条に基づく条例を制定すべきものについては特に規定はないが，特別用途地区に関する都市計画は市町村が決定するものとされており，かつ，特別用途地区の規制は，ベースとなる用途地域による規制を補完するものであり，地域の実情に応じたきめ細かなものとする必要があることから，原則として市町村の条例によって定

140

第4節 用途規制

めることとし，2以上の市町村において共通の規制を行うことが必要な場合は，都道府県において条例を定めることとすべきである。

条例で定める事項については，法第49条第1項に「建築物の建築の制限又は禁止に関して必要な規定」とあるが，本条の趣旨からみて，いわゆる用途規制のみを指すものと解すべきである。なお，特別用途地区の指定にあたり，用途の制限を補完するための建築物の敷地，構造及び建築設備に関する制限が必要な場合には，法第50条に基づく条例を定めて制限することができる。

なお，用途地域に関する法定の用途制限を緩和する場合には，国土交通大臣の承認を要することとしている（法第49条第2項）が，制限を強化する場合も，過剰な規制とならないよう注意する必要がある。

これらの運用について，「用途地域等の決定と建築行政について」（昭和47年10月25日付建設省住宅局長通達）が出されており，この中で，特別用途地区内の規制の強化，緩和がベースとなる用途地域の目的に背離することがないよう注意を促すとともに，特に強化の場合について，地区の指定目的のため必要かつ適切な範囲内のものであること，条例によって新たに制限されることとなる用途の建築物については，いわゆる例外許可制度と同様の制度により制限緩和の途を開くべきであることを指摘している。

特別用途地区の種類については，当初，建築基準法に規定条文があり，特別工業地区，文教地区は昭和25年の法制定時に，小売店舗地区，事務所地区，厚生地区，娯楽地区（娯楽・レクリエーション地区の前身），観光地区は昭和34年の政令改正により創設されたものである。

その後，新都市計画法の成立に伴い，特別用途地区の種類の規定は同法の条文へと移行し，昭和46年の同法政令改正により娯楽地区の名称が娯楽・レクリエーション地区へと変更，同時に特別業務地区の創設がされ，その後，中高層階住居専用地区，商業専用地区，研究開発地区が創設された。

さらに，平成10年の都市計画法改正により，それまで限定列挙されていた特別用途地区の種類については，地方公共団体が自由に定めることとされ現在に至っている。なお，法改正以前に地区指定され条例が定められている特別用途地区についてはそのまま継続されることとなっている。

また，一般の用途規制を条例で緩和できる旨の規定が加えられたのは昭和34年の法改正によるものである。

以下には，参考までに，従前の特別用途地区の種類によった場合の建築制限につ

141

いて記述する。

(1) 特別工業地区

　工業系の地域について，工業の業種あるいは業態別に区別して土地利用規制を行う場合，特に周辺環境への影響のレベルや業種の性質によって工業系の地域をさらに細分化する場合などに指定される。例えば，工業地域内であっても，重工業と精密機械工業とでは立地条件に違いがあり，また，食品加工業が粉塵，煤煙等の著しい工場地帯に存在することは好ましくないといえる。このような場合には，周辺環境への影響のレベルによって細分化した特別工業地区に分け，影響面に関して利害を共通にする工場をまとめて，ほかからの弊害を防ぎ，互いの利便を増進することが適切である。

　そのほか，地場産業として，伝統的家内工業等の工場が住宅・店舗などと共存している場合には，これを一般の市街地並みに用途純化を図ることは不可能であり，また必ずしも望ましくない場合もある。このような場合には，建築行為の度ごとに例外許可を行う煩雑さを避けるとともに，さらに将来ともこのような地場産業を保護することを明らかにするため，例えば一定規模に限り住居系の用途地域内でもある業種の作業場の建築を認める等，一般の用途規制を緩和する特別工業地区の活用が考えられる。

　これらの場合，準工業，工業，工業専用地域などの工業系の用途地域において特別工業地区を定め，用途規制を強化する場合，住居地域等において特別工業地区を定め，用途規制を緩和する場合などが考えられる。

(2) 文教地区

　住宅地の文教環境を確保するため，あるいは大学，高等学校，小中学校等の教育施設，研究所，試験所等の研究施設，図書館，美術館等の文化施設がある程度まとまっている地区ないし今後集中立地を図る地区について，文教環境を維持保全するために指定する。例えば，住居系の用途地域において，文教環境を保護するために住宅や文教施設以外の用途の建築物を禁止する場合や，あるいは，近隣商業地域等において料亭，旅館，ボーリング場，パチンコ屋又は環境を害する工場等を禁止する場合が考えられる。

(3) 小売店舗地区

　小売店舗が集積している地区について，店舗の利便を増進し，商店街としての利便性を確保するために指定される。例えば，都心の専門店舗の集積している地区については，商業地域に小売店舗地区を指定し，一定の風俗営業施設を制限す

第4節 用途規制

ること等が考えられる。

また，住宅地に隣接した近隣サービス的店舗の集積を図り，商店街としての連続性を確保し，商業環境の維持を図ることを目的として，近隣商業地域等において指定し，事務所，倉庫等の立地を制限する場合も考えられる。

(4) 事務所地区

いわゆるオフィス・センターで，官公庁や民間の事務所がすでに集中立地している地区又は計画的に集積を図るべき地区に指定し，事務所等のサービス業務の向上を図り，地区の利用者及び就業者の業務の利便の増進を目的として指定する。

具体的には，都心等の事務所の集積を図るため，商業地域において，規制を強化して，事務所及びその維持に必要な施設以外の建築物の立地を制限したり，あるいは官公庁等中枢管理機能のための施設の集中立地を図るため，商業地域，近隣商業地域等において，官公庁等以外の建築物の立地を制限することなどが考えられる。

(5) 厚生地区

厚生施設の集中立地や厚生施設の周囲の環境を保全するため指定される。具体的にはサナトリウム等の保養施設を中心として保養環境の維持を図るため，低層住居系の用途地域において規制を緩和して一定の保養施設等については建築できることとしたり，同じ目的で中高層住居系の用途地域において保養施設等に必要な良好な環境を害する建築物の建築を制限することが考えられる。

また，病院，診療所等の医療施設，運動場，体育館などの運動施設等について，これらの集中立地を図るため，住居系の地域に指定して，これらの施設の利便を害する建築物の立地を制限することも考えられる。

(6) 娯楽・レクリエーション地区

娯楽・レクリエーション的土地利用を図るべき地区に指定される。例えば，都心等において歓楽街の形成を図る場合には，商業地域内において盛り場としての機能を強化するため，その利便を害するような建築物等を制限することが考えられる。また，遊園地等のレクリエーション環境の維持を図るために，住居系の用途地域において，遊園地等の立地を可能とするため規制を緩和することも考えられる。

さらに，海浜レクリエーション地帯等のレクリエーション環境の維持を図る場合には，住居系の用途地域等に指定し，これらの地域の規制を緩和して，海浜レ

143

第7章 都市計画区域等における建築物の敷地，構造，建築設備及び用途

クリエーション施設の立地を可能にする場合等が考えられる。さらに，温泉街に
接した地域などでは，住居系の用途地域をベースとして，制限を緩和して，保養
施設などの立地を可能とすることが考えられる。

(7) 観光地区

　観光地区は，温泉街，景勝地等の旅館等の集積を図る場合，あるいは保養地，
別荘地の環境を維持するために指定する。具体的には，商業地域，近隣商業地域
に指定し，旅館等以外の建築物の立地を制限したり，あるいは，保養地，別荘地
としての環境を維持するために，住居系の用途地域等に指定し，地区の環境を害
する建築物の立地を制限するとともに，一定の旅館，ホテル等については建築制
限を緩和することが考えられる。

(8) 特別業務地区

　卸売店舗，倉庫等の流通業務施設の集中立地を図ったり，幹線道路沿い等の区
域において沿道サービスの向上等のために指定する。類型としては，卸売業務
型，ターミナル倉庫型，沿道サービス型等がある。

　卸売業務型は商業地域内で卸売店舗等の卸売業務に関連した施設を集中立地さ
せ，その利便を図るため指定するもので，この場合娯楽施設等の建築が制限され
る例がある。ターミナル倉庫型は，ターミナル，倉庫のような流通関連施設を集
積させるため指定されるもので，準工業地域に指定されることが多いが，この場
合，自動車整備工場，修理工場等については規制が緩和され，その他の工場等に
ついては規制が強化されることが多い。沿道サービス型は，国道，県道等の幹線
道路沿いの自動車修理工場，ドライブイン，ガソリンスタンド等の自動車関連施
設を立地させるために指定されるもので，地区内では，自動車・流通関連施設の
立地を緩和することとなる。準工業地域の上に指定されることが多い。

(9) 中高層階住居専用地区

　中高層階住居専用地区は，用途地域内において建築物の中高層階における住宅
の確保及び住居の環境の保護を図るため定める地区で，用途の制限としては，中
高層階を住宅以外の用途に供する建築物に係る用途の制限の強化，いわゆる立体
用途規制を行うこととなる。

　中高層階住居専用地区は，都心部，都心周辺部等における第一種住居地域，第
二種住居地域，準住居地域，近隣商業地域，商業地域等の住宅と商業業務施設が
立地する地域等において，定住人口の確保を図る地区に定めることが考えられ
る。

144

第4節　用途規制

⑽　商業専用地区

　商業専用地区は，用途地域内において，店舗，事務所等の商業業務施設の複合的かつ高度な集積を図り，これらの商業業務施設に係る業務の利便を増進するため定める地区で用途の制限としては，商業業務施設及びその業務の利便の増進を図るうえで必要な施設以外の建築物に係る用途の制限の強化，たとえば低層階の住宅や工場などを制限することが考えられる。

　商業専用地区は，商業地域において，大規模な店舗，事務所，ホテル，娯楽施設等の集積を図る商業業務市街地等に定めることが考えられる。

⑾　研究開発地区

　研究開発地区は，用途地域内において，研究所，研究支援施設その他の研究開発施設の集約的な立地を図り，これらの研究開発施設に係る環境の保護及び業務の利便の増進を図るため定める地区であり，用途の制限としては，研究開発施設の業務の利便の増進に支障を及ぼすおそれのある建築物に係る用途の制限の強化，または，研究開発施設等に係る用途の制限の緩和を行うことが考えられる。

　研究開発地区は，研究開発施設を中核とした計画的開発地等における第二種住居地域，準工業地域，工業地域，工業専用地域等において，研究所，開発・試作型工場若しくは研究支援施設または研修施設，交流施設などの共同利用施設等の集約的な立地を図る地区等において定めることが考えられる。

第3項　特定用途制限地域

　（特定用途制限地域）

法第49条の2　特定用途制限地域内における建築物の用途の制限は，当該特定
　用途制限地域に関する都市計画に即し，政令で定める基準に従い，地方公共
　団体の条例で定める。

　　　　（平12法73・追加）

　近年，用途地域が定められていない地域（いわゆる「白地地域」）において，大規模な工場，風俗営業施設等当該地域の居住環境に支障を与える用途の建築物や，公共施設に著しく大きな負荷を発生させる大規模な店舗，レジャー施設等の建築物が立地し，当該区域の良好な環境の形成又は保持に支障が生じている事例が散見されている。

145

第7章　都市計画区域等における建築物の敷地，構造，建築設備及び用途

　また，平成12年の都市計画法改正により，都市計画区域について市街化区域と市街化調整区域との区分（以下「区域区分」という。）が選択制とされたことに伴い，区域区分を行わない場合に生じるいわゆる非線引き白地地域については，用途に関する特段の土地利用規制が行われなくなるため，周辺の環境悪化をもたらすような建築物の立地が進むおそれがある。

　こうしたことから，特定の用途の建築物の立地のみを規制することにより，良好な環境の形成又は保持を図るため特定用途制限地域制度が設けられた。特定用途制限地域内における建築物及び工作物の用途の制限は地方公共団体の条例によって行うことができる。

　なお，非線引き都市計画区域における用途地域の決定は，市町村の権限となっていることから，非線引き白地地域を対象とした制度である特定用途制限地域については，すべて市町村決定である。

　（特定用途制限地域内において条例で定める制限）

令第130条の2　法第49条の2の規定に基づく条例による建築物の用途の制限は，特定用途制限地域に関する都市計画に定められた用途の概要に即し，当該地域の良好な環境の形成又は保持に貢献する合理的な制限であることが明らかなものでなければならない。

2　法第49条の2の規定に基づく条例には，法第3条第2項の規定により当該条例の規定の適用を受けない建築物について，法第86条の7第1項の規定の例により当該条例に定める制限の適用の除外に関する規定を定めるものとする。

3　法第49条の2の規定に基づく条例には，当該地方公共団体の長が，当該地域の良好な環境を害するおそれがないと認め，又は公益上やむを得ないと認めて許可したものについて，当該条例に定める制限の適用の除外に関する規定を定めるものとする。

（平13政98・追加，平17政192・一部改正）

　特定用途制限地域内における建築物の用途の制限が，建築基準法上の用途規制として適切なものであるために，条例による制限は，特定用途制限地域の目的に沿った形で，どの建築物が制限の対象となるかを明らかにして定める必要がある。このため，条例で定める制限の基準を，令第130条の2第1項として定めている。

　本規定に基づく条例の施行の際，当該条例の規定に適合しない建築物について

146

第 4 節　用途規制

は，既存不適格建築物として当該規定を適用されないが（法第 3 条第 2 項），増改築等の際には適合することとしなければならないこととなる（法第 3 条第 3 項第 3 号及び第 4 号）。しかし，法第48条に係る既存不適格建築物については，さらに法第86条の 7 の規定及びこれに基づく政令の規定により，一定の範囲内での増改築を認められることになる。このこととのバランスを考えると，条例で用途制限を定める場合においては，法第 3 条第 2 項の規定により当該条例の規定の適用を受けない建築物について，法第86条の 7 の規定及びこれに基づく政令の範囲内において法第 3 条第 3 項第 3 号及び第 4 号の規定にかかわらず，用途制限の適用除外となる規定を置く必要がある。

このため，法第 3 条第 2 項の規定により当該条例の規定の適用を受けない建築物について，法第86条の 7 の規定の例により当該条例に定める制限の適用の除外に関する規定を定めるものとする基準を，令第130条の 2 第 2 項として定めている。

また，条例による制限を行う場合に，個別具体的な状況から判断して，当該地域の良好な環境を害するおそれがないと認められることや公益上やむをえないと認められることもあることから，当該地方公共団体の長の許可により適用除外とする旨の規定を定める必要がある。このため，政令で定める基準として，令第130条の 2 第 3 項を定めている。

第 4 項　条例による規制

> （用途地域等における建築物の敷地，構造又は建築設備に対する制限）
> **法第50条**　用途地域，特別用途地区，特定用途制限地域，都市再生特別地区，居住環境向上用途誘導地区又は特定用途誘導地区内における建築物の敷地，構造又は建築設備に関する制限で当該地域又は地区の指定の目的のために必要なものは，地方公共団体の条例で定める。
>
> 　　　（昭34法156・全改，昭43法101・一部改正，昭45法109・旧第53条繰上・一部
> 　　　改正，平 4 法82・平12法73・平14法22・平18法46・平26法39・令 2 法43・一
> 　　　部改正）

本条は，用途地域，特別用途地区，特定用途制限地域，都市再生特別地区，居住環境向上用途誘導地区又は特定用途誘導地区の指定の目的に必要な建築物の敷地，構造又は建築設備に関する制限を地方公共団体が条例で定めることができるとした

147

第 7 章 都市計画区域等における建築物の敷地，構造，建築設備及び用途

ものであり，昭和34年の法改正により新たに加えられたものである。

　本条が用途地域に関する第 3 節中にあり，かつ用途規制に関する法第48条及び第49条の次に置かれていることから，本条に基づく条例は，ある地域に，用途地域，特別用途地区，特定用途制限地域，都市再生特別地区，居住環境向上用途誘導地区又は特定用途誘導地区を指定するに当たり，補完的な制限を課する必要がある場合に定めるものであると考えられる。

　また，本条に基づく条例の制限内容については，「建築物の敷地，構造又は建築設備」と規定しているが，これは用途に関する制限以外の建築物に関する制限のすべてということではなく，本条の趣旨からみて容積率や建蔽率などのように法律で規制すべきものとして明確に定め，あるいは選択の範囲が限定された事項に関しては，それらと別の制限を課することはできず，また，建築基準法の体系とは異なった種類の規制の方法に属するものを定めることはできないものと解される。

　具体的なケースとしては，軽度の騒音や振動を発生する工場で用途規制を受けていないものについて，周辺環境への影響のレベルを一定に抑えるため遮音壁の設置を義務づけること，機械の据付け方式を規制すること等が考えられる。また，特別用途地区の条例で建築物の用途規制について強化したり緩和したりする場合に，この条例を適切に組み合わせることにより，特別用途地区の望ましい用途規制が行われるようにすることができる。

　なお，本条における条例を制定する「地方公共団体」については，法第49条における場合と同様に考えるべきである。

第 5 項　位置決定する特殊建築物

（卸売市場等の用途に供する特殊建築物の位置）

法第51条　都市計画区域内においては，卸売市場，火葬場又はと畜場，汚物処理場，ごみ焼却場その他政令で定める処理施設の用途に供する建築物は，都市計画においてその敷地の位置が決定しているものでなければ，新築し，又は増築してはならない。ただし，特定行政庁が都道府県都市計画審議会（その敷地の位置を都市計画に定めるべき者が市町村であり，かつ，その敷地が所在する市町村に市町村都市計画審議会が置かれている場合にあつては，当該市町村都市計画審議会）の議を経てその敷地の位置が都市計画上支障がな

148

第4節　用途規制

いと認めて許可した場合又は政令で定める規模の範囲内において新築し，若
しくは増築する場合においては，この限りでない。

　　　　　（昭34法156・全改，昭43法101・一部改正，昭45法109・旧第54条繰上，昭45

　　　　　法137・平11法87・平12法73・平16法67・一部改正）

（位置の制限を受ける処理施設）

令第130条の2の2　法第51条本文（法第87条第2項又は第3項において準用
する場合を含む。）の政令で定める処理施設は，次に掲げるものとする。

　一　廃棄物の処理及び清掃に関する法律施行令（昭和46年政令第300号。以
　　　下「廃棄物処理法施行令」という。）第5条第1項のごみ処理施設（ごみ
　　　焼却場を除く。）

　二　次に掲げる処理施設（工場その他の建築物に附属するもので，当該建築
　　　物において生じた廃棄物のみの処理を行うものを除く。以下「産業廃棄物
　　　処理施設」という。）

　　イ　廃棄物処理法施行令第7条第1号から第13号の2までに掲げる産業廃
　　　棄物の処理施設

　　ロ　海洋汚染等及び海上災害の防止に関する法律（昭和45年法律第136
　　　号）第3条第14号に掲げる廃油処理施設

　　　　　（平16政210・追加，平20政290・一部改正）

（卸売市場等の用途に供する特殊建築物の位置に対する制限の緩和）

令第130条の2の3　法第51条ただし書（法第87条第2項又は第3項において
準用する場合を含む。以下この条において同じ。）の規定により政令で定め
る新築，増築又は用途変更の規模は，次に定めるものとする。

一　第一種低層住居専用地域，第二種低層住居専用地域，第一種中高層住居専用地域，第二種中高層住居専用地域，第一種住居地域，第二種住居地域，田園住居地域及び工業専用地域以外の区域内における卸売市場の用途に供する建築物に係る新築，増築又は用途変更（第4号に該当するものを除く。）	延べ面積の合計（増築又は用途変更の場合にあつては，増築又は用途変更後の延べ面積の合計）が500平方メートル以下のもの
二　汚物処理場又はごみ焼却場そ	処理能力（増築又は用途変更の場合

149

第7章 都市計画区域等における建築物の敷地，構造，建築設備及び用途

の他のごみ処理施設の用途に供する建築物に係る新築，増築又は用途変更（第5号に該当するものを除く。）

三　工業地域又は工業専用地域内における産業廃棄物処理施設の用途に供する建築物に係る新築，増築又は用途変更（第6号に該当するものを除く。）

にあつては，増築又は用途変更後の処理能力）が3,000人（総合的設計による一団地の住宅施設に関して当該団地内においてする場合にあつては，1万人）以下のもの

1日当たりの処理能力（増築又は用途変更の場合にあつては，増築又は用途変更後の処理能力）が当該処理施設の種類に応じてそれぞれ次に定める数値以下のもの

イ　汚泥の脱水施設　30立方メートル

ロ　汚泥の乾燥施設（ハに掲げるものを除く。）　20立方メートル

ハ　汚泥の天日乾燥施設　120立方メートル

ニ　汚泥（ポリ塩化ビフェニル処理物（廃ポリ塩化ビフェニル等（廃棄物処理法施行令第2条の4第5号イに掲げる廃ポリ塩化ビフェニル等をいう。以下この号において同じ。）又はポリ塩化ビフェニル汚染物（同号ロに掲げるポリ塩化ビフェニル汚染物をいう。以下この号において同じ。）を処分するために処理したものをいう。以下この号において同じ。）であるものを除く。）の焼却施設　10立方メートル

ホ　廃油の油水分離施設　30立方メートル

ヘ　廃油（廃ポリ塩化ビフェニル等を除く。）の焼却施設　4立方メートル

ト　廃酸又は廃アルカリの中和施設

第4節　用途規制

60立方メートル

チ　廃プラスチック類の破砕施設
6トン

リ　廃プラスチック類（ポリ塩化ビ
フェニル汚染物又はポリ塩化ビ
フェニル処理物であるものを除
く。）の焼却施設　1トン

ヌ　廃棄物処理法施行令第2条第2
号に掲げる廃棄物（事業活動に伴
つて生じたものに限る。）又はが
れき類の破砕施設　100トン

ル　廃棄物処理法施行令別表第3の
3に掲げる物質又はダイオキシン
類を含む汚泥のコンクリート固型
化施設　4立方メートル

ヲ　水銀又はその化合物を含む汚泥
のばい焼施設　6立方メートル

ワ　汚泥，廃酸又は廃アルカリに含
まれるシアン化合物の分解施設
8立方メートル

カ　廃ポリ塩化ビフェニル等，ポリ
塩化ビフェニル汚染物又はポリ塩
化ビフェニル処理物の焼却施設
0.2トン

ヨ　廃ポリ塩化ビフェニル等（ポリ
塩化ビフェニル汚染物に塗布さ
れ，染み込み，付着し，又は封入
されたポリ塩化ビフェニルを含
む。）又はポリ塩化ビフェニル処
理物の分解施設　0.2トン

タ　ポリ塩化ビフェニル汚染物又は
ポリ塩化ビフェニル処理物の洗浄
施設又は分離施設　0.2トン

レ　焼却施設（ニ，ヘ，リ及びカに
掲げるものを除く。）　6トン

第7章　都市計画区域等における建築物の敷地，構造，建築設備及び用途

四　法第51条ただし書の規定による許可を受けた卸売市場，と畜場若しくは火葬場の用途に供する建築物又は法第3条第2項の規定により法第51条の規定の適用を受けないこれらの用途に供する建築物に係る増築又は用途変更

増築又は用途変更後の延べ面積の合計がそれぞれイ若しくはロに掲げる延べ面積の合計の1.5倍以下又は750平方メートル以下のもの

イ　当該許可に係る建築又は用途変更後の延べ面積の合計

ロ　初めて法第51条の規定の適用を受けるに至つた際の延べ面積の合計

五　法第51条ただし書の規定による許可を受けた汚物処理場若しくはごみ焼却場その他のごみ処理施設の用途に供する建築物又は法第3条第2項の規定により法第51条の規定の適用を受けないこれらの用途に供する建築物に係る増築又は用途変更

増築又は用途変更後の処理能力がそれぞれイ若しくはロに掲げる処理能力の1.5倍以下又は4,500人（総合的設計による一団地の住宅施設に関して当該団地内においてする場合にあつては，1万5,000人）以下のもの

イ　当該許可に係る建築又は用途変更後の処理能力

ロ　初めて法第51条の規定の適用を受けるに至つた際の処理能力

六　法第51条ただし書の規定による許可を受けた産業廃棄物処理施設の用途に供する建築物又は法第3条第2項の規定により法第51条の規定の適用を受けない当該用途に供する建築物に係る増築又は用途変更

増築又は用途変更後の処理能力が，それぞれイ若しくはロに掲げる処理能力の1.5倍以下又は産業廃棄物処理施設の種類に応じてそれぞれ第3号に掲げる処理能力の1.5倍以下のもの

イ　当該許可に係る建築又は用途変更後の処理能力

ロ　初めて法第51条の規定の適用を受けるに至つた際の処理能力

2　特定行政庁が法第51条ただし書の規定による許可をする場合において，前項第4号から第6号までに規定する規模の範囲内において，増築し，又は用途を変更することができる規模を定めたときは，同項の規定にかかわらず，その規模を同条ただし書の規定により政令で定める規模とする。

（昭34政344・全改，昭44政158・昭45政333・平5政170・平5政385・平11政5・一部改正，平13政98・旧第130条の2繰下，平13政239・一部改正，平16

第 4 節　用途規制

政210・旧第130条の 2 の 2 繰下・一部改正，平29政156・一部改正）

　卸売市場，火葬場，汚物処理場等の施設は，都市の中に数多く存在するものではないが，いずれも都市の中になくてはならない重要な供給処理施設であると同時に，周辺の環境に大きな影響を及ぼすおそれがあるものである。したがって都市における供給処理計画の面からも，また周辺地域の環境維持の面からも，都市内におけるこれらの施設の配置については都市計画上の観点から十分検討されたものでなくてはならない。このため本条において，これらの施設については，原則としてその建設場所（すなわち敷地の位置）を都市計画決定したものに限り新築，又は増築（用途変更についても，本条が第87条第 2 項において準用されているので，同様である。）を認めることとしたものである。

　ただし，次のいずれかに該当する場合には，この制限は適用されないこととされている。

①　特定行政庁が都道府県（又は市町村）都市計画審議会の議を経てその敷地の位置が都市計画上支障がないと認めて許可した場合

②　政令で定める規模の範囲内において新築し，又は増築する場合

①は，

ア　市街化の傾向のない場所に建築される場合，比較的小規模である場合等周囲に及ぼす影響が比較的少ないと判断される場合

イ　暫定的なものである場合

ウ　設置しようとする都市において既定都市計画がない場合，又は都市計画の構想が確定していない場合

エ　当該施設の建設が緊急を要する場合等その他関係部局が公益上やむを得ないと認める場合

オ　民間住宅地における汚物処理場等でその施設の位置が当該都市の都市計画において他の諸施設との関連で都市計画決定するべき性質のものではない場合

等の例外的な措置を定めたものである。

　また②は，周辺の環境にそれほど影響を与えず，供給処理計画の面からも重要でない小規模な施設については特定行政庁の許可も不要であり，確認のみで足りるとしたものである。この規模については政令で定めている。

　本条の対象となる汚物処理場，ごみ焼却場等を除く，「その他政令で定める処理

153

第 7 章　都市計画区域等における建築物の敷地，構造，建築設備及び用途

施設」としては，産業廃棄物処理施設，1 日の処理能力が 5 t 以上のごみ処理施設がある。

　なお，本条の趣旨からすると，工場などが同一敷地内において自分自身の生じさせる廃棄物を処理するための施設は本条の対象外になるものと考えられる。それら工場内の施設は，廃棄物を処理するための設備（すなわち当該工場の一部分）であるに過ぎず，本条にいう「汚物処理場」や「ごみ焼却場」に該当するものではないわけである。しかし，数社の廃棄物を共同で処理する施設となると，廃棄物の処理という独立した機能をもったものと考えられるので，この場合には本条の対象として扱われる。

　また，廃棄物処理法施行令第 7 条第14号に規定する「産業廃棄物の最終処分場」については，これは単に処分をするだけであって何らの処理をしないものであるから，「その他政令で定める処理施設」に該当しないものと考えられる。

　なお，本条の適用は，法第48条の規定に基づく建築物の用途に関する制限をはずすものではない。したがって都市計画決定された施設又は本条による許可を受けた施設であっても用途規制に抵触する場合には法第48条に基づくただし書による許可が必要である。

　例えば，第一種低層住居専用地域においてごみ焼却場を建設する場合には本条による制限と同時に法第48条第 1 項の制限が働いて，この場合本条による許可（あるいは都市計画決定）のほかに法第48条ただし書による許可が必要となる。

　令第130条の 2 の 3 は，法第51条に定める施設の新築，増築又は用途変更について，都市計画決定又は特定行政庁による敷地の位置の許可が不要な規模を定めたものである。

第 1 項第 1 号

　卸売市場については，それが準住居地域，近隣商業地域，商業地域，準工業地域，工業地域又は用途地域の指定のない地域にある場合には，延べ面積の合計（増築又は用途変更の場合にあっては，増築又は用途変更後の延べ面積の合計）が500 ㎡以下であれば，新築，増築，用途変更のいずれも法第51条の許可は不要である。第一種低層住居専用地域，第二種低層住居専用地域，第一種中高層住居専用地域，第二種中高層住居専用地域，第一種住居地域，第二種住居地域，田園住居地域及び工業専用地域では，規模にかかわらずこのような措置はない。ただし，第 1 項第 4 号に該当するときは，同号の規定によることとなる。

第 1 項第 2 号

第4節　用途規制

　汚物処理場又はごみ焼却場その他のごみ処理施設については，処理能力（増築又は用途変更の場合にあっては，増築又は用途変更後の処理能力）が3,000人以下の場合は，許可を受けなくてもその規模まで新築，増築，用途変更ができる。総合的設計による一団地の住宅施設に関して当該団地内において処理するものについては，都市計画的配慮が相当施されていると考えられるので，10,000人まで規模が引き上げられている。ただし，第1項第5号に該当するときは，同号によることとなる。

　と畜場及び火葬場については，第1項第1号又は第2号のような措置はなく，どのような規模でも都市計画決定又は許可が必要である。ただし，第1項第4号に該当する場合，すなわち以前に許可を受けたもの又は現在既存不適格のものについては，卸売市場の場合と同様の取扱いがされる。

第1項第3号

　工業地域又は工業専用地域内における産業廃棄物処理施設の用途に供するもののうち第3号に規定するイ～レに該当するものについては，新築，増築又は用途変更のいずれも法第51条の許可は不要である。ただし，第1項第6号に該当するときは，同号によることとなる。

第1項第4号

　卸売市場，と畜場若しくは火葬場で，いったん第51条の許可を受けたもの，又は現在同条の規定につき既存不適格の扱いを受けているものについては，増築又は用途変更後の延べ面積の合計が，許可時又は基準時（既存不適格となった時点）における延べ面積の合計の1.5倍以下又は750㎡以下である増築又は用途変更には許可は不要である。

第1項第5号

　汚物処理場若しくはごみ焼却場その他のごみ処理施設で法第51条に基づく許可又は同条の規定につき既存不適格の扱いを受けているものについては，増築又は用途変更後の処理能力が，許可時又は基準時における処理能力の1.5倍以下又は4,500人以下の場合について，新たな許可を受けずに増築，用途変更ができる。総合的設計による一団地の住宅施設の場合は，1万5,000人までの処理能力となる。

第1項第6号

　産業廃棄物処理施設で法第51条に基づく許可又は同条の規定につき既存不適格の扱いを受けているものについては，増築又は用途変更後の処理能力が，許可時又は基準時における処理能力の1.5倍以下又は産業廃棄物の処理施設の種類に応じて第

155

第 7 章　都市計画区域等における建築物の敷地，構造，建築設備及び用途

3号に掲げる処理能力の1.5倍以下の場合について，新たな許可を受けずに増築，用途変更ができる。

第2項

　これらすべての場合について，特定行政庁が敷地の位置の許可をする場合，特定行政庁が第 1 項第 4 号から第 6 号に規定する規模の範囲内で別に条件を付して，増築又は用途変更の限度を定めた場合には，第 1 項の規定にかかわらず，この限度までしか増築又は用途変更ができない。

第5節　形態規制等

第5節　形態規制等

1　容積率

（容積率）

法第52条　建築物の延べ面積の敷地面積に対する割合（以下「容積率」という。）は，次の各号に掲げる区分に従い，当該各号に定める数値以下でなければならない。ただし，当該建築物が第5号に掲げる建築物である場合において，第3項の規定により建築物の延べ面積の算定に当たりその床面積が当該建築物の延べ面積に算入されない部分を有するときは，当該部分の床面積を含む当該建築物の容積率は，当該建築物がある第一種住居地域，第二種住居地域，準住居地域，近隣商業地域又は準工業地域に関する都市計画において定められた第2号に定める数値の1.5倍以下でなければならない。

一　第一種低層住居専用地域，第二種低層住居専用地域又は田園住居地域内の建築物（第6号及び第7号に掲げる建築物を除く。）　10分の5，10分の6，10分の8，10分の10，10分の15又は10分の20のうち当該地域に関する都市計画において定められたもの

二　第一種中高層住居専用地域若しくは第二種中高層住居専用地域内の建築物（第6号及び第7号に掲げる建築物を除く。）又は第一種住居地域，第二種住居地域，準住居地域，近隣商業地域若しくは準工業地域内の建築物（第5号から第7号までに掲げる建築物を除く。）　10分の10，10分の15，10分の20，10分の30，10分の40又は10分の50のうち当該地域に関する都市計画において定められたもの

三　商業地域内の建築物（第6号及び第7号に掲げる建築物を除く。）　10分の20，10分の30，10分の40，10分の50，10分の60，10分の70，10分の80，10分の90，10分の100，10分の110，10分の120又は10分の130のうち当該地域に関する都市計画において定められたもの

四　工業地域内の建築物（第6号及び第7号に掲げる建築物を除く。）又は工業専用地域内の建築物　10分の10，10分の15，10分の20，10分の30又は10分の40のうち当該地域に関する都市計画において定められたもの

五　高層住居誘導地区内の建築物（第7号に掲げる建築物を除く。）であつて，その住宅の用途に供する部分の床面積の合計がその延べ面積の3分の2以上であるもの（当該高層住居誘導地区に関する都市計画において建築

157

第7章　都市計画区域等における建築物の敷地，構造，建築設備及び用途

物の敷地面積の最低限度が定められたときは，その敷地面積が当該最低限
度以上のものに限る。）　当該建築物がある第一種住居地域，第二種住居
地域，準住居地域，近隣商業地域又は準工業地域に関する都市計画におい
て定められた第2号に定める数値から，その1.5倍以下で当該建築物の住
宅の用途に供する部分の床面積の合計のその延べ面積に対する割合に応じ
て政令で定める方法により算出した数値までの範囲内で，当該高層住居誘
導地区に関する都市計画において定められたもの

六　居住環境向上用途誘導地区内の建築物であつて，その全部又は一部を当
該居住環境向上用途誘導地区に関する都市計画において定められた誘導す
べき用途に供するもの　当該居住環境向上用途誘導地区に関する都市計画
において定められた数値

七　特定用途誘導地区内の建築物であつて，その全部又は一部を当該特定用
途誘導地区に関する都市計画において定められた誘導すべき用途に供する
もの　当該特定用途誘導地区に関する都市計画において定められた数値

八　用途地域の指定のない区域内の建築物　10分の5，10分の8，10分の
10，10分の20，10分の30又は10分の40のうち，特定行政庁が土地利用の状
況等を考慮し当該区域を区分して都道府県都市計画審議会の議を経て定め
るもの

2　前項に定めるもののほか，前面道路（前面道路が2以上あるときは，その
幅員の最大のもの。以下この項及び第12項において同じ。）の幅員が12メー
トル未満である建築物の容積率は，当該前面道路の幅員のメートルの数値
に，次の各号に掲げる区分に従い，当該各号に定める数値を乗じたもの以下
でなければならない。

一　第一種低層住居専用地域，第二種低層住居専用地域又は田園住居地域内
の建築物　10分の4

二　第一種中高層住居専用地域若しくは第二種中高層住居専用地域内の建築
物又は第一種住居地域，第二種住居地域若しくは準住居地域内の建築物
（高層住居誘導地区内の建築物であつて，その住宅の用途に供する部分の
床面積の合計がその延べ面積の3分の2以上であるもの（当該高層住居誘
導地区に関する都市計画において建築物の敷地面積の最低限度が定められ
たときは，その敷地面積が当該最低限度以上のものに限る。第56条第1項
第2号ハ及び別表第3の4の項において同じ。）を除く。）　10分の4（特

158

第5節　形態規制等

定行政庁が都道府県都市計画審議会の議を経て指定する区域内の建築物に
あつては，10分の6）

三　その他の建築物　10分の6（特定行政庁が都道府県都市計画審議会の議
を経て指定する区域内の建築物にあつては，10分の4又は10分の8のうち
特定行政庁が都道府県都市計画審議会の議を経て定めるもの）

3　第1項（ただし書を除く。），前項，第7項，第12項及び第14項，第57条の
2第3項第2号，第57条の3第2項，第59条第1項及び第3項，第59条の2
第1項，第60条第1項，第60条の2第1項及び第4項，第68条の3第1項，
第68条の4，第68条の5（第2号イを除く。第6項において同じ。），第68条
の5の2（第2号イを除く。第6項において同じ。），第68条の5の3第1項
（第1号ロを除く。第6項において同じ。），第68条の5の4（ただし書及び
第1号ロを除く。），第68条の5の5第1項第1号ロ，第68条の8，第68条の
9第1項，第86条第3項及び第4項，第86条の2第2項及び第3項，第86条
の5第3項並びに第86条の6第1項に規定する建築物の容積率（第59条第1
項，第60条の2第1項及び第68条の9第1項に規定するものについては，建
築物の容積率の最高限度に係る場合に限る。第6項において同じ。）の算定
の基礎となる延べ面積には，建築物の地階でその天井が地盤面からの高さ1
メートル以下にあるものの住宅又は老人ホーム，福祉ホームその他これらに
類するもの（以下この項並びに第6項第2号及び第3号において「老人ホー
ム等」という。）の用途に供する部分（第6項各号に掲げる建築物の部分を
除く。以下この項において同じ。）の床面積（当該床面積が当該建築物の住
宅及び老人ホーム等の用途に供する部分の床面積の合計の3分の1を超える
場合においては，当該建築物の住宅及び老人ホーム等の用途に供する部分の
床面積の合計の3分の1）は，算入しないものとする。

4　前項の地盤面とは，建築物が周囲の地面と接する位置の平均の高さにおけ
る水平面をいい，その接する位置の高低差が3メートルを超える場合におい
ては，その高低差3メートル以内ごとの平均の高さにおける水平面をいう。

5　地方公共団体は，土地の状況等により必要と認める場合においては，前項
の規定にかかわらず，政令で定める基準に従い，条例で，区域を限り，第3
項の地盤面を別に定めることができる。

6　第1項，第2項，次項，第12項及び第14項，第57条の2第3項第2号，第
57条の3第2項，第59条第1項及び第3項，第59条の2第1項，第60条第1

159

第7章　都市計画区域等における建築物の敷地，構造，建築設備及び用途

項，第60条の2第1項及び第4項，第68条の3第1項，第68条の4，第68条の5，第68条の5の2，第68条の5の3第1項，第68条の5の4（第1号ロを除く。），第68条の5の5第1項第1号ロ，第68条の8，第68条の9第1項，第86条第3項及び第4項，第86条の2第2項及び第3項，第86条の5第3項並びに第86条の6第1項に規定する建築物の容積率の算定の基礎となる延べ面積には，次に掲げる建築物の部分の床面積は，算入しないものとする。

一　政令で定める昇降機の昇降路の部分

二　共同住宅又は老人ホーム等の共用の廊下又は階段の用に供する部分

三　住宅又は老人ホーム等に設ける機械室その他これに類する建築物の部分（給湯設備その他の国土交通省令で定める建築設備を設置するためのものであつて，市街地の環境を害するおそれがないものとして国土交通省令で定める基準に適合するものに限る。）で，特定行政庁が交通上，安全上，防火上及び衛生上支障がないと認めるもの

7　建築物の敷地が第1項及び第2項の規定による建築物の容積率に関する制限を受ける地域，地区又は区域の2以上にわたる場合においては，当該建築物の容積率は，第1項及び第2項の規定による当該各地域，地区又は区域内の建築物の容積率の限度にその敷地の当該地域，地区又は区域内にある各部分の面積の敷地面積に対する割合を乗じて得たものの合計以下でなければならない。

8　その全部又は一部を住宅の用途に供する建築物（居住環境向上用途誘導地区内の建築物であつてその一部を当該居住環境向上用途誘導地区に関する都市計画において定められた誘導すべき用途に供するもの及び特定用途誘導地区内の建築物であつてその一部を当該特定用途誘導地区に関する都市計画において定められた誘導すべき用途に供するものを除く。）であつて次に掲げる条件に該当するものについては，当該建築物がある地域に関する都市計画において定められた第1項第2号又は第3号に定める数値の1.5倍以下で当該建築物の住宅の用途に供する部分の床面積の合計のその延べ面積に対する割合に応じて政令で定める方法により算出した数値（特定行政庁が都道府県都市計画審議会の議を経て指定する区域内にあつては，当該都市計画において定められた数値から当該算出した数値までの範囲内で特定行政庁が都道府県都市計画審議会の議を経て別に定めた数値）を同項第2号又は第3号に定

第5節　形態規制等

める数値とみなして，同項及び第3項から前項までの規定を適用する。ただ
し，当該建築物が第3項の規定により建築物の延べ面積の算定に当たりその
床面積が当該建築物の延べ面積に算入されない部分を有するときは，当該部
分の床面積を含む当該建築物の容積率は，当該建築物がある地域に関する都
市計画において定められた第1項第2号又は第3号に定める数値の1.5倍以
下でなければならない。

一　第一種住居地域，第二種住居地域，準住居地域，近隣商業地域若しくは
　準工業地域（高層住居誘導地区及び特定行政庁が都道府県都市計画審議会
　の議を経て指定する区域を除く。）又は商業地域（特定行政庁が都道府県
　都市計画審議会の議を経て指定する区域を除く。）内にあること。

二　その敷地内に政令で定める規模以上の空地（道路に接して有効な部分が
　政令で定める規模以上であるものに限る。）を有し，かつ，その敷地面積
　が政令で定める規模以上であること。

9　建築物の敷地が，幅員15メートル以上の道路（以下この項において「特定
道路」という。）に接続する幅員6メートル以上12メートル未満の前面道路
のうち当該特定道路からの延長が70メートル以内の部分において接する場合
における当該建築物に対する第2項から第7項までの規定の適用について
は，第2項中「幅員」とあるのは，「幅員（第9項の特定道路に接続する同
項の前面道路のうち当該特定道路からの延長が70メートル以内の部分にあつ
ては，その幅員に，当該特定道路から当該建築物の敷地が接する当該前面道
路の部分までの延長に応じて政令で定める数値を加えたもの）」とする。

10　建築物の敷地が都市計画において定められた計画道路（第42条第1項第4
号に該当するものを除くものとし，以下この項において「計画道路」とい
う。）に接する場合又は当該敷地内に計画道路がある場合において，特定行
政庁が交通上，安全上，防火上及び衛生上支障がないと認めて許可した建築
物については，当該計画道路を第2項の前面道路とみなして，同項から第7
項まで及び前項の規定を適用するものとする。この場合においては，当該敷
地のうち計画道路に係る部分の面積は，敷地面積又は敷地の部分の面積に算
入しないものとする。

11　前面道路の境界線又はその反対側の境界線からそれぞれ後退して壁面線の
指定がある場合において，特定行政庁が次に掲げる基準に適合すると認めて
許可した建築物については，当該前面道路の境界線又はその反対側の境界線
は，それぞれ当該壁面線にあるものとみなして，第2項から第7項まで及び

161

第7章　都市計画区域等における建築物の敷地，構造，建築設備及び用途

第9項の規定を適用するものとする。この場合においては，当該建築物の敷地のうち前面道路と壁面線との間の部分の面積は，敷地面積又は敷地の部分の面積に算入しないものとする。

一　当該建築物がある街区内における土地利用の状況等からみて，その街区内において，前面道路と壁面線との間の敷地の部分が当該前面道路と一体的かつ連続的に有効な空地として確保されており，又は確保されることが確実と見込まれること。

二　交通上，安全上，防火上及び衛生上支障がないこと。

12　第2項各号の規定により前面道路の幅員のメートルの数値に乗ずる数値が10分の4とされている建築物で，前面道路の境界線から後退して壁面線の指定がある場合又は第68条の2第1項の規定に基づく条例で定める壁面の位置の制限（道路に面する建築物の壁又はこれに代わる柱の位置及び道路に面する高さ2メートルを超える門又は塀の位置を制限するものに限る。）がある場合において当該壁面線又は当該壁面の位置の制限として定められた限度の線（以下この項及び次項において「壁面線等」という。）を越えないもの（ひさしその他の建築物の部分で政令で定めるものを除く。）については，当該前面道路の境界線は，当該壁面線等にあるものとみなして，第2項から第7項まで及び第9項の規定を適用することができる。ただし，建築物の容積率は，当該前面道路の幅員のメートルの数値に10分の6を乗じたもの以下でなければならない。

13　前項の場合においては，当該建築物の敷地のうち前面道路と壁面線等との間の部分の面積は，敷地面積又は敷地の部分の面積に算入しないものとする。

14　次の各号のいずれかに該当する建築物で，特定行政庁が交通上，安全上，防火上及び衛生上支障がないと認めて許可したものの容積率は，第1項から第9項までの規定にかかわらず，その許可の範囲内において，これらの規定による限度を超えるものとすることができる。

一　同一敷地内の建築物の機械室その他これに類する部分の床面積の合計の建築物の延べ面積に対する割合が著しく大きい場合におけるその敷地内の建築物

二　その敷地の周囲に広い公園，広場，道路その他の空地を有する建築物

三　建築物のエネルギー消費性能（建築物のエネルギー消費性能の向上等に関する法律（平成27年法律第53号）第2条第1項第2号に規定するエネル

第5節　形態規制等

　　　ギー消費性能をいう。次条第5項第4号において同じ。）の向上のため必
　　　要な外壁に関する工事その他の屋外に面する建築物の部分に関する工事を
　　　行う建築物で構造上やむを得ないものとして国土交通省令で定めるもの
　15　第44条第2項の規定は，第10項，第11項又は前項の規定による許可をする
　　　場合に準用する。
　　　　　　　　（昭45法109・追　加，昭51法83・昭62法66・平4法82・平6法62・平7法13・

　　　　　　平9法50・平9法79・平10法100・平11法87・平12法73・平14法22・平14法85

　　　　　　・平15法101・平16法111・平16法67・平19法19・平26法39・平26法54・平29

　　　　　　法26・平30法67・令2法43・令4法69・一部改正）

　　容積率制限は，建築物の延べ面積の敷地面積に対する割合の制限である。昭和38
年以前においては，建築物の規模のコントロールは建築物の絶対高さの制限（住居
地域20m以下，住居地域外31m以下）と建蔽率制限によって間接的に行われてい
た。しかし，経済の発展等に伴って，限られた市街地内の土地の合理的かつ高度な
利用が望まれるようになったこと，都市への人口集中により交通混雑，水不足等の
問題が顕著になり，道路，公園，下水道等の公共施設との均衡がとれた建築物の規
模の規制をする必要が生じてきたこと，建築技術の進歩によりいわゆる超高層建築
物の実現が可能となったことなどの社会的要請に応えて，昭和38年の改正により容
積地区制が新設され，その区域内では従来の絶対高さ制限に代えて容積率による建
築密度コントロールが適用されることとなった。さらに，昭和45年の改正によっ
て，用途，密度，形態等の規制をセットにして地域の環境を総合的に把握，規制で
きるよう容積率制限を用途地域と一体化し，全国の都市計画区域に適用することと
された。
　　その後，昭和51年以降，数次にわたり規制の合理化が図られ，現在に至ってい
る。
　　延べ面積の算定については，法第92条の規定に基づく令第2条第1項第四号の規
定により，建築物の各階の床面積を合計することとなるが，同号ただし書及び令第
2条第3項の規定により駐車場・駐輪場の用途に供する部分の床面積は，同一敷地
内の床面積の合計の5分の1を限度として算入しないこととされている（図7—
6）。これは建築物の中で行われる通常の経済活動等により発生する交通量を処理
する上で必要な範囲内のものについては，床面積に算入しないこととし，建築物か
ら発生する駐車・駐輪需要をできるだけ建築物側で処理することを誘導しようとす

163

第7章 都市計画区域等における建築物の敷地,構造,建築設備及び用途

るものである。

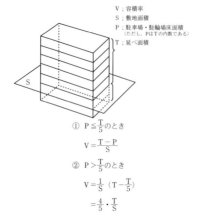

① $P \leq \frac{T}{5}$ のとき

$$V = \frac{T-P}{S}$$

② $P > \frac{T}{5}$ のとき

$$V = \frac{1}{S}\left(T - \frac{T}{5}\right)$$
$$= \frac{4}{5} \cdot \frac{T}{S}$$

(注)備蓄倉庫部分や,蓄電池,自家発電設備,貯水槽の各設置部分がある場合は,別途不算入とすることとなる。

図7－6 容積率(駐車場・駐輪場床面積の不算入措置が適用される場合)

また,平成24年及び平成30年の政令改正により,以下に掲げる施設等の部分の床面積について,同一敷地内の建築物の床面積の合計のそれぞれ以下の割合を限度として,容積率算定の基礎となる延べ面積に算入しないこととされた。

① 専ら防災のために設ける備蓄倉庫の用途に供する部分　50分の1

　　非常用食糧,応急救助物資等を備蓄するための防災専用の倉庫であり,利用者に見えやすい位置に当該倉庫である旨の表示されているものをいう。

② 蓄電池(床に据え付けるものに限る。)を設ける部分　50分の1

　　蓄電池本体のほか,その蓄電機能を全うするために必要的に設けられる付加的な設備は対象に含める。なお,「床に据え付ける」とは,床に据えて動かないように置くことをいい,いわゆる据置型,定置型の蓄電池を想定している。

③ 自家発電設備を設ける部分　100分の1

　　同一敷地の建築物において電気を消費することを目的として発電する設備をいい,発電機本体はもとより,発電機の稼働に必要な機器や燃料等を含むものである。

④ 貯水槽を設ける部分　100分の1

　　水を蓄える槽であり,修理や清掃等の限られた場合を除き内部に人が入ること

第5節　形態規制等

のない構造を有するものをいう。なお，水の使用目的は問わない。

⑤　宅配ボックスを設ける部分　100分の1

「宅配ボックス」とは荷受人が不在の場合に配達された物品を一時保管するための荷受箱をいい，建築物の利用者・居住者が単に利用するロッカーやトランクルームは対象にならない。また宅配ボックスでは郵便受けやAED等と一体となったものも認められる。

第1項は，各々の用途地域等における容積率制限の種類を定めたものであり，表7－4のとおりである。

表7－4　各々の用途地域等における容積率

	用途地域	容積率
イ	第一種低層住居専用地域，第二種低層住居専用地域又は田園住居地域内の建築物（ヘ及びトに掲げる建築物を除く。）	5／10，6／10，8／10，10／10，15／10又は20／10のうち当該地域に関する都市計画で定められたもの
ロ	第一種中高層住居専用地域，第二種中高層住居専用地域内の建築物又は第一種住居地域，第二種住居地域，準住居地域，近隣商業地域若しくは準工業地域（ニからヘまでに掲げる建築物を除く）	10／10，15／10，20／10，30／10，40／10又は50／10のうち当該地域に関する都市計画で定められたもの
ハ	商業地域内の建築物（ヘ及びトに掲げる建築物を除く。）	20／10，30／10，40／10，50／10，60／10，70／10，80／10，90／10，100／10，110／10，120／10又は130／10のうち当該地域に関する都市計画で定められたもの
ニ	工業地域又は工業専用地域内の建築物（ヘ及びトに掲げる建築物を除く。）	10／10，15／10，20／10，30／10又は40／10のうち当該地域に関する都市計画で定められたもの
ホ	高層住居誘導地区内の建築物（ヘに掲げる建築物を除く。）であって，住宅割合2／3以上のもの	当該建築物がある用途地域の都市計画で定められた数値の1.5倍以下で，住宅割合に応じて，当該高層住居誘導地区に関する都市計画で定められたもの
ヘ	居住環境向上用途誘導地区内の建築物であって，その全部又は一部を当該居住環境向上用途誘導地区に関する都市計画において定められた誘導すべき用途に供するもの	当該居住環境向上用途誘導地区に関する都市計画において定められた数値

165

第7章 都市計画区域等における建築物の敷地，構造，建築設備及び用途

ト	特定用途誘導地区内の建築物であって，その全部又は一部を当該特定用途誘導地区に関する都市計画において定められた誘導すべき用途に供するもの	当該特定用途誘導地区に関する都市計画において定められた数値
チ	用途地域の指定のない区域内の建築物	5／10，8／10，10／10，20／10，30／10又は40／10のうち，特定行政庁が土地利用の状況等を考慮し当該区域を区分して都道府県都市計画審議会（＊）の議を経て定めるもの

（＊）市町村都市計画審議会が置かれている市町村の長たる特定行政庁が行う場合にあっては，当該市町村都市計画審議会

前面道路の幅員6 m
したがって前面道路による容積率は，6×4/10＝24/10＜30/10となり24/10の方が適用される。

図7－7　容積率300％と定められた第一種住居地域内の敷地（例）

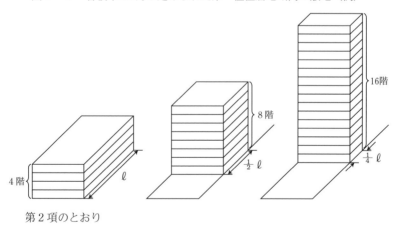

第2項のとおり

図7－8　容積率10分の4の場合

ただし，当該敷地に接する前面道路（前面道路が2以上の場合は幅員が最大なもの）の幅員が12m以下の場合には，幅員のメートル数に地域によって一定の数値を

第5節　形態規制等

乗じた値が，都市計画で定められた数値（指定容積率）未満の場合は，その数値が規制値となる。このメートル数に乗じる数値は，住居系の用途地域（第一種低層住居専用地域，第二種低層住居専用地域，第一種中高層住居専用地域，第二種中高層住居専用地域，第一種住居地域，第二種住居地域，準住居地域又は田園住居地域）においては10分の4，その他の地域においては10分の6とされている。ただし，特定行政庁が都道府県都市計画審議会の議を経て指定する区域内においては，一定の緩和又は強化ができる地域もある。例えば，図7－7のように指定容積率300％と定められた第一種住居地域内において敷地の接する前面道路の最大のものの幅員が6mの場合は6×4／10＝24／10（240％）となり，これは300％未満であるから240％の制限が働き，容積率は240％以下としなければならない。

　表7－4に掲げるように，用途地域ごとに，当該用途地域ごとに定めることのできる容積率の限度は異なっているが，その理由は次のとおりである。

　第一種低層住居専用地域，第二種低層住居専用地域及び田園住居地域内については，10分の5から10分の20までの6種の数値のうち，各々の区域についていずれか一つの数値が都市計画で定められることになるが，これらの地域は低層の住宅地の環境を保護するための地域であるから，あまり大きな容積を必要としない地域である。さらに，これらの地域は絶対高さ制限10m又は12m（法第55条）に加えて，建蔽率制限の最高限度が60％（法第53条）であることから，容積率の上限は10分の20（3（階建）×60％＝180％＜200％）とされている。

　第一種中高層住居専用地域及び第二種中高層住居専用地域については中高層の住宅地としての良好な住環境の確保と適切な高度利用の可能性から10分の10，10分の15，10分の20，10分の30，10分の40，10分の50の範囲に定められている。

　また，第一種住居地域，第二種住居地域，準住居地域，近隣商業地域，準工業地域の5種類の用途地域についても同様に，10分の10から10分の50までの6種の数値のいずれかが定められることになるが，10分の50を超える数値が採用されていないのは，住宅を許容している地域としては過密化を招き，好ましい住環境が得られないためである。これに対し，工業地域及び工業専用地域には，10分の50の数値が採用されていないのは，工業地としてはその本来の土地利用上，多大の容積を必要としないこと及び本来の土地利用に見合わないほど多大の容積率を認めると土地の商業的利用を招き，土地利用の混乱をきたすおそれがあるためである。

　商業地域は10分の20から10分の130までの12種類の数値のいずれかが定められることになるが，これは，その性格上，土地の高度利用が必要であるためである。

167

第7章 都市計画区域等における建築物の敷地，構造，建築設備及び用途

　これらの容積率が，用途地域内の区域ごとにどのように定められるかについて
は，各都市における地域の特性，市街地の動向，公共施設の整備状況等により異な
る。

第3項及び第4項

　平成6年の改正により住宅に対し設けられた特例規定であり，平成26年の改正で
対象が老人ホーム，福祉ホームその他これらに類するもの（以下，老人ホーム等と
いう。）にも拡充された。建築物の地階で住宅の用途に供する部分の床面積につい
ては，当該建築物の住宅及び老人ホーム等の用途に供する部分の床面積の合計の3
分の1を限度として延べ面積に算入しないこととしているものである。

　具体的には，延べ面積には，建築物の地階で，その天井が地盤面からの高さ1m
以下にあるものの住宅及び老人ホーム等の用途に供する部分の床面積（当該床面積
が当該建築物の住宅及び老人ホーム等の用途に供する部分の床面積の合計の3分の
1を超える場合においては，当該建築物の住宅及び老人ホーム等の用途に供する部
分の床面積の合計の3分の1）は算入しないこととされている。

　この地盤面とは，建築物が周囲の地面と接する位置の平均の高さにおける水平面
をいい，その接する位置の高低差が3mを超える場合においては，その高低差3m
以内ごとの平均の高さにおける水平面をいう（図7－9参照）。

　これは，近年の居住形態の多様化に対する国民の関心の増大や既成市街地等にお
ける合理的な土地利用に対する要請の高まり，さらには住宅建築に関する技術開発
の進展等，建築物をめぐる環境の変化に的確に対応したより合理的な規制を行うこ
ととしているものである。

168

第5節　形態規制等

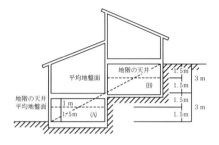

（考え方）
高低差3m以内ごとに平均地盤面を設け、地階の天井が平均地盤面ごとに高さ1m以下にある場合は特例の対象となる。
（上図の場合、(A)は平均地盤面から1m以下に地階の天井が設けられているため特例の対象となる。(B)は平均地盤面から1mを超える部分に地階の天井が設けられているため特例の対象とはならない。）

図7－9　地盤面の考え方

第5項

　法第52条第3項による住宅地下室の床面積の不算入特例については、近年、例えば都市計画において低容積率が指定されている第一種・第二種低層住居専用地域等の区域内において、地盤面に著しい高低差がある斜面地に共同住宅が建築される場合には、その高低差を原因とする外見的な階数の増加により、市街地環境に大きな影響を与え、開発事業者と住民等との間で紛争に発展する事例が報告されていた。
　そこで、平成16年建築基準法改正により、地方公共団体は、土地の状況等により必要があると認める場合には、政令で定める基準に従い、条例で区域を限り、法第52条第4項の規定による地盤面とは別に地盤面を定めることができることとされたものである。

> （条例で地盤面を別に定める場合の基準）
> **令第135条の15**　法第52条第5項の政令で定める基準は、次のとおりとする。
> 　一　建築物が周囲の地面と接する位置のうち最も低い位置の高さ以上の高さに定めること。
> 　二　周囲の地面と接する位置の高低差が3メートルを超える建築物については、その接する位置のうち最も低い位置からの高さが3メートルを超えない範囲内で定めること。
> 　三　周囲の地面と接する位置の高低差が3メートル以下の建築物について

第 7 章　都市計画区域等における建築物の敷地，構造，建築設備及び用途

　　は，その接する位置の平均の高さを超えない範囲内で定めること。

　　　　　（平17政192・追加）

　条例で地盤面を別に定める場合の基準については，法第52条第5項からの委任に基づき，令第135条の15に規定されている。具体的な基準は次に掲げるとおりである。

⑴　建築物が周囲の地面と接する位置のうち最も低い位置の高さ以上の高さに定めること（同条第1号）

　法第52条第5項は，低層住宅地のいわゆる斜面地に盛土をして地盤面をかさ上げし，地下の部分を増やす等極端な形で住宅地下室の不算入措置を利用する共同住宅の建設を防止することを目的として創設されたものであり，必ずしも本体の住宅地下室（完全に地面下にある地下室）の利用そのものを否定する趣旨で創設されたものではない。したがって，地方公共団体が条例で地盤面を別に定める場合においても，もともと法が予定している住宅地下室の利用については，従前どおり容積率に係る不算入特例を認める必要がある。

　そこで，第1号では，地方公共団体が定める地盤面は，建築物が周囲の地面と接する位置のうち最も低い位置の高さより低く定めないものとしなければならない旨を規定することとし，本来の住宅地下室の利用が必要以上に阻害されるといった事態の発生を防止することとしたものである。

⑵　周囲の地面と接する位置の高低差が3mを超える建築物については，その接する位置のうち最も低い位置からの高さが3mを超えない範囲内で定めること（同条第2号）

⑶　周囲の地面と接する位置の高低差が3m以下の建築物については，その接する位置の平均の高さを超えない範囲内で定めること（同条第3号）

　前述のとおり，法第52条第5項は，住宅地下室にかかる延べ面積の不算入特例の悪用を防止し，周辺地域の良好な市街地環境の確保等を図ることを目的とするものであることから，法第52条第5項の規定に基づく条例で地方公共団体が定める地盤面に基づき不算入とされる住宅地下室の床面積が，本来の地盤面（法第52条第4項）に基づき不算入とされる床面積以上となるといったことは，本項の意図するところではない。

　そこで，周囲の地面と接する位置の高低差が3mを超える建築物については，その接する位置のうち最も低い位置から3mを超えない範囲内で地盤面を定めること

とし，容積不算入の対象となる地階を最大3m（概ね1階分程度）までしか認めないこととしたものである。

　また，周囲の地面と接する位置の高低差が3m以下の建築物については，その接する位置の平均の高さを超えない範囲内で地盤面を定めることとし，法第52条第4項に基づき地盤面を定める場合よりも高い位置に地盤面を定めないこととしたものである。

第6項

　従来，この容積率制限の適用に当たり，建築物の屋外に設けられる廊下及び階段については，建築物の床に該当しないことから床面積に算入されず，したがって，容積率の算定上も延べ面積に算入されないこととしていたことから，共同住宅については，採算性等の観点からより多くの住戸面積を確保するため，共用の廊下及び階段については屋外に設けることが一般的となっていた。その一方で，都心部における土地の有効高度利用の要請，高齢化の進展に対応した共用施設の充実の必要性に対応して，共用の廊下及び階段を建築物の内部に設ける形態も増加してきており，共同住宅の廊下及び階段については，容積率算定上の取扱いの相違による不合理が顕在化してきていた。

　本項はこの観点から，平成9年の改正により設けられた規定であり，容積率制限における延べ面積の算定にあたり，当初は共同住宅について，共用の廊下及び階段を算入しないこととしているものであった。

　その後，平成26年には昇降機の昇降路の部分を同様に参入除外することとし，平成30年には共同住宅に加えて老人ホーム等の共用の廊下及び階段を参入除外することとするという，対象の拡充を実施している。

　さらに，令和4年には，住宅又は老人ホーム等の用途の建築物に設ける機械室で，一定の基準に適合し，交通上，安全上，防火上及び衛生上支障がないと特定行政庁が認定したものについては（許可手続のように建築審査会の同意を要さず）参入除外することとする改正を実施した。

(1)　対象となる用途の範囲

　対象となる共同住宅は，共用の廊下又は階段の用に供する部分を有するすべての共同住宅であり，供用形態については，分譲であるか賃貸であるかを問わないものである。

　また，老人ホーム等に該当するものは，継続的入居施設である社会福祉施設，有料老人ホーム及び更生保護施設である。

第7章　都市計画区域等における建築物の敷地，構造，建築設備及び用途

(2)　対象となる共用の廊下又は階段に供する部分について

　第二号に掲げる共用の廊下等に係る容積率の不算入措置の対象となる共用の廊下等の部分については，居住者が住戸に通行するために用いられる，いわゆるエントランスホール，エレベーターホールで共用のものを含むものであるが，収納スペース，ロビー等の居住，執務，作業，集会，娯楽又は物品の保管若しくは格納その他の屋内的用途に供する部分については，発生交通量等を増加させ，公共施設への負荷を増大させるおそれがあるため，容積率の合理化という本制度の趣旨にかんがみ，本規定の対象とされていない。

　また，共用の階段の用に供する部分には，車椅子使用者等が利用するための，階段に代わる共用のスロープの部分を含むものであるが，昇降機機械室用階段その他居住者が住戸に通行するために一般的に用いないような特殊の用途に用いる階段については，本規定の対象とされていないものである。

(3)　共同住宅又は老人ホーム等の用途に供する部分とその他の用途に供する部分が複合している建築物の取扱いについて

　例えば，共同住宅の用途に供する部分とその他の用途に供する部分が複合している建築物については，以下のとおり取り扱われることとなる（老人ホーム等も同様である。）

・もっぱら共同住宅の利用に供されている共用の廊下又は階段の用に供する部分を本規定の対象とする。例えば，一定の階の専用部分の全てが共同住宅の用途に供されている場合には，その階の共用の廊下又は階段の用に供する部分は本規定の対象外となる。

・もっぱら非住宅の利用に供されている共用の廊下又は階段は本規定の対象としない。

・住宅と非住宅の両方の用に供されている共用の廊下又は階段の用に供する部分については，その床面積の合計に，以下の割合を乗じて按分した面積を対象とする。

$$\frac{（当該建築物においてもっぱら住宅の用に供されている専用部分及び共用部分の床面積の合計）}{（当該建築物においてもっぱら住宅の用に供されている専用部分及び共用部分の床面積の合計）+（当該建築物においてもっぱら非住宅の用に供されている専用部分及び共用部分の床面積の合計）}$$

　なお，共同住宅の住戸で，事務所等を兼ねるいわゆる兼用住宅については，発生交通量等を増加させ，公共施設への負荷を増大させるおそれがあるため，容積率の合理化という本制度の趣旨にかんがみ，非住宅として取り扱う。

第5節　形態規制等

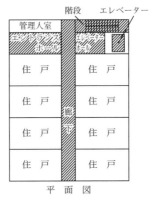

図7-10　共同住宅における容積率不算入の部分

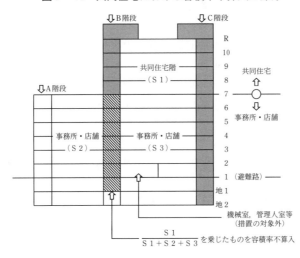

A階段：事務所・店舗のみに通じるもの（措置の対象外）
B階段：共同住宅のみに通じるもの（措置の対象）
　　　共同住宅と事務所・店舗との両方に通じるもの（一部措置の対象）
C階段：共同住宅のみに通じるもの（措置の対象）

図7-11　複合用途の建築物への適用のイメージ

173

第7章　都市計画区域等における建築物の敷地，構造，建築設備及び用途

⑷　認定の対象となる住宅又は老人ホーム等に設ける機械室等について

　第3号に掲げる認定の対象となる機械室等は，建築物の省エネルギー化に資する電気ヒートポンプ給湯機等の給湯設備を設置するためのものを対象としており，具体的には，規則第10条の4の4の規定に基づき定める令和5年国土交通省告示第209号（以下「告示」という。）に規定する給湯設備（各給湯設備の貯湯部分を含む。）を設置する機械室等が認定の対象となる。

　また，規則第10条の4の5各号に規定する全ての基準に適合するものが認定の対象となる。このうち，同条第3号及び第4号の基準については，同一敷地内に建築物が複数ある場合，全ての建築物をまとめて計算する。

　機械室等の範囲については，告示に規定する給湯設備を設置するための機械室等のうち，建築物の他の部分から独立していることが明確である部分とする。

　（容積率の算定の基礎となる延べ面積に床面積を算入しない機械室等に設置される給湯設備その他の建築設備）

則第10条の4の4　法第52条第6項第3号の国土交通省令で定める建築設備は，建築物のエネルギー消費性能（建築物のエネルギー消費性能の向上等に関する法律第2条第1項第2号に規定するエネルギー消費性能をいう。第10条の4の6第1項及び第10条の4の9第1項において同じ。）の向上に資するものとして国土交通大臣が定める給湯設備とする。

　　　　　　　　　　（令4国交令92・追加，令5国交令95・一部改正）

　（市街地の環境を害するおそれがない機械室等の基準）

則第10条の4の5　法第52条第6項第3号の国土交通省令で定める基準は，次に掲げるものとする。

　一　その敷地が幅員8メートル以上の道路に接する建築物に設けられるものであること。

　二　その敷地面積が1,000平方メートル以上の建築物に設けられるものであること。

　三　当該建築物の部分の床面積の合計を居住部分（住宅にあつては住戸をいい，老人ホーム等にあつては入居者ごとの専用部分をいう。）の数の合計で除して得た面積が2平方メートル以下であること。

　四　当該建築物の部分の床面積の合計が建築物の延べ面積の50分の1以下であること。

174

第5節　形態規制等

（令4国交令92・追加）

第7項

　昭和51年の改正により設けられた規定であり，建築物の敷地が容積率の制限を受ける地域又は区域の2以上にわたる場合については，昭和51年以前は過半主義（敷地の過半が属する地域の制限を適用する。）を適用していたのを改めて，各地域に属する敷地の部分の面積比に基づいて加重平均によりその建築物の容積率を算定することとしているものである。

　例えば，図7—12のように，敷地の6割が容積率の制限が10分の20の地域にあり，残りの4割が10分の10の地域内にある場合は建築物の容積率の制限は，従来の過半主義では10分の20であったものが，面積加重平均によれば10分の16となる（20／10×6／10＋10／10×4／10＝16／10）。

　これは，敷地の過半がどの地域に属するかによって敷地全体の容積率が決定されるのは必ずしも合理的でなく，過半適用を有利にするために敷地分割を行うなどの問題を避けるため，より合理的な規制（すなわち，2以上の地域にわたる場合の，すべての地域の容積率指定を合理的に反映する規制）を行うこととしているものである。なお，建築物の敷地が容積率の制限を受ける地域又は区域の2以上にわたり，かつ，前面道路の幅員が12m未満の場合については，まず，各地域に属する敷地の部分について前面道路幅員による容積率の制限を考慮した容積率の限度を算出し，それについて加重平均することとなる。例えば図7—13のような場合については，道路幅員による制限の強化が第一種住居地域について有効（10分の24となる。）となり，第1種住居地域の部分の10分の24と近隣商業地域の部分の10分の30を面積加重平均して10分の27.6となる。

175

第7章　都市計画区域等における建築物の敷地，構造，建築設備及び用途

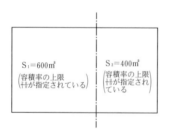

この敷地内の容積率の上限，Vは，加重平均により

$$V = \frac{20}{10} \times \frac{600\text{m}^2}{600\text{m}^2+400\text{m}^2} + \frac{10}{10} \times \frac{400\text{m}^2}{600\text{m}^2+400\text{m}^2}$$

$$= \frac{16}{10}$$

図7－12　面積加重平均による容積率の上限の算定

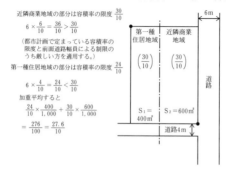

図7－13　道路幅員による制限のある場合の容積率の加重平均

第8項

　建築物の用途全体のうち，交通の発生集中原単位の差を安定的に見出せるのは，住宅と非住宅の2区分であり，概ね1対2以上の格差がある。この住宅の特性に着目して，高層住居誘導地区（法第52条第1項第五号）及び住居と住居以外の用途とを適正に配分する地区計画制度（法第68条の5の4）においては，住宅の用途に供する部分の容積率を都市計画により定められる容積率の1.5倍を上限として緩和できることとされている。（ただし居住環境向上用途誘導地区及び特定用途誘導地区内の建築物であって，その一部を当該地区に関する都市計画において定められた誘導すべき用途に供するものを除く。）

　このような住宅の特性を踏まえ，平成14年の建築基準法改正により，混在系の用

176

第 5 節　形態規制等

途地域におけるその全部又は一部を住宅の用途に供する建築物のうち，その敷地内に一定の空地を有し，かつ，その敷地面積が一定規模以上であるものについて，建築確認の手続により容積率の割増を行えることとされ，これにより，都市計画上の特段の位置づけを置かずに敷地単位で定型的な判断ができる条件下に限って，住宅に関する容積率制限を非住宅の公共施設への負荷との影響の差異の範囲内で合理化された。

（高層住居誘導地区内の建築物及び法第52条第 8 項に規定する建築物の容積率の上限の数値の算出方法）

令第135条の14　法第52条第 1 項第 5 号及び第 8 項の政令で定める方法は，次の式により計算する方法とする。

$$Vr = 3Vc ／（3 - R）$$

　（この式において，Vr，Vc及びRは，それぞれ次の数値を表すものとする。

　　　Vr　法第52条第 1 項第 5 号又は第 8 項の政令で定める方法により算出した数値

　　　Vc　建築物がある用途地域に関する都市計画において定められた容積率の数値

　　　R　建築物の住宅の用途に供する部分の床面積の合計のその延べ面積に対する割合）

（平14政331・追加，平17政192・一部改正）

　具体的には，以下の(1)及び(2)の条件に該当する，全部又は一部を住宅の用途に供する建築物について，指定容積率の1.5倍以下で，かつ，延べ面積に占める住宅の床面積の割合に応じて令第135条の14で定める方法により算出した数値（特定行政庁が都道府県都市計画審議会の議を経て指定する区域内では，指定容積率から当該算出した数値までの範囲内で特定行政庁が都道府県都市計画審議会の議を経て別に定めた数値）を指定容積率の数値とみなして法第52条第 1 項及び第 3 項から第 7 項までの規定が適用される。

(1)　第一種住居地域，第二種住居地域，準住居地域，近隣商業地域若しくは準工業地域（高層住居誘導地区及び特定行政庁が都道府県都市計画審議会の議を経て指定する区域を除く。）又は商業地域（特定行政庁が都道府県都市計画審議会の議

177

第7章　都市計画区域等における建築物の敷地，構造，建築設備及び用途

を経て指定する区域を除く。）内にあること。

(2)　敷地内に政令で定める規模以上の空地（道路に接して有効な部分が政令で定める規模以上であるものに限る。）を有し，かつ，その敷地面積が政令で定める規模以上であること。

　このように，主として住宅の用途を想定して容積率の指定を行う第一種低層住居専用地域，第二種低層住居専用地域，第一種中高層住居専用地域及び第二種中高層住居専用地域，住宅と農地の共存を図る田園住居地域，主として工場の用途を想定して容積率の指定を行う工業地域及び住宅の建築が禁止されている工業専用地域においては，上記の趣旨による住宅の容積率制限の緩和を行うことは合理的ではないことから，緩和の対象は，混在型の用途地域である第一種住居地域，第二種住居地域，準住居地域，近隣商業地域，商業地域及び準工業地域における，全部又は一部を住宅の用途に供する建築物とされた。このほか，立地適正化計画に基づき都市計画で誘導すべき用途を特別に定める地区においても同様の観点から適用除外とされている。（住居と住居以外の用途とを適正に配分する地区計画制度の対象も同じ。）。

　また，同趣旨による容積率の緩和を行う高層住居誘導地区は対象から除外されるとともに，指定容積率がもっぱら住宅を想定して定められている等特殊の事情がある区域は対象から除外することが適当であるため，特定行政庁が都道府県都市計画審議会の議を経て，区域を指定して適用除外できるようにすることとされている。この特定行政庁が指定する区域としては，今後，本規定が適用されない用途地域へ都市計画を変更することが予定される区域等が考えられる。

　さらに，建築物の容積率の算定の基礎となる延べ面積に算入されない住宅の地下室を有する場合は，当該部分の床面積を含んだ容積率が指定容積率の1.5倍以下でなければならないこととされている。

　（敷地内の空地の規模等）

令第135条の17　法第52条第8項第2号の政令で定める空地の規模は，次の表(い)欄に掲げる区分に応じて，当該建築物の敷地面積に同表(ろ)欄に掲げる数値を乗じて得た面積とする。ただし，地方公共団体は，土地利用の状況等を考慮し，条例で，同表(は)欄に掲げる数値の範囲内で，当該建築物の敷地面積に乗ずべき数値を別に定めることができる。

第5節　形態規制等

	(い)	(ろ)	(は)
(1)	法第53条の規定による建蔽率の最高限度（以下この表において「建蔽率限度」という。）が10分の4.5以下の場合	1から建蔽率限度を減じた数値に10分の1.5を加えた数値	1から建蔽率限度を減じた数値に10分の1.5を加えた数値を超え，10分の8.5以下の範囲
(2)	建蔽率限度が10分の4.5を超え，10分の5以下の場合		1から建蔽率限度を減じた数値に10分の1.5を加えた数値を超え，当該減じた数値に10分の3を加えた数値以下の範囲
(3)	建蔽率限度が10分の5を超え，10分の5.5以下の場合	10分の6.5	10分の6.5を超え，1から建蔽率限度を減じた数値に10分の3を加えた数値以下の範囲
(4)	建蔽率限度が10分の5.5を超える場合	1から建蔽率限度を減じた数値に10分の2を加えた数値	1から建蔽率限度を減じた数値に10分の2を加えた数値を超え，当該減じた数値に10分の3を加えた数値以下の範囲
(5)	建蔽率限度が定められていない場合	10分の2	10分の2を超え，10分の3以下の範囲

2　法第52条第8項第2号の政令で定める道路に接して有効な部分の規模は，前項の規定による空地の規模に2分の1を乗じて得たものとする。

3　法第52条第8項第2号の政令で定める敷地面積の規模は，次の表(い)欄に掲げる区分に応じて，同表(ろ)欄に掲げる数値とする。ただし，地方公共団体は，街区の形状，宅地の規模その他土地の状況により同欄に掲げる数値によることが不適当であると認める場合においては，条例で，同表(は)欄に掲げる

第 7 章　都市計画区域等における建築物の敷地，構造，建築設備及び用途

数値の範囲内で，その規模を別に定めることができる。

	(い)	(ろ)	(は)
	地域	敷地面積の規模 （単位　平方メートル）	条例で定めることができる敷地面積の規模 （単位　平方メートル）
(1)	第一種住居地域，第二種住居地域，準住居地域又は準工業地域（高層住居誘導地区及び特定行政庁が都道府県都市計画審議会の議を経て指定する区域（以下この表において「高層住居誘導地区等」という。）を除く。）	2,000	500以上4,000未満
(2)	近隣商業地域（高層住居誘導地区等を除く。）又は商業地域（特定行政庁が都道府県都市計画審議会の議を経て指定する区域を除く。）	1,000	500以上2,000未満

備考
　一　建築物の敷地がこの表(い)欄各項に掲げる地域とこれらの地域として指定されていない区域にわたる場合においては，その全部について，同欄各項に掲げる地域に関する同表の規定を適用する。
　二　建築物の敷地がこの表(い)欄(1)の項に掲げる地域と同欄(2)の項に掲げる地域にわたる場合においては，その全部について，敷地の属する面積が大きい方の地域に関する同表の規定を適用する。

（平14政331・追加，平17政192・旧第135条の15繰下・一部改正，平26政232

第5節　形態規制等

・旧第135条の16繰下・一部改正）

第1項

　本制度が適用されるために必要な空地の規模は法第53条の規定による建蔽率の最高限度（以下「建蔽率限度」という。）に応じて，当該建築物の敷地面積に表7－5(ろ)欄に掲げる数値を乗じて得た面積とされた。

　ただし，地方公共団体は，道路，公園等の公共施設が不足し，また建築物が相当程度立て込むことにより市街地全体の空地が比較的少ない場合等，土地利用の状況等を考慮し，条例で，同表(は)欄に掲げる数値の範囲内で，当該建築物の敷地面積に乗ずべき数値を別に定めることができる。

　なお，建築物が建蔽率に関する制限を受ける地域又は区域の2以上にわたる場合の取扱いを定めた法第53条第2項の規定や建蔽率の引き上げの特例を定めた同条第3項が適用される場合にあっては，当該規定に基づき算定した数値が建蔽率限度となる。

第2項

　本制度の適用を受けるために必要な道路に接して有効な空地の部分の規模は，同号に規定する空地の規模に2分の1を乗じて得たものとされている。

　この規模は，不特定多数の者の用に供する道路に接してできるだけまとまりのある形状と連続性を確保するとともに，隣地側の市街地環境に配慮した合理的な建築計画を可能とするため，各々のバランスに配慮して定められたものである。

　道路に接して有効な空地の部分とは，以下の①から③に該当するものをいう。

　①　道路に面していること。

　②　敷地の奥行の2分の1の範囲内にあること。

　③　道路境界線から2m以上，隣地境界線から4m以上の幅を有すること。

　ただし，建築物と道路との間に当該建築物に附属する門又は塀が設置される場合，機械式駐車場等の工作物が設置され道路からの見通しが妨げられる場合等工作物の設置により道路に接して有効な空地の部分の有効性が損なわれる場合は，これに該当しない。

181

第7章　都市計画区域等における建築物の敷地，構造，建築設備及び用途

表7－5　必要な空地の規模

(い)	(ろ)	(は)
建蔽率限度が45%以下の場合	100%－建蔽率限度＋15%	100%－建蔽率限度＋15%を超え，85%以下
建蔽率限度が45%を超え，50%以下の場合		100%－建蔽率限度＋15%を超え，100%－建蔽率限度＋30%
建蔽率限度が50%を超え，55%以下の場合	65%	65%を超え，100%－建蔽率限度＋30%以下
建蔽率限度が55%を超える場合	100%－建蔽率限度＋20%	100%－建蔽率限度＋20%を超え，100%－建蔽率限度＋30%以下
建蔽率限度が定められていない場合	20%	20%を超え，30%以下

第3項

　本制度の適用を受けるために必要な敷地の規模は，次に掲げる数値である。ただし，地方公共団体は，街区の形状，宅地の規模その他土地の状況によりこれらの数値によることが不適当であると認める場合においては，条例で，以下のかっこ書の数値の範囲内でその規模を別に定めることができるとされている。

① 　第一種住居地域，第二種住居地域，準住居地域又は準工業地域（高層住居誘導地区及び特定行政庁が都道府県都市計画審議会の議を経て指定する区域を除く。）　2,000㎡（500㎡以上4,000㎡未満）

② 　近隣商業地域（高層住居誘導地区及び特定行政庁が都道府県都市計画審議会の議を経て指定する区域を除く。）又は商業地域（特定行政庁が都道府県都市計画審議会の議を経て指定する区域を除く。）　1,000㎡（500㎡以上2,000㎡未満）

　建築物が上記①，②及びこれらの地域として指定されていない区域の2以上にわたる場合については，その全部について，これらの地域に存するものとして適用を受ける。この場合の容積率の上限の算出方法との関係を例示すると図7―14のようになる。

第5節　形態規制等

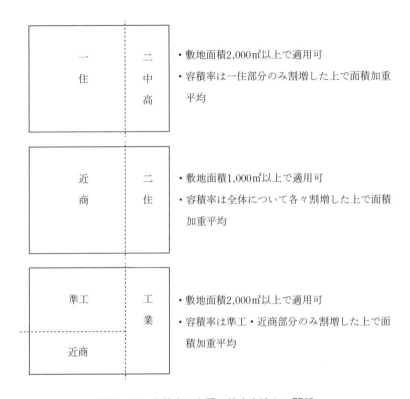

図7－14　容積率の上限の算出方法との関係

第9項

昭和62年の改正により設けられた規定であり，前面道路の幅員が6m以上12m未満であり，かつ，当該前面道路に沿って幅員15m以上の道路（特定道路）からの延長が70m以内である敷地については，前面道路幅員に政令で定める数値を加えて前面道路幅員による容積率の制限を適用することとしている。政令で定める数値については，当該数値と前面道路の幅員を加えたものが，幅員6m以上の前面道路が特定道路に接続する位置で都市計画により定められた容積率がそのまま実現できる幅員である12m，特定道路から70mの位置で実際の幅員となるようにし，その間でこれが直線的に変化するよう定められている（図7－15参照）。

第7章　都市計画区域等における建築物の敷地，構造，建築設備及び用途

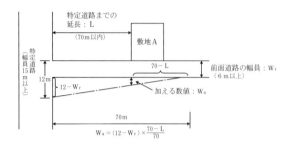

したがって，敷地Aにおける前面道路幅員による容積率制限は
$(W_r + W_a) \times 6/10$（又は$4/10$）となる

図7−15　前面道路幅員による容積率制限

　これは，道路幅員による容積率制限について，広幅員道路の存在等敷地周辺の道路状況を総合的に評価した適用方式とするものとし，土地利用及び空間形成の変化を連続的かつ合理的なものとなるようにしたものである。
　なお，この規定の適用を受ける場合は，建築確認申請書等に敷地から特定道路までの延長等を示す道路の配置図を添付することとされている（則第1条の3）。

第10項
　建築物の敷地が計画道路（法第42条第1項第4号に規定するものは，建築基準法の道路として扱われるので除く。）に接する場合あるいはその敷地内に計画道路がある場合の道路幅員による容積率制限の特例を定めている。これは，特定行政庁が交通上，安全上，防火上及び衛生上支障がないと認めて許可した場合は，当該計画道路の幅員をもって上記の道路幅員による容積率制限を適用できるとするものである。この場合，容積率制限に関しては，当該敷地内に存する計画道路の部分を除いた部分が敷地面積とみなされることとなる。

第11項
　昭和62年の改正により設けられた規定であり，法第46条の壁面線が指定されている場合において次の要件に適合すると認めて特定行政庁が許可した建築物については，前面道路幅員による容積率制限において壁面線によるセットバックの幅を前面道路の幅員に含めて評価するものである。なお，この場合においては，建築物の敷地のうち，壁面線と道路との間の部分の面積は，容積率の算定上敷地面積から除くものとされている（図7−16参照）。

第5節　形態規制等

(1) 容積率の増加
　　商業地域（都市計画で指定された容積率600%）の場合

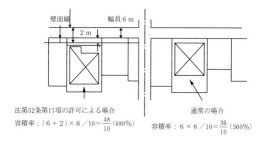

(2) 床面積の増加
　　商業地域（都市計画で指定された容積率600%）の場合

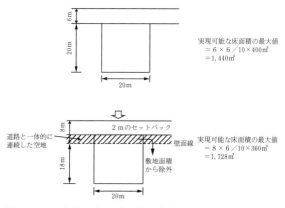

図7—16　法第46条の壁面線が指定されている場合

①　当該建築物がある街区内において，その街区内における土地利用の状況等を考慮して，壁面線と道路の間の空地が当該前面道路と一体的に，かつ，連続して確保されており，又は確保されることが確実であること。
　具体的には，商店街で沿道の建築物が店舗等であり，壁面線により確保された空間が公開的なものとして利用される場合などが考えられる。
②　交通上，安全上，防火上及び衛生上支障がないこと。
　これは，壁面線が指定されている場合には，道路からセットバックして建築物が建築されることになり，周辺も含めた壁面線による空地の確保の状況等を考慮する

第7章 都市計画区域等における建築物の敷地，構造，建築設備及び用途

と，これによって確保される空間と道路の空間を一体のものとして評価し，沿道の建築物の容積とのバランスを確保することが可能であることを理由に，容積率制限の合理化を行ったものである。

第12項及び第13項

平成7年の改正により設けられた規定であり，第11項と同様に，壁面線が指定されていること等により，前面道路に沿って有効な空地が確保されるような場合にあっては，当該空地部分を含めて前面道路の幅員を評価しても支障がないことがあり，このような観点から壁面線の指定がある場合等の前面道路幅員による容積率制限の特例が設けられているものである。

住居系用途地域等で壁面線が指定されていること等により，前面道路に沿って敷地内に有効な空間が確保される場合においては，当該空地部分を含めて前面道路の幅員として評価し，前面道路幅員による容積率制限を適用することができる旨を定めたものである。

本項の内容及び第11項との相違点等は次のとおりである。

① 本項は，前面道路の境界線から後退して壁面線の指定がある場合又は法第68条の2の地区計画条例で定める壁面の位置の制限（壁面線による建築制限と同内容の制限を定めるものに限る。）がある場合に適用される。本項は，法第52条第11項の場合と異なり，地区計画で定められる壁面の位置の制限についても対象となる一方，前面道路の反対側の境界線から後退して壁面線の指定がある場合等は対象とならないものである。

② 法第52条第11項の場合と異なり，機能的又は形態的に前面道路と一体をなす空地が相当区間にわたり前面道路に沿って敷地内に連続的に確保されていることは要件とされていないので，特定行政庁の許可は必要ではなく，本項の適用は，建築確認の手続によることとされている。ただし，道路に沿って上部に開放性のある空間を確保するため，建築物は，壁面線等による建築制限に適合するのみでなく，令第135条の18に規定するひさしや門・塀等の小規模な突出物等を除き，壁面線等を越えないことが必要である。

③ 本項は，前面道路幅員による容積率制限の係数が4／10である地域について，前面道路幅員×6／10を限度として前面道路幅員による容積率制限を緩和するものであり，本項の適用は，法第52条第11項の場合と異なり，住居系用途地域又はその他の地域のうち特定行政庁の指定により前面道路幅員による容積率制限の係数が4／10に強化される区域に限られるものである。

186

第5節　形態規制等

④　本項が適用される場合は，法第52条第11項の場合と同様，建築物の敷地のうち当該空地部分は，敷地又は敷地の部分の面積には算入しない。

　本項の規定が適用されると，前面道路の境界線は，当該壁面線又は壁面の位置の制限として定められた限度の線にあるものとみなされ，当該空地部分を含めて評価した前面道路の幅員により，法第52条第2項から第7項まで及び第9項の規定が適用されることとなる。

（容積率の算定に当たり建築物から除かれる部分）

令第135条の19　法第52条第12項の政令で定める建築物の部分は，次に掲げるものとする。

一　ひさしその他これに類する建築物の部分で，次に掲げる要件に該当するもの

　　イ　高さが5メートル以下であること。

　　ロ　当該部分の水平投影の前面道路に面する長さを敷地の前面道路に接する部分の水平投影の長さで除した数値が5分の1以下であること。

　　ハ　当該部分から前面道路の境界線までの水平距離のうち最小のものが1メートル以上であること。

二　建築物の地盤面下の部分

三　道路に沿つて設けられる高さが2メートル以下の門又は塀（高さが1.2メートルを超えるものにあつては，当該1.2メートルを超える部分が網状その他これに類する形状であるものに限る。）

四　隣地境界線に沿つて設けられる高さが2メートル以下の門又は塀

五　歩廊，渡り廊下その他これらに類する建築物の部分で，特定行政庁がその地方の気候若しくは風土の特殊性又は土地の状況を考慮して規則で定めたもの

　　　　　（平7政214・追加，平9政196・一部改正，平9政274・旧第135条の4の5繰下，平13政98・一部改正，平14政331・旧第135条の4の6繰下・一部改正，平17政192・旧第135条の17繰下・一部改正，平26政232・旧第135条の18繰下）

　法第52条第12項の規定の適用は，壁面線等を越えない建築物を対象としているものであるが，ひさし，門，塀等の小規模な突出部については道路の上部空間の開放性に与える影響が小さいため，壁面線等を越えることを許容している。

187

第7章 都市計画区域等における建築物の敷地，構造，建築設備及び用途

　本規定に該当する部分については，前面道路幅員による容積率制限の緩和に係る建築物の後退距離の算定上は除かれることになるが，以下の点への留意が必要である。

① 後退距離は「建築物から前面道路の境界線までの水平距離のうち最小のもの」であり，本規定に該当する部分を除くほかは，軒，バルコニー，出窓，屋外階段等も含めた建築物全体のうち道路に最も近い点で，前面道路ごとに敷地単位で算定すること

② 後退距離の算定において建築物から除く部分の高さ（軒の高さを含む。）は，前面道路の路面の中心から算定すること

③ 第3号の規定の適用については，高さが1.2mを超える部分が金網で造られているなど，採光，通風等の道路上の環境に支障のないものが対象であること

第14項

　第1項の例外許可を定めたものである。各号に掲げる建築物は，発生交通量が少ないとか，発生交通の処理が容易であるとかで多少延べ面積が大きくなっても，都市計画上，支障がないことが考えられるので，特定行政庁が許可したものに限り，第1項から第9項に規定する制限を超えることができるとしたものである。

　第1号の「機械室その他これに類する部分」とは，交通発生源にならない性質のもので，例えば中水道施設，地域冷暖房施設，防災用備蓄倉庫などのほか，環境負荷の低減等の観点からその設置を促進する必要性の高い設備（太陽光発電設備，蓄電池等）などが考えられる（具体的な施設等については，「建築基準法第52条第14項第1号の許可準則」（「建築基準法第52条第14項第1号の規定の運用等について（平成23年国住街第188号）」（別添））に例示されている。）。

　また，高齢者，障害者等の移動等の円滑化の促進に関する法律（平成18年法律第91号。以下「バリアフリー法」という。）においては，建築主に対する総合的な指導・誘導措置等を定めており，同法第24条は，このような誘導措置の一環として，建築物特定施設の床面積が，高齢者，障害者等の円滑な利用を確保するために通常の床面積よりも著しく大きい建築物で，国土交通大臣が高齢者，障害者等の円滑な利用を確保する上で必要と認めて定める基準に適合するものについては，当該建築物を法第52条第14項第1号に規定する建築物とみなして，同項の規定を適用することとしている。

　バリアフリー法の特例規定は，建築物特定施設の床面積が著しく大きい建築物について機械室等が著しく大きい建築物と同様に特定行政庁の許可によって容積率制

第5節　形態規制等

限の特例を認めることができるとしたものである。これにより通常の場合より幅の広い通路や階段，廊下，エレベーターなどを有する建築物について許可を受けることによって指定容積率の適用を受ける場合よりも床面積の大きな建築物を建築することを可能としているものである。

第2号は，敷地の周囲に広い公園，広場，道路等がある場合であるが，法第59条の2の総合設計との均衡上慎重な取扱いを要する部分である。

第3号は，外断熱改修等の外壁の断熱化，日射遮蔽のための軒やひさしの設置及び太陽光パネルの設置などの工事を行う建築物を想定しており，具体的には規則第10条の4の6に当該建築物の基準が定められている。同条第2項ではこれらの工事が必要最小限のものでなければならないことを規定しており，例えば，再エネ利用設備を必要以上の高さに設け，その下を屋内的に利用する場合等はこれにあたらないこととしている。

また，本特例は，形態規制の各規定の制限を超えることが構造上やむを得ない場合について規定されたものであることから，設計上の工夫により当該制限に対応できる建築物を新築する場合を対象とすることは想定していない（新築された建築物について竣工後期間を置かずに改修工事を行う場合等，新築時に一体的に設計上の工夫を行うことで当該制限に対応できる場合も同様）。

（容積率の制限の緩和を受ける構造上やむを得ない建築物）

則第10条の4の6　法第52条第14項第3号の国土交通省令で定める建築物は，次に掲げる工事を行う建築物で当該工事によりその容積率が法第52条第1項から第9項までの規定による限度を超えるものとする。

一　建築物のエネルギー消費性能の向上のため必要な外壁を通しての熱の損失の防止のための工事

二　建築物のエネルギー消費性能の向上のため必要な軒又はひさしを外壁その他の屋外に面する建築物の部分に設ける工事

三　再生可能エネルギー源（法第55条第3項に規定する再生可能エネルギー源をいう。第10条の4の9第1項第1号及び第2号において同じ。）の利用に資する設備を外壁に設ける工事

2　前項の工事は，その目的を達成するために必要な最小限度のものでなければならない。

　　　　　（令4国交令92・追加）

189

第7章　都市計画区域等における建築物の敷地，構造，建築設備及び用途

第15項

　第15項は，第10項，第11項又は第14項の許可を特定行政庁が行う場合には，建築審査会の同意を得ることを義務づけたものである。

　また，特定の建築物や施設の政策的誘導を図る観点等から，公共施設への負荷の抑制など容積率制度の趣旨を損なわない範囲で，特例法において容積率に係る特例規定を別途定めている場合がある。

表7－6　特例法に基づき容積率の特例規定を定めている例

法律名	条文	特例規定の内容
都市再生特別措置法 （平成14年法律第22号）	第19条の19	都市再生安全確保施設である備蓄倉庫その他これに類する部分を，容積率算定上の延べ面積に不算入
マンションの建替え等の円滑化に関する法律 （平成14年法律第78号）	第105条	一定の敷地面積を有する場合，要除却認定マンションの建替えにより新たに建築されるマンションについて，特定行政庁の許可により容積率の割増を実施
高齢者，障害者等の移動等の円滑化の促進に関する法律 （平成18年法律第91条）	第19条	認定特定建築物について，移動等円滑化のための措置により通常の建築物の床面積を超えることとなる部分を，容積率算定上の延べ面積に不算入
同上	第24条	（特定建築物に限らず，）高齢者・障がい者等の円滑な利用を確保するために，廊下・階段・便所等が通常の床面積よりも著しく大きい建築物について，特定行政庁の許可により容積率の割増を実施
津波防災地域づくりに関する法律 （平成23年法律第123号）	第15条	防災上有効な備蓄倉庫その他これに類する部分を，容積率算定上の延べ面積に不算入
都市の低炭素化の促進に関する法律 （平成24年法律第84号）	第60条	認定低炭素建築物新築等計画に係る低炭素建築物において，低炭素化の促進のための誘導基準適合のための措置により通常の建築物の床面積を超えることとなる部分を，容積率算定上の延べ面積に不算入
建築物のエネルギー消費性能の向上に関する法律 （平成27年法律第53号）	第35条	認定建築物エネルギー消費性能向上計画に係る建築物において，建築物エネルギー消費性能誘導基準適合のための措置により通常の建築物の床面積を超えることとなる部分を，容積率算定上の延べ面積に不算入

第5節　形態規制等

国家戦略特別区域法 （平成25年法律第107号）	第16条	内閣総理大臣の認定計画に定める国家戦略住宅整備事業に係る住宅について，当該計画に別途定める範囲内で容積率の割増を実施
長期優良住宅の普及の促進に関する法律 （平成20年法律第69号）	第18条	市街地の環境整備改善に資する認定長期優良住宅で特定行政庁が許可したものについては，許可の範囲内で容積率の割増を実施

2　建蔽率

　（建蔽率）

法第53条　建築物の建築面積（同一敷地内に２以上の建築物がある場合においては，その建築面積の合計）の敷地面積に対する割合（以下「建蔽率」という。）は，次の各号に掲げる区分に従い，当該各号に定める数値を超えてはならない。

　　一　第一種低層住居専用地域，第二種低層住居専用地域，第一種中高層住居専用地域，第二種中高層住居専用地域，田園住居地域又は工業専用地域内の建築物　10分の３，10分の４，10分の５又は10分の６のうち当該地域に関する都市計画において定められたもの

　　二　第一種住居地域，第二種住居地域，準住居地域又は準工業地域内の建築物　10分の５，10分の６又は10分の８のうち当該地域に関する都市計画において定められたもの

　　三　近隣商業地域内の建築物　10分の６又は10分の８のうち当該地域に関する都市計画において定められたもの

　　四　商業地域内の建築物　10分の８

　　五　工業地域内の建築物　10分の５又は10分の６のうち当該地域に関する都市計画において定められたもの

　　六　用途地域の指定のない区域内の建築物　10分の３，10分の４，10分の５，10分の６又は10分の７のうち，特定行政庁が土地利用の状況等を考慮し当該区域を区分して都道府県都市計画審議会の議を経て定めるもの

　２　建築物の敷地が前項の規定による建築物の建蔽率に関する制限を受ける地域又は区域の２以上にわたる場合においては，当該建築物の建蔽率は，同項の規定による当該各地域又は区域内の建築物の建蔽率の限度にその敷地の当該地域又は区域内にある各部分の面積の敷地面積に対する割合を乗じて得た

191

第7章　都市計画区域等における建築物の敷地，構造，建築設備及び用途

ものの合計以下でなければならない。

3　前2項の規定の適用については，第1号又は第2号のいずれかに該当する建築物にあつては第1項各号に定める数値に10分の1を加えたものをもつて当該各号に定める数値とし，第1号及び第2号に該当する建築物にあつては同項各号に定める数値に10分の2を加えたものをもつて当該各号に定める数値とする。

一　防火地域（第1項第2号から第4号までの規定により建蔽率の限度が10分の8とされている地域を除く。）内にあるイに該当する建築物又は準防火地域内にあるイ若しくはロのいずれかに該当する建築物

イ　耐火建築物又はこれと同等以上の延焼防止性能（通常の火災による周囲への延焼を防止するために壁，柱，床その他の建築物の部分及び防火戸その他の政令で定める防火設備に必要とされる性能をいう。ロにおいて同じ。）を有するものとして政令で定める建築物（以下この条及び第67条第1項において「耐火建築物等」という。）

ロ　準耐火建築物又はこれと同等以上の延焼防止性能を有するものとして政令で定める建築物（耐火建築物等を除く。第8項及び第67条第1項において「準耐火建築物等」という。）

二　街区の角にある敷地又はこれに準ずる敷地で特定行政庁が指定するものの内にある建築物

4　隣地境界線から後退して壁面線の指定がある場合又は第68条の2第1項の規定に基づく条例で定める壁面の位置の制限（隣地境界線に面する建築物の壁又はこれに代わる柱の位置及び隣地境界線に面する高さ2メートルを超える門又は塀の位置を制限するものに限る。）がある場合において，当該壁面線又は壁面の位置の制限として定められた限度の線を越えない建築物（ひさしその他の建築物の部分で政令で定めるものを除く。次項において同じ。）で，特定行政庁が安全上，防火上及び衛生上支障がないと認めて許可したものの建蔽率は，前3項の規定にかかわらず，その許可の範囲内において，前3項の規定による限度を超えるものとすることができる。

5　次の各号のいずれかに該当する建築物で，特定行政庁が安全上，防火上及び衛生上支障がないと認めて許可したものの建蔽率は，第1項から第3項までの規定にかかわらず，その許可の範囲内において，これらの規定による限度を超えるものとすることができる。

一　特定行政庁が街区における避難上及び消火上必要な機能の確保を図るため必要と認めて前面道路の境界線から後退して壁面線を指定した場合における，当該壁面線を越えない建築物

二　特定防災街区整備地区に関する都市計画において特定防災機能（密集市街地整備法第2条第3号に規定する特定防災機能をいう。次号において同じ。）の確保を図るため必要な壁面の位置の制限（道路に面する建築物の壁又はこれに代わる柱の位置及び道路に面する高さ2メートルを超える門又は塀の位置を制限するものに限る。同号において同じ。）が定められた場合における，当該壁面の位置の制限として定められた限度の線を越えない建築物

三　第68条の2第1項の規定に基づく条例において防災街区整備地区計画の区域（特定建築物地区整備計画又は防災街区整備地区整備計画が定められている区域に限る。）における特定防災機能の確保を図るため必要な壁面の位置の制限が定められた場合における，当該壁面の位置の制限として定められた限度の線を越えない建築物

四　建築物のエネルギー消費性能の向上のため必要な外壁に関する工事その他の屋外に面する建築物の部分に関する工事を行う建築物で構造上やむを得ないものとして国土交通省令で定めるもの

6　前各項の規定は，次の各号のいずれかに該当する建築物については，適用しない。

一　防火地域（第1項第2号から第4号までの規定により建蔽率の限度が10分の8とされている地域に限る。）内にある耐火建築物等

二　巡査派出所，公衆便所，公共用歩廊その他これらに類するもの

三　公園，広場，道路，川その他これらに類するものの内にある建築物で特定行政庁が安全上，防火上及び衛生上支障がないと認めて許可したもの

7　建築物の敷地が防火地域の内外にわたる場合において，その敷地内の建築物の全部が耐火建築物等であるときは，その敷地は，全て防火地域内にあるものとみなして，第3項第1号又は前項第1号の規定を適用する。

8　建築物の敷地が準防火地域と防火地域及び準防火地域以外の区域とにわたる場合において，その敷地内の建築物の全部が耐火建築物等又は準耐火建築物等であるときは，その敷地は，全て準防火地域内にあるものとみなして，第3項第1号の規定を適用する。

第7章　都市計画区域等における建築物の敷地，構造，建築設備及び用途

9　第44条第2項の規定は，第4項，第5項又は第6項第3号の規定による許
可をする場合に準用する。

　　　　　（昭45法109・追　加，昭49法67・昭51法83・平4法82・平10法100・平11法87

　　　　　　・平12法73・平14法85・平29法26・平30法67・令4法69・一部改正）

（建蔽率の制限の緩和に当たり建築物から除かれる部分）

令第135条の21　法第53条第4項の政令で定める建築物の部分は，次に掲げる
ものとする。

一　軒，ひさし，ぬれ縁及び国土交通省令で定める建築設備

二　建築物の地盤面下の部分

三　高さが2メートル以下の門又は塀

　　　　　（平13政98・追　加，平14政331・旧第135条の4の9繰下，平17政192・旧第

　　　　　135条の20繰上，平26政232・旧第135条の19繰下・一部改正，令元政30・旧第

　　　　　135条の20繰下）

　建蔽率に関する規定である。昭和45年の改正前は本規定と建築物の高さの制限と
で市街地建築物の容積，形態が規制されていたが，法第52条の項で述べたように，
容積率制限が全国の都市計画区域に全面適用されたため，本規定の目的も若干異
なってきている。すなわち，建蔽率制限の趣旨は，間接的な容積率規制の一翼を担
うという目的から，敷地内に空地をある程度確保することにより，通風，日照，採
光，防災等市街地の環境条件を確保するとともに，緑化や日常生活のための空間を
市街地に確保するという目的に重点を移してきている。その後，昭和49年には工業
専用地域について，昭和51年には第二種住居専用地域について，平成14年には第一
種住居地域等について建蔽率の指定メニューが多様化された。平成12年には隣地境
界線から後退して壁面線の指定がある場合等における建蔽率制限の緩和等の改正が
行われたほか，平成30年には，①前面道路から後退して壁面線の指定がある場合等
における建蔽率制限の緩和，②延焼防止性能を有する建築物に関する建蔽率規制の
緩和に関し，対象となる地域に準防火地域を加えるとともに，対象となる建築物に
準耐火建築物等を加える等の改正が行われ現在に至っている。

　なお，建蔽率の算定根拠となる建築面積については，令第2条第1項第2号に定
義が置かれている。令和5年の改正において，トラックからの積卸し作業等を目的
に設置された軒等で，高さと隣地境界線との距離の条件や不燃材料で作られている
など，所定の要件（令和5年国土交通省告示第143号）を満たす軒等の部分につい

194

第5節　形態規制等

ては，本条の建蔽率の算定においてのみ不算入とする特例が置かれているので注意を要する。

　本条では，まず，第1項により用途地域別に基本的な建蔽率を定めている。同項に掲げられた用途地域については，建蔽率のメニューが複数となっており，法第52条に規定されている容積率制限の場合と同様にこれらの複数のメニューの中から都市計画で定められる。

　次に第3項及び第6項第1号により，防火に関する構造制限のかかる防火地域内の耐火建築物，準防火地域内の耐火建築物及び準耐火建築物等及び特定行政庁が指定する角地等敷地の周囲に十分なオープンスペースのある区域内の建築物について特例を認めている。

　第6項第2号に掲げる建築物は，公益上必要な建築物であり，かつ，通常はその規模が小さいという理由で，また第3号に掲げる建築物は，他の法律等でその建築に当たって周囲の空地とのバランス等がチェックされうること及び周囲に十分な空地が確保されることを理由として，制限なしとされているものである。

　第4項及び第5項第1号から第3号までは，壁面線の指定等によりまとまった空地が確保されること等により，建蔽率制限の目的である採光，通風等の環境を確保し，併せて，個別の建築物ごとの構造や周囲の状況などについて特定行政庁が安全上，防火上，衛生上の支障がないことをチェックすることにより，一般の建蔽率制限と同等の環境や火災安全性が確保される場合には，建蔽率制限を緩和できることとした規定である。

　また第4号においては，建築物のエネルギー消費性能の向上のため必要な工事を行う建築物に関する特例許可の規定が設けられており，その対象となる工事（規則第10条の4の8）や許可に係る留意点については容積率に係る許可（法第52条第14項第3号）等と同様である。

　なお，壁面線の指定等による限度の線を越えてもよいものとして，令第135条の21で，ひさしその他これに類する部分，建築物の地盤面下の部分，高さが2m以下の門又は塀などが定められている。

　（建蔽率の制限の緩和を受ける構造上やむを得ない建築物）
則第10条の4の8　法第53条第5項第4号の国土交通省令で定める建築物は，第10条の4の6第1項各号に掲げる工事を行う建築物で当該工事によりその建蔽率が法第53条第1項から第3項までの規定による限度を超えるものとす

195

第7章　都市計画区域等における建築物の敷地，構造，建築設備及び用途

　る。

　2　前項の工事は，その目的を達成するために必要な最小限度のものでなければならない。

（令4国交令92・追加）

これを表にすると表7－7のとおりである。

表7－7　用途地域別の建蔽率

敷地の条件等／地域区分	一般の敷地	特定行政庁の指定する角地等	防火地域内の耐火建築物等準防火地域内の耐火・準耐火建築物等	
			一般の敷地	特定行政庁の指定する角地等
第一種低層住居専用地域 第二種低層住居専用地域 第一種中高層住居専用地域 第二種中高層住居専用地域 田園住居地域 工業専用地域	3／10，4／10，5／10，6／10のうち，都市計画で定めるもの	＋1／10	＋1／10	＋2／10
第一種住居地域 第二種住居地域 準住居地域 準工業地域	5／10，6／10，8／10のうち都市計画で定めるもの	＋1／10	（5／10，6／10の地域）＋1／10 （8／10の地域）9／10※1	（5／10，6／10の地域）＋2／10 （8／10の地域）制限なし
近隣商業地域	6／10，8／10のうち都市計画で定めるもの	＋1／10	（6／10の地域）7／10 （8／10の地域）9／10※1	（6／10の地域）＋8／10 （8／10の地域）制限なし
商業地域	8／10	9／10	制限なし	制限なし
工業地域	5／10，6／10のうち，都市計画で定めるもの	＋1／10	＋1／10	＋2／10
用途地域の指定のない地域	3／10，4／10，5／10，6／10，7／10のうち，都市計画で定めるもの	＋1／10	＋1／10	＋2／10

※1：防火地域内の耐火建築物等に限り，制限なし

※2：壁面線の指定等がある場合において，特定行政庁が安全上，防火上，衛生上支障がないと認めて許可した範囲で上記制限を越えることが可能

※3：「巡査派出所，公衆便所，公共用歩廊その他これらに類するもの」，「公園，広場，道路，川その他これらに類するものの内にある建築物で特定行政庁が安全上，防火上及び衛生上支障がないと認め許可したもの」については制限なし

196

第 5 節　形態規制等

　第 7 項・第 8 項は，敷地の一部が防火地域や準防火地域に指定されている場合の
建蔽率制限の取扱いを定めたもので，敷地内のすべての建築物が耐火建築物等（防
火地域・準防火地域の場合）又は準耐火建築物等（準防火地域の場合）であれば，
その敷地がすべて有利な建蔽率の地域にあるものとみなすという規定である。

　第 2 項は，建築物の敷地が建蔽率の制限を受ける地域又は区域の 2 以上にわたる
場合についての規定であり，法第52条と同じく，昭和51年改正時以前は過半主義
（敷地の過半が属する地域の制限に従う。）を適用していたのを改めて，各地域に
属する敷地の部分の面積比に基づいて加重平均によりその建築物の建蔽率を算定す
ることとした。

　例えば，図 7 —17のように敷地の 6 割が建蔽率制限10分の 8 の地域内にあり，残
りの 4 割が10分の 5 の地域内にある場合には，建築物の建蔽率の限度は，従前は過
半主義により10分の 8 であったものが，面積加重平均によれば10分の6.8となる
（ 8 ／10× 6 ／10+ 5 ／10× 4 ／10=6.8／10）。

　なお，建築物の敷地が，本条第 3 項以下の各項に該当する場合の建蔽率制限の面
積加重平均については，これらの各規定を適用して敷地内の各部分の建蔽率を算定
した後に各部分の面積による加重平均を行うこととなる（図 7 —18参照）。

　第 9 項は，第 4 項，第 5 項及び第 6 項第 3 号の規定に基づく許可は，裁量性の大
きい行為であることから，あらかじめ建築審査会の同意を得ることを必要とする規
定である。

197

第7章 都市計画区域等における建築物の敷地,構造,建築設備及び用途

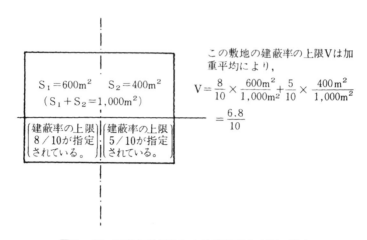

図7-17 面積加重平均による建蔽率の上限の算定

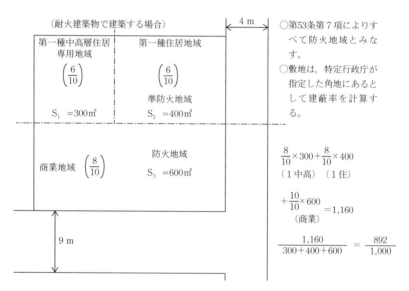

図7-18 第3項～第6項に関連する場合の面積加重平均

(建築物の敷地面積)
法第53条の2 建築物の敷地面積は,用途地域に関する都市計画において建築

物の敷地面積の最低限度が定められたときは，当該最低限度以上でなければ
ならない。ただし，次の各号のいずれかに該当する建築物の敷地について
は，この限りでない。

一　前条第6項第1号に掲げる建築物

二　公衆便所，巡査派出所その他これらに類する建築物で公益上必要なもの

三　その敷地の周囲に広い公園，広場，道路その他の空地を有する建築物で
　　あつて，特定行政庁が市街地の環境を害するおそれがないと認めて許可し
　　たもの

四　特定行政庁が用途上又は構造上やむを得ないと認めて許可したもの

2　前項の都市計画において建築物の敷地面積の最低限度を定める場合におい
　ては，その最低限度は，200平方メートルを超えてはならない。

3　第1項の都市計画において建築物の敷地面積の最低限度が定められ，又は
　変更された際，現に建築物の敷地として使用されている土地で同項の規定に
　適合しないもの又は現に存する所有権その他の権利に基づいて建築物の敷地
　として使用するならば同項の規定に適合しないこととなる土地について，そ
　の全部を一の敷地として使用する場合においては，同項の規定は，適用しな
　い。ただし，次の各号のいずれかに該当する土地については，この限りでな
　い。

一　第1項の都市計画における建築物の敷地面積の最低限度が変更された
　　際，建築物の敷地面積の最低限度に関する従前の制限に違反していた建築
　　物の敷地又は所有権その他の権利に基づいて建築物の敷地として使用する
　　ならば当該制限に違反することとなつた土地

二　第1項の規定に適合するに至つた建築物の敷地又は所有権その他の権利
　　に基づいて建築物の敷地として使用するならば同項の規定に適合するに至
　　つた土地

4　第44条第2項の規定は，第1項第3号又は第4号の規定による許可をする
　場合に準用する。

（平14法85・追加，平30法67・一部改正）

最低敷地面積制限に関する規定である。平成4年改正において，低層住宅地とし
ての良好な居住環境を保護することを目的に定められたが，その後，低層住居地域
以外の用途地域においても敷地の細分割に伴う市街地環境上の問題が生じているこ

第7章　都市計画区域等における建築物の敷地，構造，建築設備及び用途

とから平成14年改正においてすべての用途地域において適用できることとしている。

　第1項は，最低敷地面積制限を，都市計画に基づき，すべての用途地域において適用することとする一方で，指定建蔽率80%の区域内であって，かつ，防火地域内にある耐火建築物の敷地について，最低敷地面積制限を導入しても敷地内に空地を確保することが期待できないことから，第1号において適用の除外を行っている。併せて，第2号から第4号では，公益上必要な建築物や市街地環境を害するおそれがない建築物，用途上又は構造上やむを得ない建築物について，最低敷地面積制限の適用を除外している。

　第2項は，狭小敷地の利用を制約することとなることから，最低敷地規模の下限は200㎡以下で定めることとするとともに，第3項では，制限の導入時に現に存する敷地については，敷地分割を行わない限り建築物の建築ができることとする経過措置をおき，地権者保護も併せて行っている。

　第4項は，前条第9項と同様，第1項第3号又は第4号の規定による許可は，裁量性の大きい行為であることから，あらかじめ建築審査会の同意を得ることを必要とする規定である。

　　　　（第一種低層住居専用地域等内における外壁の後退距離）

法第54条　第一種低層住居専用地域，第二種低層住居専用地域又は田園住居地域内においては，建築物の外壁又はこれに代わる柱の面から敷地境界線までの距離（以下この条及び第86条の6第1項において「外壁の後退距離」という。）は，当該地域に関する都市計画において外壁の後退距離の限度が定められた場合においては，政令で定める場合を除き，当該限度以上でなければならない。

2　前項の都市計画において外壁の後退距離の限度を定める場合においては，その限度は，1.5メートル又は1メートルとする。

　　　　　　（昭45法109・追　加，昭62法66・平4法82・平9法50・平10法100・平29法26
　　　　　　・一部改正）

　本条は，低層住宅に係る良好な住居の環境を保護することを目的として設定される第一種低層住居専用地域，第二種低層住居専用地域又は田園住居地域内においては，都市計画で定められた場合は，敷地境界線から建築物を一定距離以上，引き離して建築することにより，日照，通風，採光，延焼防止等に寄与するための規定で

第5節　形態規制等

ある。

　昭和45年の改正により建蔽率制限制度が整備されたことに伴い，従来の空地地区制度が廃止され，特に住環境を重視すべき地域として新設された第一種住居専用地域（現在の第一種低層住居専用地域又は第二種低層住居専用地域）に限り，外壁の後退距離を都市計画で定めることができることとしたものである。

（第一種低層住居専用地域等内における外壁の後退距離に対する制限の緩和）

令第135条の22　法第54条第1項の規定により政令で定める場合は，当該地域に関する都市計画において定められた外壁の後退距離の限度に満たない距離にある建築物又は建築物の部分が次の各号のいずれかに該当する場合とする。

一　外壁又はこれに代わる柱の中心線の長さの合計が3メートル以下であること。

二　物置その他これに類する用途に供し，軒の高さが2.3メートル以下で，かつ，床面積の合計が5平方メートル以内であること。

（昭45政333・追加，平5政170・一部改正，平14政331・旧第135条の5繰

下，平17政192・旧第135条の21繰上・一部改正，平26政232・旧第135条の20

繰下，平29政156・一部改正，令元政30・旧第135条の21繰下）

　第一種低層住居専用地域，第二種低層住居専用地域又は田園住居地域内の建築物の敷地境界線からの後退距離制限に対する緩和規定である。

　第1号は，建築物（の部分）が敷地の形状等により若干制限領域に入る場合は，制限領域内にある建築物の部分の外壁又はこれに代わる柱の中心線の長さの合計が3m以内であれば緩和するものであり，**第2号**は，物置その他これに類する用途に供する建築物（の部分，本屋の一部に下屋が設けられている場合も該当する。）が制限領域に入る場合，その軒高が2.3m以下かつ面積5㎡以下であれば緩和することとしたものである（図7－19）。なお，物置その他これに類する用途としては，自動車車庫，自転車置場等が考えられる。

第7章　都市計画区域等における建築物の敷地，構造，建築設備及び用途

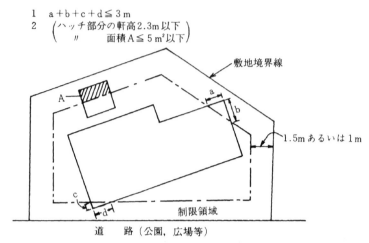

図7―19　外壁後退距離に対する制限の緩和

（第一種低層住居専用地域等内における建築物の高さの限度）

法第55条　第一種低層住居専用地域，第二種低層住居専用地域又は田園住居地域内においては，建築物の高さは，10メートル又は12メートルのうち当該地域に関する都市計画において定められた建築物の高さの限度を超えてはならない。

2　前項の都市計画において建築物の高さの限度が10メートルと定められた第一種低層住居専用地域，第二種低層住居専用地域又は田園住居地域内においては，その敷地内に政令で定める空地を有し，かつ，その敷地面積が政令で定める規模以上である建築物であつて，特定行政庁が低層住宅に係る良好な住居の環境を害するおそれがないと認めるものの高さの限度は，同項の規定にかかわらず，12メートルとする。

3　再生可能エネルギー源（太陽光，風力その他非化石エネルギー源のうち，エネルギー源として永続的に利用することができると認められるものをいう。第58条第2項において同じ。）の利用に資する設備の設置のため必要な屋根に関する工事その他の屋外に面する建築物の部分に関する工事を行う建築物で構造上やむを得ないものとして国土交通省令で定めるものであつて，特定行政庁が低層住宅に係る良好な住居の環境を害するおそれがないと認めて許可したものの高さは，前2項の規定にかかわらず，その許可の範囲内に

おいて，これらの規定による限度を超えるものとすることができる。

4　第１項及び第２項の規定は，次の各号のいずれかに該当する建築物については，適用しない。

　一　その敷地の周囲に広い公園，広場，道路その他の空地を有する建築物であつて，低層住居に係る良好な住居の環境を害するおそれがないと認めて特定行政庁が許可したもの

　二　学校その他の建築物であつて，その用途によつてやむを得ないと認めて特定行政庁が許可したもの

5　第44条第２項の規定は，第３項又は前項各号の規定による許可をする場合について準用する。

　　　　　（昭62法66・全改，平４法82・平29法26・令４法69・一部改正）

（第一種低層住居専用地域等内における建築物の高さの制限の緩和に係る敷地内の空地等）

令第130条の10　法第55条第２項の規定により政令で定める空地は，法第53条の規定により建蔽率の最高限度が定められている場合においては，当該空地の面積の敷地面積に対する割合が１から当該最高限度を減じた数値に10分の１を加えた数値以上であるものとし，同条の規定により建蔽率の最高限度が定められていない場合においては，当該空地の面積の敷地面積に対する割合が10分の１以上であるものとする。

2　法第55条第２項の規定により政令で定める規模は，1,500平方メートルとする。ただし，特定行政庁は，街区の形状，宅地の規模その他土地の状況によりこれによることが不適当であると認める場合においては，規則で，750平方メートル以上1,500平方メートル未満の範囲内で，その規模を別に定めることができる。

　　　　　（昭52政266・追加，昭62政348・平５政170・平13政98・平29政156・一部改正）

　昭和45年改正前における建築物の絶対高さ制限（住居地域20m以下，それ以外の地域31m以下）については，法第52条の項で述べたとおり，容積率制限の全面採用により廃止された。

　しかしながら，すでに良好な低層住宅地が形成されている地域あるいは新市街地等で良好な居住環境を備えた低層住宅地として開発された地域等では日照及び通

第7章　都市計画区域等における建築物の敷地，構造，建築設備及び用途

風，採光等を保護するため，従来の住居地域の20m制限では不十分であり，より厳しい高さ制限により環境を保護する必要性に迫られてきた。このため，低層住宅に係る良好な住居の環境を保護するために定める地域として，昭和45年改正時に新設された第一種住居専用地域（現在の第一種低層住居専用地域又は第二種低層住居専用地域）は，建築物の高さの制限を10mとしたものである。

　さらに，昭和62年の改正においては，住宅形態の多様化と地域の特性の多様化に即した適切な建築制限とするため，従来の10mのほか新たに12mの高さ制限を設けるとともに，当該高さ制限は，都市計画により指定することとした。

第1項

　10mの制限は通常の2階建て又は小規模な3階建ての建築物の建築が可能な限度，12mの制限は通常の3階建ての建築物等の建築が可能な限度である。

第2項

　都市計画において建築物の高さの限度が10mと定められた地域内においては，その敷地に一定の空地を有し，かつ，その敷地面積が一定規模以上である建築物について，特定行政庁が低層住宅に係る良好な住居の環境を害するおそれがないと認めた場合に限り，高さの限度を12mとできる旨の規定であり，第一種低層住居専用地域，第二種低層住居専用地域又は田園住居地域であっても，周囲の日照，通風等に支障がないものについては，12m以下の建築物の建築を許可手続を経ずに確認できる途を開いたものである。この空地及び敷地面積の要件は，令第130条の10に定めてあるが，総合設計の規定により政令で定めるものよりも緩やかなものとなっている。

　空地については，1から当該敷地の建蔽率制限の数値を引いた数値に10分の1を加えた数値以上とすることになっており，また，敷地面積は1,500㎡以上確保しなければならないが，特定行政庁により750㎡以上，1,500㎡未満の範囲で別に定めることができることとなっている。

　施行令に規定するこれらの要件は，最低の基準，つまり必要条件であるので，施行令の要件を満たしたものであっても，特定行政庁が当該建築計画を十分なものではないと判断した場合には，もちろん認められない。なお，3階建て住宅に対する認定準則が建設省住宅局長通知で発出されている（「第一種住居専用地域内における3階建住宅の高さ制限の緩和について」昭和59年4月19日付け建設省街発第35号）。

第3項

第5節　形態規制等

建築物のエネルギー消費性能の向上のため必要な工事を行う建築物に関する特例許可の規定が設けられている。その対象となる工事については，屋根への太陽光パネル等の設置や屋根の断熱改修などの工事を想定しており，具体的には規則第10条の4の9に当該建築物の基準が定められている。許可に係る留意点については容積率に係る許可（法第52条第14項第3号）等と同様である。

（第一種低層住居専用地域等内における建築物の高さの制限の緩和を受ける構造上やむを得ない建築物）

則第10条の4の9　法第55条第3項の国土交通省令で定める建築物は，次に掲げる工事を行う建築物で当該工事によりその高さが法第55条第1項及び第2項の規定による限度を超えるものとする。

　　一　屋根を再生可能エネルギー源の利用に資する設備として使用するための工事

　　二　再生可能エネルギー源の利用に資する設備を屋根に設ける工事

　　三　建築物のエネルギー消費性能の向上のため必要な屋根を通しての熱の損失の防止のための工事

　　四　建築物のエネルギー消費性能の向上のため必要な空気調和設備その他の建築設備を屋根に設ける工事（第2号に掲げるものを除く。）

　2　前項の工事は，その目的を達成するために必要な最小限度のものでなければならない。

　　　　　（令4国交令92・追加）

第4項

住環境を害さない場合や用途上やむを得ない場合等について，高さ制限を適用しないものとすることができる旨規定したものである。

第1号は，その建築敷地の周囲に相当規模以上の公園，広場，道路等の空地があり，特定行政庁が建築審査会の同意を得て，当該建築計画が低層住宅に係る良好な住居の環境を害するおそれがない，つまり，10mを超える高さの建築物が立地しても周辺の低層住宅地に日照，採光，通風等が確保されると判断して許可した場合についての規定である。この場合，周囲に更地等の空地があったとしても，将来そこに建築物が立地する可能性があれば，その空地の環境についても十分に考慮する必要があるのはいうまでもない。

第2号は学校，神社，寺院等を対象とした規定で，通常このような用途の建築物

205

第7章　都市計画区域等における建築物の敷地，構造，建築設備及び用途

は，建築計画上10mを超えた形状となるものが多いので，特定行政庁が建築審査会
の同意を得て許可することができることになっている。

3　斜線制限

（建築物の各部分の高さ）

法第56条　建築物の各部分の高さは，次に掲げるもの以下としなければならない。

一　別表第3(い)欄及び(ろ)欄に掲げる地域，地区又は区域及び容積率の限度の
区分に応じ，前面道路の反対側の境界線からの水平距離が同表(は)欄に掲げ
る距離以下の範囲内においては，当該部分から前面道路の反対側の境界線
までの水平距離に，同表(に)欄に掲げる数値を乗じて得たもの

二　当該部分から隣地境界線までの水平距離に，次に掲げる区分に従い，イ
若しくはニに定める数値が1.25とされている建築物で高さが20メートルを
超える部分を有するもの又はイからニまでに定める数値が2.5とされてい
る建築物（ロ及びハに掲げる建築物で，特定行政庁が都道府県都市計画審
議会の議を経て指定する区域内にあるものを除く。以下この号及び第7項
第2号において同じ。）で高さが31メートルを超える部分を有するものに
あつては，それぞれその部分から隣地境界線までの水平距離のうち最小の
ものに相当する距離を加えたものに，イからニまでに定める数値を乗じて
得たものに，イ又はニに定める数値が1.25とされている建築物にあつては
20メートルを，イからニまでに定める数値が2.5とされている建築物にあ
つては31メートルを加えたもの

イ　第一種中高層住居専用地域若しくは第二種中高層住居専用地域内の建
築物又は第一種住居地域，第二種住居地域若しくは準住居地域内の建築
物（ハに掲げる建築物を除く。）　1.25（第52条第1項第2号の規定に
より容積率の限度が10分の30以下とされている第一種中高層住居専用地
域及び第二種中高層住居専用地域以外の地域のうち，特定行政庁が都道
府県都市計画審議会の議を経て指定する区域内の建築物にあつて
は，2.5）

ロ　近隣商業地域若しくは準工業地域内の建築物（ハに掲げる建築物を除
く。）又は商業地域，工業地域若しくは工業専用地域内の建築物　2.5

ハ　高層住居誘導地区内の建築物であつて，その住宅の用途に供する部分

第5節　形態規制等

の床面積の合計がその延べ面積の3分の2以上であるもの　2.5

　二　用途地域の指定のない区域内の建築物　1.25又は2.5のうち，特定行政庁が土地利用の状況等を考慮し当該区域を区分して都道府県都市計画審議会の議を経て定めるもの

　三　第一種低層住居専用地域，第二種低層住居専用地域若しくは田園住居地域内又は第一種中高層住居専用地域若しくは第二種中高層住居専用地域（次条第1項の規定に基づく条例で別表第4の2の項に規定する(1)，(2)又は(3)の号が指定されているものを除く。以下この号及び第7項第3号において同じ。）内においては，当該部分から前面道路の反対側の境界線又は隣地境界線までの真北方向の水平距離に1.25を乗じて得たものに，第一種低層住居専用地域，第二種低層住居専用地域又は田園住居地域内の建築物にあつては5メートルを，第一種中高層住居専用地域又は第二種中高層住居専用地域内の建築物にあつては10メートルを加えたもの

2　前面道路の境界線から後退した建築物に対する前項第1号の規定の適用については，同号中「前面道路の反対側の境界線」とあるのは，「前面道路の反対側の境界線から当該建築物の後退距離（当該建築物（地盤面下の部分その他政令で定める部分を除く。）から前面道路の境界線までの水平距離のうち最小のものをいう。）に相当する距離だけ外側の線」とする。

3　第一種中高層住居専用地域，第二種中高層住居専用地域，第一種住居地域，第二種住居地域又は準住居地域内における前面道路の幅員が12メートル以上である建築物に対する別表第3の規定の適用については，同表(ハ)欄中「1.25」とあるのは，「1.25（前面道路の反対側の境界線からの水平距離が前面道路の幅員に1.25を乗じて得たもの以上の区域内においては，1.5）」とする。

4　前項に規定する建築物で前面道路の境界線から後退したものに対する同項の規定の適用については，同項中「前面道路の反対側の境界線」とあるのは「前面道路の反対側の境界線から当該建築物の後退距離（当該建築物（地盤面下の部分その他政令で定める部分を除く。）から前面道路の境界線までの水平距離のうち最小のものをいう。以下この表において同じ。）に相当する距離だけ外側の線」と，「前面道路の幅員に」とあるのは「，前面道路の幅員に，当該建築物の後退距離に2を乗じて得たものを加えたものに」とすることができる。

5　建築物が第1項第2号及び第3号の地域，地区又は区域の2以上にわたる

207

第7章　都市計画区域等における建築物の敷地，構造，建築設備及び用途

場合においては，これらの規定中「建築物」とあるのは，「建築物の部分」とする。

6　建築物の敷地が2以上の道路に接し，又は公園，広場，川若しくは海その他これらに類するものに接する場合，建築物の敷地とこれに接する道路若しくは隣地との高低の差が著しい場合その他特別の事情がある場合における前各項の規定の適用の緩和に関する措置は，政令で定める。

7　次の各号のいずれかに掲げる規定によりその高さが制限された場合にそれぞれ当該各号に定める位置において確保される採光，通風等と同程度以上の採光，通風等が当該位置において確保されるものとして政令で定める基準に適合する建築物については，それぞれ当該各号に掲げる規定は，適用しない。

一　第1項第1号，第2項から第4項まで及び前項（同号の規定の適用の緩和に係る部分に限る。）　前面道路の反対側の境界線上の政令で定める位置

二　第1項第2号，第5項及び前項（同号の規定の適用の緩和に係る部分に限る。）　隣地境界線からの水平距離が，第1項第2号イ又はニに定める数値が1.25とされている建築物にあつては16メートル，第1項第2号イからニまでに定める数値が2.5とされている建築物にあつては12.4メートルだけ外側の線上の政令で定める位置

三　第1項第3号，第5項及び前項（同号の規定の適用の緩和に係る部分に限る。）　隣地境界線から真北方向への水平距離が，第一種低層住居専用地域，第二種低層住居専用地域又は田園住居地域内の建築物にあつては4メートル，第一種中高層住居専用地域又は第二種中高層住居専用地域内の建築物にあつては8メートルだけ外側の線上の政令で定める位置

　　　　（昭45法109・全改，昭51法83・昭62法66・平4法82・平7法13・平9法79・

　　　　平12法73・平14法85・平29法26・一部改正）

法別表第3　前面道路との関係についての建築物の各部分の高さの制限

　　　　（第56条，第91条関係）　（昭62法66・追加，平4法82・平7法13・平9

　　　　法79・平12法73・平14法85・平16法67・平29法26・一部改正）

(い)	(ろ)	(は)	(に)
建築物がある地域，地区又は区域	第52条　第1項，第2項，第7項及び第9項の規定による容積率の	距離	数値

第5節　形態規制等

		限度		
1	第一種低層住居専用地域，第二種低層住居専用地域，第一種中高層住居専用地域，第二種中高層住居専用地域若しくは田園住居地域内の建築物又は第一種住居地域，第二種住居地域若しくは準住居地域内の建築物（4の項に掲げる建築物を除く。）	10分の20以下の場合	20メートル	1.25
		10分の20を超え，10分の30以下の場合	25メートル	
		10分の30を超え，10分の40以下の場合	30メートル	
		10分の40を超える場合	35メートル	
2	近隣商業地域又は商業地域内の建築物	10分の40以下の場合	20メートル	1.5
		10分の40を超え，10分の60以下の場合	25メートル	
		10分の60を超え，10分の80以下の場合	30メートル	
		10分の80を超え，10分の100以下の場合	35メートル	
		10分の100を超え，10分の110以下の場合	40メートル	
		10分の110を超え，10分の120以下の場合	45メートル	
		10分の120を超える場合	50メートル	
3	準工業地域内の建築物（4の項に掲げる建築物を除く。）又は工業地域若しくは工業専用地域内の建築物	10分の20以下の場合	20メートル	1.5
		10分の20を超え，10分の30以下の場合	25メートル	
		10分の30を超え，10分	30メー	

第 7 章　都市計画区域等における建築物の敷地，構造，建築設備及び用途

		の40以下の場合	トル	
		10分の40を超える場合	35メートル	
4	第一種住居地域，第二種住居地域，準住居地域又は準工業地域内について定められた高層住居誘導地区内の建築物であつて，その住宅の用途に供する部分の床面積の合計がその延べ面積の3分の2以上であるもの		35メートル	1.5
5	用途地域の指定のない区域内の建築物	10分の20以下の場合	20メートル	1.25又は1.5のうち，特定行政庁が土地利用の状況等を考慮し当該区域を区分して都道府県都市計画審議会の議を経て定めるもの
		10分の20を超え，10分の30以下の場合	25メートル	
		10分の30を超える場合	30メートル	

備考
1　建築物がこの表(い)欄に掲げる地域，地区又は区域の2以上にわたる場合においては，同欄中「建築物」とあるのは，「建築物の部分」とする。
2　建築物の敷地がこの表(い)欄に掲げる地域，地区又は区域の2以上にわたる場合における同表(は)欄に掲げる距離の適用に関し必要な事項

第 5 節　形態規制等

　　は，政令で定める。
　3　この表(い)欄 1 の項に掲げる第一種中高層住居専用地域若しくは第二
　　種中高層住居専用地域（第52条第 1 項第 2 号の規定により，容積率の
　　限度が10分の40以上とされている地域に限る。）又は第一種住居地
　　域，第二種住居地域若しくは準住居地域のうち，特定行政庁が都道府
　　県都市計画審議会の議を経て指定する区域内の建築物については，(は)
　　欄 1 の項中「25メートル」とあるのは「20メートル」と，「30メート
　　ル」とあるのは「25メートル」と，「35メートル」とあるのは「30
　　メートル」と，(に)欄 1 の項中「1.25」とあるのは「1.5」とする。

　本条はいわゆる斜線制限及びその緩和措置を規定したものである。斜線制限に
は，道路斜線制限，隣地斜線制限，北側斜線制限の 3 種類がある。

〔道路斜線制限〕

第 1 項第 1 号

　道路斜線制限は，市街地における重要な開放空間である道路及び沿道の建築物の
日照，採光，通風等の環境を確保することを目的とする制限である。制限の内容
は，道路上空を一定の角度をもって開放空間として確保するために，建築物の各部
分の高さを前面道路の反対側の境界線までの水平距離に応じ，一定限度に抑えよう
とするものである。すなわち，建築物の各部分の高さは，原則として，第一種低層
住居専用地域から田園住居地域までの用途地域においては前面道路の反対側の境界
線までの水平距離の1.25倍，その他の地域又は区域においては前面道路の反対側の
境界線までの水平距離の1.5倍以下としなければならないこととされている。ただ
し，昭和62年の改正により，前面道路の反対側の境界線からの水平距離が用途地域
等と基準容積率により定まる一定値（別表第 3 (は)欄に掲げる値）を超える範囲に
は，道路に対する環境上の影響が小さいことから，道路斜線制限は及ばないことと
された。また，平成12年の改正により，用途地域の指定のない区域内の建築物に対
する(に)欄の数値については，1.25又は1.5のうち，都道府県都市計画審議会の議を
経て特定行政庁が定めることとされている。道路斜線制限の概要を図示すると図 7
—20のとおりである。

211

第7章　都市計画区域等における建築物の敷地，構造，建築設備及び用途

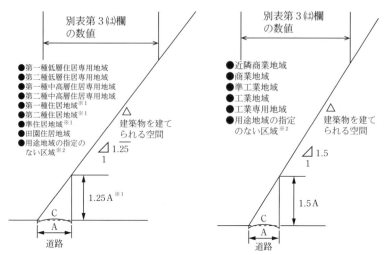

※1：高層住居誘導地区内の建築物であってその住宅の用に供する面積が2／3以上の場合は，1.5A
※2：用途地域の指定のない区域の場合，特定行政庁が土地利用の状況等を考慮して都市計画審議会の議を経て定める。

図7―20　道路斜線制限の概要

なお，指定容積率の選択肢等の見直しに伴う平成14年改正において，特定行政庁の判断により建蔽率制限の強化や前面道路の境界線から後退した壁面線の指定等により十分な空地が確保されることで従前の道路高さ制限により確保されている市街地環境と同等の水準とすることが可能であること，また，第一種住居地

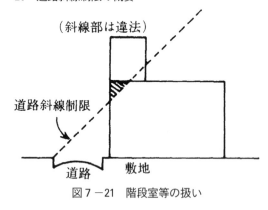

図7―21　階段室等の扱い

域等では，用途制限上，多様な用途が許容されており，現に商業系，工業系用途が多くを占め，特段に市街地環境の確保を必要としない地域も存すること等から，別表第3備考3により，特定行政庁が都道府県都市計画審議会の議を経て指定する区

第5節　形態規制等

域内の建築物については道路斜線制限の適用する距離及び勾配を変更することを可能としている。

　令第2条第1項第6号イ及びロの規定により，道路斜線制限に関する建築物の各部分の高さの計り方は，前面道路の路面の中心からの高さによることとされているほか，階段室等の屋上部分については建築面積の8分の1以内の場合のみその部分の高さが12mまでは算入されないこととなっている。なお，階段室等が図7―21のように屋上面より下部で斜線制限にかかる場合は，本規定が屋上突出部分に対する緩和措置であることからして違法となる。

　なお，建築物が2以上の用途地域等にわたる場合は，別表第3備考1により，建築物の各部分について，その属するそれぞれの用途地域等における道路斜線制限が及ぶことになる。さらに，建築物の敷地が2以上の用途地域等にわたる場合の別表㈲欄に掲げる距離の適用の特例については，令第130条の11の規定が置かれている。

　（建築物の敷地が2以上の地域，地区又は区域にわたる場合の法別表第3㈲欄に掲げる距離の適用の特例）

令第130条の11　建築物の敷地が法別表第3㈶欄に掲げる地域，地区又は区域の2以上にわたる場合における同表㈲欄に掲げる距離の適用については，同表㈶欄中「建築物がある地域，地区又は区域」とあるのは，「建築物又は建築物の部分の前面道路に面する方向にある当該前面道路に接する敷地の部分の属する地域，地区又は区域」とする。

　　　　　　　（昭62政348・追加，平9政274・一部改正）

　建築物の敷地が道路斜線制限の適用距離の異なる2以上の用途地域等にわたる場合は，前面道路に面する方向の各断面内において，当該道路に接する地域又は区域の適用距離が，前面道路に接しない地域又は区域にも適用されることになる。この適用方式を図示すると図7―22のようになる。

　なお，この場合，道路斜線の勾配は敷地の部分ごとにその属する用途地域の勾配が適用されるので，前面道路に面する方向の各断面内において勾配の異なる道路斜線となる場合もある（図7―23）。

　法第56条第2項は，前面道路の境界線から後退した建築物に対する道路斜線制限の合理化に関する規定である。これは，建築物を道路からセットバックさせ，敷地の道路側に空地を設けた場合には，建築物の道路に対する影響が減少することか

213

第7章　都市計画区域等における建築物の敷地，構造，建築設備及び用途

ら，前面道路の反対側の境界線がセットバックの距離だけ外側に移動したものとして道路斜線制限を適用するものである（図7－24）。

この後退距離は，建築物（地盤面下の部分その他令第130条の12で定める部分を除く。）から前面道路の境界線までの水平距離のうち最小のものをいうこととしており，最小の水平距離に相当する建築物の壁，柱等の面で測定され，前面道路ごとに敷地単位で算定することとしている（図7－25）。

また，後退距離に応じて，道路斜線制限の適用範囲も移動することとなる（図7－26）。

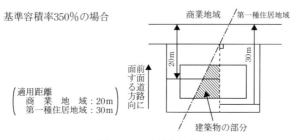

図7－22　適用方式

第5節 形態規制等

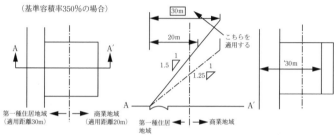

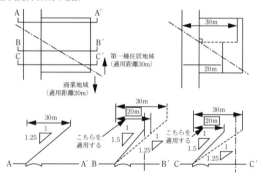

図7-23 勾配の異なる道路斜線となる場合

215

第7章 都市計画区域等における建築物の敷地，構造，建築設備及び用途

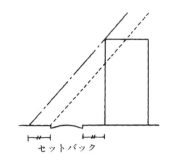

図7-24 法第56条第2項による道路斜線制限の合理化

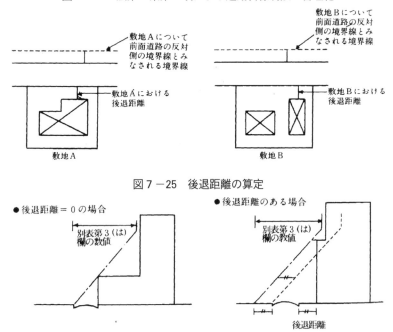

図7-25 後退距離の算定

図7-26 後退距離に応じた適用範囲

　法第56条第3項及び第4項は，良好な居住環境を確保しつつ土地の有効高度利用を図ること，及び合理的な建築計画と適切な市街地環境との調和を図ること等の観点から，道路の上部空間の開放性を総合的に評価することにより道路斜線制限の合理化を行えるよう平成7年改正により創設された。具体的には，住居系用途地域に

第5節　形態規制等

おける前面道路幅員が12m以上である建築物について，前面道路の反対側の境界線からの水平距離が前面道路幅員の1.25倍以上の区域においては，道路斜線制限の勾配を1.5とすることとするとともに，壁面線等を越えない建築物についてはさらに道路斜線制限の緩和を行うこととしている。

　なお，第3項の適用にあたっては，前面道路の幅員が12mに満たない場合であっても，壁面線等と前面道路の境界線との間の部分の幅員も含めて12m以上である場合においては，令131条の2第3項の規定による特定行政庁の判断により，前面道路の幅員が12m以上である建築物とすることが可能である。また，第4項については，緩和措置を適用することにより不利となるケースもあること等にかんがみ，建築主の判断によりその適用の選択を可能としている。

（前面道路との関係についての建築物の各部分の高さの制限に係る建築物の後退距離の算定の特例）

令第130条の12　法第56条第2項及び第4項の政令で定める建築物の部分は，次に掲げるものとする。

一　物置その他これに類する用途に供する建築物の部分で次に掲げる要件に該当するもの

　　イ　軒の高さが2.3メートル以下で，かつ，床面積の合計が5平方メートル以内であること。

　　ロ　当該部分の水平投影の前面道路に面する長さを敷地の前面道路に接する部分の水平投影の長さで除した数値が5分の1以下であること。

　　ハ　当該部分から前面道路の境界線までの水平距離のうち最小のものが1メートル以上であること。

二　ポーチその他これに類する建築物の部分で，前号ロ及びハに掲げる要件に該当し，かつ，高さが5メートル以下であるもの

三　道路に沿つて設けられる高さが2メートル以下の門又は塀（高さが1.2メートルを超えるものにあつては，当該1.2メートルを超える部分が網状その他これに類する形状であるものに限る。）

四　隣地境界線に沿つて設けられる門又は塀

五　歩廊，渡り廊下その他これらに類する建築物の部分で，特定行政庁がその地方の気候若しくは風土の特殊性又は土地の状況を考慮して規則で定めたもの

217

第7章 都市計画区域等における建築物の敷地,構造,建築設備及び用途

> 六 前各号に掲げるもののほか,建築物の部分で高さが1.2メートル以下のもの
>
> 　　　　　（昭62政348・追加,平7政214・一部改正）

　後退距離の算定上,建築物から除かれるものを定めた規定である。建築計画上,道路に面して建築物に設けられることが一般的であり,かつ,道路斜線制限の目的である採光,通風等の面からみて影響が少ないと考えられるものが列挙されている。
　第1号の「これに類する用途に供する建築物の部分」としては,自転車置場,自動車車庫等が含まれる。また,床面積については,地階の床面積は含まない。なお,床面積が5 m²を超える物置等の場合は道路に近い方から5 m²以内の部分が除かれる対象となる（図7－27）。
　第2号の「これに類する建築物の部分」とは,建築物の玄関等に設けられるもので壁等で囲まれていないものをいい,車寄せ等は該当するが,玄関以外に設けられる通常の庇等は該当しない（図7－28）。
　第3号の「網状その他これに類する形状」のものとは,高さが1.2mを超える部分が金網で造られているなど採光,通風等の道路上の環境に支障がないものをいう（図7－29）。
　第5号の特定行政庁の規則で定めるものの例としては,具体的には,多雪地域におけるいわゆる「がんぎ」や法第44条ただし書の許可を受けて設けられる渡り廊下,アーケード等に接続して敷地内に設けられる歩廊等の部分が考えられる。
　法第56条第6項による道路斜線制限関係の緩和措置については令第131条から第135条の2までに規定されている。

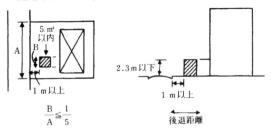

図7－27　建築物から除かれる対象

218

第5節　形態規制等

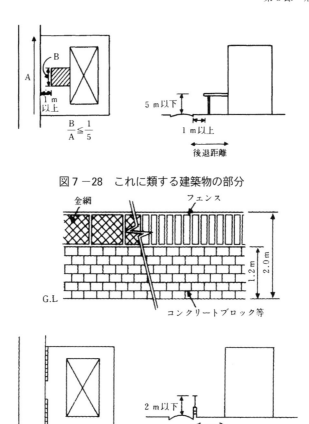

図7-28　これに類する建築物の部分

図7-29　網状その他これに類する形状

（前面道路との関係についての建築物の各部分の高さの制限の緩和）
令第131条　法第56条第6項の規定による同条第1項第1号及び第2項から第4項までの規定の適用の緩和に関する措置は，次条から第135条の2までに定めるところによる。

（昭31政185・昭34政344・昭45政333・昭52政266・昭62政348・平7政214・一部改正）

本条は，法第56条第6項の規定による道路斜線制限（同条第1項第1号）の緩和

219

第7章　都市計画区域等における建築物の敷地，構造，建築設備及び用途

措置が第131条の２から第135条の２まで規定されていることを述べたものである。

（前面道路とみなす道路等）

令第131条の２　土地区画整理事業を施行した地区その他これに準ずる街区の整つた地区内の街区で特定行政庁が指定するものについては，その街区の接する道路を前面道路とみなす。

2　建築物の敷地が都市計画において定められた計画道路（法第42条第１項第４号に該当するものを除くものとし，以下この項において「計画道路」という。）若しくは法第68条の７第１項の規定により指定された予定道路（以下この項において「予定道路」という。）に接する場合又は当該敷地内に計画道路若しくは予定道路がある場合において，特定行政庁が交通上，安全上，防火上及び衛生上支障がないと認める建築物については，当該計画道路又は予定道路を前面道路とみなす。

3　前面道路の境界線若しくはその反対側の境界線からそれぞれ後退して壁面線の指定がある場合又は前面道路の境界線若しくはその反対側の境界線からそれぞれ後退して法第68条の２第１項の規定に基づく条例で定める壁面の位置の制限（道路に面する建築物の壁又はこれに代わる柱の位置及び道路に面する高さ２メートルを超える門又は塀の位置を制限するものに限る。以下この項において「壁面の位置の制限」という。）がある場合において，当該壁面線又は当該壁面の位置の制限として定められた限度の線を越えない建築物（第135条の19各号に掲げる建築物の部分を除く。）で特定行政庁が交通上，安全上，防火上及び衛生上支障がないと認めるものについては，当該前面道路の境界線又はその反対側の境界線は，それぞれ当該壁面線又は当該壁面の位置の制限として定められた限度の線にあるものとみなす。

（昭34政344・追　加，昭39政４・昭44政158・平５政170・平７政214・平９政274・平14政331・平17政192・平26政232・一部改正）

第１項

土地区画整理事業を施行した地区あるいはこれに相当する街区の整備された地区内の街区については，街区の形態，街区の周囲の道路等も整っており，街区単位で道路斜線制限を適用した方が，建築物の形態等も整ったものとなる場合もあるので，特定行政庁が指定した街区に限り，敷地単位の規制に代えて街区単位で規制することとしたものである。

第5節　形態規制等

第2項

　法第52条第4項の規定による容積率の制限緩和と同様，特定行政庁が交通上，安全上，防火上及び衛生上支障がないと認める建築物については，計画道路や予定道路を前面道路とみなして道路斜線制限の緩和を図ろうとする趣旨のものである。なお，この場合，計画道路等の中にある隣地境界線はないものとみなされる（令第135条の3第1項第3号）。

第3項

　土地の有効利用を図りつつ，道路に沿って有効な空間を確保するとともに，整った街並みを形成するため，壁面線の指定若しくは地区計画条例において壁面の位置の制限が定められることにより，道路に沿って有効な空間が確保された場合における道路斜線制限の緩和を規定したものである。

（2以上の前面道路がある場合）

令第132条　建築物の前面道路が2以上ある場合においては，幅員の最大な前面道路の境界線からの水平距離がその前面道路の幅員の2倍以内で，かつ，35メートル以内の区域及びその他の前面道路の中心線からの水平距離が10メートルをこえる区域については，すべての前面道路が幅員の最大な前面道路と同じ幅員を有するものとみなす。

2　前項の区域外の区域のうち，2以上の前面道路の境界線からの水平距離がそれぞれその前面道路の幅員の2倍（幅員が4メートル未満の前面道路にあつては，10メートルからその幅員の2分の1を減じた数値）以内で，かつ，35メートル以内の区域については，これらの前面道路のみを前面道路とし，これらの前面道路のうち，幅員の小さい前面道路は，幅員の大きい前面道路と同じ幅員を有するものとみなす。

3　前2項の区域外の区域については，その接する前面道路のみを前面道路とする。

（昭34政344・一部改正）

　2以上の前面道路に敷地が接している場合の緩和規定である。建築物の後退等がない場合については，図で順を追って説明する。

第1項

　図7—30のハッチ部分の区域で，この部分の高さはすべての前面道路がAの幅員を有するものとみなして計算する。

221

第7章 都市計画区域等における建築物の敷地，構造，建築設備及び用途

第2項

図7—31のハッチ部分の区域で，この部分の高さは幅員の大きい道路（B及びC）により高さを求める。

第3項

以上で求めた区域以外の部分は，その接する前面道路（実際に存在する道路）により高さを求める。

以上を図示すると図7—32のとおりである。

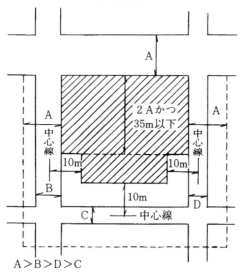

図7—30　2以上の前面道路がある場合

第5節 形態規制等

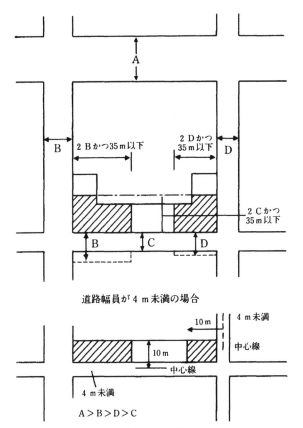

図7-31 2以上の前面道路がある場合

第7章 都市計画区域等における建築物の敷地，構造，建築設備及び用途

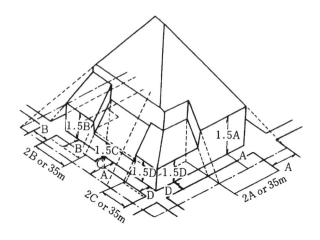

図7-32 商業地域内の場合

（前面道路の反対側に公園，広場，水面その他これらに類するものがある場合）

令第134条　前面道路の反対側に公園，広場，水面その他これらに類するものがある場合においては，当該前面道路の反対側の境界線は，当該公園，広場，水面その他これらに類するものの反対側の境界線にあるものとみなす。

2　建築物の前面道路が2以上ある場合において，その反対側に公園，広場，水面その他これらに類するものがある前面道路があるときは，第132条第1項の規定によらないで，当該公園，広場，水面その他これらに類するものがある前面道路（2以上あるときは，そのうちの1）の境界線からの水平距離がその公園，広場，水面その他これらに類するものの反対側の境界線から当該前面道路の境界線までの水平距離の2倍以内で，かつ，35メートル以内の区域及びその他の前面道路の中心線からの水平距離が10メートルをこえる区域については，すべての前面道路を当該公園，広場，水面その他これらに類するものがある前面道路と同じ幅員を有し，かつ，その反対側に同様の公園，広場，水面その他これらに類するものがあるものとみなして，前項の規定によることができる。この場合においては，第132条第2項及び第3項の規定を準用する。

（昭34政344・昭39政4・昭45政333・一部改正）

第5節　形態規制等

　前面道路の反対側に公園，広場，水面等がある場合には，その幅員を加算して道路幅員とみなす旨の緩和規定である。
　第１項は，図７−33のとおりであり，ハッチの部分が緩和される部分である。
　第２項は，前面道路が２以上ある場合で，かつその反対側に公園，広場，水面等がある場合の緩和規定である。図７−34で説明すると，図上の道路Ｃを令第132条に規定する幅員最大の前面道路（この場合幅員はＬ）として扱う。したがって，ハッチ部分の区域の高さについては，すべての前面道路が幅員Ｌであるものとみなして高さを求める。その他の区域については，令第132条第２項及び第３項と同じである。

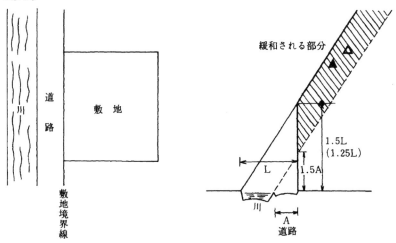

図７−33　１項のケース

225

第7章 都市計画区域等における建築物の敷地，構造，建築設備及び用途

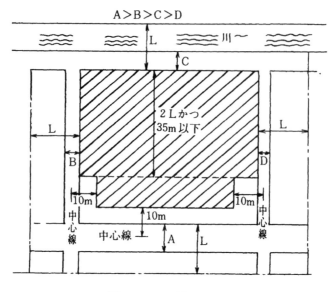

図7-34　2項のケース

> （道路面と敷地の地盤面に高低差がある場合）
> **令第135条の2**　建築物の敷地の地盤面が前面道路より1メートル以上高い場合においては，その前面道路は，敷地の地盤面と前面道路との高低差から1メートルを減じたものの2分の1だけ高い位置にあるものとみなす。
> 2　特定行政庁は，地形の特殊性により前項の規定をそのまま適用することが著しく不適当であると認める場合においては，同項の規定にかかわらず，規則で，前面道路の位置を同項の規定による位置と敷地の地盤面の高さとの間において適当と認める高さに定めることができる。
> 　　　　　　（昭34政344・旧第136条繰上，昭45政333・一部改正）

　道路斜線制限に関する建築物の高さは，すでに述べたように前面道路の路面の中心から計ることになっているので，敷地と道路の地盤面に差があるときは若干の措置が必要である。

　建築物の敷地の地盤面が前面道路より低い場合は，地盤面が道路面に等しい場合に比して，建築物の高さはより高くすることができるので問題は少ないが，敷地の地盤面が前面道路より高い場合は法第56条第1項第1号の規定をそのまま適用する

と著しく不適当になる場合がある。このため,敷地の地盤面が前面道路より1m以上高い場合には制限を緩和するとしたのが第1項の規定である。

第1項は原則的規定で,図7―35のように道路面が2分の（H－1）m（Hは敷地の地盤面と道路面との高低差）だけ高い位置にあるものとみなすというものである。

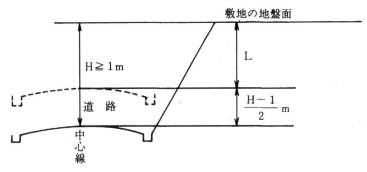

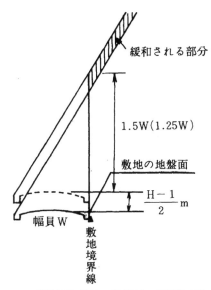

図7―35 道路面と敷地の地盤面に高低差がある場合

第2項は特殊な地形の場合で前項の規定をそのまま適用することが著しく不適当

第7章　都市計画区域等における建築物の敷地，構造，建築設備及び用途

な場合は，特定行政庁が規則により図7―35のLの間の位置で適当と認める高さに定めることができる旨の規定である。

〔隣地斜線制限〕

　法第56条第1項第2号は，いわゆる隣地斜線制限に関する規定である。

　隣地斜線制限の考え方は，昭和38年の容積地区制度の導入に伴う同地区内での絶対高さ制限の廃止により，建築物の高層化が行われると，隣地の通風，採光等の条件が悪化するおそれがあるので，隣地境界線からの距離に応じて，建築物の高さの制限をしようとするものである。その制限を図示すると，図7―36のとおりである。

　なお，商業系又は工業系の用途地域内等の建築物にかかる隣地斜線制限については，高度利用を図ろうとするがために建物上部が斜めに切り取られたような景観上の課題が生じるおそれがある一方，道路等の公共的な空地の整備が十分になされた区域であれば幹線道路に面していない区域であっても一定の環境水準を確保できる場合があることから，特定行政庁が都市計画審議会の議を経て指定する区域内にあるものにかかる隣地斜線制限については適用を除外することができることとしている。

　なお，第2号イについては，平成14年改正において，指定容積率の選択肢や前面道路幅員に乗ずる数値の見直しに伴い，これまでの隣地高さ制限が土地の高度利用の支障となる一方，建蔽率制限の強化や前面道路の境界線から後退した壁面線の指定等により十分な空地が確保される場合，それまでの隣地高さ制限により確保されている市街地環境と同等の水準とすることが可能であることから，指定容積率が400％の第一種中高層住居専用地域等の一定の用途地域で，特定行政庁が都市計画審議会の議を経て指定する区域内において，隣地高さ制限の勾配と立上げ高さを変更できることとしている。

　令第2条第1項第6号本文の規定により，隣地斜線制限に関する建築物の各部分の高さの計り方は敷地の地盤面からの高さによることとされているほか同号ロの規定により，道路斜線制限と同様，階段室等の屋上部分については建築面積の8分の1以内の場合のみ，その部分の高さは12mまでは算入されないこととなっている。

　なお，第2号柱書の規定により，第一種中高層住居専用地域等で勾配が1.25とされている建築物にあっては地上20m，近隣商業地域等で勾配が1.5とされている建築物にあっては地上31mを超える部分における壁面と隣地境界線との間の距離だけ隣地境界線が反対側にあるものとみなして，隣地斜線制限を適用するものとされている（図7―37）。

228

適用にあたっては，地上20m又は31mを超える建築物の部分から隣地境界線までの最小の水平距離は，隣地境界線ごとに敷地単位で算定するものとする（図7－38）。

また，敷地が隣地斜線制限の異なる用途地域にまたがる場合の後退距離は図7－39のように算定する。

隣地に関して特別の事情がある場合の緩和措置は令第135条の3に定められている。

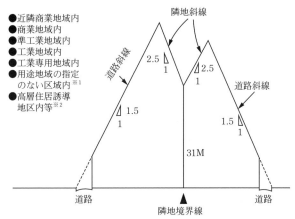

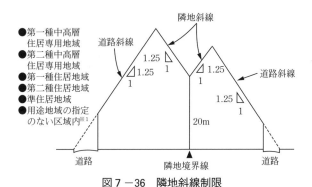

図7－36　隣地斜線制限

※1：特定行政庁が，土地利用の状況等を考慮して，都市計画審議会の議を経て定める
※2：高層住居誘導地区内で，住宅の用に供する面積が2／3以上であるもの，又は，指定容積率が30％以下である1住，2住，準住のうち特定行政庁が都市計画審議会の議を経て指定する区域内

第7章 都市計画区域等における建築物の敷地, 構造, 建築設備及び用途

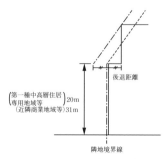

図7-37 屋上部分の適用

ケース1

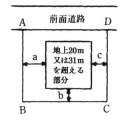

最小の水平距離

辺AB：a
辺BC：b
辺CD：c

ケース2

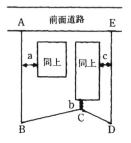

最小の水平距離

辺AB：a
辺BC：b
辺CD：b
辺DE：c

図7-38 水平距離の算定

第 5 節　形態規制等

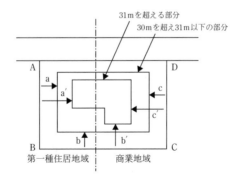

- 第一種住居地域における隣地斜線制限の場合の後退距離
  $\overline{AB}$: a
  $\overline{BC}$: b
  $\overline{CD}$: c
- 商業地域における隣地斜線制限の場合の後退距離
  $\overline{AB}$: a′
  $\overline{BC}$: b′
  $\overline{CD}$: c′

図 7 − 39　敷地が異なる用途地域にまたがる場合

（隣地との関係についての建築物の各部分の高さの制限の緩和）

令第135条の3　法第56条第6項の規定による同条第1項及び第5項の規定の適用の緩和に関する措置で同条第1項第2号に係るものは，次に定めるところによる。

一　建築物の敷地が公園（都市公園法施行令（昭和31年政令第290号）第2条第1項第1号に規定する都市公園を除く。），広場，水面その他これらに類するものに接する場合においては，その公園，広場，水面その他これらに類するものに接する隣地境界線は，その公園，広場，水面その他これらに類するものの幅の2分の1だけ外側にあるものとみなす。

二　建築物の敷地の地盤面が隣地の地盤面（隣地に建築物がない場合においては，当該隣地の平均地表面をいう。次項において同じ。）より1メートル以上低い場合においては，その建築物の敷地の地盤面は，当該高低差から1メートルを減じたものの2分の1だけ高い位置にあるものとみなす。

第7章 都市計画区域等における建築物の敷地，構造，建築設備及び用途

　　三　第131条の2第2項の規定により計画道路又は予定道路を前面道路とみなす場合においては，その計画道路又は予定道路内の隣地境界線は，ないものとみなす。
　2　特定行政庁は，前項第2号の場合において，地形の特殊性により同号の規定をそのまま適用することが著しく不適当であると認めるときは，規則で，建築物の敷地の地盤面の位置を当該建築物の敷地の地盤面の位置と隣地の地盤面の位置との間において適当と認める高さに定めることができる。

　　　　　（昭39政4・追加，昭44政158・一部改正，昭45政333・旧第135条の4繰上・
　　　　　一部改正，昭51政228・昭52政266・昭62政348・平5政170・平5政235・平7
　　　　　政214・一部改正）

　第1項第1号は，建築物の敷地が公園，広場，水面その他これらに類するものに接する場合の緩和規定であり，図7－40のように，公園，広場等の幅の2分の1だけ隣地境界線が外側にあるようにみなしてよいという規定である。公園のうち，都市公園法施行令第2条第1項第1号に規定する都市公園が除かれているのは，同号に規定される都市公園が主として街区内に居住する者の利用に供することを目的とした小規模な都市公園であることから，児童の日常的な遊び場として利用されることが想定され，その性格上，日照，採光等を確保する必要性が高いことやその規模が小さく，高さの制限を緩和した場合の影響が大きいことが理由となっている。

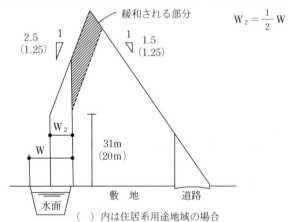

図7－40　敷地が公園等に接する場合

232

第1項第2号は建築物の敷地の地盤面が隣地の地盤面（建築物がない場合は平均地表面）より著しく低い場合についての，道路斜線制限の場合と同様の原則的な緩和規定であり，緩和される領域は図7－41でハッチされている部分である。なお，本号中，隣地の地盤面にかっこ書があるのは，令第2条第2号に規定する「地盤面」とは，建築物が周囲の地面と接する位置の平均の高さにおける水平面のことである（令第2条第2項）ので，隣地に建築物がない場合でも本号の緩和規定が有効になるよう，平均地表面という概念を導入したものである。地形の特殊性により，この規定をそのまま適用することが著しく不適当な場合には，特定行政庁は規則で別の定めができる旨，第2項に規定されている。これも道路斜線制限の場合と同様である。

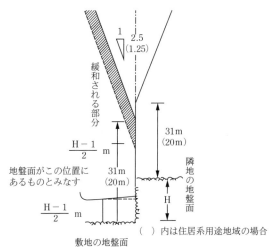

図7－41　地盤面が隣地より著しく低い場合

第1項第3号は，令第131条の2第2項の規定により，計画道路又は予定道路を前面道路とみなす場合，道路の反対側の境界線までの水平距離による高さ制限と，計画道路等内の隣地境界線までの水平距離による高さ制限とが二重に適用されることを排除し，道路斜線制限のみを適用する趣旨の規定である。

〔北側斜線制限〕

法第56条第1項第3号は，いわゆる北側斜線制限を規定したものである。

中高層住宅の著しい増加に伴い，北側家屋に対する南側家屋の相隣関係がとりわけ問題になってきたため，昭和45年の改正において隣地境界線制限の一種として，

第7章　都市計画区域等における建築物の敷地，構造，建築設備及び用途

特に日照，採光等に影響の大きい北側部分に対する制限として，低層住宅地として
の第一種住居専用地域（現在の第一種低層住居専用地域及び第二種低層住居専用地
域）及び中高層住宅地としての第二種住居専用地域（現在の第一種中高層住居専用
地域及び第二種中高層住居専用地域）のみに適用する北側斜線制限が設けられた。
しかし，昭和51年の法改正によって日影規制が導入された際，日影規制の対象とな
る第二種住居専用地域（当時）の北側斜線制限は存在理由を失うこととなったた
め，日影規制の対象区域として条例で指定された第二種住居専用地域（当時）につ
いては北側斜線制限を適用しないこととした。

　北側斜線制限を図示すると図7—42のとおりである。また，敷地の北側に道路が
ある場合は，図7—43のようになる。

　なお，北側斜線制限に関しては，前面道路の反対側の境界線又は隣地境界線から
の水平距離は真北方向に計ることとされているので，図7—44のように，隣地境界
線が東西軸より偏っている場合には，法第56条第1項第2号に規定する隣地斜線の
場合とは異なるので注意を要する。さらに，「真北」とは地理上の北極を指すもの
であり，磁石による北極すなわち磁北とは異なるので，厳密に本号の制限を確認す
るためには若干の補正を行う必要がある。地理上の真北と磁北との間には，稚内で
約9°，東京で約6°，鹿児島で約5°程度の偏差がある。

　令第2条第1項第6号本文及びロの規定により，北側斜線制限に関する建築物の
各部分の高さは地盤面から計ることとされているほか，階段室，昇降機塔等であっ
てもすべて建築物の高さとして算入することとされている。これは，本制限の目的
が主に北側敷地における一定の日照を確保することにあるため，日照をさえぎるお
それのある建築物の部分は，それが階段室等であっても，緩和しないこととしたも
のである。

　北側の前面道路又は隣地との関係で特別の事情のある場合の緩和措置は令第135
条の4に定められている。

234

第5節　形態規制等

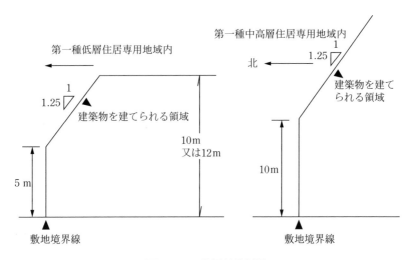

図7−42　北側斜線制限

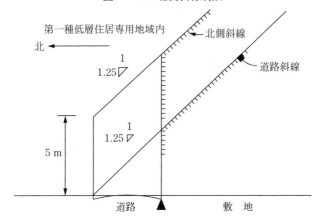

図7−43　敷地の北側に道路がある場合

第7章　都市計画区域等における建築物の敷地，構造，建築設備及び用途

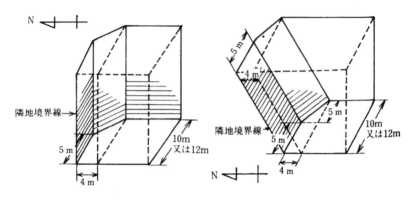

図7－44　第一種低層住居専用地域の場合

> （北側の前面道路又は隣地との関係についての建築物の各部分の高さの制限の緩和）
> **令第135条の4**　法第56条第6項の規定による同条第1項及び第5項の規定の適用の緩和に関する措置で同条第1項第3号に係るものは，次に定めるところによる。
> 一　北側の前面道路の反対側に水面，線路敷その他これらに類するものがある場合又は建築物の敷地が北側で水面，線路敷その他これらに類するものに接する場合においては，当該前面道路の反対側の境界線又は当該水面，線路敷その他これらに類するものに接する隣地境界線は，当該水面，線路敷その他これらに類するものの幅の2分の1だけ外側にあるものとみなす。
> 二　建築物の敷地の地盤面が北側の隣地（北側に前面道路がある場合においては，当該前面道路の反対側の隣接地をいう。以下この条において同じ。）の地盤面（隣地に建築物がない場合においては，当該隣地の平均地表面をいう。次項において同じ。）より1メートル以上低い場合においては，その建築物の敷地の地盤面は，当該高低差から1メートルを減じたものの2分の1だけ高い位置にあるものとみなす。
> 三　第131条の2第2項の規定により計画道路又は予定道路を前面道路とみなす場合においては，その計画道路又は予定道路内の隣地境界線は，ないものとみなす。

第5節　形態規制等

2　特定行政庁は，前項第2号の場合において，地形の特殊性により同号の規定をそのまま適用することが著しく不適当であると認めるときは，規則で，建築物の敷地の地盤面の位置を当該建築物の敷地の地盤面の位置と北側の隣地の地盤面の位置との間において適当と認める高さに定めることができる。

（昭45政333・追加，昭52政266・昭62政348・平5政170・平7政214・一部改正）

第1項第1号は，令第135条の3第1号に規定する隣地斜線制限の緩和と同様の規定であり，図7―45のとおりである。ただし，隣地斜線制限の緩和と異なり，公園，広場に接する場合には緩和されない。これは，北側斜線制限の趣旨から公園，広場の日照を確保しようとするものである。

第1項第2号は，敷地の地盤面が北側の隣地の地盤面（建築物がない場合は平均地表面）より著しく低い場合の原則的な緩和規定であり，図7―46のとおりである。

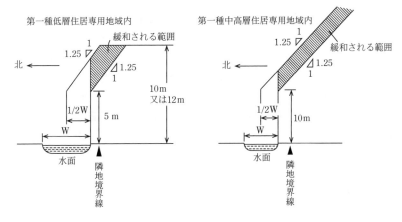

図7―45　北側斜線制限の緩和

第7章 都市計画区域等における建築物の敷地，構造，建築設備及び用途

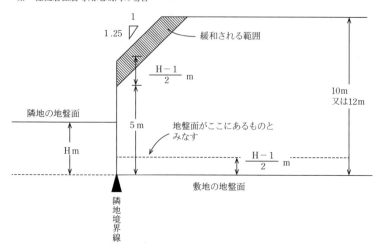

図7-46 敷地の地盤面が北側隣地より著しく低い場合

　なお，第2号中，北側の隣地にかっこ書があるのは，建築基準法上にいう隣地とは敷地相互が接している場合に用いられているので，北側の前面道路の反対側の土地を隣接地と定義づけ，本規定中においては隣地と同じにみたものである。

　また，地盤面のかっこ書は，前条第1項第2号のかっこ書と同趣旨のものである。地形の特殊性により本号の規定をそのまま適用することが著しく不適当な場合には，特定行政庁は規則で別の定めをすることができる旨，第2項に規定されている。

　第1項第3号は，前条第1項第3号と同趣旨のものである。

　北側に道路がある場合でも，図7-47のような場合には，北側斜線制限のほうが有効である。

　図7-48でA方向には道路斜線と北側斜線が働くが，A方向の面は令第132条の規定による2以上の前面道路がある場合の道路斜線緩和を受けるため，立ち上がり10m，勾配1.25という第一種中高層住居専用地域に関する北側斜線制限のほうがかかることになる。

238

第5節 形態規制等

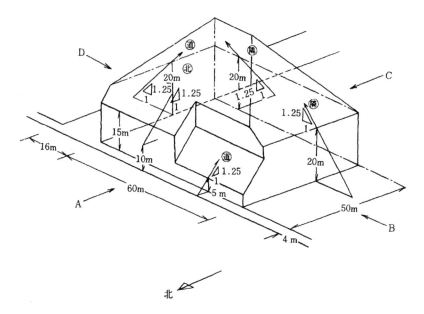

図7-47 (第二種中高層住居専用地域内)
(道路斜線制限の適用距離は考慮していない。)

第7章 都市計画区域等における建築物の敷地，構造，建築設備及び用途

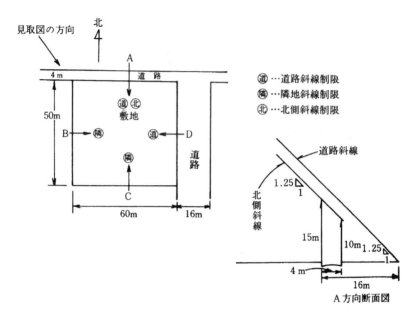

図7－48 第一種中高層住居専用地域内

〔2以上の用途地域等にわたる場合〕

　法第56条第5項は斜線制限の異なる地域，地区又は区域の2以上にわたる場合においては，各々の地域，地区又は区域内に存する建築物の各部分は当該各地域，地区又は地域の制限にそれぞれ従う旨の規定である。

　例えば，簡単な場合から説明すると，第一種低層住居専用地域と第一種中高層住居専用地域にわたる敷地がある場合（ただし，当該第一種中高層住居専用地域は日影規制の対象区域に定められていないために，北側斜線制限がかかる地域であると仮定する。）には，図7－49のように，各地域に属する部分ごとに当該地域の北側斜線を適用する。

　また，道路斜線・隣地斜線のかかる場合にも同様であって，例えば，図7－50のように第一種住居地域と近隣商業地域にわたる場合の敷地においては，用途地域の境界で制限内容が異なってくる。

　なお，このような各地域，地区又は区域に属する部分ごとに当該地域，地区又は区域の斜線制限を適用する「部分主義」は法第56条第6項の規定による緩和措置（令第131条～第135条の4）の場合にも同様である。

第5節　形態規制等

〔天空率（法第56条第7項）〕
　天空率についての規定である。道路斜線制限，隣地斜線制限，北側斜線制限は，市街地における採光，通風等を確保することを主な目的としているが，平成14年改正により，この採光，通風等を天空率により評価できることとし，建築しようとする建築物（「以下「計画建築物」という。）の天空率が，通常の道路斜線制限，隣地斜線制限又は北側斜線制限に適合する各々の建築物における天空率以上である場合には，当該計画建築物について，それぞれ通常の斜線制限を適用しないこととし，道路斜線制限は第7項第1号，隣地斜線制限は同項第2号，北側斜線制限は同項第3号のそれぞれの規定により別個に適用除外することができることとしている。
　なお，日影規制（法第56条の2），高度地区（法第58条）は，天空率による適用除外の対象とはならない（図7-51）。

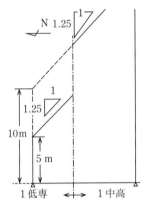

図7-49　住居系2地域にわたる場合の北側斜線の取扱い

241

第7章 都市計画区域等における建築物の敷地，構造，建築設備及び用途

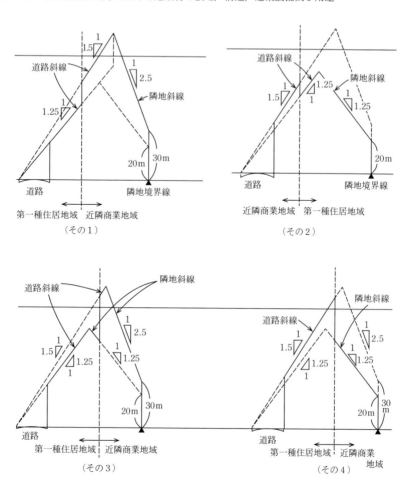

(道路斜線制限の適用距離は考慮していない。)

図7-50 第一種住居地域と近隣商業地域にわたる敷地

第5節　形態規制等

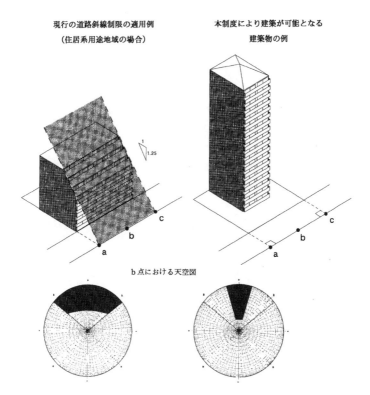

図7-51　道路高さ制限の合理化のイメージ*

（天空率）
令第135条の5　この章において「天空率」とは，次の式によつて計算した数値をいう。

　　Rs＝（As－Ab）／As

　　（この式において，Rs，As及びAbは，それぞれ次の数値を表すものとする。

　　　Rs　天空率
　　　As　地上のある位置を中心としてその水平面上に想定する半球（以下この章において「想定半球」という。）の水平投影面積
　　　Ab　建築物及びその敷地の地盤をAsの想定半球と同一の想定半球に

243

第7章　都市計画区域等における建築物の敷地，構造，建築設備及び用途

> 投影した投影面の水平投影面積）
> （平14政331・追加）

　天空率の定義に関する規定である。天空率を図示すると図7－52のとおりである。

　天空率の算定に当たっては，以下の点に留意が必要である。

① 　想定半球に投影した建築物等の投影面を水平面上に投影させる，いわゆる正射影方式により天空率を算定すること（図7－53）

② 　天空率の算定位置が建築物の敷地の地盤面よりも低い場合には建築物の敷地の地盤も含めて天空率を算定すること（図7－54）

③ 　隣地の既存建築物は考慮しないこと

　採光，通風等の程度の指標である天空率については，以下の通り規定されている。

　　　Rs＝（As－Ab）／As

　Rs：天空率

　As：想定半球（地上のある位置を中心としてその水平面上に想定する半球をいう。以下同じ。）の水平投影面積

　Ab：建築物及びその敷地の地盤をAsと同一の想定半球に投影した投影面の水平投影面積

　　　天空率（％）＝（As－Ab）／As×100

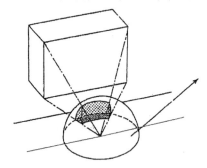

円の面積をAs、▨の面積をAbとする

図7－52　天空率の定義*

244

第 5 節　形態規制等

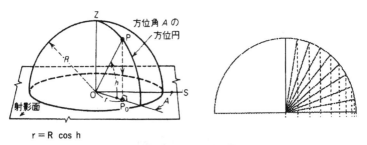

$r = R \cos h$

図 7－53　正射影*

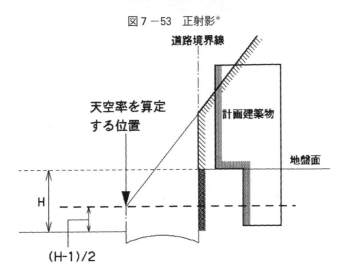

図 7－54　敷地に高さの差がある場合*

245

第7章　都市計画区域等における建築物の敷地，構造，建築設備及び用途

　　（前面道路との関係についての建築物の各部分の高さの制限を適用しない建
　　築物の基準等）
令第135条の6　法第56条第7項の政令で定める基準で同項第1号に掲げる規
　　定を適用しない建築物に係るものは，次のとおりとする。
　　一　当該建築物（法第56条第7項第1号に掲げる規定による高さの制限（以
　　　　下この章において「道路高さ制限」という。）が適用される範囲内の部分
　　　　に限る。）の第135条の9に定める位置を想定半球の中心として算定する天
　　　　空率が，当該建築物と同一の敷地内において道路高さ制限に適合するもの
　　　　として想定する建築物（道路高さ制限が適用される範囲内の部分に限り，
　　　　階段室，昇降機塔，装飾塔，物見塔，屋窓その他これらに類する建築物の
　　　　屋上部分でその水平投影面積の合計が建築物の建築面積の8分の1以内の
　　　　ものの頂部から12メートル以内の部分（以下この章において「階段室等」
　　　　という。）及び棟飾，防火壁の屋上突出部その他これらに類する屋上突出
　　　　物（以下この章において「棟飾等」という。）を除く。以下この章におい
　　　　て「道路高さ制限適合建築物」という。）の当該位置を想定半球の中心と
　　　　して算定する天空率以上であること。
　　二　当該建築物の前面道路の境界線からの後退距離（法第56条第2項に規定
　　　　する後退距離をいう。以下この号において同じ。）が，前号の道路高さ制
　　　　限適合建築物と同一の道路高さ制限適合建築物の前面道路の境界線からの
　　　　後退距離以上であること。
　2　当該建築物の敷地が，道路高さ制限による高さの限度として水平距離に乗
　　　ずべき数値が異なる地域，地区又は区域（以下この章において「道路制限勾
　　　配が異なる地域等」という。）にわたる場合における前項第1号の規定の適
　　　用については，同号中「限る。）」とあるのは「限る。）の道路制限勾配が異
　　　なる地域等ごとの部分」と，「という。）の」とあるのは「という。）の道路
　　　制限勾配が異なる地域等ごとの部分の」とする。
　3　当該建築物の前面道路が2以上ある場合における第1項第1号の規定の適
　　　用については，同号中「限る。）」とあるのは「限る。）の第132条又は第134
　　　条第2項に規定する区域ごとの部分」と，「という。）の」とあるのは「とい
　　　う。）の第132条又は第134条第2項に規定する区域ごとの部分の」とする。

　　　　　（平14政331・追加，平15政523・一部改正）

第5節　形態規制等

　道路斜線制限を適用しない建築物の基準に関する規定である。
　第1項で，道路斜線制限に適合する建築物（以下「道路斜線制限適合建築物」という。）の天空率及び計画建築物の天空率を，法第56条第7項第1号及び令第135条の9に定める位置においてそれぞれ算定・比較し，当該位置のすべてにおいて計画建築物の天空率が道路斜線制限適合建築物の天空率以上となること（第1号）（図7-55），計画建築物の前面道路との境界線からの後退距離（法第56条第2項に規定する後退距離をいう。）は，道路斜線制限適合建築物の前面道路の境界線からの後退距離以上であること（第2号）（図7-56）と，適用除外となる建築物の原則を規定している。

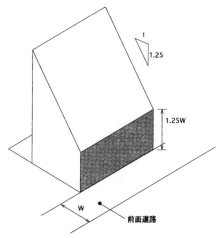

図7-55　道路高さ制限適合建築物のイメージ（住居系用途地域の場合）[*]

第7章 都市計画区域等における建築物の敷地，構造，建築設備及び用途

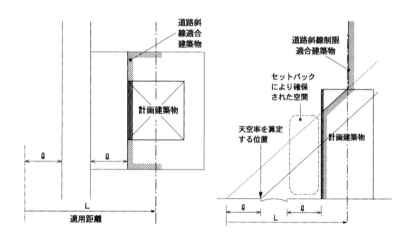

図7－56 境界線からの後退距離*

この基準の適用については以下の点に留意が必要である。

① 計画建築物及び道路斜線制限適合建築物の天空率については，それぞれ道路斜線制限の適用距離の範囲内の部分に限って算定されるものであること（図7－57）

　　この際，計画建築物及び道路斜線制限適合建築物がセットバックしている場合には，当該建築物に対する道路斜線制限の適用距離は，法第56条第2項及び第4項の規定による適用距離となること

② 道路斜線制限適合建築物の天空率については，令第2条第1項第6号ロの規定により建築物の高さに算入しないとされている階段室，昇降機塔，装飾塔，物見塔，屋窓等の水平投影面積の合計が建築面積の8分の1以内であって，かつその部分の高さが12m以内であるもの（以下「階段室等」）を除いた部分について算定することとしているが，計画建築物の天空率についてはこれらを含めて算定するものであること（図7－58）

③ 道路斜線制限適合建築物の天空率については，令第2条第1項第6号ハの規定により建築物の高さに算入しないとされている棟飾，防火壁の屋上突出部等を除いた部分について算定することとしているが，②と同様に，計画建築物の天空率についてはこれらを含めて算定するものであること

④ 建築物の敷地が，道路斜線制限による高さの限度として水平距離に乗ずべき数値（以下「道路制限勾配」という。）が異なる地域，地区又は区域（以下「道路

制限勾配が異なる地域等」という。）にわたる場合には，道路制限勾配が異なる地域等ごとの計画建築物及び道路斜線制限適合建築物の部分について，それぞれ天空率を算定・比較すること（第2項）

具体的には以下の場合においてそれぞれ道路制限勾配が異なる地域等ごとに区分し，それぞれ天空率を算定・比較すること。なお，用途地域等が異なっていても，道路制限勾配が同一である場合には敷地を区分して算定・比較する必要はない。

　イ　法別表第3(に)欄に掲げる数値が異なる地域，地区又は区域にわたる場合（図7-59）
　ロ　法第56条第3項又は第4項の規定により水平距離に乗ずべき数値が異なる区域に存する場合（図7-60）
⑤　建築物の前面道路が2以上ある場合には，令第132条又は令第134条第2項の規定により区分される敷地の区域ごとの計画建築物及び道路斜線制限適合建築物の部分で天空率を算定・比較すること。この場合に，各々の前面道路ごとにその面する方向における道路斜線制限適合建築物を想定すること。また，一部の前面道路についてのみ道路斜線制限を適用除外とすることはできないこと（第3項）（図7-61）

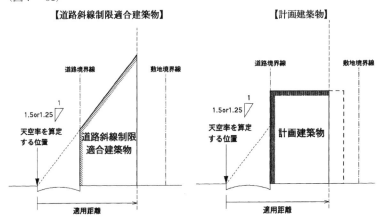

図7-57　留意点①*

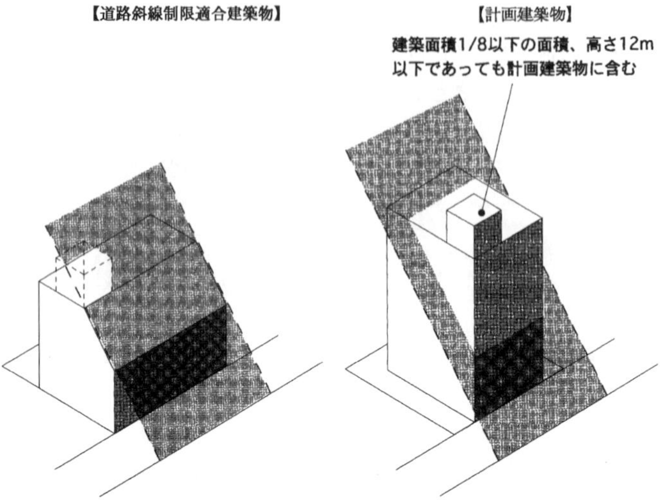

第 7 章　都市計画区域等における建築物の敷地，構造，建築設備及び用途

【道路斜線制限適合建築物】　　　　　　　　　　　　　【計画建築物】

建築面積1/8以下の面積、高さ12m
以下であっても計画建築物に含む

図 7 － 58　留意点②*

第5節 形態規制等

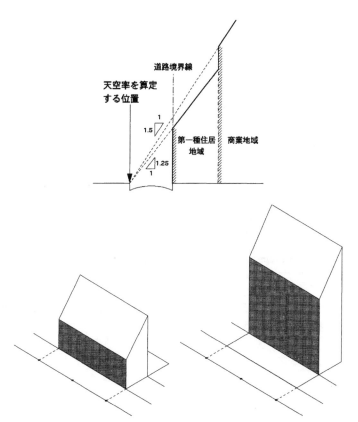

図7-59 法別表第3(に)欄に掲げる数値が異なる地域,地区又は区域にわたる場合*

第7章 都市計画区域等における建築物の敷地，構造，建築設備及び用途

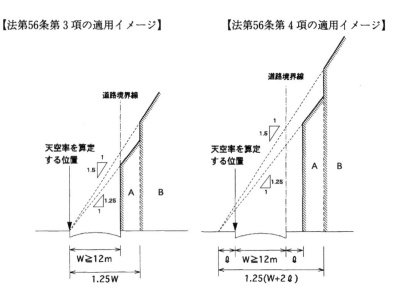

図7−60 法第56条第3項又は第4項の規定により水平距離に乗ずべき数値が異なる区域に存する場合*

第5節　形態規制等

●令第132条第1項の適用関係のイメージ

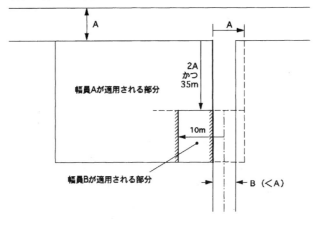

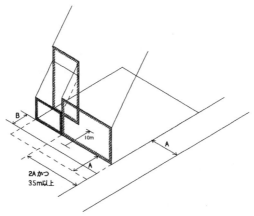

図7-61　2以上の前面道路がある場合*

（隣地との関係についての建築物の各部分の高さの制限を適用しない建築物の基準等）

令第135条の7　法第56条第7項の政令で定める基準で同項第2号に掲げる規定を適用しない建築物に係るものは，次のとおりとする。
　一　当該建築物（法第56条第7項第2号に掲げる規定による高さの制限（以下この章において「隣地高さ制限」という。）が適用される地域，地区又

253

第 7 章　都市計画区域等における建築物の敷地，構造，建築設備及び用途

は区域内の部分に限る。）の第135条の10に定める位置を想定半球の中心として算定する天空率が，当該建築物と同一の敷地内の同一の地盤面において隣地高さ制限に適合するものとして想定する建築物（隣地高さ制限が適用される地域，地区又は区域内の部分に限り，階段室等及び棟飾等を除く。以下この章において「隣地高さ制限適合建築物」という。）の当該位置を想定半球の中心として算定する天空率以上であること。

二　当該建築物（法第56条第1項第2号イ又はニに定める数値が1.25とされている建築物にあつては高さが20メートルを，同号イからニまでに定める数値が2.5とされている建築物にあつては高さが31メートルを超える部分に限る。）の隣地境界線からの後退距離（同号に規定する水平距離のうち最小のものに相当する距離をいう。以下この号において同じ。）が，前号の隣地高さ制限適合建築物と同一の隣地高さ制限適合建築物（同項第2号イ又はニに定める数値が1.25とされている隣地高さ制限適合建築物にあつては高さが20メートルを，同号イからニまでに定める数値が2.5とされている隣地高さ制限適合建築物にあつては高さが31メートルを超える部分に限る。）の隣地境界線からの後退距離以上であること。

2　当該建築物の敷地が，隣地高さ制限による高さの限度として水平距離に乗ずべき数値が異なる地域，地区又は区域（以下この章において「隣地制限勾配が異なる地域等」という。）にわたる場合における前項第1号の規定の適用については，同号中「限る。）」とあるのは「限る。）の隣地制限勾配が異なる地域等ごとの部分」と，「という。）の」とあるのは「という。）の隣地制限勾配が異なる地域等ごとの部分の」とする。

3　当該建築物が周囲の地面と接する位置の高低差が3メートルを超える場合における第1項第1号の規定の適用については，同号中「限る。）」とあるのは「限る。）の周囲の地面と接する位置の高低差が3メートル以内となるようにその敷地を区分した区域（以下この章において「高低差区分区域」という。）ごとの部分」と，「地盤面」とあるのは「高低差区分区域ごとの地盤面」と，「という。）の」とあるのは「という。）の高低差区分区域ごとの部分の」とする。

　　　　（平14政331・追加）

隣地斜線制限を適用しない建築物の基準に関する規定である。

254

第5節　形態規制等

　隣地斜線制限に適合する建築物（以下「隣地斜線制限適合建築物という。）の天空率及び計画建築物の天空率を，法第56条第7項第2号及び令第135条の10に定める位置においてそれぞれ算定・比較し，当該位置のすべてにおいて計画建築物の天空率が隣地斜線制限適合建築物の天空率以上となること，また，計画建築物（隣地斜線制限の立上げ高さを超える部分に限る。）の隣地境界線からの後退距離（法第56条第1項第2号に規定する水平距離のうち最小のものに相当する距離をいう。以下同じ。）は，隣地斜線制限適合建築物（隣地斜線制限の立上げ高さを超える部分に限る。）の当該基準線からの後退距離以上とすることと，隣地斜線制限の適用を受けない建築物について，道路斜線制限と同様の基準を規定している（図7－62，7－63）。

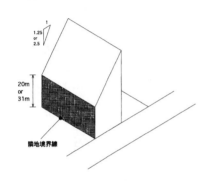

図7－62　隣地高さ制限適合建築物のイメージ*　　　図7－63　隣地境界線からの後退距離*

　本基準の適用の詳細等については，道路斜線制限と同様，以下の点について留意が必要である。
① 計画建築物及び隣地斜線制限適合建築物の天空率については，それぞれ法第56条第1項第2号かっこ書の区域外の部分に限って算定・比較するものであること。
② 隣地斜線制限適合建築物の天空率については，令第2条第1項第6号ロの規定により建築物の高さに算入しないとされている階段室，昇降機塔，装飾塔，物見塔，屋窓等の水平投影面積の合計が建築面積の8分の1以内であって，かつその部分の高さが12m以内であるもの（以下「階段室等」という。）を除いた部分について算定することとしているが，計画建築物の天空率についてはこれらを含め

255

第7章　都市計画区域等における建築物の敷地，構造，建築設備及び用途

て算定するものであること。

③　隣地斜線制限適合建築物の天空率については，令第2条第1項第6号ハの規定により建築物の高さに算入しないとされている棟飾，防火壁の屋上突出部等を除いた部分について算定することとしているが，②と同様に，計画建築物の天空率についてはこれらを含めて算定するものであること。

④　隣地斜線制限適合建築物を想定する際には，当該建築物の地盤面を計画建築物の地盤面と同一となるように想定すること。さらに，計画建築物が周囲の地面と接する位置の高低差が3mを超える場合には，計画建築物が周囲の地面と接する位置の高低差が3m以内となるようにその敷地を区分した区域（以下「高低差区分区域」という。）を想定した上で，高低差区分区域ごとの隣地斜線制限適合建築物の部分について，周囲の地面と接する位置の高低差が3m以内であり，かつ高低差区分区域の地盤面と同一となるよう想定すること。

　ア　計画建築物が周囲の地面と接する位置の高低差が3mを超える場合は，接する位置の高低差が3m以内となるように敷地を区分する（図7―64）。

　イ　隣地斜線制限適合建築物は敷地が区分された区域ごとに，計画建築物の地盤面と同一の地盤面となるよう隣地斜線制限適合建築物を想定する（図7―65）。

　ウ　隣地斜線制限適合建築物と計画建築物の各々を区分された区域ごとに建築物の部分に分けて天空率の算定・比較を行う（図7―66）。

⑤　法第56条第1項第2号に掲げる隣地境界線からの水平距離に乗ずべき数値（以下「隣地制限勾配」という。）が異なる地域，地区又は区域（以下「隣地制限勾配が異なる地域等」という。）にわたる場合には，隣地制限勾配が異なる地域等ごとの計画建築物及び隣地斜線制限適合建築物の部分について，それぞれ天空率を算定・比較すること。

⑥　計画建築物が周囲の地面と接する位置の高低差が3mを超える場合には，高低差区分区域ごとの計画建築物及び隣地斜線制限適合建築物の部分について天空率を算定・比較すること。

⑦　隣地境界線が2以上ある場合には，各々の隣地境界線ごとにその面する方向における隣地斜線制限適合建築物を想定すること。この場合に，一部の隣地境界線についてのみ隣地斜線制限を適用除外とすることはできないこと。

256

第 5 節　形態規制等

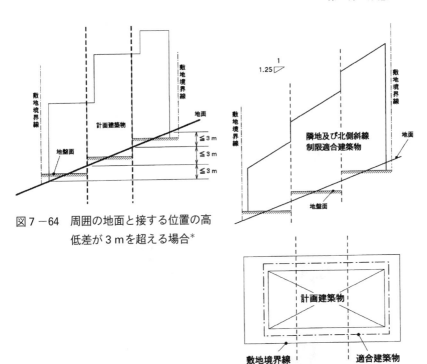

図 7－64　周囲の地面と接する位置の高低差が 3 m を超える場合*

図 7－65　区分された区域ごとに想定*

257

第7章　都市計画区域等における建築物の敷地，構造，建築設備及び用途

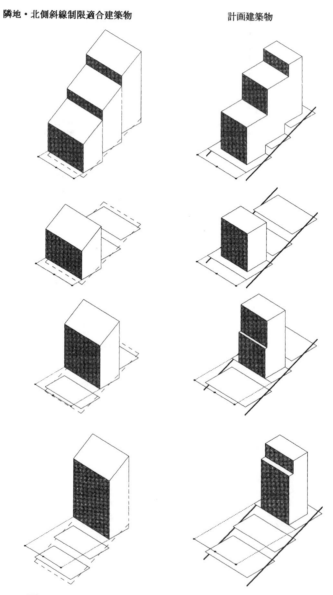

図7−66　区分された区域ごとの天空率の算定・比較*

第5節　形態規制等

> （北側の隣地との関係についての建築物の各部分の高さの制限を適用しない
> 建築物の基準等）
>
> **令第135条の8**　法第56条第7項の政令で定める基準で同項第3号に掲げる規
> 定を適用しない建築物に係るものは，当該建築物（同号に掲げる規定による
> 高さの制限（以下この章において「北側高さ制限」という。）が適用される
> 地域内の部分に限る。）の第135条の11に定める位置を想定半球の中心として
> 算定する天空率が，当該建築物と同一の敷地内の同一の地盤面において北側
> 高さ制限に適合するものとして想定する建築物（北側高さ制限が適用される
> 地域内の部分に限り，棟飾等を除く。）の当該位置を想定半球の中心として
> 算定する天空率以上であることとする。
>
> 2　当該建築物の敷地が，北側高さ制限による高さの限度として加える高さが
> 異なる地域（以下この章において「北側制限高さが異なる地域」という。）
> にわたる場合における前項の規定の適用については，同項中「限る。）」とあ
> るのは「限る。）の北側制限高さが異なる地域ごとの部分」と，「除く。）」と
> あるのは「除く。）の北側制限高さが異なる地域ごとの部分」とする。
>
> 3　当該建築物が周囲の地面と接する位置の高低差が3メートルを超える場合
> における第1項の規定の適用については，同項中「限る。）」とあるのは「限
> る。）の高低差区分区域ごとの部分」と，「地盤面」とあるのは「高低差区分
> 区域ごとの地盤面」と，「除く。）」とあるのは「除く。）の高低差区分区域ご
> との部分」とする。
>
> 　　（平14政331・追加）

　北側斜線制限を適用しない建築物の基準についての規定である。

　北側斜線制限に適合する建築物（以下「北側斜線制限適合建築物」という。）の
天空率及び計画建築物の天空率を，法第56条第7項第3号及び令第135条の11に定
める位置においてそれぞれ算定・比較し，当該位置のすべてにおいて計画建築物の
天空率が北側斜線制限適合建築物の天空率以上となることを規定している。この場
合，北側斜線制限は真北方向に適用されるものであることから，隣地境界線へ面す
る方向に高さが制限される建築物は必ずしも北側斜線制限適合建築物とはなら
ず，2以上の隣地境界線から制限されることもあり得ることに注意が必要である
（図7－67）。

259

第7章　都市計画区域等における建築物の敷地，構造，建築設備及び用途

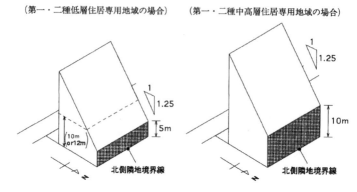

図7－67　北側高さ制限適合建築物のイメージ*

本基準の適用の詳細等については，以下の点に留意が必要である。
① 　計画建築物及び北側斜線制限適合建築物の天空率については，北側斜線制限が適用される部分に限って算定・比較するものであること。
② 　北側斜線制限適合建築物の天空率については，令第2条第1項第6号ハの規定により建築物の高さに算入しないとされている棟飾，防火壁の屋上突出部等を除いた部分について算定することとしているが，計画建築物の天空率についてはこれらを含めて算定するものであること。
③ 　北側斜線制限適合建築物を想定する際には，当該建築物の地盤面を計画建築物の地盤面と同一となるように想定すること。さらに，計画建築物が周囲の地面と接する位置の高低差が3mを超える場合には，計画建築物が周囲の地面と接する位置の高低差が3m以内となるようにその敷地を区分した区域（以下「高低差区分区域」という。）を想定した上で，高低差区分区域ごとの北側斜線制限適合建築物の部分について，周囲の地面と接する位置の高低差が3m以内であり，かつ高低差区分区域の地盤面と同一となるよう想定すること。
④ 　計画建築物が周囲の地面と接する位置の高低差が3mを超える場合には，高低差区分区域ごとの計画建築物及び北側斜線制限適合建築物の部分について天空率を算定・比較すること。
⑤ 　法第56条第1項第3号に掲げる高さの制限として加える高さ（以下「北側立上げ高さ」という。）が異なる地域にわたる場合には，北側立上げ高さが異なる地域等ごとの計画建築物及び北側斜線制限適合建築物の部分について，それぞれ天空率を算定・比較すること。

第 5 節　形態規制等

（法第56条第 7 項第 1 号の政令で定める位置）

令第135条の 9　法第56条第 7 項第 1 号の政令で定める位置は，前面道路の路面の中心の高さにある次に掲げる位置とする。

一　当該建築物の敷地（道路高さ制限が適用される範囲内の部分に限る。）の前面道路に面する部分の両端から最も近い当該前面道路の反対側の境界線上の位置

二　前号の位置の間の境界線の延長が当該前面道路の幅員の 2 分の 1 を超えるときは，当該位置の間の境界線上に当該前面道路の幅員の 2 分の 1 以内の間隔で均等に配置した位置

2　当該建築物の敷地が道路制限勾配が異なる地域等にわたる場合における前項の規定の適用については，同項第 1 号中「限る。）」とあるのは，「限る。）の道路制限勾配が異なる地域等ごと」とする。

3　当該建築物の前面道路が 2 以上ある場合における第 1 項の規定の適用については，同項第 1 号中「限る。）」とあるのは，「限る。）の第132条又は第134条第 2 項に規定する区域ごと」とする。

4　当該建築物の敷地の地盤面が前面道路の路面の中心の高さより 1 メートル以上高い場合においては，第 1 項に規定する前面道路の路面の中心は，当該高低差から 1 メートルを減じたものの 2 分の 1 だけ高い位置にあるものとみなす。

5　第135条の 2 第 2 項の規則で前面道路の位置の高さが別に定められている場合にあつては，前項の規定にかかわらず，当該高さを第 1 項に規定する前面道路の路面の中心の高さとみなす。

（平14政331・追加）

道路斜線制限に関する天空率の算定位置に関する規定である。

天空率の算定位置は，前面道路の路面の中心の高さにある，計画建築物の敷地（道路斜線制限が適用される範囲内の部分に限る。）の前面道路に面する部分の両端からもっとも近い当該前面道路の反対側の境界線上の位置であり，当該位置間の長さが当該前面道路の幅員の 2 分の 1 を超える場合にあっては，当該位置の間の境界線上に当該前面道路の幅員の 2 分の 1 以内の間隔で均等に配置した位置であることとしている（図 7 ―68）。

261

第7章　都市計画区域等における建築物の敷地，構造，建築設備及び用途

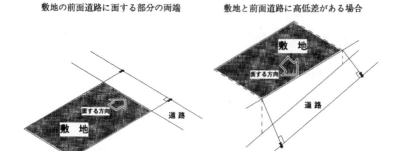

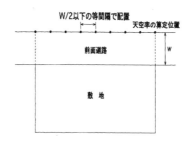

図7－68　天空率の算定位置*

天空率の算定位置の配置については，以下の点に留意が必要である。
① 計画建築物が前面道路の境界線から後退して計画される場合においても，天空率の算定位置は当該境界線上であること
② 建築物の敷地が道路斜線勾配の異なる地域等にわたる場合においては，建築物の敷地を道路斜線勾配の異なる地域等ごとの部分に分け，当該部分について令第135条の9第1項の規定を適用して各々天空率の算定位置を定めること。
③ 道路斜線制限において前面道路が2以上ある建築物についての天空率の算定位置は，令第135条の6第3項で規定される区域ごとに，建築物の敷地の当該区域について令第135条の9第1項の規定を適用すること。なお，この場合の天空率の算定位置は当該前面道路の反対側の境界線上に配置するものであって，令第132条又は第134条の規定によりみなされる前面道路の反対側の境界線上に配置するものではないこと。

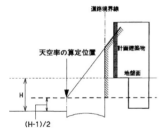

図7-69 天空率の算定位置*

④ 建築物の敷地の地盤面が前面道路の路面の中心高さより1m以上高い場合においては、天空率の算定位置の高さは、当該高低差から1mを減じたものの2分の1だけ高い位置にあるものとみなすこと。また、令第135条の2第2項の規則で前面道路の位置の高さが別に定められている場合にあっては、当該高さを天空率の算定位置の高さとみなすこと（図7-69）。

（法第56条第7項第2号の政令で定める位置）

令第135条の10 法第56条第7項第2号の政令で定める位置は、当該建築物の敷地の地盤面の高さにある次に掲げる位置とする。

一 法第56条第7項第2号に規定する外側の線（以下この条において「基準線」という。）の当該建築物の敷地（隣地高さ制限が適用される地域、地区又は区域内の部分に限る。）に面する部分の両端上の位置

二 前号の位置の間の基準線の延長が、法第56条第1項第2号イ又はニに定める数値が1.25とされている建築物にあつては8メートル、同号イからニまでに定める数値が2.5とされている建築物にあつては6.2メートルを超えるときは、当該位置の間の基準線上に、同号イ又はニに定める数値が1.25とされている建築物にあつては8メートル、同号イからニまでに定める数値が2.5とされている建築物にあつては6.2メートル以内の間隔で均等に配置した位置

2 当該建築物の敷地が隣地制限勾配が異なる地域等にわたる場合における前項の規定の適用については、同項第1号中「限る。）」とあるのは、「限る。）の隣地制限勾配が異なる地域等ごとの部分」とする。

3 当該建築物が周囲の地面と接する位置の高低差が3メートルを超える場合における第1項の規定の適用については、同項中「地盤面」とあるのは「高低差区分区域ごとの地盤面」と、同項第1号中「限る。）」とあるのは「限る。）の高低差区分区域ごとの部分」とする。

4 当該建築物の敷地の地盤面が隣地の地盤面（隣地に建築物がない場合においては、当該隣地の平均地表面をいう。）より1メートル以上低い場合においては、第1項に規定する当該建築物の敷地の地盤面は、当該高低差から1

第7章 都市計画区域等における建築物の敷地，構造，建築設備及び用途

> メートルを減じたものの2分の1だけ高い位置にあるものとみなす。
> 5　第135条の3第2項の規則で建築物の敷地の地盤面の位置の高さが別に定められている場合にあつては，前項の規定にかかわらず，当該高さを第1項に規定する当該建築物の敷地の地盤面の高さとみなす。
> 　　（平14政331・追加）

　隣地斜線制限に関する天空率の算定位置に関する規定である。
　天空率の算定位置は，建築物の敷地の地盤面の高さにある，隣地制限勾配が1.25とされている区域内の建築物にあっては隣地境界線から16mだけ外側の線の，隣地制限勾配が2.5とされている区域内の建築物にあっては隣地境界線から12.4mだけ外側の線の，計画建築物（隣地斜線制限が適用される地域，地区又は区域内にある部分に限る。）の敷地に面する部分の両端上の位置であり，当該位置の間の法第56条第7項第2号に規定する外側の線（以下「隣地基準線」という。）の延長が，隣地制限勾配が1.25とされている場合には8m又は隣地制限勾配が2.5とされている場合には6.2mを超える場合にあっては，当該位置の間の隣地基準線上にそれぞれ8m又は6.2m以内の間隔で均等に配置した位置であることとしている（図7－70）。

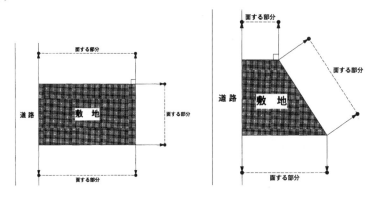

図7－70　天空率の算定*

　天空率の算定位置の配置については，以下の点に留意が必要である。
① 　隣地制限勾配が1.25とされている建築物で高さが20mを超える部分又は隣地制限勾配が2.5とされている建築物で高さが31mを超える部分が隣地境界線から後

退して計画される場合においても，天空率の算定位置は隣地基準線上であること。

② 建築物の敷地が隣地制限勾配が異なる地域等にわたる場合には，建築物の敷地を隣地制限勾配の異なる地域等ごとの部分に分け，当該部分について令第135条の10第1項の規定を適用して，各々天空率の算定位置を配置すること（図7－71）。

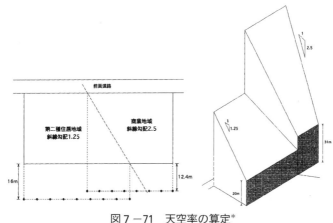

図7－71 天空率の算定*

③ 令第135条の3第1項第1号の規定が適用される場合の天空率の算定位置は，隣地基準線上に配置することとされており，同号の規定によりみなされる隣地境界線の16m又は12.4mだけ外側の線上に配置するのではないこと。

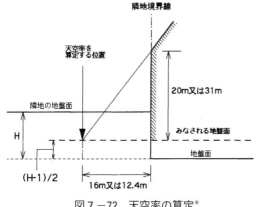

図7－72 天空率の算定*

④ 計画建築物が周囲の地面と接する位置の高低差が3mを超える場合においては，高低差区分区域ごとの敷地の部分に面する基準線上に天空率の算定位置を配置すること。

⑤ 建築物の敷地の地盤面が隣地の地盤面より1m以上

第 7 章　都市計画区域等における建築物の敷地，構造，建築設備及び用途

低い場合においては，天空率の算定位置の高さは，当該高低差から１ｍを減じた
ものの２分の１だけ高い位置にあるものとみなすこと。また，令第135条の３第
２項の規則で建築物の敷地の地盤面の位置の高さが別に定められている場合に
あっては，当該高さを天空率の算定位置の高さとみなすこと（図７−72）。

（法第56条第７項第３号の政令で定める位置）

令第135条の11　法第56条第７項第３号の政令で定める位置は，当該建築物の
　敷地の地盤面の高さにある次に掲げる位置とする。

　一　当該建築物の敷地（北側高さ制限が適用される地域内の部分に限る。）
　　の真北に面する部分の両端から真北方向の法第56条第７項第３号に規定す
　　る外側の線（以下この条において「基準線」という。）上の位置

　二　前号の位置の間の基準線の延長が，第一種低層住居専用地域，第二種低
　　層住居専用地域又は田園住居地域内の建築物にあつては１メートル，第一
　　種中高層住居専用地域又は第二種中高層住居専用地域内の建築物にあつて
　　は２メートルを超えるときは，当該位置の間の基準線上に，第一種低層住
　　居専用地域，第二種低層住居専用地域又は田園住居地域内の建築物にあつ
　　ては１メートル，第一種中高層住居専用地域又は第二種中高層住居専用地
　　域内の建築物にあつては２メートル以内の間隔で均等に配置した位置

　2　当該建築物の敷地が北側制限高さが異なる地域にわたる場合における前項
　　の規定の適用については，同項第１号中「限る。）」とあるのは，「限る。）の
　　北側制限高さが異なる地域ごと」とする。

　3　当該建築物が周囲の地面と接する位置の高低差が３メートルを超える場合
　　における第１項の規定の適用については，同項中「地盤面」とあるのは「高
　　低差区分区域ごとの地盤面」と，同項第１号中「限る。）」とあるのは「限
　　る。）の高低差区分区域ごと」とする。

　4　当該建築物の敷地の地盤面が北側の隣地の地盤面（隣地に建築物がない場
　　合においては，当該隣地の平均地表面をいう。）より１メートル以上低い場
　　合においては，第１項に規定する当該建築物の敷地の地盤面は，当該高低差
　　から１メートルを減じたものの２分の１だけ高い位置にあるものとみなす。

　5　第135条の４第２項の規則で建築物の敷地の地盤面の位置の高さが別に定
　　められている場合にあつては，前項の規定にかかわらず，当該高さを第１項
　　に規定する当該建築物の敷地の地盤面の高さとみなす。

266

第5節　形態規制等

(平14政331・追加，平29政156・一部改正)

　北側斜線制限に関する天空率の算定位置は，計画建築物の敷地の地盤面の高さにある，第一種低層住居専用地域，第二種低層住居専用地域又は田園住居地域内の建築物にあっては敷地境界線から真北方向へ4mだけ外側の線，第一種中高層住居専用地域又は第二種中高層住居専用地域内の建築物にあっては敷地境界線から真北方向へ8mだけ外側の線で，計画建築物の敷地の真北に面する部分の両端上の位置であり，隣地境界線と法第56条第7項第3号に規定する外側の線（以下「北側基準線」という。）の真北方向への水平距離が4m若しくは8mの場合においては，当該位置の間の北側基準線上に，それぞれ1m以内又は2m以内の間隔で均等に配置した位置であることとしている（図7-73）。

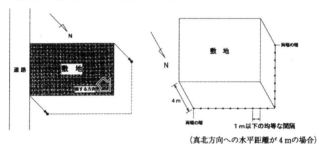

図7-73　天空率の算定*

算定位置の配置については，以下の点に留意が必要である。
①　北側立上げ高さが異なる地域にわたる場合には，建築物の敷地を北側立上げ高さの異なる地域ごとの建築物の敷地の部分に分け，当該部分について令第135条の11第1項の規定を適用して，各々天空率の算定位置を配置すること。
②　令第135条の4第1項第1号の規定が適用される場合の天空率の算定位置は，北側基準線上に配置することとされており，同号の規定によりみなされる隣地境界線の真北方向への水平距離が4m又は8mだけ外側の線上に配置するのではないこと。
③　計画建築物が周囲の地面と接する位置の高低差が3mを超える場合においては，高低差区分区域ごとの敷地の部分の真北方向へ面する北側基準線上に天空率の算定位置を配置すること。
④　建築物の敷地の地盤面が隣地の地盤面より1m以上低い場合においては，天空

267

第7章 都市計画区域等における建築物の敷地，構造，建築設備及び用途

率の算定位置の高さは，当該高低差から1mを減じたものの2分の1だけ高い位置にあるものとみなすこと。また，令第135条の4第2項の規則で建築物の敷地の地盤面の位置の高さが別に定められている場合にあっては，当該高さを天空率の算定位置の高さとみなすこと（図7-74）。

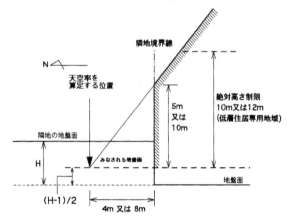

図7-74 天空率の算定*

なお，法第56条第7項の天空率の適用に関しては，以上のほか，以下の点にも留意が必要である。
⑤ 道路斜線制限，隣地斜線制限及び北側斜線制限は，法第56条第7項の規定によりそれぞれ別個に適用除外することができること。
⑥ 日影規制（法第56条の2），高度地区（法第58条）は，本制度による適用除外の対象とならないこと。
⑦ 天空率の算定に当たっては，隣地の既存建築物は考慮しないこと。
⑧ 各斜線制限適合建築物については，容積率制限等他の形態制限は考慮しないこと。
⑨ 法第56条第7項の規定により同条第1項，第2項又は第3項が適用されない建築物については，建築確認申請書へその旨を記載する欄を設けるとともに，建築確認に当たり必要とされる図書を添付することとしていること。

4 日影規制

(日影による中高層の建築物の高さの制限)
法第56条の2 別表第4(い)欄の各項に掲げる地域又は区域の全部又は一部で地

第5節　形態規制等

方公共団体の条例で指定する区域（以下この条において「対象区域」という。）内にある同表(ろ)欄の当該各項（4の項にあつては，同項イ又はロのうちから地方公共団体がその地方の気候及び風土，当該区域の土地利用の状況等を勘案して条例で指定するもの）に掲げる建築物は，冬至日の真太陽時による午前8時から午後4時まで（道の区域内にあつては，午前9時から午後3時まで）の間において，それぞれ，同表(は)欄の各項（4の項にあつては，同項イ又はロ）に掲げる平均地盤面からの高さ（2の項及び3の項にあつては，当該各項に掲げる平均地盤面からの高さのうちから地方公共団体が当該区域の土地利用の状況等を勘案して条例で指定するもの）の水平面（対象区域外の部分，高層住居誘導地区内の部分，都市再生特別地区内の部分及び当該建築物の敷地内の部分を除く。）に，敷地境界線からの水平距離が5メートルを超える範囲において，同表(に)欄の(1)，(2)又は(3)の号（同表の3の項にあつては，(1)又は(2)の号）のうちから地方公共団体がその地方の気候及び風土，土地利用の状況等を勘案して条例で指定する号に掲げる時間以上日影となる部分を生じさせることのないものとしなければならない。ただし，特定行政庁が土地の状況等により周囲の居住環境を害するおそれがないと認めて建築審査会の同意を得て許可した場合又は当該許可を受けた建築物を周囲の居住環境を害するおそれがないものとして政令で定める位置及び規模の範囲内において増築し，改築し，若しくは移転する場合においては，この限りでない。

2　同一の敷地内に2以上の建築物がある場合においては，これらの建築物を一の建築物とみなして，前項の規定を適用する。

3　建築物の敷地が道路，川又は海その他これらに類するものに接する場合，建築物の敷地とこれに接する隣地との高低差が著しい場合その他これらに類する特別の事情がある場合における第1項本文の規定の適用の緩和に関する措置は，政令で定める。

4　対象区域外にある高さが10メートルを超える建築物で，冬至日において，対象区域内の土地に日影を生じさせるものは，当該対象区域内にある建築物とみなして，第1項の規定を適用する。

5　建築物が第1項の規定による日影時間の制限の異なる区域の内外にわたる場合又は建築物が，冬至日において，対象区域のうち当該建築物がある区域外の土地に日影を生じさせる場合における同項の規定の適用に関し必要な事

第7章　都市計画区域等における建築物の敷地，構造，建築設備及び用途

項は，政令で定める。

（昭51法83・追　加，昭62法66・平4法82・平12法73・平14法22・平14法85・
平30法67・一部改正）

法別表第4　日影による中高層の建築物の制限（第56条，第56条の2関
係）（昭51法83・追加，昭62法66・旧別表第3繰下・一部改正，平4法82・平
12法73・平14法85・平29法26・一部改正）

	(い)	(ろ)	(は)	(に)		
	地域又は区域	制限を受ける建築物	平均地盤面からの高さ		敷地境界線からの水平距離が10メートル以内の範囲における日影時間	敷地境界線からの水平距離が10メートルを超える範囲における日影時間
1	第一種低層住居専用地域，第二種低層住居専用地域又は田園住居地域	軒の高さが7メートルを超える建築物又は地階を除く階数が3以上の建築物	1.5メートル	(1)	3時間（道の区域内にあつては，2時間）	2時間（道の区域内にあつては，1.5時間）
				(2)	4時間（道の区域内にあつては，3時間）	2.5時間（道の区域内にあつては，2時間）
				(3)	5時間（道の区域内にあつては，4時間）	3時間（道の区域内にあつては，2.5時間）
2	第一種中高層住居専用地域又は第二種中高層住居専用	高さが10メートルを超える建築物	4メートル又は6.5メートル	(1)	3時間（道の区域内にあつては，2時間）	2時間（道の区域内にあつては，1.5時間）
				(2)	4時間（道の区域内に	2.5時間（道の区域

270

第5節　形態規制等

	地域					あつては，3時間）	内にあつては，2時間）
					(3)	5時間（道の区域内にあつては，4時間）	3時間（道の区域内にあつては，2.5時間）
3	第一種住居地域，第二種住居地域，準住居地域，近隣商業地域又は準工業地域		高さが10メートルを超える建築物	4メートル又は6.5メートル	(1)	4時間（道の区域内にあつては，3時間）	2.5時間（道の区域内にあつては，2時間）
					(2)	5時間（道の区域内にあつては，4時間）	3時間（道の区域内にあつては，2.5時間）
4	用途地域の指定のない区域	イ	軒の高さが7メートルを超える建築物又は地階を除く階数が3以上の建築物	1.5メートル	(1)	3時間（道の区域内にあつては，2時間）	2時間（道の区域内にあつては，1.5時間）
					(2)	4時間（道の区域内にあつては，3時間）	2.5時間（道の区域内にあつては，2時間）
					(3)	5時間（道の区域内にあつては，4時間）	3時間（道の区域内にあつては，2.5時間）
		ロ	高さが10メートルを超える建築物	4メートル	(1)	3時間（道の区域内にあつては，2時間）	2時間（道の区域内にあつては，1.5時間）

第7章　都市計画区域等における建築物の敷地，構造，建築設備及び用途

					(2)	4時間（道の区域内にあつては，3時間）	2.5時間（道の区域内にあつては，2時間）
					(3)	5時間（道の区域内にあつては，4時間）	3時間（道の区域内にあつては，2.5時間）

　この表において，平均地盤面からの高さとは，当該建築物が周囲の地面と接する位置の平均の高さにおける水平面からの高さをいうものとする。

〔日影規制の趣旨〕

　昭和40年代に入って，東京，大阪等の大都市を中心にマンションの建設等による既成市街地の高度利用が進行し，中高層建築物による日照紛争が社会問題化してきた。従来，日照問題は基本的には相隣関係の問題であるととらえられてきたが，日照紛争の増大に対応するため，日照が住環境の重要な要素であるという観点から，住宅地における中高層建築物の建設に伴う日照問題を公法上の問題としてもとらえることとし，一定の建築基準法上の規制を行うこととしたものである。

　日照紛争の増大に対応するため，昭和45年の改正の際，第一種住居専用地域及び第二種住居専用地域については北側斜線制限を新たに設け，さらに第一種住居専用地域については10mの絶対高さ制限を設けた。しかしながら，これらの制限の導入後も日照紛争がさらに増大し，大都市から地方都市にも拡大したこと等を踏まえ，昭和51年の法改正により日影による中高層建築物の高さの制限が設けられた。本制限は，住宅地における居住環境を保護するための公法上の規制として，一定の地域において中高層建築物による一定時間以上の日影を一定範囲内におさめさせ，それら地域における日照等の環境を地域レベルで確保することとしたものである。

〔規制対象区域〕

　住宅地の環境を保護することは都市計画上及び建築行政上重要な公共的目的であり，そのために日照を確保することが必要であるとの観点に立ち，規制対象としうる地域としては，住宅地として良好な住環境を保護すべき市街地，すなわち都市計

第5節　形態規制等

画で定められた用途地域のうち第一種低層住居専用地域から田園住居地域及び住宅の立地が十分に考えられる近隣商業地域及び準工業地域等とするが，これらの地域のうち規制対象となる区域は地方公共団体の条例で定めることとされている。

〔規制対象建築物〕

　中高層建築物による日照阻害は，その影響範囲が大きく，周辺の地域全体にとっての問題としてとらえる必要性があることから，日影規制においては中高層建築物をその対象としている。

　具体的には，第一種中高層住居専用地域から準住居地域，近隣商業地域又は準工業地域については，規制対象となる建築物は高さが10mを超えるものとされ，第一種低層住居専用地域等については，地域全体が低層住宅を中心に構成されていることから，地上階数が3以上のもの，又は軒の高さが7mを超えるものが規制対象とされている（図7−75）。

　なお，対象建築物となるかどうかの基準となる建築物の高さ，軒の高さ，階数は，それぞれ，令第2条第1項に定義されているところによるが，建築物の高さの算定法は，日影規制等の場合はペントハウス等の建築物の屋上部分の投影面積の合計が当該建築物の建築面積の8分の1以内である場合には，その部分は5mまでであれば当該建築物の高さに算入しないこととされている。

　ただし，対象建築物については，ペントハウス等の部分が生じさせる日影も日影時間の測定には当然算定されるものである。

〔規制の基準〕

　建築物の日影の規制にあたっては，日照条件の最も悪い冬至の日における日影を規制することが最も妥当であり，かつ理解しやすいことから冬至日を基準として日影の制限が行われている（図7−76，77）。

　また，各地での太陽の位置は同じ標準時であっても経度によりそれぞれ異なるので，それぞれの土地で太陽が南中する時刻を正午とする真太陽時のもとで測定されることとされている。日影時間の測定は，真太陽時の午前8時から午後4時までの8時間（北海道では午前9時から午後3時までの6時間）について行われる。

　建築物の日影は一定の高さの水平面上を図7−78のように移動するが，日影規制では日影の落ちる水平面上の各点について午前8時から午後4時までの8時間に建築物の日影となっている時間を測定し（例えば図7−78の点Pは午前8時に建築物の日影に入り午前10時に日影から出るためで，ちょうど2時間日影となっている。），同じ時間だけ日影となっている点を結んで一定時間以上日影となる部分を一定の範囲内におさめなければならないとしている。

273

第7章 都市計画区域等における建築物の敷地，構造，建築設備及び用途

建築物の高さの算定

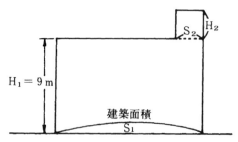

$S_2 \leqq \frac{1}{8} S_1$ であり，かつ，$H_2 \leqq 5m$ であれば，この建築物の高さは9m
ただし，$S_2 > \frac{1}{8} S_1$ であり，かつ，$H_2 > 5m$ であれば，
高さは$H_1 + H_2 - 5$，$S_2 > \frac{1}{8} S$ であれば，高さは$H_1 + H_2$ である。

同一敷地内の建築物の取扱い

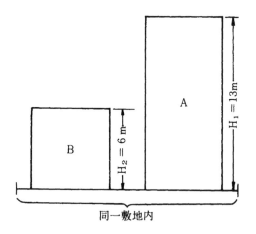

Aが対象建築物であるので，BはたとえH₂＝6mであってもこの敷地内の建築物からの日影時間の算定には当然含まれる。

図7-75 日影規制

第5節　形態規制等

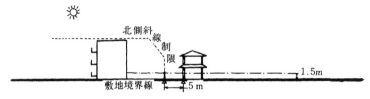

図7-76　第一種低層住居専用地域等*

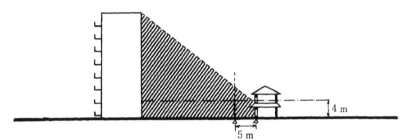

図7-77　第一種中高層住居専用地域等*

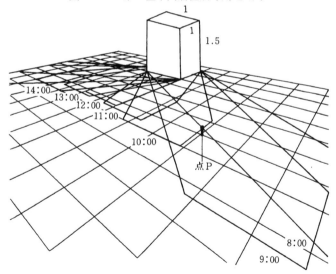

図7-78　冬至日における建築物の日影の移動図（時刻別）

275

第7章　都市計画区域等における建築物の敷地，構造，建築設備及び用途

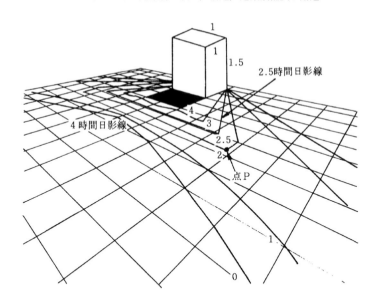

図7－79　同じ時間だけ日影になっている点を結んで作成する等時間日影線図

　具体的には，当該中高層建築物の敷地境界線から水平距離で5mを超え10m以内の範囲及び10mを超える範囲のそれぞれの水平面（水平面の高さは平均地盤面からの高さとして別表第4(は)欄にそれぞれ掲げられている。）上に一定時間以上日影となる部分を生じさせてはならないこととしているが，この日影時間は冬至日の真太陽時による午前8時から午後4時まで（北海道の区域内にあっては午前9時から午後3時まで）の間における日影時間を測定することとしており，各対象区域において規制される日影時間は，条例により別表第4(に)欄の(1)，(2)又は(3)の号（同表の3の項にあっては(1)又は(2)の号）のうちから選んで指定されたものとなる。
　この場合，日影は2段階の規制を受ける。すなわち，制限を受ける建築物の敷地の境界線から外側に，水平距離5mを超え10m以内の水平面の部分に一定時間（例えば4時間）以上日影となる部分を生じないこと（別表第4(に)欄左欄），かつ，敷地境界から外側に水平距離で10mを超える水平面の部分には一定時間（例えば2.5時間）以上日影を生じさせないこと（別表第4(に)欄右欄）とされる（図7－80）。この5mは，住宅地の一般的宅地規模からみた標準的南庭の幅を想定して定めた数値であり，一方10mは，様々な形態の2棟の中高層建築物による複合日影を検討し

第5節　形態規制等

た結果により5mの地点で日照の目標値が確保できる限界として定めた数値であり、市街地における複合日影の影響も考慮の上、目標とする日照時間の確保が図れるよう2段階の規制を設けたものである。この制限すべき日影時間は別表第4㈡欄において各用途地域に3段階の数値が定められており（第一種住居地域から準住居地域、近隣商業地域又は準工業地域の場合は2段階）、各地方公共団体がその区域の土地の利用状況等を勘案し、制限すべき日影時間を条例で指定することとなっているが、制限する日影時間と目標とする日照時間との関係は規制の対象とする午前8時から午後4時までの合計8時間を有効日照時間として次のとおりとなる。

- 有効日照時間－目標日照時間－1＝別表第4㈣欄左欄の日影規制時間
- （有効日照時間－目標日照時間）÷2＝別表第4㈣欄右欄の日影規制時間

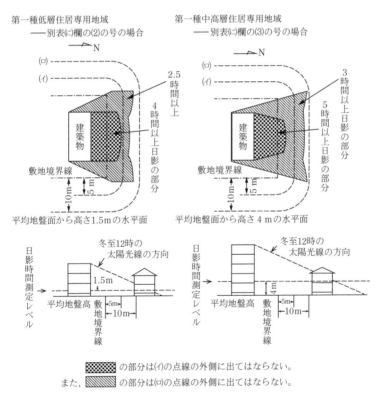

図7－80　別表第4の定義

277

第7章 都市計画区域等における建築物の敷地，構造，建築設備及び用途

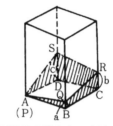

ABCDは基準となる水平面

⇩

「建築物が周囲の地面と接する位置」
の展開図

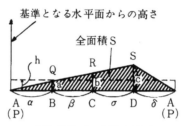

平均地盤面の基準水平面
ABCDからの高さをhと
すれば

$h \times (\alpha + \beta + \sigma + \delta)$
＝上記展開図の斜線部分
　の面積S

$$\therefore h = \frac{S}{\alpha + \beta + \sigma + \delta}$$

図7－81　平均地盤面の求め方

上段の式は有効日照時間から目標となる日照時間を差し引き，さらに規制の対象となっていない低層建築物による日照阻害を1時間程度見込んで規制時間を定めていることを示している。一方，下段の式は，2棟の中高層建築物による複合日影を考慮して，有効日照時間から目標となる日照時間を差し引き，日影としてよい時間

を２棟の中高層建築物に均等に配分したものである。

　日影を測定する水平面は規制の対象となる建築物の平均地盤面から一定の高さの水平面であり，別表第４(は)欄に定められており，第一種低層住居専用地域，第二種低層住居専用地域又は田園住居地域は1.5m（図７—76），その他の地域は４ｍ又は6.5m（図７—77）と定められている。これは１階及び２階の窓面の高さを想定し，低層住宅に係る良好な住居の環境を保護するため定める第一種低層住居専用地域等に関しては１階の窓面の高さで目標となる日照時間が確保されるよう日影を制限し，その他の地域については２階の窓面の高さで目標とする日照時間が確保されるよう日影を制限することとしたものである。

　なお，測定レベルの基礎となる「平均地盤面」は別表第４に定義されているものであって，「当該建築物が周囲の地面と接する位置の平均の高さの水平面」である。これは令第２条第２項に定義されている地盤面と同様の算定方法で求められるが，異なっているのは，高低差が３ｍを超える場合でも唯一の「平均地盤面」しか存在しないことである（図７—79）。

　法第56条の２第２項は，同一敷地内に複数の建築物がある場合の日影規制の適用方法について規定したものであり，個々の建築物ごとにそれぞれ日影時間を測定するものではなく，当該敷地内のすべての建築物によって複合された日影時間を測定することとしている。なお，この場合において複数建築物の中に低層建築物（例えば高さが６ｍの建築物）があったとしても，当該低層建築物を除外して日影時間を測定するのではなく，すべての建築物を対象として日影時間を測定するものである。

　なお，本項ただし書きに基づき，特定行政庁が土地の状況等により周囲の居住環境を害するおそれがないものと認める際，①建築審査会の同意を得て許可した場合，②過去に①の許可を受けて，政令（令第135条の12）の基準の範囲内で敷地内の建築物を増築・改築・移転する場合においては，これらの日影規制は適用除外となる。

　周囲の居住環境を害するおそれがないものと認められているものとしては，不適格な日影が生じる範囲が，地区計画で住宅の立地を禁止されている区域，駅舎や線路敷及び斜面地である例などがある。いずれも将来にわたり住宅として利用されるおそれがないものが想定されており，この場合，本条の規制及び適用除外規定の趣旨を鑑み，運用について柔軟に判断すべきである。

279

第7章　都市計画区域等における建築物の敷地，構造，建築設備及び用途

　　（日影による中高層の建築物の高さの制限の適用除外等）

令第135条の12　法第56条の2第1項ただし書の政令で定める位置は，同項た
　だし書の規定による許可を受けた際における敷地の区域とする。

2　法第56条の2第1項ただし書の政令で定める規模は，同項に規定する平均
　地盤面からの高さの水平面に，敷地境界線からの水平距離が5メートルを超
　える範囲において新たに日影となる部分を生じさせることのない規模とす
　る。

3　法第56条の2第3項の規定による同条第1項本文の規定の適用の緩和に関
　する措置は，次の各号に定めるところによる。

　一　建築物の敷地が道路，水面，線路敷その他これらに類するものに接する
　　場合においては，当該道路，水面，線路敷その他これらに類するものに接
　　する敷地境界線は，当該道路，水面，線路敷その他これらに類するものの
　　幅の2分の1だけ外側にあるものとみなす。ただし，当該道路，水面，線
　　路敷その他これらに類するものの幅が10メートルを超えるときは，当該道
　　路，水面，線路敷その他これらに類するものの反対側の境界線から当該敷
　　地の側に水平距離5メートルの線を敷地境界線とみなす。

　二　建築物の敷地の平均地盤面が隣地又はこれに連接する土地で日影の生ず
　　るものの地盤面（隣地又はこれに連接する土地に建築物がない場合におい
　　ては，当該隣地又はこれに連接する土地の平均地表面をいう。次項におい
　　て同じ。）より1メートル以上低い場合においては，その建築物の敷地の
　　平均地盤面は，当該高低差から1メートルを減じたものの2分の1だけ高
　　い位置にあるものとみなす。

4　特定行政庁は，前項第2号の場合において，地形の特殊性により同号の規
　定をそのまま適用することが著しく不適当であると認めるときは，規則で，
　建築物の敷地の平均地盤面の位置を当該建築物の敷地の平均地盤面の位置と
　隣地又はこれに連接する土地で日影の生ずるものの地盤面の位置との間にお
　いて適当と認める高さに定めることができる。

　　　　　（昭52政266・追加，平14政331・旧第135条の4の2繰下，平30政255・一部
　　　改正）

　過去に日影規制の許可を受けた建築物の増改築・移転等を行う場合，建築審査会
の同意に基づく再度の許可手続が不要で，特定行政庁の認定のみで適用除外とする

280

第5節　形態規制等

場合の基準は，法第56条の2第1項但し書きに基づき，令第135条の12第1項及び第2項で規定されている。具体的には，増改築・移転後の複合日影が従前の日影の範囲内に収まる場合を対象としており，吹き抜け等の増築で建築物の立面形状に影響がない場合，エレベーターの設置等で増築部分の日影が従来の日影に包含される場合，小規模の倉庫等の増築で増築部分の日影が敷地内に包含される場合などが考えられる。

法第56条の2第3項は，建築物の敷地が道路，川又は海その他これらに類するものに接する場合，建築物の敷地と隣地との高低差が著しい場合等の日影規制の適用の緩和措置を定めたもので，具体的には令第135条の12に規定されている。

① 建築物の敷地が道路等に接する場合は，原則として当該道路等の幅の2分の1だけ敷地境界線が外側にあるものとみなす。ただし，当該道路等の幅が10mを超える場合には，当該道路等の反対側の境界線から当該敷地の側に5mの線を敷地境界線とみなすこととしている（図7―82, 7―83）。

② 建築物の敷地の平均地盤面が隣地等の日影の生ずる土地の地盤面より1m以上低い場合は，当該平均地盤面が当該高低差から1mを減じたものの2分の1だけ高い位置にあるものとみなすことにより，日影時間測定面の高さをそれだけかさ上げすることとなる（図7―84）。

法第56条の2第4項は，日影規制の対象区域外に存する建築物であっても高さが10mを超えるもので，冬至日において対象区域に日影を及ぼすものは当該対象区域の制限を受けるものとしている。すなわち，商業地域や工業地域のように日影規制がそもそも適用されない区域内の建築物でも，それが高さ10mを超えるもので隣接する日影規制適用区域に日影を及ぼすときは，その隣接区域の日影の基準を満たさなければならないのである。

例えば図7―85のような場合に対象区域である第一種中高層住居専用地域内にあるAの区域には4時間以上の日影を生じてはならないし，Bの区域には2.5時間以上の日影を生じてはならない。同様にCの区域には5時間以上，Dの区域には3時間以上の日影を生じてはならないこととなる。

281

第7章 都市計画区域等における建築物の敷地，構造，建築設備及び用途

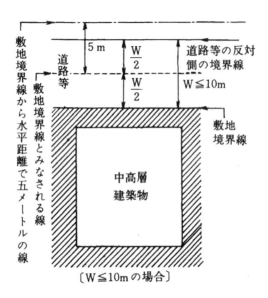

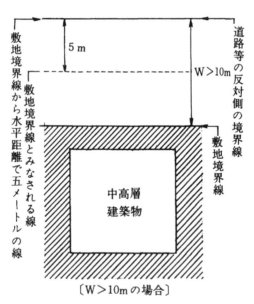

図7－82 敷地が道路等に面する場合

第5節　形態規制等

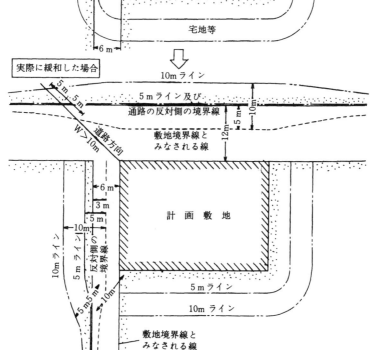

図7-83　敷地が道路等に面する場合

283

第7章　都市計画区域等における建築物の敷地，構造，建築設備及び用途

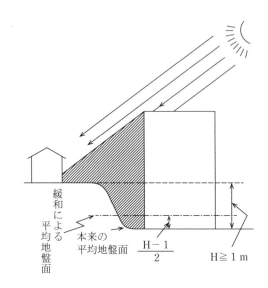

〔政令第135条の12第1項第2号による緩和措置〕

図7-84　敷地の地盤面が低い場合

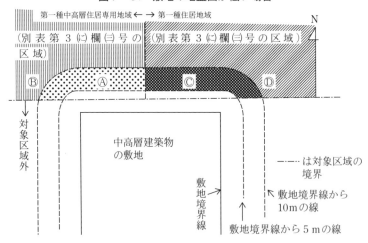

図7-85　規制の対象区域外の建築物で制限を受けるもの

第5節 形態規制等

> （建築物が日影時間の制限の異なる区域の内外にわたる場合等の措置）
> **令第135条の13** 法第56条の2第1項に規定する対象区域（以下この条において「対象区域」という。）である第一種低層住居専用地域，第二種低層住居専用地域，田園住居地域若しくは用途地域の指定のない区域内にある部分の軒の高さが7メートルを超える建築物若しくは当該部分の地階を除く階数が3以上である建築物又は高さが10メートルを超える建築物（以下この条において「対象建築物」という。）が同項の規定による日影時間の制限の異なる区域の内外にわたる場合には当該対象建築物がある各区域内に，対象建築物が，冬至日において，対象区域のうち当該対象建築物がある区域外の土地に日影を生じさせる場合には当該対象建築物が日影を生じさせる各区域内に，それぞれ当該対象建築物があるものとして，同項の規定を適用する。
>
> （昭52政266・追加，平5政170・一部改正，平14政331・旧第135条の4の3繰下，平17政192・平29政156・一部改正）

法第56条の2第5項は，建築物が日影時間の制限の異なる区域の内外にわたる場合，及びある対象区域内に建築物が存し，その日影は他の対象区域にも及ぶ場合の日影規制の適用方法について定めたもので，具体的には令第135条の13に規定されているが，要点を整理すれば図7－86，7－87のようになる。

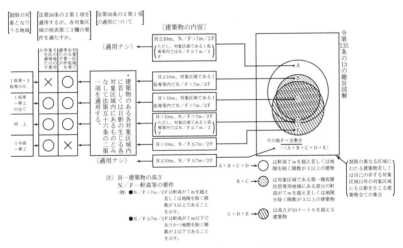

図7－86　令第135条の13の要点

第7章 都市計画区域等における建築物の敷地，構造，建築設備及び用途

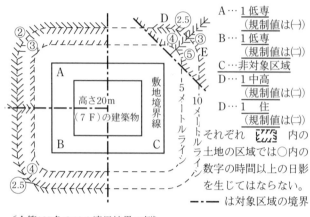

〔令第135条の13の適用結果の例〕

図7－87 令第135条の13の要点

なお，「測定線」は敷地境界線から外側に5m又は10m離れた点を結んだ線であり，その線上の任意の点と敷地境界線との最短距離は常に一定（5m又は10m）である。模式的には直径5m又は10mの円を敷地境界線に沿って回転させた時に円の通過する部分の最も外側の線が測定線となる（図7－88，7－89）。

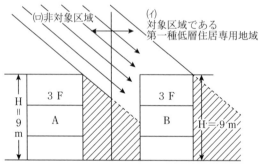

Bは(イ)の区域の制限を受けるが
Aは(イ)の区域の制限を受けない。

図7－88 令第135条の13の要点

286

第5節　形態規制等

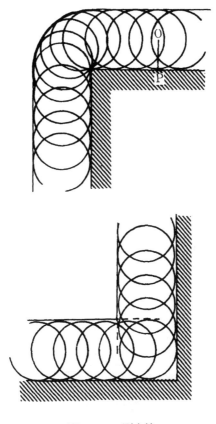

図7－89　測定線

第7章 都市計画区域等における建築物の敷地,構造,建築設備及び用途

① 凸角の場合

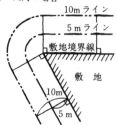
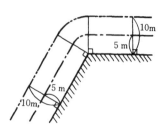

② 凹角の場合

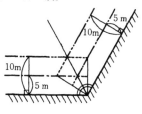
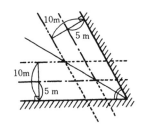

③ 曲線の場合

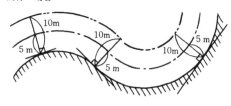

④ 「①,②の複合型」の場合

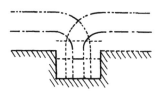

図7-90 測定線のとり方

第5節　形態規制等

5　高架工作物内建築物の特例

> （高架の工作物内に設ける建築物等に対する高さの制限の緩和）
>
> **法第57条**　高架の工作物内に設ける建築物で特定行政庁が周囲の状況により交通上，安全上，防火上及び衛生上支障がないと認めるものについては，前3条の規定は，適用しない。
>
> 2　道路内にある建築物（高架の道路の路面下に設けるものを除く。）については，第56条第1項第1号及び第2項から第4項までの規定は，適用しない。
>
> 　　　（昭34法156・追加，昭45法109・旧第58条の2繰上・一部改正，昭51法83・
> 昭62法66・平7法13・一部改正）

　第1項は高架の工作物内に設ける建築物，例えば鉄塔内に設けられる展望台，高架鉄道の下に設ける店舗等に対して，法第55条，第56条及び第56条の2の規定をそのまま一般的な建築物に適用するのは不合理であるから，特定行政庁が周囲の状況を考慮して，交通，安全，防災及び衛生上の観点からが支障なしと認めた場合において，高さ関係の規定を適用しないこととしたものである。

　第2項は，道路内にある建物，例えば公共用歩廊，道路上空を横断する渡り廊下等に対して法第56条第1項第1号及び第2項から第4項までの規定を適用することが本来無理であり，かつ，これらの建築物は法第44条第1項ただし書の規定により特定行政庁が許可を与えるに当たって，安全，防災，衛生の観点から他の建築物あるいは周囲の環境に及ぼす影響について十分検討がなされるところから，道路斜線制限の規定は適用しないこととしたものである。

　なお，かっこ書で高架の道路の路面下に設けるものを除いているのは，高架の工作物内に設けるものとして第1項で取り扱うこととしているためである。

> （特例容積率適用地区内における建築物の容積率の特例）
>
> **法第57条の2**　特例容積率適用地区内の2以上の敷地（建築物の敷地となるべき土地及び当該特例容積率適用地区の内外にわたる敷地であつてその過半が当該特例容積率適用地区に属するものを含む。以下この項において同じ。）に係る土地について所有権若しくは建築物の所有を目的とする地上権若しくは賃借権（臨時設備その他一時使用のため設定されたことが明らかなものを除く。以下「借地権」という。）を有する者又はこれらの者の同意を得た者

289

第7章　都市計画区域等における建築物の敷地，構造，建築設備及び用途

は，1人で，又は数人が共同して，特定行政庁に対し，国土交通省令で定めるところにより，当該2以上の敷地（以下この条及び次条において「特例敷地」という。）のそれぞれに適用される特別の容積率（以下この条及び第60条の2第4項において「特例容積率」という。）の限度の指定を申請することができる。

2　前項の規定による申請をしようとする者は，申請者及び同項の規定による同意をした者以外に当該申請に係る特例敷地について政令で定める利害関係を有する者があるときは，あらかじめ，これらの者の同意を得なければならない。

3　特定行政庁は，第1項の規定による申請が次の各号に掲げる要件のいずれにも該当すると認めるときは，当該申請に基づき，特例敷地のそれぞれに適用される特例容積率の限度を指定するものとする。

　一　申請に係るそれぞれの特例敷地の敷地面積に申請に係るそれぞれの特例容積率の限度を乗じて得た数値の合計が，当該それぞれの特例敷地の敷地面積に第52条第1項各号（第5号から第7号までを除く。以下この号において同じ。）の規定によるそれぞれの建築物の容積率（当該特例敷地について現に次項の規定により特例容積率の限度が公告されているときは，当該特例容積率。以下この号において「基準容積率」という。）の限度を乗じて得た数値の合計以下であること。この場合において，当該それぞれの特例敷地が基準容積率に関する制限を受ける地域又は区域の2以上にわたるときの当該基準容積率の限度は，同条第1項各号の規定による当該各地域又は区域内の建築物の容積率の限度にその特例敷地の当該地域又は区域内にある各部分の面積の敷地面積に対する割合を乗じて得たものの合計とする。

　二　申請に係るそれぞれの特例容積率の限度が，申請に係るそれぞれの特例敷地内に現に存する建築物の容積率又は現に建築の工事中の建築物の計画上の容積率以上であること。

　三　申請に係るそれぞれの特例容積率の限度が，申請に係るそれぞれの特例敷地における建築物の利用上の必要性，周囲の状況等を考慮して，当該それぞれの特例敷地にふさわしい容積を備えた建築物が建築されることにより当該それぞれの特例敷地の土地が適正かつ合理的な利用形態となるよう定められていること。この場合において，申請に係る特例容積率の限度の

うち第52条第1項及び第3項から第8項までの規定による限度を超えるものにあつては，当該特例容積率の限度に適合して建築される建築物が交通上，安全上，防火上及び衛生上支障がないものとなるよう定められていること。

4　特定行政庁は，前項の規定による指定をしたときは，遅滞なく，特例容積率の限度，特例敷地の位置その他国土交通省令で定める事項を公告するとともに，国土交通省令で定める事項を表示した図書をその事務所に備えて，一般の縦覧に供さなければならない。

5　第3項の規定による指定は，前項の規定による公告によつて，その効力を生ずる。

6　第4項の規定により特例容積率の限度が公告されたときは，当該特例敷地内の建築物については，当該特例容積率の限度を第52条第1項各号に掲げる数値とみなして，同条の規定を適用する。

7　第4項の規定により公告された特例敷地のいずれかについて第1項の規定による申請があつた場合において，特定行政庁が当該申請に係る第3項の指定（以下この項において「新規指定」という。）をしたときは，当該特例敷地についての第3項の規定による従前の指定は，新規指定に係る第4項の規定による公告があつた日から将来に向かつて，その効力を失う。

　　　　　（平16法67・追加，平26法39・令2法43・一部改正）

（特例容積率の限度の指定の申請について同意を得るべき利害関係者）

令第135条の23　法第57条の2第2項の政令で定める利害関係を有する者は，所有権，対抗要件を備えた借地権（同条第1項に規定する借地権をいう。次条において同じ。）又は登記した先取特権，質権若しくは抵当権を有する者及びこれらの権利に関する仮登記，これらの権利に関する差押えの登記又はその土地に関する買戻しの特約の登記の登記名義人とする。

　　　　　（平17政192・追加，平26政232・旧第135条の21繰下，令元政30・旧第135条の22繰下）

　特例容積率適用地区とは，「第一種中高層住居専用地域，第二種中高層住居専用地域，第一種住居地域，第二種住居地域，準住居地域，近隣商業地域，商業地域，準工業地域又は工業地域内の適正な配置及び規模の公共施設を備えた土地の区域において，建築基準法第52条第1項から第9項までの規定による建築物の容積率の限

第7章　都市計画区域等における建築物の敷地，構造，建築設備及び用途

度からみて未利用となっている建築物の容積の活用を促進して土地の高度利用を図るため定める地区」であり（都市計画法第9条第16項），従来，都市計画で詳細の容積率を指定することにより（特定街区，地区計画），あるいは隣接している敷地間において（一団地認定，連担建築物設計制度），未利用の容積を他の敷地で活用することが可能としていたものにつき，建築活動の自由を生かしつつ，敷地が隣接しているか否かに関わらず，地区全体の土地の高度利用を図るため，平成16年改正により創設したものである（なお，平成12年改正で創設された，商業地域において容積の移転を行う「特例容積率適用地域」制度は，本改正に伴い廃止されている。）。

　特例容積率適用地区の区域指定は都市計画に依るものであるが，各敷地における具体の特例容積率の指定については建築基準法に基づき行われるものであり，その手続については法第57条の2の各項に規定されている。

　なお，高度利用地区，特定街区など，敷地・街区単位で都市計画上容積率を定め直す各種の容積率緩和制度があるが，特例容積率適用地区は，敷地の所有権者等の申請が行われる都度，特例容積率適用地区内の複数敷地間で容積率の変動が行われるものであり，その趣旨目的を異にすることから，同一の区域に重複して都市計画決定をすることは想定されていないが，総合設計制度のように都市計画制度とは離れた個別の敷地単位での容積率の特例については，併用することも可能であることに注意が必要である。

第1項

　特例容積率適用地区内の2以上の敷地に係る土地所有者等は，特定行政庁に対し，2以上の敷地（特例敷地）のそれぞれに適用される特別の容積率（特例容積率）の限度の指定を申請することができる。

第2項

　申請をしようとする者は，特例敷地についての利害関係者の同意を得なければならない。これは，特例容積率の指定により，特例敷地の利用価値が変動するため，その円滑な運用を期する意味から，当該指定の申請に際し同意を要することとしているものであり，利害関係者として，所有権者，借地権者のほか，抵当権者等の担保権を有する者を令第135条の23に規定している。

　なお，連担建築物設計制度では，適用区域内で利用可能な容積率は区域内の連担する他の建築物の容積率により相対的に定まるものであり，また，区域全体で利用可能な容積率には変化がないため，担保権者の同意は要件とされていないが，特例

第5節　形態規制等

容積率適用地区制度は，指定行為を通じて特例敷地ごとにあらかじめ利用可能な容積率を一義的に定める点において土地の経済的な利用価値に与える変動がより大きくなることが予想されるため，使用収益権者のみならず，担保権者の同意も要件としているものである。

第3項

特定行政庁は，当該申請が同項各号の規定に該当すると認めるときは，特例敷地のそれぞれに適用される特例容積率の限度を指定するものとしている。

第1号

（各敷地面積×特例容積率）の合計が（各敷地面積×都市計画による容積率）以下であること（図7-91）。

なお，都市計画による容積率については，現に特例容積率が指定されているときは，当該特例容積率であり，特例敷地が容積率制限を受ける2以上の地域等にわたる場合は，その敷地面積按分とする（図7-92）。

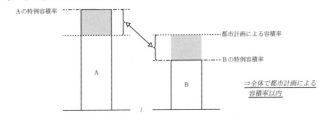

図7-91　特例容積率

図7-92　現に特例容積率が指定されているとき

第2号

特例容積率が，現に存する建築物の容積率以上であること（図7-93）。

第7章 都市計画区域等における建築物の敷地，構造，建築設備及び用途

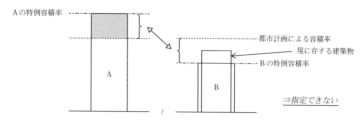

図7−93 現に存する建築物の容積率以上であること

第3号

特例容積率の限度が，各特例敷地の建築物の利用上の必要性，周囲の状況等を考慮して，各特例敷地にふさわしい容積を備えた建築物が建築されることにより当該各特例敷地の土地が適正かつ合理的な利用形態となるよう定められていること。この場合，法第52条第1項及び第3項から第8項までの規定に基づく一般の容積率の限度を超える場合は，それにより建築される建築物が交通上・安全上・防火上・衛生上支障がないよう定められていること（図7−94）。

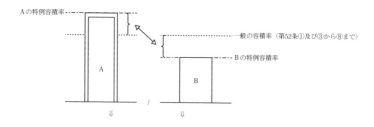

図7−94 交通上，安全上等の支障がないこと

この際，考慮すべき周囲の状況には，地域の実情に応じて市街地景観への配慮が含まれること，指定に当たり歴史的建造物の保全，緑地の確保等市街地環境の維持向上への配慮が必要であること等に留意が必要である。

なお，本号に規定される交通上，安全上，防火上及び衛生上の支障の有無については次の観点からの審査を行うことが必要である。

交通上：建築物の規模・発生交通量の増大により前面道路等に局所的な交通混雑の発生等による交通上の支障がないこと

安全上：局所的な空地の減少等に対する避難及び通行上の安全性の確保が図られ

第5節　形態規制等

ていること

防火上：局所的な建て詰まりによる延焼のおそれがないなど防火上支障がないものであること

衛生上：建築物の規模の増大により周辺地域における採光，通風等の確保に支障がないものであること

　特定行政庁は特例容積率を第3項に基づき指定したときは，特例容積率の限度，特例敷地の位置等を公告・縦覧（**第4項**）し，当該公告により特例容積率の指定はその効力を生ずる（**第5項**）こととなり，同時に特例敷地内の建築物に対しては，当該特例容積率の値を法第52条第1項各号の数値とみなして同条の規定を適用する（**第6項**）こととなる。

　公告・縦覧が必要とされているのは，特例容積率の指定は，土地に対する権利を有する者等の合意により都市計画で定められた容積率と異なる容積率を敷地単位で定めるものであるから，特例容積率の指定がなされた際には，第3者の土地取引の安全を確保する観点から誰しもが特例容積率の指定があった事実を確認できるようにしておくためである。

　なお，現に公告されている特例敷地について，新たに特例容積率を指定したときは，従前の指定は，新たな公告の日から将来に向かってその効力を失うこととされている。（**第7項**）

　（指定の取消し）

法第57条の3　前条第4項の規定により公告された特例敷地である土地について所有権又は借地権を有する者は，その全員の合意により，同条第3項の指定の取消しを特定行政庁に申請することができる。この場合においては，あらかじめ，当該特例敷地について政令で定める利害関係を有する者の同意を得なければならない。

2　前項の規定による申請を受けた特定行政庁は，当該申請に係るそれぞれの特例敷地内に現に存する建築物の容積率又は現に建築の工事中の建築物の計画上の容積率が第52条第1項から第9項までの規定による限度以下であるとき，その他当該建築物の構造が交通上，安全上，防火上及び衛生上支障がないと認めるときは，当該申請に係る指定を取り消すものとする。

3　特定行政庁が，前項の規定による取消しをしたときは，遅滞なく，国土交通省令で定めるところにより，その旨を公告しなければならない。

295

第7章　都市計画区域等における建築物の敷地，構造，建築設備及び用途

4　第2項の規定による取消しは，前項の規定による公告によつて，その効力
　を生ずる。
5　前2項に定めるもののほか，第2項の規定による指定の取消しについて必
　要な事項は，国土交通省令で定める。
　　　　　（平16法67・追加）
　（特例容積率の限度の指定の取消しの申請について同意を得るべき利害関係
　者）
令第135条の24　法第57条の3第1項の政令で定める利害関係を有する者は，
　前条に規定する者（所有権又は借地権を有する者を除く。）とする。
　　　　　（平17政192・追加，平26政232・旧第135条の22繰下，令元政30・旧第135条
　　　　　の23繰下）

　法第57条の3の規定により指定された特例容積率を取消すための規定である。
第1項
　特例敷地の土地所有者等は，利害関係者の合意により，特例容積率等の指定の取
消しを申請することができることとしている。なお，この利害関係者については令
第135条の24に規定しているが，具体的には令第135条の23で規定している指定の際
の利害関係者と同じ者としている。
第2項
　指定を取消すための要件として，特定行政庁が，特例敷地内の建築物の容積率が
法第52条第1項から第9項までの規定による限度以下であり，また，当該建築物が
交通上，安全上，防火上及び衛生上の支障がないと認めるとき，と規定している。
　また，特定行政庁は指定の取消しをしたときは，その旨を公告しなければならな
い（第3項）とし，その指定の取消しの効力は公告により生ずる（第4項）ことと
している。
　なお，第5項により，指定の取消し申請等や公告の方法等について省令で定めら
れることとしている。

　（特例容積率適用地区内における建築物の高さの限度）
法第57条の4　特例容積率適用地区内においては，建築物の高さは，特例容積
　率適用地区に関する都市計画において建築物の高さの最高限度が定められた
　ときは，当該最高限度以下でなければならない。ただし，特定行政庁が用途
　上又は構造上やむを得ないと認めて許可したものについては，この限りでな

296

第5節　形態規制等

い。

2　第44条第2項の規定は，前項ただし書の規定による許可をする場合に準用する。

（平16法67・追加）

　特例容積率適用地区では，基準容積率を超えた土地利用がなされる敷地が生じることから，市街地環境確保の観点から必要な場合には，特例容積率適用地区に関する都市計画に建築物の高さの最高限度を定めることが出来ることとされている（都市計画法第8条第3項第2号ホ）。

　この場合，本条第1項の規定により，当該地区内の建築物の高さは，原則として当該最高限度以下でなければならないこととなる。また，特例容積率適用地区における建築物の高さの制限は，高度地区等と同様，日影規制的な趣旨で行われる場合が想定されるため，屋上に設置される階段室，昇降機等については，令第2条第1項第6号ロの規定により，高さの算定に含めることとしている。

　なお，本条の規定による高さの制限は，特定行政庁が用途上又は構造上やむを得ないと認め許可した場合には適用除外となるが，この許可については裁量性の大きい行為であることから，あらかじめ建築審査会の同意を得ることを必要とするよう第2項に規定している。

（高層住居誘導地区）

法第57条の5　高層住居誘導地区内においては，建築物の建蔽率は，高層住居誘導地区に関する都市計画において建築物の建蔽率の最高限度が定められたときは，当該最高限度以下でなければならない。

2　前項の場合において，建築物の敷地が高層住居誘導地区の内外にわたるときは，当該高層住居誘導地区に関する都市計画において定められた建築物の建蔽率の最高限度を，当該建築物の当該高層住居誘導地区内にある部分に係る第53条第1項の規定による建築物の建蔽率の限度とみなして，同条第2項の規定を適用する。

3　高層住居誘導地区に関する都市計画において建築物の敷地面積の最低限度が定められた場合については，第53条の2（第2項を除く。）の規定を準用する。この場合において，同条第1項中「用途地域」とあるのは，「高層住居誘導地区」と読み替えるものとする。

4　高層住居誘導地区内の建築物については，第56条の2第1項に規定する対

297

第7章　都市計画区域等における建築物の敷地，構造，建築設備及び用途

象区域外にある建築物とみなして，同条の規定を適用する。この場合におけ
る同条第4項の規定の適用については，同項中「対象区域内の土地」とある
のは，「対象区域（高層住居誘導地区を除く。）内の土地」とする。

（平9法79・追加，平12法73・平14法85・一部改正，平16法67・旧第57条の
2繰下，平29法26・一部改正）

高層住居誘導地区とは，「住居と住居以外の用途とを適正に配分し，利便性の高
い高層住宅の建設を誘導するため，第一種住居地域，第二種住居地域，準住居地
域，近隣商業地域又は準工業地域でこれらの地域に関する都市計画において建築基
準法第52条第1項第2号に規定する建築物の容積率が10分の40又は10分の50と定め
られたものの内において，建築物の容積率の最高限度，建築物の建蔽率の最高限度
及び建築物の敷地面積の最低限度を定める地区」であり（都市計画法第9条第17
項），高層住居誘導地区内における建築規制の特例として，住宅の用途に供する部
分の床面積の合計がその延べ面積の3分の2以上であるものについては，以下の建
築規制の特例が規定されている。

① 容積率の緩和（法第52条第1項第5号）

当該建築物がある第一種住居地域，第二種住居地域，準住居地域，近隣商業地域
又は準工業地域に関する都市計画において定められた容積率から，その1.5倍以下
で当該建築物の住宅比率に応じ，令第135条の14で定める方法により算出した数値
までの範囲内で，当該高層住居誘導地区に関する都市計画において定められた数値
まで容積率を緩和することができる。

② 斜線制限の緩和（法第56条第1項第1号，第2号，別表第3）

高層住居誘導地区内の建築物で住宅の用途に供する部分の床面積の合計がその延
べ面積の3分の2以上の建築物について適用される斜線制限については，以下の事
項が緩和されている。

・道路斜線制限については，第一種住居地域，第二種住居地域，準住居地域にお
いて，斜線勾配が1.25から1.5に引き上げられるとともに，適用距離が35mと
なっている。

・隣地斜線制限については，第一種住居地域，第二種住居地域，準住居地域にお
いて，隣地境界線における高さが20mから31mへ引き上げられるとともに，斜
線勾配が1.25から1.5に引き上げられている。

③ 日影規制の適用除外（第4項）

第5節　形態規制等

　高層住居誘導地区内の建築物については，日影規制が適用除外とされている。
日影規制の対象区域については，従来から

　　イ　商業地域，工業地域及び工業専用地域は適用除外
　　ロ　その他の用途地域では，対象区域等を地方公共団体の条例で定めることと
　　　している。

　これに対して，高層住居誘導地区について日影規制を法律上適用除外としている
のは，当該地区が，住宅比率3分の2以上の建築物について，600（750）％を上限
として，400（500）％を超える高い容積率をインセンティブとして付与し，土地の
有効高度利用により，高層住宅の立地誘導を図るものであることから，商業地域と
同等の市街地環境を想定し，法律上日影規制を適用除外とすることが妥当としてい
る。また，実態上，容積率が400（500）％に指定されている地域は，原則として地
方公共団体の条例においても日影規制の対象とされていない。

　なお，法第57条の5第4項の規定により，高層住居誘導地区内の建築物が，当該
地区外で地方公共団体の条例により日影規制の対象区域とされている土地に日影を
生じさせる場合には，日影規制が適用されることとなる。

④　市街地環境確保のための制限の付加（第1項～第3項）

　高層住居誘導地区については，市街地の環境を確保するために必要な場合には，
建蔽率の最高限度及び建築物の敷地面積の最低限度を定めることとされており，こ
のような事項が定められた場合には，高層住居誘導地区内の建築物は当該制限に適
合しなければならない。

　なお，建築物の敷地面積の最低限度については，法第57条の5第3項により，法
第53条の2第1項及び第3項が準用されているため，公衆便所等の公益上必要な建
築物，敷地の周囲に広い公園等の空地を有する建築物で，市街地の環境を害するお
それがないと認めて特定行政庁が許可したもの等については，適用除外としてい
る。また，高層住居誘導地区が都市計画決定された際，既に当該制限に適合しない
土地等については，敷地分割を行わない限り，適用除外とされている（法第53条の
2第1項・第3項）。

6　高度地区

　（高度地区）
　法第58条　高度地区内においては，建築物の高さは，高度地区に関する都市計
　　画において定められた内容に適合するものでなければならない。

299

第7章　都市計画区域等における建築物の敷地，構造，建築設備及び用途

> 2　前項の都市計画において建築物の高さの最高限度が定められた高度地区内においては，再生可能エネルギー源の利用に資する設備の設置のため必要な屋根に関する工事その他の屋外に面する建築物の部分に関する工事を行う建築物で構造上やむを得ないものとして国土交通省令で定めるものであつて，特定行政庁が市街地の環境を害するおそれがないと認めて許可したものの高さは，同項の規定にかかわらず，その許可の範囲内において，当該最高限度を超えるものとすることができる。
> 3　第44条第2項の規定は，前項の規定による許可をする場合について準用する。
>
> （昭43法101・全改，昭45法109・旧第59条繰上，令4法69・一部改正）

高度地区とは，「用途地域内において市街地の環境を維持し，又は土地利用の増進を図るため，建築物の高さの最高限度又は最低限度を定める地区」であり（都市計画法第9条第18項），この地区内において「建築物の高さは，高度地区に関する都市計画において定められた内容に適合するものでなければならない」。

高度地区には，①建築物の高さの最低限度を定める高度地区（最低限高度地区）と②建築物の高さの最高限度を定める高度地区（最高限高度地区）がある。

最低限高度地区は，土地利用の増進を図るために指定されるもので，具体的には，市街地中央部の商業地，業務地，若しくは駅前広場周辺地又はこれらの周辺の住宅地等の区域で，特に土地の高度利用を図る必要がある（図7－95）。

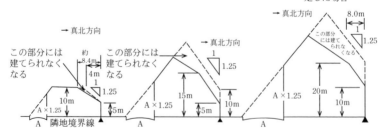

図7－95　用途地域と高度地区を組合わせた例

最高限高度地区は，市街地の環境を維持するために指定されたもので，具体的な例としては建築密度が過大となるおそれのある市街地の区域で，おおむね①商業地

第5節　形態規制等

内の交通その他の都市機能が低下するおそれのある地域，又は，②住宅地内の適正な人口密度及び良好な居住環境を保全する必要のある区域について指定する。

第2項では建築物のエネルギー消費性能の向上のため必要な工事を行う建築物に関する特例許可の規定が設けられている。その対象となる工事については，屋根への太陽光パネル等の設置や屋根の断熱改修などの工事を想定しており，具体的には規則第10条の4の15に当該建築物の基準が定められている。許可に係る留意点については容積率に係る許可（法第52条第14項第3号）等と同様である。

（高度地区内における建築物の高さの制限の緩和を受ける構造上やむを得ない建築物）

則第10条の4の15　法第58条第2項の国土交通省令で定める建築物は，第10条の4の9第1項各号に掲げる工事を行う建築物で当該工事によりその高さが法第58条第1項の都市計画において定められた最高限度を超えるものとする。

2　前項の工事は，その目的を達成するために必要な最小限度のものでなければならない。

　　　　　　　　　（令4国交令92・追加）

7　高度利用地区

（高度利用地区）

法第59条　高度利用地区内においては，建築物の容積率及び建蔽率並びに建築物の建築面積（同一敷地内に2以上の建築物がある場合においては，それぞれの建築面積）は，高度利用地区に関する都市計画において定められた内容に適合するものでなければならない。ただし，次の各号のいずれかに該当する建築物については，この限りでない。

一　主要構造部が木造，鉄骨造，コンクリートブロック造その他これらに類する構造であつて，階数が2以下で，かつ，地階を有しない建築物で，容易に移転し，又は除却することができるもの

二　公衆便所，巡査派出所その他これらに類する建築物で，公益上必要なもの

三　学校，駅舎，卸売市場その他これらに類する公益上必要な建築物で，特定行政庁が用途上又は構造上やむを得ないと認めて許可したもの

301

第7章　都市計画区域等における建築物の敷地，構造，建築設備及び用途

2　高度利用地区内においては，建築物の壁又はこれに代わる柱は，建築物の地盤面下の部分及び国土交通大臣が指定する歩廊の柱その他これに類するものを除き，高度利用地区に関する都市計画において定められた壁面の位置の制限に反して建築してはならない。ただし，前項各号の一に該当する建築物については，この限りでない。

3　高度利用地区内の建築物については，当該高度利用地区に関する都市計画において定められた建築物の容積率の最高限度を第52条第1項各号に掲げる数値とみなして，同条の規定を適用する。

4　高度利用地区内においては，敷地内に道路に接して有効な空地が確保されていること等により，特定行政庁が，交通上，安全上，防火上及び衛生上支障がないと認めて許可した建築物については，第56条第1項第1号及び第2項から第4項までの規定は，適用しない。

5　第44条第2項の規定は，第1項第3号又は前項の規定による許可をする場合に準用する。

（昭44法38・追加，昭45法109・旧第59条の3繰上・一部改正，昭50法66・昭
62法66・平2法61・平7法13・平11法160・平12法73・平29法26・一部改正）

　高度利用地区とは「用途地域内の市街地における土地の合理的かつ健全な高度利用と都市機能の更新とを図るため，建築物の容積率の最高限度及び最低限度，建築物の建蔽率の最高限度，建築物の建築面積の最低限度並びに壁面の位置の制限を定める地区」（都市計画法第9条第19項）であり，高度利用地区内においては，建築物の延べ面積の敷地面積に対する割合（容積率），建築物の建築面積の敷地面積に対する割合（建蔽率）及び建築物の建築面積は，高度利用地区に関する都市計画において定められた内容に適合しなければならない（法第59条第1項）。

　また，建築物の壁又はこれに代わる柱は，高度利用地区に関する都市計画において定められた壁面の位置の制限に反して建築してはならない（第2項）。ただし，これらには若干の例外がある（第1項各号の一に該当する建築物）。

　高度利用地区は，土地の有効利用（高度利用）を図るとともに，いわゆるペンシルビルの建築を防止し，建築物の敷地の整理統合を図るべき地区であるが，昭和50年以前は，容積率の最低限度及び建築物の建築面積の最低限度の規制のみであったため，建築物の周囲にオープンスペースを取ったり，道路と一体となったオープンスペースを確保して市街地環境の向上を図るためには必ずしも十分ではない点が

第5節　形態規制等

あったので，昭和50年の都市再開発法の一部改正により都市計画法及び建築基準法を改正し，新たに容積率の最高限度及び建蔽率の最高限度を定めることとするとともに必要と認める場合には壁面の位置の制限を定めることができることとされた。

さらに容積率の最高限度については，確保した空地に応じて一般規制の容積率と異なる最高限度を定められるようにし，高度利用地区の趣旨を積極的に生かせるシステムに改められている。

高度利用地区の規制は，土地利用に重大な影響を与えるものであるから，その地区の指定に当たっては，市街地再開発事業等の実施の見通し，建築活動の実態，土地利用の状況等を十分勘案して指定する必要がある。

また，従来より，高度利用地区は既成市街地において主として高層化を図るべき地区に指定されているが，昭和50年に制定された大都市地域における住宅地等の供給の促進に関する特別措置法による住宅街区整備促進区域も高度利用地区を要件の一つとしており，既成市街地以外の地域において中層以上の住宅を整備すべき地区についても高度利用地区制度の活用が図られることとなった。

なお，高度利用地区内の建築物については，当該高度利用地区に関する都市計画において定められた容積率の最高限度を法第52条第1項各号に掲げる数値とみなして同条の規定を適用することとし用途地域の一般規制の容積率制限にとって代わるものとして位置づけている（第3項）。

また，高度利用地区内においては敷地内に道路に接して有効な空地が確保されている等により，交通上，安全上，防火上及び衛生上支障がないと特定行政庁が認めて，建築審査会の同意を得て特定行政庁の許可を受けた場合には，いわゆる道路斜線制限の規定（法第56条第1項第1号及び第2項）を適用除外とすることとしている（第4項）。

高度利用地区の指定については都市計画で定められるものであるが，以上述べたように建築規制との重大密接な関係にあることから，従来よりその指定の方針について国土交通省都市局長及び住宅局長の連名で通知が発出されている（高度利用地区の指定について（H9都計発第130号／住街発第108号））。

8　総合設計

（敷地内に広い空地を有する建築物の容積率等の特例）

法第59条の2　その敷地内に政令で定める空地を有し，かつ，その敷地面積が政令で定める規模以上である建築物で，特定行政庁が交通上，安全上，防火

303

第7章　都市計画区域等における建築物の敷地，構造，建築設備及び用途

上及び衛生上支障がなく，かつ，その建蔽率，容積率及び各部分の高さについて総合的な配慮がなされていることにより市街地の環境の整備改善に資すると認めて許可したものの容積率又は各部分の高さは，その許可の範囲内において，第52条第1項から第9項まで，第55条第1項，第56条又は第57条の2第6項の規定による限度を超えるものとすることができる。

2　第44条第2項の規定は，前項の規定による許可をする場合に準用する。

　　　　（昭51法83・追　加，昭62法66・平6法62・平9法79・平12法73・平14法85・

　　　　平16法67・平29法26・一部改正）

　（敷地内の空地及び敷地面積の規模）

令第136条　法第59条の2第1項の規定により政令で定める空地は，法第53条の規定により建蔽率の最高限度が定められている場合においては，当該最高限度に応じて，当該空地の面積の敷地面積に対する割合が次の表に定める数値以上であるものとし，同条の規定により建蔽率の最高限度が定められていない場合においては，当該空地の面積の敷地面積に対する割合が10分の2以上であるものとする。

	法第53条の規定による建蔽率の最高限度	空地の面積の敷地面積に対する割合
(1)	10分の5以下の場合	1から法第53条の規定による建蔽率の最高限度を減じた数値に10分の1.5を加えた数値
(2)	10分の5を超え，10分の5.5以下の場合	10分の6.5
(3)	10分の5.5を超える場合	1から法第53条の規定による建蔽率の最高限度を減じた数値に10分の2を加えた数値

2　法第59条の2第1項の規定によりその各部分の高さのみを法第55条第1項又は法第56条の規定による限度を超えるものとする建築物に対する前項の規定の適用については，同項中「10分の2」とあるのは「10分の1.5」と，「10分の1.5」とあるのは「10分の1」と，「10分の6.5」とあるのは「10分の6」とする。

3　法第59条の2第1項の規定により政令で定める規模は，次の表の(い)欄に掲

304

第5節　形態規制等

げる区分に応じて，同表(ろ)欄に掲げる数値とする。ただし，特定行政庁は，
街区の形状，宅地の規模その他土地の状況により同欄に掲げる数値によるこ
とが不適当であると認める場合においては，規則で，同表(は)欄に掲げる数値
の範囲内で，その規模を別に定めることができる。

	(い) 地域又は区域	(ろ) 敷地面積の規模 （単位　平方メートル）	(は) 規則で定めることがで きる敷地面積の規模 （単位　平方メート ル）
(1)	第一種低層住居専用地域，第二種低層住居専用地域又は田園住居地域	3,000	1,000以上 3,000未満
(2)	第一種中高層住居専用地域，第二種中高層住居専用地域，第一種住居地域，第二種住居地域，準住居地域，準工業地域，工業地域又は工業専用地域	2,000	500以上 2,000未満
(3)	近隣商業地域又は商業地域	1,000	500以上 1,000未満
(4)	用途地域の指定のない区域	2,000	1,000以上 2,000未満

（昭45政333・全改，昭48政242・昭52政266・昭57政302・昭62政348・平5政
170・平13政98・平29政156・一部改正）

　本条は，いわゆる総合設計制度について規定したものである。総合設計制度とは
敷地内に一定以上の空地を有し，かつ，その敷地面積の規模が一定以上である建築
物で，市街地の環境の整備改善に資するものの建築を促進させるための制度であ
る。

第7章　都市計画区域等における建築物の敷地，構造，建築設備及び用途

　この制度は，具体的には，一定規模以上の敷地を有し（令第136条第3項），一定割合以上の空地を有する（令第136条第1項・第2項）建築物に対して，法第59条の2の規定に基づき特定行政庁が建築審査会の同意を得て，交通上，安全上，防火上及び衛生上支障がなく，かつ，建築計画について総合的な配慮がなされていることにより，市街地の環境の整備改善に資すると認めた場合について，許可によって，建築基準法の一般規制のうち容積率制限（法第52条第1項から第9項），第一種低層住居専用地域，第二種低層住居専用地域又は田園住居地域内の絶対高さ制限（法第55条），斜線制限（法第56条），及び特例容積率適用地区における容積率制限（法第57条の2第6項）の規定を緩和することができるという仕組みをとっている（図7－96）。

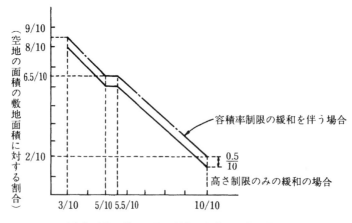

（建築面積の敷地面積に対する割合の最高限度）
図7－96　総合設計制度

　つまり，本制度は，市街地における任意の民間の建築活動を計画面において誘導しようとするものであり，敷地規模の拡大を促進し土地の有効利用を推進すること並びにその敷地内に日常一般に開放された一定以上の空地を確保し，オープンスペースとしての利用を図ること等により，建築基準法上の一般的形態規制の適用を受ける場合と比較してより優れた環境を形成しうると考えられる場合には，一般規制に代えて実効的な基準により建築計画自体を評価するとともに，良好な計画を誘導するために容積率制限の緩和等のボーナスを与えるというものである。

　なお，「交通上，安全上，防火上及び衛生上支障がない」とは，市街地環境に

第5節　形態規制等

とって，例えば，大規模な建築物の建設による自動車等の交通の処理，火災時の避難，消火活動，日照，採光，通風等の環境などの観点から支障がないことをいうものである。

本制度は，昭和45年の建築基準法の一部改正により，法第52条，法第55条及び第56条のそれぞれに例外許可規定として創設され昭和46年より施行されていたが，昭和51年に法第59条の2として規定の集約整備が図られたものである。

また，昭和62年には令第136条第2項が追加され，建築物の高さ制限のみの緩和に係る総合設計の許可について，敷地内に確保しなければならない空地の面積の敷地面積に対する割合の最低限度の引下げがなされている。

総合設計制度に係る許可を特定行政庁が行うに当たっての一般的な考え方を示すものとして，国土交通省において，総合設計許可準則及び準則の運用に当たっての技術基準が定められているところであるが，昭和58年，特に三大都市圏の既成市街地等における市街地の環境の整備改善と市街地住宅の供給を促進するため，住宅系プロジェクトに対する許可準則における容積率割増し上の特例を定めた市街地住宅総合設計制度が創設された。

また，昭和61年には，都市再開発法第2条の3第1項に規定する都市再開発の方針において定められた，同項第2号に規定する地区等内で地区計画等により高度利用を図るべきとされた区域内において，当該方針，地区計画等に適合する建築物に対して許可準則における容積率割増し上の特例を定めた再開発方針等適合型総合設計制度が創設されている。さらに，平成2年には，都市の中心部における駐車場不足の現状を踏まえ，一般公共の用に供される自動車車庫を設置する大規模建築物の建築を促進するため，こうした建築物に関する総合設計制度の適用について，従来の公開空地等による容積率の割増しに加えて，許可準則上自動車車庫の設置量に着目した特段の容積率の割増しを認める制度が創設されている。

その後も平成7年に都心居住型総合設計制度の創設，平成9年に敷地集約に対するインセンティブ付与，平成13年に保育所等の設置に関する容積率の割増し，平成20年に高度かつ総合的に環境に配慮した建築物に関する容積率の割増し，平成23年に街区設計型総合設計制度の創設など，社会経済情勢や様々な地域における諸課題への対応が図られるよう，総合設計許可準則及び技術基準の改正が行われ，特定行政庁における柔軟な運用を促進している。

なお，特に大都市部においては地域の実情を踏まえた柔軟な運用を図るべく，独自の許可準則等を策定し運用している場合が多いので留意が必要である（建築基準

307

第7章 都市計画区域等における建築物の敷地，構造，建築設備及び用途

法第59条の2の規定の運用について（H23国住街第186号））。

9 特定街区

（特定街区）

法第60条 特定街区内においては，建築物の容積率及び高さは，特定街区に関する都市計画において定められた限度以下でなければならない。

2 特定街区内においては，建築物の壁又はこれに代わる柱は，建築物の地盤面下の部分及び国土交通大臣が指定する歩廊の柱その他これに類するものを除き，特定街区に関する都市計画において定められた壁面の位置の制限に反して建築してはならない。

3 特定街区内の建築物については，第52条から前条まで並びに第60条の3第1項及び第2項の規定は，適用しない。

（昭36法115・追加，昭38法151・旧第59条の2繰下・一部改正，昭43法101・

一部改正，昭44法38・旧第59条の3繰下・一部改正，昭45法109・旧第59条の

4繰下，昭51法83・平11法160・平12法73・平26法39・平28法72・一部改正）

特定街区は都市計画法上「地域地区」の一つとして位置づけられ，「市街地の整備改善を図るため街区の整備又は造成が行われる地区について，その街区内における建築物の容積率並びに建築物の高さの最高限度及び壁面の位置の制限を定める街区」であるとされている（都市計画法第9条第20項）。

その趣旨は，大規模な街区単位の建築行為において，そこで建築される建築物について法第60条の規定により，形態制限すなわち法第52条（容積率制限），第53条（建蔽率制限），第54条（第一種低層住居専用地域，第二種低層住居専用地域又は田園住居地域内の外壁後退距離），第55条（第一種低層住居専用地域，第二種低層住居専用地域又は田園住居地域内の絶対高さ制限），第56条（道路斜線制限，隣地斜線制限，北側斜線制限），第56条の2（日影による中高層の建築物の高さの制限），第57条（高架工作物内の建築物に対する高さ制限の緩和），第58条（高度地区）及び第59条（高度利用地区）の規制をすべて解除し，その上で建築計画に対応し，かつ，当該街区の土地利用上最も合理的な「延べ面積の敷地面積に対する割合，高さの最高限度及び壁面の位置の制限」を課すことによって，街区の場所に応じた有効な空地を確保する一方で，一般的形態規制によらない自由な設計を可能にし，良好な市街地形成を促進していこうとするものである。

ここでいう「一般的形態規制の解除」は，無制限にゆるめるということではな

308

く，一律規制に代えて個別建築計画にあった実効型の基準によるということであり，その考え方は都市計画運用指針に示されている。

昭和59年，61年には，都市の再開発の一層の推進を図るべく，特定街区の運用改善を行うこととし，特定街区内の建築物について容積率の割増しを行うことができる場合が拡大されたほか，一定の要件に該当する複数の街区からなる地区においては，一の街区における未利用の容積を他の街区へ移転して容積率の指定ができることとなった。

本節中の＊を付した図の出典：国土交通省住宅局市街地建築課編集『平成14年建築基準法改正の解説』（工学図書，平成15年）

第7章 都市計画区域等における建築物の敷地，構造，建築整備及び用途

第6節　特別の地区

1　都市再生特別地区

（都市再生特別地区）

法第60条の2　都市再生特別地区内においては，建築物の容積率及び建蔽率，建築物の建築面積（同一敷地内に2以上の建築物がある場合においては，それぞれの建築面積）並びに建築物の高さは，都市再生特別地区に関する都市計画において定められた内容に適合するものでなければならない。ただし，次の各号のいずれかに該当する建築物については，この限りでない。

一　主要構造部が木造，鉄骨造，コンクリートブロック造その他これらに類する構造であつて，階数が2以下で，かつ，地階を有しない建築物で，容易に移転し，又は除却することができるもの

二　公衆便所，巡査派出所その他これらに類する建築物で，公益上必要なもの

三　学校，駅舎，卸売市場その他これらに類する公益上必要な建築物で，特定行政庁が用途上又は構造上やむを得ないと認めて許可したもの

2　都市再生特別地区内においては，建築物の壁又はこれに代わる柱は，建築物の地盤面下の部分及び国土交通大臣が指定する歩廊の柱その他これに類するものを除き，都市再生特別地区に関する都市計画において定められた壁面の位置の制限に反して建築してはならない。ただし，前項各号のいずれかに該当する建築物については，この限りでない。

3　都市再生特別地区に関する都市計画において定められた誘導すべき用途に供する建築物については，第48条から第49条の2までの規定は，適用しない。

4　都市再生特別地区内の建築物については，当該都市再生特別地区に関する都市計画において定められた建築物の容積率の最高限度を第52条第1項各号に掲げる数値（第57条の2第6項の規定により当該数値とみなされる特例容積率の限度の数値を含む。）とみなして，第52条の規定を適用する。

5　都市再生特別地区内の建築物については，第56条，第57条の4，第58条及

第6節　特別の地区

び第60条の３第２項の規定は，適用しない。

6　都市再生特別地区内の建築物については，第56条の２第１項に規定する対象区域外にある建築物とみなして，同条の規定を適用する。この場合における同条第４項の規定の適用については，同項中「対象区域内の土地」とあるのは，「対象区域（都市再生特別地区を除く。）内の土地」とする。

7　第44条第２項の規定は，第１項第３号の規定による許可をする場合に準用する。

（平14法22・追　加，平16法67・平18法46・平26法39・平28法72・平29法26・令２法43・一部改正）

平成14年に都市再生特別措置法（平成14年法律第22号）が施行され，同法により，都市再生緊急整備地域（都市の再生の拠点として，都市開発事業等を通じて緊急かつ重点的に市街地の整備を推進すべき地域として政令で定める地域）が設けられ，当該地域のうち，都市の再生に貢献し，土地の合理的かつ健全な高度利用を図る特別の用途，容積，高さ，配列等の建築物を誘導する必要があると認められる区域については，都市計画に都市再生特別地区を定めることができることとされている（都市再生特別措置法第36条第１項）。

都市再生緊急整備地域は，都市の再生の拠点として，土地の利用状況の大規模な変化を伴う整備を緊急に図るべき地域として，民間事業者の事業意欲を事業の実施に円滑に結びつけることにより，民間に存在する資金やノウハウなどの民間の力を引き出し，都市の再生を緊急かつ強力に推進する必要があり，国家的な観点から，緊急に思い切った市街地改造・土地利用転換を行う必要がある地域であるため，都市計画上も，こうした要請に対応して用途地域による用途規制や形態規制を緩和することができる事前明示性の高い仕組みが求められる。

そこで，都市再生特別地区は，既存の用途地域等による制限に代わり，誘導すべき用途や容積率，高さ等の必要な事項を都市計画に定めることにより，迅速な手続（建築確認）で建築物の建築を可能とするものであり，民間事業者等による都市再開発を積極的に誘導し，地区の特性に応じた良好な市街地を実現させるものとして創設されたものである。

具体的な緩和の内容については，まず，用途に関しては，都市再生特別地区の都市計画において誘導すべき用途を明示することにより，当該誘導すべき用途にかかる建築物の建築を認めることとされている。

311

第7章　都市計画区域等における建築物の敷地，構造，建築整備及び用途

　また，都市再生特別地区は，高さ等の街並みを誘導しつつ，更なる高度利用を図る地区であることから，形態に関しては，高度利用地区のように，容積率の最低限度及び最高限度，建蔽率の最低限度，建築面積の最低限度及び壁面の位置の制限を定めるだけでは不十分であるため，高度利用地区の計画事項に加え，高さの最高限度や壁面の制限を必ず都市計画に定めることにより，斜線制限，特例容積率適用地区の高さ制限及び高度地区の高さ制限を適用除外とするとともに，容積率の最高限度が400％以上（都市再生特別措置法第36条第2項）の特別な高度利用をすべきであることから，当該地区内の建築物相互間の日影規制を適用しないこととされている（法第60条の2第5項・第6項）。

　こうしたことにより，都市再生特別地区に関する都市計画に適合して行われる建築活動については，迅速な手続（建築確認）で建築物の建築が可能となり，整った街並みを形成する建築物の建築が誘導されることから，民間による都市計画の提案制度と併せて制度化を図ることにより，土地所有者等による再開発の機運を円滑に事業の実施に結び付け，地区の特性に応じた良好な市街地環境を実現することができる。

　なお，都市再生特別地区の都市計画では，既存の用途地域等による制限を基本的に適用せず，容積率や高さの制限を緩和する方向で定めることはできるが，建蔽率の最高限度，第一種・第二種低層住居専用地域における絶対高さ制限等は，既存の用途地域の都市計画で定められたものを緩和することができない。また，用途規制については，既存の用途地域の都市計画では認められない用途も誘導すべき用途として定めることができるが，既存の用途地域の都市計画で認められる用途を制限することはできない。

2　居住環境向上用途誘導地区

　（居住環境向上用途誘導地区）
法第60条の2の2　居住環境向上用途誘導地区内においては，建築物の建蔽率は，居住環境向上用途誘導地区に関する都市計画において建築物の建蔽率の最高限度が定められたときは，当該最高限度以下でなければならない。ただし，次の各号のいずれかに該当する建築物については，この限りでない。
　一　公衆便所，巡査派出所その他これらに類する建築物で，公益上必要なもの
　二　学校，駅舎，卸売市場その他これらに類する公益上必要な建築物で，特

312

第 6 節　特別の地区

定行政庁が用途上又は構造上やむを得ないと認めて許可したもの

2　居住環境向上用途誘導地区内においては，建築物の壁又はこれに代わる柱は，居住環境向上用途誘導地区に関する都市計画において壁面の位置の制限が定められたときは，建築物の地盤面下の部分及び国土交通大臣が指定する歩廊の柱その他これに類するものを除き，当該壁面の位置の制限に反して建築してはならない。ただし，前項各号のいずれかに該当する建築物については，この限りでない。

3　居住環境向上用途誘導地区内においては，建築物の高さは，居住環境向上用途誘導地区に関する都市計画において建築物の高さの最高限度が定められたときは，当該最高限度以下でなければならない。ただし，特定行政庁が用途上又は構造上やむを得ないと認めて許可したものについては，この限りでない。

4　居住環境向上用途誘導地区内においては，地方公共団体は，その地区の指定の目的のために必要と認める場合においては，国土交通大臣の承認を得て，条例で，第48条第1項から第13項までの規定による制限を緩和することができる。

5　第44条第2項の規定は，第1項第2号又は第3項ただし書の規定による許可をする場合に準用する。

（令2法43・追加）

地方都市における人口減少や大都市における高齢者の増加等が進展する中，住宅及び医療，福祉，商業その他の居住に関連する施設の立地の適正化を図り，コンパクトなまちづくりを推進する観点から，平成26年に都市再生特別措置法が改正された。

本改正では，市町村が作成する立地適正化計画に基づき，居住関連施設の立地の誘導を図ることとしている。立地適正化計画においては，まとまった居住の推進を図る居住誘導区域や生活サービス機能の計画的配置を図る都市機能誘導区域を定め，それぞれの区域に所定の施設を有する建築物の建築を誘導していくとともに，区域外における施設の建築については開発許可や届出により，必要なチェックを行うこととしている。

令和2年に都市再生特別措置法が再度改正され，居住誘導区域のうち居住環境向上施設（病院，店舗その他の都市の居住者の日常生活に必要な施設で居住環境の向

313

第7章　都市計画区域等における建築物の敷地，構造，建築整備及び用途

上に資するもの）の建築を誘導する必要があると認められる区域については，都市計画に「居住環境向上用途誘導地区」として定めることができるようになった。

　この居住環境向上用途誘導地区における特定用途の建築物については，容積率の最高限度（法第52条第1項第6号），建蔽率の最高限度（法第60条の2の2第1項），壁面の位置の制限（同条第2項）及び建築物の高さの最高限度（同条第3項）について，当該制限を都市計画に定めることによりその基準を緩和するとともに，用途制限（同条第4項）についても国土交通大臣の承認を得たうえで，条例により制限を緩和することができるようになっている。

3　特定用途誘導地区

　（特定用途誘導地区）

法第60条の3　特定用途誘導地区内においては，建築物の容積率及び建築物の建築面積（同一敷地内に2以上の建築物がある場合においては，それぞれの建築面積）は，特定用途誘導地区に関する都市計画において建築物の容積率の最低限度及び建築物の建築面積の最低限度が定められたときは，それぞれ，これらの最低限度以上でなければならない。ただし，次の各号のいずれかに該当する建築物については，この限りでない。

　一　主要構造部が木造，鉄骨造，コンクリートブロック造その他これらに類する構造であつて，階数が2以下で，かつ，地階を有しない建築物で，容易に移転し，又は除却することができるもの

　二　公衆便所，巡査派出所その他これらに類する建築物で，公益上必要なもの

　三　学校，駅舎，卸売市場その他これらに類する公益上必要な建築物で，特定行政庁が用途上又は構造上やむを得ないと認めて許可したもの

2　特定用途誘導地区内においては，建築物の高さは，特定用途誘導地区に関する都市計画において建築物の高さの最高限度が定められたときは，当該最高限度以下でなければならない。ただし，特定行政庁が用途上又は構造上やむを得ないと認めて許可したものについては，この限りでない。

3　特定用途誘導地区内においては，地方公共団体は，その地区の指定の目的のために必要と認める場合においては，国土交通大臣の承認を得て，条例で，第48条第1項から第13項までの規定による制限を緩和することができる。

314

第6節 特別の地区

4 第44条第2項の規定は，第1項第3号又は第2項ただし書の規定による許可をする場合に準用する。

（平26法39・追加，平28法72・平29法26・一部改正）

平成26年の都市再生特別措置法改正により創設された「特定用途誘導地区」は，立地適正化計画に記載された都市機能誘導区域内で，特定の用途等の施設を誘導する必要がある場合に定められる地区で，当該地区に関し，都市計画において特別な用途規制や形態規制上の限度を定めている。これに基づき，当該地区内の建築物については，容積率の最高限度（法第52条第1項第7号），建築物の用途（同条第3項）について，当該制限を都市計画に定めることによりその基準を緩和するとともに，用途制限（同条第4項）についても国土交通大臣の承認を得たうえで，条例により制限を緩和することができるようになっている。併せて，周辺の市街地環境を確保するため必要な場合には，建築物の高さの最高限度を都市計画に定めることより，建築物の高さの制限を行うことができる（法第60条の3第2項）。

加えて，平成28年の都市再生特別措置法改正により，狭小敷地の統合や中高層建築物の建築の促進を通じた誘導施設の整備を図るため，特定用途誘導地区に関する都市計画において，容積率及び建築面積の最低限度（同条第1項）を定めることが可能となっている。

4 特定防災街区整備地区

（特定防災街区整備地区）

法第67条 特定防災街区整備地区内にある建築物は，耐火建築物等又は準耐火建築物等としなければならない。ただし，次の各号のいずれかに該当する建築物については，この限りでない。

一 延べ面積が50平方メートル以内の平家建ての附属建築物で，外壁及び軒裏が防火構造のもの

二 卸売市場の上家，機械製作工場その他これらと同等以上に火災の発生のおそれが少ない用途に供する建築物で，主要構造部が不燃材料で造られたものその他これに類する構造のもの

三 高さ2メートルを超える門又は塀で，不燃材料で造られ，又は覆われたもの

四 高さ2メートル以下の門又は塀

2 建築物が特定防災街区整備地区と特定防災街区整備地区として指定されて

315

第7章　都市計画区域等における建築物の敷地，構造，建築整備及び用途

いない区域にわたる場合においては，その全部について，前項の規定を適用する。ただし，その建築物が特定防災街区整備地区外において防火壁で区画されている場合においては，その防火壁外の部分については，この限りでない。

3　特定防災街区整備地区内においては，建築物の敷地面積は，特定防災街区整備地区に関する都市計画において定められた建築物の敷地面積の最低限度以上でなければならない。ただし，次の各号のいずれかに該当する建築物の敷地については，この限りでない。

　一　公衆便所，巡査派出所その他これらに類する建築物で公益上必要なもの

　二　特定行政庁が用途上又は構造上やむを得ないと認めて許可したもの

4　第53条の2第3項の規定は，前項の都市計画において建築物の敷地面積の最低限度が定められ，又は変更された場合に準用する。この場合において，同条第3項中「第1項」とあるのは，「第67条第3項」と読み替えるものとする。

5　特定防災街区整備地区内においては，建築物の壁又はこれに代わる柱は，特定防災街区整備地区に関する都市計画において壁面の位置の制限が定められたときは，建築物の地盤面下の部分を除き，当該壁面の位置の制限に反して建築してはならない。ただし，次の各号のいずれかに該当する建築物については，この限りでない。

　一　第3項第1号に掲げる建築物

　二　学校，駅舎，卸売市場その他これらに類する公益上必要な建築物で，特定行政庁が用途上又は構造上やむを得ないと認めて許可したもの

6　特定防災街区整備地区内においては，その敷地が防災都市計画施設（密集市街地整備法第31条第2項に規定する防災都市計画施設をいう。以下この条において同じ。）に接する建築物の防災都市計画施設に係る間口率（防災都市計画施設に面する部分の長さの敷地の当該防災都市計画施設に接する部分の長さに対する割合をいう。以下この条において同じ。）及び高さは，特定防災街区整備地区に関する都市計画において建築物の防災都市計画施設に係る間口率の最低限度及び建築物の高さの最低限度が定められたときは，それぞれ，これらの最低限度以上でなければならない。

7　前項の場合においては，同項に規定する建築物の高さの最低限度より低い高さの建築物の部分（同項に規定する建築物の防災都市計画施設に係る間口

率の最低限度を超える部分を除く。）は，空隙のない壁が設けられる等防火
上有効な構造としなければならない。

8　前2項の建築物の防災都市計画施設に係る間口率及び高さの算定に関し必
要な事項は，政令で定める。

9　前3項の規定は，次の各号のいずれかに該当する建築物については，適用
しない。

一　第3項第1号に掲げる建築物

二　学校，駅舎，卸売市場その他これらに類する公益上必要な建築物で，特
定行政庁が用途上又は構造上やむを得ないと認めて許可したもの

10　第44条第2項の規定は，第3項第2号，第5項第2号又は前項第2号の規
定による許可をする場合に準用する。

（平15法101・追加，平26法54・旧第67条の2繰下・一部改正，平30法67・旧
第67条の3繰上・一部改正）

　密集市街地は，老朽化した木造建築物が密集し，公共施設が不足している等によ
り，防災上きわめて危険な市街地であり，いったん火災が発生した場合，市街地の
広い範囲にわたって延焼・拡大し，人的，物的に大きな被害が生じるおそれがあ
る。しかし，密集市街地は，狭小敷地が多い上，公共施設も不足し，権利関係も複
雑であるため，防災上危険な建築物の更新や計画的な公共施設の整備等その整備改
善は十分には進んでいないのが現状である。

　こうした密集市街地において早急に火災に対する危険性を軽減させていくために
は，密集市街地内の一定の区域を限り，当該区域に防火上の特別な制限を課すとと
もに，当該構造制限と併せて，建築物の防災機能の向上を図り，かつ計画的な街区
整備を図るための所要の形態制限を一体的に課すことにより，当該区域の特定防災
機能の確保及び土地の合理的かつ健全な利用を図り，併せて周辺の密集市街地に対
しても，延焼防止上及び避難上の効果を及ぼし，当該密集市街地全体の安全性を向
上させていくことが重要である。このため，「密集市街地における防災街区の整備
の促進に関する法律等の一部を改正する法律」（平成15年法律第101号）により，都
市計画の新しい地域地区として特定防災街区整備地区が創設された。

　特定防災街区整備地区は，当該区域及びその周辺の密集市街地の特定防災機能
（火事又は地震が発生した場合において延焼防止上及び避難上確保されるべき機
能）の確保並びに当該区域の土地の合理的かつ健全な利用を図ることを目的として

第7章　都市計画区域等における建築物の敷地，構造，建築整備及び用途

おり，その対象区域は，以下の①及び②を要件としている（密集市街地整備法第31条第2項）。

①　防火地域又は準防火地域が定められている土地の区域であること

　　広く市街地全般を対象とした防火に関する規制として防火地域・準防火地域があるが，特定防災街区整備地区は，防火地域又は準防火地域が定められている密集市街地内における特定の区域を対象とし，当該区域及びその周辺の密集市街地における公共施設の整備状況や土地利用の状況等の特性を踏まえ，防火地域・準防火地域の規制を補完して，効果的に，当該地区に必要とされる防災機能の確保等を図ることができるよう定める。

②　防災都市計画施設と一体となって特定防災機能を確保するための防災街区として整備すべき区域その他当該密集市街地における特定防災機能の効果的な確保に貢献する防災街区として整備すべき区域であること

特定防災街区整備地区は，当該区域を防災街区（特定防災機能が確保され，土地の合理的かつ健全な利用が図られた街区）として整備することが，当該区域周辺で発生する火災に対しても，その延焼を抑制したり，避難地・避難路として機能する等周辺の地域における特定防災機能の確保にも寄与する区域について定める。この場合，特に延焼防止，避難上重要な機能を有する施設である防災都市計画施設（防災街区整備方針に即して都市施設として整備すべきものに係る都市計画施設）の周辺においては，当該施設と一体となって特定防災機能を確保するものとして定められることとなる。

第1項

　　特定防災街区整備地区の性格にかんがみ，当該地区内の建築物は，①耐火建築物（鉄筋コンクリート造等。法第2条第9号の2）若しくはこれと同等の延焼防止性能を有する建築物又は②準耐火建築物（外壁の屋外側を石膏ボードと金属板で被覆等。法第2条第9号の3）若しくはこれと同等の延焼防止性能を有する建築物としなければならず，これらにより防火上の性能が低い防火構造（壁等を鉄網モルタル塗等。法第2条第8号）の建築物を制限している。このため，準防火地域内の延べ面積500㎡未満の建築物は防火構造の木造建築物の建築が認められている（法第62条第2項）が，特定防災街区整備地区に指定されると，当該建築物も耐火建築物等又は準耐火建築物等としなければならない。なお，附属建築物，火災の発生のおそれが少ない用途の建築物及び門・塀については適用除外規定が設けられている。

第2項

第6節　特別の地区

建築物が特定街区整備地区の内外にわたる場合には，その全部について前記の構造制限を適用される。

第3項及び第4項

特定防災街区整備地区内においては，建築物の敷地面積は，特定防災街区整備地区に関する都市計画において定められた建築物の敷地面積の最低限度以上でなければならない。

この場合，用途地域に関する都市計画で建築物の敷地面積の最低限度が定められた場合の制限（法第53条の2）と同様に，公益上必要な建築物（巡査派出所等），既存狭小敷地等についての適用除外規定が設けられている，ただし，狭小な敷地が集積した密集市街地の再生産を防止する観点から，10分の8の建蔽率が指定されている防火地域内の耐火建築物に関する適用除外規定（法第53条の2第1項第1号）は設けられていない。

第5項

特定防災街区整備地区内においては，建築物の壁又はこれに代わる柱は，特定防災街区整備地区に関する都市計画において壁面の位置の制限が定められたときは，建築物の地盤面下の部分を除き，当該壁面の位置の制限に反して建築してはならない。

この場合，高度利用地区（法第59条第2項），都市再生特別地区（法第60条の2第2項）等の壁面の位置の制限と同様に，公益上必要な建築物等についての適用除外規定が設けられている。

ただし，高度利用地区等においては木造の建築物で容易に移転・除却することができる仮設的な建築物に対する適用除外規定が設けられているが，密集市街地では，当該建築物が恒久的に使用される可能性が高いことから，当該建築物に関する適用除外は設けられていない。

第6項～第8項

特定防災街区整備地区内においては，その敷地が防災都市計画施設に接する建築物については，その防災都市計画施設に係る間口率及び高さは，特定防災街区整備地区に関する都市計画において建築物の防災都市計画施設に係る間口率の最低限度及び建築物の高さの最低限度が定められたときは，これらの最低限度以上でなければならない。

また，当該建築物については，前記制限を実効あるものとし，後背地からの火災を有効に防止するため，建築物の高さの最低限度より低い高さの建築物の部分は，

第7章　都市計画区域等における建築物の敷地，構造，建築整備及び用途

空隙のない壁が設けられる等防火上有効な構造としなければならない。このため，
例えばピロティは認められない。

　当該建築物の防災都市計画施設に係る間口率及び高さの具体的な算定に関し必要
な事項は，令第136条の2の4で定めている。

　これらの制限については，特定防災街区整備地区内の壁面の位置の制限と同様の
適用除外規定が設けられている。

　　　　（建築物の防災都市計画施設に係る間口率及び高さの算定）
　令第136条の2の4　法第67条第6項に規定する建築物の防災都市計画施設に
　　係る間口率の算定の基礎となる次の各号に掲げる長さの算定方法は，当該各
　　号に定めるところによる。
　　一　防災都市計画施設に面する部分の長さ　建築物の周囲の地面に接する外
　　　　壁又はこれに代わる柱の面で囲まれた部分の水平投影の防災都市計画施設
　　　　に面する長さによる。
　　二　敷地の防災都市計画施設に接する部分の長さ　敷地の防災都市計画施設
　　　　に接する部分の水平投影の長さによる。
　2　法第67条第6項に規定する建築物の高さの算定については，建築物の防災
　　都市計画施設に面する方向の鉛直投影の各部分（同項に規定する建築物の防
　　災都市計画施設に係る間口率の最低限度を超える部分を除く。）の防災都市
　　計画施設と敷地との境界線からの高さによる。

　　　　　　　（平15政523・追加，平27政11・令元政30・一部改正）

　当該建築物の防災都市計画施設に係る間口率及び高さの具体的な算定に関し必要
な事項が規定されている。

第1項

　間口率の算定は，建築物の防災都市計画施設に面する部分の長さの敷地の当該防
災都市計画施設に接する部分の長さに対する割合（法第67条第6項）による。ここ
で，建築物の防災都市計画施設に面する部分の長さとは「建築物の周囲の地面に接
する外壁又はこれに代わる柱の面で囲まれた部分の水平投影の防災都市計画施設に
面する長さ」をいい，敷地の防災都市計画施設に接する部分の長さは「敷地の防災
都市計画施設に接する部分の水平投影の長さ」をいう。

第2項

　高さの算定は，建築物の防災都市計画施設に面する方向の鉛直投影の各部分（同

項に規定する建築物の防災都市計画施設に係る間口率の最低限度を超える部分を除く。)のその敷地が接する当該防災都市計画施設の当該敷地との境界線からの高さによる。

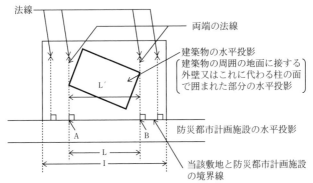

水平投影の防災都市計画施設に面する長さは，当該敷地と防災都市計画施設の境界線からの当該建築物と重なる法線のうち，両端の法線間の長さである。

これは，両端の法線の足（図の点A及びB）間の境界線の長さ（図のL）として算定される。

① 敷地の防災都市計画施設に接する部分の長さ
　　当該敷地と防災都市計画施設の境界線（図のI）として算定される。
② 間口率の算定
　　したがって，間口率は，①により算定した数値を，②により算定した数値により除したものとして算定される（図のL／I）。

図7—97　建築物の水平投影の防災都市計画施設に面する長さ

「防災都市計画施設に面する」とは，防災都市計画施設からの法線と交わり，かつ，建築物と防災都市計画施設との間に，他の建築物が存在しないことである。

また，「面する長さ」とは，法線の両端間の距離である。この場合，距離が算定されるのは法線が平行な場合であるため，法線の向きが変化する場合には，平行となる部分ごとに算定し，その和として算定することとなる。

第7章　都市計画区域等における建築物の敷地，構造，建築整備及び用途

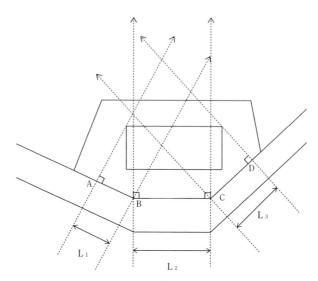

面する部分の長さ：$L = L_1 + L_2 + L_3$
これは，法線の足間の距離に等しい。　　$L_1 = AB$
$L_2 = BC$
$L_3 = CD$

敷地と防災都市計画施設の境界線が，さらに複雑になった場合も，同様に，nの部分に分けて，足し合わせることで算定できる。

$$L = \sum_{k=1}^{n} L_k \quad \cdots ①$$

さらに，境界線が曲線の場合は，式①において，$n \to \infty$ となった場合であるから，それは，両端の法線の足の間の敷地と防災都市計画施設の境界線の長さとなる。

なお，この場合，法線を立てるのを，当該敷地と防災都市計画施設の境界線とするのは，
① 　間口率の定義（建築物に対応した敷地ごとに，敷地境界線に対する建築物の幅射熱の遮蔽）
② 　敷地と防災都市計画施設の間に他の建築物の敷地等がある場合には，防災都市計画施設に建築物が面するか否かが判然としない
③ 　また，他の建築物の敷地が接する部分は，その敷地にある建築物の間口により，幅射熱を遮蔽することから問題がない
ことから，当然なことである。

次図の場合，aの部分は，Bに遮蔽され，防災都市計画施設に面していない。

第6節 特別の地区

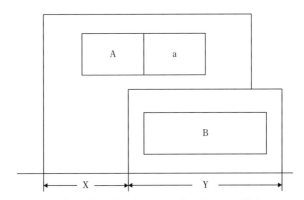

図7—98 「建築物の水平投影の面する長さ」の算定について

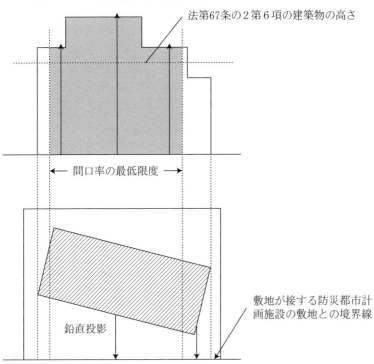

図7—99 高さの算定

第 7 章　都市計画区域等における建築物の敷地，構造，建築整備及び用途

（注）道路に係る高さの最低限度を定めるものには沿道地区計画があるが，この場合の高さの算定は「路面の中心からの高さ」によることとされている（令第136条の2の5第1項第14号）。沿道地区計画と特定防災街区整備地区の算定方法が異なる理由は，沿道地区計画において遮音上の措置が必要となるのは沿道整備道路の沿道だけであるのに対し，特定防災街区整備地区において防火上の措置が必要な施設は，道路以外にも公園その他政令で定める公共施設（緑地，広場その他の公共空地）があり，「路面の中心からの高さ」とすることは適当でないためである（防災街区整備地区計画も特定防災街区整備地区と同様。令第136条の2の5第2項）。

5　景観地区

法第68条　景観地区内においては，建築物の高さは，景観地区に関する都市計画において建築物の高さの最高限度又は最低限度が定められたときは，当該最高限度以下又は当該最低限度以上でなければならない。ただし，次の各号のいずれかに該当する建築物については，この限りでない。

一　公衆便所，巡査派出所その他これらに類する建築物で，公益上必要なもの

二　特定行政庁が用途上又は構造上やむを得ないと認めて許可したもの

2　景観地区内においては，建築物の壁又はこれに代わる柱は，景観地区に関する都市計画において壁面の位置の制限が定められたときは，建築物の地盤面下の部分を除き，当該壁面の位置の制限に反して建築してはならない。ただし，次の各号のいずれかに該当する建築物については，この限りでない。

一　前項第1号に掲げる建築物

二　学校，駅舎，卸売市場その他これらに類する公益上必要な建築物で，特定行政庁が用途上又は構造上やむを得ないと認めて許可したもの

3　景観地区内においては，建築物の敷地面積は，景観地区に関する都市計画において建築物の敷地面積の最低限度が定められたときは，当該最低限度以上でなければならない。ただし，次の各号のいずれかに該当する建築物の敷地については，この限りでない。

一　第1項第1号に掲げる建築物

二　特定行政庁が用途上又は構造上やむを得ないと認めて許可したもの

4　第53条の2第3項の規定は，前項の都市計画において建築物の敷地面積の最低限度が定められ，又は変更された場合に準用する。この場合において，同条第3項中「第1項」とあるのは，「第68条第3項」と読み替えるものとする。

5　景観地区に関する都市計画において建築物の高さの最高限度，壁面の位置の制限（道路に面する壁面の位置を制限するものを含むものに限る。）及び

第 6 節　特別の地区

建築物の敷地面積の最低限度が定められている景観地区（景観法第72条第 2
項の景観地区工作物制限条例で，壁面後退区域（当該壁面の位置の制限とし
て定められた限度の線と敷地境界線との間の土地の区域をいう。）における
工作物（土地に定着する工作物以外のものを含む。）の設置の制限（当該壁
面後退区域において連続的に有効な空地を確保するため必要なものを含むも
のに限る。）が定められている区域に限る。）内の建築物で，当該景観地区に
関する都市計画の内容に適合し，かつ，敷地内に有効な空地が確保されてい
ること等により，特定行政庁が交通上，安全上，防火上及び衛生上支障がな
いと認めるものについては，第56条の規定は，適用しない。
6　第44条第 2 項の規定は，第 1 項第 2 号，第 2 項第 2 号又は第 3 項第 2 号の
規定による許可をする場合に準用する。

（平16法111・全改，平26法54・一部改正）

我が国初の景観に関する総合的な法律である景観法（平成16年法律第110号）に
おいては，市町村は，都市計画区域又は準都市計画区域内の土地の区域について，
市街地の良好な景観の形成を図るため，都市計画に，景観地区を定めることができ
ることとされた（同法第61条第 1 項）。景観地区に関する都市計画には，都市計画
法第 8 条第 3 項第 1 号及び第 3 号に掲げる事項のほか，建築物の形態意匠の制限に
関する事項を定めるとともに，建築物の高さの最高限度又は最低限度，壁面の位置
の制限，建築物の敷地面積の最低限度のうち必要なものを定めることとなっている
（同法第61条第 2 項）。

このため，景観法の施行に伴い制定された景観法の施行に伴う関係法律の整備等
に関する法律（平成16年法律第111号。以下「景観法整備法」という。）において建
築基準法が改正され，景観地区に関する都市計画において建築物の高さの制限等が
定められた場合においては，建築物は当該制限に適合しなければならないこととさ
れ，建築確認によってその適合性が担保されることとなった。

なお，景観地区に関する都市計画において建築物の高さの最高限度，壁面の位置
の制限及び建築物の敷地面積の最低限度が定められている景観地区（景観地区工作
物制限条例で壁面後退区域における工作物の設置の制限が定められている区域に限
る。）内の建築物で，当該景観地区に関する都市計画の内容に適合し，かつ，敷地
内に有効な空地が確保されていること等により，特定行政庁が交通上，安全上，防
火上及び衛生上支障がないと認めるものについては，建築物の各部分の高さの制限

第7章　都市計画区域等における建築物の敷地，構造，建築整備及び用途

（法第56条）が適用されないこととなっている。こうした措置を講ずることにより，建築物の上部が斜めに切り取られたような形になることによるスカイラインの不統一といった当該制限の弊害を回避し，良好な景観の形成を図ることが可能となる。

　また，景観地区は都市計画法の地域地区として位置づけられるとともに（同法第8条第1項第6号），景観地区の目的である「市街地における良好な景観の形成」には，概念上，美観地区が目的としていた「市街地の美観の維持」も含まれることから，景観法整備法において都市計画法及び建築基準法が改正され，美観地区制度は廃止されることとなった。

6　景観重要建造物

> **（景観重要建造物である建築物に対する制限の緩和）**
>
> **法第85条の2**　景観法第19条第1項の規定により景観重要建造物として指定された建築物のうち，良好な景観の保全のためその位置又は構造をその状態において保存すべきものについては，市町村は，同法第22条及び第25条の規定の施行のため必要と認める場合においては，国土交通大臣の承認を得て，条例で，第21条から第25条まで，第28条，第43条，第44条，第47条，第52条，第53条，第54条から第56条の2まで，第58条，第61条，第62条，第67条第1項及び第5項から第7項まで並びに第68条第1項及び第2項の規定の全部若しくは一部を適用せず，又はこれらの規定による制限を緩和することができる。
>
> （平16法111・追加・一部改正，平26法54・平30法67・一部改正）

　景観法においては，景観行政団体の長が，景観計画区域内の良好な景観の形成上重要な建造物を景観重要建造物（景観法第19条第1項）として指定することにより，当該景観重要建造物を増改築等する場合に現状変更の規制（同法第22条）が課せられるとともに，当該景観重要建造物の所有者等に対して適切に管理する義務が課せられる（同法第25条）こと等により，その良好な景観を保全することとしている。

　一方，景観重要建造物である建築物については，建築基準法による建築制限が整備される以前に建築され，現在では既存不適格建築物としての扱いを受けることとなるものの存在が想定されたことから，建築基準法による建築制限が一律に課されることとなると，例えば，防火地域（法第61条）内において床面積50㎡を超えるよ

326

うな増改築を行おうとする場合には，当該景観重要建造物である建築物を耐火建築物（鉄筋コンクリート造等）にしなければならなくなり，良好な景観の保全に支障を来たすおそれがあった。

このため，景観重要建造物である建築物のうち，良好な景観の保全を図るためその位置又は構造をその状態において保存すべきものについては，市町村は，国土交通大臣の承認を得て，条例で，建築基準法の外観に影響を及ぼす制限の全部又は一部を適用せず，またはその制限を緩和することができることとした。

なお，建築基準法による壁面線による建築制限（法第47条），外壁の後退距離の制限（法第54条），日影規制（法第56条の2）等については，伝統的建造物群保存地区においては都市計画等において面的にこれらの制限を課さないとすることで調整できるため当該制限の緩和規定を設けていないが，景観重要建造物である建築物については，このような調整ができないため，当該制限を緩和することができることとされている。

7 伝統的建造物群保存地区

> （伝統的建造物群保存地区内の制限の緩和）
> **法第85条の3** 文化財保護法第143条第1項又は第2項の伝統的建造物群保存地区内においては，市町村は，同条第1項後段（同条第2項後段において準用する場合を含む。）の条例において定められた現状変更の規制及び保存のための措置を確保するため必要と認める場合においては，国土交通大臣の承認を得て，条例で，第21条から第25条まで，第28条，第43条，第44条，第52条，第53条，第55条，第56条，第61条，第62条及び第67条第1項の規定の全部若しくは一部を適用せず，又はこれらの規定による制限を緩和することができる。
>
> （昭50法49・追加，平11法160・平15法101・一部改正，平16法111・旧第85条
> の2繰下，平16法61・平26法54・平30法67・一部改正）

「伝統的建造物群保存地区」とは，伝統的建造物群及びこれと一体をなしてその価値を形成している環境を保存するため定められる地区であり（文化財保護法第142条），都市計画区域内においては，都市計画の地域地区として都市計画に定められ，都市計画区域以外においては市町村の条例で定められる。

また，伝統的建造物群保存地区が都市計画又は条例で定められた場合は，市町村は，当該地区の保存のため，現状変更の規制及び保存のための措置を確保するため

第7章　都市計画区域等における建築物の敷地，構造，建築整備及び用途

必要な措置を定めるものとされている（同法第143条）。

　伝統的建造物群を構成している建築物は，多くは建築物を規制する諸法令が整備される以前に建築されたもので，既存不適格建築物の取扱いを受けているものが多い。これらの建築物について改築，大規模の模様替等を行う場合に，建築基準法をそのまま適用すると，歴史的，民俗的な価値の高い建築物群を保存できなくなる場合があるので，国土交通大臣の承認を得て，条例で建築基準法の一定の規定について適用除外又は緩和を行うことができることとしたものである。

　この措置は，これらの建築物が建築基準法の目的とする交通，安全，防火，衛生，市街地の居住環境等の確保の観点から支障がないために認められたものではなく，伝統的建造物群の保護の必要性から認められたものであるので，適用除外の条項，緩和の程度は，伝統的建造物群保存のため必要とされる最小限のものに限られるべきである。

　また，適用除外又は緩和をする場合には，それぞれの条項の趣旨及び伝統的建造物群保存地区の実状に照らして相当と認められる代替措置を確保させる必要がある。

　なお，国宝，重要文化財，重要有形民俗文化財等については，本条と同様の趣旨から，建築基準法を適用しないこととしている（法第3条第1項）。

　なお，本条は昭和50年に，文化財保護法の改正により伝統的建造物群保存地区が創設されたことに伴い新たに追加されたものである。

第7節　地区計画等の区域内の制限

1　地区計画制度等の創設

　昭和55年，都市計画法及び建築基準法の一部を改正する法律（昭和55年法律第35号）及び幹線道路の沿道の整備に関する法律（昭和55年法律第34号）により，地区計画制度及び沿道整備計画制度（現在は沿道地区計画制度）が創設された。

　また，昭和62年に集落地域整備法（昭和62年法律第63号）により集落地区計画制度が，平成9年に密集市街地における防災街区の整備の促進に関する法律（平成9年法律第49号）により防災街区整備地区計画が，平成20年に地域における歴史的風致の維持及び向上に関する法律（平成20年法律第40号）により歴史的風致維持向上地区計画が創設され，5種類の地区レベルの計画制度が設けられ今日に至っている（以上を総称して「地区計画等」といっている）。

　一方，昭和63年に都市再開発法及び建築基準法の一部を改正する法律（昭和63年法律第49号）により再開発地区計画制度が，平成2年に都市計画法及び建築基準法の一部を改正する法律（平成2年法律第61号）により住宅地高度利用地区計画制度が創設されたが，これらは平成14年の建築基準法等の一部を改正する法律（平成14年法律第85号）により，地区計画の再開発等促進区として統合されている。

　地区計画は，「建物の建築形態，公共施設その他の施設の配置等からみて，一体としてそれぞれの区域の特性にふさわしい態様を備えた良好な環境の各街区を整備し，及び保全するための計画」（都市計画法第12条の5第1項）であり，都市計画として定められる。

　他の都市計画が，都市全体の視点からするとマクロ的土地利用及び根幹的な公共施設の整備に関する計画を主としていたのに対し，地区計画制度は，都市計画区域において比較的規模の小さな「地区」を単位として，道路，公園等の地区施設の配置及び規模に関する事項，建築物の形態，用途，敷地等に関する事項その他土地利用の制限に関する事項を総合的・一体的に都市計画として定め，これに基づき開発行為，建築行為等を誘導・規制することにより，良好な市街地の形成又は保全を図ろうとするものである。これによって，地区レベルでのきめ細かなよりよい街づくりをめざすものである。

　なお，地区計画制度は平成2年の法改正により用途別容積型地区計画，平成4年の法改正により，誘導容積型及び容積適正配分型地区計画，平成7年の法改正により街並み誘導型地区計画，平成14年の法改正により再開発等促進区及び高度利用型

第7章　都市計画区域等における建築物の敷地，構造，建築整備及び用途

地区計画，平成18年の法改正により開発整備促進区が創設され拡充された。

　沿道地区計画は，都道府県知事が国土交通大臣に協議し，その同意を得て指定した沿道整備道路の沿道について，道路交通騒音により生ずる障害の防止と適正かつ合理的な土地利用の促進を図るための計画であり，都市計画として定められる（幹線道路の沿道の整備に関する法律（以下「沿道法」という。）第5条，第9条）。

　集落地区計画は都市計画区域と農業振興地域とが重複している地域において，当該地域の基礎的な生産・生活の単位である集落とその周辺の農業地（法律では，これを「集落地域」と呼んでいる。）を対象として，各々集落地区計画と集落農業振興地域整備計画を策定し，当該計画に従い，都市環境と農業の生産条件との調和のとれた整備を推進することを目的とするものである。

　用途別容積型地区計画は，大都市都心部又はその周辺部の住宅と商業等の用途が併存し，業務ビルの建築の進行等の影響を受け，住宅や人口の著しい減少を示している地区等において，住居と住居以外の用途の適正な配分を図るため，地区計画において容積率の最高限度を住宅を含む建築物に係るものと，それ以外のものとに区分し，前者を後者以上の数値で定め，これを指定容積率とみなして容積率制限を適用することにより，住宅の立地に対し一定のインセンティブを与えようとするものである。

　誘導容積型地区計画は，土地の有効利用が必要とされているにもかかわらず，公共施設が未整備のため，土地の有効利用が十分に図られていない地区が広範に存し，また，そのため都心に近い既成市街地で土地の有効利用がなされていない地域を残存しつつ市街地が外延的に拡大するという都市構造上の問題が生じている状況に対応し，公共施設を伴った土地の有効利用を誘導することを目的として，適正な配置及び規模の公共施設がない土地の区域において，地区整備計画に区域の特性に応じた容積率の最高限度（目標容積率）と区域内の公共施設の整備の状況に応じた容積率の最高限度（暫定容積率）を併せて定め，公共施設の整備状況に応じ，暫定容積率又は目標容積率を適用する制度である。

　容積適正配分型地区計画は，適正な配置及び規模の公共施設を備えた土地の区域において，それぞれの地区の特性に応じて，容積率規制の詳細化を図り，良好な市街地環境の形成及び合理的な土地利用を図るため，地区整備計画の区域を区分し，当該各区域に，当該地区整備計画の区域内の指定容積率の数値に当該数値の定められた区域の面積を乗じたものの合計の範囲内で，建築物の容積を適正に配分して容積率の最高限度を定めること及び当該各区域内の建築物について，当該地区整備計

330

第7節　地区計画等の区域内の制限

画において定められた容積率の最高限度を指定容積率とみなす制度である。

　街並み誘導型地区計画は，既成市街地において，幅員の広い道路沿いに比べ，地区内道路の整備水準の低い街区の内側については土地の有効利用が進んでいないこと等にかんがみ，地区の特性に応じた建築物の高さ，配列及び形態を地区計画として一体的に定め，工作物の配置の制限等必要な規制及び建築物の形態に関する制限の緩和を行うことにより，個別の建築活動を通じて街並みを誘導しつつ，土地の合理的かつ健全な有効利用の推進及び良好な環境の形成を図ることを目的とし，従来の地区計画の手法に加えて，地区整備計画で工作物の設置の制限等が定められかつ建築物の高さの最高限度等について条例による制限を行う場合に，前面道路幅員による容積率制限及び斜線制限の緩和措置を講じるものである。

　防災街区整備地区計画は，火事，地震等の災害時における延焼防止，避難路確保のため必要な道路，建築物等を一体的かつ総合的に整備する必要がある場合に，地区レベルの道路等の公共施設の整備とその沿道に耐火建築物を誘導するための計画事項を追加した地区計画として定めることにより，防災機能の確保と土地の合理的かつ健全な利用を図るものである。

　歴史的風致の維持及び向上を図ることによる良好な市街地環境の形成が特に必要となる地域において，用途地域による用途の制限にかかわらず，歴史的風致にふさわしい用途として歴史的な建造物を利活用することにより，その保全を促し，当該地域の歴史的風致の維持及び向上と土地の合理的かつ健全な利用を図るものである。

　地区計画，沿道整備計画，集落地区計画，防災街区整備地区計画及び歴史的風致維持向上地区計画は市町村（特別区）が定める。

2　地区計画

(1)　地区計画を定めることができる区域は，平成12年の法改正により，用途地域が定められている土地の区域及び用途地域が定められていない土地の区域のうち次のいずれかに該当する区域に拡充された（都市計画法第12条の5第1項第1号，第2号）。

①　住宅市街地の開発その他建築物若しくはその敷地の整備に関する事業が行われる，又は行われた土地の区域

②　建築物の建築又はその敷地の造成が無秩序に行われ，又は行われると見込まれる一定の土地の区域で，公共施設の整備の状況，土地利用の動向等からみて不良な街区の環境が形成されるおそれがあるもの

331

第 7 章　都市計画区域等における建築物の敷地，構造，建築整備及び用途

　③　健全な住宅市街地における良好な居住環境その他優れた街区の環境が形成されている土地の区域

⑵　地区計画は，種類，名称，位置，区域及び面積，当該地区計画の目標その他当該区域の整備，開発及び保全に関する方針並びに地区整備計画を都市計画に定めることとされている（都市計画法第12条の4第2項，第12条の5第2項，同法施行令第7条の3）。

　　地区整備計画は，地区施設（主として街区内の居住者等の利用に供される道路，公園，広場，緑地その他の公共空地及び街区における防災上必要な機能を確保するための避難施設，避難路，雨水貯留浸透施設等の施設をいう。都市計画施設を含まない。）及び建築物等の整備並びに土地の利用に関する計画である。次のうち，地区計画の目的を達成するために必要な事項が定められる（都市計画法第12条の5第2項・第7項，同法施行令第7条の4，第7条の6）。

①　地区施設の配置及び規模

②　建築物等に関する事項

　ア　建築物等の用途の制限

　イ　建築物の容積率の最高限度又は最低限度

　ウ　建築物の建蔽率の最高限度

　エ　建築物の敷地面積の最低限度

　オ　建築物の建築面積の最低限度

　カ　建築物の敷地の地盤面の高さの最低限度

　キ　壁面の位置の制限

　ク　建築物等の高さの最高限度又は最低限度

　ケ　建築物の居室の床面の高さの最低限度

　コ　建築物等の形態又は意匠の制限

　サ　建築物の緑化率

　シ　かき又はさくの構造の制限

③　①及び②に掲げるもののほか，土地の利用の制限に関する事項（現に存する樹林地，草地等で良好な居住環境の確保に必要なものの保全を図るための制限に関する事項）

　　なお，平成元年の道路法等の一部を改正する法律等により，地区計画区域内の道路等の上空又は路面下の一定の建築物の建築が可能となったことに伴い，地区整備計画においては，以上の事項のほか都市計画施設である道路の区域のうち，

332

第7節　地区計画等の区域内の制限

建築物等の敷地と併せて利用すべき区域を定めることができることとされ，この場合においては当該区域内における建築物等の建築又は建設の限界をも定めなければならないとされた。

　地区整備計画は，地区計画区域の整備，開発及び保全に関する方針と異なり，後述するように，一定の開発行為，建築行為等に対して一定の法的拘束力を有しているとともに，建築条例で強制することのできる根拠として位置づけられている。

(3)　地区計画で定められた内容は，開発行為，建築行為を通して実現されることとなる。

①　建築等の届出，勧告

　　地区計画の区域のうち地区整備計画が定められている区域内において，

ア　土地の区画形質の変更（開発許可を要する行為を除く。）

イ　建築物の建築

ウ　工作物の建設

エ　建築物等の用途変更（地区計画で用途制限が定められ，又は用途に応じた制限が定められた土地の区域）

オ　建築物等の形態又は意匠の変更（地区計画で形態又は意匠の制限が定められた土地の区域）

カ　木竹の伐採（地区計画で樹林地，草地等の制限が定められた土地の区域）

という行為を行おうとする者は，その行為に着手する日の30日前までに，行為の種類，場所，設計又は施行方法，着手予定日等の事項を市町村長に届け出なければならない（都市計画法第58条の2第1項，第2項）。

　　市町村長は，これらの届出があった場合において，その届出に係る行為が地区計画に適合しないと認めるときは，その届出をした者に対し，設計の変更その他の必要な措置を執ることを勧告することができる（同条第3項）。

②　開発許可

　　市街化区域又は市街化調整区域内において一定の開発行為をしようとする者は，都道府県知事の開発許可を受けなければならない（都市計画法第29条）。その開発区域内の土地についても地区計画（地区整備計画が定められているものに限る。）が定められているときは，同法第33条，第34条に定める基準のほか，予定建築物の用途又は開発行為の設計が当該地区計画に定められた内容に則して定められていることが，開発許可の基準となる（同法第33条第1項第5

333

第7章　都市計画区域等における建築物の敷地，構造，建築整備及び用途

号）。

③　建築条例

　地区計画で定められた内容は，①の届出・勧告により建築行為等を通じて実現されるが，地区計画で定められた事項の中には，その実現を必ず図らなければならないという要請の強いものもあり，必要に応じて，市町村が条例で建築物の制限を定めることにより，建築基準法上の制限へ移行する途が開かれている。これにより，その内容は，建築基準法上の制限として，建築確認等のチェックの対象となるとともに，違反に対して建築基準法による是正命令を出すことができ，条例に罰則の規定を設けると，罰則を課すこともできる。

④　道路位置指定の特例及び予定道路の指定

　地区計画に道の配置及び規模が定められた場合には道路の位置の指定は原則地区計画に定められた道の配置に即して行わなければならないこととされ，さらに，一定の条件に該当する場合は地区計画に定められた道の配置及び規模に即して予定道路の指定を行い道路内建築制限を課すこともできる。

第 7 節　地区計画等の区域内の制限

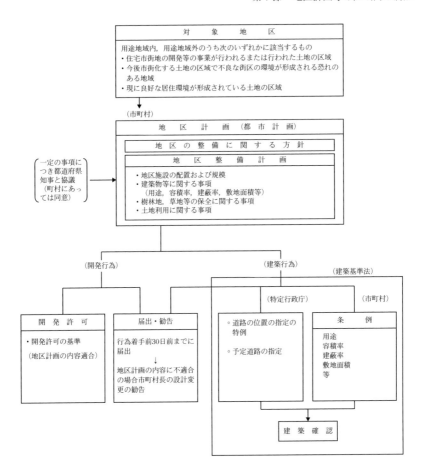

図 7－100　地区計画制度の概念図

3　沿道地区計画

　沿道地区計画の基本的枠組みは地区計画と同じであるが，沿道地区計画が定められる区域は都市計画区域内において自動車交通量等一定の要件に該当する幹線道路網を構成する道路のうちから国土交通大臣に協議し，その同意を得て都道府県知事の指定する沿道整備道路に接続する土地の区域で，道路交通騒音により生ずる障害の防止と適正かつ合理的な土地利用の促進を図るため，一体的かつ総合的に市街地を整備することが適切であると認められるものについて定めることができる。

第7章　都市計画区域等における建築物の敷地，構造，建築整備及び用途

　沿道地区計画には，地区計画と同じく，建築物その他の工作物の用途の制限，建蔽率の最高限度，高さ及び容積率の最高及び最低限度，敷地面積及び建築面積の最低限度，壁面の位置の制限等を定められるほか，建築物の沿道整備道路に面する部分の長さの敷地の沿道整備道路に接する部分の長さに対する割合（間口率）の最低限度，建築物の構造に関する防音上又は遮音上必要な制限を定めることができる。

　沿道地区計画は，地区計画と同じく，届出・勧告，開発許可基準及び条例化により建築基準法上の制限とすることにより実現される。

第 7 節　地区計画等の区域内の制限

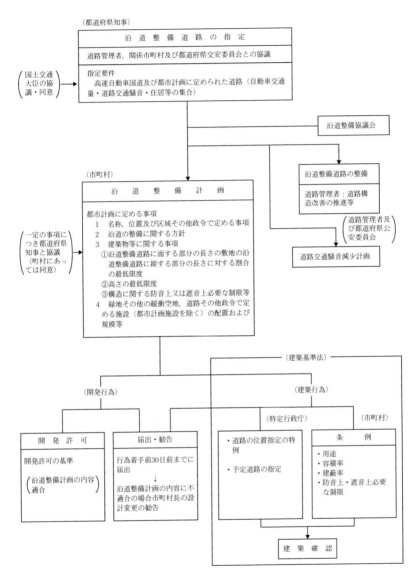

図 7－101　沿道地区計画制度の概念図

第7章　都市計画区域等における建築物の敷地，構造，建築整備及び用途

4　集落地区計画

　集落地区計画の基本的枠組みは地区計画と同じであるが，集落地区整備計画において定められる建築物等に関する事項に関しては，集落地域の特性にかんがみ，地区整備計画では定めることができることとされている容積率の最高限度及び最低限度建築面積の最低限度並びに高さの最低限度等は定めることができないこととされている。

　集落地区計画は，都市計画区域内（市街化区域を除く。）かつ農業振興地域内にある等一定の要件に該当する集落地域のうち営農条件と調和がとれた良好な居住環境の確保と適正な土地利用を図るため，地域の特性にふさわしい整備及び保全を行うことが必要と認められるものについて定めることができる。

　集落地区計画は，地区計画と同じく，届出・勧告，開発許可基準及び条例化により建築基準法上の制限とすることにより実現されるが，集落地区計画の特徴として，原則開発が禁止されている市街化調整区域においても，集落地区計画の区域（集落地区整備計画が定められている区域に限る。）内では，当該集落地区計画に定められた内容に適合する建築物又は第一種特定工作物の建築又は建設の用に供する目的で行う開発行為は開発許可対象とできることとされている。

第7節 地区計画等の区域内の制限

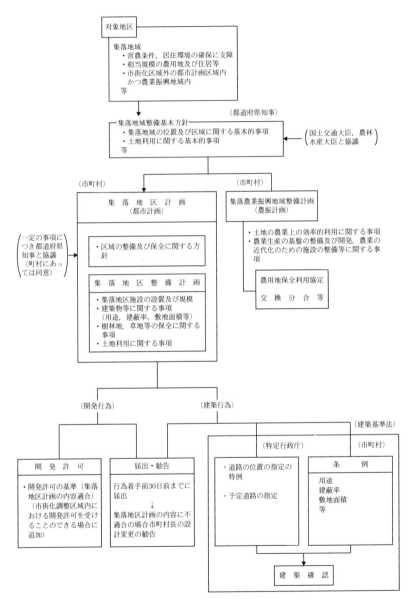

図7—102 集落地区計画制度の概念図

第7章　都市計画区域等における建築物の敷地，構造，建築整備及び用途

5　防災街区整備地区計画

　防災街区整備地区計画の基本的枠組みは地区計画と同じであるが，火災，地震等の災害時における延焼防止，避難路確保のための必要な道路，建築物を総合的に整備することを目的としている。

　阪神・淡路大震災の経験にかんがみれば，大規模地震時に市街地大火を引き起こすなど防災上危険な状況にある密集市街地の整備を推進することが必要であり，このような密集市街地における火災被害の軽減等に役立つよう，地区レベルの道路等の公共施設の整備とその沿道に耐火建築物を誘導するための計画事項を追加した新たな地区計画として，「密集市街地における防災街区の整備の促進に関する法律」（平成9年法律第49号）において創設されたものである。

　防災街区整備地区計画においては，一般の地区計画と同様に地区整備計画（防災街区整備地区整備計画）が定められるとともに，地区内における特定防災機能（火事又は地震が発生した場合における延焼防止上及び避難上の機能）を確保するために整備されるべき主要な道路，公園等の施設を，地区防災施設として定めることとされている。また，道路等の公共施設のみにより，地区の防災機能を確保できない場合には，その周辺に区域を定め，区域内の建築物は耐火建築物等としなければならないなどの制限を課すことができることとしている（特定建築物地区整備計画）。

第7節　地区計画等の区域内の制限

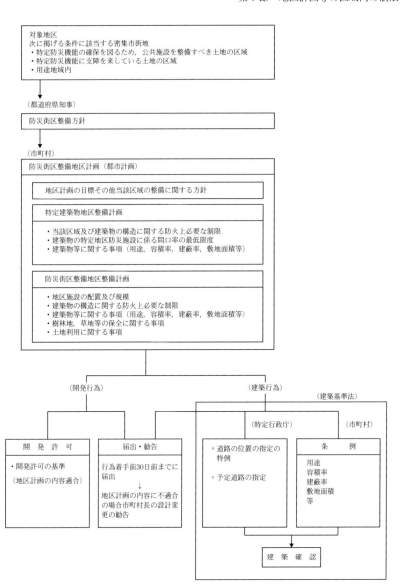

図7-103　防災街区整備地区計画の概念図

第7章　都市計画区域等における建築物の敷地，構造，建築整備及び用途

6　歴史的風致維持向上地区計画

　平成20年に「地域における歴史的風致の維持及び向上に関する法律」が制定され，新たな地区計画制度として，歴史的風致維持向上地区計画が創設された。

　歴史的風致維持向上地区計画においては，「土地利用に関する基本方針」に，①整備を進める歴史的風致建築物等の具体的な用途及び規模に関する事項，②歴史的風致建築物等の形態意匠の制限に関する基本的事項，③歴史的風致建築物等の整備を実施すべき区域を，定めることとされている。このとき，歴史的風致維持向上地区計画の区域（歴史的風致維持向上地区整備計画が定められた区域に限る。）内の建築物について，上記「土地利用に関する基本方針」に適合し，かつ，当該区域における歴史的風致の維持及び向上を図る上でやむを得ないと特定行政庁が認めて許可した場合には，用途地域による用途の制限を緩和することができる（法第68条の3第9項）。

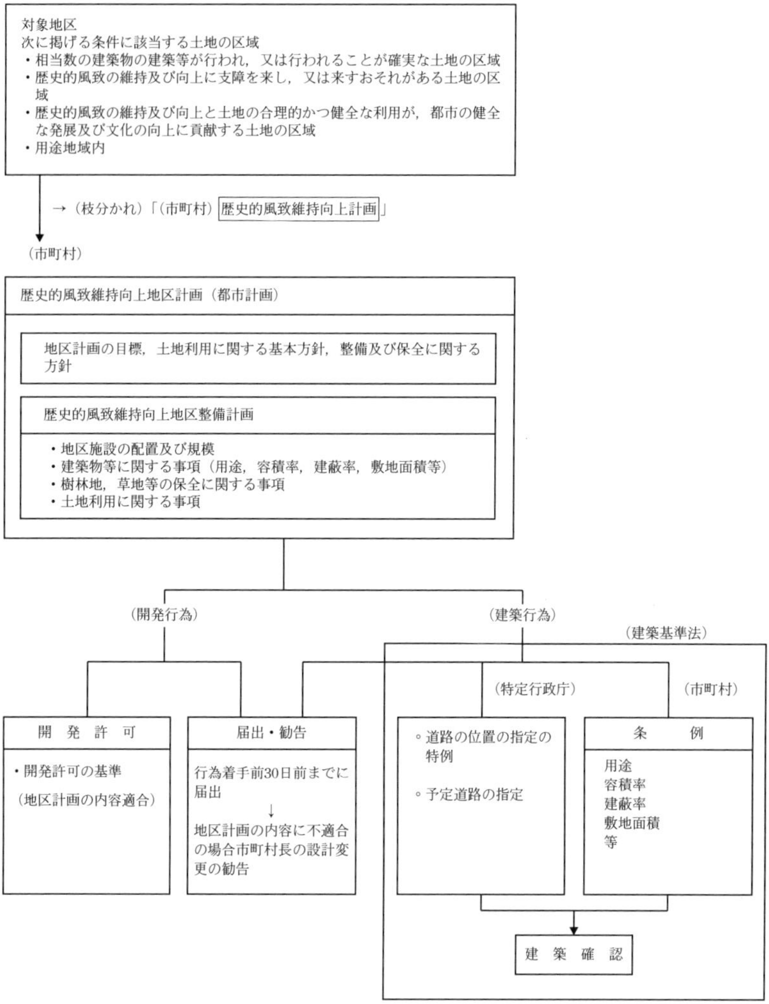

第7節　地区計画等の区域内の制限

対象地区
次に掲げる条件に該当する土地の区域
・相当数の建築物の建築等が行われ，又は行われることが確実な土地の区域
・歴史的風致の維持及び向上に支障を来し，又は来すおそれがある土地の区域
・歴史的風致の維持及び向上と土地の合理的かつ健全な利用が，都市の健全な発展及び文化の向上に貢献する土地の区域
・用途地域内

→（枝分かれ）「（市町村）歴史的風致維持向上計画」」

（市町村）

歴史的風致維持向上地区計画（都市計画）

地区計画の目標，土地利用に関する基本方針，整備及び保全に関する方針

歴史的風致維持向上地区整備計画

・地区施設の配置及び規模
・建築物等に関する事項（用途，容積率，建蔽率，敷地面積等）
・樹林地，草地等の保全に関する事項
・土地利用に関する事項

（開発行為）　　　　　　　　　　（建築行為）

（建築基準法）

（特定行政庁）　　（市町村）

開　発　許　可

・開発許可の基準

（地区計画の内容適合）

届出・勧告

行為着手前30日前までに届出
↓
地区計画の内容に不適合の場合市町村長の設計変更の勧告

◦道路の位置の指定の特例

◦予定道路の指定

条　　例

用途
容積率
建蔽率
敷地面積
等

建　築　確　認

図7－104　歴史的風致維持向上地区計画の概念図

343

第7章　都市計画区域等における建築物の敷地，構造，建築整備及び用途

　　（市町村の条例に基づく制限）

法第68条の2　市町村は，地区計画等の区域（地区整備計画，特定建築物地区
　整備計画，防災街区整備地区整備計画，歴史的風致維持向上地区整備計画，
　沿道地区整備計画又は集落地区整備計画（以下「地区整備計画等」とい
　う。）が定められている区域に限る。）内において，建築物の敷地，構造，建
　築設備又は用途に関する事項で当該地区計画等の内容として定められたもの
　を，条例で，これらに関する制限として定めることができる。

2　前項の規定による制限は，建築物の利用上の必要性，当該区域内における
　土地利用の状況等を考慮し，地区計画，防災街区整備地区計画，歴史的風致
　維持向上地区計画又は沿道地区計画の区域にあつては適正な都市機能と健全
　な都市環境を確保するため，集落地区計画の区域にあつては当該集落地区計
　画の区域の特性にふさわしい良好な居住環境の確保と適正な土地利用を図る
　ため，それぞれ合理的に必要と認められる限度において，同項に規定する事
　項のうち特に重要な事項につき，政令で定める基準に従い，行うものとす
　る。

3　第1項の規定に基づく条例で建築物の敷地面積に関する制限を定める場合
　においては，当該条例に，当該条例の規定の施行又は適用の際，現に建築物
　の敷地として使用されている土地で当該規定に適合しないもの又は現に存す
　る所有権その他の権利に基づいて建築物の敷地として使用するならば当該規
　定に適合しないこととなる土地について，その全部を一の敷地として使用す
　る場合の適用の除外に関する規定（第3条第3項第1号及び第5号の規定に
　相当する規定を含む。）を定めるものとする。

4　第1項の規定に基づく条例で建築物の構造に関する防火上必要な制限を定
　める場合においては，当該条例に，第65条の規定の例により，当該制限を受
　ける区域の内外にわたる建築物についての当該制限に係る規定の適用に関す
　る措置を定めるものとする。

5　市町村は，用途地域における用途の制限を補完し，当該地区計画等（集落
　地区計画を除く。）の区域の特性にふさわしい土地利用の増進等の目的を達
　成するため必要と認める場合においては，国土交通大臣の承認を得て，第1
　項の規定に基づく条例で，第48条第1項から第13項までの規定による制限を
　緩和することができる。

第 7 節　地区計画等の区域内の制限

（昭55法34・追　加，昭55法35・昭62法63・昭63法49・平 2 法61・平 8 法48・

平 9 法50・平14法85・平20法40・平29法26・平30法67・一部改正）

　地区計画等の区域内（地区整備計画，特定建築物地区整備計画，防災街区整備地
区整備計画，歴史的風致維持向上地区整備計画，沿道地区整備計画又は集落地区整
備計画が定められている区域に限る。）で建築行為を行おうとする者は，市町村長
に届出をし，市町村長は計画に適合しなければ勧告をすることができる。

　しかし，地区計画等に定められた事項のうち特に重要な事項については，建築確
認等の手続によりその実現を担保することが適当であるので，市町村の条例により
必要な制限を定めることができることとしたものである。

第 1 項

　本項は，市町村が地区計画等で定められた事項を条例で制限として定めることが
できる旨を規定している。都については，特別区が条例制定権者になる（地方自治
法第281条第 2 項）。

　地区計画等の区域のうち，それぞれ整備計画が定められている区域に限って条例
で制限できる。これはこれらの整備計画で建築物の敷地，構造，建築設備又は用途
に関する事項が都市計画においてすでに定められているからである。

　条例で制限できるのは，建築物の敷地，構造，建築設備又は用途に関する事項等
である。工作物については，法第88条第 2 項により，用途についてのみ制限するこ
とができる。

　地区計画等の内容として定められたものだけが条例で制限できることの趣旨は，
地区計画等で制限されている事項のみが条例で制限できるということであるととも
に，地区計画等で定めたよりも条例で厳しく制限することはできないということで
ある。

　逆に，地区計画等で定めた事項のうち，特に条例で制限すべきでないものについ
ては必ずしも条例化する必要はない。また，条例において，地区計画等で定めた制
限の趣旨に即して当該制限の内容に応じ，かつ，当該制限を適用しようとする区域
の状況等に応じて，建築基準法の例にならって，例外許可等の適用除外の規定を定
めることができる。

　条例には，制限に関する事項のほか，条例の適用区域，制限の適用の除外，既存
不適格建築物の増改築等の緩和，建築物の敷地が地区計画の区域の内外及び地区計
画における制限の異なる区域の 2 以上にわたる場合の措置，罰則等必要な規定を併

第7章　都市計画区域等における建築物の敷地，構造，建築整備及び用途

せて定めることが必要である。

第2項

　本項は，条例に基づく制限を定めるに当たっての考慮事項，基準等を定めたものである。

　条例では，地区計画等に定められた事項のうち，「特に重要な事項」について制限するものであるが，これは，令第136条の2の5に規定する基準に適合していなければならない。

　なお，条例による制限に関する面積，高さ等の算定方法については，令第136条の2の5第4項及び第5項の規定によるほか，建築基準法の一般原則である令第2条の定めるところによる。しかし，制限事項に応じて異なる算定方法が定められている場合においては，条例に算定方法を規定しておく必要がある。

　また，地区計画等に建築基準法の一般原則と異なる算定方法が定められている場合において，当該算定方法に係る制限事項を条例に規定する場合は，条例において当該算定方法と同一の算定方法を定めることが必要である。

第3項

　本項は，地区計画等において建築物の敷地面積の最低限度を定めると，これを条例で制限できるが，この建築物の敷地面積の最低限度を条例で定める場合においては，既存不適格敷地についての適用除外の規定を定めなければならないこととしたものである。

　法第3条第2項の規定により，この条例の規定の施行又は適用の際現に存する建築物若しくはその敷地又は現に建築，修繕若しくは模様替の工事中の建築物若しくはその敷地で当該条例の規定に適合しないもの（既存不適格建築物）については，当該条例の規定は適用しない。建築物の敷地面積の最低限度の規定も同じである。しかしながら，この法第3条第2項の規定だけでは，①現に存する所有権その他の権利に基づいて建築物の敷地として使用するならば最低限度の規定に適合しない土地，②現に建築物の敷地として使用されている土地で最低限度の規定に適合しないもの（増築，改築，大規模の修繕，大規模の模様替の際に当該規定に適合しなければならない（法第3条第3項第3号及び第4号））については，その利用又は利用の可能性が著しく妨げられる。

　したがって，これらの土地については，その全部を1の敷地として使用する場合について，建築物の敷地面積の最低限度の規定について適用の除外の規定を置かなければならないこととされている。しかし，この適用除外はあくまで土地の全部を

346

第7節　地区計画等の区域内の制限

1の敷地として使用する場合に限られており，当該規定の施行又は適用の後で敷地分割した場合又は土地を分割して建築した場合においては，当該建築物は違反となる。

　また，同時に，条例には法第3条第3項第1号及び第5号の規定に相当する規定を置かなければならない。法第3条第3項第1号に相当する規定とは，建築物の敷地面積の最低限度の規定の改正後の当該規定の適用の際，改正前の当該規定に違反している建築物の敷地又は所有権その他の権利に基づいて建築物の敷地として使用するならば，改正前の当該規定に違反することとなった土地について，適用を除外しない旨の規定である。改正前に敷地分割を行い，違反となった敷地又は建築物の敷地として使用するならば違反することとなる土地については，改正規定の施行又は適用の際に改正規定に適合していなくとも，既存不適格敷地扱いしないという趣旨である。法第3条第3項第5号に相当する規定とは，建築物の敷地面積の最低限度の規定に適合するに至った建築物の敷地又は所有権その他の権利に基づいて建築物の敷地として使用するならば当該規定に適合するに至った土地について，適用を除外しない旨の規定である。

第4項

　本項は，条例で建築物の構造に関する防火上必要な制限を定める場合に，法第65条の規定にならい，建築物が防火地域又は準防火地域の内外にわたる場合の措置を定めなければならないこととしたものである。

（地区計画等の区域内において条例で定める制限）

令第136条の2の5　法第68条の2第1項の規定に基づく条例による制限は，次の各号に掲げる事項で地区計画等の内容として定められたものについて，それぞれ当該各号に適合するものでなければならない。

　一　建築物の用途の制限　次に掲げるものであること。

　　イ　地区計画の区域（再開発等促進区及び開発整備促進区を除く。）にあつては，当該区域の用途構成の適正化，各街区ごとの住居の環境の保持，商業その他の業務の利便の増進その他適正な土地利用の確保及び都市機能の増進による良好な環境の街区の形成に貢献する合理的な制限であることが明らかなもの

　　ロ　地区計画の区域のうち再開発等促進区又は開発整備促進区にあつては，当該再開発等促進区又は開発整備促進区にふさわしい良好な住居の

347

第7章　都市計画区域等における建築物の敷地，構造，建築整備及び用途

　　　　環境の確保，商業その他の業務の利便の増進その他適正な土地利用の確
　　　　保及び都市機能の増進に貢献する合理的な制限であることが明らかなも
　　　　の
　　ハ　防災街区整備地区計画の区域にあつては，当該区域にふさわしい良好
　　　　な住居の環境の確保，商業その他の業務の利便の増進その他適正な土地
　　　　利用の確保及び都市機能の増進に貢献し，かつ，当該区域における特定
　　　　防災機能（密集市街地における防災街区の整備の促進に関する法律（平
　　　　成9年法律第49号）第2条第3号に規定する特定防災機能をいう。次項
　　　　において同じ。）を確保する観点から見て合理的な制限であることが明
　　　　らかなもの
　　ニ　歴史的風致維持向上地区計画の区域にあつては，当該区域にふさわし
　　　　い良好な住居の環境の確保，商業その他の業務の利便の増進その他適正
　　　　な土地利用の確保及び都市機能の増進に貢献し，かつ，当該区域におけ
　　　　る歴史的風致（地域における歴史的風致の維持及び向上に関する法律
　　　　（平成20年法律第40号）第1条に規定する歴史的風致をいう。）の維持
　　　　及び向上を図る観点から見て合理的な制限であることが明らかなもの
　　ホ　沿道地区計画の区域にあつては，商業その他幹線道路の沿道としての
　　　　当該区域の特性にふさわしい業務の利便の増進その他適正な土地利用の
　　　　確保及び都市機能の増進に貢献し，かつ，道路交通騒音により生ずる障
　　　　害を防止する観点から見て合理的な制限であることが明らかなもの
　　ヘ　集落地区計画の区域にあつては，当該区域の特性にふさわしい良好な
　　　　住居の環境の保持その他適正な土地利用の確保に貢献する合理的な制限
　　　　であることが明らかなもの
　二　建築物の容積率の最高限度　10分の5以上の数値であること。
　三　建築物の建蔽率の最高限度　10分の3以上の数値であること。
　四　建築物の敷地面積の最低限度　次に掲げるものであること。
　　イ　地区計画等（集落地区計画を除く。）の区域にあつては，建築物の敷
　　　　地が細分化されることにより，又は建築物が密集することにより，住宅
　　　　その他の建築物の敷地内に必要とされる空地の確保又は建築物の安全，
　　　　防火若しくは衛生の目的を達成することが著しく困難となる区域につい
　　　　て，当該区域の良好な住居の環境の確保その他市街地の環境の維持増進
　　　　に貢献する合理的な数値であること。

348

第7節　地区計画等の区域内の制限

　　ロ　集落地区計画の区域にあつては，建築物の敷地が細分化されることに
　　　より，住宅その他の建築物の敷地内に必要とされる空地の確保又は建築
　　　物の安全，防火若しくは衛生の目的を達成することが著しく困難となる
　　　区域について，当該集落地区計画の区域の特性にふさわしい良好な住居
　　　の環境の保持その他適正な土地利用の確保に貢献する合理的な数値であ
　　　ること。

五　壁面の位置の制限　建築物の壁若しくはこれに代わる柱の位置の制限又
　は当該制限と併せて定められた建築物に附属する門若しくは塀で高さ2
　メートルを超えるものの位置の制限であること。

六　建築物の高さの最高限度　地階を除く階数が2である建築物の通常の高
　さを下回らない数値であること。

七　建築物の高さの最低限度，建築物の容積率の最低限度及び建築物の建築
　面積の最低限度　商業その他の業務又は住居の用に供する中高層の建築物
　を集合して一体的に整備すべき区域その他の土地の合理的かつ健全な高度
　利用を図るべき区域について，当該区域の高度利用を促進するに足りる合
　理的な数値であること。

八　建築物の敷地の地盤面の高さの最低限度及び建築物の居室の床面の高さ
　の最低限度　洪水，雨水出水（水防法（昭和24年法律第193号）第2条第
　1項に規定する雨水出水をいう。），津波又は高潮が発生した場合には建築
　物が損壊し，又は浸水し，住民その他の者の生命，身体又は財産に著しい
　被害（以下この号において「洪水等による被害」という。）が生ずるおそ
　れがあると認められる土地の区域について，当該区域における洪水等によ
　る被害を防止し，又は軽減する観点から見て合理的な数値であること。

九　建築物の形態又は意匠の制限　地区計画等の区域（景観法（平成16年法
　律第110号）第76条第1項の規定に基づく条例の規定による制限が行われ
　ている区域を除く。）内に存する建築物に関して，その屋根又は外壁の形
　態又は意匠をその形状又は材料によつて定めた制限であること。

十　垣又は柵の構造の制限　建築物に附属する門又は塀の構造をその高さ，
　形状又は材料によつて定めた制限であること。

十一　建築物の建築の限界　都市計画法第12条の11に規定する道路の整備上
　合理的に必要な建築の限界であること。

十二　建築物の特定地区防災施設（密集市街地における防災街区の整備の促

349

第7章　都市計画区域等における建築物の敷地，構造，建築整備及び用途

進に関する法律第32条第2項第1号に規定する特定地区防災施設をいう。
以下この条において同じ。）に面する部分の長さの敷地の当該特定地区防
災施設に接する部分の長さに対する割合（以下この条において「特定地区
防災施設に係る間口率」という。）の最低限度　10分の7以上10分の9以
下の範囲内の数値であること。

十三　建築物の構造に関する防火上必要な制限　次に掲げるものであるこ
と。

　イ　特定建築物地区整備計画の区域内に存する建築物に関して，次の(1)及
び(2)に掲げる構造としなければならないとされるものであること。

　　(1)　耐火建築物等（法第53条第3項第1号イに規定する耐火建築物等を
いう。ロにおいて同じ。）又は準耐火建築物等（同号ロに規定する準
耐火建築物等をいう。ロにおいて同じ。）であること。

　　(2)　その敷地が特定地区防災施設に接する建築物（特定地区防災施設に
係る間口率の最低限度を超える部分を除く。）の当該特定地区防災施
設の当該敷地との境界線からの高さ（次項において「特定地区防災施
設からの高さ」という。）が5メートル未満の範囲は，空隙のない壁
が設けられていることその他の防火上有効な構造であること。

　ロ　防災街区整備地区整備計画の区域内に存する建築物に関して，(1)に掲
げる構造としなければならないとされるものであること又は耐火建築物
等及び準耐火建築物等以外の建築物については(2)及び(3)に掲げる構造と
しなければならないとされるものであること。

　　(1)　耐火建築物等又は準耐火建築物等であること。

　　(2)　その屋根が不燃材料で造られ，又はふかれたものであること。

　　(3)　当該建築物が木造建築物である場合にあつては，その外壁及び軒裏
で延焼のおそれのある部分が防火構造であること。

十四　建築物の沿道整備道路（幹線道路の沿道の整備に関する法律（昭和55
年法律第34号）第2条第2号に規定する沿道整備道路をいう。以下この条
において同じ。）に面する部分の長さの敷地の沿道整備道路に接する部分
の長さに対する割合（以下この条において「沿道整備道路に係る間口率」
という。）の最低限度　10分の7以上10分の9以下の範囲内の数値である
こと。

十五　建築物の構造に関する遮音上必要な制限　その敷地が沿道整備道路に

350

第7節　地区計画等の区域内の制限

接する建築物（沿道整備道路に係る間口率の最低限度を超える部分を除く。）の沿道整備道路の路面の中心からの高さが5メートル未満の範囲は，空隙のない壁が設けられたものとすることその他の遮音上有効な構造としなければならないとされるものであること。

十六　建築物の構造に関する防音上必要な制限　学校，病院，診療所，住宅，寄宿舎，下宿その他の静穏を必要とする建築物で，道路交通騒音により生ずる障害を防止し，又は軽減するため，防音上有効な構造とする必要があるものの居室及び居室との間に区画となる間仕切壁又は戸（ふすま，障子その他これらに類するものを除く。）がなく当該居室と一体とみなされる建築物の部分の窓，出入口，排気口，給気口，排気筒，給気筒，屋根及び壁で，直接外気に接するものに関して，次のイからハまでに掲げる構造としなければならないとされるものであること。

イ　窓及び出入口は，閉鎖した際防音上有害な空隙が生じないものであり，これらに設けられる戸は，ガラスの厚さ（当該戸が二重以上になつている場合は，それぞれの戸のガラスの厚さの合計）が0.5センチメートル以上であるガラス入りの金属製のもの又はこれと防音上同等以上の効果のあるものであること。

ロ　排気口，給気口，排気筒及び給気筒は，開閉装置を設けることその他の防音上効果のある措置を講じたものであること。

ハ　屋根及び壁は，防音上有害な空隙のないものであるとともに，防音上支障がない構造のものであること。

2　法第68条の2第1項の規定に基づく条例で建築物の高さの最低限度に係る制限を定める場合において防災街区整備地区計画の区域における特定防災機能の確保の観点から必要があるときは，前項の規定にかかわらず，特定建築物地区整備計画の内容として定められたその敷地が特定地区防災施設に接する建築物に係る当該建築物の特定地区防災施設に面する方向の鉛直投影の各部分（特定地区防災施設に係る間口率の最低限度を超える部分を除く。）の特定地区防災施設からの高さの最低限度が5メートルとされる制限（同項第7号に規定する区域については，当該制限及び同号の建築物の高さの最低限度の数値に係る制限）を定めることができる。

3　法第68条の2第1項の規定に基づく条例で建築物の高さの最低限度に係る制限を定める場合において遮音上の観点から必要があるときは，第1項の規

351

第 7 章　都市計画区域等における建築物の敷地，構造，建築整備及び用途

定にかかわらず，沿道地区計画の内容として定められたその敷地が沿道整備道路に接する建築物に係る当該建築物の沿道整備道路に面する方向の鉛直投影の各部分（沿道整備道路に係る間口率の最低限度を超える部分を除く。）の沿道整備道路の路面の中心からの高さの最低限度が５メートルとされる制限（同項第７号に規定する区域については，当該制限及び同号の建築物の高さの最低限度の数値に係る制限）を定めることができる。

4　特定地区防災施設に係る間口率及び沿道整備道路に係る間口率の算定については，次の各号に掲げる長さの算定方法は，それぞれ当該各号に定めるところによる。

一　建築物の特定地区防災施設に面する部分の長さ　建築物の周囲の地面に接する外壁又はこれに代わる柱の面で囲まれた部分の水平投影の特定地区防災施設に面する長さによる。

二　敷地の特定地区防災施設に接する部分の長さ　敷地の特定地区防災施設に接する部分の水平投影の長さによる。

三　建築物の沿道整備道路に面する部分の長さ　建築物の周囲の地面に接する外壁又はこれに代わる柱の面で囲まれた部分の水平投影の沿道整備道路に面する長さによる。

四　敷地の沿道整備道路に接する部分の長さ　敷地の沿道整備道路に接する部分の水平投影の長さによる。

5　建築物の容積率の最高限度若しくは最低限度又は建築物の建蔽率の最高限度の算定に当たつては，同一敷地内に２以上の建築物がある場合においては，建築物の延べ面積又は建築面積は，当該建築物の延べ面積又は建築面積の合計とする。

6　特定建築物地区整備計画の区域内において法第68条の２第１項の規定に基づく条例で第１項第12号若しくは第13号の制限又は第２項に規定する高さの最低限度が５メートルとされる制限を定めようとするときは，これらを全て定めるものとする。

7　前項の場合においては，当該条例に，建築物の敷地の地盤面が特定地区防災施設の当該敷地との境界線より低い建築物について第２項に規定する高さの最低限度が５メートルとされる制限を適用した結果，当該建築物の高さが地階を除く階数が２である建築物の通常の高さを超えるものとなる場合における前項に規定する制限（第１項第13号の制限で同号イ(1)に掲げるものを除

第7節　地区計画等の区域内の制限

く。）の適用の除外に関する規定を定めるものとする。

8　沿道地区計画の区域内において法第68条の2第1項の規定に基づく条例で第1項第14号若しくは第15号の制限又は第3項に規定する高さの最低限度が5メートルとされる制限を定めようとするときは，これらを全て定めるものとする。

9　前項の場合においては，当該条例に，建築物の敷地の地盤面が沿道整備道路の路面の中心より低い建築物について第3項に規定する高さの最低限度が5メートルとされる制限を適用した結果，当該建築物の高さが地階を除く階数が2である建築物の通常の高さを超えるものとなる場合における前項に規定する制限の適用の除外に関する規定を定めるものとする。

10　法第68条の2第1項の規定に基づく条例については，第130条の2第2項の規定を準用する。この場合において，同項中「第3条第2項」とあるのは，「第3条第2項（法第86条の9第1項において準用する場合を含む。）」と読み替えるものとする。

11　法第68条の2第1項の規定に基づく条例で建築物の敷地面積の最低限度に関する制限を定める場合においては，当該条例に，法第86条の9第1項各号に掲げる事業の施行による建築物の敷地面積の減少により，当該事業の施行の際現に建築物の敷地として使用されている土地で当該制限に適合しなくなるもの及び当該事業の施行の際現に存する所有権その他の権利に基づいて建築物の敷地として使用するならば当該制限に適合しないこととなる土地のうち，次に掲げる土地以外のものについて，その全部を一の敷地として使用する場合の適用の除外に関する規定を定めるものとする。

一　法第86条の9第1項各号に掲げる事業の施行により面積が減少した際，当該面積の減少がなくとも建築物の敷地面積の最低限度に関する制限に違反していた建築物の敷地及び所有権その他の権利に基づいて建築物の敷地として使用するならば当該制限に違反することとなつた土地

二　当該条例で定める建築物の敷地面積の最低限度に関する制限に適合するに至つた建築物の敷地及び所有権その他の権利に基づいて建築物の敷地として使用するならば当該制限に適合することとなるに至つた土地

12　法第68条の2第1項の規定に基づく条例には，市町村長が，公益上必要な建築物で用途上又は構造上やむを得ないと認めて許可したもの及び防災街区整備地区計画の内容として防火上の制限が定められた建築物又は沿道地区計

353

第7章　都市計画区域等における建築物の敷地，構造，建築整備及び用途

画の内容として防音上若しくは遮音上の制限が定められた建築物でその位置，構造，用途等の特殊性により防火上又は防音上若しくは遮音上支障がないと認めて許可したものについて，当該条例に定める制限の全部又は一部の適用の除外に関する規定を定めるものとする。

（昭56政144・全改，昭62政348・旧第136条の2繰下，昭63政25・昭63政322・平元政309・平2政323・平5政170・平7政214・平8政308・平9政325・平11政5・一部改正，平12政211・旧第136条の2の2繰下，平13政98・平14政331・一部改正，平15政523・旧第136条の2の4繰下・一部改正，平17政182・平17政192・平18政350・平20政338・平23政282・平26政221・平29政156・令元政30・令3政205・一部改正）

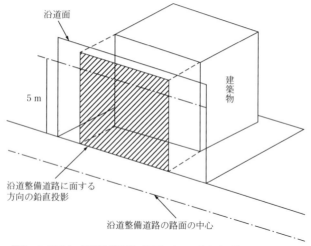

（注）この図は，沿道整備道路の路面の中心の高さが，敷地が沿道整備道路に接する部分の高さに同じ場合を示す。

図7-105　敷地が沿道整備道路に接する建築物の沿道整備道路に面する方向への鉛直投影

法第68条の2第2項に規定する基準を定める規定である。地区整備計画で定められる建築物に関する各制限のうち，本条の基準を満たさないものについては，地区計画条例で定めることができない。よって，建築基準法に基づき規制することはできず，都市計画法に基づく届出・勧告の対象に留まることとなる。

第7節　地区計画等の区域内の制限

第1項は，地区計画等で定められている内容について，条例で定める際の基準を規定したものである。第10号に規定している事項は立体道路制度に係る地区計画に関する条例についてのみ定めることができるものであり，第11号及び第12号に規定している事項は，防災街区整備地区計画に関する条例についてのみ定めることができるものであり，第13号から第15号までに規定している事項は，沿道地区計画に関する条例についてのみ定めることができるものである。

第1号の「建築物の用途の制限」は，地区の特性に応じてきめ細かく用途を制限し，住居の環境，商工業その他の業務の利便を増進するためのものでなければならない。本制限は，例えば「1階を店舗又は事務所とする」「3階以上を住宅とする」等立体的に用途の制限を定めたり街区を単位として用途制限を定めることもできる。

第2号の「建築物の容積率の最高限度」は，10分の5以上でなければならない。

第3号の「建築物の建蔽率の最高限度」は，10分の3以上でなければならない。

第4号の「建築物の敷地面積の最低限度」については，その適用となる区域及び範囲についての基準を示したものである。本制限については，法第68条の2第3項の規定により既存不適格敷地について適用除外規定を条例に定めなければならない。

第5号の「壁面の位置の制限」には，建築基準法上認められている①壁面線の制限，②外壁の後退距離，③（高度利用地区，特定街区内における）壁面の位置の制限のいずれによる制限もできる。すなわち，壁等がそれを超えてはならない位置を定めることも，壁等がその位置に存しなければならないことのいずれをも定めることができる。

また，地盤面からの高さにより異なる内容とする等立体的に定めることができる。

第6号の「建築物の高さの最高限度」は，地上2階建て以下の建築物が建築できるものでなければならない。斜線制限によって規定することもできる。なお，本制限を定める場合には，令第2条第6号イ及びロの規定にならった規定を定めることが必要である。

第7号の「建築物の高さの最低限度，建築物の容積率の最低限度及び建築物の建築面積の最低限度」は，土地の高度利用を増進する必要がある土地の区域に適用を限定している。

第8号の「建築物の敷地の地盤面の高さの最低限度及び建築物の居室の床面の高

第7章　都市計画区域等における建築物の敷地，構造，建築整備及び用途

さの最低限度」は，洪水・津波等による被害を防止又は軽減する観点から制限を定めるもので，建築物や人命等に著しい被害が生ずる恐れがあると認められる区域について適用が可能である。

　第9号の「建築物の形態又は意匠の制限」は，建築基準法上の制限とするにふさわしい内容のもの（屋根又は外壁の形状又は材料）を定めることができることとされており，色彩についての制限は含まれない。例えば「屋根の形状」とは，寄せ棟，「材料」とは瓦（又は日本瓦）がこれに該当する。

　第10号の「垣又は柵の構造の制限」は，そのうち，建築基準法上の制限として定めうる建築物に附属する門又は塀に限って定めることができることとされている。「形状」とは例えば格子状，「材料」とは例えば金属として定める。

　第11号の「建築物の建築の限界」は，建築物が一定の限界を超えて建築されることを制限することにより都市計画施設である道路の整備をする上で必要となる一定の空間を確保する目的で定められる制限である。

　第12号の「間口率の最低限度」は，特定地区防災施設の延焼防止機能，一次避難路，避難地としての機能を確保するため，建築物の後背地で発生した火災による輻射熱を有効に遮断できるようにするとともに，建築物の建築に関する過大な制限とならないように10分の7以上10分の9以下の範囲内の数値でなければならない。

　第13号の「建築物の構造に関する防火上必要な制限」は，特定建築物地区整備計画及び防災街区整備地区整備計画の区域内に存する建築物について構造上の制限を行うものである。

　特定建築物地区整備計画の区域内に存する建築物については，特定地区防災施設と一体となって当該区域の特定防災機能を確保するため，
　・耐火建築物又は準耐火建築物であること
　・特定地区防災施設に接する建築物については，高さ5m未満の範囲が空隙のない壁を設ける等防火上有効な構造であること
とする制限を規定するなど，防火上有効な構造となるように定めることとされている。

　防災街区整備地区整備計画の区域内に存する建築物については，建築物相互間における延焼を一定程度遅延させ，避難行動に着手するまでの時間を確保するため，
　・屋根が不燃材料で造られ，又はふかれたものであること
　・木造建築物の場合は，その外壁及び軒裏で延焼のおそれのある部分が防火構造であること

356

とする制限を規定するなど，防火上有効な構造となるように定めることとされている。

　第14号の「間口率の最低限度」は，相当程度の遮音効果を有するとともに，建築物の建築に関する過大な制限とならないように，10分の7以上10分の9以下の範囲内の数値でなければならない。

　第15号の「建築物の構造に関する遮音上必要な制限」は，沿道整備道路の路面の中心からの高さが5m未満の部分について交通騒音が後背地に及ばない構造とする制限である。「遮音上有効な構造」とは，主として建築物がピロティ等の構造となることを禁止しようとするものであるが，ピロティ等の構造であってもさらに壁等により背後地と沿道整備道路の間が遮へいされているものや，窓，通風口等の開口部を有していてもそれらが小規模であること等により遮音上支障がないものはこれに該当する。

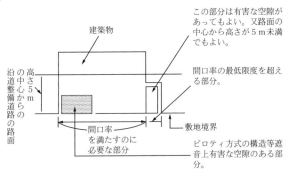

図7－106　遮音上必要な制限

　第16号の「建築物の構造に関する防音上必要な制限」は，居室等の窓，出入口，排気口等の開口部，屋根及び壁について，それぞれイからハまでに掲げる基準を満たすよう定めなければならない。

　イの防音構造は，0.5cm以上の厚さのガラスをはめたいわゆる気密型のサッシがこれに該当するものであり，「防音上同等以上の効果のあるもの」とは，例えば出入口に設ける金属製の戸等によりこれと同等以上の防音性能を有するものが該当する。

　ロの「防音上効果のある措置」は，例えば換気扇を開閉装置付のものにする等である。燃焼器，ガス消費器等に直接接続された排気筒又は給気筒は開閉装置を設けるまでもなく防音上効果のある措置を講じたものである。屋根裏，床下等に設ける

第7章　都市計画区域等における建築物の敷地，構造，建築整備及び用途

小規模な自然換気のための排気口等は，防音上特に支障があるものを除き，開閉装置を設ける必要はない。

　ハの「防音上支障がないもの」は，鉄筋コンクリート造等の密実な屋根又は壁はこれに該当するほか，例えば壁についてはラスボード下地のモルタル塗又はプラスター塗等相当程度遮音効果のあるものが該当する。

　第2項及び第3項は，防災街区整備地区計画の区域における特定防災機能の確保又は沿道地区計画の区域における遮音上の観点から定められる建築物の高さの最低限度に関しての基準を定めたものである。本制限は，建築物の特定地区防災施設又は沿道整備道路に面する方向への鉛直投影の各部分（図の斜線部分，特定地区防災施設についても同様）の特定地区防災施設又は沿道整備道路の路面の中心からの高さを5m以上とすることを内容としており，5m未満の数値及び5mを超える数値を高さの最低限度の数値とすることはできない。また，敷地が特定地区防災施設又は沿道整備道路に接する建築物に限って適用される。区域内のうち，高度利用の必要がある土地については，前項第7号の制限をこれと併せて定めることができる。

　第4項は，間口率の算定方法について定めている。道路に接する敷地面及び建築物の敷地に接する面が傾斜している場合があることを考慮して，双方の水平投影の長さで比較することとしたものである。

　第5項は，容積率の最高限度，最低限度又は建蔽率の最高限度の制限の適用に当たって，同一敷地内に2以上の建築物がある場合における延べ面積及び建築面積の算定方法については，同一敷地内のすべての建築物の床面積，建築面積を合計することとしたものである。

　第6項は，特定建築物地区整備計画の区域内で特定防災機能の確保の観点からの制限を定めようとする場合には，間口率の制限（第1項第12号），防火上の構造制限（同項第13号），高さの最低限度（第2項）のすべてをセットで定めなければならないこととしている。これらの制限は，すべて同時に定めなければ適正な効果が得られないからである。

　第7項・第9項は，第6項及び第8項のワンセット規定により，第2項及び第3項に規定する高さの最低限度を5mとする制限を条例で定めた結果，地盤面が路面よりも低い敷地について厳しすぎる制限となることがあるので，当該条例において通常の2階建ての高さで制限に適合しない建築物について，その制限の適用除外の規定を定めなければならないこととしている。

　第8項は，沿道整備計画の区域内で遮音上の観点からの制限を定めようとする場

358

第7節　地区計画等の区域内の制限

合には，適正な効果が得られるよう間口率の制限（第1項第14号），遮音構造の制限（同項第15号），高さの最低限度（第3項）のすべてをセットで定めなければならないこととしている。

第10項

　法第68条の2の規定に基づく条例の施行（改正条例の施行を含む。）の際，当該条例の規定に適合しない建築物については，当該規定を適用しない（いわゆる既存不適格建築物。法第3条第2項）が，増改築等の際には適合することとしなければならない（法第3条第3項第3号，第4号）のが建築基準法上の一般原則である。

　しかし，法第48条（用途制限），法第52条（容積率制限）等に係る既存不適格建築物については，法第86条の7の規定により，一定の範囲内で増改築等が認められている。

　そこで，条例で第1項第1号（用途），第2号（容積率の最高限度）又は第7号（容積率の最低限度及び建築面積の最低限度）に掲げる事項に関する制限を定める場合においては，法第3条第2項の規定により当該条例の規定の適用を受けない建築物について，法第86条の7及び令第137条の7から第137条の9まで又は第137条の12の規定に相当する範囲内において，これらの制限の適用除外の規定を置かなければならない。なお，令第137条の「基準時」に関する規定と同様の規定についても，条例に定めておく必要がある。

第12項

　条例には，市町村長が公益上必要な建築物で用途上又は構造上やむを得ないと認めて許可したものについての適用除外の規定を定めなければならないとするのが本項である。また，防災街区整備地区計画の内容として防火上の制限又は沿道整備計画の内容として防音上若しくは遮音上の制限を条例で定めた場合には，市町村が建築物の位置，構造，用途等の特殊性により防火上又は防音上若しくは遮音上支障がないと認めて許可したものについて，適用除外の規定を定めなければならない。

　なお，本項の許可規定以外にも，条例による制限の内容に応じて，地区計画等の趣旨に反しない限り，市町村長の許可等による適用除外の規定を定めることができる。

（再開発等促進区等内の制限の緩和等）

法第68条の3　地区計画又は沿道地区計画の区域のうち再開発等促進区（都市計画法第12条の5第3項に規定する再開発等促進区をいう。以下同じ。）又

359

第7章　都市計画区域等における建築物の敷地，構造，建築整備及び用途

は沿道再開発等促進区（沿道整備法第9条第3項に規定する沿道再開発等促進区をいう。以下同じ。）で地区整備計画又は沿道地区整備計画が定められている区域のうち建築物の容積率の最高限度が定められている区域内においては，当該地区計画又は沿道地区計画の内容に適合する建築物で，特定行政庁が交通上，安全上，防火上及び衛生上支障がないと認めるものについては，第52条の規定は，適用しない。

2　地区計画又は沿道地区計画の区域のうち再開発等促進区又は沿道再開発等促進区（地区整備計画又は沿道地区整備計画が定められている区域のうち当該地区整備計画又は沿道地区整備計画において10分の6以下の数値で建築物の建蔽率の最高限度が定められている区域に限る。）内においては，当該地区計画又は沿道地区計画の内容に適合する建築物で，特定行政庁が交通上，安全上，防火上及び衛生上支障がないと認めるものについては，第53条第1項から第3項まで，第7項及び第8項の規定は，適用しない。

3　地区計画又は沿道地区計画の区域のうち再開発等促進区又は沿道再開発等促進区（地区整備計画又は沿道地区整備計画が定められている区域のうち20メートル以下の高さで建築物の高さの最高限度が定められている区域に限る。）内においては，当該地区計画又は沿道地区計画の内容に適合し，かつ，その敷地面積が政令で定める規模以上の建築物であつて特定行政庁が交通上，安全上，防火上及び衛生上支障がないと認めるものについては，第55条第1項及び第2項の規定は，適用しない。

4　地区計画又は沿道地区計画の区域のうち再開発等促進区又は沿道再開発等促進区（地区整備計画又は沿道地区整備計画が定められている区域に限る。第6項において同じ。）内においては，敷地内に有効な空地が確保されていること等により，特定行政庁が交通上，安全上，防火上及び衛生上支障がないと認めて許可した建築物については，第56条の規定は，適用しない。

5　第44条第2項の規定は，前項の規定による許可をする場合に準用する。

6　地区計画又は沿道地区計画の区域のうち再開発等促進区又は沿道再開発等促進区内の建築物に対する第48条第1項から第13項まで（これらの規定を第87条第2項又は第3項において準用する場合を含む。）の規定の適用については，第48条第1項から第11項まで及び第13項中「又は公益上やむを得ない」とあるのは「公益上やむを得ないと認め，又は地区計画若しくは沿道地区計画において定められた土地利用に関する基本方針に適合し，かつ，当該

第7節　地区計画等の区域内の制限

地区計画若しくは沿道地区計画の区域における業務の利便の増進上やむを得ない」と，同条第12項中「工業の利便上又は公益上必要」とあるのは「工業の利便上若しくは公益上必要と認め，又は地区計画若しくは沿道地区計画において定められた土地利用に関する基本方針に適合し，かつ，当該地区計画若しくは沿道地区計画の区域における業務の利便の増進上やむを得ない」とする。

7　地区計画の区域のうち開発整備促進区（都市計画法第12条の5第4項に規定する開発整備促進区をいう。以下同じ。）で地区整備計画が定められているものの区域（当該地区整備計画において同法第12条の12の土地の区域として定められている区域に限る。）内においては，別表第2(ゐ)項に掲げる建築物のうち当該地区整備計画の内容に適合するもので，特定行政庁が交通上，安全上，防火上及び衛生上支障がないと認めるものについては，第48条第6項，第7項，第12項及び第14項の規定は，適用しない。

8　地区計画の区域のうち開発整備促進区（地区整備計画が定められている区域に限る。）内の建築物（前項の建築物を除く。）に対する第48条第6項，第7項，第12項及び第14項（これらの規定を第87条第2項又は第3項において準用する場合を含む。）の規定の適用については，第48条第6項，第7項及び第14項中「又は公益上やむを得ない」とあるのは「公益上やむを得ないと認め，又は地区計画において定められた土地利用に関する基本方針に適合し，かつ，当該地区計画の区域における商業その他の業務の利便の増進上やむを得ない」と，同条第12項中「工業の利便上又は公益上必要」とあるのは「工業の利便上若しくは公益上必要と認め，又は地区計画において定められた土地利用に関する基本方針に適合し，かつ，当該地区計画の区域における商業その他の業務の利便の増進上やむを得ない」とする。

9　歴史的風致維持向上地区計画の区域（歴史的風致維持向上地区整備計画が定められている区域に限る。）内の建築物に対する第48条第1項から第13項まで（これらの規定を第87条第2項又は第3項において準用する場合を含む。）の規定の適用については，第48条第1項から第11項まで及び第13項中「又は公益上やむを得ない」とあるのは「公益上やむを得ないと認め，又は歴史的風致維持向上地区計画において定められた土地利用に関する基本方針に適合し，かつ，当該歴史的風致維持向上地区計画の区域における歴史的風致（地域歴史的風致法第1条に規定する歴史的風致をいう。）の維持及び向

361

第7章　都市計画区域等における建築物の敷地，構造，建築整備及び用途

> 上を図る上でやむを得ない」と，同条第12項中「工業の利便上又は公益上必
> 要」とあるのは「工業の利便上若しくは公益上必要と認め，又は歴史的風致
> 維持向上地区計画において定められた土地利用に関する基本方針に適合し，
> かつ，当該歴史的風致維持向上地区計画の区域における歴史的風致（地域歴
> 史的風致法第1条に規定する歴史的風致をいう。）の維持及び向上を図る上
> でやむを得ない」とする。
>
> 　（平2法61・追加，平4法82・平12法73・一部改正，平14法85・旧第68条の
> 　　4繰上・一部改正，平18法46（平18法92）・平18法92・平20法40・平29法26
> 　　・平30法67・一部改正）

　地区計画の区域のうち再開発等促進区又は沿道再開発等促進区（以下「再開発等
促進区等」という。）の区域内においては，一定の優良な建築物について，特定行
政庁の許可・認可により，容積率制限，高さ制限，用途の制限が緩和されることと
なっている。これは，再開発等促進区等が，工場跡地等一定のまとまりのある低・
未利用地等の土地利用転換を誘導することを目的とするものであることから，当該
区域における良好な市街地の形成に資する建築物について，制限を緩和することに
より，再開発等促進区等の趣旨に沿った土地利用転換を促進しようとするものであ
る。その具体的内容は，次のとおりである。

第1項

　再開発等促進区等の地区整備計画等において，容積率制限に関する一般的制限に
よる限度を超えて容積率の最高限度が定められている場合において，当該地区整備
計画等の内容に適合する建築物で，特定行政庁が交通上，安全上，防火上及び衛生
上支障がないと認めるものについては，法第52条の規定は適用しないこととしてい
る。

　本特例は，一体的かつ総合的に中高層住宅市街地の開発整備を誘導するため，一
定の良好な建築計画について容積率制限を緩和しようとするものである。これによ
り，法第52条の規定は適用しないこととされるが，前面道路の幅員による容積率制
限についても適用されないこととなることに留意する必要がある。これは，現状に
おいて十分な前面道路が存在していない場合においても，建築物の建築と併せて道
路の整備が確実であると認められるときにも本特例を活用できることとしているこ
とによるものであるが，特定行政庁の認定に当たっては，このように道路の整備の
確実性が判断のポイントとなることから，併せて，予定道路の指定を積極的に活用

第 7 節　地区計画等の区域内の制限

することが望ましい。

第 2 項

　再開発等促進区等の地区整備計画等において，建蔽率制限に関する一般的制限による限度を超えて建蔽率の最高限度（10分の 6 以下の数値で定められている場合に限る。）が定められている場合において，当該地区整備計画等の内容に適合する建築物で，特定行政庁が交通上，安全上，防火上及び衛生上支障がないと認めるものについては，法第53条第 1 項から第 3 項まで，第 7 項及び第 8 項の規定は適用しないこととしている。建蔽率の緩和は，特定行政庁の認定により行い，その最高限度は，再開発等促進区等の地区整備計画等において定められた建蔽率の最高限度とすることとなるが，当該地区整備計画等に定められた数値は10分の 6 以下であることが要件とされている。

　本特例は，第一種・第二種低層住居専用地域，第一種・第二種中高層住居専用地域，田園住居地域のなかでも特に公共施設が未整備であること等から建蔽率の最高限度が低く定められた地域等において，一定の良好な建築計画について，10分の 6 を限度として制限を緩和しようとするものである。

　（再開発等促進区等内において高さの制限の緩和を受ける建築物の敷地面積の規模）

令第136条の 2 の 6　法第68条の 3 第 3 項の政令で定める規模は，300平方メートルとする。

　　　　　　　（平 2 政323・追加，平12政211・旧第136条の 2 の 3 繰下，平14政331・一部
　　　　　　　改正，平15政523・旧第136条の 2 の 5 繰下）

第 3 項

　再開発等促進区等の地区整備計画等において，法第55条の第一種低層住居専用地域，第二種低層住居専用地域又は田園住居地域内の絶対高さの最高限度を超えて建築物の高さの最高限度が定められている土地の区域内のうち建築物の特例（20m以下の高さで定められている場合に限る。）が定められている区域においては，当該地区整備計画等の内容に適合し，かつ，敷地面積が300㎡以上である建築物で，特定行政庁が支障がないと認めるものについては，第一種低層住居専用地域，第二種低層住居専用地域又は田園住居地域に関する都市計画において定められている建築物の高さの制限（10m又は12m）を上回ることができる。高さの制限の緩和は，特定行政庁の認定により行い，その最高限度は，再開発等促進区等の地区整備計画等

363

第7章　都市計画区域等における建築物の敷地，構造，建築整備及び用途

に定められた建築物の高さの最高限度とすることになるが，当該地区整備計画等に定められた数値は，20m以下であることが要件とされている。

第4項・第5項

　再開発等促進区等の地区整備計画が定められている区域内においては，敷地内に有効な空地が確保されていること等により，特定行政庁が交通上，安全上，防火上及び衛生上支障がないと認めて許可した建築物については，法第56条の規定は適用しないこととしている。

　本特例は，地区整備計画等によって一定の制限がかけられている項目を緩和対象としている第1項から第3項までの制限の特例と異なり，地区整備計画等の区域内であることが要件となっており，制限緩和の範囲がすべて特定行政庁の裁量に委ねられていることから，認定でなく，許可によることとされているものである（特定行政庁の許可に当たっては，建築審査会の同意が必要である。）。

　また，許可により制限が緩和されるのは，法第56条の斜線制限に限られることに留意する必要があるが，併せて，日影規制の適用についても，法第56条の2第1項ただし書の許可の適切な運用を図ることが望ましい。

第6項

　再開発等促進区等の地区整備計画等が定められている区域内においては，再開発等促進区等を定める地区計画等において定められた土地利用に関する基本方針（都市計画法第12条の5第5項第2号，幹線道路の沿道の整備に関する法律第9条第4項第2号）に適合し，かつ，再開発等促進区等の区域における業務の利便の増進上やむを得ないと認める場合においても，法第48条第1項から第13項までのただし書の規定に基づき，特定行政庁の許可により用途制限を緩和することができることとされている。

　本特例は，再開発等促進区等の区域内における土地利用転換を促進する上で極めて重要な意味を持つものである。例えば，工業地域内の区域について，再開発等促進区等を定める地区計画等を策定し，当該計画の土地利用に関する基本方針において，「当該地区を音楽ホール，劇場等文化活動に供する施設の導入を図るアミューズメントカルチャーゾーンとして整備する。」と定められた場合，実際に劇場を建築しようとすると，工業地域内の区域では，劇場の建設は禁止されており，また，法第48条第12項ただし書の許可を行おうとしても，劇場の立地は「工業の利便上必要」とも「公益上必要」ともいえないため，許可をすることができないが，法第68条の3第6項の規定により，「土地利用に関する基本方針に適合し，かつ，当該地

区計画…の区域における業務の利便の増進上やむを得ない」と特定行政庁が認めた場合には，許可をすることができることとなるのである（この場合の「業務の利便の増進」は，再開発等促進区等の区域において立地を促進しようとする業務の利便という意味である。）。

本特例は，法第68条の3第6項の規定が法第48条第1項から第13項までのただし書の規定の読み替えになっていることから，当然ながら許可に際しては，公聴会の開催及び建築審査会の同意が必要となる。

なお，工業専用地域における住宅の用に供する建築物については，「業務の利便の増進上やむを得ない」には該当せず，従来の法第48条第13項ただし書の「公益上やむを得ないと認める」場合にのみ許可することができる。

第7項・第8項

平成18年改正により大規模集客施設の立地が制限される用途地域及び非線引き都市計画区域の白地地域において，地域の判断で大規模集客施設の立地を認めようとする場合に，用途地域を変更せずに，スポット的に大規模集客施設の立地を認めることができる新たな地区計画制度として，開発整備促進区が創設されることとなった。

開発整備促進区を定める地区計画においては，土地利用に関する基本方針並びに道路等の公共施設の配置及び規模を定めることとされている。これに加えて，開発整備促進区における地区整備計画において，当該区域に誘導すべき大規模集客施設の用途及びその敷地を定めた場合には，当該区域内において建築等をしようとする大規模集客施設が，地区整備計画の内容に適合し，特定行政庁が交通上，安全上，防火上及び衛生上支障がないと認める建築物については，用途地域の用途制限に関わらず建築等をすることが可能となる。

一方，開発整備促進区における地区整備計画において当該区域に誘導すべき大規模集客施設の用途及びその敷地が定められていない場合，又は当該区域に誘導すべき大規模集客施設の用途及びその敷地が定められていても当該地区整備計画の内容に適合しない場合には，法第48条ただし書の許可により大規模集客施設の建築が可能となる。

（建築物の容積率の最高限度を区域の特性に応じたものと公共施設の整備の状況に応じたものとに区分して定める地区計画等の区域内における建築物の容積率の特例）

365

第 7 章　都市計画区域等における建築物の敷地，構造，建築整備及び用途

法第68条の 4　次に掲げる条件に該当する地区計画，防災街区整備地区計画又
は沿道地区計画（防災街区整備地区計画にあつては，密集市街地整備法第32
条第 2 項第 1 号に規定する地区防災施設（以下単に「地区防災施設」とい
う。）の区域が定められているものに限る。以下この条において同じ。）の区
域内にある建築物で，当該地区計画，防災街区整備地区計画又は沿道地区計
画の内容（都市計画法第12条の 6 第 2 号，密集市街地整備法第32条の 2 第 2
号又は沿道整備法第 9 条の 2 第 2 号の規定による公共施設の整備の状況に応
じた建築物の容積率の最高限度（以下この条において「公共施設の整備の状
況に応じた建築物の容積率の最高限度」という。）を除く。）に適合し，か
つ，特定行政庁が交通上，安全上，防火上及び衛生上支障がないと認めるも
のについては，公共施設の整備の状況に応じた建築物の容積率の最高限度に
関する第 2 号の条例の規定は，適用しない。
　一　地区整備計画，特定建築物地区整備計画，防災街区整備地区整備計画又
　　は沿道地区整備計画が定められている区域のうち，次に掲げる事項が定め
　　られている区域であること。
　　　イ　都市計画法第12条の 6 ，密集市街地整備法第32条の 2 又は沿道整備法
　　　　第 9 条の 2 の規定による区域の特性に応じたものと公共施設の整備の状
　　　　況に応じたものとに区分した建築物の容積率の最高限度
　　　ロ　(1)から(3)までに掲げる区域の区分に従い，当該(1)から(3)までに定める
　　　　施設の配置及び規模
　　　　(1)　地区整備計画の区域　都市計画法第12条の 5 第 2 項第 1 号に規定す
　　　　　る地区施設又は同条第 5 項第 1 号に規定する施設
　　　　(2)　防災街区整備地区整備計画の区域　密集市街地整備法第32条第 2 項
　　　　　第 2 号に規定する地区施設
　　　　(3)　沿道地区整備計画の区域　沿道整備法第 9 条第 2 項第 1 号に規定す
　　　　　る沿道地区施設又は同条第 4 項第 1 号に規定する施設
　二　第68条の 2 第 1 項の規定に基づく条例で，前号イに掲げる事項に関する
　　制限が定められている区域であること。
　　　　　　　　　（平14法85・追 加，平19法19・平18法46（平19法19）・平20法40・平23法105
　　　　　　　　　・一部改正）

本条は，誘導容積型の地区計画，防災街区整備地区計画又は沿道地区計画の区域

第7節　地区計画等の区域内の制限

内の建築物に係る容積率制限の特例を定めるものである。

　誘導容積制度の特色は，地区計画，防災街区整備地区計画又は沿道地区計画において目標容積率と暫定容積率という二つの容積率を同時に示し，これらの容積率を活用することにより土地の有効利用を誘導するところにある。すなわち，公共施設が未整備の段階では低い暫定容積率を適用して地区全体の有効利用の妨げとなる無秩序な建設行為を防ぎ，地区全体の有効利用に必要な公共施設整備の条件が整うと目標容積率を適用することにより，都市空間の有効活用を一定の広がりを持った地区全体で実現しようとするものである。

　具体的には，道路等の公共施設の整備が十分になされていない地区については，地区計画，防災街区整備地区計画又は沿道地区計画において目標とする容積率（目標容積率）と，地区の公共施設の現状に見合った容積率（暫定容積率）という二つの容積率を定める（都市計画法第12条の6）。

　そして，公共施設備が不十分な現状では暫定容積率を適用して市街地環境を保全し，地区計画，防災街区整備地区計画又は沿道地区計画に地区レベルの公共施設である地区施設が定められ，特定行政庁の認定があった場合には目標容積率を適用して目標とする市街地像の達成を図る。すなわち誘導容積型の地区計画，防災街区整備地区計画又は沿道地区計画の区域内の建築物については，地区計画，防災街区整備地区計画又は沿道地区計画の内容（暫定容積率を除く。）に適合し，特定行政庁が交通上，安全上，防火上及び衛生上支障がないと認めるものについては，暫定容積率は適用せず，目標容積率が適用されることとなる。

　（区域を区分して建築物の容積を適正に配分する地区計画等の区域内における建築物の容積率の特例）

法第68条の5　次に掲げる条件に該当する地区計画又は沿道地区計画の区域内にある建築物については，当該地区計画又は沿道地区計画において定められた建築物の容積率の最高限度を第52条第1項第1号から第4号までに定める数値とみなして，同条の規定を適用する。

　一　地区整備計画又は沿道地区整備計画（都市計画法第12条の7又は沿道整備法第9条の3の規定により，地区整備計画又は沿道地区整備計画の区域を区分して建築物の容積率の最高限度が定められているものに限る。）が定められている区域であること。

　二　前号の建築物の容積率の最高限度が当該区域に係る用途地域において定

367

第7章　都市計画区域等における建築物の敷地，構造，建築整備及び用途

められた建築物の容積率を超えるものとして定められている区域にあつて
は，地区整備計画又は沿道地区整備計画において次に掲げる事項が定めら
れており，かつ，第68条の2第1項の規定に基づく条例でこれらの事項に
関する制限が定められている区域であること。

イ　建築物の容積率の最低限度

ロ　建築物の敷地面積の最低限度

ハ　壁面の位置の制限（道路に面する壁面の位置を制限するものを含むも
のに限る。）

（平8法48・追加，平12法73・一部改正，平14法85・旧第68条の5の2繰上
・一部改正，平19法19・一部改正）

　本条は，容積の適正配分を行う地区計画，防災街区整備地区計画又は沿道地区計
画の区域内の建築物に係る容積率制限の特例を定めるものである。

　容積の適正配分制度は，都市において土地の有効・高度利用が求められている情
勢にかんがみ，適正な配置及び規模の公共施設を備えた土地の区域において建築物
の容積を適正に配分することが区域の特性に応じた合理的な土地利用の促進を図る
ため特に必要であると認められるときに，地区計画，防災街区整備地区計画又は沿
道地区計画において有効高度利用を図るべき区域と容積を抑えるべき区域とを区分
することにより，地区内の総容積の範囲内で容積の適正な配分を行うこととするも
のである（都市計画法第12条の7）。容積の適正配分については，必要な事項（容
積率の最低限度，建築物の敷地面積の最低限度，壁面の位置の制限）に関する制限
が法第68条の2第1項の条例で定められている場合に，地区整備計画等で定められ
た容積率の最高限度を法第52条第1項第1号から第4号までのいわゆる指定容積率
とみなして容積率制限が適用されることとなる。

　（区域を区分して建築物の容積を適正に配分する特定建築物地区整備計画等
の区域内における建築物の容積率の特例）

法第68条の5の2　次に掲げる条件に該当する防災街区整備地区計画の区域内
にある建築物（第2号に規定する区域内の建築物にあつては，防災街区整備
地区計画の内容に適合する建築物で，特定行政庁が交通上，安全上，防火上
及び衛生上支障がないと認めるものに限る。）については，当該防災街区整
備地区計画において定められた建築物の容積率の最高限度を第52条第1項第
1号から第4号までに定める数値とみなして，同条の規定を適用する。

368

第7節　地区計画等の区域内の制限

　　一　特定建築物地区整備計画及び防災街区整備地区整備計画（いずれも密集
　　　市街地整備法第32条の3第1項の規定により，その区域をそれぞれ区分
　　　し，又は区分しないで建築物の容積率の最高限度が定められているものに
　　　限る。）が定められている区域であること。
　　二　前号の建築物の容積率の最高限度が当該区域に係る用途地域において定
　　　められた建築物の容積率を超えるものとして定められている区域にあつて
　　　は，特定建築物地区整備計画において次に掲げる事項が定められており，
　　　かつ，第68条の2第1項の規定に基づく条例でこれらの事項に関する制限
　　　が定められている区域であること。
　　　イ　建築物の容積率の最低限度
　　　ロ　建築物の敷地面積の最低限度
　　　ハ　壁面の位置の制限（道路に面する壁面の位置を制限するものを含むも
　　　　のに限る。）
　　　　　（平19法19・追加）

　本条は，用途別容積型の地区計画，防災街区整備地区計画又は沿道地区計画の区
域内の住宅を含む建築物に係る容積率制限の特例を定めるものである。
　本条は，沿道地区計画の区域内において，幹線道路沿いに緩衝建築物を建築する
だけでなく緩衝空地を確保するなど総合的な施策を講じることが必要であることか
ら，適正な配置及び規模の公共施設を備えた土地の区域において建築物の容積を適
正に配分することが区域の特性に応じた合理的な土地利用の促進を図るため特に必
要であると認められるときに，沿道地区計画において沿道地区整備計画の区域を区
分することにより，地区内の総容積の範囲内で容積の適正な配分を行うこととする
ものである（幹線道路の沿道の整備に関する法律第9条第3項）。
　沿道地区計画に係る容積の適正配分については，必要な事項（容積率の最低限
度，建築物の敷地面積の最低限度，壁面の位置の制限）に関する制限が地区計画条
例で定められている場合に，沿道地区整備計画で定められた容積率の最高限度を法
第52条第1項第1号から第4号までのいわゆる指定容積率とみなして容積率制限が
適用されることとなる。

　（高度利用と都市機能の更新とを図る地区計画等の区域内における制限の特
　例）
法第68条の5の3　次に掲げる条件に該当する地区計画又は沿道地区計画の区

369

第7章　都市計画区域等における建築物の敷地，構造，建築整備及び用途

域内にある建築物については，当該地区計画又は沿道地区計画において定められた建築物の容積率の最高限度を第52条第1項第2号から第4号までに定める数値とみなして，同条の規定を適用する。

一　都市計画法第12条の8又は沿道整備法第9条の4の規定により，次に掲げる事項が定められている地区整備計画又は沿道地区整備計画の区域であること。

イ　建築物の容積率の最高限度

ロ　建築物の容積率の最低限度（沿道地区整備計画において沿道整備法第9条第6項第2号の建築物の沿道整備道路に係る間口率の最低限度及び建築物の高さの最低限度が定められている場合にあつては，これらの最低限度），建築物の建蔽率の最高限度，建築物の建築面積の最低限度及び壁面の位置の制限（壁面の位置の制限にあつては，市街地の環境の向上を図るため必要な場合に限る。）

二　第68条の2第1項の規定に基づく条例で，前号ロに掲げる事項（壁面の位置の制限にあつては，地区整備計画又は沿道地区整備計画に定められたものに限る。）に関する制限が定められている区域であること。

2　前項各号に掲げる条件に該当する地区計画又は沿道地区計画の区域内においては，敷地内に道路に接して有効な空地が確保されていること等により，特定行政庁が，交通上，安全上，防火上及び衛生上支障がないと認めて許可した建築物については，第56条第1項第1号及び第2項から第4項までの規定は，適用しない。

3　第44条第2項の規定は，前項の規定による許可をする場合に準用する。

　　　　　　（平14法85・追加，平19法19・旧第68条の5の2繰下・一部改正，平29法26
　　　　　　・一部改正）

　本制度により，再開発等促進区を定める地区計画制度の適用要件に該当しない地区であっても，一つの地区計画において，地域の特性に応じた詳細な規制と組み合わせた形での容積率の最高限度の緩和が行えることとなった。

　具体的には，都市計画法では，用途地域（第一種低層住居専用地域，第二種低層住居専用地域及び田園住居地域を除く。）内の適正な配置及び規模の公共施設を備えた土地の区域において，その合理的かつ健全な高度利用と都市機能の更新とを図るため特に必要であると認められるときは，地区整備計画に，建築物の容積率の最

第7節　地区計画等の区域内の制限

高限度及び最低限度，建築物の建蔽率の最高限度，建築物の建築面積の最低限度並びに壁面の位置の制限（敷地内に道路（都市計画において定められた計画道路及び地区施設である道路を含む。）に接して有効な空地を確保して市街地の環境の向上を図るため必要な場合における当該道路に面する壁面の位置に限る。）を定めることとされている。この場合，建築物の容積率の最高限度については，用途地域で定められた容積率を超えて定めることができる（都市計画法第12条の8）。

　建築基準法では，従来，高度利用地区において法第59条の規定により適用されてきた次の(1)及び(2)と同様の特例措置を，地区計画の区域においても適用できることとされている。

(1)　地区整備計画が定められている区域（容積率の最高限度及び最低限度，建蔽率の最高限度，建築面積の最低限度並びに壁面の位置の制限（壁面の位置の制限にあっては，市街地の環境の向上を図るため必要がある場合に限る。）が定められている区域に限る。）内で，かつ，これらの事項（容積率の最高限度を除く。壁面の位置の制限にあっては，地区整備計画に定められたものに限る。）が法第68条の2第1項の規定に基づく条例で定められている場合，当該容積率の最高限度を法第52条第1項第2号から第4号までに掲げる数値とみなして同条の規定を適用する。

(2)　(1)に該当する場合，敷地内に道路に接して有効な空地が確保されていること等により，特定行政庁が交通上，安全上，防火上及び衛生上支障がないと認めて建築審査会の同意を得て許可した建築物については，法第56条第1項第1号及び第2項から第4項までの規定は，適用しない。

（住居と住居以外の用途とを区分して定める地区計画等の区域内における建築物の容積率の特例）

法第68条の5の4　次に掲げる条件に該当する地区計画，防災街区整備地区計画又は沿道地区計画の区域内にあるその全部又は一部を住宅の用途に供する建築物については，当該地区計画，防災街区整備地区計画又は沿道地区計画において定められた建築物の容積率の最高限度を第52条第1項第2号又は第3号に定める数値とみなして，同条（第8項を除く。）の規定を適用する。ただし，当該建築物が同条第3項の規定により建築物の延べ面積の算定に当たりその床面積が当該建築物の延べ面積に算入されない部分を有するときは，当該部分の床面積を含む当該建築物の容積率は，当該建築物がある地域

371

第7章　都市計画区域等における建築物の敷地，構造，建築整備及び用途

に関する都市計画において定められた同条第1項第2号又は第3号に定める
数値の1.5倍以下でなければならない。

一　次に掲げる事項が定められている地区整備計画，特定建築物地区整備計
　　画，防災街区整備地区整備計画又は沿道地区整備計画の区域であること。

　　イ　建築物の容積率の最高限度（都市計画法第12条の9，密集市街地整備
　　　　法第32条の4又は沿道整備法第9条の5の規定により，それぞれ都市計
　　　　画法第12条の9第1号，密集市街地整備法第32条の4第1号又は沿道整
　　　　備法第9条の5第1号に掲げるものの数値が第52条第1項第2号又は第
　　　　3号に定める数値以上その1.5倍以下で定められているものに限る。）

　　ロ　建築物の容積率の最低限度

　　ハ　建築物の敷地面積の最低限度

　　ニ　壁面の位置の制限（道路に面する壁面の位置を制限するものを含むも
　　　　のに限る。）

二　第68条の2第1項の規定に基づく条例で，前号ロからニまでに掲げる事
　　項に関する制限が定められている区域であること。

三　当該区域が第一種住居地域，第二種住居地域，準住居地域，近隣商業地
　　域，商業地域又は準工業地域内にあること。

　　　　　　　　（平14法85・追加，平16法67・一部改正，平19法19・旧第68条の5の3繰下
　　　　　　　　　・一部改正，平20法40・一部改正）

　都市計画法第12条の9の規定により，地区整備計画等において容積率の最高限度
を住宅を含む建築物とそれ以外の建築物とに区分し，前者の数値を後者の数値以上
のものとして定め，かつ，本条各号の条件に該当する地区計画，防災街区整備地区
計画又は沿道地区計画の区域内に限り，本特例が適用される。

　用途別容積型の地区計画，防災街区整備地区計画又は沿道地区計画により，住宅
の用途に供する建築物に係る容積率の特例を設けることのできる区域は，次に掲げ
る条件に該当する土地の区域内である。

(1)　第一種住居地域，第二種住居地域，準住居地域，近隣商業地域，商業地域又
　　は準工業地域内にあること

(2)　地区整備計画等が定められている区域のうち，次に掲げる事項が定められて
　　いる区域であること

　①　建築物の容積率の最高限度（住宅を含む建築物に係るものの数値が，それ

第7節　地区計画等の区域内の制限

以外の建築物に係るものの数値以上で，かつ，指定容積率の数値以上その
1.5倍以下で定められているものに限る。）

② 建築物の容積率の最低限度

③ 建築物の敷地面積の最低限度

④ 壁面の位置の制限（道路に面する壁面の位置を制限するものを含むものに
限る。）

(3) 法第68条の2第1項の規定に基づく条例で，(2)②から④までに掲げる事項に
関する制限が定められている区域であること

(2)①の容積率の最高限度については，全部を住宅の用途のみに供する建築物に係
る容積率の最高限度は指定容積率の1.5倍以下で，全部を住宅以外の用途のみに供
する建築物の容積率の最高限度は指定容積率以下で定め，併せて住宅の用途に供す
る部分と住宅以外の用途に供する部分を含む建築物に係る容積率の最高限度につい
ての算定方式を定める必要がある。この算定方式については，本制度の趣旨にかん
がみ，原則として住宅の用途に供する部分の容積率が増大するにつれて，建築物全
体の容積率の最高限度が増大するとともに，住宅以外の用途に供する部分の容積率
が減少するよう定められ，かつ，関係権利者，住民等が容易に理解できる内容で定
められる。

なお，その算定方式については，次のものが一般的算定方法として想定される
（ただし，用途別容積型の地区計画の区域内の土地利用の現状及び動向，公共施設
の整備状況等によりこれにより難い場合には，この限りでない。）。

$U／N＋R／H≦1$　かつ　$A＝U＋R$

U：住宅以外の用途に供する部分の容積率

R：住宅の用途に供する部分の容積率

N：建築物の用途がすべて非住宅である場合の容積率の最高限度

H：建築物の用途がすべて住宅である場合の容積率の最高限度

A：建築物全体の容積率

例えば，地区整備計画において，N＝400（%），H＝600（%）と定められた場
合を想定すると，上記の算定方式に従った場合，容積率を限度一杯まで使い切った
UとRの組み合わせの例は，次のようになる。

U：　0　100　160　200　240　300　400

R：600　450　360　300　240　150　　0

用途別容積型の地区計画，防災街区整備地区計画又は沿道地区計画の区域内のそ

373

第7章　都市計画区域等における建築物の敷地，構造，建築整備及び用途

の全部又は一部を住宅の用途に供する建築物については，当該地区計画，防災街区整備地区計画又は沿道地区計画において定められた容積率の最高限度を法第52条第1項第3号又は第4号に掲げる数値（指定容積率）とみなして，同条の規定を適用することとされ，当該地区計画，防災街区整備地区計画又は沿道地区計画において定められる数値により指定容積率の最大1.5倍を限度に容積率の最高限度の緩和が行われることとなる。すなわち，本特例は，特定行政庁の許可，認定等の処分を経ることなく，区域内の住宅を含む建築物一般に対して適用される。

　この場合，前面道路の幅員による容積率制限は本特例による緩和の対象とならず，別途適用される。例えば，指定容積率300％の準工業地域において本特例が適用される場合を想定すると，前面道路の幅員が7mであれば，420％（7に10分の6を乗じた数値）の制限が及ぶため，指定容積率の1.5倍（450％）までの緩和は認められない。

　なお，本特例の対象となる「住宅」とは，共同住宅をも含む意味で用いられている。

　　（区域の特性に応じた高さ，配列及び形態を備えた建築物の整備を誘導する
　　地区計画等の区域内における制限の特例）

法第68条の5の5　次に掲げる条件に該当する地区計画等（集落地区計画を除く。以下この条において同じ。）の区域内の建築物で，当該地区計画等の内容に適合し，かつ，特定行政庁が交通上，安全上，防火上及び衛生上支障がないと認めるものについては，第52条第2項の規定は，適用しない。

一　次に掲げる事項が定められている地区整備計画等（集落地区整備計画を除く。）の区域であること。

　イ　都市計画法第12条の10，密集市街地整備法第32条の5，地域歴史的風致法第32条又は沿道整備法第9条の6の規定による壁面の位置の制限，壁面後退区域（壁面の位置の制限として定められた限度の線と敷地境界線との間の土地の区域をいう。以下この条において同じ。）における工作物の設置の制限及び建築物の高さの最高限度

　ロ　建築物の容積率の最高限度

　ハ　建築物の敷地面積の最低限度

二　第68条の2第1項の規定に基づく条例で，前号イ及びハに掲げる事項（壁面後退区域における工作物の設置の制限を除く。）に関する制限が定

第7節　地区計画等の区域内の制限

　　められている区域であること。

　2　前項第1号イ及びハに掲げる事項が定められており，かつ，第68条の2第
　　1項の規定に基づく条例で前項第1号イ及びハに掲げる事項（壁面後退区域
　　における工作物の設置の制限を除く。）に関する制限が定められている地区
　　計画等の区域内にある建築物で，当該地区計画等の内容に適合し，かつ，敷
　　地内に有効な空地が確保されていること等により，特定行政庁が交通上，安
　　全上，防火上及び衛生上支障がないと認めるものについては，第56条の規定
　　は，適用しない。

　　　　　　（平14法85・追加，平19法19・旧第68条の5の4繰下・一部改正，平20法40
　　　　　　・一部改正）

　本条は，街並み誘導型の地区計画等（集落地区計画を除く。以下同じ。）の区域
内の建築物に係る制限の特例を定めるものである。

　街並み誘導型の地区計画等は，地区の特性に応じた建築物の高さ，配列及び形態
を地区計画等として一体的に定め，工作物の設置の制限等必要な規制及び建築物の
形態に関する制限の緩和を行うことにより，個別の建築活動を通じて街並みを誘導
しつつ，土地の合理的かつ健全な有効利用の推進及び良好な環境の形成を図るもの
である。

　本制度では地区整備計画等の区域において，当該地区整備計画等の区域の特性に
応じた高さ，配列及び形態を備えた建築物を整備することが合理的な土地利用の促
進を図るため特に必要であると認められるときは，壁面の位置の制限，建築物の高
さの最高限度及び壁面の位置の制限として定められた限度の線と敷地境界線との間
の土地の区域における工作物の設置の制限を定めることとされている（都市計画法
第12条の10）。壁面の位置の制限や建築物の高さの最高限度に加え，建築物の敷地
面積の最低限度が法第68条の2第1項の条例で定められている場合には，地区計画
等の内容に適合し，特定行政庁が交通上，安全上，防火上及び衛生上支障がないと
認める建築物については，前面道路幅員による容積率制限及び斜線制限は適用しな
いものとされる。

　（地区計画等の区域内における建築物の建蔽率の特例）
　法第68条の5の6　次に掲げる条件に該当する地区計画等（集落地区計画を除
　　く。）の区域内の建築物については，第1号イに掲げる地区施設等の下にあ
　　る部分で，特定行政庁が交通上，安全上，防火上及び衛生上支障がないと認

375

第7章　都市計画区域等における建築物の敷地，構造，建築整備及び用途

めるものの建築面積は，第53条第1項及び第2項，第57条の5第1項及び第2項，第59条第1項，第59条の2第1項，第60条の2第1項，第68条の8，第86条第3項及び第4項，第86条の2第2項及び第3項，第86条の5第3項並びに第86条の6第1項に規定する建築物の建蔽率の算定の基礎となる建築面積に算入しない。

一　地区整備計画等（集落地区整備計画を除く。）が定められている区域のうち，次に掲げる事項が定められている区域であること。

　イ　その配置が地盤面の上に定められている通路その他の公共空地である地区施設等（第68条の4第1号ロに規定する施設，地域歴史的風致法第31条第2項第1号に規定する地区施設又は地区防災施設をいう。以下同じ。）

　ロ　壁面の位置の制限（イの地区施設等に面する壁面の位置を制限するものを含むものに限る。）

二　第68条の2第1項の規定に基づく条例で，前号ロに掲げる事項に関する制限が定められている区域であること。

（平14法85・追加，平16法67・一部改正，平19法19・旧第68条の5の5繰下・一部改正，平20法40・平23法105・平29法26・一部改正）

　近年，高層建築物の低層部に，いわゆる「人工地盤」として，通常の地盤面よりも1層から2層分高い位置に平面を設け，歩行者等の通行の用に供する通路等を設ける工作物の例が増大している。これらの人工地盤下の部分が建築物として取り扱われる場合，従来は建蔽率制限上，建築面積に算入されていた。

　しかし，このような場合には，通常の地盤面における道路より，むしろ歩行者が主として通行することとなる人工地盤上の通路等での採光，通風等の市街地環境を確保することが期待され，緊急時の避難の安全性も，人工地盤上の通路等により十分に確保できる場合がある。また，人工地盤下の地盤面における採光，通風等は，当該人工地盤によって相当程度遮られるので，人工地盤下の建築物の採光，通風等の確保については，考慮する必要が低いものと考えられる。

　そこで，平成14年法改正により，このような人工地盤下の建築物の部分であって，人工地盤が地区計画等において地区施設等として位置づけられること等により，周辺の敷地との連続性の確保等につき担保措置がおかれた場合には，その特性に配慮しつつ，建蔽率制限の合理化を図ることのできる規定が設けられた。

376

第7節　地区計画等の区域内の制限

　具体的には，以下の条件に該当する地区計画等（集落地区計画を除く。）の区域内の建築物のうち，次の(1)①の地区施設等の下にある部分で，特定行政庁が，交通上，安全上，防火上及び衛生上支障がないと認めたものの建築面積は，建蔽率の算定の基礎となる建築面積に算入しないこととされた。

(1)　次に掲げる事項が定められている地区整備計画等（集落地区整備計画を除く。）の区域であること

　①　その配置が地盤面の上に定められている通路その他の公共空地である地区施設等

　②　壁面の位置の制限（①の地区施設等に面する壁面の位置を制限するものを含むものに限る。）

(2)　法第68条の2第1項の条例で，(1)②に掲げる事項に関する制限が定められている区域であること

377

第7章　都市計画区域等における建築物の敷地，構造，建築整備及び用途

（参考）

地区計画等の対象区域及び趣旨

	地 区 計 画	防災街区整備地 区 計 画	歴史的風致維持向 上 地 区 計 画	沿道整備計画	集 落 地 区 計 画
	○用途地域が定められている土地の区域又は ○用途地域が定められていない土地の区域のうち次のいずれかに該当するもの	○次に掲げる条件に該当する密集市街地内の土地の区域	○次に掲げる条件に該当する土地の区域	○市街化区域，未線引用途地域等で沿道整備道路に接続する土地の区域	○集落地域整備基本方針の定められた集落地域
対象区域	イ　住宅市街地の開発その他建築物若しくはその敷地の整備に関する事業が行われる，又は行われた土地の区域 ロ　建築物の建築又はその敷地の造成が無秩序に行われ，又は行われると見込まれる一定の土地の区域で，公共施設の整備の状況，土地利用の動向等からみて不良な街区の環境が形成されるおそれがあるもの ハ　健全な住宅市街地における良好な居住環境その他優れた街区の環境が形成されている土地の区域	一　当該区域における特定防災機能の確保を図るため，適正な配置及び規模の公共施設を整備する必要がある土地の区域であること。 二　当該区域における特定防災機能に支障を来している土地の区域であること。 三　用途地域が定められている土地の区域であること。	一　現に相当数の建築物等の建築又は用途の変更が行われつつあり，又は行われることが確実であると認められる土地の区域であること。 二　当該区域における歴史的風致の維持及び向上に支障を来し，又は来すおそれがあると認められる土地の区域であること。 三　当該区域における歴史的風致の維持及び向上と土地の合理的かつ健全な利用を図ることが，当該都市の健全な発展及び文化の向上に貢献することとなる土地の区域であること。 四　用途地域が定められている土地の区域であること。	（沿道整備道路の要件） 次に掲げる条件に該当する道路で知事の指定したもの 一　幹線道路網を構成する道路（高速自動車国道以外は都市計画決定されたもの） 二　自動車交通量が特に大きいこと（原則として日交通量4万台を基準とする。）。 三　道路交通騒音が沿道における生活環境を及ぼすおそれがあること（路肩の夜間騒音60ホンを基準とする。）。 四　当該地域に相当数の住居等が集合し，又は集合することが確実と見込まれるものであること。	（集落地域の要件） 集落及びその周辺の農用地を含む土地の区域で次に掲げる要件に該当するもの 一　当該地域の土地利用の状況等からみて，営農条件及び居住環境の確保に支障を生じ，又は生ずるおそれがあると認められる地域であること。 二　当該地域の自然的経済的社会的諸条件を考慮して，調和のとれた農業の生産条件の整備と都市環境の整備とを図り，及び適正な土地利用を図る必要があると認められる地域であること。 三　当該地域内に相当規模の農用地が存し，かつ，農用地及び農業用施設等を整備することにより良好な営農条件を確保

378

第7節　地区計画等の区域内の制限

					し得ると見込まれること。 四　当該地域内に相当数の住居等が存し,かつ,公共施設の整備の状況等からみて,一体としてその特性にふさわしい良好な居住環境を有する地域として秩序ある整備を図ることが相当であると認められること。 五　当該地域が都市計画法第5条の規定により指定された都市計画区域（同法第7条第1項の規定による市街化区域を除く。）内にあり,かつ,農業振興地域の整備に関する法律第6条第1項の規定により指定された農業振興地域内にあること。
趣 旨	既成市街地,新市街地において一体としてそれぞれの区域の特性にふさわしい良好な環境の各街区を整備し,及び保全することにより,市街地のスプロール化を防止する。			道路交通騒音により生ずる障害の防止と適正かつ合理的な土地利用の促進を図る。	集落地域において,営農条件と調和のとれた良好な居住環境と適正な土地利用を確保する。

第7章　都市計画区域等における建築物の敷地，構造，建築整備及び用途

（参考）
地区計画等において定められる建築物等に関する事項

		地区計画	防災街区整備地区計画	歴史的風致維持向上地区計画	沿道地区計画	集落地区計画
用　途　の　制　限		○	○	○	○	○
容積率	最　高　限　度	○	○	○	○	－
	最　低　限　度	○	○	○	○	－
建蔽率の最高限度		○	○	○	○	○
敷地面積の最低限度		○	○	○	○	○
建築面積の最低限度		○	○	○	○	－
壁面の位置の制限		○	○	○	○	○
壁面後退区域における工作物の設置の制限		○	○	○	○	－
高　さ	最　高　限　度	○	○	○	○	○
	最　低　限　度	○	○	○	○	－
形　態・意　匠　の　制　限		○	○	○	○	○
緑化率の最低限度		○	○	○	○	
垣又は柵の構造の制限		○	○	○	○	○
構造に関する防火上必要な制限		－	○	－	－	－
間口率の最低限度		－	○	－	○	－
防音上，遮音上の制限		－	－	－	○	－

○：定められる

－：定められない

380

第7節　地区計画等の区域内の制限

（道路の位置の指定に関する特例）

法第68条の6　地区計画等に道の配置及び規模又はその区域が定められている場合には，当該地区計画等の区域（次の各号に掲げる地区計画等の区分に応じて，当該各号に定める事項が定められている区域に限る。次条第1項において同じ。）における第42条第1項第5号の規定による位置の指定は，地区計画等に定められた道の配置又はその区域に即して行わなければならない。ただし，建築物の敷地として利用しようとする土地の位置と現に存する道路の位置との関係その他の事由によりこれにより難いと認められる場合においては，この限りでない。

　一　地区計画　再開発等促進区若しくは開発整備促進区（いずれも都市計画法第12条の5第5項第1号に規定する施設の配置及び規模が定められているものに限る。）又は地区整備計画

　二　防災街区整備地区計画　地区防災施設の区域又は防災街区整備地区整備計画

　三　歴史的風致維持向上地区計画　歴史的風致維持向上地区整備計画

　四　沿道地区計画　沿道再開発等促進区（沿道整備法第9条第4項第1号に規定する施設の配置及び規模が定められているものに限る。）又は沿道地区整備計画

　五　集落地区計画　集落地区整備計画

　　　　　（平14法85・全改，平18法46・平20法40・平23法105・一部改正）

　本条に規定する道路の位置の指定に関する特例は，法第42条第1項第五号の規定による位置の指定を地区計画等において定められた道の配置に即して行うことにより，計画的な道路の築造を誘導し，良好な市街地形成を推進することを意図している。

　なお，「道の配置に即して」とは，指定に係る道路が地区計画等で定められた道の配置に一致している場合のほか，一致しないが地区計画等で定められた道との接続の状況，位置関係等からみて地区計画等で定められた道の機能が損われないと認められる場合も含まれる。また，必ずしも地区計画等に定められた道の規模に即する必要はない。

　ただし書に規定する場合とは，現に存する道路が建築物の敷地として利用しようとする土地に著しく近接しており計画に即して道路を築造する場合の負担が現に存

381

第7章　都市計画区域等における建築物の敷地，構造，建築整備及び用途

する道路に至る道路を築造する場合に比して著しく大きくなるとき，地区計画等に
定められた道の区域内に建築物が存する場合，計画に即して指定を行う場合にはそ
の計画に定められた道を含む土地についてその権利を有する者が当該土地をその権
利に基づいて利用することが著しく妨げられることとなるとき等である。

（予定道路の指定）

法第68条の7　特定行政庁は，地区計画等に道の配置及び規模又はその区域が
　定められている場合で，次の各号の一に該当するときは，当該地区計画等の
　区域において，地区計画等に定められた道の配置及び規模又はその区域に即
　して，政令で定める基準に従い，予定道路の指定を行うことができる。ただ
　し，第2号又は第3号に該当する場合で当該指定に伴う制限により当該指定
　の際現に当該予定道路の敷地となる土地を含む土地について所有権その他の
　権利を有する者が当該土地をその権利に基づいて利用することが著しく妨げ
　られることとなるときは，この限りでない。
　一　当該指定について，当該予定道路の敷地となる土地の所有者その他の政
　　　令で定める利害関係を有する者の同意を得たとき。
　二　土地区画整理法による土地区画整理事業又はこれに準ずる事業により主
　　　要な区画道路が整備された区域において，当該指定に係る道が新たに当該
　　　区画道路に接続した細街路網を一体的に形成するものであるとき。
　三　地区計画等においてその配置及び規模又はその区域が定められた道の相
　　　当部分の整備が既に行われている場合で，整備の行われていない道の部分
　　　に建築物の建築等が行われることにより整備された道の機能を著しく阻害
　　　するおそれがあるとき。
　2　特定行政庁は，前項の規定により予定道路の指定を行う場合（同項第1号
　　に該当する場合を除く。）においては，あらかじめ，建築審査会の同意を得
　　なければならない。
　3　第46条第1項後段，第2項及び第3項の規定は，前項に規定する場合につ
　　いて準用する。
　4　第1項の規定により予定道路が指定された場合においては，当該予定道路
　　を第42条第1項に規定する道路とみなして，第44条の規定を適用する。
　5　第1項の規定により予定道路が指定された場合において，建築物の敷地が
　　予定道路に接するとき又は当該敷地内に予定道路があるときは，特定行政庁

382

第7節　地区計画等の区域内の制限

　が交通上，安全上，防火上及び衛生上支障がないと認めて許可した建築物に
　ついては，当該予定道路を第52条第2項の前面道路とみなして，同項から同
　条第7項まで及び第9項の規定を適用するものとする。この場合において
　は，当該敷地のうち予定道路に係る部分の面積は，敷地面積又は敷地の部分
　の面積に算入しないものとする。
6　第44条第2項の規定は，前項の規定による許可をする場合に準用する。

　　　　（昭55法35・追加，昭62法63・一部改正，昭63法49・旧第68条の4繰下，平
　　　　2法61・旧第68条の5繰下，平4法82・平6法62・平9法50・平9法79・平
　　　　14法85・平16法67・一部改正）

　地区計画等に配置及び規模が定められた道路は，主として都市計画法による許可
を受けた開発行為，建築基準法に基づく位置の指定による築造等を通じて整備され
ていくこととなるが，より能動的に道路の整備を図るため，特定行政庁が予定道路
を指定することができるものとし，その指定された道路の区域について建築物の建
築が制限される。

　第1項は，同項第1号から第3号までのいずれかに該当するときは特定行政庁が
予定道路を指定することができることを定めている。

　「即して」の意味は，法第68条の5の「即して」と同じであるが，「配置及び規
模に即して」とあるので，道路の幅員その他の規模についても計画に即しているこ
とが必要である。

　ただし書の規定は，戸建て住宅の敷地について予定道路が指定され，当該指定に
よる制限が戸建て住宅の敷地につき通常必要とされる私道の負担と比較して著しく
大きい場合，予定道路が個別の敷地を分断する場合（一筆の土地の面積が大きく予
定道路の指定が当該土地の利用を増進すると認められる場合を除く。）等で，予定
道路の指定により，敷地の残余の部分を利用しても，従前の敷地につき通常期待さ
れていた利用形態と比較して著しく劣った利用しか実現できない場合等に適用され
る。

　第1号は，関係権利者の全員の同意を得た場合で，建築審査会の同意，公聴会等
の手続は不要である。

　第2号は，土地区画整理事業等により主要な区画道路が計画的に整備された区域
において，その後の二次的開発等による無秩序な細街路が形成されることによって
地域の環境が悪化することを防止しようとする趣旨である。

第7章　都市計画区域等における建築物の敷地，構造，建築整備及び用途

　　第3号は，地区計画等に定められた道の相当部分の整備が道路位置指定又は開発許可を通じて既に行われている場合に，未整備部分に建築物の建築等が行われるとすれば既に整備された道路が袋路状の道路等となりその機能が阻害されるおそれがあるため，これを防止しようとする趣旨である。

　　第2項及び第3項は，予定道路の指定が建築制限という土地所有者等の権利者にとって重要な効果を持つものであることに鑑み，第1項第1号以外の場合には，公聴会の開催，建築審査会の同意等の手続を経なければ指定できないこととし，利害関係者の権利保護を図っている。特定行政庁は予定道路の指定をした場合には，遅滞なくその旨を公告しなければならない。

　　第4項では，予定道路の指定がなされた場合に，当該予定道路が法第44条の「道路内の建築制限」の適用を受けることを述べている。予定道路は法第44条の規定の適用についてのみ，法第42条第1項に規定する道路とみなされるのであり，法第43条等の規定の適用にあたっては道路とみなされない。法第43条等の規定の適用において道路とするためには，さらに法第42条第1項第5号の位置の指定等を受けなければならない。

　　第5項は，予定道路の指定がなされた場合に，建築物の敷地が予定道路に接する場合又は敷地内に予定道路がある場合において，特定行政庁が交通上，安全上，防火上及び衛生上支障がないと認めて許可した建築物については，予定道路を前面道路とみなして前面道路幅員による容積率制限を適用することを可能とするものである。また，特定行政庁が交通上，安全上，防火上及び衛生上支障がないと認めた建築物については，予定道路を前面道路とみなして道路斜線制限を適用することが可能である。

　　（予定道路の指定の基準）

令第136条の2の7　法第68条の7第1項に規定する予定道路の指定は，次に掲げるところに従い，行うものとする。

　一　予定道路となる土地の区域及びその周辺の地域における地形，土地利用の動向，道路（法第42条に規定する道路をいう。第144条の4において同じ。）の整備の現状及び将来の見通し，建築物の敷地境界線，建築物の位置等を考慮して特に必要なものについて行うこと。

　二　予定道路となる土地の区域内に建築物の建築等が行われることにより，通行上，安全上，防火上又は衛生上地区計画等の区域の利便又は環境が著

第7節　地区計画等の区域内の制限

しく妨げられることとなる場合において行うこと。
　三　幅員が4メートル以上となるものについて行うこと。

> （昭56政144・全改，昭62政348・旧第136条の2の2繰下，昭63政322・一部
> 改正，平2政323・旧第136条の2の3繰下・一部改正，平12政211・旧第136
> 条の2の4繰下，平15政523・旧第136条の2の6繰下）

　本条は，予定道路の指定の基準を定めたものである。令第144条の4に規定する法第42条第1項第5号の道路の基準を満たす必要はない。

（予定道路の指定について同意を得るべき利害関係者）

令第136条の2の8　法第68条の7第1項第1号の政令で定める利害関係を有する者は，同号の土地について所有権，建築物の所有を目的とする対抗要件を備えた地上権若しくは賃借権又は登記した先取特権，質権若しくは抵当権を有する者及びこれらの権利に関する仮登記，これらの権利に関する差押えの登記又はその土地に関する買戻しの特約の登記の登記名義人とする。

> （昭56政144・追加，昭62政348・旧第136条の2の3繰下，昭63政322・一部
> 改正，平2政323・旧第136条の2の4繰下・一部改正，平12政211・旧第136
> 条の2の5繰下，平15政523・旧第136条の2の7繰下）

　本条は，法第68条の7に基づく予定道路の指定の効果として，法第44条の建築制限がかかることによって，その使用収益権あるいは担保価値等に影響を受ける権利者を法第68条の7第1項第1号の「政令で定める利害関係を有する者」として列挙したものである。

（建築物の敷地が地区計画等の区域の内外にわたる場合の措置）

法第68条の8　第68条の2第1項の規定に基づく条例で建築物の容積率の最高限度又は建築物の建蔽率の最高限度が定められた場合において，建築物の敷地が当該条例による制限を受ける区域の内外にわたるときは，当該条例で定められた建築物の容積率の最高限度又は建築物の建蔽率の最高限度を，それぞれ当該建築物の当該条例による制限を受ける区域内にある部分に係る第52条第1項及び第2項の規定による建築物の容積率の限度又は第53条第1項の規定による建築物の建蔽率の限度とみなして，第52条第7項，第14項及び第15項又は第53条第2項及び第4項から第6項までの規定を適用する。

> （昭55法35・追加，昭62法66・一部改正，昭63法49・旧第68条の5繰下，平

385

第 7 章　都市計画区域等における建築物の敷地，構造，建築整備及び用途

> 2 法61・旧 第68条 の 6 線 下，平 6 法62・平 7 法13・平 9 法79・平12法73・平14法85・平16法67・平29法26・平30法67・一部改正）

　建築物の敷地がいわゆる容積率の最高限度又は建蔽率の最高限度を定めた地区計画等の区域の内外にわたる場合にあっては，現行の容積率，建蔽率と同様に，各区域に属する敷地の部分の面積比に基づいて加重平均によりその建築物の容積率の最高限度又は建蔽率の最高限度を算定することとしている。

　なお，容積率制限については法第52条第 7 項，第14項及び第15項の規定，建蔽率制限については法第53条第 4 項から第 6 項の規定も適用されるが，このように地区計画等の区域の内外にわたる場合に限って，特定行政庁の許可等による適用除外の規定の適用を認めているのは，地区計画等の区域の内外にわたる場合は地区計画等の区域外と同じ取扱いにし，地区計画等の区域内の場合はむしろ条例に取扱いを委ねているためである。

　一の地区計画等の区域内において，容積率の最高限度又は建蔽率の最高限度を区域の一部について定め，又は区域を区分してそれぞれ異なる内容とすることができるが，この場合における取扱いについては別途，そのための規定を条例に置く必要がある。

　その他の制限事項についても，地区計画等の区域の内外にわたる場合や制限の異なる区域等の 2 以上にわたる場合の取扱いについて，制限事項に応じて条例において必要な措置を定める必要がある（法第91条の規定は条例の規定については適用がない。）。

第8節　都市計画区域及び準都市計画区域以外の区域内の建築物の敷地及び構造

第8節　都市計画区域及び準都市計画区域以外の区域内の建築物の敷地及び構造

法第68条の9　第6条第1項第4号の規定に基づき，都道府県知事が関係市町村の意見を聴いて指定する区域内においては，地方公共団体は，当該区域内における土地利用の状況等を考慮し，適正かつ合理的な土地利用を図るため必要と認めるときは，政令で定める基準に従い，条例で，建築物又はその敷地と道路との関係，建築物の容積率，建築物の高さその他の建築物の敷地又は構造に関して必要な制限を定めることができる。

2　景観法第74条第1項の準景観地区内においては，市町村は，良好な景観の保全を図るため必要があると認めるときは，政令で定める基準に従い，条例で，建築物の高さ，壁面の位置その他の建築物の構造又は敷地に関して必要な制限を定めることができる。

　　　　　　　（平4法82・追加，平12法73・平16法111・平26法54・一部改正）

　（都道府県知事が指定する区域内の建築物に係る制限）

令第136条の2の9　法第68条の9第1項の規定に基づく条例による制限は，次の各号に掲げる事項のうち必要なものについて，それぞれ当該各号に適合するものでなければならない。

一　建築物又はその敷地と道路との関係　法第43条から第45条までの規定による制限より厳しいものでないこと。

二　建築物の容積率の最高限度　用途地域の指定のない区域内の建築物についての法第52条の規定による制限より厳しいものでないこと。

三　建築物の建蔽率の最高限度　用途地域の指定のない区域内の建築物についての法第53条の規定による制限より厳しいものでないこと。

四　建築物の高さの最高限度　地階を除く階数が2である建築物の通常の高さを下回らない数値であること。

五　建築物の各部分の高さの最高限度　用途地域の指定のない区域内の建築物についての法第56条の規定による制限より厳しいものでないこと。

六　日影による中高層の建築物の高さの制限　用途地域の指定のない区域内の建築物についての法第56条の2の規定による制限より厳しいものでない

第7章　都市計画区域等における建築物の敷地，構造，建築整備及び用途

こと。

2　法第68条の9第1項の規定に基づく条例については，第130条の2第2項の規定を準用する。この場合において，同項中「第3条第2項」とあるのは，「第3条第2項（法第86条の9第1項において準用する場合を含む。）」と読み替えるものとする。

3　法第68条の9第1項の規定に基づく条例には，公益上必要な建築物で用途上又は構造上やむを得ないと認められるものについて，当該条例に定める制限の全部又は一部の適用の除外に関する規定を定めるものとする。

　　　　　（平5政170・追加，平11政5・一部改正，平12政211・旧第136条の2の6繰

　　　　　下・一部改正，平13政98・一部改正，平15政523・旧第136条の2の8繰下，

　　　　　平17政182・平17政192・平29政156・一部改正）

（準景観地区内の建築物に係る制限）

令第136条の2の10　法第68条の9第2項の規定に基づく条例による制限は，次の各号に掲げる事項のうち必要なものについて，それぞれ当該各号に適合するものでなければならない。

　一　建築物の高さの最高限度　地域の特性に応じた高さを有する建築物を整備し又は保全することが良好な景観の保全を図るために特に必要と認められる区域，当該地域が連続する山の稜^{りょう}線その他その背景と一体となつて構成している良好な景観を保全するために特に必要と認められる区域その他一定の高さを超える建築物の建築を禁止することが良好な景観の保全を図るために特に必要と認められる区域について，当該区域における良好な景観の保全に貢献する合理的な数値であり，かつ，地階を除く階数が2である建築物の通常の高さを下回らない数値であること。

　二　建築物の高さの最低限度　地域の特性に応じた高さを有する建築物を整備し又は保全することが良好な景観の保全を図るために特に必要と認められる区域について，当該区域における良好な景観の保全に貢献する合理的な数値であること。

　三　壁面の位置の制限　建築物の位置を整えることが良好な景観の保全を図るために特に必要と認められる区域について，当該区域における良好な景観の保全に貢献する合理的な制限であり，かつ，建築物の壁若しくはこれに代わる柱の位置の制限又は当該制限と併せて定められた建築物に附属する門若しくは塀で高さ2メートルを超えるものの位置の制限であること。

第8節　都市計画区域及び準都市計画区域以外の区域内の建築物の敷地及び構造

　　四　建築物の敷地面積の最低限度　建築物の敷地が細分化されることを防止
　　　することが良好な景観の保全を図るために特に必要と認められる区域につ
　　　いて，当該区域における良好な景観の保全に貢献する合理的な数値である
　　　こと。
　2　法第68条の9第2項の規定に基づく条例で建築物の敷地面積の最低限度を
　　定める場合においては，当該条例に，当該条例の規定の施行又は適用の際，
　　現に建築物の敷地として使用されている土地で当該規定に適合しないもの及
　　び現に存する所有権その他の権利に基づいて建築物の敷地として使用するな
　　らば当該規定に適合しないこととなる土地について，その全部を一の敷地と
　　して使用する場合の適用の除外に関する規定（法第3条第3項第1号及び第
　　5号の規定に相当する規定を含む。）を定めるものとする。
　3　法第68条の9第2項の規定に基づく条例については，第130条の2第2
　　項，第136条の2の5第11項及び前条第3項の規定を準用する。

　　　　　　（平17政182・追加，平17政192・一部改正）

第1項

　本項は，都市計画区域及び準都市計画区域以外の区域内の建築物に関する地方公
共団体の条例による制限について規定したものである。

　本項が新たに創設された平成4年以前には，都市計画区域外の区域においては，
建築基準法の集団規定は適用除外となっており，建築物の形態や道路との関係に係
る制限は適用されないこととされていた。このため，一部の地域においては，リ
ゾートマンションなどの大規模な建築物が無秩序に建築され，良好な市街地環境の
確保が困難となる状況が発生しつつあった。このため，新たに都市計画区域以外の
区域内について地方公共団体（都道府県又は市町村）の条例により，建築物又はそ
の敷地と道路との関係（接道規制など），容積率，建築物の高さなどについて，必
要な制限を定められることとした。

　その後，平成12年に準都市計画区域の創設に伴い，現在の条文となったものであ
る。

　また，この条例は，都市計画区域及び準都市計画区域以外の区域のうち法第6条
第1項第4号の規定により都道府県知事が関係市町村の意見を聴いて指定する区域
（小規模の建築についても建築確認を経ることが必要とされる区域）に限り，政令
で定める基準に従って制限を定めることが必要である。地域の特性に応じた建築物

389

第7章　都市計画区域等における建築物の敷地，構造，建築整備及び用途

の制限を条例で定め，建築確認の基準とすることにより，局所的な交通の混乱の防止や市街地景観の確保を図り，良好な建築物の誘導に資することができるものと考えられる。

本項から委任を受けた令第136条の2の9では，次に掲げる制限についてそれぞれ用途地域の指定のない区域内での建築基準法の当該規定により厳しくならない範囲（④を除く。）で定めることができることとしている。

① 接道規制，道路内建築制限，私道の変更・廃止の制限

対象区域内の土地利用の状況，自然的条件等に照らし必要と認められる場合には道路幅員を6mとする区域を指定することができる。その他法第43条から第45条に規定する制限より厳しくならない範囲内で適切な規制を行うことができる。

② 容積率制限

法第52条第1項第8号に規定する用途地域の指定のない区域内の建築物に適用される容積率の数値のうち最も厳しい数値である50%より厳しくならない数値を適用

③ 建蔽率制限

法第53条第1項第6号に規定する用途地域の指定のない区域内の建築物に適用される建蔽率の数値のうち最も厳しい数値である30%より厳しくならない数値を適用

④ 高さ制限

地階を除く階数が2である建築物の通常の高さを下回らないもの

⑤ 斜線制限

道路斜線制限については，用途地域の指定のない区域内の建築物に関する規定より厳しい制限とならない範囲で適用することが可能である。なお，法別表第3の(ろ)欄及び(は)欄の組み合わせは一義的に決まるものであり，法別表第3に定める組み合わせ以外の組み合わせは認められない。

隣地斜線制限については，法第56条第1項第2号ニの区分に従い規制を行うこととなる。なお，北側斜線制限については，本条例において規定することはできない。また，法第56条第2項から第4項（北側斜線制限に関する部分を除く。）の規定については条例において同様の取り扱いをすることができる。

⑥ 日影制限

日影規制については，法別表第4の第4項に規定する用途地域の指定のない区域に関する規定より厳しい制限とならない範囲で必要な制限を行うことができ

第8節 都市計画区域及び準都市計画区域以外の区域内の建築物の敷地及び構造

る。なお，法別表第4の第4項(ろ)欄及び(は)欄に掲げる数値の組み合わせは一義的に決まるものであり，これ以外の組み合わせは認められない。

第2項

景観法において，市町村は，都市計画区域及び準都市計画区域外の景観計画区域のうち，相当数の建築物の建築が行われ，現に良好な景観が形成されている一定の区域について，その景観の保全を図るため，準景観地区を指定することができることとされている（景観法第74条第1項）。

都市計画区域及び準都市計画区域以外の区域においては，法第3章（第8節を除く。）の規定は適用されないこととなっているが（法第41条の2），都市計画区域及び準都市計画区域以外の区域においても，その良好な景観を保全していくことが必要となる地域は存在することから，景観法整備法により建築基準法が改正され，準景観地区においては，市町村は，良好な景観の保全を図るため必要があると認めるときは，政令で定める基準に従い，条例で建築物の高さ，壁面の位置その他の建築物の構造又は敷地に関して必要な制限を定めることができることとされた。

本項から委任を受けた令第136条の2の10は，準景観地区内の建築物の制限に関する基準を次のとおり定めている。基本的な考え方としては，集団規定は，都市計画区域及び準都市計画区域に限り適用されるものであることにかんがみ，良好な景観の保全を図るために必要な限度で，かつ，地区計画等で定められる制限の程度との均衡を図ることにより，当該区域内に存する建築物について過剰な規制が課されないよう担保する観点から定めたものである。なお，当該条例による制限項目は，法第68条の9第2項に例示された建築物の高さ，壁面の位置のほか，細分化された敷地に建築される建築物の景観に与える影響を勘案し，景観地区（法第68条）と同様，建築物の敷地面積の最低限に関する制限を定めることができることとしている。

① 高さの最高限度

建築物の高さの最高限度については，地域の特性に応じた高さを有する建築物を整備し又は保全することが良好な景観の保全を図るために特に必要と認められる区域，当該地域が連続する山の稜線その他その背景と一体となって構成している良好な景観を保全するために特に必要と認められる区域その他一定の高さを超える建築物の建築を禁止することが良好な景観の保全を図るために特に必要と認められる区域について，当該区域における良好な景観の保全に貢献する合理的な数値であり，かつ，地階を除く階数が2である建築物の通常の高さを下回らない

391

第7章　都市計画区域等における建築物の敷地，構造，建築整備及び用途

数値であること。

②　高さの最低限度

　地域の特性に応じた高さを有する建築物を整備し又は保全することが良好な景観の保全を図るために特に必要と認められる区域について，当該区域における良好な景観の保全に貢献する合理的な数値であること。

③　壁面の位置の制限

　建築物の位置を整えることが良好な景観の保全を図るために特に必要と認められる区域について，当該区域における良好な景観の保全に貢献する合理的な制限であり，かつ，建築物の壁若しくはこれに代わる柱の位置の制限又は当該制限とあわせて定められた建築物に附属する門若しくは塀で高さ2mを超えるものの位置の制限であること。

④　敷地面積の最低限度

　建築物の敷地が細分化されることを防止することが良好な景観の保全を図るために特に必要と認められる区域について，当該区域における良好な景観の保全に貢献する合理的な数値であること。

法第68条の9第2項の規定に基づく条例で建築物の敷地面積の最低限度に関する制限を定める場合においては，当該条例に，当該条例の規定の施行又は適用の際，現に建築物の敷地として使用されている土地で当該規定に適合しないもの及び現に存する所有権その他の権利に基づいて建築物の敷地として使用するならば当該規定に適合しないこととなる土地について，その全部を1の敷地として使用する場合の適用の除外に関する規定（法第3条第3項第1号及び第5号の規定に相当する規定を含む。）を定めることとしている（令第136条の2の10第2項）。

　また，法第68条の9第2項の規定に基づく条例には，既存の建築物に対する制限の緩和に関する規定，公共事業の施行等により建築物の敷地面積の最低限度に関する制限に適合しないこととなる建築物の敷地等について，その全部を1の敷地として使用する場合の適用の除外に関する規定及び公益上必要な建築物に対する適用の除外に関する規定を定めることとしている（令第136条の2の10第3項）。

第9節　一団地の総合設計制度・連担建築物設計制度

（一の敷地とみなすこと等による制限の緩和）

法第86条　建築物の敷地又は建築物の敷地以外の土地で2以上のものが一団地を形成している場合において，当該一団地（その内に第8項の規定により現に公告されている他の対象区域があるときは，当該他の対象区域の全部を含むものに限る。以下この項，第6項及び第7項において同じ。）内において建築，大規模の修繕又は大規模の模様替（以下この条及び第86条の4において「建築等」という。）をする1又は2以上の構えを成す建築物（2以上の構えを成すものにあつては，総合的設計によつて建築等をするものに限る。以下この項及び第3項において「1又は2以上の建築物」という。）について，国土交通省令で定めるところにより，特定行政庁が当該1又は2以上の建築物の位置及び構造が安全上，防火上及び衛生上支障がないと認めるときは，当該1又は2以上の建築物に対する第23条，第43条，第52条第1項から第14項まで，第53条第1項若しくは第2項，第54条第1項，第55条第2項，第56条第1項から第4項まで，第6項若しくは第7項，第56条の2第1項から第3項まで，第57条の2，第57条の3第1項から第4項まで，第59条第1項，第59条の2第1項，第60条第1項，第60条の2第1項，第60条の2の2第1項，第60条の3第1項，第61条又は第68条の3第1項から第3項までの規定（次項から第4項までにおいて「特例対象規定」という。）の適用については，当該一団地を当該1又は2以上の建築物の一の敷地とみなす。

2　一定の一団の土地の区域（その内に第8項の規定により現に公告されている他の対象区域があるときは，当該他の対象区域の全部を含むものに限る。以下この項及び第6項において同じ。）内に現に存する建築物の位置及び構造を前提として，安全上，防火上及び衛生上必要な国土交通省令で定める基準に従い総合的見地からした設計によつて当該区域内において建築物の建築等をする場合において，国土交通省令で定めるところにより，特定行政庁がその位置及び構造が安全上，防火上及び衛生上支障がないと認めるときは，当該区域内における各建築物に対する特例対象規定の適用については，当該一定の一団の土地の区域をこれらの建築物の一の敷地とみなす。

3　建築物の敷地又は建築物の敷地以外の土地で2以上のものが，政令で定め

第7章　都市計画区域等における建築物の敷地，構造，建築整備及び用途

る空地を有し，かつ，面積が政令で定める規模以上である一団地を形成している場合において，当該一団地（その内に第8項の規定により現に公告されている他の対象区域があるときは，当該他の対象区域の全部を含むものに限る。以下この項，第6項，第7項及び次条第8項において同じ。）内において建築等をする1又は2以上の建築物について，国土交通省令で定めるところにより，特定行政庁が，当該1又は2以上の建築物の位置及び建蔽率，容積率，各部分の高さその他の構造について，交通上，安全上，防火上及び衛生上支障がなく，かつ，総合的な配慮がなされていることにより市街地の環境の整備改善に資すると認めて許可したときは，当該1又は2以上の建築物に対する特例対象規定（第59条の2第1項を除く。）の適用について，当該一団地を当該1又は2以上の建築物の一の敷地とみなすとともに，当該1又は2以上の建築物の各部分の高さ又は容積率を，その許可の範囲内において，第55条第1項の規定又は当該一団地を一の敷地とみなして適用する第52条第1項から第9項まで，第56条若しくは第57条の2第6項の規定による限度を超えるものとすることができる。

4　その面積が政令で定める規模以上である一定の一団の土地の区域（その内に第8項の規定により現に公告されている他の対象区域があるときは，当該他の対象区域の全部を含むものに限る。以下この項，第6項及び次条第8項において同じ。）内に現に存する建築物の位置及び建蔽率，容積率，各部分の高さその他の構造を前提として，安全上，防火上及び衛生上必要な国土交通省令で定める基準に従い総合的見地からした設計によつて当該区域内において建築物の建築等をし，かつ，当該区域内に政令で定める空地を有する場合において，国土交通省令で定めるところにより，特定行政庁が，その建築物の位置及び建蔽率，容積率，各部分の高さその他の構造について，交通上，安全上，防火上及び衛生上支障がなく，かつ，総合的な配慮がなされていることにより市街地の環境の整備改善に資すると認めて許可したときは，当該区域内における各建築物に対する特例対象規定（第59条の2第1項を除く。）の適用について，当該一定の一団の土地の区域をこれらの建築物の一の敷地とみなすとともに，当該建築等をする建築物の各部分の高さ又は容積率を，その許可の範囲内において，第55条第1項の規定又は当該一定の一団の土地の区域を一の敷地とみなして適用する第52条第1項から第9項まで，第56条若しくは第57条の2第6項の規定による限度を超えるものとすること

394

第9節　一団地の総合設計制度・連担建築物設計制度

ができる。

5　第44条第2項の規定は，前2項の規定による許可をする場合に準用する。

6　第1項から第4項までの規定による認定又は許可を申請する者は，国土交通省令で定めるところにより，対象区域（第1項若しくは第3項の一団地又は第2項若しくは第4項の一定の一団の土地の区域をいう。以下同じ。）内の建築物の位置及び構造に関する計画を策定して提出するとともに，その者以外に当該対象区域の内にある土地について所有権又は借地権を有する者があるときは，当該計画について，あらかじめ，これらの者の同意を得なければならない。

7　第1項又は第3項の場合において，次に掲げる条件に該当する地区計画等（集落地区計画を除く。）の区域内の建築物については，一団地内に2以上の構えを成す建築物の総合的設計による建築等を工区を分けて行うことができる。

　一　地区整備計画等（集落地区整備計画を除く。）が定められている区域のうち，次に掲げる事項が定められている区域であること。

　　イ　地区施設等の配置及び規模

　　ロ　壁面の位置の制限（地区施設等に面する壁面の位置を制限するものを含むものに限る。）

　二　第68条の2第1項の規定に基づく条例で，前号ロに掲げる事項に関する制限が定められている区域であること。

8　特定行政庁は，第1項から第4項までの規定による認定又は許可をしたときは，遅滞なく，当該認定又は許可に係る第6項の計画に関して，対象区域その他国土交通省令で定める事項を公告するとともに，対象区域，建築物の位置その他国土交通省令で定める事項を表示した図書をその事務所に備えて，一般の縦覧に供さなければならない。

9　第1項から第4項までの規定による認定又は許可は，前項の規定による公告によつて，その効力を生ずる。

10　第8項の規定により公告された対象区域（以下「公告対象区域」という。）の全部を含む土地の区域内の建築物の位置及び構造について第1項から第4項までの規定による認定又は許可の申請があつた場合において，特定行政庁が当該申請に係る第1項若しくは第2項の規定による認定（以下この項において「新規認定」という。）又は第3項若しくは第4項の規定による

395

第7章　都市計画区域等における建築物の敷地，構造，建築整備及び用途

許可（以下この項において「新規許可」という。）をしたときは，当該公告
対象区域内の建築物の位置及び構造についての第1項若しくは第2項若しく
は次条第1項の規定による従前の認定又は第3項若しくは第4項若しくは次
条第2項若しくは第3項の規定による従前の許可は，新規認定又は新規許可
に係る第8項の規定による公告があつた日から将来に向かつて，その効力を
失う。

（昭32法101・昭34法156・昭36法115・昭38法151・昭43法101・昭44法38・昭
45法109・昭51法83・昭62法66・昭63法49・平2法61・平4法82・平6法62・
平7法13・平9法50・平9法79・平10法100・平11法160・平12法73・平14法
22・平14法85・平15法101・平16法67・平28法72・平29法26・平30法67・令2
法43・令4法69・一部改正）

（一団地内の空地及び一団地の面積の規模）

令第136条の12　第136条第1項及び第2項の規定は，法第86条第3項及び第4
項並びに法第86条の2第2項の政令で定める空地について準用する。

2　第136条第3項の規定は，法第86条第3項の政令で定める一団地の規模，
同条第4項の政令で定める一定の一団の土地の区域の規模及び法第86条の2
第2項の政令で定める公告認定対象区域の規模について準用する。

（平14政331・追加）

**（一定の一団の土地の区域内の現に存する建築物を前提として総合的見地か
らする設計の基準）**

則第10条の17　法第86条第2項及び同条第4項の国土交通省令で定める基準
は，次に掲げるものとする。

一　対象区域内の各建築物の用途，規模，位置及び構造に応じ，当該各建築
物の避難及び通行の安全の目的を達するために十分な幅員を有する通路で
あつて，道路に通ずるものを設けること。

二　対象区域内の各建築物の外壁の開口部の位置及び構造は，当該各建築物
間の距離に応じ，防火上適切な措置が講じられること。

三　対象区域内の各建築物の各部分の高さに応じ，当該対象区域内に採光及
び通風上有効な空地等を確保すること。

四　対象区域内に建築する建築物の高さは，当該対象区域内の他の各建築物
の居住の用に供する部分に対し，当該建築物が存する区域における法第56
条の2の規定による制限を勘案し，これと同程度に日影となる部分を生じ

第9節　一団地の総合設計制度・連担建築物設計制度

させることのないものとすること。

(平11建令14・追加，平12建令41・平14国交令120・一部改正)

（対象区域内の建築物の位置及び構造に関する計画）

則第10条の18　法第86条第6項の規定による対象区域内の建築物の位置及び構造に関する計画は，同条第1項又は第2項に規定する認定の申請をする者は別記第64号様式による計画書に，同条第3項又は第4項に規定する許可の申請をする者は別記第64号の2様式による計画書に記載するものとする。

(平11建令14・追加，平14国交令120・平17国交令59・令4国交令92・一部改正)

（一の敷地とみなすこと等による制限の緩和の認定又は許可に関する公告事項等）

則第10条の19　法第86条第8項の国土交通省令で定める公告事項は，公告に係る対象区域等を縦覧に供する場所とする。

2　法第86条第8項の国土交通省令で定める縦覧事項は，前条の計画書に記載すべき事項とする。

(平11建令14・追加，平12建令41・平13国交令90・平14国交令120・平17国交令59・一部改正)

　建築基準法の各種制限は，原則として敷地単位に適用される。したがって，複数の建築物（用途上不可分であるものを除く。）を建築又は大規模修繕・模様替する場合には，それぞれの建築物ごとに敷地が設定されることになるが，一団地内に1又は2以上の構えをなす建築物（2以上の構えをなすものにあっては，総合的設計によって建築等されるものに限る。以下同じ。）を建築等する場合においては，建築基準法の各種の制限を敷地単位で適用しても支障がない場合がある。そこで，一団地内に1又は2以上の構えをなす建築物を建築等する場合において，特定行政庁がその各建築物の位置及び構造が安全上，防火上及び衛生上支障がないと認めるものについては，一定の建築基準法の規定を適用する場合においては，これらの建築物は同一敷地内にあるものとみなすこととしている。このように，一敷地一建築物の例外を認めることにより，各規制の適用を合理化し，市街地環境の整備改善を促進しようとするものである。

第1項

　一団地に1又は2以上の構えをなす建築物を建築等する場合において，特定行政

第7章　都市計画区域等における建築物の敷地，構造，建築整備及び用途

庁がその各建築物の位置及び構造が安全上，防火上及び衛生上支障がないと認める
ものについての取扱いは具体的には次のとおりである。

条項号（見出し）	規定の内容	同一敷地内にあるものとみなされた場合の適用
第23条（外壁）	屋根不燃区域内の木造建築物の延燃防止のための外壁の構造制限	構造制限を受ける「延焼のおそれのある部分」は，一団地内の敷地境界線からではなく，一団地内の建築物相互の外壁の中心線からの距離により定まる。
第43条（敷地等と道路との関係）	敷地の接道長の制限（いわゆる接道義務）	一団地について適用され，個々の敷地については適用されない。
第52条（容積率）第1項から第14項まで	容積率制限	一団地内の建築物の延べ面積の合計の一団地内の敷地の面積の合計に対する割合によって適用される。
第53条（建蔽率）第1項又は第22項	建蔽率制限	一団地内の建築物の建築面積の合計の一団地内の敷地の面積の合計に対する割合によって適用される。
第54条（第一種低層住居専用地域内における外壁の後退距離）第1項	第一種低層住居専用地域、第二種低層住居専用地域又は田園住居地域内における建築物の外壁等と隣地境界線までの距離の制限	一団地の外周の隣地境界線についてのみ適用され，それ以外の一団地内の敷地境界線については適用されない。
第55条（同上内における建築物の高さの制限）第2項	12mまでの範囲で10m高さ制限を超えることができる建築物（特定行政庁が認定）	敷地規模及び空地に関する要件は，一団地内の敷地の面積の合計及び空地の面積の合計による。
第56条（建築物の各部分の高さ）第1項から第4項まで，第6項又は第7項	道路斜線制限，隣地斜線制限及び北側斜線制限	隣地斜線制限及び北側斜線制限は，一団地の外周の隣地境界線又は一団地が接する前面道路の反対側の境界線について適用される。また，天空率についても一団地について適用され，個々の敷地については適用されない。
第56条の2（日影による中高層の建築物の高さの制限）	日影規制及びその緩和	一定時間以上日影を生じさせてはならない区域は，一団地の外周の敷地境界線から5mを超える範囲となり，一団地内の建築物相互間については，日影規制は適用されない。この

398

第9節　一団地の総合設計制度・連担建築物設計制度

第1項から第3項まで		場合において，一団地内の建築物は，1の建築物とみなされる（第56条の2第2項。）道路等に接する場合に，日影規制が緩和される特別の事情も当該一団地について判断される。
第57条の2（特例容積率適用地区内の容積率の特例）	特例容積率適用地区内の特例敷地内の建築物に関する容積率の特例（特定行政庁が特例容積率の限度を指定）	〔第52条第1項から第14項までと同様〕
第57条の3（指定の取消し）第1項から第4項まで	特例容積率の限度の指定の取消し（特定行政庁が取消し）	同　上
第59条（高度利用地区）第1項	高度利用地区に関する都市計画による容積率，建蔽率及び建築面積の制限	⌈容積率制限の適用に関しては第52条第1項から第14項までと同様⌋ 建蔽率制限及び建築面積の制限の適用は，一団地内の建築物の建築面積の合計による（一団地内の建築物は，一の建築物とみなされる。第86条の3。）
第59条の2（敷地内に広い空地を有する建築物の容積率等の特例）第1項	総合設計建築物に関する容積率制限及び高さ制限の特例（特定行政庁の許可）	⌈建築物の要件である敷地規模及び空地規模に関しては，第55条第2項と同様。⌋ ⌈容積率制限及び高さ制限の適用に関しては，第52条第1項から第14項まで及び第56条第1項から第4項まで又は第6項若しくは第7項と同様⌋
第60条（特定街区）第1項	特定街区に関する都市計画による容積率及び高さの制限	⌈容積率制限の適用に関しては，第52条第1項から第14項までと同様⌋
第60条の2（都市再生特別地区）第1項	都市再生特別地区に関する都市計画による容積率，建蔽率，建築面積及び建築物の高さ	⌈容積率制限の適用に関しては第52条第1項から第14項までと同様⌋ 建蔽率制限及び建築面積の制限の適用は，一団地内の建築物の建築面積の合計による（一団地内の建築物は，一の建築物とみなされる。第86条の3。）

399

第 7 章　都市計画区域等における建築物の敷地，構造，建築整備及び用途

第60条の 2 の 2（居住環境向上用途誘導地区）第 1 項	居住環境向上用途誘導地区に関する都市計画による建蔽率	建蔽率制限の適用に関しては，第53条第 1 項から第 9 項までと同様
第60条の 3（特定用途誘導地区）第 1 項	特定用途誘導地区に関する都市計画による容積率，建築面積及び建築物の高さ	容積率制限の適用に関しては，第52条第 1 項から第14項までと同様 建築面積の制限の適用は，一団地内の建築物の建築面積の合計による（一団地内の建築物は，一の建築物とみなされる。第86条の 3 。）
第61条（防火地域及び準防火地域内の建築物）（令第136条の 2（防火地域又は準防火地域内の建築物の壁，柱，床その他の部分及び防火設備の性能に関する技術的基準）及び令和元年国土交通省告示第194号）	防火地域又は準防火地域内にある建築物の開口部に関する防火制限	一団地内の建築物相互間の延焼のおそれのある部分について，（例えば開口部を対面させない等の延焼防止措置をとり認定を受けることで），開口部に延焼防止性能を有する防火設備を求めない
第62条（準防火地域内の建築物）第 2 項	準防火地域内の木造建築物の延焼防止上のための外壁等の構造制限	「延焼のおそれのある部分」について第23条と同様
第64条（開口部の防火戸）	防火地域又は準防火地域内にある耐火建築物及び準耐火建築物の開口部に関する防火制限	同　　上
第68条の 3（再開発等促進区等内の制限の緩和等）第 1 項から第 3 項まで	再開発等促進区等内の容積率制限の緩和等	容積率制限に関しては第52条第 1 項から第14項までと同様

第9節　一団地の総合設計制度・連担建築物設計制度

　これらの一団地単位で適用される規定は，いずれも敷地又は敷地境界線に係るもので一団地を一敷地とみなすことに意味があるものである。

　なお，既成市街地において，本来高度利用を図るべき地域として都市計画により高容積率の指定を受けている地域内にありながら，①前面道路の幅員が小さいため，建築基準法により道路幅員による容積率制限を受ける，②敷地規模が小さいため斜線制限により都市計画による容積率まで利用できない等，適切な高度利用を図ることができない敷地が多く存在するため，幅員の大きい道路に接する敷地と幅員の小さい道路に接する敷地において，敷地を共同利用することにより一体的，協調的に建築計画を作成する場合にも，この規定を適用することとすれば，土地の高度利用等の観点から効果があるものと考えられるが，このような場合についての本条第1項による認定準則等が建設省住宅局長通達等により示されている（昭和60年2月8日付け住宅局長通達「敷地共同利用の促進のための建築基準法第86条第1項の規定の運用について」，及び同日付け住宅局市街地建築課長通達「敷地共同利用に係る建築基準法第86条第1項の認定準則に関する技術基準について」）。

　同通達においては，本条第1項の認定により増加した容積率の一部を一団地内の他の敷地に移動することを認めることとしている（図7－107）。

第7章 都市計画区域等における建築物の敷地，構造，建築整備及び用途

地域・地区：商業地域（防火地域）　　　敷地面積：計1,000㎡
容　積　率：都市計画による容積率　600%　　建蔽率：100%
　　　　　　（ただし，前面道路の幅員が12m未満である場合
　　　　　　前面道路の幅員に6／10を乗じた数値）

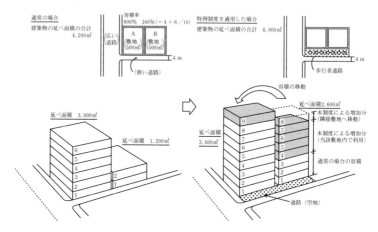

図7―107　敷地共同利用に係る法第86条第1項に基づく特例制度の活用例

第2項

　本項は，いわゆる連担建築物設計制度についての規定である。連担建築物設計制度は，複数敷地により構成される一団の土地の区域内において，既存建築物の存在を前提とした合理的な設計により建築物を建築等する場合において，各建築物の位置及び構造が安全上，防火上及び衛生上支障がないと特定行政庁が認めるものについては，複数建築物が同一敷地内にあるものとみなして，特例対象規定を適用するものである。

　この場合の特例対象規定は，一団地の総合的設計制度と同じである。

第3項～第5項

　円滑な土地利用転換や複合高度利用を進める上で，総合設計制度（法第59条の2第1項）と一団地の総合的設計制度（法第86条第1項）又は連担建築物設計制度（法第86条第2項）を併せて活用しやすくなるよう，平成14年の建築基準法の改正により，総合設計制度の許可と一団地の総合的設計制度又は連担建築物設計制度の認定を一の手続で行うことを可能とした。

(1)　一定の複数建築物に対する制限の特例の拡充

第9節　一団地の総合設計制度・連担建築物設計制度

① 総合設計制度と一団地の総合的設計制度に係る審査手続を，一の許可の手続で行う（一団地型総合設計制度，法第86条第3項）。

② 総合設計制度と連担建築物設計制度に係る審査手続を，一の許可の手続で行う（連担建築物総合設計制度，法第86条第4項）。

＊従前の一団地認定又は連担建築物設計制度による認定若しくは公告がなされた区域の一部を含んで新規に①又は②の許可を受けようとするときは，従前の区域内であって新規の許可の区域に含まれない区域に存する建築物の位置づけが不明確となることから，従前の区域の一部のみを含んで新規の許可を行うことはできない。

＊本制度の適用にあたり前提となる敷地の規模及び敷地内の空地の規模は，一の敷地内にあるものとみなされる一定の土地の区域全体に対して適用する。これらに係る基準は，総合設計制度における基準である令第136条を準用する（令第136条の12）。

＊連担建築物設計制度が適用された区域内では，個々の敷地ごとに課されていた定型的な規制（接道義務，隣地斜線制限，日影規制等）が一義的には適用されないこととなり，特例の適用に当たり市街地環境に対する影響は，具体の認定の際に特定行政庁が判断することとなる。このため，連担建築物設計制度の設計の基準は，いわば個々の敷地ごとの定型的な規制の適用に代替するものとして，設計者が遵守すべき基準を事前に提示するものである。

　総合設計制度と連担建築物設計制度に係る審査手続を，一の許可の手続で行う場合であっても，連担建築物設計制度の認定の観点自体を変更するものではないため，法第86条第4項の国土交通省令で定める基準については，連担建築物設計制度の設計の基準である則第10条の17の規定が通用される（則第10条の17）。

③ 特定行政庁が，①又は②の許可をする場合においては，あらかじめ，建築審査会の同意を得なければならない（法第86条第5項）。

第6項

第1項に規定する一団地の総合的設計制度及び第2項に規定する連担建築物設計制度の認定（第3項又は第4項の規定により許可を受ける場合を含む。）を受けると，認定区域全体が一敷地とみなされ，将来にわたって当該区域内の他の建築物とは無関係に建築等を行うことはできなくなる。このため，関係者の権利を保護する観点から，認定の申請に当たっては，必ず当該区域内の土地について所有権・借地

第7章　都市計画区域等における建築物の敷地，構造，建築整備及び用途

権を有する者の同意を得ることとしているものである。

第7項

　本項は，低層住宅密集市街地等において，総合的設計によって複数の建築物を段階的に建て替える際に，建築物の更新が円滑に行われるよう，特定行政庁の認定により，工区を区分して複数の建築物を建築等する，いわゆる「工区区分型一団地の総合的設計制度」についての規定である。

　工区区分型一団地の総合的設計制度は，次に掲げる条件に該当する区域内の建築物について適用される。

(1) 地区整備計画が定められている地区計画の区域のうち，

　① ア）地区施設の配置及び規模，イ）壁面の位置の制限（地区施設に面する壁面の位置を制限するものを含むものに限る。）が定められていること。

　② 法第68条の2第1項の条例で，①イ）に掲げる事項に関する制限が定められている区域であること。

(2) 防災街区整備地区整備計画が定められている防災街区整備地区計画の区域のうち，

　① ア）地区施設の配置及び規模，イ）壁面の位置の制限（地区施設に面する壁面の位置を制限するものを含むものに限る。）が定められていること。

　② 法第68条の2第1項の条例で，①イ）に掲げる事項に関する制限が定められている区域であること。

(3) 地区防災施設の区域及び防災街区整備地区計画が定められている防災街区整備地区計画の区域のうち，

　① 壁面の位置の制限（当該地区防災施設に面する壁面の位置を制限するものを含むものに限る。）が定められていること。

　② 法第68条の2第1項の条例で，①に掲げる事項に関する制限が定められている区域であること。

(4) 特定地区防災施設の区域及び特定建築物地区整備計画が定められている防災街区整備地区計画の区域のうち，

　① 壁面の位置の制限（当該特定地区防災施設に面する壁面の位置を制限するものを含むものに限る。）が定められていること。

　② 法第68条の2第1項の条例で，①に掲げる事項に関する制限が定められている区域であること。

第9項

第9節　一団地の総合設計制度・連担建築物設計制度

　特定行政庁は，法第86条第1項から第4項までの規定により同一敷地内にあるものとみなされる1又は2以上の構えをなす建築物（以下「総合的設計による同一敷地内建築物」という。）について一定の事項を公告しなければならない。そして，第1項から第4項までの規定による認定又は許可は，この公告によって効力を生ずる。これは，その一団地又は一団の土地の区域内において総合的設計の前提を崩すような建築物の建築等を認めないこととするためには，取引の安全等の観点から一団地の区域を第三者に対しても明らかにする必要があるからである。

　なお，公告を行うべき事項は，特定行政庁の認定又は許可に係る一団地等の区域である。

　　（公告認定対象区域内における建築物の位置及び構造の認定等）

法第86条の2　公告認定対象区域（前条第1項又は第2項の規定による認定に係る公告対象区域をいう。以下同じ。）内において，同条第1項又は第2項の規定により一の敷地内にあるものとみなされる建築物（以下「1敷地内認定建築物」という。）以外の建築物を新築し，又は1敷地内認定建築物について増築，改築，移転，大規模の修繕若しくは大規模の模様替（位置又は構造の変更を伴うものに限る。以下この項から第3項までにおいて「増築等」という。）をしようとする者は，国土交通省令で定めるところにより，当該新築又は増築等に係る建築物の位置及び構造が当該公告認定対象区域内の他の1敷地内認定建築物の位置及び構造との関係において安全上，防火上及び衛生上支障がない旨の特定行政庁の認定を受けなければならない。

2　面積が政令で定める規模以上である公告認定対象区域内において，1敷地内認定建築物以外の建築物を新築し，又は1敷地内認定建築物について増築等をしようとする場合（当該区域内に政令で定める空地を有することとなる場合に限る。）において，国土交通省令で定めるところにより，特定行政庁が，当該新築又は増築等に係る建築物の位置及び建蔽率，容積率，各部分の高さその他の構造について，他の1敷地内認定建築物の位置及び建蔽率，容積率，各部分の高さその他の構造との関係において，交通上，安全上，防火上及び衛生上支障がなく，かつ，市街地の環境の整備改善に資すると認めて許可したときは，当該新築又は増築等に係る建築物の各部分の高さ又は容積率を，その許可の範囲内において，第55条第1項の規定又は当該公告認定対象区域を一の敷地とみなして適用される第52条第1項から第9項まで，第56

第7章　都市計画区域等における建築物の敷地，構造，建築整備及び用途

条若しくは第57条の2第6項の規定による限度を超えるものとすることができる。この場合において，前項の規定は，適用しない。

3　公告許可対象区域（前条第3項又は第4項の規定による許可に係る公告対象区域をいう。以下同じ。）内において，同条第3項又は第4項の規定により一の敷地内にあるものとみなされる建築物（以下「1敷地内許可建築物」という。）以外の建築物を新築し，又は1敷地内許可建築物について増築等をしようとする者は，国土交通省令で定めるところにより，特定行政庁の許可を受けなければならない。この場合において，特定行政庁は，当該新築又は増築等に係る建築物が，その位置及び建蔽率，容積率，各部分の高さその他の構造について，他の1敷地内許可建築物の位置及び建蔽率，容積率，各部分の高さその他の構造との関係において，交通上，安全上，防火上及び衛生上支障がなく，かつ，市街地の環境の整備改善を阻害することがないと認めるとともに，当該区域内に同条第3項又は第4項の政令で定める空地を維持することとなると認める場合に限り，許可するものとする。

4　第2項の規定による許可を申請する者は，その者以外に公告認定対象区域内にある土地について所有権又は借地権を有する者があるときは，建築物に関する計画について，あらかじめ，これらの者の同意を得なければならない。

5　第44条第2項の規定は，第2項又は第3項の規定による許可をする場合に準用する。

6　特定行政庁は，第1項から第3項までの規定による認定又は許可をしたときは，遅滞なく，国土交通省令で定めるところにより，その旨を公告するとともに，前条第8項の図書の表示する事項について所要の変更をしなければならない。

7　前条第9項の規定は，第1項から第3項までの規定による認定又は許可について準用する。

8　公告対象区域内の第1項の規定による認定又は第2項若しくは第3項の規定による許可を受けた建築物及び当該建築物以外の当該公告対象区域内の建築物については，それぞれ，前条第1項若しくは第2項の規定又は同条第3項若しくは第4項（第2項の規定による許可に係るものにあつては，同条第3項又は第4項中一団地又は一定の一団の土地の区域を一の敷地とみなす部分に限る。）の規定を準用する。

第9節　一団地の総合設計制度・連担建築物設計制度

9　公告認定対象区域内に第1項の規定による認定を受けた建築物がある場合
における同項又は第2項の規定の適用については，当該建築物を1敷地内認
定建築物とみなす。

10　第2項の規定による許可に係る第6項の公告があつた公告認定対象区域
は，その日以後は，公告許可対象区域とみなす。

11　前項に規定する公告許可対象区域内における第3項の規定の適用について
は，第2項の規定による許可を受けた建築物及び当該建築物以外の当該公告
許可対象区域内の建築物を1敷地内許可建築物とみなす。

12　公告許可対象区域内に第3項の規定による許可を受けた建築物がある場合
における同項の規定の適用については，当該建築物を1敷地内許可建築物と
みなす。

（平10法100・追　加，平11法160・平14法85・平16法67・平29法26・令4法69
・一部改正）

連担建築物設計制度又は一団地の総合的設計制度の対象となる区域内において
は，認定建築物を建て替えて別の建築物にしようとする又は増改築・移転若しくは
大規模修繕・模様替（位置及び構造の変更を伴うものに限る。）を行う場合や新た
に別の建築物を建築しようとする場合には，建築確認とは別途，当該建築物の位置
及び構造が他の建築物の位置及び構造との関係において安全上，防火上及び衛生上
支障がない旨の特定行政庁の認定を受けることが必要となる（法第86条の2第1
項）。

これにより，当該建築物についても同一敷地内にあるものとみなして建築規制が
適用されることとなる。

法第86条の2第1項の認定を受けるためには，申請書正副2通を特定行政庁に提
出する必要がある（則第10条の16第2項）。この場合，添付書類として申請者以外
に公告対象区域内の土地について所有権又は借地権を有する者がある場合において
は，これらの者に対する当該申請に係る建築物の計画に関する説明のために講じた
措置を記載した書面をあわせて提出しなければならない（則第10条の16第2項第2
号）。「説明のために講じた措置」とは，例えば，説明会の開催，建築計画を記載し
た書面の回覧，掲示板への掲載等の措置が該当する。この説明は，もともと一団地
の総合的設計制度又は連担建築物設計制度が，容積率制限など区域単位で行われる
ものであるため，区域内に複数の土地所有者等がいる場合，新たな建築等行為が他

407

第 7 章　都市計画区域等における建築物の敷地，構造，建築整備及び用途

の土地所有者等が知らぬうちに行われることになって他の土地所有者等の将来の建築等行為が規制され，権利が侵害されることを未然に防止しようとする趣旨に基づくものである。しかし，他の土地所有者等の承諾までは要件とはされていない。

　なお，この建替え等の認定についても，第三者が不動産取引上不測の損害を被ることを防止する観点から，認定を行う際には，その旨公告することとし，この公告を効力発生要件とするとともに，市役所等において一般の縦覧に供する図書についても，建築計画の内容に応じて所要の変更を行うこととされている（法第86条の2第6項）。

　　（一の敷地内にあるとみなされる建築物に対する高度利用地区等内における
　　制限の特例）
　法第86条の3　第86条第1項から第4項まで（これらの規定を前条第8項において準用する場合を含む。）の規定により一の敷地内にあるものとみなされる建築物は，第59条第1項，第60条の2第1項又は第60条の3第1項の規定を適用する場合においては，これを一の建築物とみなす。
　　　　　　　　（平10法100・追加，平14法22・平14法85・平16法67・平18法92・平28法72・
　　　　　　　　一部改正）

　高度利用地区，都市再生特別地区又は特定用途誘導地区内では，高度利用地区，都市再生特別地区又は特定用途誘導地区に関する都市計画において定められた建築面積の最低限度制限が適用されるが，一団地の総合的設計制度又は連担建築物設計制度の認定を受けた複数建築物（第3項又は第4項の規定により許可を受けた場合を含む。）は，本制限の適用にあたっては一の建築物とみなされ，認定区域内の建築物の建築面積の合計により建築面積の制限が適用される。

　　（一の敷地内にあるとみなされる建築物に対する外壁の開口部に対する制限
　　の特例）
　法第86条の4　次の各号のいずれかに該当する建築物について第27条第2項若しくは第3項又は第67条第1項の規定を適用する場合においては，第1号イに該当する建築物は耐火建築物と，同号ロに該当する建築物は準耐火建築物とみなす。
　　一　第86条第1項又は第3項の規定による認定又は許可を受けて建築等をする建築物で，次のいずれかに該当するもの

第9節　一団地の総合設計制度・連担建築物設計制度

　イ　第2条第9号の2イに該当するもの

　ロ　第2条第9号の3イ又はロのいずれかに該当するもの

二　第86条第2項又は第4項の規定による認定又は許可を受けて建築等をする建築物で，前号イ又はロのいずれかに該当するもの（当該認定又は許可に係る公告対象区域内に現に存する建築物が，同号イ又はロのいずれかに該当するものである場合に限る。）

三　第86条の2第1項から第3項までの規定による認定又は許可を受けて建築等をする建築物で，第1号イ又はロのいずれかに該当するもの（当該認定又は許可に係る公告対象区域内の他の1敷地内認定建築物又は1敷地内許可建築物が，同号イ又はロのいずれかに該当するものである場合に限る。）

　　　　　（平10法100・追加・一部改正，平14法85・平15法101・平16法67・平26法54

　　　　　・平30法67・令4法69・一部改正）

　耐火建築物は，法第2条第9号の2の規定に基づき，主要構造部を耐火構造等とするとともに，外壁の開口部で延焼のおそれのある部分に一定の遮炎性能を有する防火戸等の防火設備を設けるものとしている。また，準耐火建築物も，法第2条第9号の3の規定に基づき，主要構造部を準耐火構造等とするとともに，外壁の開口部で延焼のおそれのある部分に一定の遮炎性能を有する防火戸等の防火設備を設けるものとしている。

　この場合，耐火建築物等について，主要構造部の構造に加えて，防火戸等の設置を求めているのは，通常，隣接する建築物を具体的に想定できないことから，隣接地のどこで火災が発生しても延焼を受けることなく，当該建築物の安全性が保たれるよう，外壁の開口部で延焼のおそれのある部分には，防火戸等の防火設備の設置を義務づけているものである。

　しかしながら，一団地の総合的設計制度又は連担建築物設計制度の認定を受ける場合には，隣接する建築物相互の関係において延焼のおそれのある部分に，防火戸等の防火設備が設置されていなくても，隣接する建築物の開口部が対面しないよう，開口部の位置をずらすこと等，総合的設計において配慮することによって，耐火建築物又は準耐火建築物と同等の耐火性能を有することとなるため，法第27条（耐火建築物等としなければならない特殊建築物）第2項又は第3項，法第67条（特定防災街区整備地区内にある建築物）第1項を適用する場合においては，主要

409

第7章　都市計画区域等における建築物の敷地，構造，建築整備及び用途

構造部について一定の構造・性能を有しているものについては，外壁の開口部で延焼のおそれのある部分に一定の遮炎性能を有する防火戸等の防火設備を設けなくとも耐火建築物又は準耐火建築物とみなすこととされているものである。

　なお，法第61条に定める開口部に延焼防止性能を要求される防火地域及び準防火地域内の建築物についても，令第136条の2第1号イ及び同条第3号ロ及び令和元年国土交通省告示第194号に基づき，一団地内の建築物相互間の延焼のおそれがある部分にある開口部について，法第86条に基づき同様のみなし特例が設けられている。

（一の敷地とみなすこと等の認定又は許可の取消し）

法第86条の5　公告対象区域内の土地について所有権又は借地権を有する者は，その全員の合意により，当該公告対象区域内の建築物に係る第86条第1項若しくは第2項若しくは第86条の2第1項の規定による認定又は第86条第3項若しくは第4項若しくは第86条の2第2項若しくは第3項の規定による許可の取消しを特定行政庁に申請することができる。

2　前項の規定による認定の取消しの申請を受けた特定行政庁は，当該申請に係る公告認定対象区域内の建築物の位置及び構造が安全上，防火上及び衛生上支障がないと認めるときは，当該申請に係る認定を取り消すものとする。

3　第1項の規定による許可の取消しの申請を受けた特定行政庁は，当該申請に係る公告許可対象区域内の建築物の位置及び建蔽率，容積率，各部分の高さその他の構造について，交通上，安全上，防火上及び衛生上支障がなく，かつ，市街地の環境の整備改善を阻害することがないと認めるときは，当該申請に係る許可を取り消すものとする。

4　特定行政庁は，前2項の規定による取消しをしたときは，遅滞なく，国土交通省令で定めるところにより，その旨を公告しなければならない。

5　第2項又は第3項の規定による取消しは，前項の規定による公告によって，その効力を生ずる。

6　前2項に定めるもののほか，第2項又は第3項の規定による認定又は許可の取消しについて必要な事項は，国土交通省令で定める。

　　　　　　（平10法100・追　加，平11法160・平14法85・平16法67・平29法26・一　部　改
　　　正）

　対象となる区域内において，用途地域等の都市計画の変更や災害による不測の事

第9節　一団地の総合設計制度・連担建築物設計制度

態の発生等，連担建築物設計制度又は一団地の総合的設計制度を適用し続けること
が不合理となる場合が想定されるが，こうした制度適用後における事情変更により
結果的に過剰な制限となることのないよう，対象区域内の土地の所有権者又は借地
権者全員の合意により，両制度に基づく認定の取消しを申請することができる。

　これにより，複数建築物について一体的に建築規制が適用されていた特別な区域
が解消され，一建築物一敷地の原則による通常の建築規制の適用を受けることとな
る。

　この場合においても，認定を取り消すことにより違法な建築物が出現することが
ないよう，対象となる区域内の各建築物の安全上，防火上及び衛生上の支障の有無
について，特定行政庁の審査を受けることが必要となる。

　また，取消しを行う場合には，その旨を公告することとし，この公告を取消しの
効力発生要件としている。

　（総合的設計による一団地の住宅施設についての制限の特例）

法第86条の6　一団地の住宅施設に関する都市計画を定める場合においては，
　第一種低層住居専用地域，第二種低層住居専用地域又は田園住居地域につい
　ては，第52条第1項第1号に規定する容積率，第53条第1項第1号に規定す
　る建蔽率，第54条第2項に規定する外壁の後退距離及び第55条第1項に規定
　する建築物の高さと異なる容積率，建蔽率，距離及び高さの基準を定めるこ
　とができる。

2　前項の都市計画に基づき建築物を総合的設計によつて建築する場合におい
　て，当該建築物が同項の規定により当該都市計画に定められた基準に適合し
　ており，かつ，特定行政庁がその各建築物の位置及び構造が当該第一種低層
　住居専用地域，第二種低層住居専用地域又は田園住居地域内の住居の環境の
　保護に支障がないと認めるときは，当該建築物については，第52条第1項第
　1号，第53条第1項第1号，第54条第1項及び第55条第1項の規定は，適用
　しない。

（平10法100・追加，平12法73・平29法26・一部改正）

　第一種低層住居専用地域，第二種低層住居専用地域又は田園住居地域について一
団地の住宅施設（「一団地の住宅施設」とは，都市計画法上の都市施設の一種
で，1ha以上の一団地における50戸以上の集合住宅及びこれらに附帯する通路その
他の施設をいう（都市計画法第11条第8号）。）に関する都市計画を定める場合にお

411

第 7 章　都市計画区域等における建築物の敷地，構造，建築整備及び用途

いては，次の事項について，建築基準法の規定と異なる基準を定めることができる（法第86条の 6 第 1 項）。

　　イ　容積率（法第52条第 1 項第 1 号）

　　ロ　建蔽率（法第53条第 1 項第 1 号）

　　ハ　外壁の後退距離（法第54条第 2 項）

　　ニ　建築物の高さ（法第55条第 1 項）

　この都市計画に基づき建築物を総合的設計によって建築する場合において，建築物が都市計画に定められた基準に適合しており，特定行政庁がその各建築物の位置および構造が第一種低層住居専用地域，第二種低層住居専用地域又は田園住居地域内の住居の環境の保護に支障がないと認めるときは，その建築物については，都市計画に定められた基準に係る建築基準法の規定は，適用しない。

第10節　建築物の敷地が区域，地域又は地区の内外にわたる場合の措置

第10節　建築物の敷地が区域，地域又は地区の内外にわたる場合の措置

（建築物の敷地が区域，地域又は地区の内外にわたる場合の措置）

法第91条　建築物の敷地がこの法律の規定（第52条，第53条，第54条から第56条の2まで，第57条の2，第57条の3，第67条第1項及び第2項並びに別表第3の規定を除く。以下この条において同じ。）による建築物の敷地，構造，建築設備又は用途に関する禁止又は制限を受ける区域（第22条第1項の市街地の区域を除く。以下この条において同じ。），地域（防火地域及び準防火地域を除く。以下この条において同じ。）又は地区（高度地区を除く。以下この条において同じ。）の内外にわたる場合においては，その建築物又はその敷地の全部について敷地の過半の属する区域，地域又は地区内の建築物に関するこの法律の規定又はこの法律に基づく命令の規定を適用する。

（昭34法156・昭51法83・昭62法66・平4法82・平14法85・平15法101・平16法67・平26法54・平30法67・一部改正）

本条は，建築物の敷地が区域，地域又は地区の内外にわたる場合の措置を定めたものである（表7－8）。

表7－8　建築物の敷地が区域，地域又は地区の内外にわたる場合

区　域　な　ど	適　用　方　法
要確認区域（第6条） （下水）処理区域（第31条） 都市計画区域，準都市計画区域（第6条，第41条の2） 用途地域（第48条） 高度利用地区（第59条）	敷地の過半の属する区域等の制限による。
容積率制限（第52条） 建蔽率制限（第53条）	敷地面積の加重平均による。
外壁後退距離（第54条） 高さ制限（第55条） 斜線制限（第56条） 高度地区（第58条）	敷地各部分ごとの制限による。
22条区域（第24条） 防火地域，準防火地域（第65条）	厳なる方の制限による。
日影規制（第56条の2）	法第56条の2第5項

413

第7章　都市計画区域等における建築物の敷地，構造，建築整備及び用途

　建築基準法による制限の中には，地域，地区等によって制限の異なるものがあり，敷地が地域，地区等の内外にわたる場合に，どちらの地域，地区等を基準として制限するかが問題となる。

　これについては，従来は，防火地域及び準防火地域並びに高度地区の内外にわたる場合を除き，原則として敷地の過半が属する地域，区域等の制限によることとされていたが，有利な地域等の制限を受けるために不整形な敷地分割をする等実際上の不都合もあったため，昭和51年の法改正によって，この画一的な過半主義を改め，それぞれの制限の種類に応じた取扱いをすることとしたものである。

第8章　建築協定

〔建築協定の趣旨〕

　建築基準法は，公共の福祉の増進に資するため，建築物の敷地，構造，設備及び用途に関する最低の基準を定めて，建築物の利用上の安全性，衛生等の観点から建築物の質的水準の維持，向上，地域環境の保全等を図るものであり，いわば全国的に守られるべき必要最低限の基準を定めたものであるといえる。

　一定の事項については条例で地域の特殊性に適合するように規制を行う途も開かれているが，さらに小規模な地区の持っている特色を生かしたきめ細かな規制を行うことが必要な場合があるため，例えば，住宅地としての良好な環境や，商店街としての利便をより高度に維持，増進することを目的として，地域住民の合意により，法の一般的基準を越えた基準を定めることを認めた制度が建築協定である。建築協定は，建築物の利用を増進し，土地の環境を改善する必要がある場合に市町村の条例で定めた当該市町村の区域の一部において，土地の所有権者並びに建築物の所有を目的とする地上権者及び賃借権者がその全員の合意によって法令や条例の定める建築物等に関する基準よりも高度の基準を定め，特定行政庁の認可等を経ることによりこれに一定の効力を与え，当事者の協定に安定性・永続性を与えるものである。

　この制度は，建築基準法制定当初（昭和25年）から存在し，当初はその活用が必ずしも十分でなかったものの，簡便な手続で，住民合意で定めた建築物のルールについて地区内の所有者等が変動しても安定的・継続的にその効力を確保できる制度であることから，地域住民を中心とした地区レベルのまちづくり手法として前述の地区計画制度とともにその普及，活用が促進されているところであり，良好な環境のまちづくりに多くの成果を挙げているものである。

〔建築協定の法的性質〕

　建築協定の法的特質は，特定行政庁の認可の公告後に建築協定区域内の土地の所有者等となった者に対して協定の効力が及ぶという一般の契約にはない特別の効果（第三者効）にある。

　上記の点を除き建築協定の法的性質は，当事者全員の合意によってのみ締結・変更が行えること，協定違反があった場合の措置はあらかじめ協定の内容として定めておかなければならないこと等から一種の契約による自主的規制であるといえる。

第8章 建築協定

したがって，協定に定める建築物に関する基準は，建築主事による確認の対象となる「建築基準法令の規定」には該当せず，違反があっても特定行政庁による違反是正処分は行われない。

（建築協定の目的）

法第69条　市町村は，その区域の一部について，住宅地としての環境又は商店街としての利便を高度に維持増進する等建築物の利用を増進し，かつ，土地の環境を改善するために必要と認める場合においては，土地の所有者及び借地権を有する者（土地区画整理法第98条第1項（大都市地域における住宅及び住宅地の供給の促進に関する特別措置法第83条において準用する場合を含む。次条第3項，第74条の2第1項及び第2項並びに第75条の2第1項，第2項及び第5項において同じ。）の規定により仮換地として指定された土地にあつては，当該土地に対応する従前の土地の所有者及び借地権を有する者。以下「土地の所有者等」と総称する。）が当該土地について一定の区域を定め，その区域内における建築物の敷地，位置，構造，用途，形態，意匠又は建築設備に関する基準についての協定（以下「建築協定」という。）を締結することができる旨を，条例で，定めることができる。

（昭34法156・昭36法115・昭39法169・昭51法83・平7法13・平12法73・一部改正）

本制度は，市町村の区域のうち住民の合意に基づいて，区域を限って，建築基準法により定められた建築物に関する最低の基準を強化するものであるので，本制度が適用しうる区域について法令の定める基準よりも高度の基準を定めるにふさわしい区域として当然に要求される地域的な特色及びその基準に対する適応性を十分に有するものであるかどうか等について市町村が都市計画的な観点等からの判断をする必要がある。そこで，市町村が，区域を示しつつ建築協定を締結することができる旨を条例で定めて，初めて本制度を適用することとしているのである。

条文の文言上は，建築協定の目的として，住宅地としての環境又は商店街としての利便を高度に維持増進することしか例示されていないが，工業地としての利便を増進することを目的とする建築協定ももちろん可能である。

建築協定を締結できる者は，土地の所有者及び借地権を有する者（土地区画整理事業において仮換地として指定された土地の場合は，当該土地に対応する従前の土地の所有者及び借地権を有する者を含む。）である。なお，土地区画整理事業等が

416

第8章　建築協定

事業中である区域内にあっては，仮換地が指定された段階で，仮換地に対応する従前の土地の所有者等である。土地区画整理事業の仮換地処分後に知事等の許可を得て建築行為を行う者が多いことから，仮換地として指定された土地に関する所有者等について定めることにより，仮換地処分時点での建築協定の締結が可能とされた（平成7年改正）。借家権者は，通常建築物の形態を決める権限がないので原則として協定の当事者にはならないが，協定の内容が広告，看板，日覆等の設置に関する基準等借家人の権限に係る場合には当事者となる（法第77条参照）。

　協定に定められる内容は，建築物の敷地，位置，構造，用途，形態，意匠又は建築設備に関する基準である。建築基準法により既に当該地域の建築物に対して課されている基準を強化することのほか，建築基準法に規定のない事項についても建築物の敷地，位置，構造，用途，形態又は建築設備に関する基準である限り定めることができる。例えば，敷地の区画の変更禁止を定めることも可能である。ただし，法の予想しない規制の手法（例えば，建築物から発生する騒音を直接規制すること）を用いることはできず，また，建築協定で建築基準法が定めている最低の基準を緩和することはできない。

　具体的にどのような協定を締結するかについては，それぞれの地域の特性や当事者の意思によって異なる。例えば，低層の住宅地にしておきたいときは，2階建てしか建てない，住宅しか建てない，住宅であっても長屋型式のものは建てないというような協定とすることなどが考えられる。また，商業系の用途地域を街並みの整った快適なショッピング街にしたいときは道路に面した外壁の後退距離を定めて歩道部分を広くとることとしたり，階数や高さをそろえて商店街としての景観を整えたりすること等が考えられる。さらに，工業系の用途地域については，その区域に集積している業種の工場にとって障害となるような特に公害を著しく発生させる用途の工場を制限したり，厳しい建蔽率，外壁の後退距離を協定したりすることにより，環境のよい工業団地の整備を図ること等が考えられよう。

　実際に締結されている協定に定められている項目を例示すると次のようなものがある。

（住宅地関係）

①　住宅関係建築物の用途（一戸建て，長屋建て，専用住宅等）

②　階数の上限

③　高さ，軒高の上限

④　外壁の後退距離

417

第8章 建築協定

⑤ 北側のセットバック，2階のセットバック

⑥ 建蔽率

⑦ 最小敷地面積

⑧ 屋根の材料（瓦ぶきなど），形状

（商業地関係）

① 構造（耐火構造など）

② 階数（下限，上限）

③ 1階の用途（店舗など）

④ 道路からの外壁の後退，外壁の位置の統一

⑤ 道路に面する外壁，窓の材料，色彩など

⑥ 広告，看板などの位置，大きさなど

⑦ アーケードの設置など

（建築協定の認可の申請）

法第70条　前条の規定による建築協定を締結しようとする土地の所有者等は，協定の目的となつている土地の区域（以下「建築協定区域」という。），建築物に関する基準，協定の有効期間及び協定違反があつた場合の措置を定めた建築協定書を作成し，その代表者によつて，これを特定行政庁に提出し，その認可を受けなければならない。

2　前項の建築協定書においては，同項に規定するもののほか，前条の条例で定める区域内の土地のうち，建築協定区域に隣接した土地であつて，建築協定区域の一部とすることにより建築物の利用の増進及び土地の環境の改善に資するものとして建築協定区域の土地となることを当該建築協定区域内の土地の所有者等が希望するもの（以下「建築協定区域隣接地」という。）を定めることができる。

3　第1項の建築協定書については，土地の所有者等の全員の合意がなければならない。ただし，当該建築協定区域内の土地（土地区画整理法第98条第1項の規定により仮換地として指定された土地にあつては，当該土地に対応する従前の土地）に借地権の目的となつている土地がある場合においては，当該借地権の目的となつている土地の所有者以外の土地の所有者等の全員の合意があれば足りる。

4　第1項の規定によつて建築協定書を提出する場合において，当該建築協定

418

区域が建築主事を置く市町村の区域外にあるときは，その所在地の市町村の長を経由しなければならない。

（昭39法169・昭51法83・平7法13・一部改正）

第1項

　建築協定には，建築物に関する基準のほか，協定の目的となっている土地の区域（建築協定区域），協定の有効期間及び協定違反があった場合の措置を定めなければならない。

〔**有効期間**〕

　協定の有効期間については，特に制限はないが，現在締結されている協定では，特定行政庁の認可があった日から10年とし，違反者の措置に関しては期間終了後もなお効力を有するものとして定めているものが多い。有効期間が経過したときは協定は失効する。有効期間終了後に協定を継続したい場合は，再度，土地の所有者等の全員の合意により締結する必要があるが，一定の要件を満たした場合は協定を継続するものとする，といった規定を協定内容に入れている地区もある。

〔**違反があった場合の措置**〕

　建築協定は，建築確認の対象となる法令ではないので，違反があっても特定行政庁による是正処分は行われない。したがって，違反があった場合の措置をあらかじめ協定内容として定めておく必要がある。

　協定違反者に対していかなる措置をとるかは行政上の措置とは関係なく，もっぱら協定書に定められているところによって決まるわけであるが，現在までに認可された建築協定をみると，建築協定を運営する運営委員会の決定に基づき，委員長が違反者に対し工事施工の停止，必要な是正措置をとるべきこと等を請求できること，当該請求に従わないときはその強制履行又は違反者の費用をもって第三者にこれを為さしめることを委員長が裁判所に請求すること等を定めている。協定者の自治の範囲内でとりうる措置を十分検討することが必要と思われる。

第2項

　当初，建築協定を締結する際に，協定の認可後当該建築協定に参加することが適当であり，なおかつ希望する者が簡易な手続で協定に参加することを許容する区域を建築協定区域隣接地として定めて参加の申込みを当該協定上行い，協定認可後に当該土地の土地所有者等が加入を希望する場合には，当該土地所有者等の特定行政庁への意思表示をこの申込みに対する承諾とみなして，簡易な手続で加入を可能と

第8章　建築協定

したものである。なお，これによらないで，建築協定の締結者に新たな者が加わる
ことは，当該建築協定の区域の変更であり，建築協定の変更と考えられ，この場合
には，当該建築協定の締結者は，再度全員合意により建築協定を変更し，特定行政
庁の認可を受けなければならない。

第3項

　建築協定は原則として協定区域内の土地の所有者等の全員の合意により締結され
るが，借地権の目的となっている土地については借地権者の同意のみでよく，所有
者の同意は不必要とされている。これは建築協定において定められる建築物に関す
る基準は，借地権の目的となっている土地については，土地の利用者である借地権
者の権限の範囲内の事項に関するものであること，土地の所有者が遠隔地に居住し
ている場合などはその同意を得ることが困難であること等を考慮したものである。

　なお，本協定に基づき建築協定に合意しなかった土地の所有者及びそれを承継し
た者には当該建築協定の効力は及ばないことになる（法第75条かっこ書参照）。

第4項

　建築協定書を提出する場合，当該建築協定所在地の市町村長を経由することとし
ているのは，市町村長が法第71条及び第72条の規定に基づく公告縦覧，聴聞等の手
続を行う必要があるためである。

（申請に係る建築協定の公告）

法第71条　市町村の長は，前条第1項又は第4項の規定による建築協定書の提
　　出があつた場合においては，遅滞なく，その旨を公告し，20日以上の相当の
　　期間を定めて，これを関係人の縦覧に供さなければならない。

　　　　　　　（昭51法83・平7法13・一部改正）

　法第72条の規定による聴聞を行う前提として，建築協定の内容を関係者に知らし
めるために，建築協定書の提出を受けた市町村長は，その旨を公告し，建築協定書
の縦覧を行うこととしたものである。

（公開による意見の聴取）

法第72条　市町村の長は，前条の縦覧期間の満了後，関係人の出頭を求めて公
　　開による意見の聴取を行わなければならない。

　2　建築主事を置く市町村以外の市町村の長は，前項の意見の聴取をした後，
　　遅滞なく，当該建築協定書を，同項の規定による意見の聴取の記録を添え

第8章 建築協定

て，都道府県知事に送付しなければならない。この場合において，当該市町村の長は，当該建築協定書の内容について意見があるときは，その意見を付さなければならない。

（平5法89・平25法44・一部改正）

第1項

公開による聴聞を行うこととしたのは，建築協定が形式的な面だけでなく実質的にも問題がないかをみるためのものである。例えば，建築協定の参加者が真実の権利者であるか否か，建築協定締結の際の全員合意や建築協定の内容が協定締結者の自由な意思に基づくものであるか等について市町村長が知るための機会をつくるものである。

聴聞の際，出頭を求めるべき「関係人」としては，運用上，縦覧期間中に異議を述べた者がこれに当たるとするのが通常である。なお，建築協定区域の周辺の人々については，「関係人」には含まれない。

第2項

建築主事を置かない市町村の長は，自ら建築協定の認可ができないので，建築協定書と第1項の規定による聴聞の記録を認可権者である都道府県知事に送付することとしたものである。

なお，本項後段にあるとおり，市町村長は建築協定書に意見があるときのみ，意見を付すこととすれば良い。法制定当時から，都道府県知事への建築協定書の送付の際には市町村長の意見を添えることが前提とされてきたが，地方分権改革における義務付け・枠付けの見直しにあたり，「地域の自主性及び自立性を高めるための改革の推進を図るための関係法律の整備に関する法律（平成25年法律第44号。第3次一括法）」の成立により，現在の形式に改められた。

（建築協定の認可）

法第73条 特定行政庁は，当該建築協定の認可の申請が，次に掲げる条件に該当するときは，当該建築協定を認可しなければならない。

一 建築協定の目的となつている土地又は建築物の利用を不当に制限するものでないこと。

二 第69条の目的に合致するものであること。

三 建築協定において建築協定区域隣接地を定める場合には，その区域の境界が明確に定められていることその他の建築協定区域隣接地について国土

第8章　建築協定

交通省令で定める基準に適合するものであること。

2　特定行政庁が，前項の認可をした場合においては，遅滞なく，その旨を公告しなければならない。この場合において，当該建築協定が建築主事を置く市町村の区域外の区域に係るものであるときは，都道府県知事は，その認可した建築協定に係る建築協定書の写し1通を当該建築協定区域及び建築協定区域隣接地の所在地の市町村の長に送付しなければならない。

3　第1項の規定による認可をした市町村の長又は前項の規定によつて建築協定書の写の送付を受けた市町村の長は，その建築協定書を当該市町村の事務所に備えて，一般の縦覧に供さなければならない。

（昭34法156・平7法13・平11法160・一部改正）

第1項

　建築協定を認可制にしたのは，協定内容が一定地域内の土地について法律，条例によらないで財産権の制約を行うものであり，また，その制限内容が後から建築協定区域内の土地の所有者等となった者にもその効力が及ぶという効力を有するものであることから，建築物及び土地の利用，環境の増進，改善の目的に比例した妥当な制限であるかどうかを公的主体が判断する必要があるためである。

> （建築協定区域隣接地に関する基準）
>
> **則第10条の6**　法第73条第1項第3号の国土交通省令で定める基準は，次に掲げるものとする。
>
> 一　建築協定区域隣接地の区域は，その境界が明確に定められていなければならない。
>
> 二　建築協定区域隣接地の区域は，建築協定区域との一体性を有する土地の区域でなければならない。
>
> （平7建令15・追加，平11建令14・旧第10条の2の2繰下，平12建令41・一部改正）

第2項，第3項

　認可の公告，建築協定書の縦覧を行うのは，建築協定が後から建築協定区域内の土地の所有者等となった者に対しても効力を有するものであることに鑑み，建築協定区域のみならず広く一般にその内容を知らしめるためである。

> （建築協定の変更）

第8章　建築協定

> **法第74条**　建築協定区域内における土地の所有者等（当該建築協定の効力が及
> ばない者を除く。）は，前条第1項の規定による認可を受けた建築協定に係
> る建築協定区域，建築物に関する基準，有効期間，協定違反があつた場合の
> 措置又は建築協定区域隣接地を変更しようとする場合においては，その旨を
> 定め，これを特定行政庁に申請してその認可を受けなければならない。
> 2　前4条の規定は，前項の認可の手続に準用する。
>
> 　　　　（昭51法83・平7法13・一部改正）

　建築協定の変更も一種の新たな協定の制定とみられるので，協定を変更する場合
は，最初に制定する場合と同様に全員の合意を必要とし，特定行政庁の認可を受け
なければならない。したがって，この場合には，法第70条から第73条までの規定を
準用することとしている。

> **法第74条の2**　建築協定区域内の土地（土地区画整理法第98条第1項の規定に
> より仮換地として指定された土地にあつては，当該土地に対応する従前の土
> 地）で当該建築協定の効力が及ばない者の所有するものの全部又は一部につ
> いて借地権が消滅した場合においては，その借地権の目的となつていた土地
> （同項の規定により仮換地として指定された土地に対応する従前の土地にあ
> つては，当該土地についての仮換地として指定された土地）は，当該建築協
> 定区域から除かれるものとする。
> 2　建築協定区域内の土地で土地区画整理法第98条第1項の規定により仮換地
> として指定されたものが，同法第86条第1項の換地計画又は大都市地域にお
> ける住宅及び住宅地の供給の促進に関する特別措置法第72条第1項の換地計
> 画において当該土地に対応する従前の土地についての換地として定められ
> ず，かつ，土地区画整理法第91条第3項（大都市地域における住宅及び住宅
> 地の供給の促進に関する特別措置法第82条において準用する場合を含む。）
> の規定により当該土地に対応する従前の土地の所有者に対してその共有持分
> を与えるように定められた土地としても定められなかつたときは，当該土地
> は，土地区画整理法第103条第4項（大都市地域における住宅及び住宅地の
> 供給の促進に関する特別措置法第83条において準用する場合を含む。）の公
> 告があつた日が終了した時において当該建築協定区域から除かれるものとす
> る。
> 3　前2項の場合においては，当該借地権を有していた者又は当該仮換地とし

第8章　建築協定

て指定されていた土地に対応する従前の土地に係る土地の所有者等（当該建築協定の効力が及ばない者を除く。）は，遅滞なく，その旨を特定行政庁に届け出なければならない。

4　特定行政庁は，前項の規定による届出があつた場合その他第1項又は第2項の規定により建築協定区域内の土地が当該建築協定区域から除かれたことを知つた場合においては，遅滞なく，その旨を公告しなければならない。

（昭51法83・追加，平7法13・一部改正）

第1項

本条は建築協定区域内の土地で当該建築協定の効力が及ばない者の所有するものについて借地権が消滅した場合の取扱いを規定したものである。

法第70条第2項ただし書の規定により，土地の所有権者の合意を得ずに借地権者の合意のみによって建築協定区域内に取り込まれている土地について借地権が消滅したときは，その土地又はその部分については建築協定の効力を受ける者が全く存しなくなる。このような土地については建築協定区域内に残しておく意味はないので，当然建築協定区域から除かれることとしたものである。

第2項

土地区画整理事業における仮換地については，仮換地権者が協定締結権者となるが，換地計画の変更等の事情により，当該仮換地と異なる換地処分がなされた場合は，当該仮換地であった土地について協定を実施する者が存しなくなるので，当該土地は協定区域から除かれることとしたものである。

換地処分において，換地の指定がなされなかった場合等には，建築協定の区域から除かれる。

第3項，第4項

第1項の規定による借地権の消滅及び第2項の規定による仮換地と異なる換地処分に伴う建築協定区域の変更は，通常特定行政庁において知ることができない事情であるので，借地権を有していた者等に届出義務を課し，更に，それを広く知らしめるために特定行政庁から公告を行うこととしたものである。

（建築協定の効力）

法第75条　第73条第2項又はこれを準用する第74条第2項の規定による認可の公告（次条において「建築協定の認可等の公告」という。）のあつた建築協定は，その公告のあつた日以後において当該建築協定区域内の土地の所有者

第8章　建築協定

等となつた者（当該建築協定について第70条第3項又はこれを準用する第74
条第2項の規定による合意をしなかつた者の有する土地の所有権を承継した
者を除く。）に対しても，その効力があるものとする。

(昭51法83・平7法13・一部改正)

　本条は，建築協定の認可等の公告があつた後に建築協定区域内の土地の所有者等
となつた者に対しても建築協定の効力が及ぶこととすることにより，建築協定の安
定性，永続性を確保するものである。

　建築協定については，認可の際に公告がなされるから，形式的には一般に周知が
図られたこととなっているが，現実に認可等の公告の後に土地を購入する者の利益
の保護のため，宅地建物取引業者が宅地建物の取引をするに当たっては，本条につ
いて宅地建物取引主任者をして説明させることとされている（宅建業法第35条，同
法施行令第3条第2号）。

（建築協定の認可等の公告のあつた日以後建築協定に加わる手続等）

法第75条の2　建築協定区域内の土地の所有者（土地区画整理法第98条第1項
　の規定により仮換地として指定された土地にあつては，当該土地に対応する
　従前の土地の所有者）で当該建築協定の効力が及ばないものは，建築協定の
　認可等の公告のあつた日以後いつでも，特定行政庁に対して書面でその意思
　を表示することによつて，当該建築協定に加わることができる。

2　建築協定区域隣接地の区域内の土地に係る土地の所有者等は，建築協定の
　認可等の公告のあつた日以後いつでも，当該土地に係る土地の所有者等の全
　員の合意により，特定行政庁に対して書面でその意思を表示することによつ
　て，建築協定に加わることができる。ただし，当該土地（土地区画整理法第
　98条第1項の規定により仮換地として指定された土地にあつては，当該土地
　に対応する従前の土地）の区域内に借地権の目的となつている土地がある場
　合においては，当該借地権の目的となつている土地の所有者以外の土地の所
　有者等の全員の合意があれば足りる。

3　建築協定区域隣接地の区域内の土地に係る土地の所有者等で前項の意思を
　表示したものに係る土地の区域は，その意思の表示があつた時以後，建築協
　定区域の一部となるものとする。

4　第73条第2項及び第3項の規定は，第1項又は第2項の規定による意思の
　表示があつた場合に準用する。

425

第8章　建築協定

　5　建築協定は，第1項又は第2項の規定により当該建築協定に加わつた者が
　　その時において所有し，又は借地権を有していた当該建築協定区域内の土地
　　（土地区画整理法第98条第1項の規定により仮換地として指定された土地に
　　あつては，当該土地に対応する従前の土地）について，前項において準用す
　　る第73条第2項の規定による公告のあつた日以後において土地の所有者等と
　　なつた者（当該建築協定について第2項の規定による合意をしなかつた者の
　　有する土地の所有権を承継した者及び前条の規定の適用がある者を除く。）
　　に対しても，その効力があるものとする。

　　　　　　　　　　（昭51法83・追加，平7法13・一部改正）

　事後に建築協定に加わる場合には，建築協定区域の変更となるので，当事者の全
員の合意が必要とされる。しかし，借地権の目的となっている土地で法第70条第2
項の規定により借地権者のみが建築協定に参加している場合の土地の所有者の参加
については，建築協定区域の変更もなく，建築協定の趣旨からしても望ましいもの
であり，他の協定参加者の反対する理由もないところから，特定行政庁に対して書
面でその意見を表示するという簡単な手続によることとしたものである。

　また，建築協定区域隣接地の区域内の土地の所有者等についても，建築協定を締
結する際に，希望する土地の所有者等が簡易な手続で協定に参加することを許容す
る区域として建築協定区域隣接地が定められていることから，同様に特定行政庁に
対し，書面でその意思を表示するという簡易な手続によることとされている。

　なお，当該土地に係る借地権が既に消滅している場合には，当該土地は，法第74
条の2第1項の規定により自動的に建築協定区域から除かれるので，本条の適用は
ない。

　　（建築協定の廃止）
　法第76条　建築協定区域内の土地の所有者等（当該建築協定の効力が及ばない
　　者を除く。）は，第73条第1項の規定による認可を受けた建築協定を廃止し
　　ようとする場合においては，その過半数の合意をもつてその旨を定め，これ
　　を特定行政庁に申請してその認可を受けなければならない。
　2　特定行政庁は，前項の認可をした場合においては，遅滞なく，その旨を公
　　告しなければならない。

　　　　　　　　　　（昭51法83・一部改正）

第8章　建築協定

　建築協定の廃止を定める場合，土地所有権者等の過半数の合意で足りるとしているのは，協定の制定の場合は，一種の権利制限となるが，廃止の場合は，その制限の解除であり，また，過半数のものが廃止しようとするようなものは，もはや自主的な規制の意義を失ってしまったものと考えられるからである。

　　（土地の共有者等の取扱い）

法第76条の2　土地の共有者又は共同借地権者は，第70条第3項（第74条第2項において準用する場合を含む。），第75条の2第1項及び第2項並びに前条第1項の規定の適用については，合わせて一の所有者又は借地権者とみなす。

（昭51法83・追加，平7法13・一部改正）

　本条は建築協定の締結，変更，廃止等の行為が，財産の管理行為に当たるものであることに着目し，土地の共有者，共同借地権者をそれぞれ1の所有者，借地権者とみなすこととし，建築協定の締結，変更，廃止等について民法の原則（第252条）に基づいて持分の過半を有する者の同意があった場合に，当該1とみなされる所有権者又は借地権者の合意があったものとみなされることになる。

　　（建築協定の設定の特則）

法第76条の3　第69条の条例で定める区域内における土地で，一の所有者以外に土地の所有者等が存しないものの所有者は，当該土地の区域を建築協定区域とする建築協定を定めることができる。

2　前項の規定による建築協定を定めようとする者は，建築協定区域，建築物に関する基準，協定の有効期間及び協定違反があつた場合の措置を定めた建築協定書を作成し，これを特定行政庁に提出して，その認可を受けなければならない。

3　前項の建築協定書においては，同項に規定するもののほか，建築協定区域隣接地を定めることができる。

4　第70条第4項及び第71条から第73条までの規定は，第2項の認可の手続に準用する。

5　第2項の規定による認可を受けた建築協定は，認可の日から起算して3年以内において当該建築協定区域内の土地に2以上の土地の所有者等が存することとなつた時から，第73条第2項の規定による認可の公告のあつた建築協

第 8 章　建　築　協　定

　　定と同一の効力を有する建築協定となる。

　6　第74条及び第76条の規定は，前項の規定により第73条第 2 項の規定による
　　認可の公告のあつた建築協定と同一の効力を有する建築協定となつた建築協
　　定の変更又は廃止について準用する。

　　　　　（昭51法83・追加，平 7 法13・一部改正）

　建築協定は，本来 2 人以上の者によって締結されるものであるが，本条は，新規
開発の分譲地等における建築協定の締結の促進を図るため， 1 人で建築協定が締結
できるという特則を設けたものである（いわゆる 1 人協定）。すなわち，民間ディ
ベロッパー等が建築協定付きの宅地分譲や建売りを行う場合においては，本制度が
認められる以前は，建築協定が複数の土地所有者等によって締結されることが必要
であったため，まず少数の者に分譲を行い，それらの者と共同して建築協定を締結
するという手続が必要とされていた。

　しかし，このような手続を経なければならないという合理的な理由はなく，ま
た，手続が煩瑣であるため，建築協定の活用が図られない傾向があった。本条は，
このような分譲地等における建築協定設定のための手続を簡略にし，すなわち土地
の所有者が 1 人で建築協定を締結できることとし，分譲地等における建築協定の締
結を促進させようとするものである。

　 1 人協定を設定できるのは，土地の所有者のみで，借地権者は設定できない。ま
た， 1 人協定を設定しようとする土地の所有者以外に土地の所有者等が存在してい
ないことが必要である。

　 1 人協定は，締結について特例が認められているものの，協定できる土地が市町
村が条例で定めた区域内に限られることは普通の建築協定と同様である。また，認
可の手続についても法第70条第 4 項及び第71条から第73条までが準用されており普
通の建築協定と同様の手続が必要である。

　 1 人協定は，認可の日から起算して 3 年以内において当該建築協定区域内に 2 以
上の土地所有者等が存することとなった時から通常の建築協定と同一の効力を有す
る建築協定となる。これは，当事者が 1 人しかいない場合には，当該協定には土地
所有者の自己の土地に対する管理方針の表明としての建築協定の効力を認める意味
がないためである。

　また， 3 年以内に土地の所有者等が 2 以上にならなかった場合には当該建築協定
は効力を生ずることなく消滅する。これは， 1 人協定が長く放置されるのは法的安

定のうえから好ましくないからである。なお，普通の建築協定と同じ効力を有するに至った建築協定の変更，廃止については，法第74条及び第76条が準用されている。

なお，大都市地域における優良宅地開発の促進に関する緊急措置法（昭和63年法律第47号）第10条においては，同法第3条の規定により国土交通大臣からその宅地開発事業計画が優良である旨の認定を受けた宅地開発事業者は，造成宅地の処分をしようとする場合において，当該造成宅地が法第69条の条例で定める区域内にあり，かつ，当該造成宅地について認定事業者以外の土地の所有者等が存在しないときは，あらかじめこの1人協定を定めなければならないこととされている。国土交通大臣の認定を受けた宅地開発事業により生み出された造成宅地を，良質な住宅地として保全させることをねらいとしたものである。

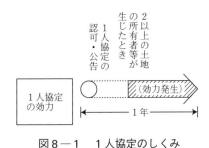

図8-1　1人協定のしくみ

> （建築物の借主の地位）
> **法第77条**　建築協定の目的となつている建築物に関する基準が建築物の借主の権限に係る場合においては，その建築協定については，当該建築物の借主は，土地の所有者等とみなす。
>
> （昭51法83・一部改正）

本条は，例えば建築物にとりつける広告看板等のごとき借家人のなしうる事項について規定する場合であって，このような場合には借家権者も協定に加わる。

第9章　既存建築物の取扱い

　建築物については，新築された時点では建築基準法令を満たすものであっても，その後の法令の改正により，最新の基準には適合しなくなる場合がある。このような建築物（法又はこれに基づく命令，条例の施行又は適用前から存在している建築物でこれらの規定に適合しない建築物。以下「既存不適格建築物」という。）については，法第3条第2項の効果により，その時点での基準には適合していなくても法令上の違反とはならないよう，特例的な位置づけが与えられることとなっている。既存不適格建築物は，増改築や大規模な修繕・模様替に係る工事を行う際に，当該工事時点での基準に適合することが求められるため，既存建築物であっても，段階的に新しい基準に沿った状態が確保されてゆくこととなっている。

　しかしながら，増改築等を行う場合であっても，範囲が限定的な工事であったり，他の部分に影響を及ぼすことのない工事であったりする場合にまで，こうした原則を適用しようとすることは，必ずしも合理的でない側面もあることから，建築基準法においては，「既存不適格」に係る制限緩和の特例を定めているところである。

　また，それ以外の場合でも，増改築を段階的に実施しようとするときの基準の適用関係の取扱いや，土地収用事業や都市計画事業のような公共事業による敷地の減少によって変更される集団規定の適用関係の取扱いなど，既存建築物については，合理的な範囲で「既存不適格」としての適用を継続することが可能となっている。

　以下では，法第86条の7（増改築等），第86条の8（段階的改修）及び第86条の9（公共事業による敷地の減少）において規定する，既存不適格の効果の適用関係に係る特例について解説する。

　また，既存建築物の用途変更を行う場合については，建築時には適法なものであったり，既存不適格建築物としての位置づけを与えられているものであったりしても，変更後の用途が基準に適合しなくなることで本法の趣旨を逸脱するおそれがある。したがって，法第87条（用途変更）及び第87条の2（増築等を伴わない段階的改修による用途変更）の規定によって，用途変更に応じた適法性の確保や，建築確認等の手続への関与などを義務づけることとしている。以下では，このような既存建築物の用途変更の場合の取扱いや特例についても解説する。

第9章　既存建築物の取扱い

第1節　既存の建築物に対する制限の緩和

　既存の建築物については，建築後の基準強化や，都市計画区域の指定に伴う法第3章の規定の適用などにより現行規定に適合しなくなった場合には，国民の既得権に対する不遡及の原則により，当該規定を適用しないこととしており，現行規定への適合を求められない（法第3条第2項）。

　一方，既存不適格建築物について，「増築，改築，移転，大規模の修繕又は大規模の模様替」（第1章で説明したとおり，これらの行為を本書では「増築・移転等」と呼称する。また，「増築・移転等」から「移転」を除いた場合を「増築等」と呼称する。）を行う場合については，建築基準法の目的を踏まえ，既存不適格を解消し，不適合の規定への全面的な適合を求める（遡及適用）こととしている（同条第3項第3号及び第4号）。

　このような原則を踏まえつつも，現実の我が国の建築活動においては，老朽建築物ストックの増大に対応した既存建築物の改修が求められる状況を踏まえ，法第86条の7の規定により，

- ・遡及適用がネックとなり，既存建築物の活用のために必要最低限の改修等が実施されなくなるなど，建築主に対する過度な負担が建築ストック全体の質の向上を妨げることとなる事態は極力回避することとし，
- ・改修等の妨げとなる実態が確認された規定については，安全性等を損なわない限りにおいて，各規定の趣旨に応じて，遡及適用範囲を個別に設定すること

により，既存建築物の改修に向けた柔軟な対応を可能としつつ，適切な安全性の確保を両立させることが可能となっている。

　また，遡及適用を求めるかどうかの範囲の設定についても，別の建築物（独立部分）とみなすための手法がある場合や，建築物の一部のみを対象として適用できる場合など，規定の内容に応じて複数のパターンがあることから，本条においては各項で役割を棲み分けている。

第1節　既存の建築物に対する制限の緩和

表9－1　法第86条の7の全体構成

	制限緩和の内容		緩和対象規定
	対象行為	対象部分	
第1項	増築等（増築等の範囲が限定されている場合）	建築物全体	【建築物単位で適用される規定】 ・増築等の影響が「増築等をする部分以外の部分」にも及ぶため，「増築等をする部分」のみを現行基準に適合させたとしても，建築物の全体として現行基準に適合させなければ，性能向上を期待できない規定（構造耐力に関する法第20条等）。 ・したがって，小規模な増築等の場合や，新たに「独立部分」を設定する場合など，増築等の範囲を限った場合にのみ，制限緩和の対象となる。
第2項 部分適用①	増築等（独立部分が確保されている場合）	「増築等をする独立部分以外の独立部分」	【独立部分を設定することで分離適用が可能な規定】 ・増築等の影響が「増築等をする部分以外の部分」にも及ぶものの，規定の内容に応じた別棟扱いできる状態（独立部分）が確保されている場合には，「増築等をする独立部分以外の独立部分」には影響が及ばない規定（排煙設備に関する法第35条（令第5章第3節）等）。
第3項 部分適用②	増築等	「増築等をする部分以外の部分」	【分離適用が可能な規定】 ・増築等の影響が「増築等をする部分以外の部分」に及ばず，各設備ごとに現行基準に適合させることで，性能向上を期待できる規定（非常用の照明装置に関する法第35条（令第5章第4節）等）。
第4項	移転	建築物全体	建築基準法令の規定すべて

433

第9章　既存建築物の取扱い

表9－2　法第86条の7第1項～

法律の条項 （丸数字は項）	規制の対象	
第20条	構造耐力	○
第21条①	大規模の建築物の主要構造部（高さ・階数）	○
第21条②	大規模の建築物の主要構造部（延べ面積）	○
第22条①	屋根	○
第23条	外壁	○
第25条	大規模の木造建築物等の外壁	○
第26条	防火壁・防火床	○
第27条	耐火建築物等としなければならない特殊建築物	○
第28条	居室の採光及び換気	―
第28条の2	石綿等に関する基準	○
	クロルピリホスに関する基準	―
	ホルムアルデヒドに関する基準	―
第29条	地階における住宅等の居室	―
第30条	長屋又は共同住宅の各戸の界壁	○
第31条	便所	―
第32条	電気設備	―
第34条①	昇降機	―
第34条②	非常用の昇降機	○
第35条	廊下（令第5章第2節（令第119条））	―
	避難施設（令第5章第2節（令第119条以外））	○

第1節　既存の建築物に対する制限の緩和

第3項（増築等関係）の役割分担

第1項 溯及適用が不要となる範囲	第2項	第3項
・独立部分を新設して行う増築・改築 ・50㎡以下の増築・改築 ・大規模の修繕・模様替	○	―
・独立部分を新設して行う増築・改築 ・1／20（最大50㎡）以下の増築・改築	○	―
・独立部分を新設して行う増築・改築 ・50㎡以下の増築・改築		
・1／20（最大50㎡）以下の増築・改築	―	―
・独立部分を新設して行う増築・改築 ・1／20（最大50㎡）以下の増築・改築	○	―
・1／20（最大50㎡）以下の増築・改築	―	―
・独立部分を新設して行う増築・改築 ・50㎡以下の増築・改築 ・大規模の修繕・模様替	○	―
・独立部分を新設して行う増築・改築 ・50㎡以下の増築・改築 ・大規模の修繕・模様替	○※	―
	―	○
・1／2以下の増築・改築 ・既存部分の石綿対策がなされた場合の大規模の修繕・模様替	―	―
	―	○
	―	○
・延べ面積1.5倍以下の増築 ・延べ面積1／2以下の改築 ・大規模の修繕・模様替	―	○
	―	○
	―	○
	―	○
・1／2以下の増築・改築 ・大規模の修繕・模様替	―	―
	―	○※
・独立部分を新設して行う増築・改築 ・1／20（最大50㎡）以下の増築・改築 ・屋根・外壁の大規模の修繕・模様替	○	―

第9章　既存建築物の取扱い

	排煙設備（令第5章第3節）		○
	非常用の照明装置（令第5章第4節）		―
	非常用の進入口（令第5章第5節）		―
	敷地内の避難上及び消火上必要な通路（令第5章第6節）		○
	地下街に関する基準（令第5章第6節）		―
	消火設備に関する基準（政令は未制定）		―
第35条の2	特殊建築物等の内装の性能		―
第35条の3	無窓居室等の主要構造部の構造等		
第36条	防火区画の設置及び構造（令第112条）	竪穴区画以外の防火区画	○
		直通階段に該当しない竪穴区画	○
		直通階段に該当する竪穴区画	―
	防火壁・防火床の設置及び構造（令第113条）		―
	界壁・間仕切壁・隔壁の設置及び構造（令第114条）		○
	居室の採光面積（令第2章第1節）		―
	居室の天井の高さ、床の高さ及び防湿方法（令第2章第2節）		―
	階段の構造（令第2章第3節）		―
	便所の設置及び構造，浄化槽の構造（令第2章第4節）		―
	消火設備の設置及び構造（政令は未制定）		―
	避雷設備の設置及び構造（令第5章の4第3節）		―
	配管設備の設置及び構造（令第5章の4第1節の2）		―
	煙突の構造（令第115条）		―
	昇降機の構造（令第5章の4第2節）		―
第37条	建築材料の品質		―
第43条第1項	接道義務		○
第44条第1項	道路内建築制限		○

第1節　既存の建築物に対する制限の緩和

・独立部分を新設して行う増築・改築 ・1／20（最大50㎡）以下の増築・改築 ・屋根・外壁の大規模の修繕・模様替	○	—
	—	○
	—	○
・1／20（最大50㎡）以下の増築・改築 ・屋根・外壁の大規模の修繕・模様替	—	—
	—	—
	—	—
	—	○
	—	○
・独立部分を新設して行う増築・改築 ・1／20（最大50㎡）以下の増築・改築 ・屋根・外壁の大規模の修繕・模様替	○	—
・1／20（最大50㎡）以下の増築等 ・屋根・外壁の大規模の修繕・模様替	—	—
	—	—
	—	—
・独立部分を新設して行う増築・改築 ・1／20（最大50㎡）以下の増築・改築 ・屋根・外壁の大規模の修繕・模様替	○	—
	—	○
	—	○
	—	○
	—	○
	—	—
	—	○
	—	○
	—	○
		○
・用途の変更を伴わない大規模の修繕・模様替	—	—
・形態の変更を伴わない大規模の修繕・模様替	—	—

第9章　既存建築物の取扱い

第47条	壁面線による建築制限	
第51条	特殊建築物の位置	
第53条①・②	建蔽率	
第54条①	外壁の後退距離	
第55条①	第一低専地域等内の高さ	
第56条①	高さ	○
第56条の2①	日影規制	
第57条の4①	特例容積率適用地区内の高さ	
第57条の5①	高層住居誘導地区	
第58条①	高度地区	
第60条の2の2①〜③	居住環境向上用途誘導地区	
第68条①②	景観地区	
第48条①〜⑭	用途地域	○
第52条①・②・⑦	容積率制限	○
第60条①・②	特定街区	
第59条①・②	高度利用地区	
第60条の2①・②	都市再生特別地区	○
第60条の3①・②	特定用途誘導地区	
第61条	防火地域・準防火地域内の建築物の主要構造部等の性能	○
第62条	防火地域・準防火地域内の建築物の屋根の性能	○
第67条①・⑤〜⑦	特定防災街区整備地区	○

※：用途に応じて規制が適用されるものであり、用途変更時の遡及対象と整合させる必要がある

第1節　既存の建築物に対する制限の緩和

・大規模の修繕・模様替	―	―
・用途の変更を伴わない増築・改築・大規模の修繕・模様替など	―	―
・昇降路，共同住宅の共用廊下，備蓄倉庫などの増築・改築 ・大規模の修繕・模様替	―	―
・昇降路，共同住宅の共用廊下，備蓄倉庫などの増築・改築 ・建築面積・延べ面積1.5倍以下の増築 ・延べ面積１／２以下の改築 ・大規模の修繕・模様替	―	―
・独立部分を新設して行う増築・改築 ・50㎡以下の増築・改築 ・外壁開口部に防火設備を設けた場合の大規模の修繕・模様替	○	―
・50㎡以下の増築・改築	―	―
・50㎡以下の増築・改築	○	―

ことから、第87条第4項に追加する。

第9章　既存建築物の取扱い

第1項　増築等をする場合の制限の緩和

　　（既存の建築物に対する制限の緩和）
法第86条の7　第3条第2項（第86条の9第1項において準用する場合を含
　　む。以下この条，次条，第87条及び第87条の2において同じ。）の規定によ
　　り第20条，第21条，第22条第1項，第23条，第25条から第27条まで，第28条
　　の2（同条第1号及び第2号に掲げる基準に係る部分に限る。），第30条，第
　　34条第2項，第35条（同条の階段，出入口その他の避難施設及び排煙設備に
　　関する技術的基準のうち政令で定めるもの（次項及び第87条第4項において
　　「階段等に関する技術的基準」という。）並びに第35条の敷地内の避難上及
　　び消火上必要な通路に関する技術的基準のうち政令で定めるものに係る部分
　　に限る。），第36条（同条の防火壁及び防火区画の設置及び構造に関する技術
　　的基準のうち政令で定めるもの（次項において「防火壁等に関する技術的基
　　準」という。）に係る部分に限る。），第43条第1項，第44条第1項，第47
　　条，第48条第1項から第14項まで，第51条，第52条第1項，第2項若しくは
　　第7項，第53条第1項若しくは第2項，第54条第1項，第55条第1項，第56
　　条第1項，第56条の2第1項，第57条の4第1項，第57条の5第1項，第58
　　条第1項，第59条第1項若しくは第2項，第60条第1項若しくは第2項，第
　　60条の2第1項若しくは第2項，第60条の2の2第1項から第3項まで，第
　　60条の3第1項若しくは第2項，第61条，第62条，第67条第1項若しくは第
　　5項から第7項まで又は第68条第1項若しくは第2項の規定の適用を受けな
　　い建築物について政令で定める範囲内において増築，改築，大規模の修繕又
　　は大規模の模様替（以下この条及び次条において「増築等」という。）をす
　　る場合（第3条第2項の規定により第20条の規定の適用を受けない建築物に
　　ついて当該政令で定める範囲内において増築又は改築をする場合にあつて
　　は，当該増築又は改築後の建築物の構造方法が政令で定める基準に適合する
　　場合に限る。）においては，第3条第3項（第3号及び第4号に係る部分に
　　限る。以下この条において同じ。）の規定にかかわらず，これらの規定は，
　　適用しない。
2　第3条第2項の規定により第20条，第21条，第23条，第26条，第27条，第
　　35条（階段等に関する技術的基準に係る部分に限る。），第36条（防火壁等に

440

第1節　既存の建築物に対する制限の緩和

関する技術的基準（政令で定める防火区画に係る部分を除く。）に係る部分
に限る。）又は第61条の規定の適用を受けない建築物であつて，これらの規
定に規定する基準の適用上一の建築物であつても別の建築物とみなすことが
できる部分として政令で定める部分（以下この項において「独立部分」とい
う。）が2以上あるものについて増築等をする場合においては，第3条第3
項の規定にかかわらず，当該増築等をする独立部分以外の独立部分に対して
は，これらの規定は，適用しない。

3　第3条第2項の規定により第28条，第28条の2（同条第3号に掲げる基準
のうち政令で定めるものに係る部分に限る。），第29条から第32条まで，第34
条第1項，第35条（同条の廊下並びに非常用の照明装置及び進入口に関する
技術的基準のうち政令で定めるもの（第87条第4項において「廊下等に関す
る技術的基準」という。）に係る部分に限る。），第35条の2，第35条の3，
第36条（防火壁，防火床，防火区画，消火設備及び避雷設備の設置及び構造
に係る部分を除く。）又は第37条の規定の適用を受けない建築物について増
築等をする場合においては，第3条第3項の規定にかかわらず，当該増築等
をする部分以外の部分に対しては，これらの規定は，適用しない。

4　第3条第2項の規定により建築基準法令の規定の適用を受けない建築物に
ついて政令で定める範囲内において移転をする場合においては，同条第3項
の規定にかかわらず，建築基準法令の規定は，適用しない。

　　　（昭34法156・追加，昭38法151・昭43法101・昭44法38・昭45法109・昭51法
　　　83・昭62法66・平4法82・平6法62・平9法79・平10法100・旧第86条の2繰
　　　下・一部改正，平12法73・平14法22・平14法85・平15法101・平16法67・平18
　　　法5・平18法46・平26法39・平26法54・平28法72・平29法26・平30法67・令
　　　2法43・令4法69・一部改正）

　既存不適格建築物については，法第3条第2項の規定により適合しない法令の規
定は遡及適用しないこととしているが，その後，増築や改築によって手を加える場
合には，法は建築物の質的水準の維持向上，用途地域における用途の純化，環境の
維持向上等の観点から，原則として既存の部分を含めて建築物全体を適法な状態に
すべきことを要求している。

　しかし，わずかばかり手を加えるだけで建築物全体を適法にしなければならない
ということは，実際問題として厳しすぎ，また，経済的にも不合理なので，構造耐

第9章　既存建築物の取扱い

力関係，防火関係，用途地域関係，容積率関係等の規定に適合しない既存不適格建築物の増築等については，政令で定める範囲内で行う場合に限り，引き続きこれらの規定は適用しないこととして制限を緩和することとしているものである。

　ただし，建築基準法令の規定に適合しない建築物が存することは好ましいことではないため，法第86条の7第1項の規定の適用を受ける建築物又はその敷地は，法第3条第3項第3号及び第4号の適用により，工事の着手に伴って建築物そのものの存続ができなくなったり，建築物の大部分を改造したりしなければならなくなる建築物又はその敷地に限ることが運用上は望ましく，可能な限り，工事着手時点での規定に適合させることが望ましい。また，増築等を無制限に認めれば好ましくない状態がますます拡大していくことになるため，その範囲も政令で定める範囲内の増築等に限られている。いずれも建築物の安全性等の要請と建築物の利用性の維持との調整規定として定められているものであり，政令で定める範囲を超えて，既存の建築物の増築等を行う場合には，制限の緩和を受けることはできない。

1　基準時

　（基準時）

令第137条　この章において「基準時」とは，法第3条第2項（法第86条の9第1項において準用する場合を含む。以下この条，第137条の8，第137条の9及び第137条の12第2項において同じ。）の規定により法第20条，法第21条，法第22条第1項，法第23条，法第25条から法第27条まで，法第28条の2，法第30条，法第34条第2項，法第35条，法第36条，法第43条第1項，法第44条第1項，法第47条，法第48条第1項から第14項まで，法第51条，法第52条第1項，第2項若しくは第7項，法第53条第1項若しくは第2項，法第54条第1項，法第55条第1項，法第56条第1項，法第56条の2第1項，法第57条の4第1項，法第57条の5第1項，法第58条第1項，法第59条第1項若しくは第2項，法第60条第1項若しくは第2項，法第60条の2第1項若しくは第2項，法第60条の2の2第1項から第3項まで，法第60条の3第1項若しくは第2項，法第61条，法第62条，法第67条第1項若しくは第5項から第7項まで又は法第68条第1項若しくは第2項の規定の適用を受けない建築物について，法第3条第2項の規定により引き続きそれらの規定（それらの規定が改正された場合においては改正前の規定を含むものとし，法第48条第1項から第14項までの各項の規定は同一の規定とみなす。）の適用を受けない

第1節　既存の建築物に対する制限の緩和

　期間の始期をいう。

　　　（昭34政344・全改，昭39政4・昭44政158・昭44政232・昭45政333・昭52政
　　　266・昭62政348・平5政170・平6政193・平9政196・平11政5・平14政191
　　　・平14政331・平15政523・平17政192・平18政308・平18政350・平26政239・
　　　平27政11・平28政288・平29政156・令元政30・令2政268・令4政351・令5
　　　政280・一部改正）

　基準時とは，現に存する適法な建築物が，法又はこれに基づく命令若しくは条例
の規定の施行又は適用によって，施行後又は適用後の当該規定に適合しなくなった
時点，つまり，当該規定の施行時又は適用時のことをいう。

　基準時については次のことに注意しておく必要がある。一つ目は，同一の建築物
又はその敷地であっても，基準時は令第137条に掲げる規定ごとにあるということ
である。法第20条，第26条などそれぞれの規定ごとに様々な時期に改正が行われて
おり，さらに法第48条や法第61条など地域の指定によって新たに規制を受けること
となる規定については様々な時期に地域の指定が行われていることから，これらの
規定について既存不適格建築物として扱われる建築物については，後日の改正や地
域指定の時点で適合しなくなった時点が，それぞれの規定に関する基準時に当た
る。

　二つ目は，当初は適合しなかったが，増築等又は新たな法令の施行又は適用に
よって，後日のある時点（時点Ａ）で適合することになり，その後，更なる法令の
施行又は適用が行われた時点（時点Ｂ）から適合していないような場合の基準時
は，現在適合していない法令が施行又は適用された時点（時点Ｂ）であることであ
る。これが令第137条の「引き続きそれらの規定の適用を受けない期間の始期」の
意味である。

　三つ目は，用途地域の適用関係が変わっても基準時は移動せず，先に既存不適格
となった時点をもって基準時として扱うことである。例えば，第一種中高層住居専
用地域に指定された時点（時点Ａ）において用途制限に適合しなくなった工場があ
り，その後，当該工場の存する地域が第一種低層住居専用地域になった場合（時点
Ｂ），この工場は当然に第一種低層住居専用地域に係る用途制限に適合しないが，
この場合の基準時は第一種低層住居専用地域に指定されたとき（時点Ｂ）でなく，
先に基準への不適合が発生した時点である第一種中高層住居専用地域に指定された
とき（時点Ａ）である。令第137条のかっこ書の「法第48条第1項から第14項まで

443

第9章　既存建築物の取扱い

の各項の規定は同一の規定とみなす。」とはこのことを意味する。

　なお，平成30年改正以前は，防火地域と準防火地域の規定はそれぞれ独立した条文（旧・法第61条と第62条）であったため，本条のかっこ書においては「法第61条と法第62条第1項の規定は同一の規定とみなす」という内容も含まれていたが，同改正を経て両規定は統合されたことから，当該みなし規定は削除されている。ただし，同改正後も基準時を従前のままとする必要があることから，この政令の施行の際現に「旧・法第61条又は第62条第1項の規定について既存不適格となっている建築物」に対する新第137条の10，第137条の11及び第137条の12第5項の規定の適用については，改正後の令第137条の規定にかかわらず，当該建築物について旧・法第61条又は第62条第1項の規定について既存不適格となった期間の始期をもって基準時とする旨の経過措置が置かれている（改正令（令和元年政令第30号）附則第3条）。

2　増築等を行うことができる政令で定める範囲

　法第86条の7第1項では，「政令で定める範囲内において増築，改築，大規模の修繕又は大規模の模様替をする場合」において，既存建築物に関する制限の緩和を行うことができることとしている。以下では，それぞれの技術的基準について，特例の対象となる増築等の範囲について解説する。

　各規定においては，当該範囲を定めるにあたり，増築等に係る部分の面積を，増築等の前の延べ面積との比較で定める場合があるが，このような場合における「増築等に係る床面積の合計」とは，増築等が数次にわたる場合においては，それらをすべて合計したものである。

　なお，既存不適格建築物の用途変更を行う場合についても，同様に規制を緩和する特例規定が置かれているが，本法の構成上，この規定については，用途変更に係る準用規定である法第87条において定めがあるため，本章第4節の解説を参考にされたい。

(1)　構造耐力関係（増築・改築）

> **（構造耐力関係）**
> **令第137条の2**　法第3条第2項の規定により法第20条の規定の適用を受けない建築物（法第86条の7第2項の規定により法第20条の規定の適用を受けない部分を除く。第137条の12第1項において同じ。）について法第86条の7第1項の規定により政令で定める範囲は，増築及び改築については，次の各号

第1節　既存の建築物に対する制限の緩和

に掲げる範囲とし，同項の政令で定める基準は，それぞれ当該各号に定める
基準とする。

一　増築又は改築の全て（次号及び第3号に掲げる範囲を除く。）　増築又
は改築後の建築物の構造方法が次のいずれかに適合するものであること。
　イ　次に掲げる基準に適合するものであること。
　　⑴　第3章第8節の規定に適合すること。
　　⑵　増築又は改築に係る部分が第3章第1節から第7節の2まで及び第
　　　129条の2の3の規定並びに法第40条の規定に基づく条例の構造耐力
　　　に関する制限を定めた規定に適合すること。
　　⑶　増築又は改築に係る部分以外の部分が耐久性等関係規定に適合し，
　　　かつ，自重，積載荷重，積雪荷重，風圧，土圧及び水圧並びに地震そ
　　　の他の震動及び衝撃による当該建築物の倒壊及び崩落，屋根ふき材，
　　　特定天井，外装材及び屋外に面する帳壁の脱落並びにエレベーターの
　　　籠の落下及びエスカレーターの脱落のおそれがないものとして国土交
　　　通大臣が定める基準に適合すること。
　ロ　次に掲げる基準に適合するものであること。
　　⑴　増築又は改築に係る部分がそれ以外の部分とエキスパンションジョ
　　　イントその他の相互に応力を伝えない構造方法のみで接すること。
　　⑵　増築又は改築に係る部分が第3章及び第129条の2の3の規定並び
　　　に法第40条の規定に基づく条例の構造耐力に関する制限を定めた規定
　　　に適合すること。
　　⑶　増築又は改築に係る部分以外の部分が耐久性等関係規定に適合し，
　　　かつ，自重，積載荷重，積雪荷重，風圧，土圧及び水圧並びに地震そ
　　　の他の震動及び衝撃による当該建築物の倒壊及び崩落，屋根ふき材，
　　　特定天井，外装材及び屋外に面する帳壁の脱落並びにエレベーターの
　　　籠の落下及びエスカレーターの脱落のおそれがないものとして国土交
　　　通大臣が定める基準に適合すること。

二　増築又は改築に係る部分の床面積の合計が基準時における延べ面積の20
　分の1（50平方メートルを超える場合にあつては，50平方メートル）を超
　え，2分の1を超えないこと　増築又は改築後の建築物の構造方法が次の
　いずれかに適合するものであること。
　イ　耐久性等関係規定に適合し，かつ，自重，積載荷重，積雪荷重，風

445

第9章　既存建築物の取扱い

　　　圧，土圧及び水圧並びに地震その他の震動及び衝撃による当該建築物の
　　　倒壊及び崩落，屋根ふき材，特定天井，外装材及び屋外に面する帳壁の
　　　脱落並びにエレベーターの籠の落下及びエスカレーターの脱落のおそれ
　　　がないものとして国土交通大臣が定める基準に適合するものであるこ
　　　と。

　　ロ　第3章第1節から第7節の2まで（第36条及び第38条第2項から第4
　　　項までを除く。）の規定に適合し，かつ，その基礎の補強について国土
　　　交通大臣が定める基準に適合するものであること（法第20条第1項第4
　　　号に掲げる建築物である場合に限る。）。

　　ハ　前号に定める基準に適合するものであること。

　三　増築又は改築に係る部分の床面積の合計が基準時における延べ面積の20
　　分の1（50平方メートルを超える場合にあつては，50平方メートル）を超
　　えないこと　増築又は改築後の建築物の構造方法が次のいずれかに適合す
　　るものであること。

　　イ　次に掲げる基準に適合するものであること。

　　　⑴　増築又は改築に係る部分が第3章及び第129条の2の3の規定並び
　　　　に法第40条の規定に基づく条例の構造耐力に関する制限を定めた規定
　　　　に適合すること。

　　　⑵　増築又は改築に係る部分以外の部分の構造耐力上の危険性が増大し
　　　　ないこと。

　　ロ　前2号に定める基準のいずれかに適合するものであること。

　　　　（平17政192・追加，平19政49・平24政239・平25政217・平27政11・平28政6
　　　　・令元政30・一部改正）

　本条は，法第20条の規定について既存不適格となっている建築物の増改築に係る
部分の床面積に応じて，引き続き，法第20条の緩和を受けることができる増改築の
範囲を規定している。具体的には，①増改築が大規模の場合，②増改築の床面積の
規模が中規模の場合，③増改築の床面積の規模が小規模の場合について，それぞれ
以下の第1号から第3号までに区分し，それぞれの場合における特例の適用条件を
規定している。

　また，第1号から第3号までの区分においては，いくつかの基準を「国土交通大
臣が定める基準」に委任している。具体的には，「建築物の倒壊及び崩落並びに屋

446

第1節　既存の建築物に対する制限の緩和

根ふき材，外装材及び屋外に面する帳壁の脱落のおそれがない建築物の構造方法に関する基準並びに建築物の基礎の補強に関する基準を定める件（H17国交告第566号。以下の説明文中では「基準告示」という。）がこれに該当し，本条各号の規定に基づき，「建築物の倒壊及び崩落」並びに「屋根ふき材，外装材及び屋外に面する帳壁の脱落」のおそれがない建築物の構造方法に関する基準と，「建築物の基礎の補強」に関する基準を定めている。

　令第137条の2の内容と，同条から委任を受けている基準告示の内容を重ね合わせると，建築物の増改築における緩和規定を受けるための構造的な条件は，次の表9－3のように整理される。

　なお，このとき，床面積と延べ面積の割合を比較する際に用いる「延べ面積」の値は，あくまでも基準時におけるものであるため，増築又は改築を行う直前の値とは異なる場合があるため注意を要する。例えば，基準時が昭和56年6月1日で，基準時の延べ面積が1,000㎡の既存不適格建築物について，いったん300㎡増築し，その後，さらに新たな増築を行おうとするときに増築の緩和特例を受けるためには，増築直前の延べ面積である1,300㎡ではなく，基準時である昭和56年6月1日における延べ面積1,000㎡を基準として，「2分の1」又は「20分の1」の判断を行う必要がある。つまり，「2分の1」の規定の適用を受けようとする場合，1,000㎡の2分の1である500㎡が増築の上限となるため，新たに本条の規定に基づく制限の緩和を受けて増築できる範囲は，すでに増築した300㎡分を控除した200㎡となる。

447

第9章　既存建築物の取扱い

表9-3　増改築の特例規定において必要となる構造計算の種類　　○…令で規定　●…基準告示で規定

令第137条の2		構造耐力上主要な部分			屋根ふき材等関係規定	設備構造特別規定
		全体	増改築部分	既存部分		
第1号（大規模な増改築）$S \geqq \dfrac{S_{all}}{2}$※1	イ	○構造計算A	○仕様規定 ○設備構造規定	○耐久性等関係規定	●屋根ふき材等関係規定	●設備構造特別規定
	ロ※2	—	○構造計算A ○仕様規定	○耐久性等関係規定 ●構造計算A・B※3・Cのいずれか	—	—
第2号（中規模な増改築）$\dfrac{S_{all}}{20} < S \leqq \dfrac{S_{all}}{2}$	イ　①※2,5	○耐久性等関係規定 ●地震力：構造計算A・D※4のいずれか ●地震力以外：構造計算A・E※4のいずれか	●仕様規定	—		
	イ　②※2	○耐久性等関係規定 ●地震力以外：構造計算A・E※4のいずれか	●仕様規定	●構造計算F		
	ロ※6	○耐久性等関係規定 ●基礎補強基準	—	●構造計算C		
第3号（小規模な増改築）$S \leqq \dfrac{S_{all}}{20}$	イ	—	○構造計算A ○仕様規定 ○設備構造規定	○構造耐力上の危険性が増大しないこと	—	—
	ロ	第1号、第2号のいずれかの基準に適合すること			—	—

※1：Sは増改築部分の面積。S_{all}は基準時における延べ面積。　※2：Exp.J等の他の相互応力を伝え合う構造方法を設けた場合。
※3：高さ60m以下の建築物に限る。　※4：法第20条第1項第4号に掲げる小規模な建築物のうち、木造の場合に限る。
※5：既存の独立部分の架構を構成する部材に追加加及び変更がない場合に限る。
※6：法第20条第1項第4号に掲げる小規模な建築物に限る。

表 9－4　附・用語解説

用語		内容
構造計算A		保有水平耐力計算、限界耐力計算等計算又は許容応力度等計算（以下「令第3章第8節の構造計算」）
構造計算B	地震力	一般構造力
	地震力以外の外力	令第82条第1号から第3号までに定めるところによる構造計算（以下「許容応力計算」）
構造計算C	地震力	地震に対する安全上耐震関係規定に準ずる基準（H18国交告第185号。以下「耐震診断基準」）による計算
	地震力以外の外力	許容応力度計算
構造計算D		「土台・基礎（令第42条）」及び「柱の小径（令第43条）」の仕様規定に適合させた上で実施する、壁量計算（令第46条第4項の表の表3に係る部分を除く。）のこと。
構造計算E		壁量計算（令第46条第4項（表2に係る部分を除く。））
構造計算F		耐震診断基準による計算
仕様規定		「令第3章第1節～第7節の2の規定」及び「法第40条の規定に基づく制限を附加するための条例」のこと。
設備構造規定		建築設備全般の構造強度に関する規定（令第129条の2の4）のこと
基礎補強基準		基準告示第4に定める基礎の補強に関する基準
設備構造特別規定	屋上突出物	屋上から突出する水槽、煙突等を対象とした構造規定（令第129条の2の4第3号）
	配管設備	配管設備の構造規定（令第129条の2の5第1項第2号及び第3号）
	昇降機	エレベーター・エスカレーターの構造規定（令第129条の4、令第129条の5、令第129条の8第1項、令第129条の12第1項第6号）及び籠が衝撃を受けた場合に人・者が昇降路内に落下等を防止する措置
屋根ふき材等関係規定	屋根ふき材等	屋根ふき材、外装材及び屋外に面する帳壁の構造方法の規定（S46建告第109号）
特定天井		特定天井の構造方法の規定（H25国交告第771号第3）。※令第39条第3項に基づく大臣認定を受けた場合や、天井の落下防止措置が講じられている場合は適合不要。

第9章　既存建築物の取扱い

第1号　大規模な増改築を行う場合の特例

　第1号は，本文の冒頭で「増築又は改築の全て（次号及び第3号に掲げる範囲を除く。）」としており，後述するとおり，第2号は「増改築部分の床面積が基準時における延べ面積の2分の1以下」の中規模な増改築の場合を，第3号は「増改築部分の床面積が基準時における延べ面積の20分の1以下」の小規模な増改築の場合をそれぞれ定めていることから，本号は「増改築部分の床面積が基準時の2分の1を超える」大規模な増改築の場合を指し示している。

第1号イ　大規模な増改築を行う場合の特例（一般的な建築物の場合）

　建築物の構造計算は，建築物全体が構造耐力上安全なものとなるよう，建築物全体で行う必要がある。そのため本号においても，建築物全体が現行の構造計算基準に適合しなければならないこととしている（イ(1)の規定）。構造計算以外の仕様規定については，増改築部分については，現行基準に適合させることとする（イ(2)の規定）が，既存部分については，最新の仕様規定に適合させるための除却・改修等の工事や使用停止等に伴う経済的負担を軽減するため，最新の仕様規定に一部適合しないことを許容し，別途，国土交通大臣が定める基準（基準告示第1）に適合していればよいこととしている（イ(3)の規定）。

○基準告示

第1　建築基準法施行令（以下「令」という。）第137条の2第1号イ(3)に規定する建築物の倒壊及び崩落，屋根ふき材，特定天井，外装材及び屋外に面する帳壁の脱落並びにエレベーターの籠の落下及びエスカレーターの脱落のおそれがない建築物の構造方法に関する基準は，次の各号（建築基準法（昭和25年法律第201号。以下「法」という。）第20条第1項第1号後段に規定する構造計算又は令第81条第2項第1号ロに掲げる構造計算によって安全性を確かめる場合にあっては，第1号）に定めるところによる。

　一　建築設備については，次のイからハまでに定めるところによる。

　　イ　法第20条第1項第1号から第3号までに掲げる建築物に設ける屋上から突出する水槽，煙突その他これらに類するものは，令第129条の2の3第3号の規定に適合すること。

　　ロ　建築物に設ける給水，排水その他の配管設備は，令第129条の2の4第1項第2号及び第3号の規定に適合すること。

　　ハ　建築物に設ける令第129条の3第1項第1号及び第2号に掲げる昇降

450

第1節 既存の建築物に対する制限の緩和

機は，令第129条の4及び令第129条の5（これらの規定を令第129条の12
第2項において準用する場合を含む。），令第129条の8第1項並びに令
第129条の12第1項第6号の規定に適合するほか，当該昇降機の籠が，
籠内の人又は物による衝撃を受けた場合において，籠内の人又は物が昇
降路内に落下し，又は籠外の物に触れるおそれのない構造であること。
この場合において，既存のエスカレーター（エスカレーターの上端と下
端の間の揚程が，次の式によって計算した数値以下であるものに限
る。）に対する同号の規定の適用については，同号中「国土交通大臣が
定めた構造方法を用いるもの」とあるのは，「平成25年国土交通省告示
第1,046号（第3第2項を除く。）に適合する構造」と読み替えるものと
する。

$$H = 100（C+10）$$

この式において，H及びCは，それぞれ次の数値を表すものとする。

H　エスカレーターの上端と下端の間の揚程（単位　ミリメートル）

C　エスカレーターの端部の隙間（平成25年国土交通省告示第1,046号
　第1第1項第3号イの表備考1の号に規定する隙間をいう。）の合計
　（単位　ミリメートル）

二　屋根ふき材，特定天井，外装材及び屋外に面する帳壁については，次の
　イ及びロに定めるところによる。

　イ　屋根ふき材，外装材及び屋外に面する帳壁は，昭和46年建設省告示第
　　109号に定める基準（増築又は改築に係る部分以外の部分の屋根瓦（増
　　築又は改築に係る部分の屋根ふき材と構造上分離しているものに限
　　る。）であって，軒及びけらばから2枚通りまでが1枚ごとに，その他
　　の部分のうちむねにあっては1枚おきごとに，銅線，鉄線，くぎ等で下
　　地に緊結され，又はこれと同等以上の効力を有する方法ではがれ落ちな
　　いようにふかれているものにあっては，同告示第1第3号に定める基準
　　を除く。）に適合すること。

　ロ　特定天井については平成25年国土交通省告示第771号第3に定める基
　　準に適合すること又は令第39条第3項に基づく国土交通大臣の認定を受
　　けたものであること。ただし，増築又は改築に係る部分以外の部分の天
　　井（新たに設置するものを除く。）であって，増築又は改築に係る部分
　　の天井と構造上分離しているもので当該天井の落下防止措置（ネット，
　　ワイヤ又はロープその他の天井材（当該落下防止措置に用いる材料を除

451

第9章　既存建築物の取扱い

> く。）の落下による衝撃が作用した場合においても脱落及び破断を生じ
> ないことが確かめられた部材の設置により，天井の落下を防止する措置
> をいう。）が講じられているものにあっては，この限りでない。

第1号イの詳細【基準告示第1第1号（建築設備に関する基準）】

　建築設備については，倒壊・崩落のおそれがない構造方法として，次のような基
準を定めている。

表9－5　増改築特例の適用を受ける際の建築設備に関する基準

	対象	対応する基準
イ	屋上から突出する水槽，煙突その他これらに類するもの	・令第129条の2の4各項
ロ	給水，排水その他の配管設備	・令第129条の2の5第1項第2号及び第3号
ハ	昇降機	・令第129条の4（令第129条の12第2項において準用する場合を含む。） ・令第129条の6第1号 ・令第129条の7第4号 ・令第129条の8第1項

第1号イの詳細【基準告示第1第2号（屋根ふき材，特定天井，外装材，屋外に面する帳壁に関する基準）】

　屋根ふき材等については，脱落するおそれのない構造であるための基準として，
S46建告第109号（屋根ふき材，外装材及び屋外に面する帳壁の構造方法）に定め
る基準に適合することを定めている。

　特定天井については，H25国交告第771号第3（特定天井の構造耐力上安全な構
造方法）に定める基準に適合することを定めている。ただし，特定天井の構造方法
（令第39条第3項）については，屋根ふき材等の構造方法（令第39条第2項）とは
異なり，告示に基づく構造方法だけではなく，大臣認定を受けた構造方法も可能と
されているため，既存不適格建築物の増改築に関する本号においても大臣認定に
よって対応することが可能である。さらに，既存の物件であることにも配慮し，
ネットなどで天井材の落下を防止する措置が講じられている場合は，これらの構造
方法によらないことも許容されている。

第1号ロ　大規模な増改築を行う場合の特例（構造的に分離している建築物の場合）

　第1号ロは，増改築部分と既存の部分を，エキスパンションジョイントその他の

452

第1節　既存の建築物に対する制限の緩和

相互に応力を伝えない構造方法で接合することにより，同じ建築物ではあっても，構造設計上は別の建築物とみなすことができる場合の特例として規定するものである（ロ(1)）。

そのため，増改築部分については構造計算も含めて現行の構造関係規定に適合させることとしている（ロ(2)の規定）が，既存部分については，最新の構造計算及び仕様規定に適合させるための除却・改修等の工事や使用停止等に伴う経済的負担を軽減するため，最新の構造計算及び仕様規定に一部適合しないことを許容し，別途，国土交通大臣が定める基準（基準告示第2）に適合していればよいこととしている（ロ(3)の規定）。

○基準告示

第2　令第137条の2第1号(3)に規定する建築物の倒壊及び崩落，屋根ふき材，特定天井，外装材及び屋外に面する帳壁の脱落並びにエレベーターの籠の落下及びエスカレーターの脱落のおそれがない建築物の構造方法に関する基準は，次の各号に定めるところによる。

一　増築又は改築に係る部分以外の部分の構造耐力上主要な部分については，次ののいずれかに定めるところによる。

イ　令第3章第8節の規定に適合すること。

ロ　令第3章第8節の規定（地震に係る部分に限る。）に適合し，かつ，地震時を除き，令第82条第1号から第3号まで（地震に係る部分を除く。）に定めるところによる構造計算によって構造耐力上安全であることを確かめること（法第20条第1項第2号から第4号までに掲げる建築物である場合に限る。）。

ハ　平成18年国土交通省告示第185号に定める基準によって地震に対して安全な構造であることを確かめ，かつ，地震時を除き，令第82条第1号から第3号まで（地震に係る部分を除く。）に定めるところによる構造計算によって構造耐力上安全であることを確かめること。

二　建築設備については，第1第1号に定めるところによる。

三　屋根ふき材，特定天井，外装材及び屋外に面する帳壁については，第1第2号に定めるところによる（法第20条第1項第1号後段に規定する構造計算又は令第81条第2項第1号ロに掲げる構造計算によって安全性を確かめる場合を除く。）。

453

第9章　既存建築物の取扱い

第1号ロの詳細【基準告示第2第1号（既存部分の構造耐力上主要な部分に関する基準）】

　増改築部分以外の既存部分における「構造耐力上主要な部分」については，「地震力に対する構造計算」と，「地震力以外の外力（自重，積載荷重，風圧など）に対する構造計算」について，それぞれ別々に規定している。

　また，その安全性の確認方法については3通りの方法を規定している。

　一つ目の方法は，地震時と地震時以外を区別せずに，既存部分全体について「令第3章第8節の構造計算」で安全性を確かめる方法である（第1号イ）。

　二つ目の方法は，地震力に対しては，令第3章第8節の構造計算によって構造耐力上安全であることを確かめ，地震時力以外の外力に対しては，「許容応力度計算」によって，構造耐力上安全であることを確かめる方法である（第1号ロ）。ただし，この場合は高さ60m以下の建築物（規定上は「法第20条第1項第2号から第4号までに掲げる建築物」と表現されている）に限られる。

　三つ目の方法は，地震力に対しては「耐震診断基準」の規定によって地震に対して安全な構造であることを確かめることとしている。また，地震力以外の外力に対しては「許容応力度計算」によって，構造耐力上安全であることを確かめることとしている。

第1号ロの詳細【基準告示第2第2号（建築設備に関する基準）】

　建築設備については，基準告示第1第1号と同じ基準である。

第1号ロの詳細【基準告示第2第3号（屋根ふき材等に関する基準）】

　屋根ふき材等については，基準告示第1第2号と同じ基準である。

第2号　中規模な増改築を行う場合の特例（増改築部分の床面積が基準時の延べ面積の過半を超えない場合）

（構造耐力関係）

令第137条の2　法第3条第2項の規定により法第20条の規定の適用を受けない建築物（法第86条の7第2項の規定により法第20条の規定の適用を受けない部分を除く。第137条の12第1項において同じ。）について法第86条の7第1項の規定により政令で定める範囲は，増築及び改築については，次の各号に掲げる範囲とし，同項の政令で定める基準は，それぞれ当該各号に定める基準とする。

　一　（略）

454

第1節　既存の建築物に対する制限の緩和

　二　増築又は改築に係る部分の床面積の合計が基準時における延べ面積の20
　　分の1（50平方メートルを超える場合にあつては，50平方メートル）を超
　　え，2分の1を超えないこと　増築又は改築後の建築物の構造方法が次の
　　いずれかに適合するものであること。
　　イ　耐久性等関係規定に適合し，かつ，自重，積載荷重，積雪荷重，風
　　　圧，土圧及び水圧並びに地震その他の震動及び衝撃による当該建築物の
　　　倒壊及び崩落，屋根ふき材，特定天井，外装材及び屋外に面する帳壁の
　　　脱落並びにエレベーターの籠の落下及びエスカレーターの脱落のおそれ
　　　がないものとして国土交通大臣が定める基準に適合するものであるこ
　　　と。
　　ロ　第3章第1節から第7節の2まで（第36条及び第38条第2項から第4
　　　項までを除く。）の規定に適合し，かつ，その基礎の補強について国土
　　　交通大臣が定める基準に適合するものであること（法第20条第1項第4
　　　号に掲げる建築物である場合に限る。）。
　　ハ　前号に定める基準に適合するものであること。
　三　（略）
　　　　（平17政192・追加，平19政49・平24政239・平25政217・平27政11・平28政6
　　　　・令元政30・一部改正）

　第2号は，増改築部分の床面積の合計が，基準時における延べ面積をベースに
「20分の1超かつ2分の1以下」の中規模な増改築を対象としており，「20分の
1」以下の小規模な増改築については第3号が対応している。ただし，増改築部分
の床面積の合計が50㎡以下の場合は，延べ面積の20分の1超であっても，小規模な
増改築として第3号で取り扱う。
　本号では，構造計算による場合と仕様規定による場合の2通りの方法を準備して
いる。

第2号イ　構造計算による場合
　構造耐力規定に関する既存不適格建築物について，大規模の地震で倒壊するおそ
れがないレベルを確保する耐震改修を増改築時でも可能とするため，新築の建築物
に適用される構造耐力規定に準ずる既存建築物用の基準（基準告示第3）によって
安全性が確かめられた構造方法を位置づけている。
　なお，超高層建築物については，万が一の場合の社会的影響が大きく，また，例

455

第9章　既存建築物の取扱い

外なく高度な検証方法（時刻歴応答解析）によって安全性が確かめられているた
め，緩和の対象となっていない。

　また，法第86条の7第2項により，構造耐力規定（法第20条）に関する既存不適
格建築物の増築等をする場合であっても，当該建築物の2以上の部分がエキスパン
ションジョイントその他の相互に応力を伝えない構造方法のみで接している場合に
おいて，当該増築等をする部分以外の独立部分については，構造設計上は別の建築
物とみなすことができるため，遡及適用されない。

○基準告示

第3　令第137条の2第2号イに規定する建築物の倒壊及び崩落，屋根ふき
　　材，特定天井，外装材及び屋外に面する帳壁の脱落並びにエレベーターの籠
　　の落下及びエスカレーターの脱落のおそれがない建築物の構造方法に関する
　　基準は，次の各号に定めるところによる。
　一　建築物の構造耐力上主要な部分については，次のイからホまでに定める
　　　ところによる。
　　　イ　増築又は改築に係る部分が令第3章（第8節を除く。）の規定及び法
　　　　第40条の規定に基づく条例の構造耐力に関する制限を定めた規定に適合
　　　　すること。
　　　ロ　地震に対して，次のいずれかに定めるところによる。
　　　　(1)　令第3章第8節の規定（地震に係る部分に限る。）に適合するこ
　　　　　と。
　　　　(2)　令第42条，令第43条並びに令第46条第1項から第3項まで及び第4
　　　　　項（表3に係る部分を除く。）の規定（平成13年国土交通省告示第1,540
　　　　　号に規定する枠組壁工法又は木質プレハブ工法（以下単に「枠組壁工
　　　　　法又は木質プレハブ工法」という。）を用いた建築物の場合にあって
　　　　　は同告示第1から第10までの規定）に適合することを確かめること
　　　　　（法第20条第1項第4号に掲げる建築物のうち木造のものである場合
　　　　　に限る。）。
　　　ハ　地震時を除いては，次のいずれかに定めるところによる。
　　　　(1)　令第3章第8節の規定（地震に係る部分を除く。）に適合するこ
　　　　　と。
　　　　(2)　令第46条第4項（表2に係る部分を除く。）の規定（枠組壁工法又
　　　　　は木質プレハブ工法を用いた建築物の場合にあっては平成13年国土交

第1節　既存の建築物に対する制限の緩和

通省告示第1,540号第1から第10までの規定）に適合すること（法第20
条第1項第4号に掲げる建築物のうち木造のものである場合に限
る。）。

ニ　ロの規定にかかわらず，増築又は改築後の建築物（新たにエキスパン
ションジョイントその他の相互に応力を伝えない構造方法を設けること
により建築物を2以上の独立部分（令第36条の4に規定する部分をい
う。以下同じ。）に分ける場合（以下「分離増改築を行う場合」とい
う。）にあっては，既存の独立部分。以下ニにおいて同じ。）の架構を構
成する部材（間柱，小ばりその他これらに類するものを除く。以下ニに
おいて同じ。）が増築又は改築前の建築物の架構を構成する部材から追
加及び変更（当該部材の強度及び耐力が上昇する変更を除く。）がない
場合にあっては，平成18年国土交通省告示第185号に定める基準によっ
て地震に対して安全な構造であることを確かめることができる。

ホ　ロ及びハの規定にかかわらず，分離増改築を行う場合にあっては，既
存の独立部分については，第2第1号ハに定めるところによることがで
きる。

二　建築設備については，第1第1号に定めるところによる。

三　屋根ふき材，特定天井，外装材及び屋外に面する帳壁については，第1
第2号に定めるところによる（法第20条第1項第1号後段に規定する構造
計算又は令第81条第2項第1号ロに掲げる構造計算によって安全性を確か
める場合を除く。）。

第2号イの詳細【基準告示第3第1号（構造耐力上主要な部分に関する基準）】

　基準告示第3第1号イの規定では，新たに増改築する部分について，第8節以外
の令第3章の規定，すなわち「仕様規定」を満たし，さらに法第40条の規定に基づ
く条例の構造耐力に関する制限を定めた規定がある場合においては，それにも適合
することを求めている。

　つまり，新たに増改築する部分に限り現行規定に適合させることを求めているわ
けであるが，これは，増改築部分以外の既存部分も対象に含めた場合，現行規定に
適合させるためには大規模な改修工事が必要となり，実現可能性が極めて低くなる
と考えられるためである。

　基準告示第3第1号ロ及びハの規定では，建築物全体における「構造耐力上主要

457

第9章　既存建築物の取扱い

な部分」について，想定する外力を「地震力」と「地震力以外の外力（固定荷重，積載荷重，積雪荷重，風圧力など）」に分けて別々に規定しているが，実態としては，いずれの外力についても「令第3章第8節の構造計算」によることを原則としている。ただし，小規模な木造建築物（法第20条第1項第4号に掲げる建築物のうち木造のもの）については，「土台及び基礎（令第42条）」，「柱の小径（令第43条）」，「耐力壁の配置（令第46条第1項・第2項）」，「火打材・振れ止め（令第46条第3項）」，「壁量計算（令第46条第4項）」の規定に適合すればよいこととしている。なお，枠組壁工法・木質プレハブ工法の場合はH13国交告第1540号第1～第10の規定が適合の対象となる。

　基準告示第3第1号ニの規定では，増改築に伴って，架構を構成する部材を追加・変更することがない場合には，「地震力に対する構造計算」を「令第3章第8節の構造計算」等によることなく，耐震診断基準によって実施することができることとしている。

　一方で，基準告示第3第1号ホ・への規定により，新たにエキスパンションジョイントその他の相互に応力を伝えない構造方法を設けることにより建築物を2以上の独立部分に分ける場合（告示上は，これを「分離増改築」と表現している）については，分離増改築によって独立している既存部分（告示上は，これを「既存の独立部分」と表現している）の安全確認を，本則である上記ロ・ハの規定（地震力・地震力以外の外力それぞれに対する安全性の確認）に基づく「令第3章第8節の構造計算」等によらず，これに準ずる基準として，「耐震診断基準」及び「許容応力度計算」によって地震に対して安全な構造であることを確かめることができることとしている。なお，ホの規定とへの規定の違いは，前者は「既存の独立部分」が高さ60m以下の建築物（法第20条第1項第2号・第3号・第4号）に該当する場合を，後者は「既存の独立部分」が高さ60m超の建築物（法第20条第1項第1号）に該当する場合を対象としている点であり，「既存の独立部分」の安全性確認を，耐震診断基準への適合で良いものとするという緩和が受けられる点は同一である。

　これらをまとめると，中規模な増築・改築を行う場合の安全性の確認方法について，その条件と具体的な方法は，以下の表9-6のとおりとなる。また，本号に基づく中規模な増築・改築については，既存部分と増築部分の関係によって適用関係がさまざまに変わるため，主に想定される場合を表9-7において整理している。

458

表9−6　増改築特例の適用を受ける際の構造耐力上主要な部分に関する基準（中規模な増築・改築）

	建築物	地震力に対する安全性の確認（ロの規定）	地震力以外の外力に対する安全性の確認（ハの規定）
原則	法第20条第1項第1号、第2号、第3号、第4号（木造以外のもの）の建築物	令第3章第8節の構造計算	令第3章第8節の構造計算
	法第20条第1項第4号の木造建築物　下記以外の工法	壁量計算A※2	壁量計算B※3
	法第20条第1項第4号の木造建築物　枠組壁工法・木質プレハブ工法	H13国交告第1540号第1～第10	H13国交告第1540号第1～第10
小規模な変更※1	法第20条第1項第1号、第2号、第3号、第4号（木造以外のもの）の建築物	耐震診断基準	令第3章第8節の構造計算
	法第20条第1項第4号の木造建築物　下記以外の工法	耐震診断基準	壁量計算B※3
	法第20条第1項第4号の木造建築物　枠組壁工法・木質プレハブ工法	耐震診断基準	H13国交告第1540号第1～第10
分離増改築	法第20条第1項第1号の建築物　既存部分	耐震診断基準	許容応力度計算
	法第20条第1項第1号の建築物　増改築部分	令第3章第8節の構造計算	令第3章第8節の構造計算
	法第20条第1項第2号、第3号、第4号（木造以外）の建築物　既存部分	耐震診断基準	許容応力度計算
	法第20条第1項第2号、第3号、第4号（木造以外）の建築物　増改築部分	令第3章第8節の構造計算	令第3章第8節の構造計算
	法第20条第1項第4号の木造建築物　下記以外の工法　既存部分	耐震診断基準	許容応力度計算
	法第20条第1項第4号の木造建築物　下記以外の工法　増改築部分	壁量計算A※2	壁量計算B※3
	法第20条第1項第4号の木造建築物　枠組壁工法・木質プレハブ工法　既存部分	耐震診断基準	許容応力度計算
	法第20条第1項第4号の木造建築物　枠組壁工法・木質プレハブ工法　増改築部分	H13国交告第1540号第1～第10	H13国交告第1540号第1～第10

※1：架構を構成する部材に追加・変更がない場合
※2：令第42条、令第43条、令第46条第1項～第3項まで及び第4項（表3に係る部分を除く。）
※3：令第46条第4項（表2に係る部分を除く。）

第9章 既存建築物の取扱い

表9－7 令第137条の2第2号の規定に基づく基準告示第3の概要（中規模な増築・改築のパターン）

増改築方法等	増改築のイメージ	緩和規定を適用する条件	各部分	第1号イ 仕様規定	第1号ロ・ハ 許容応力度等計算（地震）	第1号ニ 令第82条 構造計算※2（地震以外）
①直接増築	既存A（延べ面積SA）／既存B（延べ面積SB）	$S\alpha \leq \dfrac{SA+SB}{2}$	既存部分A	×	○	○
			既存部分B	×	○	○
			増築部分α	×	○	×
②Exp.J増築	既存A（延べ面積SA）／既存B（延べ面積SB）／増築α（延べ面積Sα）	$S\alpha \leq \dfrac{SA+SB}{2}$	既存部分A	×	○	×
			既存部分B	×	○※1	○
			増築部分α	×	×	×
③繰返し増築	既存A（延べ面積SA）→増築α（延べ面積Sα）（1回目α）（SA≧Sα）→増築β（延べ面積Sβ）（2回目β）	$S\alpha + S\beta \leq \dfrac{SA}{2}$	既存部分A	×	×	×
			増築部分α	○	○※1	○
			増築部分β	×	○※1	○
④同一敷地内建築物への増築 接続型	既存A（延べ面積SA）／増築α（延べ面積Sα）／既存B（延べ面積SB）	$S\alpha \leq \dfrac{SA+SB}{2}$	既存部分A	×	○※1	○
			既存部分B	○	○	○
			増築部分α	×	×	×
④同一敷地内建築物への増築 分離型	既存A（延べ面積SA）／増築α（延べ面積Sα）／既存B（延べ面積SB）	$S\alpha \leq \dfrac{SB}{2}$	既存部分A	×	○※1	○
			既存部分B	○	○	○
			増築部分α	○	○	○

＝…エキスパンションジョイント
その他の相互に応力を伝えない構造

※1：「地震に対する安全上重要な構造関係規定に準ずるものとして定める基準（H18国交告第185号）」に準ずることも可能。
※2：木造の4号建築物については、令第46条第4項（第2項に係る部分を除く。）に基づく壁量計算の規定に適合すればよい。

第1節　既存の建築物に対する制限の緩和

第2号イの詳細【基準告示第3第2号（建築設備に関する基準）】

建築設備については，基準告示第1第1号と同じ基準である。

第2号イの詳細【基準告示第3第3号（屋根ふき材等に関する基準）】

屋根ふき材等については，基準告示第1第2号と同じ基準である。

第2号ロ　基礎の補強による場合

構造計算が不要な小規模建築物（法第20条第1項第4号に掲げる建築物）については，基礎を無筋コンクリート造等とする既存不適格建築物が多く存在しており，これらは大規模の地震で倒壊する危険性が少なくない。

しかしながら，このような基礎を全面的に打ち直し，現行基準に適合させるには建替えに近い多額の負担を要することから，基礎の補強について現行の構造耐力規定に準ずる基準（基準告示第4）によって安全性を確かめる構造方法を位置づけることとした。具体的には，小規模建築物の基礎が無筋コンクリート造である場合を想定し，当該基礎に対する鉄筋コンクリートの増し打ち等による補強を行うものとし，基礎以外の部分については令第3章の仕様規定に適合させるものとしている。

○基準告示

第4　建築物の基礎の補強に関する基準は，次の各号に定めるところによる。

一　既存の基礎がべた基礎又は布基礎であること。

二　地盤の長期に生ずる力に対する許容応力度（改良された地盤にあっては，改良後の許容応力度とする。）が，既存の基礎がべた基礎である場合にあっては1平方メートルにつき20キロニュートン以上であり，既存の基礎が布基礎である場合にあっては1平方メートルにつき30キロニュートン以上であること。

三　建築物の基礎の補強の方法は，次のイからニまでのいずれにも適合するものとする。

イ　次に掲げる基準に適合する鉄筋コンクリートを打設することにより補強すること。

(1)　打設する鉄筋コンクリート（以下この号において「打設部分」という。）の立上り部分の高さは，地上部分で30センチメートル以上とすること。

(2)　打設部分の立上り部分の厚さは，12センチメートル以上とすること。

(3)　打設部分の底盤の厚さは，べた基礎の補強の場合にあっては12セン

461

第9章　既存建築物の取扱い

チメートル以上とし，布基礎の補強の場合にあっては15センチメートル以上とすること。

　　ロ　打設部分は，立上り部分の主筋として径12ミリメートル以上の異形鉄筋を，立上り部分の上端及び立上り部分の下部の底盤にそれぞれ１本以上配置し，かつ，補強筋と緊結したものとすること。

　　ハ　打設部分は，立上り部分の補強筋として径９ミリメートル以上の鉄筋を30センチメートル以下の間隔で縦に配置したものとすること。

　　ニ　打設部分は，その立上り部分の上部及び下部にそれぞれ60センチメートル以下の間隔でアンカーを設け，かつ，当該アンカーの打設部分及び既存の基礎に対する定着長さをそれぞれ６センチメートル以上としたもの又はこれと同等以上の効力を有する措置を講じたものとすること。

　四　構造耐力上主要な部分である柱で最下階の部分に使用するものの下部，土台及び基礎を地盤の沈下又は変形に対して構造耐力上安全なものとすること。

２　前項に規定する打設する鉄筋コンクリートについては，令第72条から令第76条までの規定を準用する。

第２号ロの詳細【基準告示第４第１項第１号（基礎の形式）】

　木造住宅等の小建築物の基礎には，べた基礎や布基礎以外にも，玉石基礎やその他の独立基礎等があり得る。しかしながら，これらの玉石基礎等の場合，上部構造の耐力壁によって生じる応力等を考えると，安全性が確保される基礎及び構造体脚部の補強方法を一般的な仕様として示すことが困難である。このため，本基準は，既存の基礎がべた基礎や布基礎である場合に適用することとしている。

第２号ロの詳細【基準告示第４第１項第２号（地盤の長期に生ずる力に対する許容応力度）】

　基礎の補強に際しては，建築物を支持する地盤が基礎形式や建築物の種類などからみて十分な支持性能を有しているか否かを確認することが重要である。

　「建築物の基礎の構造方法及び構造計算の基準を定める件（H12建告第1347号）」第１には，基礎形式に応じて原則必要とする地盤の許容応力度（長期に生ずる力に対する値）が示されており，布基礎では30kN／㎡以上，べた基礎では20kN／㎡以上となっている。この規定は，木造を含めた建築物に対して，基礎形式と地盤の支持性能の基本的な関係を示したものであり，基礎の補強に際しても上記の許

第1節　既存の建築物に対する制限の緩和

容応力度が必要である。

　地盤の許容応力度は，令第93条に示された地盤種別ごとの許容応力度の値のほか，当該敷地で実施した地盤調査結果に基づき，「地盤の許容応力度及び基礎ぐいの許容支持力を定める方法等を定める件（H13国交告第1113号）」に示された方法によって求めることもできる。また，地域によっては，経験・実績に基づく地盤の許容応力度の目安値が設定されている場合もあるので，これらの値も参考にすることができる。

　既に地盤改良が施されている場合だけでなく，基礎の補強に際して地盤の許容応力度の増加や基礎の沈下防止を図るため地盤改良を採用する場合もあるが，本号で規定する許容応力度とは，実際に基礎が設置される改良後の許容応力度の値である。

第2号ロの詳細【基準告示第4第1項第3号（基礎の補強の方法）】

　本基準は，既存の布基礎又はべた基礎の立上り部分に沿って，鉄筋コンクリートの増し打ちを行う補強方法を示している。既存の基礎に対するアンカーは，立上り部分の上下で千鳥に配置した場合には，上側と下側でそれぞれ60cm以下の間隔であればよい。また，あと施工のアンカーのうち，せん断に対して十分な効力を発揮するようにメカニカルアンカーの適切な使用も，同等以上の効力を有する措置として考えられる。

第2号ロの詳細【基準告示第4第1項第4号（構造安全性）】

　基礎の補強に際しては，敷地の実況や建築物の増改築の範囲，基礎の状態等を考慮して，柱の下部，土台及び基礎を構造耐力上安全なものにしなければならない。

　増改築によって既存基礎に作用する荷重が増加する場合，基礎に作用する荷重の偏りが増大する場合，既存の基礎等に構造的な損傷や不同沈下・傾斜が生じている場合，建築物の周囲に地盤沈下が生じている場合は，基礎の状態や増改築の状況に応じて基礎を釣り合いよく配置したり構造的に補強したりするなど，必要な措置を講じなければならない。

　基礎の底盤に関しては，「建築物の基礎の構造方法及び構造計算の基準を定める件（H12建告第1347号）」第1において底盤の厚さ及び配筋，さらには布基礎における底盤幅が規定されており，補強に際してもこの規定を参考にすることが望ましい。特に，布基礎の底盤幅は，地盤の許容応力度が小さいほど広い幅を必要とし，幅や鉄筋量が不足すると沈下障害が生じやすいので，軟弱地盤や既存基礎にひび割れ等の沈下障害が発生している場合は，既存の基礎底盤の仕様を十分に把握して，

463

第9章　既存建築物の取扱い

同告示の規定を確保することが望ましい。

第2号ロの詳細【基準告示第4第2項（規定の準用）】

　打設する鉄筋コンクリートは，令第72条（コンクリートの材料），令第73条（鉄筋の継手及び定着），令第74条（コンクリートの強度），令第75条（コンクリートの養生）及び令第76条（型枠及び支柱の除去）の規定を準用することとしている。

第3号　小規模な増改築の場合

　（構造耐力関係）

令第137条の2　法第3条第2項の規定により法第20条の規定の適用を受けない建築物（法第86条の7第2項の規定により法第20条の規定の適用を受けない部分を除く。第137条の12第1項において同じ。）について法第86条の7第1項の規定により政令で定める範囲は，増築及び改築については，次の各号に掲げる範囲とし，同項の政令で定める基準は，それぞれ当該各号に定める基準とする。

一・二　（略）

三　増築又は改築に係る部分の床面積の合計が基準時における延べ面積の20分の1（50平方メートルを超える場合にあつては，50平方メートル）を超えないこと　増築又は改築後の建築物の構造方法が次のいずれかに適合するものであること。

　　イ　次に掲げる基準に適合するものであること。

　　　⑴　増築又は改築に係る部分が第3章及び第129条の2の3の規定並びに法第40条の規定に基づく条例の構造耐力に関する制限を定めた規定に適合すること。

　　　⑵　増築又は改築に係る部分以外の部分の構造耐力上の危険性が増大しないこと。

　　ロ　前2号に定める基準のいずれかに適合するものであること。

　　　　（平17政192・追加，平19政49・平24政239・平25政217・平27政11・平28政6
　　　　・令元政30・一部改正）

　本規定は，エレベーター増築等のような局部的な増改築について，既存部分の構造耐力上の危険性が増大しないこと及び当該増改築部分が現行の構造耐力規定に適合することを条件に許容することとしている。

　本来，既存住宅棟の耐震改修については，エレベーター棟の増築等の投資機会に

第1節　既存の建築物に対する制限の緩和

あわせて実施することが安全面の観点からは望ましいが，入居者が居住したままでの改修工事の困難性や，住民合意の困難性，財政上の問題等により，実際には対応が難しいという現状も踏まえて，本規定は設けられている。なお，特例の対象となる建築工事の規模については，住宅棟の延べ面積の5％（20分の1）程度，エレベーター棟の床面積にして50㎡程度の規模の範囲内であれば，建替え費用や耐震改修費用に比べて多額の投資となるケースは少ないものと考えられることから定められたものである。

(2)　防火規定関係（増築・改築）

（2－1）　共通事項

　　（大規模の建築物の主要構造部等関係）

　令第137条の2の2　法第3条第2項の規定により法第21条第1項の規定の適用を受けない建築物についての法第86条の7第1項の政令で定める範囲は，増築及び改築については，次の各号のいずれかに該当する増築又は改築に係る部分とする。

　一　次のイ及びロに該当するものであること。

　　イ　増築又は改築に係る部分が火熱遮断壁等で区画されるものであること。

　　ロ　増築又は改築に係る部分の特定主要構造部（法第21条第1項に規定する性能と同等の性能を有すべきものとして国土交通大臣が定める部分に限る。）が，第109条の5各号のいずれかに掲げる基準に適合するもので，国土交通大臣が定めた構造方法を用いるもの又は国土交通大臣の認定を受けたものであること。

　二　増築又は改築に係る部分の対象床面積（当該部分の床面積から階段室，機械室その他の火災の発生のおそれの少ないものとして国土交通大臣が定める用途に供する部分の床面積を減じた面積をいう。以下この章において同じ。）の合計が基準時における延べ面積の20分の1（50平方メートルを超える場合にあつては，50平方メートル。以下この章において同じ。）を超えず，かつ，当該増築又は改築が当該増築又は改築に係る部分以外の部分における倒壊及び延焼の危険性を増大させないものであること。

　2　法第3条第2項の規定により法第21条第2項の規定の適用を受けない建築物についての法第86条の7第1項の政令で定める範囲は，増築及び改築につ

465

第9章　既存建築物の取扱い

いては，次の各号のいずれかに該当する増築又は改築に係る部分とする。

一　次のイ及びロに該当するものであること。

　　イ　増築又は改築に係る部分が火熱遮断壁等で区画されるものであること。

　　ロ　増築又は改築に係る部分（法第21条第2項に規定する性能と同等の性能を有すべきものとして国土交通大臣が定める部分に限る。）が，第109条の7第1項各号のいずれかに掲げる基準に適合するもので，国土交通大臣が定めた構造方法を用いるもの又は国土交通大臣の認定を受けたものであること。

二　工事の着手が基準時以後である増築又は改築に係る部分の対象床面積の合計が50平方メートルを超えないものであること。

　　　　　（令5政280・追加）

（屋根関係）

令第137条の2の3　法第3条第2項の規定により法第22条第1項の規定の適用を受けない建築物についての法第86条の7第1項の政令で定める範囲は，増築及び改築については，増築又は改築に係る部分の対象床面積の合計が基準時における延べ面積の20分の1を超えず，かつ，当該増築又は改築が当該増築又は改築に係る部分以外の部分の屋根における延焼の危険性を増大させないものである増築又は改築に係る部分とする。

　　　　　（令5政280・追加）

（外壁関係）

令第137条の2の4　法第3条第2項の規定により法第23条の規定の適用を受けない木造建築物等についての法第86条の7第1項の政令で定める範囲は，増築及び改築については，次の各号のいずれかに該当する増築又は改築に係る部分とする。

一　次のイ及びロに該当するものであること。

　　イ　増築又は改築に係る部分が火熱遮断壁等で区画されるものであること。

　　ロ　増築又は改築に係る部分の外壁（法第23条に規定する準防火性能を有すべきものとして国土交通大臣が定める外壁に限る。）が，第109条の9に掲げる基準に適合するもので，国土交通大臣が定めた構造方法を用いるもの又は国土交通大臣の認定を受けたものであること。

第1節　既存の建築物に対する制限の緩和

二　増築又は改築に係る部分の対象床面積の合計が基準時における延べ面積の20分の1を超えず，かつ，当該増築又は改築が当該増築又は改築に係る部分以外の部分の外壁における延焼の危険性を増大させないものであること。

　　　　　（令5政280・追加）

（大規模の木造建築物等の外壁等関係）

令第137条の2の5　法第3条第2項の規定により法第25条の規定の適用を受けない木造建築物等についての法第86条の7第1項の政令で定める範囲は，増築及び改築については，増築又は改築に係る部分の対象床面積の合計が基準時における延べ面積の20分の1を超えず，かつ，当該増築又は改築が当該増築又は改築に係る部分以外の部分の外壁及び軒裏並びに屋根における延焼の危険性を増大させないものである増築又は改築に係る部分とする。

　　　　　（令5政280・追加）

（防火壁及び防火床関係）

令第137条の3　法第3条第2項の規定により法第26条の規定の適用を受けない建築物についての法第86条の7第1項の政令で定める範囲は，増築及び改築については，次の各号のいずれかに該当する増築又は改築に係る部分とする。

一　次のイ及びロに該当するものであること。

　　イ　増築又は改築に係る部分が火熱遮断壁等で区画されるものであること。

　　ロ　増築又は改築に係る部分が，法第26条第1項に規定する基準に相当する建築物の部分に関する基準として国土交通大臣が定めるものに従い，防火上有効な構造の防火壁又は防火床によつて有効に区画されるものであること。

二　工事の着手が基準時以後である増築又は改築に係る部分の対象床面積の合計が50平方メートルを超えないものであること。

　　　　　（昭34政344・全改，平11政5・一部改正，平17政192・旧第137条の2繰下・

　　　　　一部改正，令元政30・令5政280・一部改正）

（耐火建築物等としなければならない特殊建築物関係）

令第137条の4　法第3条第2項の規定により法第27条の規定の適用を受けない特殊建築物についての法第86条の7第1項の政令で定める範囲は，増築及

467

第9章　既存建築物の取扱い

び改築については，次の各号のいずれか（劇場の客席，病院の病室，学校の教室その他の当該特殊建築物の主たる用途に供する部分に係る増築にあつては，第1号）に該当する増築又は改築に係る部分とする。

一　次のイ及びロに該当するものであること。

イ　増築又は改築に係る部分が火熱遮断壁等で区画されるものであること。

ロ　増築又は改築に係る部分が，法第27条第1項から第3項までに規定する基準に相当する建築物の部分に関する基準として国土交通大臣が定めるものに適合するもので，国土交通大臣の定めた構造方法を用いるもの又は国土交通大臣の認定を受けたものであること。

二　工事の着手が基準時以後である増築又は改築に係る部分の対象床面積の合計が50平方メートルを超えないものであること。

　　　　　（昭34政344・追加，平11政5・一部改正，平17政192・旧第137条の3繰下・

　　　　　一部改正，令5政280・一部改正）

（階段等関係）

令第137条の6の2　法第86条の7第1項の政令で定める階段，出入口その他の避難施設及び排煙設備に関する技術的基準は，第5章第2節（第119条を除く。）及び第3節に規定する技術的基準とする。

2　法第3条第2項の規定により法第35条（前項に規定する技術的基準に係る部分に限る。）の規定の適用を受けない建築物についての法第86条の7第1項の政令で定める範囲は，増築及び改築については，次の各号のいずれか（居室の部分に係る増築にあつては，第1号）に該当する増築又は改築に係る部分とする。

一　次のイ及びロに該当するものであること。

イ　増築又は改築に係る部分及びその他の部分が，増築又は改築後において，それぞれ第117条第2項各号（法第35条（第5章第3節に規定する技術的基準に係る部分に限る。）の規定の適用を受けない建築物について増築又は改築を行う場合にあつては，第126条の2第2項各号）のいずれかに掲げる建築物の部分となるものであること。

ロ　増築又は改築に係る部分が，前項に規定する技術的基準に相当する建築物の部分に関する基準として国土交通大臣が定めるものに適合するものであること。

468

第1節　既存の建築物に対する制限の緩和

二　増築又は改築に係る部分の対象床面積の合計が基準時における延べ面積の20分の1を超えず，かつ，当該増築又は改築が当該増築又は改築に係る部分以外の部分における避難の安全上支障とならないものであること。

（令5政280・追加）

（敷地内の避難上及び消火上必要な通路関係）

令第137条の6の3　法第86条の7第1項の政令で定める敷地内の避難上及び消火上必要な通路に関する技術的基準は，第5章第6節（第128条の3を除く。）に規定する技術的基準とする。

2　法第3条第2項の規定により法第35条（前項に規定する技術的基準に係る部分に限る。）の規定の適用を受けない建築物についての法第86条の7第1項の政令で定める範囲は，増築（居室の部分に係るものを除く。以下この項において同じ。）及び改築については，増築又は改築に係る部分の対象床面積の合計が基準時における延べ面積の20分の1を超えず，かつ，当該増築又は改築が当該増築又は改築に係る部分以外の部分における避難及び消火の安全上支障とならないものである増築又は改築に係る部分とする。

（令5政280・追加）

（防火壁及び防火区画関係）

令第137条の6の4　法第86条の7第1項の政令で定める防火壁及び防火区画の設置及び構造に関する技術的基準は，第112条及び第114条に規定する技術的基準（第112条第11項から第13項までに規定する竪穴部分の技術的基準のうち，当該竪穴部分が第120条又は第121条の規定による直通階段に該当する場合に適用されることとなるもの（次項第2号において「特定竪穴基準」という。）を除く。）とする。

2　法第3条第2項の規定により法第36条（前項に規定する技術的基準に係る部分に限る。）の規定の適用を受けない建築物についての法第86条の7第1項の政令で定める範囲は，増築及び改築については，次の各号に掲げる建築物の区分に応じ，当該各号に定める要件に該当する増築又は改築に係る部分とする。

一　次号に掲げる建築物以外の建築物　次のイ又はロのいずれかに該当するものであること。

イ　次の(1)及び(2)に該当するものであること。

(1)　増築又は改築に係る部分が火熱遮断壁等で区画されるものであるこ

469

第9章　既存建築物の取扱い

と。

　　　(2)　増築又は改築に係る部分が，前項に規定する技術的基準に相当する
　　　　建築物の部分に関する基準として国土交通大臣が定めるものに適合す
　　　　るものであること。

　　ロ　増築又は改築に係る部分の対象床面積の合計が基準時における延べ面
　　　積の20分の1を超えず，かつ，当該増築又は改築が当該増築又は改築に
　　　係る部分以外の部分における延焼の危険性を増大させないものであるこ
　　　と。

　二　第112条第11項から第13項までに規定する竪穴部分の技術的基準（特定
　　竪穴基準を除く。）に適合しない建築物　前号ロに該当するものであるこ
　　と。

　　　　(令5政280・追加)

（防火地域関係）

令第137条の10　法第3条第2項の規定により法第61条（防火地域内にある建
　築物に係る部分に限る。）の規定の適用を受けない建築物についての法第86
　条の7第1項の政令で定める範囲は，増築及び改築については，次の各号に
　掲げる建築物の区分に応じ，当該各号に定める要件に該当する増築又は改築
　に係る部分とする。

　一　次号に掲げる建築物以外の建築物　次のイ又はロのいずれかに該当する
　　ものであること。

　　イ　次の(1)及び(2)に該当するものであること。

　　　(1)　増築又は改築に係る部分が火熱遮断壁等で区画されるものであるこ
　　　　と。

　　　(2)　増築又は改築に係る部分が，第136条の2各号に定める基準（防火
　　　　地域内にある建築物に係るものに限る。）に相当する建築物の部分に
　　　　関する基準として国土交通大臣が定めるものに適合するもので，国土
　　　　交通大臣の定めた構造方法を用いるもの又は国土交通大臣の認定を受
　　　　けたものであること。

　　ロ　次の(1)から(5)までに該当するものであること。

　　　(1)　工事の着手が基準時以後である増築及び改築に係る部分の対象床面
　　　　積の合計（当該増築又は改築に係る建築物が同一敷地内に2以上ある
　　　　場合においては，これらの増築又は改築に係る部分の床面積の合計）

470

第1節 既存の建築物に対する制限の緩和

は，50平方メートルを超えず，かつ，基準時における当該建築物の延べ面積の合計を超えないこと。

(2) 増築又は改築後における建築物の階数が2以下で，かつ，延べ面積が500平方メートルを超えないこと。

(3) 増築又は改築に係る部分の外壁及び軒裏は，防火構造であること。

(4) 増築又は改築に係る部分の外壁の開口部（法第86条の4各号のいずれかに該当する建築物の外壁の開口部を除く。(5)及び第137条の12第9項において同じ。）で延焼のおそれのある部分に，20分間防火設備（第109条に規定する防火設備であつて，これに建築物の周囲において発生する通常の火災による火熱が加えられた場合に，加熱開始後20分間当該加熱面以外の面（屋内に面するものに限る。）に火炎を出さないものとして，国土交通大臣が定めた構造方法を用いるもの又は国土交通大臣の認定を受けたものをいう。(5)及び同項において同じ。）を設けること。

(5) 増築又は改築に係る部分以外の部分の外壁の開口部で延焼のおそれのある部分に，20分間防火設備が設けられていること。

二 木造の建築物のうち，外壁及び軒裏が防火構造のもの以外のもの 前号イに該当するものであること。

（昭34政344・追加，昭39政4・旧第137条の5繰下，昭44政232・旧第137条の6繰下，平5政170・平11政5・平12政211・平15政523・一部改正，平17政192・旧第137条の7繰下・一部改正，平27政11・令元政30・令5政280・一部改正）

（準防火地域関係）

令第137条の11 法第3条第2項の規定により法第61条（準防火地域内にある建築物に係る部分に限る。）の規定の適用を受けない建築物についての法第86条の7第1項の政令で定める範囲は，増築及び改築については，次の各号に掲げる建築物の区分に応じ，当該各号に定める要件に該当する増築又は改築に係る部分とする。

一 次号に掲げる建築物以外の建築物 次のイ又はロのいずれかに該当するものであること。

イ 次の(1)及び(2)に該当するものであること。

(1) 増築又は改築に係る部分が火熱遮断壁等で区画されるものであるこ

471

第9章　既存建築物の取扱い

と。

　(2)　増築又は改築に係る部分が，第136条の2各号に定める基準（準防火地域内にある建築物に係るものに限る。）に相当する建築物の部分に関する基準として国土交通大臣が定めるものに適合するもので，国土交通大臣の定めた構造方法を用いるもの又は国土交通大臣の認定を受けたものであること。

　ロ　次の(1)及び(2)並びに前条第1号ロ(3)から(5)までに該当するものであること。

　(1)　工事の着手が基準時以後である増築及び改築に係る部分の対象床面積の合計（当該増築又は改築に係る建築物が同一敷地内に2以上ある場合においては，これらの増築又は改築に係る部分の床面積の合計）は，50平方メートルを超えないこと。

　(2)　増築又は改築後における建築物の階数が2以下であること。

二　木造の建築物のうち，外壁及び軒裏が防火構造のもの以外のもの　前号イに該当するものであること。

（昭34政344・追加，昭39政4・旧第137条の6繰下，昭44政232・旧第137条

の7繰下，平5政170・平11政5・平12政211・一部改正，平17政192・旧第

137条の8繰下・一部改正，令元政30・令5政280・一部改正）

（防火地域及び準防火地域内の建築物の屋根関係）

令第137条の11の2　法第3条第2項の規定により法第62条の規定の適用を受けない建築物（木造の建築物にあつては，外壁及び軒裏が防火構造のものに限る。）についての法第86条の7第1項の政令で定める範囲は，増築及び改築については，次の各号のいずれにも該当する増築又は改築に係る部分とする。

一　工事の着手が基準時以後である増築及び改築に係る部分の対象床面積の合計（当該増築又は改築に係る建築物が同一敷地内に2以上ある場合においては，これらの増築又は改築に係る部分の床面積の合計）は，50平方メートルを超えず，かつ，基準時における当該建築物の延べ面積の合計を超えないものであること。

二　増築又は改築が当該増築又は改築に係る部分以外の部分の屋根における延焼の危険性を増大させないものであること。

（令5政280・追加）

第1節　既存の建築物に対する制限の緩和

　（特定防災街区整備地区関係）

令第137条の11の3　法第3条第2項の規定により法第67条第1項の規定の適用を受けない建築物（木造の建築物にあつては，外壁及び軒裏が防火構造のものに限る。）についての法第86条の7第1項の政令で定める範囲は，増築及び改築については，第137条の10第1号ロに該当する増築又は改築に係る部分とする。

（令5政280・追加）

　防火規定に関する法第86条の7第1項の「政令で定める範囲」については，増築等によって建築物全体の安全上支障を発生させることがないこと，部分的な増築等であっても建築物の安全性の向上等への高い効果が期待できることを要件として，以下の方針で規定されている。

473

第9章　既存建築物の取扱い

表9－8　遡及適用を求められない特例

	①区画による増築・改築の場合		増築・改築 ②
		区画の種類	
法第21条第1項	令第137条の2の2第1項第1号	◎	令第137条の2の2第1項第2号
法第21条第2項	令第137条の2の2第2項第1号	◎	令第137条の2の2第2項第2号
法第22条第1項	（特例なし）		令第137条の2の3
法第23条	令第137条の2の4第1号	◎	令第137条の2の4第2号
法第25条	（特例なし）		令第137条の2の5
法第26条	令第137条の3第1号	○	令第137条の3第2号
法第27条	令第137条の4第1号	○	令第137条の4第2号
法第35条（避難施設等）	令第137条の6の2第2項第1号	◇	令第137条の6の2第2項第2号
法第35条（敷地内通路）	（特例なし）		令第137条の6の3第2項
法第36条（防火区画）　下記以外	令第137条の6の4第2項第1号イ	○	令第137条の6の4第2項第1号ロ
竪穴区画	（特例なし）		令第137条の6の4第2項第2号
法第61条（防火地域）　下記以外	令第137条の10第1号イ	○	令第137条の10第1号ロ
木造	令第137条の10第2号	○	（特例なし）
法第61条（準防火地域）下記以外	令第137条の11第1号イ	○	令第137条の11第1号ロ
木造	令第137条の11第2号	○	（特例なし）
法第62条	（特例なし）		令第137条の11の2
法第67条	（特例なし）		令第137条の11の3

◎：火熱遮断壁等による区画を行う場合のうち，「増改築部分の一部」が「現行基準」に適合しているもの
○：火熱遮断壁等による区画を行う場合のうち，「増改築部分の全て」が「現行基準に相当する基準」に適合して
◇：避難施設関係（第5章第2節（※令第119条を除く））：開口部のない耐火構造の床・壁による区画等を行う
　　排煙設備関係（第5章第3節）：耐火構造の床・壁又は遮煙性能を有する特定防火設備等による区画等を行
※　法第21条第2項の規定については，3,000㎡超の建築物を対象としているため，延べ面積1／20以内の条件を

の対象となる増築等の範囲（防火規定）

小規模な増築・改築の場合						③大規模の修繕・模様替
規模要件		安全性要件				
延べ面積1／20以下	増改築部分50㎡以下	倒壊	延焼	避難上	消火上	
○	○	○	○	—	—	（特例なし）
※	○	—	—	—	—	（特例なし）
○	○	—	○	—	—	（特例なし）
○	○	—	○	—	—	（特例なし）
○	○	—	○	—	—	（特例なし）
—	○	—	—	—	—	令第137条の12第2項
—	○	—	—	—	—	令第137条の12第2項
○	○	—	—	○	—	令第137条の12第4項
○	○	—	—	○	○	令第137条の12第4項
○	○	—	○	—	—	令第137条の12第5項
○	○	—	○	—	—	令第137条の12第5項
（2－2）⑤において別途解説						令第137条の12第9項
—		—	—	—	—	令第137条の12第9項
（2－2）⑤において別途解説						令第137条の12第9項
—		—	—	—	—	令第137条の12第9項
	○	—	○	—	—	（特例なし）
（2－2）⑤において別途解説						令第137条の12第2項

いるもの
場合（令第117条第第2項各号）
う場合（令第126条の2第2項各号）
置いていない。

第9章　既存建築物の取扱い

① 区画による増築・改築の場合（別棟増改築）
（考え方）

　火熱遮断壁等や耐火構造の床・壁などによって区画して行う増築・改築の場合には、「増改築部分」と「既存部分」が分離されて存在することとなる。このとき、「増改築部分」において火災が発生した場合であっても、当該火災による延焼等は、区画された他の部分である「既存部分（＝増築・改築部分以外の部分）」には及ばない。これは、逆に、「既存部分」において火災が発生した場合も同様である。このため、当該増築・改築が建築物全体の安全上支障がないものであるためには、「増改築部分」について現行の防火規制に相当するレベルの安全性を求めることが適当である。この際、「既存部分」に着目した規制は原則設けないが、避難上の影響が発生しうる竪穴区画（令第112条第11項）や屋根に関する規定（法第22条・第62条）などについては、既存部分についても遡及を求めることとしている（2－2　個別事項　③・④など）。

　一方で、「増改築部分」については、現行の防火規制に相当するレベルの安全性を直接求めることが適当ではない場合がある。こうした場合を想定して、(イ)「増改築部分の全ての部分」について安全性を要求することが不合理となる場合については、「安全性を求める建築物の部分」を限定する対応を、(ロ)現行基準が「建築物全体に適用することを前提とした基準」である場合については、「増改築部分に応じた別途の基準」への適合を求める対応が、それぞれ準備されている。

　(イ)の例：法第21条第1項の規定の適用を受けない既存不適格建築物（4階以上／16m以上の建築物等）について増改築等を行う場合、「増改築部分」の主要構造部について現行基準（令第109条の5の技術的基準）が要求する安全性を確保すべきであるが、「増改築部分」の周囲に十分な空地がある場合など、増改築の内容が法第21条第1項の規定趣旨（大規模建築物の安全性確保）に即し、主要構造部の性能以外で「増改築部分」に係る安全性を担保できるケースについては、既存の建築物の形態（建築物の階数、高さ等）等の要素を考慮し、現行の防火規制に相当するレベルの安全性を求める対象を限定することが適当であると考えられる。

　(ロ)の例：法第26条第1項の規定の適用を受けない既存不適格建築物について増改築等を行う場合、「増改築部分」について現行基準（防火壁・防火床による区画）が要求する安全性を確保すべきであるが、
　　　　・法第26条第1項が「建築物」全体を区画する旨を定める規定であるこ

第1節　既存の建築物に対する制限の緩和

と

- 「増改築部分」が体育館，屋内テニスコート等の用途で主要構造部を不燃材料で造る等一定の防火上の性能を有する（収納可燃物が少なく，かつ，内部に単一大空間を有しているため，建築物全体へ火災が拡大しにくい特性を有している）場合など，増改築の内容が法第26条第1項の規定趣旨（木造建築物の火災拡大防止）と異なるケースについて，現行基準どおりの区画を要するものではないこと

等を踏まえると，「増改築部分」について法第26条第1項を直接適用するのではなく，「増改築部分」の形態，防火性能等の要素を考慮した建築物の部分に関する基準を別途定めることが適当であると考えられる。

（政令で定める範囲）

以上の考え方を踏まえ，区画によって既存不適格を継続することができる特例を受けるための増築・改築の範囲については，各規定の内容に応じて，以下のとおり整理して定められている。表9−8を合わせて参照のこと。

火熱の影響を遮断する必要がある場合（表中の◎。上記(イ)に相当）

- 「増改築部分」と「既存部分」とが火熱遮断壁等で区画されていること。
- 「増改築部分の一部」が，現行基準に適合するもので，国土交通大臣が定めた構造方法を用いるもの又は国土交通大臣の認定を受けたものであること。この場合の「増改築部分」の一部」とは，既存建築物に対する制限の緩和の対象規定と同等の規律を確保すべき部分として国土交通大臣が告示（R6国交告第275号）で定める部分のこと。

火熱の影響を遮断する必要がある場合（表中の○。上記(ロ)に相当）

- 「増改築部分」と「既存部分」とが火熱遮断壁等で区画されていること。
- 「増改築部分」が，既存建築物に対する制限の緩和の対象規定に相当する建築物の部分に関する基準として国土交通大臣が告示（R6国交告第275号）で定める基準に適合するもので，国土交通大臣が定めた構造方法を用いるもの又は国土交通大臣の認定を受けたものであること。

火熱又は煙・ガスの影響を遮断する必要がある場合（表中の◇）

- 「増改築部分」及び「既存部分」が，増築・改築後において，それぞれ令第117条第2項各号に掲げる建築物の部分（＝避難施設に係る規定上の別棟とみなされるもの）又は令第126条の2第2項各号に掲げる建築物の部分（＝排煙設備に係る規定上の別棟とみなされるもの）となるものであること。

477

第 9 章　既存建築物の取扱い

・「増改築部分」が，法第35条の基準に相当する建築物の部分に関する基準とし
て国土交通大臣が告示（Ｒ 6 国交告第275号）で定める基準に適合するもの
で，国土交通大臣が定めた構造方法を用いるもの又は国土交通大臣の認定を受
けたものであること

（区画による増築・改築では既存不適格が継続できない規定）

　屋根の不燃化に関する性能を要求する規定（法第22条第 1 項，法第25条及び法第
62条）に関しては，周囲の建築物で発生した火災により当該屋根に到接した火の粉
による屋内への延焼を防止する受害規定であり，火熱の影響を完全に遮断する火熱
遮断壁等によって区画する場合であっても，当該屋根に到接した火の粉による延焼
等が及ぶ可能性を排除できず，火熱遮断壁等の効果が得られないことから，これに
よって区画して行う増築・改築に対する特例は設けられていない。

②　小規模な増築・改築の場合

　小規模な増築・改築の事例としては，省エネ性能の高い空冷設備への切替えの際
に室外機置場設置用のバルコニーを設ける場合等が想定されるが，増築・改築の規
模としては通常50㎡程度の小規模なものに留まる一方で，施工主体は設備工事業者
となるケースが多い等の事情があり，増築・改築に併せて建築物全体を現行基準に
適合させるよう求めることは過度な負担となる。

　このため，安全性の技術的検証が行われた規模の増築・改築については，既存不
適格の特例が継続されるものとしている。ただし，①のような火熱遮断壁等のよう
に直接的に火熱の影響等を排除する措置を条件としていないことから，既存建築物
の防火上の安全性の確保を担保する観点に基づき，「既存部分」の延焼等の危険性
を増大させないものであることを求めることとし，実務上は，増改築等の内容，既
存建築物の状況等を踏まえ，増改築部分の周囲に空間が確保されていること（延焼
の防止），通路の幅が狭くならないこと（避難の確実性）等を確認することが想定
されている。

　具体的には，政令で定める範囲として，規模の観点からは以下の(イ)，安全性の観
点からは以下の(ロ)の規定がそれぞれ置かれている。

(イ)　増改築部分の床面積が小規模（最大50㎡）であること

(ロ)　増改築部分以外の部分の危険性が増大しないこと（防火関係関係の場合は
「延焼の危険性」，避難関係規定の場合は「避難上の危険性」にそれぞれ着目
している）

　ただし，法第21条第 2 項（3,000㎡超の木造建築物を対象とした防火規制）及び

478

第1節　既存の建築物に対する制限の緩和

法第26条（1,000㎡超の建築物を対象とした防火規制）については，対象建築物の規模が大規模である一方で，上記(イ)で定める規模要件の効果によって増改築部分の規模が50㎡以下に留まることに鑑みれば，増改築によって建築物全体の安全上支障となることは想定されないことから，(ロ)に相当する「危険性が増大しない」旨の安全性要件が定められていない。

　なお，増改築に係る部分の床面積の基準を50㎡とした趣旨は，本体の部分の増改築ではなく，例えば階段，便所等のように，事後的に改善を必要とされることが多い局部的な増改築を許容したものと解せられる。また，増築に係る床面積の合計としては，増改築が数次にわたる場合においては，それらを合計したものである。

（2－2）　個別事項

①特殊建築物（令第137条の4）

　本条は，耐火建築物等としての技術的基準（法第27条）を満たしていない既存不適格建築物について，許容される増築・改築の範囲を示したものである。その範囲は，増築と改築で一部異なっており，増築については，「劇場の客席，病院の病室，学校の教室その他の当該特殊建築物の主たる用途に供する部分以外の部分に係るものに限る。」とされているとおり，例えば劇場であれば客席等の主たる用途に供する部分についての増築は許容されない。なお，「主たる用途に供する部分」というのは，ここに例示のある劇場ならば客席部分，病院ならば病室というように，映画館ならば客席部分，旅館ならば宿泊室という程度に解される。すなわち，不適格である現状をさらに悪化させるような本体の用途部分の増築については制限の緩和から除外し，増築の機会において現行基準に遡及適用させることとしたものである。

②小規模な増築・改築における面積算定の特例（令第137条の2の2第1項第2号等）

　令第137条の2の2第1項第2号等においては，小規模な増改築に関し，階段室，機械室等の「火災の発生のおそれの少ない室」については，50㎡以下であることを要求する面積要件の算定対象から除外することとしている。これは，集合住宅で便所等を省エネ性の高いものに一斉更新する場合や，火災安全性を高めるための避難階段を増設する場合などでは，増改築に係る床面積が50㎡を超えるケースも想定されることから，増改築部分が①廊下，階段等の避難施設や，②便所，昇降機の機械室等に該当する場合には，当該室が出火室となる蓋然性は極めて低く，また，階段室等の避難施設を増改築する等の措置が講じられる場合には，安全性の水準が

479

第9章　既存建築物の取扱い

著しく向上することも期待されることを踏まえた措置である。

③直通階段の階段室を特例対象から除外（令第137条の6の4第1項）

　過去の火災事故においては，直通階段について竪穴区画が整備されていない場合に，建築物全体の防火上・避難上の安全性への影響が特に大きいことが明らかとなっている。このため，「竪穴区画の基準（令第112条第11項～第13項）について既存不適格となっている場合で，直通階段に係る竪穴区画が整備されていない建築物」については，法第86条の7第1項による特例の対象としないこととしている。条文上は，直通階段の階段室の部分に適用される竪穴区画に関する基準のことを「特定竪穴基準」と定義した上で，防火区画の技術的基準のうち既存不適格の特例を継続できる範囲を定める規定である令第137条の6の4第1項において，「竪穴部分の技術的基準のうち，特定竪穴基準を除く」としている。

④竪穴区画の取扱い（令第137条の6の4第2項第2号）

　過去，竪穴区画（令第112条第11項～第13項）に不備のあった建築物において多数の被害者が発生した火災事例が頻発しており，竪穴区画の整備は火炎による延焼の観点だけでなく，煙の伝播・在館者の避難も含めた多角的な観点で重要であって，不備がある場合には建築物全体の弱点となることが明らかとなっている。

　一方，火熱遮断壁等は延焼による影響を遮断するものであり，煙や避難上の影響を遮断する性能は有していないため，火熱遮断壁等で区画したとしても竪穴区画が既存不適格である場合の避難上の影響は排除できないことから，竪穴区画に係る規制においては火熱遮断壁等により区画する手法を用いた増築・改築の対象とはせず，法第3条第3項の規定に基づく遡及適用を受けるものとされている。

　条文上は，令第137条の6の4第2項第2号において，「第112条第11項から第13項までに規定する竪穴部分の技術的基準に適合しない建築物」については，前号ロ（小規模な増築・改築の場合）に該当する場合であれば，既存不適格特例の対象とすることとしている。なお，法第86条の7第1項においては，特例対象となる技術的基準を「防火壁及び防火区画の設置及び構造に関する技術的基準のうち政令（編注：令第137条の6の4第1項のこと）で定めるものに係る部分に限る」と定められており，当該政令において特定竪穴基準は除かれていることから，特定竪穴基準に適合しない既存不適格建築物（すなわち，直通階段の階段室で竪穴区画の適用が求められる既存不適格建築物）については，そもそも既存不適格特例の対象に含まれないことが確定している。したがって，本条第2項において「特例対象となる増築又は改築の範囲」を定めるにあたり，「特定竪穴基準に適合しない建築物」を含

第1節　既存の建築物に対する制限の緩和

めることは空集合を指定することになることから，「第112条第11項第13項までに規
定する竪穴部分の技術的基準」の後に括弧を置いて「特定竪穴基準を除く」と処理
している。

⑤防火地域・準防火地域（令第137条の10・令第137条の11）

　防火地域・準防火地域において法第61条の規定の適用を受けない既存不適格建築
物について，既存不適格の継続が許容される小規模な増改築の範囲に関し，木造建
築物については，外壁及び軒裏が防火構造となっている一定の性能以上のもののみ
が特例対象とされている。これは，条文上は，各条第二号において「木造の建築物
のうち，外壁及び軒裏が防火構造のもの以外のもの」のみが「前号イ（火熱遮断壁
等による増改築）」の対象とされているのに対し，各条第一号の対象が「次号に掲
げる建築物以外の建築物」とされた上で，イ（火熱遮断壁等による増築・改築）と
ロ（小規模な増築・改築）の手法を規定するという形式で示されている。不適格な
木造の建築物については，外壁及び軒裏が現に防火構造であるものに限られるとい
う意味であって，基準時における構造を指すものではない。このため，もともと防
火構造でない建築物であっても増改築着手前に小規模の修繕又は模様替で防火構造
としたものは防火構造のものとして取り扱う。

　また，小規模な増改築についても，他の規定とは異なり，規模要件については，
増改築部分が50㎡以下であることに加えて，増改築部分の床面積が基準時における
延べ面積を超えないこと（各条第1号ロ(1)）や，増改築後の階数・延べ面積の上限
（各条第1号ロ(2)）の定めがあり，安全性要件についても危険性を増大させないた
めの詳細な仕様として，増改築部分の外壁・軒裏を防火構造とし（各条第1号ロ
(3)），増改築部分と既存部分の外壁開口部で延焼のおそれのある部分に20分防火設
備を設けること（各条第1号ロ(4)(5)）が定められている。

　なお，特定防災街区整備地区における小規模な増改築についても，基本的な考え
方は防火地域・準防火地域と同様であり，令第137条の11の3において，令第137条
の10第1号ロ（小規模な増築・改築の範囲）を引用している。

(3)　非常用の昇降機関係（増築・改築）

（非常用の昇降機関係）
令第137条の6　法第3条第2項の規定により法第34条第2項の規定の適用を
　　受けない高さ31メートルを超える建築物について法第86条の7第1項の規定
　　により政令で定める範囲は，増築及び改築については，次に定めるところに

第9章　既存建築物の取扱い

　よる。

　一　増築に係る部分の建築物の高さが31メートルを超えず，かつ，増築に係
　　る部分の床面積の合計が基準時における延べ面積の2分の1を超えないこ
　　と。

　二　改築に係る部分の床面積の合計が基準時における延べ面積の5分の1を
　　超えず，かつ，改築に係る部分の建築物の高さが基準時における当該部分
　　の高さを超えないこと。

　　　　　　（昭45政333・追加，平11政5・一部改正，平17政192・旧第137条の3の3繰
　　　　　　下・一部改正）

　本条は，法第34条第2項（非常用昇降機）の規定に適合しない既存不適格建築物
について，許容される基準時以降の増築・改築の範囲を，増改築に係る部分の高さ
及び床面積に応じて定めている。増築と改築で範囲が異なっている点に留意する必
要があり，また，高さについて特に定めている趣旨は，非常用昇降機の設置の趣旨
に鑑みて高さの増加により現状が悪化することを防ぐためと解される。

(4)　石綿関係（増築・改築）

　　（石綿関係）
　令第137条の4の2　法第3条第2項の規定により法第28条の2（同条第1号
　　及び第2号に掲げる基準に係る部分に限る。）の規定の適用を受けない建築
　　物についての法第86条の7第1項の政令で定める範囲は，増築及び改築につ
　　いては，次の各号のいずれにも該当する増築又は改築に係る部分とする。

　　一　増築又は改築に係る部分の床面積の合計が基準時における延べ面積の2
　　　分の1を超えないものであること。

　　二　増築又は改築に係る部分が法第28条の2第1号及び第2号に掲げる基準
　　　に適合するものであること。

　　三　増築又は改築に係る部分以外の部分が，建築材料から石綿を飛散させる
　　　おそれがないものとして石綿が添加された建築材料を被覆し又は添加され
　　　た石綿を建築材料に固着する措置について国土交通大臣が定める基準に適
　　　合するものであること。

　　　　　　（平18政308・追加，令5政280・旧第137条の4の3繰上・一部改正）

　本条は，法第28条の2の規定に適合しない既存不適格建築物について，許容され

482

第1節　既存の建築物に対する制限の緩和

る増築・改築の範囲を示したものである。ただし，法第86条の7第1項の本文中で
規定されているとおり，本条の対象となる建築物は，法第28条の2のうち，第1号
及び第2号に掲げる基準（石綿関係規定）に適合しないもののみであり，シックハ
ウス関係規定（第3号）については緩和の対象とならない。

　石綿関係規定に適合しない既存不適格建築物のうち，増築・改築の特例対象とな
るものは，次の条件に適合するものに限られる。

① 　増改築する部分の床面積の合計が，基準時の延べ面積の2分の1以内である
　　こと

② 　増改築する部分が，法第28条の2第1号及び第2号に適合すること

③ 　増改築する部分以外の部分が，H18国交告第1173号に定める基準（囲い込み
　　・封じ込め基準）に適合すること

⑸　**長屋又は共同住宅の各戸の界壁関係（増築・改築）**

（長屋又は共同住宅の各戸の界壁関係）

令第137条の5　法第3条第2項の規定により法第30条の規定の適用を受けな
　い長屋又は共同住宅について法第86条の7第1項の規定により政令で定める
　範囲は，増築については増築後の延べ面積が基準時における延べ面積の1.5
　倍を超えないこととし，改築については改築に係る部分の床面積が基準時に
　おける延べ面積の2分の1を超えないこととする。

　　　　　（昭45政333・追加，平11政5・一部改正，平17政192・旧第137条の3の2繰
　　　　下・一部改正）

　本条は，界壁の遮音措置（法第30条）の規定に適合しない既存の長屋又は共同住
宅について，許容される基準時以降の増築・改築の範囲を示したものである。増築
と改築で範囲が異なっており，増築の場合は，増築する部分の床面積（数次にわた
る場合にあっては，それらの合計）が増築以前の延べ面積の1.5倍以内，改築の場
合は，改築する部分の床面積（数次にわたる場合にあっては，それらの合計）が改
築以前の延べ面積の2分の1以内のときに限るとされている。

⑹　**集団規定関係（増築・改築）**

（用途地域等関係）

令第137条の7　法第3条第2項の規定により法第48条第1項から第14項まで
　の規定の適用を受けない建築物について法第86条の7第1項の規定により政

483

第9章　既存建築物の取扱い

令で定める範囲は，増築及び改築については，次に定めるところによる。

一　増築又は改築が基準時における敷地内におけるものであり，かつ，増築
又は改築後における延べ面積及び建築面積が基準時における敷地面積に対
してそれぞれ法第52条第1項，第2項及び第7項並びに法第53条の規定並
びに法第68条の2第1項の規定に基づく条例の第136条の2の5第1項第
2号及び第3号の制限を定めた規定に適合すること。

二　増築後の床面積の合計は，基準時における床面積の合計の1.2倍を超え
ないこと。

三　増築後の法第48条第1項から第14項までの規定に適合しない用途に供す
る建築物の部分の床面積の合計が，基準時におけるその部分の床面積の合
計の1.2倍を超えないこと。

四　法第48条第1項から第14項までの規定に適合しない事由が原動機の出
力，機械の台数又は容器等の容量による場合においては，増築後のそれら
の出力，台数又は容量の合計は，基準時におけるそれらの出力，台数又は
容量の合計の1.2倍を超えないこと。

五　用途の変更（第137条の19第2項に規定する範囲内のものを除く。）を伴
わないこと。

（昭34政344・追加，昭44政158・昭45政333・昭52政266・昭56政144・昭62政

348・平5政170・平6政193・平9政196・平11政5・平12政211・平14政331

・平15政523・一部改正，平17政192・旧第137条の4繰下・一部改正，平18政

350・平27政11・平29政156・一部改正）

本条は，法第48条第1項から第14項までの規定に適合しない既存不適格建築物に
ついて，許容される増築及び改築の範囲を示したものである。その範囲は次のとお
り定められている。

①　増改築が，基準時における敷地内におけるものであり，かつ，増改築後にお
ける延べ面積及び建築面積が，基準時における敷地面積に対して容積率，建蔽
率等の規定に適合すること。

②　増築後の床面積の合計が，基準時の床面積の合計の1.2倍以内であること。

③　増築後の不適合用途の部分の床面積の合計が，基準時のその部分の床面積の
合計の1.2倍以内であること。

④　用途不適合の事由が原動機の出力等による場合，増築後の出力等が基準時の

484

第1節　既存の建築物に対する制限の緩和

1.2倍以内であること。

なお，用途地域等関係の既存不適格建築物に係る基準時の取扱いには法令改正の際の附則による特例が設けられている。例えば，昭和50年4月1日に建築されたキャバレーがあり，その後昭和55年4月1日にその地域が住居地域に指定されたため用途不適格の既存不適格建築物になり，さらに平成7年10月1日に，当該地域が第二種住居地域に指定がなされたという場合を考えてみると次のようになる。

まず，平成4年の法改正の際の経過措置として，平成5年の都市計画法施行令及び建築基準法施行令の一部を改正する政令（以下本項において「改正令」という。）附則第5条において，改正令の施行の日から3年を経過する日（用途地域に関する都市計画が決定された場合は，当該都市計画決定の告示の日）において旧建築基準法第48条第1項から第8項までの規定の適用を受けない既存不適格建築物に対する改正令第2条による改正後の建築基準法施行令（以下本項において「新令」という。）第137条の4及び第137条の10第2項の規定の適用については，新令第137条の規定にかかわらず，旧法第48条第1項から第8項までの規定の適用を受けない期間の始期を基準時とすることとされている。このため，例の場合における基準時は，新法第48条第1項から第12項までの規定の適用を受けない期間の始期ではなく，旧法第48条第1項から第8項までの規定の適用を受けない期間の始期であるので，平成7年10月1日を基準時とするのではなく，昭和55年4月1日が基準時となる。

このため，例えば，このキャバレーが昭和55年4月1日から平成7年10月1日までの間に既存不適格建築物に許容される1.2倍までの増築を行っていた場合は，更に平成7年10月1日以降にもう一度1.2倍まで増築を行うことはできない。

なお，令第137条かっこ書中「それらの規定が改正された場合においては改正前の規定を含むものとし」とあるのも同一の趣旨から出たものであるが，こちらは，例えば，第一種住居地域に係る用途規制の規定（法第48条第5項）が改正された場合に，その改正前の規定を含むこととするものであり，先の設例のような，用途地域の区分方法自体が全面的に変更になるような場合までは，このかっこ書の規定では読みづらく，このような場合の基準時の適用関係を明確化するため，平成5年の改正令附則第5条が設けられている。

（容積率関係）

令第137条の8　法第3条第2項の規定により法第52条第1項，第2項若しく

485

第 9 章　既存建築物の取扱い

は第 7 項又は法第60条第 1 項（建築物の高さに係る部分を除く。）の規定の
適用を受けない建築物について法第86条の 7 第 1 項の規定により政令で定め
る範囲は，増築及び改築については，次に定めるところによる。

一　増築又は改築に係る部分が増築又は改築後においてエレベーターの昇降
　　路の部分（当該エレベーターの設置に付随して設けられる共同住宅又は老
　　人ホーム等（法第52条第 3 項に規定する老人ホーム等をいう。次号におい
　　て同じ。）の共用の廊下又は階段の用に供する部分を含む。），同条第 6 項
　　第 3 号に掲げる建築物の部分，自動車車庫等部分，備蓄倉庫部分，蓄電池
　　設置部分，自家発電設備設置部分，貯水槽設置部分又は宅配ボックス設置
　　部分となること。

二　増築前におけるエレベーターの昇降路の部分，共同住宅又は老人ホーム
　　等の共用の廊下又は階段の用に供する部分，法第52条第 6 項第 3 号に掲げ
　　る建築物の部分，自動車車庫等部分，備蓄倉庫部分，蓄電池設置部分，自
　　家発電設備設置部分，貯水槽設置部分及び宅配ボックス設置部分以外の部
　　分の床面積の合計が基準時における当該部分の床面積の合計を超えないも
　　のであること。

三　増築又は改築後における自動車車庫等部分の床面積の合計，備蓄倉庫部
　　分の床面積の合計，蓄電池設置部分の床面積の合計，自家発電設備設置部
　　分の床面積の合計，貯水槽設置部分の床面積の合計又は宅配ボックス設置
　　部分の床面積の合計（以下この号において「対象部分の床面積の合計」と
　　いう。）が，第 2 条第 3 項各号に掲げる建築物の部分の区分に応じ，増築
　　又は改築後における当該建築物の床面積の合計に当該各号に定める割合を
　　乗じて得た面積（改築の場合において，基準時における対象部分の床面積
　　の合計が同項各号に掲げる建築物の部分の区分に応じ基準時における当該
　　建築物の床面積の合計に当該各号に定める割合を乗じて得た面積を超えて
　　いるときは，基準時における対象部分の床面積の合計）を超えないもので
　　あること。

　　　（昭39政 4 ・追加，昭44政158・昭45政333・昭52政266・昭62政348・平 6 政
　　　193・平 9 政196・平11政 5 ・平13政98・平14政331・一部改正，平17政192・
　　　旧第137条の 5 繰下・一部改正，平24政239・平26政232・平30政255・令 4 政
　　　351・一部改正）

486

第1節　既存の建築物に対する制限の緩和

　本条は，法第52条第1項，第2項若しくは第7項又は法第60条第1項（建築物の高さに係る部分を除く。）の容積率に係る規定に適合しない既存不適格建築物について，許容される増築及び改築の範囲を示したものである。

第1号

　増改築する部分は，法第52条第6項に基づき容積率不算入となる「エレベーターの昇降路の部分（エレベーター設置に付随して設けられる共同住宅・老人ホーム等の共用廊下・階段の部分を含む。）」又は「共同住宅・老人ホーム等に設ける機械室等の部分で特定行政庁の認定を受けたもの」と，令第2条に基づき容積率不算入となる「自動車車庫等部分」，「備蓄倉庫部分」，「蓄電池設置部分」，「自家発電設備設置部分」，「貯水槽設置部分」又は「宅配ボックス設置部分」（以下「容積率不算入部分」という。）に限ることとしている。これらの部分は，容積率不算入となる部分のうち，既存不適格建築物を増改築して単独で設けることが想定されるものに限定されており，共同住宅・老人ホーム等の地下室やエレベーターに付随しない共用廊下・階段の部分は対象から除外されている。

第2号

　増築前の「容積率不算入部分」以外の部分の床面積の合計が，基準時における「容積率不算入部分」以外の部分の床面積の合計を超えないものであることを条件としている。これは，「容積率不算入部分」をそれ以外の用途に変更することにより，「容積率不算入部分」の増築が無制限に行われることを防ぐためのものである。

第3号

　増改築後の「容積率不算入部分」の床面積の合計が，それぞれ増改築後の当該建築物の床面積の合計に令第2条第3項に規定する割合を乗じた値以内であることを条件としている。ただし，改築の場合において，基準時に既に「容積率不算入部分」の床面積の合計が，それぞれ当該建築物の床面積の合計に令第2条第3項に規定する割合を乗じた値を超えている場合は，基準時における「容積率不算入部分」の床面積の合計を超えて改築することはできない。

　（高度利用地区等関係）

令第137条の9　法第3条第2項の規定により法第59条第1項（建築物の建蔽率に係る部分を除く。），法第60条の2第1項（建築物の建蔽率及び高さに係る部分を除く。）又は法第60条の3第1項の規定の適用を受けない建築物に

第9章　既存建築物の取扱い

ついて法第86条の7第1項の規定により政令で定める範囲は，その適合しない部分が，当該建築物の容積率の最低限度又は建築面積に係る場合の増築及び改築については次の各号に，当該建築物の容積率の最高限度及び建築面積に係る場合の増築及び改築については次の各号及び前条各号に，当該建築物の容積率の最高限度に係る場合の増築及び改築については同条各号に定めるところによる。

一　増築後の建築面積及び延べ面積が基準時における建築面積及び延べ面積の1.5倍を超えないこと。

二　増築後の建築面積が高度利用地区，都市再生特別地区又は特定用途誘導地区に関する都市計画において定められた建築面積の最低限度の3分の2を超えないこと。

三　増築後の容積率が高度利用地区，都市再生特別地区又は特定用途誘導地区に関する都市計画において定められた容積率の最低限度の3分の2を超えないこと。

四　改築に係る部分の床面積が基準時における延べ面積の2分の1を超えないこと。

　　　（昭44政232・追加，昭45政333・昭50政304・平11政5・平13政92・平14政191・一部改正，平17政192・旧第137条の6繰下・一部改正，平28政288・平29政156・一部改正）

　本条は，高度利用地区内において法第59条第1項（建築物の建蔽率に係る部分を除く。）の規定の適用を受けない既存不適格建築物，都市再生特別地区内において法第60条の2第1項（建築物の建蔽率及び高さに係る部分を除く。）の規定の適用を受けない既存不適格建築物，特定用途誘導地区において法第60条の3第1項の規定の適用を受けない既存不適格建築物について，許容される増築及び改築の範囲を示したものである。この範囲は，既存不適格建築物が適合しない規定の内容によって，次の表9-9のとおり整理される。

表9-9　高度利用地区・都市再生特別地区・特定用途誘導地区における特例対象

規定への適合状況	特例の対象となるための増改築基準
容積率の最低限度及び建築面積の規定に適合しない場合	・令第137条の9各号の基準
容積率の最高限度及び建築面積の規定に適合	・令第137条の8各号

第1節　既存の建築物に対する制限の緩和

| しない場合 | ・令第137条の9各号の基準 |
| 容積率の最高限度の規定に適合しない場合 | ・令第137条の8各号の基準 |

(7)　大規模の修繕又は大規模の模様替

（大規模の修繕又は大規模の模様替）

令第137条の12　法第3条第2項の規定により法第20条の規定の適用を受けない建築物についての法第86条の7第1項の政令で定める範囲は，大規模の修繕又は大規模の模様替については，当該建築物における当該建築物の構造耐力上の危険性を増大させない全ての大規模の修繕又は大規模の模様替とする。

2　法第3条第2項の規定により法第26条，法第27条，法第30条，法第34条第2項，法第47条，法第51条，法第52条第1項，第2項若しくは第7項，法第53条第1項若しくは第2項，法第54条第1項，法第55条第1項，法第56条第1項，法第56条の2第1項，法第57条の4第1項，法第57条の5第1項，法第58条第1項，法第59条第1項若しくは第2項，法第60条第1項若しくは第2項，法第60条の2第1項若しくは第2項，法第60条の2の2第1項から第3項まで，法第60条の3第1項若しくは第2項，法第67条第1項若しくは第5項から第7項まで又は法第68条第1項若しくは第2項の規定の適用を受けない建築物についての法第86条の7第1項の政令で定める範囲は，大規模の修繕又は大規模の模様替については，当該建築物における全ての大規模の修繕又は大規模の模様替とする。

3　法第3条第2項の規定により法第28条の2（同条第1号及び第2号に掲げる基準に係る部分に限る。）の規定の適用を受けない建築物についての法第86条の7第1項の政令で定める範囲は，大規模の修繕及び大規模の模様替については，当該建築物における次の各号のいずれにも該当する大規模の修繕及び大規模の模様替とする。

一　大規模の修繕又は大規模の模様替に係る部分が法第28条の2第1号及び第2号に掲げる基準に適合するものであること。

二　大規模の修繕又は大規模の模様替に係る部分以外の部分が第137条の4の2第3号の国土交通大臣が定める基準に適合するものであること。

4　法第3条第2項の規定により法第35条（第137条の6の2第1項又は第137条の6の3第1項に規定する技術的基準に係る部分に限る。）の規定の適用

第9章　既存建築物の取扱い

を受けない建築物についての法第86条の7第1項の政令で定める範囲は，大規模の修繕又は大規模の模様替については，当該建築物における屋根又は外壁に係る大規模の修繕又は大規模の模様替であつて，当該建築物の避難の安全上支障とならないものとする。

5　法第3条第2項の規定により法第36条（第137条の6の4第1項に規定する技術的基準に係る部分に限る。）の規定の適用を受けない建築物についての法第86条の7第1項の政令で定める範囲は，大規模の修繕又は大規模の模様替については，当該建築物における屋根又は外壁に係る全ての大規模の修繕又は大規模の模様替とする。

6　法第3条第2項の規定により法第43条第1項の規定の適用を受けない建築物についての法第86条の7第1項の政令で定める範囲は，大規模の修繕又は大規模の模様替については，当該建築物における当該建築物の用途の変更（当該変更後に当該建築物の利用者の増加が見込まれないものを除く。）を伴わない大規模の修繕又は大規模の模様替であつて，特定行政庁が交通上，安全上，防火上及び衛生上支障がないと認めるものとする。

7　法第3条第2項の規定により法第44条第1項の規定の適用を受けない建築物についての法第86条の7第1項の政令で定める範囲は，大規模の修繕又は大規模の模様替については，当該建築物における当該建築物の形態の変更（他の建築物の利便その他周囲の環境の維持又は向上のため必要なものを除く。）を伴わない大規模の修繕又は大規模の模様替であつて，特定行政庁が通行上，安全上，防火上及び衛生上支障がないと認めるものとする。

8　法第3条第2項の規定により法第48条第1項から第14項までの規定の適用を受けない建築物についての法第86条の7第1項の政令で定める範囲は，大規模の修繕又は大規模の模様替については，当該建築物における当該建築物の用途の変更（第137条の19第2項に規定する範囲内のものを除く。）を伴わない全ての大規模の修繕又は大規模の模様替とする。

9　法第3条第2項の規定により法第61条の規定の適用を受けない建築物についての法第86条の7第1項の政令で定める範囲は，大規模の修繕及び大規模の模様替については，当該建築物における次の各号のいずれにも該当する大規模の修繕及び大規模の模様替とする。

一　大規模の修繕又は大規模の模様替に係る部分の外壁の開口部で延焼のおそれのある部分に，20分間防火設備を設けるものであること。

第1節　既存の建築物に対する制限の緩和

　二　大規模の修繕又は大規模の模様替に係る部分以外の部分の外壁の開口部
　　で延焼のおそれのある部分に，20分間防火設備が設けられているものであ
　　ること。

（平17政192・追加，平18政308・平18政350・平26政239・平27政11・平28政
288・平29政156・令元政30・令2政268・令4政351・令5政280・一部改正）

　本条は，既存不適格建築物について，許容される大規模の修繕又は大規模の模様
替の範囲を示したものである。各項ごとに既存不適格特例の対象となり得る修繕・
模様替の条件が定められており，具体的には，構造耐力関係については第1項で，
石綿に関する衛生上の措置関係については第3項で，防火規定関係については第4
項及び第5項で，集団規定関係については第6項から第8項までで，その他の制限
については第2項で，それぞれの制限の緩和を受けることができる条件が提示され
ている。

　なお，増築・改築については，「条単位」で各規定における「既存不適格特例が
解除されずに増築・改築が許容される範囲」が規定されているが，大規模の修繕・
模様替については，すべて本条において「項単位」で各規定における「既存不適格
特例が解除されずに大規模の修繕・模様替が許容される範囲」が規定されており，
条文上の構成が異なっている点に留意する必要がある。

　なお，法第86条の7第1項において，増築等を行う場合に既存不適格特例が適用
され得る規定として列記されている規定のうち，本条各項において掲示されていな
い規定（法第21条，第22条第1項，第23条，第25条から第27条まで，第62条）につ
いては，大規模の修繕・模様替をする場合には，工事が「大規模」であるがゆえに
修繕・模様替に係る部分を改修するタイミングで現行基準に適合させることが特段
負担となるものではないといえることから，これらの規定に関する既存不適格建築
物についての大規模の修繕・模様替については，法第86条の7第1項の対象としな
いこととし，政令で定める範囲が規定されていない。

第1項

　第1項では，大規模の修繕・模様替は，屋根や外壁など構造耐力上主要な部分の
メンテナンスのために行う場合が多く，現行の構造耐力規定又はこれに準ずる基準
への適合を求めるのは過度の負担となる場合が多いと考えられることから，構造耐
力上の危険性が増大しないこと（重い屋根に葺きかえない等）を条件に，これら修
繕・模様替を許容している。

491

第9章　既存建築物の取扱い

第2項

　本項以外の各項において掲示されていない規定については，包括的に本項においてまとめて条件を定めている。本項において対象とされる各規定については，大規模の修繕・模様替時における特段の条件は定められておらず，「全ての大規模の修繕・模様替」が，既存不適格特例の対象となる。

第3項

　石綿の飛散又は発散に対する衛生上の措置（法第28条の2第1号・第2号）については，増築・改築の場合と同様の条件に適合する場合について，既存不適格特例の対象となるものとしている。すなわち，本項の第1号は令第137条の4の2第2号に，本項の第2号は令第137条の4の2第3号に相当する。

　なお，令第137条の4の2第1号は，増改築部分の面積が基準時の延べ面積の1／2を超えないものとする条件であるが，大規模な修繕・模様替については，「主要構造部の一種以上について行う過半の修繕・模様替」という定義上馴染まないことから，同号に相当する条件は本項において定められていない。

第4項・第5項

　大規模の修繕・模様替に該当する改修としては，外壁の断熱改修や屋根一体型の太陽光パネルの設置等の省エネ改修のように，脱炭素社会を実現する観点からもその積極的な実施が期待されるものも想定され，これらの改修に応じて現行基準に適合させることを求めることによって建築主に過度な負担を生じさせることがないようにするため，安全性に係る技術的検証を踏まえ，建築物の内部構造等を制限する規定である法第35条（階段等に関する技術的基準及び敷地内の避難上及び消火上必要な通路に関する技術的基準に限る。）及び法第36条（防火壁等に関する技術的基準に限る。）に係る既存不適格建築物については，その大規模の修繕・模様替について，屋根・外壁に係る修繕・模様替である場合に限り，遡及適用しないこととしている。

　なお，大規模の修繕・模様替は，その前後で主要構造部の性能に変わりがない範囲で実施されるものであるが，断熱性を高めるために窓や天窓を塞ぐ改修を行う場合には，排煙上有効な開口部面積が減少し，避難安全性が低下することから，法第35条関係の規定については改修後の避難上の危険性が増大しないことも追加的な要件として定められている（第4項）。

第6項・第7項

　法第43条（接道規制）及び第44条（道路内建築制限）に適合しない既存建築物

第1節　既存の建築物に対する制限の緩和

（特に歴史的にも一定の価値がある町家等）について，景観維持等の観点から，建築物を保全しながら省エネ改修等を行うことで居住性を改善したいというニーズに対応するため，大規模の修繕・模様替を行う際に，それぞれの規定を遡及適用させない範囲が定められている。

　範囲の設定に当たっては，改修の仕方によっては市街地の安全性に影響を及ぼす可能性のある場合も含まれ得ることを踏まえ，全ての大規模な修繕・模様替を対象とせず，それぞれ以下のとおり限定されている。なお，引き続き遡及適用を求めない修繕・模様替として扱うかどうかについて，建築物やその周囲の道路の状況等の市街地環境は各地域によって異なり個別の判断が必要になることから，その大規模の修繕・模様替が交通上，安全上等の観点から支障がないと特定行政庁が個別に認めた場合に限られている。

【第6項（接道規制）】

　「当該建築物の用途の変更（当該変更後に当該建築物の利用者の増加が見込まれないものを除く。）を伴わない大規模の修繕又は模様替」について，遡及適用を求めないこととしている。括弧書きの趣旨は，大規模の修繕・模様替と併せて用途を変更する場合に，仮に個人宅を店舗に変更するなど利用者が増加することとなる用途への変更を行った場合，当該建築物に接する道路に改修前よりも多くの者の往来が見込まれ，通行上・避難上の危険性が増大する可能性があるため，そのような用途変更を排除するものである。

【第7項（道路内建築制限）】

　「当該建築物の形態の変更（他の建築物の利便その他周囲の環境の維持又は向上のため必要なものを除く。）を伴わない大規模の修繕又は大規模の模様替」について，遡及適用を求めないこととしている。括弧書きの趣旨は，大規模の修繕・模様替を行う際に，仮に周囲の環境を悪化させるような建築物の形態の変更を行う場合，道路上の通行の機能が損なわれる可能性があるため，そのような改修を行うことを排除し，他の建築物の利便その他周囲の環境の維持又は向上のために必要な形態の変更に限って認めるものである。

　なお，「他の建築物の利便その他周囲の環境の維持又は向上に必要な変更」の例としては，修繕の際に軒の歩道空間に突き出ている部分を突き出ない形にすることで，歩道空間がより確保され，通行しやすくなるような場合が想定される。

第8項

　本項は，法第48条第1項から第14項までの用途地域に係る規定に適合しない既存

493

第9章　既存建築物の取扱い

不適格建築物について，許容される大規模の修繕・模様替の範囲を示したものであり，用途の変更を伴わないであれば，修繕・模様替を行う場合に既存不適格特例が解除されることがない旨を定めている。ただし，既存不適格建築物の用途変更に際して，既存不適格特例が解除されることがない類似用途の範囲内（令第137条の19第2項）であれば，大規模の修繕・模様替を行う場合であっても，特例は解除されない。

第9項
　本項の趣旨は，令第137条の10第4号及び第5号（防火地域における小規模な増築・改築に伴う安全性要件）と同様である。

第2項　独立部分に対する制限の緩和

　　（既存の建築物に対する制限の緩和）
　法第86条の7
　1　（略）
　2　第3条第2項の規定により第20条，第21条，第23条，第26条，第27条，第
　　35条（階段等に関する技術的基準に係る部分に限る。），第36条（防火壁等に
　　関する技術的基準（政令で定める防火区画に係る部分を除く。）に係る部分
　　に限る。）又は第61条の規定の適用を受けない建築物であつて，これらの規
　　定に規定する基準の適用上一の建築物であつても別の建築物とみなすことが
　　できる部分として政令で定める部分（以下この項において「独立部分」とい
　　う。）が2以上あるものについて増築等をする場合においては，第3条第3
　　項の規定にかかわらず，当該増築等をする独立部分以外の独立部分に対して
　　は，これらの規定は，適用しない。
　3・4　（略）
　　　　　（昭34法156・追加，昭38法151・昭43法101・昭44法38・昭45法109・昭51法
　　　　83・昭62法66・平4法82・平6法62・平9法79・平10法100・旧第86条の2繰
　　　　下・一部改正，平12法73・平14法22・平14法85・平15法101・平16法67・平18
　　　　法5・平18法46・平26法39・平26法54・平28法72・平29法26・平30法67・令
　　　　2法43・令4法69・一部改正）

　　（技術的基準から除かれる防火区画）

第1節　既存の建築物に対する制限の緩和

> **令第137条の13**　法第86条の7第2項の政令で定める防火区画は，第112条第11
> 　　項から第13項までの規定による竪穴部分の防火区画（当該竪穴部分が第120
> 　　条又は第121条の規定による直通階段に該当する場合のものを除く。）とす
> 　　る。
>
> 　　　　（令5政280・全改）

　法第86条の7第2項及び第3項は，平成16年の改正法によって追加されたもので
あり，安全性向上に資する改修を円滑化するため，既存不適格関係規定について一
定の合理化を図っている。

　具体的には，建築物及びその部分に係る単体規定のうち，規定の性格上，既に現
行規定において分離して起用することが可能であり，かつ，既存不適格建築物への
規定の遡及適用の際にも分離して考えることが合理的な規定については，増築等が
なされる部分と一体の部分のみ現行規定を適用することとされている。

　第2項では，構造耐力規定（法第20条），防火関係規定（法第21条，第23条，第26
条，第27条，第36条，第61条）又は避難関係規定（法第35条）が適用されない既存
不適格建築物であって，これらの規定の適用に関して一の建築物であっても別の建
築物とみなすことができる独立部分が2以上あるものについて増築等をする場合に
おいては，当該増築等をする独立部分以外の独立部分に対しては，これらの規定は
適用しないものとしている。

　防火関係規定のうち法第36条については，第1項で定義された「防火壁等に関す
る技術的基準」から政令で定める防火区画を除くとされている。防火区画のうち，
竪穴区画については不備があった場合の影響が極めて大きく，独立部分が形成され
ていたとしても，竪穴区画が既存不適格である場合の影響は排除できないと考えら
れることから，本項による緩和の対象からは除外する必要があるため，令第137条
の13においては，竪穴区画を指定している。この際，令第137条の6の4第2項第
2号の解説と同様に，直通階段に該当する竪穴部分に関する基準（特定竪穴基準）
については，もともと既存不適格特例の対象から除かれているため，空集合を指定
しないようにする観点から，本条においても括弧書きにおいて「当該竪穴部分が第
120条又は第121条の規定による直通階段に該当する場合のものを除く」という除外
規定が置かれている。

　また，避難関係規定については，「階段等に関する技術的基準」のみが対象とさ
れており，具体的には第1項の定義と同項から委任を受けた令第137条の6の2第

495

第9章　既存建築物の取扱い

1項により，「廊下，避難階段及び出入口（令第5章第2節）」，「排煙設備（令第5章第3節）」に関する技術的基準が該当するものとして定められている。

（独立部分）

令第137条の14　法第86条の7第2項（法第87条第4項及び法第88条第1項において準用する場合を含む。）の政令で定める部分は，次の各号に掲げる建築物の部分の区分に応じ，当該各号に定める部分とする。
　一　法第20条第1項に規定する基準の適用上一の建築物であつても別の建築物とみなすことができる部分　第36条の4に規定する建築物の部分
　二　法第21条第1項若しくは第2項，法第23条，法第26条第1項，法第27条第1項から第3項まで，法第36条（法第86条の7第2項に規定する防火壁等に関する技術的基準に係る部分に限る。）又は法第61条第1項に規定する基準の適用上一の建築物であつても別の建築物とみなすことができる部分　第109条の8に規定する建築物の部分
　三　法第35条（第5章第2節（第117条第2項及び第119条を除く。）に規定する技術的基準に係る部分に限る。）に規定する基準の適用上一の建築物であつても別の建築物とみなすことができる部分　第117条第2項各号に掲げる建築物の部分
　四　法第35条（第5章第3節（第126条の2第2項を除く。）に規定する技術的基準に係る部分に限る。）に規定する基準の適用上一の建築物であつても別の建築物とみなすことができる部分　第126条の2第2項各号に掲げる建築物の部分

　　　　（平17政192・追加，平17政246・平27政11・平28政6・平30政255・令元政30
　　　　　・令元政181・令5政280・一部改正）

本条の規定により，構造耐力規定に関しては，相互に応力を伝えないエキスパンションジョイントで構造的に分離されている部分を別棟扱いとすることになる（第1号）。

防火関係規定（法第21条等）については，火熱遮断壁等によって区画されている建築物の部分を別棟扱いとする（第2号）。

廊下等については，令第117条第2項に規定する避難施設の別棟みなし規定を引用し，開口部のない耐火構造の壁・床で避難系統が分離されていて人の行き来が想定されない場合や，火災時において相互に火熱や煙による防火上有害な影響を及ぼ

496

第1節　既存の建築物に対する制限の緩和

さない構造となっている場合については，増改築時にも別棟扱いとする（第3号）。

　また，排煙設備については，令第126条の2第2項に規定する排煙設備の別棟みなし規定を引用し，開口部のない準耐火構造の壁・床と遮煙性能を有する特定防火設備で区画されていて火災発生時に相互間で煙の行き来が想定されない場合や，火災時において相互に煙による避難上有害な影響を及ぼさない構造となっている場合については，増改築時にも別棟扱いとする（第4号）。

　以上により，法第86条の7第2項の規定により，建築物の部分を分離して規定を適用することが合理的なケースとして定められているものは，表9—10のとおり整理される。

表9—10　特例の対象となる部分的な増改築の部分の整理

	独立部分以外の部分に適用されない基準		分離の考え方（令第137条の14）
構造耐力規定	法第20条	第1号	・相互に応力を伝えないエキスパンションジョイント等で構造的に分離
防火関係規定	法第21条第1項・第2項，法第23条，法第26条第1項，法第27条第1項から第3項まで，法第36条（防火区画），第61条第1項	第2号	・通常の火災時において相互に火熱による防火上有害な影響を及ぼさないことを担保できる火熱遮断壁等によって分離
避難規定	令第5章第2節	第2号	・開口部のない耐火構造の床又は壁で避難系統を分離 ・防火上有害な影響を相互に及ぼさない構造
	令第5章第3節	第3号	・開口部のない準耐火構造の床又は壁と，遮煙性能を有する特定防火設備で避難系統を分離 ・避難上有害な影響を相互に及ぼさない構造

第3項　部分適用による制限の緩和

（既存の建築物に対する制限の緩和）
法第86条の7
1・2　（略）
3　第3条第2項の規定により第28条，第28条の2（同条第3号に掲げる基準

第9章　既存建築物の取扱い

のうち政令で定めるものに係る部分に限る。），第29条から第32条まで，第34
条第1項，第35条（同条の廊下並びに非常用の照明装置及び進入口に関する
技術的基準のうち政令で定めるもの（第87条第4項において「廊下等に関す
る技術的基準」という。）に係る部分に限る。），第35条の2，第35条の3，
第36条（防火壁，防火床，防火区画，消火設備及び避雷設備の設置及び構造
に係る部分を除く。）又は第37条の規定の適用を受けない建築物について増
築等をする場合においては，第3条第3項の規定にかかわらず，当該増築等
をする部分以外の部分に対しては，これらの規定は，適用しない。

4　（略）

　　　　（昭34法156・追加，昭38法151・昭43法101・昭44法38・昭45法109・昭51法
　　　83・昭62法66・平4法82・平6法62・平9法79・平10法100・旧第86条の2繰
　　　下・一部改正，平12法73・平14法22・平14法85・平15法101・平16法67・平18
　　　法5・平18法46・平26法39・平26法54・平28法72・平29法26・平30法67・令
　　　2法43・令4法69・一部改正）

（増築等をする部分以外の部分に対して適用されない基準）

令第137条の15　法第86条の7第3項の政令で定める基準は，法第28条の2第
　3号に掲げる基準のうち，第20条の7から第20条の9までに規定する技術的
　基準に係る部分とする。

2　法第86条の7第3項の政令で定める技術的基準は，第119条並びに第5章
　第4節及び第5節に規定する技術的基準とする。

　　　　（平17政192・追加，平18政308・令5政280・一部改正）

　法第86条の7第3項は，第2項が「建築物全体に係る規定」を対象としているの
に対して，居室単位や建築設備単位などの「建築物の部分に係る規定」を対象とし
ている。本項においては，「建築物の部分に係る規定」の適用を受けない既存不適
格建築物について増築等をする場合においては，当該増築等をする部分以外の部分
に対しては，これらの規定は適用しないものと定めている。ここでいう「建築物の
部分に係る規定」とは，規制対象が「居室」である採光・換気等の規定や，規制対
象が「建築設備」である給排水管・昇降機等の規定であり，対象が居室であればそ
の居室を増築等するかどうか，対象が設備であればその設備を改修するかどうかと
いうことがメルクマールとなる。

　本項においては，いくつかの規定については細かく対象を限定することとしてい

498

第1節　既存の建築物に対する制限の緩和

る。

　一つ目は，法第28条の2第3号（シックハウス規制）であり，同号に掲げる基準である「建築材料及び換気設備について政令で定める技術的基準」としては，令第20条の6から令第20条の9までが対象となるが，このうち，本項による特例の対象となりうるものは，令第20条の7から令第20条の9まで（ホルムアルデヒドに関する技術的基準）のみとなる（令第137条の15第1項）。なお，令第20条の6（クロルピリホスに関する技術的基準）は，平成15年のシックハウス規制の施行後はクロルピリホスを建築材料に添加することを禁止し（同条第1号），かつ，既にクロルピリホスが添加された建築材料についても5年以上が経過している場合は無害化したものとして取り扱うこととされており（同条第2号），本項の特例を受ける必要がないため，対象とされていない。

　二つ目は，法第35条（避難関係規定）であり，本項においては「廊下並びに非常用の照明装置及び進入口に関する技術的基準のうち政令で定めるもの」を指定しており，具体的な基準を規定している政令の各技術的基準のうちから，令第119条（廊下の幅），令第5章第4節（非常用の照明装置），令第5章第5節（非常用の進入口）が抽出されている（令第137条の15第2項）。これらは，個々の設備や部材ごとに現行基準に適合させることで，性能向上を期待できる規定であって，これまでの技術的検証によって増築等の影響が他の部分に及ばないことが確かめられたものである。

　具体的には，表9－11のとおり，部分適用の対象となる規定については整理される。これ以外の規定については，性能的に分割可能な条件が現時点では設定できないことから，特例の対象とはしていない。

　なお，本項の規定対象については分離適用が可能な規定として，増築等の内容や範囲によらず，増築等を行う部分以外の部分は既存不遡及とする規定であるため，第1項・第2項の規定対象にはなり得ない。

表9－11　部分適用を行う場合における各規定の適用関係

部分適用が可能な規定		適用の対象範囲
居室の採光	法第28条第1項，法第36条	居室単位
居室等の換気	法第28条第2項，第3項	室単位
ホルムアルデヒド対策	法第28条の2第3号 （令第20条の7～第20条の9）	居室単位
地階の防湿措置	法第29条	居室単位

第9章　既存建築物の取扱い

	遮音	法第30条	界壁単位
居室関連規定	廊下の幅	法第35条（令第119条）	廊下単位
	非常用の照明装置	法第35条（令第5章4節）	室単位
	非常用の進入口	法第35条（令第5章5節）	階単位
	内装制限	法第35条の2	室単位
	避難上の無窓居室	法第35条の3	居室単位
	天井・床の高さ，床の防湿方法	法第36条	居室単位
	階段の構造	法第36条	階段単位
設備関係規定	便所	法第31条	便所単位
	電気設備	法第32条	電気設備単位
	昇降機の構造	法第34条第1項，法第36条	昇降機単位
	配管設備の設置及び構造	法第36条	配管設備単位
	浄化槽の構造	法第36条	浄化槽単位
	煙突の構造	法第36条	煙突単位

第4項　移転を行う場合の制限の緩和

（既存の建築物に対する制限の緩和）

法第86条の7

1～3　（略）

4　第3条第2項の規定により建築基準法令の規定の適用を受けない建築物について政令で定める範囲内において移転をする場合においては，同条第3項の規定にかかわらず，建築基準法令の規定は，適用しない。

　　　　（昭34法156・追加，昭38法151・昭43法101・昭44法38・昭45法109・昭51法83・昭62法66・平4法82・平6法62・平9法79・平10法100・旧第86条の2繰下・一部改正，平12法73・平14法22・平14法85・平15法101・平16法67・平18法5・平18法46・平26法39・平26法54・平28法72・平29法26・平30法67・令2法43・令4法69・一部改正）

（移転）

令第137条の16　法第86条の7第4項の政令で定める範囲は，次の各号のいずれかに該当することとする。

第1節　既存の建築物に対する制限の緩和

> 一　移転が同一敷地内におけるものであること。
> 二　移転が交通上，安全上，防火上，避難上，衛生上及び市街地の環境の保
> 　　全上支障がないと特定行政庁が認めるものであること。
> 　　　　（平27政11・追加）

　第86条の7第4項は，第1項から第3項までが「増築」「改築」「大規模の修繕」
「大規模の模様替」を行う場合の特例を定めているのに対して，「移転」の場合の
特例を定めたものである。内容としては，法第3条第3項第3号の規定により，移
転を行う建築物については既存不適格建築物であっても現行基準への適合が求めら
れることとなる一方で，一定の範囲内の移転であれば，引き続き，既存不適格建築
物としての状態を維持できるものとしたものである。

　本項は，平成26年改正において，改正以前は法第3条第3項第3号の対象外とさ
れていた「移転」行為が，同号による遡及適用となる条件に含まれることとなった
ことを踏まえて，以下の理由から，一定の場合には，従来通り既存不適格のままで
移転ができるようにするための緩和措置として定められたものである。

　①　移転は，上物の建築物には基本的に手を加えない行為であるため，一律に現
　　行基準への適合を求めると，増築等以上に建築主に負担感が生じること。

　②　平成26年改正以前は，あらゆる移転を既存不適格のまま行うことができたこ
　　とから，急に厳格化し過ぎないよう配慮が必要であること。

　③　既存不適格建築物について増築等を行う場合にも緩和措置があることとのバ
　　ランスをとる必要があること。

　④　移転の内容によって，現行規定には適合しないが改善する場合もあるなど，
　　移転による変化は様々であること。

　令第137条の16は，上記を踏まえて，既存不適格建築物のままで移転ができる範
囲を具体的に示したものである。第1号は，敷地内で移転する場合については，周
囲に与える影響が限定的であり，危険性が高まっている等の事情変化は認められな
いことから定められた条件である。一方で，敷地外移転の場合については第2号で
規定されており，移転先の地域に支障を与えるような既存不適格建築物の移転を認
めるべきではないため，建築基準法令上の全ての規定について確認する観点から，
個々の移転事例ごとに，交通上，安全上，防火上，避難上，衛生上及び市街地の環
境の保全上支障がないと特定行政庁が認めるものに限って認めることとしている。

　なお，支障がないと認められる例としては，以下のような場合が想定される。

501

第9章　既存建築物の取扱い

- 耐火性能について不適格な既存不適格建築物を移転するが，周囲の建築物から離れた場所に移転するなど防火上・避難上の支障がないように代替措置を講じる場合
- 容積率制限100％の既存不適格建築物を容積率制限50％の地域に移転するが，広い敷地に移転するなど交通上・安全上等の支障がないように代替措置を講じる場合

第2節　既存建築物の段階的な改修

（既存の一の建築物について2以上の工事に分けて増築等を含む工事を行う場合の制限の緩和）

法第86条の8　第3条第2項の規定によりこの法律又はこれに基づく命令若しくは条例の規定の適用を受けない一の建築物について2以上の工事に分けて増築等を含む工事を行う場合において，特定行政庁が当該2以上の工事の全体計画が次に掲げる基準に適合すると認めたときにおける同項及び同条第3項の規定の適用については，同条第2項中「建築，修繕若しくは模様替の工事中の」とあるのは「第86条の8第1項の認定を受けた全体計画に係る2以上の工事の工事中若しくはこれらの工事の間の」と，同条第3項中「適用しない」とあるのは「適用しない。ただし，第3号又は第4号に該当するものにあつては，第86条の8第1項の認定を受けた全体計画に係る2以上の工事のうち最後の工事に着手するまでは，この限りでない」と，同項第3号中「工事」とあるのは「最初の工事」と，「増築，改築，移転，大規模の修繕又は大規模の模様替」とあるのは「第86条の8第1項の認定を受けた全体計画に係る2以上の工事」とする。

一　一の建築物の増築等を含む工事を2以上の工事に分けて行うことが当該建築物の利用状況その他の事情によりやむを得ないものであること。

二　全体計画に係る全ての工事の完了後において，当該全体計画に係る建築物及び建築物の敷地が建築基準法令の規定に適合することとなること。

三　全体計画に係るいずれの工事の完了後においても，当該全体計画に係る建築物及び建築物の敷地について，交通上の支障，安全上，防火上及び避難上の危険性並びに衛生上及び市街地の環境の保全上の有害性が増大しないものであること。

2　前項の認定の申請の手続その他当該認定に関し必要な事項は，国土交通省令で定める。

3　第1項の認定を受けた全体計画に係る工事の建築主（以下この条において「認定建築主」という。）は，当該認定を受けた全体計画の変更（国土交通省令で定める軽微な変更を除く。）をしようとするときは，特定行政庁の認定を受けなければならない。前2項の規定は，この場合に準用する。

第9章　既存建築物の取扱い

4　特定行政庁は，認定建築主に対し，第1項の認定を受けた全体計画（前項
の規定による変更の認定があつたときは，その変更後のもの。次項において
同じ。）に係る工事の状況について報告を求めることができる。

5　特定行政庁は，認定建築主が第1項の認定を受けた全体計画に従つて工事
を行つていないと認めるときは，当該認定建築主に対し，相当の猶予期限を
付けて，その改善に必要な措置をとるべきことを命ずることができる。

6　特定行政庁は，認定建築主が前項の命令に違反したときは，第1項又は第
3項の認定を取り消すことができる。

（平16法67・追加，平26法54・平30法67・一部改正）

〔法第86条の8第1項の規定による法第3条第2項・第3項の読み替え〕

（適用の除外）

法第3条

1　（略）

2　この法律又はこれに基づく命令若しくは条例の規定の施行又は適用の際現
に存する建築物若しくはその敷地又は現に建築，修繕若しくは模様替の工事
中の建築物若しくはその敷地がこれらの規定に適合せず，又はこれらの規定
に適合しない部分を有する場合においては，当該建築物，建築物の敷地又は
建築物若しくはその敷地の部分に対しては，当該規定は，適用しない。

3　前項の規定は，次の各号のいずれかに該当する建築物，建築物の敷地又は
建築物若しくはその敷地の部分に対しては，適用しない。

　一・二　（略）

　三　工事の着手がこの法律又はこれに基づく命令若しくは条例の規定の施行
　　又は適用の後である増築，改築，移転，大規模の修繕又は大規模の模様替
　　に係る建築物又はその敷地

　四・五　（略）

（昭26法318・昭29法131・昭34法156・昭36法115・昭38法151・昭43法101・

昭45法109・昭50法49・昭51法83・昭62法66・平4法82・平6法62・平9法79

・平12法73・平14法85・平15法101・平16法61・平16法67・平18法46・平26法

39・平26法54・平29法26・平30法67・令2法43・一部改正）

　本条は，1の既存不適格建築物について増築等の工事を行うときに，その工事を
2以上に分割する場合において，特定行政庁が工事の全体計画が一定の基準に適合
すると認めたときは，以下の特例を適用することができるものとして，段階的な改

第2節　既存建築物の段階的な改修

修を円滑化するための規定である。

①　最初の工事の着手前に適用しないものとしていた規定については，各分割工事の完了時点では適合していなくてもよく，最後の工事が完了した時点で適合させればよい。

②　当該2以上の分割工事の間に規制強化があった場合は，その規定を適用しない。

このような段階的な改修を認めるケースとして，例えば，耐震改修と防火・避難関係の改修が必要な大規模なテナントビルにおいて，まず早急に耐震改修を行い，その後テナントの移転が必要な防火・避難関係の改修を行うケースなどが想定される。

全体計画認定制度のポイントは次のとおりであるが，詳細については「建築物の安全性及び市街地の防災機能の確保等を図るための建築基準法等の一部を改正する法律等の施行について（技術的助言：平成17年6月1日付け国住指第667号）」の別添2「全体計画認定に係るガイドライン（最終改正：令和元年6月24日）」を参照されたい。

①　対象行為

既存不適格建築物の増築，改築，大規模の修繕又は大規模の模様替

②　対象不適格規定

建築基準法又はこれに基づく命令若しくは条例

③　認定の基準

　　a)　以下のような建築物の用途の特性や資金的な理由から，工事を計画的に分けて実施するやむを得ない理由があること。

・学校を夏休み毎に改修せざるを得ない場合（授業の都合）

・病院を数度に分けて改修せざるを得ない場合（入院患者等の都合）

・公営住宅を数度に分けて改修せざるを得ない場合（毎年度の予算の都合）

　　b)　計画に記載する工事全体の実施により，建築物及びその敷地が建築基準法令の規定に適合すると認められること。個々の工事が法第6条第1項に規定する建築である場合は，個々に建築確認や完了検査を受けなければならない。

　　c)　計画の期限が明示されていること。申請に係る計画に期限を明示し，期限到来時に不適格規定を遡及させることを明確にすることとする。

　　d)　全体工事が長期に及ぶことに鑑み，計画期間中，交通上，安全上防火上及

505

第9章 既存建築物の取扱い

び衛生上の支障が生じないと認められること。

④ 計画変更手続

建築主の事情等により認定計画の変更をしようとするときは，特定行政庁の認定を受けなければならない。

⑤ 報告徴収

特定行政庁は建築主に対し，計画遂行状況等について必要な報告を求めることとする。

⑥ 改善命令

特定行政庁は，認定計画に従って工事を行っていないと認めるときは，認定を受けた建築主に対し，相当の期限を定めて，その改善に必要な措置をとるべきことを命ずることができる。

⑦ 認定の取消し

特定行政庁は，認定を受けた者が改善命令に違反したときは，計画の認定を取り消すことができる。

⑧ 認定手続

施行規則第10条の23に定めるところによる。

⑨ 規制強化がなされた場合の取扱い

本規定は，工事中断時に不適格規定を不遡及とすることを目的とするものであり，複数の工事の途中で規制強化がなされた場合の適用ルールについて適合建築物と異なる取扱いをする理由はないことから，現行規定に適合する建築物と同様に，途中で規制強化があれば全体計画終了後の新たな増築等の工事の際には最新の規定に適合させなければならない。

第3節　公共事業の施行等に伴う敷地面積の減少

（公共事業の施行等による敷地面積の減少についての第3条等の規定の準用）

法第86条の9　第3条第2項及び第3項（第1号及び第2号を除く。）の規定は，次に掲げる事業の施行の際現に存する建築物若しくはその敷地又は現に建築，修繕若しくは模様替の工事中の建築物若しくはその敷地が，当該事業の施行によるこれらの建築物の敷地面積の減少により，この法律若しくはこれに基づく命令若しくは条例の規定に適合しないこととなつた場合又はこれらの規定に適合しない部分を有するに至つた場合について準用する。この場合において，同項第3号中「この法律又はこれに基づく命令若しくは条例の規定の施行又は適用」とあるのは，「第86条の9第1項各号に掲げる事業の施行による建築物の敷地面積の減少」と読み替えるものとする。

一　土地収用法第3条各号に掲げるものに関する事業若しくは都市計画法の規定により土地を収用し，若しくは使用することができる都市計画事業又はこれらの事業に係る土地収用法第16条に規定する関連事業

二　その他前号の事業に準ずる事業で政令で定めるもの

2　第53条の2第3項（第57条の5第3項，第67条第4項及び第68条第4項において準用する場合を含む。以下この項において同じ。）の規定は，前項各号に掲げる事業の施行による面積の減少により，当該事業の施行の際現に建築物の敷地として使用されている土地で第53条の2第1項（第57条の5第3項において準用する場合を含む。），第67条第3項若しくは第68条第3項の規定に適合しなくなるもの又は当該事業の施行の際現に存する所有権その他の権利に基づいて建築物の敷地として使用するならばこれらの規定に適合しないこととなる土地について準用する。この場合において，第53条の2第3項中「同項の規定は」とあるのは「第1項，第67条第3項又は第68条第3項の規定は」と，同項第1号中「第1項の都市計画における建築物の敷地面積の最低限度が変更された際，」とあるのは「第86条の9第1項各号に掲げる事業の施行により面積が減少した際，当該面積の減少がなくとも」と，「従前の制限」とあるのは「制限」と，同項第2号中「第1項」とあるのは「第1項（第57条の5第3項において準用する場合を含む。），第67条第3項若しく

第9章　既存建築物の取扱い

は第68条第3項」と，「同項」とあるのは「これら」と読み替えるものとする。

（平16法67・追加，平26法54・平30法67・一部改正）

〔法第86条の9第1項の規定による法第3条第3項の読み替え〕

（適用の除外）

法第3条

1・2　（略）

3　前項の規定は，次の各号のいずれかに該当する建築物，建築物の敷地又は建築物若しくはその敷地の部分に対しては，適用しない。

一・二　（略）

三　工事の着手がこの法律又はこれに基づく命令若しくは条例の規定の施行又は適用の後である増築，改築，移転，大規模の修繕又は大規模の模様替に係る建築物又はその敷地

四・五　（略）

（昭26法318・昭29法131・昭34法156・昭36法115・昭38法151・昭43法101・昭45法109・昭50法49・昭51法83・昭62法66・平4法82・平6法62・平9法79・平12法73・平14法85・平15法101・平16法61・平16法67・平18法46・平26法39・平26法54・平29法26・平30法67・令2法43・一部改正）

　本条は，「建築物の安全性及び市街地の防災機能の確保等を図るための建築基準法等の一部を改正する法律」（平成17年6月1日施行）によって追加されたものである。

　既存不適格建築物に関する規制の合理化の観点から，一定の公共事業の施行等により建築物の敷地面積が減少し，建築物の敷地面積が関係する規制（容積率制限，建蔽率制限又は最低敷地面積限度）に適合しなくなった建築物について，規制強化があったものと同視し，当該建築物又はその敷地を既存不適格と取り扱うこととしている。

（公共事業の施行等による敷地面積の減少について法第3条等の規定を準用する事業）

令第137条の17　法第86条の9第1項第2号の政令で定める事業は，次に掲げるものとする。

一　土地区画整理法（昭和29年法律第119号）による土地区画整理事業（同

第3節　公共事業の施行等に伴う敷地面積の減少

法第3条第1項の規定により施行するものを除く。）
二　都市再開発法（昭和44年法律第38号）による第1種市街地再開発事業
　　（同法第2条の2第1項の規定により施行するものを除く。）
三　大都市地域における住宅及び住宅地の供給の促進に関する特別措置法
　　（昭和50年法律第67号）による住宅街区整備事業（同法第29条第1項の規
　　定により施行するものを除く。）
四　密集市街地における防災街区の整備の促進に関する法律による防災街区
　　整備事業（同法第119条第1項の規定により施行するものを除く。）

（平17政192・追加，平27政11・旧第137条の16繰下）

　本制度の適用対象となる公共事業については，法第86条の9第1項第1号におい
て土地収用法第3条各号に掲げるものに関する事業若しくは都市計画法の規定によ
り土地を収用し，若しくは使用することができる都市計画事業又はこれらの事業に
係る土地収用法第16条に規定する関連事業を規定し，また，本条においても，法律
により事業の施行に関し強制力が付与されている事業が各号に規定されている。

　なお，上記各公共事業のうち個人施行者により施行されるものは，例えば，都市
再開発法第7条の13において，事業計画について施行地区内の地権者全員の同意を
要することとされており，たとえ事業計画段階の同意であっても制度上本人の同意
が必要とされていることから，対象事業から除かれている。

　（公共事業の施行等による敷地面積の減少についての第3条等の規定の準用）

　法第86条の9

　1　（略）
　2　第53条の2第3項（第57条の5第3項，第67条第4項及び第68条第4項に
　　おいて準用する場合を含む。以下この項において同じ。）の規定は，前項各
　　号に掲げる事業の施行による面積の減少により，当該事業の施行の際現に建
　　築物の敷地として使用されている土地で第53条の2第1項（第57条の5第3
　　項において準用する場合を含む。），第67条第3項若しくは第68条第3項の規
　　定に適合しなくなるもの又は当該事業の施行の際現に存する所有権その他の
　　権利に基づいて建築物の敷地として使用するならばこれらの規定に適合しな
　　いこととなる土地について準用する。この場合において，第53条の2第3項
　　中「同項の規定は」とあるのは「第1項，第67条第3項又は第68条第3項の

509

第9章 既存建築物の取扱い

規定は」と，同項第1号中「第1項の都市計画における建築物の敷地面積の最低限度が変更された際，」とあるのは「第86条の9第1項各号に掲げる事業の施行により面積が減少した際，当該面積の減少がなくとも」と，「従前の制限」とあるのは「制限」と，同項第2号中「第1項」とあるのは「第1項（第57条の5第3項において準用する場合を含む。），第67条第3項若しくは第68条第3項」と，「同項」とあるのは「これら」と読み替えるものとする。

（平16法67・追加，平26法54・平30法67・一部改正）

　本項では，第1項各号に掲げる事業の施行によって生じた面積の減少により，当該事業の施行の際現に建築物の敷地として使用されている土地で建築物の敷地面積の最低限度に関する制限（用途地域における制限【法第53条の2第3項】，高層住居誘導地区における制限【法第57条の5第3項】，特定防災街区整備地区における制限【法第67条第4項】，景観地区における制限【法第68条第4項】）に適合しなくなるもの，又は，当該事業の施行の際に存する所有権その他の権利に基づいて建築物の敷地として使用するならばこれらの規定に適合しないこととなる土地については，法第53条の2第3項の規定を準用することとして，敷地面積の最低限度制限の規定を適用せず，既存敷地を使用することができるものとして，制度運用の合理化を図っている。

510

第4節 用途変更

第1項 用途変更に係る手続

（用途の変更に対するこの法律の準用）

法第87条 建築物の用途を変更して第6条第1項第1号の特殊建築物のいずれかとする場合（当該用途の変更が政令で指定する類似の用途相互間におけるものである場合を除く。）においては，同条（第3項，第5項及び第6項を除く。），第6条の2（第3項を除く。），第6条の4（第1項第1号及び第2号の建築物に係る部分に限る。），第7条第1項並びに第18条第1項から第3項まで及び第14項から第16項までの規定を準用する。この場合において，第7条第1項中「建築主事等の検査（建築副主事の検査にあつては，大規模建築物以外の建築物に係るものに限る。第7条の3第1項において同じ。）を申請しなければならない」とあるのは，「建築主事等（当該用途の変更が大規模建築物に係るものである場合にあつては，建築主事）に届け出なければならない」と読み替えるものとする。

2〜4　（略）

（昭34法156・全改，昭43法101・昭45法109・昭51法83・昭55法34・平4法82・平10法100・平11法87・平12法73・平14法22・平14法85・平15法101・平16法67・平16法111・平18法46・平18法92・平26法39・平26法54・平28法72・平29法26・平30法67・令2法43・令4法69・令5法58・一部改正）

　法の規定の中には，建築物が「ある状態にあるべきこと」を要求するのではなく建築行為を禁止，制限するだけのものがあるが，すでに存する建築物の用途を変更する場合には建築に該当しないので，これらの規定の適用を受けないこととなる。

　したがって，用途の変更という行為によってこれらの規定の存在意義が無に帰することにもなりかねないのでこれを補うこと，また，既存不適格建築物に対しては，原則として適合しない規定の適用がないが，用途の変更を機会として当該規定を適用し，これらの規定に定める基準に適合させることが建築物の質の向上，当該建築物の存する地域の環境改善等の観点から適当であると認められる場合があることを考慮して，本条では，用途の変更に対して法並びにこれに基づく命令及び条例の規定中必要なものを準用することとしているものである。

第9章　既存建築物の取扱い

　本条第1項では，原則として，既存建築物の用途を変更して法第6条第1項第1号の特殊建築物にする場合は，確認申請及び完了検査の手続が必要となることとしている。ここでいう「特殊建築物のいずれかにする場合」とは，既存建築物がもともと特殊建築物であるときに，別の用途の特殊建築物とする場合をも含むものである。

　このとき，建築主事及び指定確認検査機関は，都道府県知事又は指定構造計算適合性判定機関に構造計算適合性判定を求める必要はなく，完了検査については，建築主事への申請ではなく届出で足りる。

　また，確認の特例の適用については，法第6条の4第1項第1号及び第2号の建築物（認定形式による建築物）にあっては受けることができるが，同項第3号において特例を定めている3号建築物については，建築する場合において用途規制を含む集団規定が確認の特例対象となっていないのと同様に，建築確認等の手続が必要である。

　また，相互に類似する用途であって，用途を相互に変更しても本法に基づく技術的基準や用途規制に適合するものであれば，本項に基づく建築確認等の手続を必要としない。具体的には，ここでいう「類似の用途」については，令第137条の18において定めている。

　（建築物の用途を変更して特殊建築物とする場合に建築主事の確認等を要しない類似の用途）
令第137条の18　法第87条第1項の規定により政令で指定する類似の用途は，当該建築物が次の各号のいずれかに掲げる用途である場合において，それぞれ当該各号に掲げる他の用途とする。ただし，第3号若しくは第6号に掲げる用途に供する建築物が第1種低層住居専用地域，第2種低層住居専用地域若しくは田園住居地域内にある場合，第7号に掲げる用途に供する建築物が第一種中高層住居専用地域，第二種中高層住居専用地域若しくは工業専用地域内にある場合又は第9号に掲げる用途に供する建築物が準住居地域若しくは近隣商業地域内にある場合については，この限りでない。
一　劇場，映画館，演芸場
二　公会堂，集会場
三　診療所（患者の収容施設があるものに限る。），児童福祉施設等
四　ホテル，旅館

512

第4節　用途変更

　　五　下宿，寄宿舎

　　六　博物館，美術館，図書館

　　七　体育館，ボーリング場，スケート場，水泳場，スキー場，ゴルフ練習
　　　場，バッティング練習場

　　八　百貨店，マーケット，その他の物品販売業を営む店舗

　　九　キャバレー，カフェー，ナイトクラブ，バー

　　十　待合，料理店

　　十一　映画スタジオ，テレビスタジオ

　　　　（昭52政266・追加，平5政170・一部改正，平17政192・旧第137条の9の2
　　　　繰下・一部改正，平27政11・旧第137条の17繰下，平27政382・平29政156・一
　　　　部改正）

　法第87条第1項の規定により，特殊建築物への用途変更については建築確認等の
手続が必要となるが，本条の各号に掲げる用途については，同じ号で定める相互の
用途間で変更を行う場合は，その手続を要しない。

　この規定によって定められている類似の用途は，それぞれの用途が相互に類似
し，かつ，相互に用途を変更した場合においても建築物が建築基準法上の実体規定
及び用途規制に関する規定に適合するものをまとめたものである。例えば，診療所
から児童福祉施設等への用途変更については建築主事の確認を要しない（第3号）
が，他の用途の建築物から児童福祉施設等への用途変更については，確認申請等が
必要となる。

　なお，法第87条に関しては，第3項第2号においても「類似の用途」を定めてい
るが，こちらは類似用途間の用途変更の場合において，既存不適格の適用が継続さ
れることで実体規定が緩和される場合を定めているものであり，本条の根拠規定で
ある第1項において定める「類似の用途」とは異なるものであることに注意する必
要がある。したがって，第3項第2号において「類似の用途」とされている用途間
での用途変更であっても，第1項における「類似の用途」に該当しない場合（例え
ば，病院と児童福祉施設等）であれば，当然，同項の手続規定は適用されるため，
確認申請等の手続を要することとなる。

第2項　用途変更時に適用される基準

　（用途の変更に対するこの法律の準用）

第9章　既存建築物の取扱い

法第87条

1　（略）

2　建築物（次項の建築物を除く。）の用途を変更する場合においては，第48条第1項から第14項まで，第51条，第60条の2第3項及び第68条の3第7項の規定並びに第39条第2項，第40条，第43条第3項，第43条の2，第49条から第50条まで，第60条の2の2第4項，第60条の3第3項，第68条の2第1項及び第5項並びに第68条の9第1項の規定に基づく条例の規定を準用する。

3・4　（略）

　　　（昭34法156・全改，昭43法101・昭45法109・昭51法83・昭55法34・平4法82
　　　・平10法100・平11法87・平12法73・平14法22・平14法85・平15法101・平16
　　　法67・平16法111・平18法46・平18法92・平26法39・平26法54・平28法72・平
　　　29法26・平30法67・令2法43・令4法69・令5法58・一部改正）

　建築基準法の規定の大部分は，単に「建築行為」のみを規制するだけではなく，建築後においても一定の状態にあることを要求する「状態規定」である。しかし，①法第48条及び第51条のような用途規制（第60条の2第3項は都市再生特別地区における用途規制の特例，第68条の3第7項は開発整備促進区における用途規制の特例）は，建築物を新たに建築したり増改築をしたりする「建築行為」のみを禁止しており，また，②法第39条第2項（災害危険区域における制限の規定），第40条（単体規定に関する制限の附加），第43条第3項（道路に関する制限の附加），第43条の2（接道が4m未満の建築物に対する制限の付加），第49条（特別用途地区における制限の緩和），第49条の2（特定用途制限地域における制限の規定），第50条（用途地域等における制限の規定），第60条の2の2第4項（居住環境向上用途誘導地区における制限の緩和），第60条の3第3項（特定用途誘導地区における制限の緩和），第68の2第1項・第5項（地区計画等の区域における制限の規定・緩和）及び第68条の9第1項（3号建築物の対象区域における制限の規定）の規定に基づく条例による規制においても「建築行為」のみを禁止するような規制を行うことが予想される。

　したがって，これらの①のような法の規定や，②のような法に基づく条例の規定については，いったん建築されてしまった建築物の用途を変更する場合，建築行為を伴わない限りにおいては規制できないこととなるので，本条第2項においては，

第4節　用途変更

建築行為を伴わない用途変更についてもこれらの法又は法に基づく条例の規定を準用することとしたものである。

　なお，建築行為を伴わない用途変更としては，例えば，工場において，法第48条の規定に抵触するかたちで，増改築等をせずに原動機の出力や機械の台数を増やしたり，作業上の床面積を増したりする場合などが想定される。

第3項　既存不適格建築物の用途変更に係る制限の遡及適用と緩和

　（用途の変更に対するこの法律の準用）
　法第87条

　1・2　（略）
　3　第3条第2項の規定により第27条，第28条第1項若しくは第3項，第29条，第30条，第35条から第35条の3まで，第36条中第28条第1項若しくは第35条に関する部分，第48条第1項から第14項まで若しくは第51条の規定又は第39条第2項，第40条，第43条第3項，第43条の2，第49条から第50条まで，第68条の2第1項若しくは第68条の9第1項の規定に基づく条例の規定（次条第1項において「第27条等の規定」という。）の適用を受けない建築物の用途を変更する場合においては，次の各号のいずれかに該当する場合を除き，これらの規定を準用する。
　一　増築，改築，大規模の修繕又は大規模の模様替をする場合
　二　当該用途の変更が政令で指定する類似の用途相互間におけるものであつて，かつ，建築物の修繕若しくは模様替をしない場合又はその修繕若しくは模様替が大規模でない場合
　三　第48条第1項から第14項までの規定に関しては，用途の変更が政令で定める範囲内である場合
　4　第86条の7第2項（第27条又は第35条（階段等に関する技術的基準に係る部分に限る。）に係る部分に限る。）及び第86条の7第3項（第28条第1項若しくは第3項，第29条，第30条，第35条（廊下等に関する技術的基準に係る部分に限る。），第35条の2，第35条の3又は第36条（居室の採光面積に係る部分に限る。以下この項において同じ。）に係る部分に限る。）の規定は，第3条第2項の規定により第27条，第28条第1項若しくは第3項，第29条，第

第9章　既存建築物の取扱い

> 30条，第35条（階段等に関する技術的基準及び廊下等に関する技術的基準に
> 係る部分に限る。）又は第35条の2から第36条までの規定の適用を受けない
> 建築物の用途を変更する場合について準用する。この場合において，第86条
> の7第2項及び第3項中「増築等」とあるのは「用途の変更」と，「第3条
> 第3項」とあるのは「第87条第3項」と読み替えるものとする。
>
> 　　　（昭34法156・全改，昭43法101・昭45法109・昭51法83・昭55法34・平4法82
> 　　　・平10法100・平11法87・平12法73・平14法22・平14法85・平15法101・平16
> 　　　法67・平16法111・平18法46・平18法92・平26法39・平26法54・平28法72・平
> 　　　29法26・平30法67・令2法43・令4法69・令5法58・一部改正）

　本条第2項が「現行法の基準に適合している建築物」の用途変更に関する規定であるのに対し，第3項及び第4項は，「既存不適格建築物」の用途変更に関する規定である。

第3項本文

　第3項の規定により，既存不適格建築物であっても，第1号から第3号までに掲げる場合を除き，用途変更をする場合には，同項に掲げる規定が準用されることとなる。すなわち，法第3条第2項によって「現行基準に遡及適用させなくても良い」とされている既存不適格建築物が，法第3条第3項によって増築・移転等を行うことで「現行基準に遡及適用させなければならない」という本則を踏まえて，用途変更を行う場合についても，「一部の基準については現行基準に遡及適用させなければならない」とする特例解除規定である。

　既存の建築物については，当該建築物の完成後に施行された建築基準関係規定の適用が除外されるが，本項は，建築物について用途を変更する際に，これらの除外規定の一部を解除し，遡及的に必要な基準に適合させようとする趣旨である。

　具体的には，本文に掲げられている各規定（例えば，特殊建築物等を耐火建築物とする規定（法第27条），採光規定（法第28条第1項），内装制限（法第35条の2））については現行基準を満たすことが必要となる。これらの規定は，条文上は「第27条等の規定」と定義されているが，いずれも適用関係の判定要素として「用途」を含むものであることから，用途変更に際して現行基準の遡及適用を求めることとしているものである。

　なお，第27条等の規定に含まれていない構造耐力関係規定（法第20条）等については，旧基準を満たしていればよく，用途変更を行っても既存不適格のままでよい

第4節　用途変更

こととなる。

　本項においては，用途変更をしても本項に基づく準用規定の適用を受けることがない場合を各号において定めているが，その内容は以下のとおりである。

第3項第1号

　本号においては，増改築や大規模の修繕・模様替をする場合が掲げられている。これは，これらの建築行為を行う場合は，そもそも既存不適格が解除され，現行基準にすべて適合させる必要が生じるため，確認的に例外の場合として規定されているものである。

第3項第2号

　類似の用途間の変更で，かつ，大規模でない範囲で修繕・模様替をする場合にあっては，すべての基準について，引き続き既存不適格の規定が適用されることとなるため，現行基準に遡及適用させることを要しない。なお，当然のことながら，引き続き，既存不適格の適用対象となる旧基準を満たすことは求められる。

　したがって，例えば，診療所から児童福祉施設等への用途変更であって，かつ，主要構造部の過半には至らない修繕・模様替を伴う場合にあっては，遡及的に現行基準に適合させる必要はない。また，ここでいう「類似の用途」については，令第137条の19第1項において定められており，同項の各号に掲げる各用途間で行われる用途変更であれば，遡及適用の対象とならない。なお，本号の「類似の用途」は，用途変更の場合における建築確認等が不要となる「類似の用途」とは，必ずしも一致しないことに注意する必要がある。

第3項第3号

　用途地域の建築規制に関しては，政令で定める一定の範囲内（令第137条の19第2項）であれば，第2号と同様に，既存不適格の規定が適用されることとなり，現行基準に遡及適用させることを要しない。

第4項

　本項の規定により，避難上の独立部分を有する既存不適格建築物や，居室に関する既存不適格建築物の用途変更については，それぞれ法第86条の7第2項及び第3項の規定が準用されることとなる。すなわち，各規定の性格上，用途変更による影響が及ぶ部分と及ばない部分を分離して考えることができる場合，用途変更が行われる部分と一体となっている部分のみが，遡及適用の対象となる。

　なお，法第86条の7第2項・第3項及び法第87条第3項・第4項の規定の内容をまとめると，既存建築物について，増築等の建築行為や用途変更を行った場合にお

517

第9章　既存建築物の取扱い

ける遡及適用の有無については，表9－12のとおりとなる。

表9－12　既存不適格建築物（単体規定）に係る遡及適用の関係

適用対象	関係規定		増築等	用途変更
	対象となる項目	対象となる条文		
独立部分の概念を有する規定	構造耐力	法第20条	○	－
	木造建築物の主要構造部	法第21条	○	－
	屋根不燃化区域の外壁	法第23条	○	－
	防火壁・防火床	法第26条・第36条	○	－
	特殊建築物の主要構造部	法第27条	○	○
	避難施設，排煙設備	法第35条	○	○
	防火区画（竪穴区画以外）	法第36条	○	－
	防火地域等の主要構造部	法第61条	○	－
居室等の建築物の部分のみを対象とする規定	居室の採光	法第28条第1項・第36条	○	○
	居室の換気	法第28条第2項	○	－
	火気使用室等の換気	法第28条第3項	○	－
	ホルムアルデヒド対策	法第28条の2第3号	○	－
	地階の防湿	法第29条	○	○
	遮音の界壁	法第30条	○	○
	便所	法第31条・第36条	○	－
	電気設備	法第32条	○	－
	昇降機	法第34条第1項・第36条	○	－
	廊下の幅	法第35条（令第119条）	○	○
	非常用の照明装置	法第35条（令第5章第4節）	○	○
	非常用の進入口	法第35条（令第5章第5節）	○	○
	内装制限	法第35条の2	○	○
	避難上の無窓居室	法第35条の3	○	○
	天井・床の高さ，床の防湿方法	法第36条	○	－
	階段	法第36条	○	－
	配管設備	法第36条	○	－
	浄化槽	法第36条	○	－
	煙突	法第36条	○	－

第 4 節　用途変更

	建築材料	法第37条	○	—
上記以外（建築物全体を対象とした規定であって，独立部分の概念がないもの）	屋根不燃	法第22条	◎	—
	木造の特殊建築物の外壁等	法第24条	◎	—
	大規模木造建築物等の外壁等	法第25条	◎	—
	石綿対策	法第28条の2第1号・第2号	◎	—
	避雷設備	法第33条・第36条	◎	—
	非常用の昇降機	法第34条第2項・第36条	◎	—
	敷地内通路	法第35条	◎	—
	消火設備	法第35条・第36条	◎	◎
	防火地域等の屋根	法第62条	◎	—
	特定防災街区整備地区	法第67条第1項	◎	—

◎：「一定の範囲を超えた増築等」又は「用途変更」を行う場合には，建築物全体において，現行基準を遡及適用する必要がある規定。

○：「増築等」又は「用途変更」を行う場合には，増築等又は用途変更をする部分（独立部分について増築等・用途変更をする場合は，当該独立部分）のみ，現行基準を遡及適用する必要がある規定。

—：「用途変更」を行う場合には，現行基準を遡及適用する必要がない規定。

（建築物の用途を変更する場合に法第27条等の規定を準用しない類似の用途等）

令第137条の19　法第87条第3項第2号の規定により政令で指定する類似の用途は，当該建築物が前条第8号から第11号まで及び次の各号のいずれかに掲げる用途である場合において，それぞれ当該各号に掲げる他の用途とする。ただし，法第48条第1項から第14項までの規定の準用に関しては，この限りでない。

一　劇場，映画館，演芸場，公会堂，集会場

二　病院，診療所（患者の収容施設があるものに限る。），児童福祉施設等

三　ホテル，旅館，下宿，共同住宅，寄宿舎

四　博物館，美術館，図書館

2　法第87条第3項第3号の規定により政令で定める範囲は，次に定めるものとする。

一　次のイからホまでのいずれかに掲げる用途である場合において，それぞれ当該イからホまでに掲げる用途相互間におけるものであること。

イ　法別表第2(に)項第3号から第6号までに掲げる用途

ロ　法別表第2(ほ)項第2号若しくは第3号，同表(へ)項第4号若しくは第5

519

第9章　既存建築物の取扱い

　　　号又は同表(と)項第3号(1)から(16)までに掲げる用途
　　ハ　法別表第2(り)項第2号又は同表(ぬ)項第3号(1)から(20)までに掲げる用途
　　ニ　法別表第2(る)項第1号(1)から(31)までに掲げる用途（この場合において，同号(1)から(3)まで，(11)及び(12)中「製造」とあるのは，「製造，貯蔵又は処理」とする。）
　　ホ　法別表第2(を)項第5号若しくは第6号又は同表(わ)項第2号から第6号までに掲げる用途
　二　法第48条第1項から第14項までの規定に適合しない事由が原動機の出力，機械の台数又は容器等の容量による場合においては，用途変更後のそれらの出力，台数又は容量の合計は，基準時におけるそれらの出力，台数又は容量の合計の1.2倍を超えないこと。
　三　用途変更後の法第48条第1項から第14項までの規定に適合しない用途に供する建築物の部分の床面積の合計は，基準時におけるその部分の床面積の合計の1.2倍を超えないこと。
3　法第87条第3項の規定によつて同項に掲げる条例の規定を準用する場合における同項第2号に規定する類似の用途の指定については，第1項の規定にかかわらず，当該条例で，別段の定めをすることができる。

　　　　　（昭34政344・追加，昭36政396・一部改正，昭39政4・旧第137条の8繰下，
　　　　昭44政158・一部改正，昭44政232・旧第137条の9繰下，昭45政333・昭52政
　　　　266・平5政170・一部改正，平17政192・旧第137条の10繰下・一部改正，平
　　　　18政350・一部改正，平27政11・旧第137条の18繰下，平29政156・平30政255
　　　　・一部改正）

　第3項第2号及び第3号の規定に基づき本条に定められている類似の用途は，それぞれの用途が相互に類似し，かつ，相互に用途を変更した場合においても建築物が建築基準法上の実体規定及び用途規制に関する規定に適合するものをまとめたものである。

第1項

　第1項は，用途地域関係を除いた一般の場合の類似の用途の指定である。類似の用途相互間とは，本項における同一の号に掲げられている各用途相互間という意味である。

第2項第1号

第4節　用途変更

　本号は，許容される用途地域関係の用途変更の範囲の指定である。例えば，第二種中高層住居専用地域は，法別表第2㈓項第3号から第6号までの1のそれぞれに列記する用途相互間において用途変更が認められる。したがって，ここに掲げる用途相互間であるボーリング場（㈓項第3号）からホテル（㈓項第4号）への用途変更が可能である。

第2項第2号

　本号は，法第48条第1項から第14項までの規定に適合しない事由が「原動機の出力」，「機械の台数」又は「容器等の容量」によるものである場合に当該既存不適格建築物について，増改築等を行わずに，これらの「出力」，「台数」又は「容量」を無制限に増大させるのを抑える趣旨である。

第2項第3号

　本号は，法第48条第1項から第14項までの規定に適合しない用途に供する既存不適格建築物の部分について増改築を行わず，適格部分を蚕食するかたちで無制限に拡げるのを抑える趣旨である。

第3項

　第3項は，法第87条第3項に掲げる条例（例えば，地区計画条例）の規定によって既存不適格建築物となったものについては，その用途変更に係る制限の緩和の範囲についても第1項の規定とは別に当該条例によって定めることができるものとしている。

　（既存の一の建築物について2以上の工事に分けて用途の変更に伴う工事を行う場合の制限の緩和）

法第87条の2　第3条第2項の規定により第27条等の規定の適用を受けない一の建築物について2以上の工事に分けて用途の変更に伴う工事を行う場合（第86条の8第1項に規定する場合に該当する場合を除く。）において，特定行政庁が当該2以上の工事の全体計画が次に掲げる基準に適合すると認めたときにおける第3条第2項及び前条第3項の規定の適用については，第3条第2項中「建築，修繕若しくは模様替の工事中の」とあるのは「第87条の2第1項の認定を受けた全体計画に係る2以上の工事の工事中若しくはこれらの工事の間の」と，前条第3項中「準用する」とあるのは「準用する。ただし，次条第1項の認定を受けた全体計画に係る2以上の工事のうち最後の工事に着手するまでは，この限りでない」とする。

521

第9章　既存建築物の取扱い

> 　一　一の建築物の用途の変更に伴う工事を2以上の工事に分けて行うことが当該建築物の利用状況その他の事情によりやむを得ないものであること。
> 　二　全体計画に係る全ての工事の完了後において，当該全体計画に係る建築物及び建築物の敷地が建築基準法令の規定に適合することとなること。
> 　三　全体計画に係るいずれの工事の完了後においても，当該全体計画に係る建築物及び建築物の敷地について，交通上の支障，安全上，防火上及び避難上の危険性並びに衛生上及び市街地の環境の保全上の有害性が増大しないものであること。
> 2　第86条の8第2項から第6項までの規定は，前項の認定について準用する。
>
> 　　　　　（平30法67・追加）

　既存不適格建築物の用途変更に伴う改修を行う際，その改修計画全体の規模が大きく，建築物を使用しながら二以上の工事に分けて改修を行わざるを得ない場合がある。増築等を行う際には既存不適格である規定が遡及適用されるが（法第3条第3項），改修を計画的・段階的に進めることを可能とするため，法第86条の8に基づく制限緩和の規定により，増築等の工事を2以上の工事として計画的に実施されるものと特定行政庁が認める場合には，全体計画に係る最後の工事に着手するまでは現行規定を遡及適用しないこととしている。

　一方で，改修工事が法第87条第3項第1号に該当しないとき（用途変更に際して大規模でない修繕・模様替を行うとき）は，法第87条第3項の規定に基づき既存不適格の規定の一部が準用されることで遡及されることとなり，大規模な修繕・模様替を前提とした緩和規定である法第86条の8に基づく制限の緩和が適用されないこととなるため，本条により，増築等の工事を伴う場合と同様に，全体計画に係る最後の工事に着手するまでは現行規定を遡及適用しないこととする制限の緩和を認めることとしている。すなわち，増築等に係る段階的改修を対象とした緩和規定である法第86条の8に対して，用途変更に伴う小規模な修繕・模様替に係る段階的改修を対象とした緩和規定が本条である。

　条文中の「第3条第2項の規定により第27条等の規定の適用を受けない一の建築物」とは，用途に関する規定の適用が猶予されている既存不適格建築物のことである。また，当該既存不適格建築物について2以上の工事に分けて用途の変更に伴う工事を行う場合を対象としているが，増築等を行う場合の制限緩和は法第86条の8

522

第4節　用途変更

が適用されるため，かっこ書で除いている。

　本条の内容は，増築等の工事を行う場合における「法第3条第3項（増築等の工事をトリガーとした猶予規定の遡及適用）」に対して「法第86条の8第1項（全体計画による再猶予）」による制限緩和の関係を，用途変更の工事を行う場合における「法第87条第3項（用途変更をトリガーとした猶予規定の遡及適用）」に対して制限緩和の関係と同じである。したがって，条文の構成としては，法第86条の8第1項と同様であり，全体計画に係る最後の工事に着手するまでは，法第87条第3項に掲げる規定を準用しないこととしている。

表9―13　全体計画による遡及適用の再猶予

	増築等の工事	用途変更に伴う小規模な修繕・模様替
対象となる規定	全ての規定	用途関係規定 （第27条等の規定）
規定の適用の猶予	法第3条第2項	法第3第2項
工事による猶予規定の遡及適用	法第3条第3項	法第87条第3項
全体計画による再猶予	法第86条の8第1項	法第87条の2第1項

　なお，第1項各号に規定する「用途変更工事の場合の全体計画」の基準については，法第86条の8第1項で規定する「増築等の場合の全体計画」と同様に，「2以上の工事に分けることがやむを得ないものであること」，「全ての工事の完了後には，全ての規定について現行基準に適合したものとなること」，「各工事の完了時点で危険性や有害性が増大しないものであること」が規定されている。詳細は，同条と同じく「全体計画認定に係るガイドライン」を参照されたい。

第1節 工 作 物

第10章 工 作 物 等

第1節 工 作 物

　建築基準法は，建築物の敷地，構造，設備及び用途に関する最低の基準を定めるものであるが，このうち，地震，台風等の危険に対処するための基準である建築物の構造基準については，煙突，広告塔，高架水槽，擁壁，昇降機，ウォーターシュート，飛行塔等の工作物の安全性との関係が強い。また，工作物の中でも，製造施設，貯蔵施設，遊戯施設等，建築物と同様，地域の環境に影響を及ぼすものがある。このため，特定の工作物（以下「準用工作物」という。）については，建築物に関する規定を準用することとしている。

　準用工作物は，工作物の特性，規制の目的によって準用される規定が異なっており，以下のものに分けられる。

　①　煙突，広告塔，高架水槽，擁壁その他これらに類する工作物で，令第138条第1項で指定するもの（以下「煙突等」という。）

　②　昇降機，ウォーターシュート，飛行塔その他これらに類する工作物で，令第138条第2項で指定するもの（以下「昇降機等」という。）

　③　製造施設，貯蔵施設，遊戯施設等の工作物で，令第138条第3項で指定するもの（以下「製造施設等」という。）

　これらの準用工作物について適用される規定を整理すると，次の表10—1のとおりとなる。

表10—1　準用工作物に適用される規定の一覧

	条文番号	条文の概要	煙突等	昇降機等	製造施設等
総則	第3条	適用の除外	○	○	○
	第6条（第3項，第5項及び第6項を除く※1）	建築主事による建築確認	○※2	○※3	○※3
	第6条の2（第3項を除く※1）	指定確認検査機関による建築確認	○	○	○
	第6条の4※4	建築確認の特例	○	○	○
	第7条	建築主事による完了検査	○	○	○
	第7条の2	指定確認検査機関による完了検査	○	○	○
	第7条の3	建築主事による中間検査	○	○	

525

第10章　工作物等

	第7条の4	指定確認検査機関による中間検査	○	○	
	第7条の5※4	検査の特例	○	○	
	第7条の6	建築物の使用制限・仮使用認定		○	○
	第8条	維持保全	○	○	
	第9条	違反建築物に対する措置	○	○	
	第9条の2	建築監視員	○	○	
	第9条の3	違反建築物の設計者等に対する措置	○	○	
	第9条の4	保安上危険・衛生上有害な建築物に関する指導・助言	○	○	
	第10条	著しく保安上危険・衛生上有害な建築物に関する勧告・命令	○	○	
	第11条	集団規定に適合しない建築物の措置	○	○	○
	第12条第1項～第4項	定期報告・定期点検	○	○	
	第12条第5項（第3号を除く），第6項～第9項	特定行政庁等が主体となる報告，検査等	○	○	○
	第12条の2	建築物調査員資格者証		○	
	第12条の3	建築設備等検査員資格者証		○	
	第13条	身分証明書の携帯	○	○	
	第15条の2	国土交通大臣が主体となる報告，検査等	○	○	○
	第18条（第1項～第3項，第14項～第18項，第25項）	国等の建築物に対する確認等	○	○	
	第18条（第19項～第23項）	国等の建築物の特定工程に係る検査等	○	○	
	第18条（第24項）	国等の建築物の使用制限・仮使用認定		○	○
単体	第20条	構造耐力	○	○	
	第28条の2	石綿等の規制	○※5	○※5	
	第32条	電気設備	○	○	
	第33条	避雷設備	○	○	
	第34条第1項	昇降機	○	○	
	第36条	（政令への包括委任規定）	○※6	○※6	
	第37条	建築材料の品質	○	○	
	第38条	特殊の構造方法又は建築材料	○	○	
集団	第40条	地方公共団体の条例による制限の附加	○	○	
	第48条	用途地域等			○
	第49条	特別用途地区			○
	第49条の2	特定用途制限地域			○
	第50条	用途地域等における構造等に対する制限			○
	第51条	卸売市場等の位置			○
	第60条の2第3項	都市再生特別地区における特例			○

第1節　工　作　物

	第60条の2の2第4項	居住環境向上用途誘導地区における特例			○
	第60条の3第3項	特定用途誘導地区における特例			○
	第68条の2第1項・第5項	条例による制限の附加・緩和			○
	第68条の3第6項〜第9項	再開発等促進区等における特例			○
雑則	第3章の2	型式適合認定	○	○	
	第86条の7第1項	既存建築物に対する制限の緩和	○※5	○※5	○※7
	第86条の7第2項	既存建築物に対する制限の緩和	○※8	○※8	
	第86条の7第3項	既存建築物に対する制限の緩和	○※9	○※9	
	第87条第2項	用途変更に伴う準用規定			○※10
	第87条第3項	用途変更に伴う準用規定（条件付）			○※11
	第87条の4	建築設備への準用	○	○	○
	第89条	工事現場における確認の表示等	○	○	○
	第90条	工事現場の危害の防止	○	○	
	第91条	敷地が区域等の内外にわたる場合の措置			○
	第92条の2	許可の条件			○
	第93条の2	書類の閲覧			○

※1：構造計算適合性判定に関連する規定を除く趣旨
※2：第1項・第4項は，3号建築物のみが対象
※3：第1項・第4項は，1号・2号建築物のみが対象
※4：認定型式に適合する建築材料を用いる建築物又は認定型式に適合する部分を有する建築物
※5：石綿に関する技術的基準のみが対象（ホルムアルデヒド・クロルピリホスの基準は対象外）
※6：避雷設備・昇降機に関する技術的基準のみが対象
※7：用途地域・卸売市場の位置に関する規定のみが対象
※8：構造耐力に関する技術的基準のみが対象
※9：電気設備・昇降機に関する技術的基準のみが対象
※10：用途地域・特別用途地区・特定用途制限地域・卸売市場の位置・都市再生特別地区・居住環境向上用途誘導地区・特別用途誘導地区・市町村の条例に基づく制限に関する規定のみが対象
※11：用途地域・特別用途地区・特定用途制限地域・卸売市場の位置・市町村の条例に基づく制限に関する規定のみが対象

第1項　工作物に対する単体規定の準用

（工作物への準用）

法第88条　煙突，広告塔，高架水槽，擁壁その他これらに類する工作物で政令で指定するもの及び昇降機，ウォーターシュート，飛行塔その他これらに類する工作物で政令で指定するもの（以下この項において「昇降機等」という。）については，第3条，第6条（第3項，第5項及び第6項を除くものとし，第1項及び第4項は，昇降機等については第1項第1号から第3号までの建築物に係る部分，その他のものについては同項第4号の建築物に係る

第10章　工作物等

部分に限る。），第6条の2（第3項を除く。），第6条の4（第1項第1号及び第2号の建築物に係る部分に限る。），第7条から第7条の4まで，第7条の5（第6条の4第1項第1号及び第2号の建築物に係る部分に限る。），第8条から第11条まで，第12条第5項（第3号を除く。）及び第6項から第9項まで，第13条，第15条の2，第18条（第4項から第13項まで及び第24項を除く。），第20条，第28条の2（同条各号に掲げる基準のうち政令で定めるものに係る部分に限る。），第32条，第33条，第34条第1項，第36条（避雷設備及び昇降機に係る部分に限る。），第37条，第38条，第40条，第3章の2（第68条の20第2項については，同項に規定する建築物以外の認証型式部材等に係る部分に限る。），第86条の7第1項（第28条の2（同条第1号及び第2号に掲げる基準に係る部分に限る。）に係る部分に限る。），第86条の7第2項（第20条に係る部分に限る。），第86条の7第3項（第32条，第34条第1項，第36条（昇降機に係る部分に限る。）及び第37条に係る部分に限る。），前条，次条並びに第90条の規定を，昇降機等については，第7条の6，第12条第1項から第4項まで，第12条の2，第12条の3及び第18条第24項の規定を準用する。この場合において，第20条第1項中「次の各号に掲げる建築物の区分に応じ，それぞれ当該各号に定める基準」とあるのは，「政令で定める技術的基準」と読み替えるものとする。

2〜4　（略）

（昭34法156・昭36法191・昭45法109・昭49法67・昭51法83・昭55法34・昭58法44・昭63法49・平2法61・平4法82・平10法100・平11法87・平11法160・平14法22・平14法85・平16法67・平18法5・平18法30・平18法46・平18法92・平20法40・平23法124・平26法39・平26法54・平28法72・平29法26・平30法67・令2法43・令3法31・令4法55・令4法69・一部改正）

準用される規定において，原則として，「建築物」とあるのは「工作物」と，「建築設備」とあるのは「工作物の設備」と読み替えるものであるが，法第87条の4の規定の準用に当たっては，テレビ塔に観光用エレベーターを設ける場合のように，準用工作物に「昇降機等」を設ける場合，「昇降機等」が一つの別個の工作物であるから，法第87条の4の規定の準用はないと解される。

なお，読み替えについては，それぞれの規定の法意に基づき，適用上必要な読み替えを行うものとして，個別には示していない。例えば，「一定の高さを超える建

第1節　工作物

築物」とあれば，一般に，工作物についても高さの概念は存するので，「建築物」を「工作物」と読み替えることで十分であるが，「延べ面積が一定の面積を超える建築物」とある場合，延べ面積の概念の存しない種類の工作物に関しては，「延べ面積が一定の面積を超える建築物」の全体を「工作物」と読み替える必要のある場合も存する。

　ただし，本項後段において，法第20条の規定の準用にあっては，同条第1項中「次の各号に掲げる建築物の区分に応じ，それぞれ当該各号に定める基準」とあるのは，「政令で定める技術的基準」と読み替えるものとしており，具体的な技術的基準は，準用工作物ごとに施行令で規定されている。それらについては本節第2項で詳しく解説する。

　また，法第6条の準用に関する括弧書きにおいて，第1項及び第4項に関して「昇降機等」と「煙突等」で対象を書き分けている趣旨は，申請書を受理してから確認済証を交付するまでの期限を，「昇降機等」については21日間，「煙突等」については7日間と定めたものであって，都市計画区域の内外及び工事種別において区別したものではない。したがって，全国どこもこれらを設置し，又は築造しようとする場合には，確認を要する。ただし，第6条の3は準用されないことから，構造計算適合性判定を求める必要はない。

　（工作物の指定等）

令第138条　煙突，広告塔，高架水槽，擁壁その他これらに類する工作物で法第88条第1項の規定により政令で指定するものは，次に掲げるもの（鉄道及び軌道の線路敷地内の運転保安に関するものその他他の法令の規定により法及びこれに基づく命令の規定による規制と同等の規制を受けるものとして国土交通大臣が指定するものを除く。）とする。

　一　高さが6メートルを超える煙突（支枠及び支線がある場合においては，これらを含み，ストーブの煙突を除く。）

　二　高さが15メートルを超える鉄筋コンクリート造の柱，鉄柱，木柱その他これらに類するもの（旗ざおを除く。）

　三　高さが4メートルを超える広告塔，広告板，装飾塔，記念塔その他これらに類するもの

　四　高さが8メートルを超える高架水槽，サイロ，物見塔その他これらに類するもの

529

第10章 工作物等

　　五　高さが２メートルを超える擁壁
　２　昇降機，ウオーターシユート，飛行塔その他これらに類する工作物で法第
　　88条第１項の規定により政令で指定するものは，次の各号に掲げるものとす
　　る。
　　一　乗用エレベーター又はエスカレーターで観光のためのもの（一般交通の
　　　用に供するものを除く。）
　　二　ウオーターシユート，コースターその他これらに類する高架の遊戯施設
　　三　メリーゴーラウンド，観覧車，オクトパス，飛行塔その他これらに類す
　　　る回転運動をする遊戯施設で原動機を使用するもの
　３・４　　（略）
　　　　　　　（昭34政344・昭50政２・昭52政266・平５政170・平７政359・平11政５・平
　　　　　　　11政431・平13政98・平16政210・平18政350・平23政46・平29政156・令５政
　　　　　　　280・一部改正）

第１項

　法第88条第１項の規定による準用工作物の指定である。各号において，いずれも
高さに基づき指定対象を規定しているが，この場合の高さの測定方法は，土地に独
立して造られているものについては地盤面から工作物の最高部まで，また，建築物
の屋上に設けるものについては，設置された部分の屋根面から工作物の最高部まで
とする。
　煙突，高架水槽，物見塔等について，建築物であるか否かの判別に苦しむ場合も
存する。例えば，煙突については，建築物に付属するものは，当然に建築設備とし
て扱われ，仮に敷地内に独立して造られたものであっても，建築設備の定義に該当
すると判断される場合，すなわち，建築物と一体となってその効用を全うするため
のものと判断される場合には（冷暖房用ボイラー，暖炉，汚物処理設備等に付属す
るものがその例である。），本項において指定された準用工作物ではなく，建築物そ
のものとして本法の適用を受けるものである。また，高架水槽についても同様のこ
とがいえる。
　屋上に設けられる物見塔，展望塔の類も，用途，規模等が極めて軽易な場合を除
き，当該部分に屋根がない場合を含めて，建築物に該当し，また，遊戯施設等は，
原則として，屋上に設けられるものについても，工作物としての取扱いを受ける。
　また，鉄道及び軌道の線路敷地内の運転保安に関するものを除いたのは，法第２

530

第1節 工 作 物

条第1号の場合と同様の趣旨である。

第1号にいう「煙突」とは，その効用上建築設備に該当せず，建築物との用途上，構造上の関係なく，土地に独立して造られる煙突をいう。ストーブの煙突を除外している趣旨は，非恒久的に設けられるストーブ等の軽易な燃焼器具の煙突で，かつ，建築物との用途上，構造上の関係なく土地に独立して設けられているものについては，本号に指定する準用工作物に含めないとしたものである（例えば，軽易な野外ストーブ，野外料理用ストーブ，庭先等に設けられる趣味工芸用ストーブなどが挙げられる。）。

第2号に定める「柱等」では，一定の高さを有する柱を対象としている。ただし，本文中の括弧書きにおいて事業用の無電鉄柱等は準用工作物の対象外とされているが，例えば，アマチュア無線技士の設けるアンテナ塔などは，本号の対象となる。

第3号に定める「広告塔等」の対象は，建築物の屋上に設けられるもの及び土地に独立して設けられるものの双方を含む。

第4号に定める「高架水槽等」の対象は，原則として，建築物の用途上，構造上の関係なく，土地に独立して設けられるものである。

第5号に定める「擁壁」の対象には，建築物又はその敷地に関係なく設けられるものを含む。ただし，運用上，道路，橋梁，河川，砂防等のために設けられるもので，かつ，それぞれ関係の法令の適用を受けるものについては，実体上，本法の規定に適合するものとして扱っており，確認手続についても省略している例が多い。

なお，建築基準法令の規制と同等の規制を他の法令等で受けることとされている工作物については，重複を避ける目的等により，準用工作物の指定の対象外とされている。具体的には，本項の括弧書きの規定に基づき，H23国交告第1002号において，「架空電線路用の柱」「電気事業者の保安通信設備用の柱」「太陽電池発電設備」「浮体式風力発電設備」「風車等の風力発電設備」がそれぞれ除外されている。これらについては，一定の高さを超える柱等であったとしても，準用工作物としては取り扱われない。

第2項

昇降路その他移動する部分を有する機械施設を指定したもので，エレベーターの場合，昇降路及び機械室を含むものである。

第1号にいう「観光」とは，狭義の観光で，見物あるいは観覧に近い意味のものである。例えば，テレビ塔に設けられた展望台に昇るためのエレベーターのよう

第10章　工作物等

に，観光を目的とした施設又は場所への昇降を目的としたもので，交通機関には該当しないものをいう。道路等に設けて一般交通の用に供するものは含まれない。

第2号にいう「高架の遊戯施設」は，地表面でなく，部分的に又は全体的に，高架の工作物の上を軌条又は索条に沿って走行する遊戯施設であり，路盤を形成するために，地盤を若干盛り上げた程度のものは高架とはされない。

第3号の「回転運動をする遊戯施設」は，一定の軸を中心として原動機により回転運動をする遊戯施設であり，水平回転するもの（メリーゴーラウンド，ティーカップ等），鉛直回転するもの（観覧車等），水平回転に上下運動を伴うもの（オクトパス等），客席部分を吊り上げて水平回転するもの（飛行塔等），さらに展望室等を吊り上げて上下運動とともに水平回転をするもの（スペースタワー等）その他，種々複雑なものがある。

（工作物に関する確認の特例）

令第138条の2　法第88条第1項において準用する法第6条の4第1項の規定により読み替えて適用される法第6条第1項の政令で定める規定は，第144条の2の表の工作物の部分の欄の各項に掲げる工作物の部分の区分に応じ，それぞれ同表の一連の規定の欄の当該各項に掲げる規定（これらの規定中工作物の部分の構造に係る部分が，法第88条第1項において準用する法第68条の10第1項の認定を受けた工作物の部分に適用される場合に限る。）とする。

　　　　　　　　（平12政211・追加，平27政11・一部改正）

準用工作物に対する確認の特例については，型式適合認定を受けた工作物の部分に限定され，確認の対象から除かれる規定は令第144条の2の表「工作物の部分」欄の各項に応じて，それぞれ同表の「一連の規定」欄に掲げる規定となる。

（型式適合認定の対象とする工作物の部分及び一連の規定）

令第144条の2　法第88条第1項において準用する法第68条の10第1項に規定する政令で定める工作物の部分は，次の表の工作物の部分の欄の各項に掲げる工作物の部分とし，法第88条第1項において準用する法第68条の10第1項に規定する政令で定める一連の規定は，同表の一連の規定の欄の当該各項に掲げる規定（これらの規定中工作物の部分の構造に係る部分に限る。）とする。

第1節 工 作 物

	工作物の部分	一連の規定
(1)	乗用エレベーターで観光のためのもの（一般交通の用に供するものを除く。）の部分で，昇降路及び機械室以外のもの	イ　法第88条第1項において準用する法第28条の2（第3号を除く。）及び法第37条の規定 ロ　第143条 第2項（第129条の3，第129条の4（第3項第7号を除く。），第129条の5，第129条の6，第129条の8及び第129条の10の規定の準用に関する部分に限る。）の規定
(2)	エスカレーターで観光のためのもの（一般交通の用に供するものを除く。）の部分で，トラス又ははりを支える部分以外のもの	イ　法第88条第1項において準用する法第28条の2（第3号を除く。）及び法第37条の規定 ロ　第143条第2項（第129条の3及び第129条の12（第1項第1号及び第6号を除く。）の規定の準用に関する部分に限る。）の規定
(3)	ウォーターシュート，コースターその他これらに類する高架の遊戯施設又はメリーゴーラウンド，観覧車，オクトパス，飛行塔その他これらに類する回転運動をする遊戯施設で原動機を使用するものの部分のうち，かご，車両その他人を乗せる部分及びこれを支え，又は吊る構造上主要な部分並びに非常止め装置の部分	イ　法第88条第1項において準用する法第28条の2（第3号を除く。）及び法第37条の規定 ロ　前条第1項（同項第1号イ及び第6号にあつては，国土交通大臣が定めた構造方法のうちその指定する構造方法に係る部分に限る。）の規定

（平12政211・追 加，平12政312・平18政308・平19政49・平25政217・一 部 改 正）

　準用工作物のうち型式適合認定の対象となる「工作物の部分」と，これらの「工作物の部分」に応じた「一連の規定」を定めている。

533

第10章 工作物等

第2項 工作物に準用される構造関係基準

(1) 煙突及び煙突の支線

（煙突及び煙突の支線）

令第139条 第138条第1項に規定する工作物のうち同項第1号に掲げる煙突
（以下この条において単に「煙突」という。）に関する法第88条第1項にお
いて読み替えて準用する法第20条第1項の政令で定める技術的基準は，次の
とおりとする。

一 次に掲げる基準に適合する構造方法又はこれと同等以上に煙突の崩落及
び倒壊を防止することができるものとして国土交通大臣が定めた構造方法
を用いること。

イ 高さが16メートルを超える煙突は，鉄筋コンクリート造，鉄骨鉄筋コ
ンクリート造又は鋼造とし，支線を要しない構造とすること。

ロ 鉄筋コンクリート造の煙突は，鉄筋に対するコンクリートのかぶり厚
さを5センチメートル以上とすること。

ハ 陶管，コンクリート管その他これらに類する管で造られた煙突は，次
に定めるところによること。

(1) 管と管とをセメントモルタルで接合すること。

(2) 高さが10メートル以下のものにあつては，その煙突を支えることが
できる支枠又は支枠及び支線を設けて，これに緊結すること。

(3) 高さが10メートルを超えるものにあつては，その煙突を支えること
ができる鋼製の支枠を設けて，これに緊結すること。

ニ 組積造又は無筋コンクリート造の煙突は，その崩落を防ぐことができ
る鋼材の支枠を設けること。

ホ 煙突の支線の端部にあつては，鉄筋コンクリート造のくいその他腐食
するおそれのない建築物若しくは工作物又は有効なさび止め若しくは防
腐の措置を講じたくいに緊結すること。

二 次項から第4項までにおいて準用する規定（第7章の8の規定を除
く。）に適合する構造方法を用いること。

三 高さが60メートルを超える煙突にあつては，その用いる構造方法が，荷
重及び外力によつて煙突の各部分に連続的に生ずる力及び変形を把握する

534

第1節　工作物

　　ことその他の国土交通大臣が定める基準に従つた構造計算によつて安全性
　　が確かめられたものとして国土交通大臣の認定を受けたものであること。
　四　高さが60メートル以下の煙突にあつては，その用いる構造方法が，次の
　　イ又はロのいずれかに適合すること。
　　イ　国土交通大臣が定める基準に従つた構造計算によつて確かめられる安
　　　全性を有すること。
　　ロ　前号の国土交通大臣が定める基準に従つた構造計算によつて安全性が
　　　確かめられたものとして国土交通大臣の認定を受けたものであること。
2　煙突については，第115条第1項第6号及び第7号，第5章の4第3節並
　びに第7章の8の規定を準用する。
3　第1項第3号又は第4号ロの規定により国土交通大臣の認定を受けた構造
　方法を用いる煙突については，前項に規定するもののほか，耐久性等関係規
　定（第36条，第36条の2，第39条第4項，第41条，第49条，第70条及び第76
　条（第79条の4及び第80条において準用する場合を含む。）の規定を除く。）
　を準用する。
4　前項に規定する煙突以外の煙突については，第2項に規定するもののほ
　か，第36条の3，第37条，第38条，第39条第1項及び第2項，第51条第1
　項，第52条，第3章第5節（第70条を除く。），第6節（第76条から第78条の
　2までを除く。）及び第6節の2（第79条の4（第76条から第78条の2まで
　の準用に関する部分に限る。）を除く。），第80条（第51条第1項，第71条，
　第72条，第74条及び第75条の準用に関する部分に限る。）並びに第80条の2
　の規定を準用する。

　　　（平19政49・全改，平23政46・平25政217・平27政11・一部改正）

　本条は，令第138条第1項第1号に掲げる煙突（高さが6mを超える煙突（支枠
及び支線がある場合においては，これらを含み，ストーブの煙突を除く。））に関す
る法第20条（構造耐力）に係る技術的基準を定めるものである。第1項第1号及び
第2号並びに第2項から第4項までに仕様規定等が，第1項第3号及び第4号に煙
突の高さに応じた構造計算の基準が定められている。また，構造計算の基準につい
ては「煙突，鉄筋コンクリート造の柱等，広告塔又は高架水槽及び擁壁並びに乗用
エレベーター又はエスカレーターの構造計算の基準を改める件（H12建告第1449
号。以下「構造計算告示」とする。）において規定されている。

第10章　工 作 物 等

本条の規定をまとめると表10―2のとおり。

表10―2　煙突に係る構造基準

高さ	構造計算		準用基準
6 m以下	準用なし		準用なし
6 m超 60m以下	告示基準	構造計算 （構造計算告示第1）	・崩落及び倒壊の防止（第1項） ・防火，避雷設備関係規定（第2項） ・その他の仕様規定（第4項） ・工事現場の危害の防止（第2項）
	認定基準	構造計算（大臣認定） （構造計算告示第4）	・崩落及び倒壊の防止（第1項） ・防火，避雷設備関係規定（第2項） ・耐久性等関係規定（第3項） ・工事現場の危害の防止（第2項）
60m超	構造計算（大臣認定） （構造計算告示第4）		・崩落及び倒壊の防止（第1項） ・防火，避雷設備関係規定（第2項） ・耐久性等関係規定（第3項） ・工事現場の危害の防止（第2項）

⑵　鉄筋コンクリート造の柱等

（鉄筋コンクリート造の柱等）

令第140条　第138条第1項に規定する工作物のうち同項第2号に掲げる工作物に関する法第88条第1項において読み替えて準用する法第20条第1項の政令で定める技術的基準は，次項から第4項までにおいて準用する規定（第7章の8の規定を除く。）に適合する構造方法を用いることとする。

2　前項に規定する工作物については，第5章の4第3節，第7章の8並びに前条第1項第3号及び第4号の規定を準用する。

3　第1項に規定する工作物のうち前項において準用する前条第1項第3号又は第4号ロの規定により国土交通大臣の認定を受けた構造方法を用いるものについては，前項に規定するもののほか，耐久性等関係規定（第36条，第36条の2，第39条第4項，第49条，第70条，第76条（第79条の4及び第80条において準用する場合を含む。）並びに第80条において準用する第72条，第74条及び第75条の規定を除く。）を準用する。

4　第1項に規定する工作物のうち前項に規定するもの以外のものについては，第2項に規定するもののほか，第36条の3，第37条，第38条，第39条第1項及び第2項，第40条，第41条，第47条，第3章第5節（第70条を除

第1節　工　作　物

く。），第6節（第76条から第78条の2までを除く。）及び第6節の2（第79
条の4（第76条から第78条の2までの準用に関する部分に限る。）を除く。）
並びに第80条の2の規定を準用する。

（昭33政283・昭34政344・昭45政333・昭55政196・昭55政273・昭62政348・
平5政170・平11政5・平12政211・平13政42・平19政49・平23政46・平25政
217・平27政11・一部改正）

　本条は，令第138条第1項第2号に掲げる鉄筋コンクリート造の柱等（高さが15
mを超える鉄筋コンクリート造の柱，鉄柱，木柱その他これらに類するもの（旗ざ
お並びに架空電線路用並びに電気事業法第2条第1項第10号に規定する電気事業者
及び同項第12号に規定する卸供給事業者の保安通信設備用のものを除く。））に関す
る法第20条（構造耐力）に係る技術的基準を定めるものである。

　なお，煙突の場合と同様に，高さ60mを超えるかどうかで構造計算の適用関係が
変わることとなっている。

　本条の規定をまとめると表10―3のとおり。

表10―3　鉄筋コンクリートの柱等に係る構造基準

高さ	構造計算		準用基準
15m以下	準用なし		準用なし
15m超 60m以下	告示基準	構造計算 （構造計算告示第1）	・避雷設備関係規定（第2項） ・その他の仕様規定（第4項） ・工事現場の危害の防止（第2項）
	認定基準	構造計算（大臣認定） （構造計算告示第4）	・避雷設備関係規定（第2項） ・耐久性等関係規定（第3項） ・工事現場の危害の防止（第2項）
60m超	構造計算（大臣認定） （構造計算告示第4）		・避雷設備関係規定（第2項） ・耐久性等関係規定（第3項） ・工事現場の危害の防止（第2項）

⑶　広告塔又は高架水槽等

（広告塔又は高架水槽等）
令第141条　第138条第1項に規定する工作物のうち同項第3号及び第4号に掲
　げる工作物に関する法第88条第1項において読み替えて準用する法第20条第
　1項の政令で定める技術的基準は，次のとおりとする。
　一　国土交通大臣が定める構造方法により鉄筋，鉄骨又は鉄筋コンクリート

537

第10章 工 作 物 等

によつて補強した場合を除き，その主要な部分を組積造及び無筋コンク
リート造以外の構造とすること。

二 次項から第４項までにおいて準用する規定（第７章の８の規定を除
く。）に適合する構造方法を用いること。

2 前項に規定する工作物については，第５章の４第３節，第７章の８並びに
第139条第１項第３号及び第４号の規定を準用する。

3 第１項に規定する工作物のうち前項において準用する第139条第１項第３
号又は第４号ロの規定により国土交通大臣の認定を受けた構造方法を用いる
ものについては，前項に規定するもののほか，耐久性等関係規定（第36条，
第36条の２，第39条第４項，第49条並びに第80条において準用する第72条及
び第74条から第76条までの規定を除く。）を準用する。

4 第１項に規定する工作物のうち前項に規定するもの以外のものについて
は，第２項に規定するもののほか，第36条の３，第37条，第38条，第39条第
１項及び第２項，第40条から第42条まで，第44条，第46条第１項及び第２
項，第47条，第３章第５節，第６節及び第６節の２並びに第80条の２の規定
を準用する。

（昭33政283・昭34政344・昭45政333・昭55政196・昭55政273・昭62政348・
平５政170・平11政５・平12政211・平12政312・平19政49・平23政46・平25政
217・平27政11・一部改正）

令第138条第１項第３号に掲げる広告塔等（高さが４ｍを超える広告塔，広告
板，装飾塔，記念塔その他これらに類するもの）及び同項第４号に掲げる高架水槽
等（高さが８ｍを超える高架水槽，サイロ，物見塔その他これらに類するもの）に
関する法第20条（構造耐力）に係る技術的基準を定めるものである。

なお，煙突の場合と同様に，高さ60ｍを超えるかどうかで構造計算の適用関係が
変わることとなっている。

本条の規定をまとめると表10―４のとおり。

表10―４ 広告塔又は高架水槽等に係る構造基準

高さ	構造計算	準用基準
広告塔等 ：４ｍ以下 高架水槽等 ：８ｍ以下	準用なし	準用なし

第1節　工作物

広告塔等 ：4m超60m以下 高架水槽等 ：8m超60m以下	告示基準	構造計算 （構造計算告示第2）	・組積造・無筋コンクリート造の禁止（第1項） ・避雷設備関係規定（第2項） ・その他の仕様規定（第4項） ・工事現場の危害の防止（第2項）
	認定基準	構造計算（大臣認定） （構造計算告示第4）	・組積造・無筋コンクリート造の禁止（第1項） ・避雷設備関係規定（第2項） ・耐久性等関係規定（第3項） ・工事現場の危害の防止（第2項）
60m超	構造計算（大臣認定） （構造計算告示第4）		・組積造・無筋コンクリート造の禁止（第1項） ・避雷設備関係規定（第2項） ・耐久性等関係規定（第3項） ・工事現場の危害の防止（第2項）

(4)　擁壁

（擁壁）

令第142条　第138条第1項に規定する工作物のうち同項第5号に掲げる擁壁
　（以下この条において単に「擁壁」という。）に関する法第88条第1項にお
　いて読み替えて準用する法第20条第1項の政令で定める技術的基準は，次に
　掲げる基準に適合する構造方法又はこれと同等以上に擁壁の破壊及び転倒を
　防止することができるものとして国土交通大臣が定めた構造方法を用いるこ
　ととする。

　一　鉄筋コンクリート造，石造その他これらに類する腐食しない材料を用い
　　た構造とすること。

　二　石造の擁壁にあつては，コンクリートを用いて裏込めし，石と石とを十
　　分に結合すること。

　三　擁壁の裏面の排水を良くするため，水抜穴を設け，かつ，擁壁の裏面の
　　水抜穴の周辺に砂利その他これに類するものを詰めること。

　四　次項において準用する規定（第7章の8（第136条の6を除く。）の規定
　　を除く。）に適合する構造方法を用いること。

　五　その用いる構造方法が，国土交通大臣が定める基準に従つた構造計算に
　　よつて確かめられる安全性を有すること。

2　擁壁については，第36条の3，第37条，第38条，第39条第1項及び第2

第10章　工 作 物 等

項，第51条第1項，第62条，第71条第1項，第72条，第73条第1項，第74
条，第75条，第79条，第80条（第51条第1項，第62条，第71条第1項，第72
条，第74条及び第75条の準用に関する部分に限る。），第80条の2並びに第7
章の8（第136条の6を除く。）の規定を準用する。

　　　　（昭33政283・昭34政344・昭45政333・昭55政273・昭62政348・平5政170・
　　　　平11政5・平12政211・平12政312・平19政49・平25政217・平27政11・一部改
　　　　正）

　令第138条第1項第5号に掲げる擁壁（高さが2mを超える擁壁）に関する法第20
条（構造耐力）に係る技術的基準を定めるものである。
　本条の規定をまとめると表10—5のとおり。

表10— 5　擁壁に係る構造基準

高さ	構造計算	準用基準
2m以下	準用なし	準用なし
2m超	構造計算 （構造計算告示第3）	・第1項第1号から第3号まで ・その他の仕様規定（第2項） ・工事現場の危害の防止（第2項）
	・上記と同等以上に擁壁の破壊及び転倒を防止することができるものとして国土交通大臣が定めた構造方法	

(5)　乗用エレベーター又はエスカレーター

（乗用エレベーター又はエスカレーター）

令第143条　第138条第2項第1号に掲げる乗用エレベーター又はエスカレー
　ターに関する法第88条第1項において読み替えて準用する法第20条第1項の
　政令で定める技術的基準は，次項から第4項までにおいて準用する規定（第
　7章の8の規定を除く。）に適合する構造方法を用いることとする。
2　前項に規定する乗用エレベーター又はエスカレーターについては，第129
　条の3から第129条の10まで，第129条の12，第7章の8並びに第139条第1
　項第3号及び第4号の規定を準用する。
3　第1項に規定する乗用エレベーター又はエスカレーターのうち前項におい
　て準用する第139条第1項第3号又は第4号ロの規定により国土交通大臣の
　認定を受けた構造方法を用いるものについては，前項に規定するもののほ
　か，耐久性等関係規定（第36条，第36条の2，第39条第4項，第41条，第49

第1節 工 作 物

条並びに第80条において準用する第72条及び第74条から第76条までの規定を
除く。）を準用する。

4　第1項に規定する乗用エレベーター又はエスカレーターのうち前項に規定
するもの以外のものについては，第2項に規定するもののほか，第36条の
3，第37条，第38条，第39条第1項及び第2項，第3章第5節，第6節及び
第6節の2並びに第80条の2の規定を準用する。

（昭34政344・追加，昭45政333・昭55政196・昭55政273・昭62政348・平5政
170・平11政5・平12政211・平19政49・平23政46・平25政217・平27政11・一
部改正）

令第138条第2項第1号に掲げる乗用エレベーター又はエスカレーター（乗用エ
レベーター又はエスカレーターで観光のためのもの（一般交通の用に供するものを
除く。））に関する法第20条（構造耐力）に係る技術的基準を定めるものである。

なお，煙突の場合と同様に，高さ60mを超えるかどうかで構造計算の適用関係が
変わることとなっている。

本条の規定をまとめると表10―6のとおり。

表10―6　乗用エレベーター等に係る構造基準

高さ	構造計算		準用基準
60m以下	告示基準	構造計算 （構造計算告示第2）	・昇降機関係規定（第2項） ・その他の仕様規定（第4項） ・工事現場の危害の防止（第2項）
	認定基準	構造計算（大臣認定） （構造計算告示第4）	・昇降機関係規定（第2項） ・耐久性等関係規定（第3項） ・工事現場の危害の防止（第2項）
60m超	構造計算（大臣認定） （構造計算告示第4）		・昇降機関係規定（第2項） ・耐久性等関係規定（第3項） ・工事現場の危害の防止（第2項）

(6)　遊戯施設

（遊戯施設）

令第144条　第138条第2項第2号又は第3号に掲げる遊戯施設（以下この条に
おいて単に「遊戯施設」という。）に関する法第88条第1項において読み替
えて準用する法第20条第1項の政令で定める技術的基準は，次のとおりとす
る。

541

第10章　工作物等

一　籠，車両その他人を乗せる部分（以下この条において「客席部分」という。）を支え，又は吊る構造上主要な部分（以下この条において「主要な支持部分」という。）のうち摩損又は疲労破壊が生ずるおそれのある部分以外の部分の構造は，次に掲げる基準に適合するものとすること。

　　イ　構造耐力上安全なものとして国土交通大臣が定めた構造方法を用いるものであること。

　　ロ　高さが60メートルを超える遊戯施設にあつては，その用いる構造方法が，荷重及び外力によつて主要な支持部分に連続的に生ずる力及び変形を把握することその他の国土交通大臣が定める基準に従つた構造計算によつて安全性が確かめられたものとして国土交通大臣の認定を受けたものであること。

　　ハ　高さが60メートル以下の遊戯施設にあつては，その用いる構造方法が，次の(1)又は(2)のいずれかに適合するものであること。

　　　(1)　国土交通大臣が定める基準に従つた構造計算によつて確かめられる安全性を有すること。

　　　(2)　ロの国土交通大臣が定める基準に従つた構造計算によつて安全性が確かめられたものとして国土交通大臣の認定を受けたものであること。

二　軌条又は索条を用いるものにあつては，客席部分が当該軌条又は索条から脱落するおそれのない構造とすること。

三　遊戯施設の客席部分の構造は，次に掲げる基準に適合するものとすること。

　　イ　走行又は回転時の衝撃及び非常止め装置の作動時の衝撃が加えられた場合に，客席にいる人を落下させないものとして，国土交通大臣が定めた構造方法を用いるもの又は国土交通大臣の認定を受けたものであること。

　　ロ　客席部分は，堅固で，かつ，客席にいる人が他の構造部分に触れることにより危害を受けるおそれのないものとして国土交通大臣が定めた構造方法を用いるものであること。

　　ハ　客席部分には，定員を明示した標識を見やすい場所に掲示すること。

四　動力が切れた場合，駆動装置に故障が生じた場合その他客席にいる人が危害を受けるおそれのある事故が発生し，又は発生するおそれのある場合

542

第1節　工作物

に自動的に作動する非常止め装置を設けること。

五　前号の非常止め装置の構造は，自動的に作動し，かつ，当該客席部分以
　外の遊戯施設の部分に衝突することなく制止できるものとして，国土交通
　大臣が定めた構造方法を用いるもの又は国土交通大臣の認定を受けたもの
　とすること。

六　前各号に定めるもののほか，客席にいる人その他当該遊戯施設の周囲の
　人の安全を確保することができるものとして国土交通大臣が定めた構造方
　法を用いるものであること。

七　次項において読み替えて準用する第129条の4（第1項第1号イを除
　く。）及び第129条の5第1項の規定に適合する構造方法を用いること。

2　遊戯施設については第7章の8の規定を，その主要な支持部分のうち摩損
　又は疲労破壊が生ずるおそれのある部分については第129条の4（第1項第
　1号イを除く。）及び第129条の5第1項の規定を準用する。この場合におい
　て，次の表の上欄に掲げる規定中同表の中欄に掲げる字句は，それぞれ同表
　の下欄に掲げる字句に読み替えるものとする。

第129条の4の見出し，同条第1項（第2号を除く。），第2項第3号及び第4号並びに第3項（第7号を除く。）並びに第129条の5の見出し及び同条第1項	エレベーター	遊戯施設
第129条の4第1項	かご及びかごを支え，又は吊る構造上主要な部分（	客席部分を支え，又は吊る構造上主要な部分（摩損又は疲労破壊を生ずるおそれのある部分に限る。
第129条の4	かご及び主要な支持部分	主要な支持部分
第129条の4第1項第1号ロ，第2項第4号	かご	客席部分

543

第10章 工作物等

並びに第3項第2号及び第4号		
第129条の4第1項第1号ロ	昇降に	走行又は回転に
第129条の4第1項第1号ロ及び第2項第2号	通常の昇降時	通常の走行又は回転時
第129条の4第1項第2号	かごを主索で吊るエレベーター，油圧エレベーターその他国土交通大臣が定めるエレベーター	客席部分を主索で吊る遊戯施設その他国土交通大臣が定める遊戯施設
	前号イ及びロ	前号ロ
第129条の4第1項第2号及び第2項	エレベーター強度検証法	遊戯施設強度検証法
第129条の4第1項第3号	第1号イ及びロ	第1号ロ
第129条の4第2項	，エレベーター	，遊戯施設
第129条の4第2項第1号	次条に規定する荷重	次条第1項に規定する固定荷重及び国土交通大臣が定める積載荷重
	主要な支持部分並びにかごの床版及び枠（以下この条において「主要な支持部分等」という。）	主要な支持部分
第129条の4第2項第2号及び第3号	主要な支持部分等	主要な支持部分
第129条の4第2項第2号	昇降する	走行し，又は回転する
	次条第2項に規定する	国土交通大臣が定める

第1節　工作物

第129条の4第3項第2号	主要な支持部分のうち，摩損又は疲労破壊を生ずるおそれのあるものにあつては，2以上	2以上
第129条の4第3項第7号	エレベーターで昇降路の壁の全部又は一部を有しないもの	遊戯施設

（昭34政344・追加，昭45政333・昭55政196・昭55政273・昭62政348・平5政170・平11政5・平12政211・平12政312・平19政49・平25政217・平27政11・令元政181・一部改正）

第1項

令第138条第2項第2号（ウォーターシュート，コースターその他これに類する高架の遊戯施設）及び第3号（メリーゴーラウンド，観覧車，オクトパス，飛行塔その他これらに類する回転運動をする遊戯施設で原動機を使用するもの）に掲げる遊戯施設の構造耐力を規定している。

第1項第1号

客席部分を支え又は吊る構造上主要な部分で，摩損又は疲労破壊が生ずるおそれのある部分以外の部分についての構造基準を規定している。

イ　平成12年6月の建築基準法の改正により，従来使用が認められていた鉄骨造，鉄筋コンクリート造，鉄骨鉄筋コンクリート造のほか，これまで一般的に認められていなかった木造については令第80条の2の規定に基づき技術基準が定められたものを対象とするとともに，繊維強化プラスチックについても定められた部分に限り使用が認められるようになり，具体的な技術基準がH12建告第1419号で定められている。

ロ　高さが60mを超える遊戯施設は，国土交通大臣が定める基準に従った構造計算によって安全性が確かめられたものとして国土交通大臣の認定を受けた構造方法とすることを規定している。国土交通大臣が定める基準は，H12建告第1419号第2により，H12建告第1461号「超高層建築物の構造耐力上の安全性を確かめるための構造計算の基準を定める件」（第2号ハ，第3号ロ及び第8号を除く。）によることと定められている。

第10章　工 作 物 等

　高さが60mを超える遊戯施設とは，原則として，乗客が乗るかごや車体等も含め，地盤面からその遊戯施設の最高点の高さまでが60mを超えるものをいう。ただし，建物の屋上などに設置される遊戯施設の場合，その最高点が地上60mを超えていても，屋上階などの接地面からの高さが60mを超えていなければ60mの遊戯施設とはみなされず，大臣認定の取得も不要である。

　ハ　高さが60m以下の遊戯施設の構造方法を規定している。すなわち，(1)により
　　　H12建告第1419号第3の強度検証法により安全性を確認するか，(2)により国土
　　　交通大臣の認定を受けるか，いずれかの方法によることとしている。

第1項第2号

　コースター，モノレール等軌条を走行するもの又は飛行塔，パラシュートタワー等索条を使用して昇降するものについて，軌条の起点又は終点，及び索条の端部において客席部分が行き過ぎて脱落することのないよう，最終ストッパー等を設けた構造とすることを定めている。

第1項第3号

　客席部分の安全性について規定している。

　イ　通常運転時及び非常時に，客席にいる人が落下しないための身体保持装置について定めている。具体的には，客席部分に生ずる各方向（X・Y・Z軸）の加速度に応じてH29国交告第247号の規定による身体保持装置を設けるか，各方向の加速度が規定値を超える場合又は同告示の規定によらない身体保持装置を設ける場合には，国土交通大臣の認定によることとされている。なお，各方向の加速度が規定値を超える場合の身体保持装置については，第5号の非常止め装置の構造方法を含め一体として安全確保の検証を行い，大臣認定を受ける必要がある。

　ロ　客席部分は堅固な構造とし，また運転中に客席部分の人が窓等の開口部から手を出したり身体を乗り出したりして他の構造部分に触れて危害を受けるおそれのないよう，離隔をとるか身体が出ない構造としなければならない。本規定は，制定当初は定性的な内容となっていたが，その後の技術的知見の蓄積を踏まえ，令和元年に改正され，「国土交通大臣の定めた構造方法」によることとされた。具体的な構造方法は，R2国交告第252号により，イで定められた身体保持装置に合わせた周囲との離隔距離，物理的距離が取れない場合や離発着に必要なプラットフォーム，手すり等がある場合における挟まれ防止，他の構造部分に触れた場合の衝撃緩和措置が定められている。

　ハ　客席部分の見やすい場所に定員を表示しなければならない。

第1節　工作物

第1項第4号

　遊戯施設の非常止め装置は，客席部分にいる人の安全を確保するために不可欠なものであり，その設置を義務づけている。

第1項第5号

　第4号の非常止め装置は，停電，故障等が生じた場合に自動的に作動することを規定しており，国土交通大臣が定めた構造方法（H12建告第1427号）を用いるもの又は国土交通大臣の認定を受けたものでなければならない。なお，H12建告第1427号に定める非常止め装置の構造方法は，第3号イの身体保持装置に関するH29国交告第247号の加速度領域一から加速度領域三までの範囲内の加速度が客席部分に生ずる遊戯施設等に限られ，それ以上の加速度のもの等については，身体保持装置と一体で国土交通大臣の認定を受ける必要がある。

第1項第6号

　客席にいる人やその遊戯施設の周囲にいる人の安全を確保するため，運転開始・終了通知，乗降時の安全確保，非常止め装置作動時の救出方法，安全柵，運転室，駆動装置等について，H12建告第1419号第6に規定している。

第1項第7号

　第2項で定めるように，令第129条の4（第1項第1号イを除く。）及び令第129条の5第1項を読み替えて準用する規定に適合する構造方法を用いることを規定している。

第2項

　本項は，遊戯施設については第7章の8（工事現場の危害の防止）の規定を適用することと，遊戯施設の主要な支持部分のうち摩損又は疲労破壊が生ずるおそれのある部分については令第129条の4・令第129条の5（エレベーター）の規定を準用することを規定している。

　また，「主要な支持部分のうち摩損又は疲労破壊が生ずるおそれのある部分」，すなわち主索等については，遊戯施設強度検証法（H12建告第1419号）に従い基準に適合することを確かめるか，大臣認定を受けることとしている。

第3項　工作物に対する集団規定の準用

　（工作物への準用）
　法第88条

547

第10章　工作物等

　1　（略）

　2　製造施設，貯蔵施設，遊戯施設等の工作物で政令で指定するものについて
　　は，第３条，第６条（第３項，第５項及び第６項を除くものとし，第１項及
　　び第４項は，第１項第１号から第３号までの建築物に係る部分に限る。），第
　　６条の２（第３項を除く。），第７条，第７条の２，第７条の６から第９条の
　　３まで，第11条，第12条第５項（第３号を除く。）及び第６項から第９項ま
　　で，第13条，第15条の２，第18条（第４項から第13項まで及び第19項から第
　　23項までを除く。），第48条から第51条まで，第60条の２第３項，第60条の２
　　の２第４項，第60条の３第３項，第68条の２第１項及び第５項，第68条の３
　　第６項から第９項まで，第86条の７第１項（第48条第１項から第14項まで及
　　び第51条に係る部分に限る。），第87条第２項（第48条第１項から第14項ま
　　で，第49条から第51条まで，第60条の２第３項，第60条の２の２第４項，第
　　60条の３第３項並びに第68条の２第１項及び第５項に係る部分に限る。），第
　　87条第３項（第48条第１項から第14項まで，第49条から第51条まで及び第68
　　条の２第１項に係る部分に限る。），前条，次条，第91条，第92条の２並びに
　　第93条の２の規定を準用する。この場合において，第６条第２項及び別表第
　　２中「床面積の合計」とあるのは「築造面積」と，第68条の２第１項中「敷
　　地，構造，建築設備又は用途」とあるのは「用途」と読み替えるものとす
　　る。

　3・4　（略）

　　　　　（昭34法156・昭36法191・昭45法109・昭49法67・昭51法83・昭55法34・昭58
　　　　　法44・昭63法49・平２法61・平４法82・平10法100・平11法87・平11法160・
　　　　　平14法22・平14法85・平16法67・平18法５・平18法30・平18法46・平18法92
　　　　　・平20法40・平23法124・平26法39・平26法54・平28法72・平29法26・平30法
　　　　　67・令２法43・令３法31・令４法55・令４法69・一部改正）

　昭和50年の法改正で，法第88条に新たな項として第２項が追加されたが，この項
により一定の工作物について，法第48条等の規定を準用し，用途に着目した規制を
行い，良好な市街地環境の確保を図っている。

　用途規制を受ける製造施設等の工作物は，令第138条第３項で指定されている。

　準用する規定中「床面積の合計」とあるのは「築造面積」と読み替えることとし
ているが，築造面積の算定方法については，令第２条第５号及びＳ50建告第644号

第1節　工作物

に定めるとおりである。

（工作物の指定等）

令第138条

1～3　（略）

4　製造施設，貯蔵施設，遊戯施設等の工作物で法第88条第2項の規定により
政令で指定するものは，次に掲げる工作物（土木事業その他の事業に一時的
に使用するためにその事業中臨時にあるもの及び第1号又は第5号に掲げる
もので建築物の敷地（法第3条第2項の規定により法第48条第1項から第14
項までの規定の適用を受けない建築物については，第137条に規定する基準
時における敷地をいう。）と同一の敷地内にあるものを除く。）とする。

一　法別表第2(ぬ)項第3号(13)又は（13の2）の用途に供する工作物で用途地
域（準工業地域，工業地域及び工業専用地域を除く。）内にあるもの及び
同表(る)項第1号(21)の用途に供する工作物で用途地域（工業地域及び工業専
用地域を除く。）内にあるもの

二　自動車車庫の用途に供する工作物で次のイからニまでに掲げるもの

イ　築造面積が50平方メートルを超えるもので第一種低層住居専用地域，
第二種低層住居専用地域又は田園住居地域内にあるもの（建築物に附属
するものを除く。）

ロ　築造面積が300平方メートルを超えるもので第一種中高層住居専用地
域，第二種中高層住居専用地域，第一種住居地域又は第二種住居地域内
にあるもの（建築物に附属するものを除く。）

ハ　第一種低層住居専用地域，第二種低層住居専用地域又は田園住居地域
内にある建築物に附属するもので築造面積に同一敷地内にある建築物に
附属する自動車車庫の用途に供する建築物の部分の延べ面積の合計を加
えた値が600平方メートル（同一敷地内にある建築物（自動車車庫の用
途に供する部分を除く。）の延べ面積の合計が600平方メートル以下の場
合においては，当該延べ面積の合計）を超えるもの（築造面積が50平方
メートル以下のもの及びニに掲げるものを除く。）

ニ　第一種低層住居専用地域，第二種低層住居専用地域又は田園住居地域
内にある公告対象区域内の建築物に附属するもので次の(1)又は(2)のいず
れかに該当するもの

第10章 工 作 物 等

(1) 築造面積に同一敷地内にある建築物に附属する自動車車庫の用途に供する建築物の部分の延べ面積の合計を加えた値が2,000平方メートルを超えるもの

(2) 築造面積に同一公告対象区域内にある建築物に附属する他の自動車車庫の用途に供する工作物の築造面積及び当該公告対象区域内にある建築物に附属する自動車車庫の用途に供する建築物の部分の延べ面積の合計を加えた値が，当該公告対象区域内の敷地ごとにハの規定により算定される自動車車庫の用途に供する工作物の築造面積の上限の値を合算した値を超えるもの

ホ　第一種中高層住居専用地域又は第二種中高層住居専用地域内にある建築物に附属するもので築造面積に同一敷地内にある建築物に附属する自動車車庫の用途に供する建築物の部分の延べ面積の合計を加えた値が3,000平方メートル（同一敷地内にある建築物（自動車車庫の用途に供する部分を除く。）の延べ面積の合計が3,000平方メートル以下の場合においては，当該延べ面積の合計）を超えるもの（築造面積が300平方メートル以下のもの及びへに掲げるものを除く。）

ヘ　第一種中高層住居専用地域又は第二種中高層住居専用地域内にある公告対象区域内の建築物に附属するもので次の(1)又は(2)のいずれかに該当するもの

(1) 築造面積に同一敷地内にある建築物に附属する自動車車庫の用途に供する建築物の部分の延べ面積の合計を加えた値が１万平方メートルを超えるもの

(2) 築造面積に同一公告対象区域内にある建築物に附属する他の自動車車庫の用途に供する工作物の築造面積及び当該公告対象区域内にある建築物に附属する自動車車庫の用途に供する建築物の部分の延べ面積の合計を加えた値が，当該公告対象区域内の敷地ごとにホの規定により算定される自動車車庫の用途に供する工作物の築造面積の上限の値を合算した値を超えるもの

ト　第一種住居地域又は第二種住居地域内にある建築物に附属するもので築造面積に同一敷地内にある建築物に附属する自動車車庫の用途に供する建築物の部分の延べ面積の合計を加えた値が当該敷地内にある建築物（自動車車庫の用途に供する部分を除く。）の延べ面積の合計を超える

第1節 工作物

もの（築造面積が300平方メートル以下のもの及びチに掲げるものを除く。）

チ　第一種住居地域又は第二種住居地域内にある公告対象区域内の建築物に附属するもので，築造面積に同一公告対象区域内にある建築物に附属する他の自動車車庫の用途に供する工作物の築造面積及び当該公告対象区域内にある建築物に附属する自動車車庫の用途に供する建築物の部分の延べ面積の合計を加えた値が，当該公告対象区域内の敷地ごとにトの規定により算定される自動車車庫の用途に供する工作物の築造面積の上限の値を合算した値を超えるもの

三　高さが8メートルを超えるサイロその他これに類する工作物のうち飼料，肥料，セメントその他これらに類するものを貯蔵するもので第一種低層住居専用地域，第二種低層住居専用地域，第一種中高層住居専用地域又は田園住居地域内にあるもの

四　第2項各号に掲げる工作物で第一種低層住居専用地域，第二種低層住居専用地域，第一種中高層住居専用地域又は田園住居地域内にあるもの

五　汚物処理場，ごみ焼却場又は第130条の2の2各号に掲げる処理施設の用途に供する工作物で都市計画区域又は準都市計画区域（準都市計画区域にあつては，第一種低層住居専用地域，第二種低層住居専用地域，第一種中高層住居専用地域又は田園住居地域に限る。）内にあるもの

六　特定用途制限地域内にある工作物で当該特定用途制限地域に係る法第88条第2項において準用する法第49条の2の規定に基づく条例において制限が定められた用途に供するもの

（昭34政344・昭50政2・昭52政266・平5政170・平7政359・平11政5・平11政431・平13政98・平16政210・平18政350・平23政46・平29政156・令5政280・一部改正）

令第138条第3項

　法第88条第2項の規定に基づき，用途規制を受ける工作物を指定するものである。指定は，独立の工作物としての立地形態が予想され，実際にも，そのような立地例がみられ，かつ，騒音，振動，悪臭又は人，車の交通量の増大，集中等により環境悪化を周辺に及ぼすおそれがある製造施設，貯蔵施設，遊戯施設等の工作物について行われている。

　なお，土木事業その他の事業に一時的に使用するためにその事業中臨時にあるも

第10章 工作物等

の及びコンクリートプラント，処理施設等第1号又は第5号に掲げるもので建築物の敷地と同一の敷地内にあるものは指定から除かれている。前者は，一時的なものであるのであえて用途規制の対象とする必要はないためであり，後者は同一敷地内の建築物の用途規制に服しているため工作物として重ねて規制する必要がないからである。

第1号の「工作物」は，法別表第2㋑項第3号(13)に該当するいわゆるクラッシャープラント，同号（13の2）に該当するいわゆるコンクリートプラント及び同表㋺項第1号(21)に該当するいわゆるアスファルトプラントを指定している。これらのプラント類は前二者については準工業地域・工業地域・工業専用地域以外の用途地域に，後者については工業地域・工業専用地域以外の用途地域内にあるものに限られている。これは，このような工業地域等の地域においては，現行法上これらのプラントを設置した建築物（工場）についての用途規制が行われていないため，これとのバランスの上から，工作物であるプラントについても同様に指定しないこととしたためである。

以下，5号を除き，いずれも用途地域の限定付で指定が行われているが，いずれも上述と同様の理由によるものである。

第2号の工作物は工作物車庫を指定している。この工作物車庫としては，建築物に該当しない機械式駐車装置等が考えられるが，コンクリート敷にする等地盤を単に工作したにすぎない駐車場は含まれない。

工作物車庫は独立の工作物車庫と建築物に附属する工作物車庫に分類される。

独立の工作物車庫については，第一種・第二種低層住居専用地域又は田園住居地域では築造面積が50㎡を超えるもの，第一種・第二種中高層住居専用地域又は第一種・第二種住居地域では築造面積が300㎡を超えるものが，それぞれ規制される。これは，独立の建築物車庫については中高層住居専用地域又は住居地域内において300㎡を超えるものが規制されていること（法別表第2，(は)項第6号，(ヘ)項第4号）と均衡を図ったものである。

附属工作物車庫についても，附属建築物車庫との均衡が図られるような指定がなされている。すなわち，第一種・第二種低層住居専用地域又は田園住居地域における工作物車庫の指定は令第130条の5に定める規模と，第一種・第二種中高層住居専用地域における工作物車庫の指定は令第130条の5の5に定める規模と，第一種・第二種住居地域における工作物の指定は令第130条の8に定める規模と均衡を図ったものである。

第1節　工作物

　第3号の工作物は高さが8mを超えるサイロ等で第一種・第二種低層住居専用地域，第一種中高層住居専用地域又は田園住居地域内にあるものを指定している。8mを超えるものに限定しているのは，規模の大きなものを規制する趣旨であり，地域を限定しているのは，建築物であるサイロ等が上述の用途地域内でのみ規制されていることとの均衡を考えたものである。

　「その他これに類する工作物」とは，サイロとして通常考えられる円筒形のものに限定されるものではない。また，「その他これらに類するもの」には，悪臭，粉塵によって周囲の環境を害するおそれのあるものを規制する趣旨から，例示されている貯蔵物のほか，穀物その他の物も含まれる。

　第4号の工作物は，昇降機等で第一種・第二種低層住居専用地域，第一種中高層住居専用地域又は田園住居地域内にあるものが指定されている。

　第5号の工作物は，汚物処理場，ごみ焼却場その他の処理施設の用途に供する工作物を指定している。これらの工作物は建築物として法第51条に掲げる施設に対応するものである。法第51条には，ここに指定されているもののほか，卸売市場，火葬場，と畜場が掲げられているが，これらの用途については，実態上全て建築物として立地しており，また工作物としての立地が考えられないので指定されていない。

　（製造施設，貯蔵施設，遊戯施設等）

令第144条の2の2　第138条第4項第1号から第4号までに掲げるものについては，第137条（法第48条第1項から第14項までに係る部分に限る。），第137条の7，第137条の12第8項及び第137条の19第2項（第3号を除く。）の規定を準用する。この場合において，第137条の7第2号及び第3号中「床面積の合計」とあるのは，「築造面積」と読み替えるものとする。

　　　　　（昭50政2・追加，平5政170・一部改正，平12政211・旧第144条の2繰下，

　　　　平13政98・平17政192・平18政308・平18政350・平27政11・平29政156・令5

　　　　政280・一部改正）

　令第138条第3項第1号から第4号までに掲げる準用工作物（準用工作物として扱われる製造施設，貯蔵施設，遊戯施設等）についても，既存不適格に関する制限が緩和される旨を規定したものである。これらの準用工作物について増築等や用途変更を行う場合における，用途地域等の規制の緩和についての詳細は，第9章第1節・第4節の解説を参照すること。

553

第10章　工 作 物 等

> 　（処理施設）
>
> **令第144条の２の３**　第138条第４項第５号に掲げるもの（都市計画区域内にあるものに限る。）については，第130条の２の３（第１項第１号及び第４号を除く。）及び第137条の12第２項（法第51条に係る部分に限る。）の規定を準用する。
>
> 　　　　　　（平13政98・追加，平16政210・平17政192・令５政280・一部改正）

　法第51条（卸売市場等の用途に供する特殊建築物の位置）に関連するものとして第138条第３項第５号に掲げる準用工作物（都市計画区域内にあるものに限る。）についても，令第130条の２の３（第１項第１号及び第４号を除く。）に規定する特殊建築物の位置に対する制限の緩和及び令第137条の12第２項（法第51条に係る部分に限る。）に規定する既存不適格建築物の大規模の修繕又は大規模の模様替に対する制限の緩和を措置するものである。

> 　（特定用途制限地域内の工作物）
>
> **令第144条の２の４**　第138条第４項第６号に掲げるものについては，第130条の２の規定を準用する。
>
> ２　第138条第４項第６号に掲げるものについての法第88条第２項において準用する法第87条第３項の規定によつて法第49条の２の規定に基づく条例の規定を準用する場合における同項第２号に規定する類似の用途の指定については，当該条例で定めるものとする。
>
> 　　　　　　（平13政98・追加，令５政280・一部改正）

　特定用途制限地域内にある工作物についても，建築物同様に令第130条の２（特定用途制限地域内において条例で定める制限）の規定を準用するとともに，同地域内における条例の規定によって既存不適格工作物となった場合における用途変更に対する緩和基準（類似の用途の指定）についても当該条例で定めることを規定している。

第４項　看板等に対する手続規定の準用

> 　（工作物への準用）

第1節　工作物

法第88条

1・2　（略）

3　第3条，第8条から第11条まで，第12条（第5項第3号を除く。），第12条の2，第12条の3，第13条，第15条の2並びに第18条第1項及び第25項の規定は，第64条に規定する工作物について準用する。

4　（略）

（昭34法156・昭36法191・昭45法109・昭49法67・昭51法83・昭55法34・昭58法44・昭63法49・平2法61・平4法82・平10法100・平11法87・平11法160・平14法22・平14法85・平16法67・平18法5・平18法30・平18法46・平18法92・平20法40・平23法124・平26法39・平26法54・平28法72・平29法26・平30法67・令2法43・令3法31・令4法55・令4法69・一部改正）

　本法の準用を受ける工作物には，第1項・第2項の工作物のほかに，防火上の見地から法第64条に規定する工作物がある。同条には，防火地域内の看板，広告塔，装飾塔その他これらに類する工作物で，建築物の屋上に設けるもの又は高さが3mを超えるものの防火措置が規定されているが，本項でさらに，これらの工作物に対して，法第3条（適用の除外），法第8条から第11条まで（維持保全，違反等に対する措置），法第12条（報告・検査等），法第12条の2・第12条の3（資格者証），法第13条（身分証明書の携帯），法第15条の2（報告・検査等），法第18条第1項及び第25項（国等の建築物に対する確認等）の規定を準用している。

第5項　手続の合理化

（工作物への準用）

法第88条

1〜3　（略）

4　第1項中第6条から第7条の5まで，第18条（第1項及び第25項を除く。）及び次条に係る部分は，宅地造成及び特定盛土等規制法（昭和36年法律第191号）第12条第1項，第16条第1項，第30条第1項若しくは第35条第1項，都市計画法第29条第1項若しくは第2項若しくは第35条の2第1項本文，特定都市河川浸水被害対策法（平成15年法律第77号）第57条第1項若しくは第62条第1項又は津波防災地域づくりに関する法律（平成23年法律第123

第10章　工作物等

号）第73条第1項若しくは第78条第1項の規定による許可を受けなければな
らない場合の擁壁については，適用しない。

（昭34法156・昭36法191・昭45法109・昭49法67・昭51法83・昭55法34・昭58
法44・昭63法49・平2法61・平4法82・平10法100・平11法87・平11法160・
平14法22・平14法85・平16法67・平18法5・平18法30・平18法46・平18法92
・平20法40・平23法124・平26法39・平26法54・平28法72・平29法26・平30法
67・令2法43・令3法31・令4法55・令4法69・一部改正）

　擁壁について，宅地造成等工事規制区域内における工事の許可，特定盛土等規制
区域内における工事の許可，都市計画区域又は準都市計画区域内等における開発行
為の許可，浸水被害防止区域内における特定開発行為の許可，津波災害特別警戒区
域内における特定開発行為の許可（それぞれ変更に関する許可を含む。）を受けな
ければならない場合は，法令手続上の重複を避けるため，本条第1項のうち，法第
6条から法第7条の5まで，法第18条（第1項及び第25項を除く。）及び法第89条
に係る部分を適用しないこととしたものである。

　なお，本項は昭和36年改正によって制定された規定であり，従来は宅地造成工事
の擁壁部分について都道府県知事が許可を行った場合等には，建築主事にその旨を
通知することが通達で示されていたが，法第97条の5の解説（第1章第13節）にお
いて示したとおり，地方分権の推進に伴って機関委任事務の廃止以前に地方公共団
体に発出された通達は拘束力を失い，本通達については廃止扱いとされた（平成13
年5月24日付け国総民発第7号）。一方で，令和4年改正後の宅地造成及び特定盛
土等規制法（昭和36年法律第191号）により，宅地造成等工事規制区域及び特定盛
土等規制区域において都道府県知事等が工事を許可した場合には，関係市町村長に
通知することが義務付けられることとなったため（同法第12条第4項及び第30条第
4項において規定），これらの工事において擁壁が含まれる場合は，準用工作物と
して行うべき建築確認等の手続義務は免除されるが，当該通知の実施は必要とな
る。

第2節　簡易な構造の建築物

第2節　簡易な構造の建築物

（簡易な構造の建築物に対する制限の緩和）

法第84条の2　壁を有しない自動車車庫，屋根を帆布としたスポーツの練習場
　その他の政令で指定する簡易な構造の建築物又は建築物の部分で，政令で定
　める基準に適合するものについては，第22条から第26条まで，第27条第1項
　及び第3項，第35条の2，第61条，第62条並びに第67条第1項の規定は，適
　用しない。

（平4法82・追加，平15法101・平26法54・平30法67・一部改正）

　壁を有しない開放的な自動車車庫，膜材料で造ったテニスコートの覆いなどの簡
易な建築物については，現行の建築基準法令を適用することが必ずしも合理的な建
築規制とはならない場合が見られる。

　本条が制定される以前，このような建築物は，一般的に求められる性能の一部が
期待されていないにもかかわらず，法が規制対象として想定している建築物と同様
に扱われることにより，社会通念上，過度の規制が行われてしまうという問題を生
じていた。

　平成4年の建築基準法改正では，このような「簡易な構造の建築物」に関する規
定を設け，こうした建築物の特徴に応じて，法の規定による制限を緩和することに
より，合理的な建築規制が講じられることとなった。なお，本条で規定する「簡易
な構造の建築物」について緩和されるのは，防火・避難関係規定の一部のみであ
り，構造関係規定については緩和されていない。

　また，緩和されているのが防火・避難関係規定であることから，隣地への延焼防
止，市街地火災の拡大の助長の防止など，建築物の構造の簡易さにかかわらず必要
とされる性能については，施行令において建築物に用いられる材料等について最低
限の基準を定めることによって確保することとしている。

(1)　簡易な構造の建築物の分類

（簡易な構造の建築物の指定）

令第136条の9　法第84条の2の規定により政令で指定する簡易な構造の建築
　物又は建築物の部分は，次に掲げるもの（建築物の部分にあつては，準耐火
　構造の壁（これらの壁を貫通する給水管，配電管その他の管の部分及びその

557

第10章　工作物等

周囲の部分の構造が国土交通大臣が定めた構造方法を用いるものに限る。）
又は第126条の2第2項第1号に規定する防火設備で区画された部分に限
る。）とする。
一　壁を有しない建築物その他の国土交通大臣が高い開放性を有すると認め
　　て指定する構造の建築物又は建築物の部分（間仕切壁を有しないものに限
　　る。）であつて，次のイからニまでのいずれかに該当し，かつ，階数が1
　　で床面積が3,000平方メートル以内であるもの（次条において「開放的簡
　　易建築物」という。）
　　イ　自動車車庫の用途に供するもの
　　ロ　スケート場，水泳場，スポーツの練習場その他これらに類する運動施
　　　設
　　ハ　不燃性の物品の保管その他これと同等以上に火災の発生のおそれの少
　　　ない用途に供するもの
　　ニ　畜舎，堆肥舎並びに水産物の増殖場及び養殖場
二　屋根及び外壁が帆布その他これに類する材料で造られている建築物又は
　　建築物の部分（間仕切壁を有しないものに限る。）で，前号ロからニまで
　　のいずれかに該当し，かつ，階数が1で床面積が3,000平方メートル以内
　　であるもの

　　　　　　（平5政170・追加，平12政211・平12政312・令元政181・一部改正）

　本条は，簡易な構造の建築物として，自動車車庫やスポーツの練習場などの「開
放的簡易建築物」と，屋根及び外壁に帆布等を用いている「膜構造建築物」の2種
類を規定するものである。
　また，本条の規定を建築物の部分に適用する場合にあっては，準耐火構造の壁又
は遮煙性能・危害防止性能を備えた防火設備によって区画された部分に限るものと
している。この場合，区画となる準耐火構造の壁を貫通する給水官，配電管その他
の管の部分及びその周囲の部分の構造に関する基準は，「準耐火構造の壁を貫通す
る給水管，配電管その他の管の部分及びその周囲の部分の構造方法を定める件（H
5建告第1426号）」で定められている。
　本条は，法第84条の2の規制緩和の適用対象となる簡易な構造の建築物を定める
ものであり，概念上は，以下の要件の双方に該当するものである。
　①　シェルターの形態が開放的又は構成が軽微であり，かつ，規模等の大きくな

558

いもの

② 屋外での活動と同程度の使われ方しかされないことが担保されるもの

上記の要件に該当するものとして，施行令で具体に指定する簡易な構造の建築物又は建築物の部分は，次の表10—7のとおりである。

表10—7 簡易な構造の建築物の概要

	形態	規模	用途
開放的簡易建築物	壁を有しない又は高い開放性※を有する建築物 （間仕切壁を有しないものに限る。）	・階数が1 ・床面積が1,500㎡以内	・自動車車庫 ・スケート場，水泳場，スポーツの練習場等の運動施設 ・不燃性の物品倉庫等 ・畜舎，堆肥舎，水産物の増殖場・養殖場
膜構造建築物	屋根及び外壁が帆布その他これに類する材料で造られている建築物 （間仕切壁を有しないものに限る。）	・階数が1 ・床面積が1,000㎡以内	・スケート場，水泳場，スポーツの練習場等の運動施設 ・不燃性の物品倉庫等 ・畜舎，堆肥舎，水産物の増殖場・養殖場

※開放性の程度は「高い開放性を有する構造の建築物（H5建告第1427号）」に規定。

国土交通大臣が高い開放性を有すると認めて指定する構造の建築物又は建築物の部分とは，壁の全くない建築物であるか，次の①，②及び③のすべてに適合する建築物又は建築物の部分のいずれかである（H5建告第1427号）。

① $\dfrac{常時開放された開口部の面積}{建築物の水平投影面積} \geqq \dfrac{1}{6}$

② $\dfrac{常時開放された開口部（高さ2.1m以上）の幅}{建築物の周長} \geqq \dfrac{1}{4}$

③ （建築物の各部分から外壁の避難上有効な開口部までの距離）≦ 20m

なお，本条第1号及び第2号の規定において，「建築物の部分であって，階数が1」であるものとは，簡易な構造に該当する建築物の部分のみの階数を捉えるものではなく，建築物全体における当該部分の階により判断するものである。例えば，3階建の建築物における3階の部分は，簡易な構造の建築物の部分にはなり得ない。

本条において，簡易な構造の建築物の部分にあっては，準耐火構造の壁又は防火設備で区画された部分に限ることとし，床による区画を規定しないこととしている

第10章　工作物等

のは，このことによるものである。

(2)　簡易な構造の建築物に関する最低限の基準

（簡易な構造の建築物の基準）

令第136条の10　法第84条の２の規定により政令で定める基準は，次に掲げる
ものとする。

一　主要構造部である柱及びはりが次に掲げる基準に適合していること。
　イ　防火地域又は準防火地域内にある建築物又は建築物の部分（準防火地
　　域（特定防災街区整備地区を除く。）内にあるものにあつては，床面積
　　が500平方メートルを超えるものに限る。）にあつては，準耐火構造であ
　　るか，又は不燃材料で造られていること。
　ロ　準防火地域（特定防災街区整備地区を除く。）内にある建築物若しく
　　は建築物の部分で床面積が500平方メートル以内のもの，法第22条第１
　　項の市街地の区域内にある建築物若しくは建築物の部分又は防火地域，
　　準防火地域及び同項の市街地の区域以外の区域内にある建築物若しくは
　　建築物の部分で床面積が1,000平方メートルを超えるものにあつては，
　　延焼のおそれのある部分が準耐火構造であるか，又は不燃材料で造られ
　　ていること。

二　前号イ又はロに規定する建築物又は建築物の部分にあつては，外壁（同
　号ロに規定する建築物又は建築物の部分にあつては，延焼のおそれのある
　部分に限る。）及び屋根が，準耐火構造であるか，不燃材料で造られてい
　るか，又は国土交通大臣が定める防火上支障のない構造であること。

三　　（略）

　　　　（平５政170・追加，平12政211・平12政312・平15政523・一部改正）

　簡易な構造の建築物については，防火に関する基準を適用しないこととしてい
る。しかしながら，市街地の防災環境を悪化させることのないよう，また，火災荷
重の大きい自動車車庫の用途に供するもの等に対する配慮から，本条の規定によ
り，建築物の様態に応じて，次のような最低限の基準を定めることとする。

第１号・第２号（通常の簡易な構造の建築物）

①　主要構造部である柱・はりの防耐火性能（第１号）

　建築物の主要構造部が，地域・規模に応じて，準耐火構造であるか，不燃材料
等で造られていること。

560

第2節　簡易な構造の建築物

② 　外壁・屋根の防耐火性能（第2号）

　建築物の外壁及び屋根が，準耐火構造であるか，不燃材料で造られているか，防火上支障のない構造であること。ここでいう「防火上支障のない構造」とは，「防火上支障のない外壁及び屋根の構造を定める件（H12建告第1443号）」において定められている。

表10― 8　簡易な構造の建築物が満たすべき基準

		柱・はり	外壁	屋根
防火地域		準耐火構造 不燃材料	準耐火構造 不燃材料 大臣指定構造	準耐火構造 不燃材料 大臣指定構造
準防火地域	500㎡超			
	500㎡以下	（延焼のおそれの ある部分） 準耐火構造 不燃材料	（延焼のおそれの ある部分） 準耐火構造 不燃材料 大臣指定構造	
屋根不燃化区域				
その他地域	1,000㎡超			
	1,000㎡以下	制限なし		

(3)　開放的簡易建築物に関する特別の基準

（簡易な構造の建築物の基準）

令第136条の10　法第84条の2の規定により政令で定める基準は，次に掲げるものとする。

一・二　（略）

三　前条第1号イに該当する開放的簡易建築物にあつては，前2号の規定にかかわらず，次に掲げる基準に適合していること。ただし，防火地域，準防火地域及び法第22条第1項の市街地の区域以外の区域内にあるもので床面積が150平方メートル未満のものにあつては，この限りでない。

　イ　主要構造部である柱及びはり（準防火地域（特定防災街区整備地区を除く。）又は法第22条第1項の市街地の区域内にある開放的簡易建築物で床面積が150平方メートル未満のものにあつては，延焼のおそれのある部分に限る。）が準耐火構造であるか，又は不燃材料で造られており，かつ，外壁（準防火地域（特定防災街区整備地区を除く。）又は同項の市街地の区域内にある開放的簡易建築物で床面積が150平方メートル未満のものにあつては，延焼のおそれのある部分に限る。）及び屋根が準耐火構造であるか，不燃材料で造られているか，又は国土交通大臣が定める防火上支障のない構造であること。

第10章 工作物等

　　ロ　隣地境界線又は当該開放的簡易建築物と同一敷地内の他の建築物（同
　　　一敷地内の建築物の延べ面積の合計が500平方メートル以内である場合
　　　における当該他の建築物を除く。）との外壁間の中心線（以下ロにおい
　　　て「隣地境界線等」という。）に面する外壁の開口部（防火上有効な公
　　　園，広場，川等の空地若しくは水面又は耐火構造の壁その他これらに類
　　　するものに面するものを除く。以下ロにおいて同じ。）及び屋上（自動
　　　車車庫の用途に供する部分に限る。以下ロにおいて同じ。）の周囲で当
　　　該隣地境界線等からの水平距離がそれぞれ１メートル以下の部分につい
　　　て，当該外壁の開口部と隣地境界線等との間及び当該屋上の周囲に，塀
　　　その他これに類するもので国土交通大臣が通常の火災時における炎及び
　　　火熱を遮る上で有効と認めて定める基準に適合するものが設けられてい
　　　ること。
　　ハ　屋上を自動車車庫の用途に供し，かつ，床面積が1,000平方メートル
　　　を超える場合にあつては，屋根が，国土交通大臣がその屋内側からの通
　　　常の火災時における炎及び火熱を遮る上で有効と認めて定める基準に適
　　　合しているとともに，屋上から地上に通ずる２以上の直通階段（誘導車
　　　路を含む。）が設けられていること。

　　　　　　（平５政170・追加，平12政211・平12政312・平15政523・一部改正）

第3号（開放的簡易建築物）

① 　主要構造部である柱・はり，外壁，屋根の防耐火性能（第３号イ）

　自動車車庫の主要構造部が，地域・規模に応じて，準耐火構造であるか，不燃材
料で造られているか，防火上支障のない構造であること。防火上支障のない構造に
ついては，第２号と同様の取扱いとなる。

② 　防火塀の設置（第３号ロ）

　隣地への延焼を防止するため，隣地境界線等からの水平距離が１m以下の部分に
は，「炎と火熱を遮る塀その他これに類するものの基準（H５建告第1434号）」に
従って，防火塀を設けること。

③ 　屋上駐車場の措置（第３号ハ）

　屋上駐車をするもので床面積が1,000㎡を超える場合については，以下の措置が
追加的に必要となる。

　・屋上の車両への延焼を防止するため，屋根の開口率を一定に制限すること。

第2節　簡易な構造の建築物

（H5建告第1435号）

- 避難安全性を確保するため，屋上から地上に通ずる2以上の直通階段（誘導車路を含む）を設けること。

この場合，屋根のうち，1階部分の誘導車路の上部にある部分を規制対象外としているのは，誘導車路には，通常，自動車が常駐することがないためである。

表10—9　自動車車庫が満たすべき基準

		柱・はり	外壁	屋根
150㎡以上		準耐火構造 不燃材料	準耐火構造 不燃材料 大臣指定構造	準耐火構造 不燃材料 大臣指定構造
150㎡未満	防火地域			
	準防火地域 屋根不燃化区域	（延焼のおそれのある部分） 準耐火構造 不燃材料	（延焼のおそれのある部分） 準耐火構造 不燃材料 大臣指定構造	
	その他地域	制限なし		

（防火区画等に関する規定の適用の除外）

令第136条の11　第136条の9に規定する建築物又は建築物の部分で前条に規定する基準に適合するものについては，第112条，第114条及び第5章の2の規定は，適用しない。

（平5政170・追加）

簡易な構造の建築物に対して緩和される規定は法第84条の2において掲げられているが，これらの緩和対象となる規定は全て法律で定める技術的基準であるため，法第36条の包括委任規定に基づいて施行令で定めている技術的基準は緩和の対象となっていない。したがって，本条を置くことにより，追加的に，法第36条から委任を受けている令第112条（防火区画），令第114条（建築物の界壁，間仕切壁及び隔壁）及び令第5章の2（特殊建築物等の内装）に係る規定を適用しないよう措置している。

第10章　工 作 物 等

第3節　災害及び仮設建築物

（被災市街地における建築制限）

法第84条　特定行政庁は，市街地に災害のあつた場合において都市計画又は土
　　地区画整理法による土地区画整理事業のため必要があると認めるときは，区
　　域を指定し，災害が発生した日から1月以内の期間を限り，その区域内にお
　　ける建築物の建築を制限し，又は禁止することができる。

　2　特定行政庁は，更に1月を超えない範囲内において前項の期間を延長する
　　ことができる。

　　　　　　　　　　（昭29法120・昭34法156・平11法87・一部改正）

　市街地に相当大きな火災等があった後に，これを契機として，都市計画を定め，
また，土地区画整理事業が行われることが多い。しかし，計画が確定するまでには
どう急いでも多少の日時を要し，それまでに無統制に建築されては，後の事業に支
障をきたすので，原則として1月以内に限って建築の制限，禁止ができることとさ
れている。

　この措置は，迅速にしなければならないと同時に十分な周知方法をとらなけれ
ば，実効を失うおそれがある。本条による制限又は禁止の例としては，小規模のも
の，一定期間内の仮設建築物等のみを認める方法がある。

　この場合，区域の規模その他の事情によっては，計画決定に1月では短いことが
考えられるので，さらに1月延長できることとしている。

　なお，法第85条第1項の非常災害のあったときの指定区域についても，当然，こ
の条の指定を行うことができるが，この場合は，法第85条第1項第1号及び第2号
に掲げるものについては，制限又は禁止をすることはできない。

（仮設建築物に対する制限の緩和）

法第85条　非常災害があつた場合において，非常災害区域等（非常災害が発生
　　した区域又はこれに隣接する区域で特定行政庁が指定するものをいう。第87
　　条の3第1項において同じ。）内においては，災害により破損した建築物の
　　応急の修繕又は次の各号のいずれかに該当する応急仮設建築物の建築でその
　　災害が発生した日から1月以内にその工事に着手するものについては，建築
　　基準法令の規定は，適用しない。ただし，防火地域内に建築する場合につい

564

第3節　災害及び仮設建築物

ては，この限りでない。

一　国，地方公共団体又は日本赤十字社が災害救助のために建築するもの

二　被災者が自ら使用するために建築するもので延べ面積が30平方メートル
　以内のもの

2　災害があつた場合において建築する停車場，官公署その他これらに類する
公益上必要な用途に供する応急仮設建築物又は工事を施工するために現場に
設ける事務所，下小屋，材料置場その他これらに類する仮設建築物について
は，第6条から第7条の6まで，第12条第1項から第4項まで，第15条，第
18条（第25項を除く。），第19条，第21条から第23条まで，第26条，第31条，
第33条，第34条　第2項，第35条，第36条（第19条，第21条，第26条，第31
条，第33条，第34条第2項及び第35条に係る部分に限る。），第37条，第39条
及び第40条の規定並びに第3章の規定は，適用しない。ただし，防火地域又
は準防火地域内にある延べ面積が50平方メートルを超えるものについては，
第62条の規定の適用があるものとする。

3　前2項の応急仮設建築物を建築した者は，その建築工事を完了した後3月
を超えて当該建築物を存続させようとする場合においては，その超えること
となる日前に，特定行政庁の許可を受けなければならない。ただし，当該許
可の申請をした場合において，その超えることとなる日前に当該申請に対す
る処分がされないときは，当該処分がされるまでの間は，なお当該建築物を
存続させることができる。

4　特定行政庁は，前項の許可の申請があつた場合において，安全上，防火上
及び衛生上支障がないと認めるときは，2年以内の期間を限つて，その許可
をすることができる。

5　特定行政庁は，被災者の需要に応ずるに足りる適当な建築物が不足するこ
とその他の理由により前項に規定する期間を超えて使用する特別の必要があ
る応急仮設建築物について，安全上，防火上及び衛生上支障がなく，かつ，
公益上やむを得ないと認める場合においては，同項の規定にかかわらず，更
に1年を超えない範囲内において同項の規定による許可の期間を延長するこ
とができる。被災者の需要に応ずるに足りる適当な建築物が不足することそ
の他の理由により当該延長に係る期間を超えて使用する特別の必要がある応
急仮設建築物についても，同様とする。

6　特定行政庁は，仮設興行場，博覧会建築物，仮設店舗その他これらに類す

565

第10章　工作物等

る仮設建築物（次項及び第101条第1項第10号において「仮設興行場等」という。）について安全上，防火上及び衛生上支障がないと認める場合においては，1年以内の期間（建築物の工事を施工するためその工事期間中当該従前の建築物に代えて必要となる仮設店舗その他の仮設建築物については，特定行政庁が当該工事の施工上必要と認める期間）を定めてその建築を許可することができる。この場合においては，第12条第1項から第4項まで，第21条から第27条まで，第31条，第34条第2項，第35条の2，第35条の3及び第37条の規定並びに第3章の規定は，適用しない。

7　特定行政庁は，国際的な規模の会議又は競技会の用に供することその他の理由により1年を超えて使用する特別の必要がある仮設興行場等について，安全上，防火上及び衛生上支障がなく，かつ，公益上やむを得ないと認める場合においては，前項の規定にかかわらず，当該仮設興行場等の使用上必要と認める期間を定めてその建築を許可することができる。この場合においては，同項後段の規定を準用する。

8　特定行政庁は，第5項の規定により許可の期間を延長する場合又は前項の規定による許可をする場合においては，あらかじめ，建築審査会の同意を得なければならない。ただし，官公署，病院，学校その他の公益上特に必要なものとして国土交通省令で定める用途に供する応急仮設建築物について第5項の規定により許可の期間を延長する場合は，この限りでない。

（昭32法101・昭34法156・昭38法151・昭45法109・昭51法83・昭58法44・平10法100・平11法87・平16法111・平16法67・平17法102・平18法92・平26法54・平30法67・令4法44・一部改正）

第1項

　本項における「非常災害」とは大地震などを想定しており，前条の災害とは必ずしも一致しない。本条の規定により，災害によって破損した建築物の応急の修繕又は応急仮設建築物（国・地方公共団体又は日本赤十字社が災害救助のために建築するもの等）の建築で，その災害が発生した日から1月以内にその工事に着手するものについては，手続規定を含め，本法を全く適用しない。ただし，防火地域内に建築する場合については，通常どおり，本法の適用を受けることとなっている。

　また，応急仮設建築物であっても，本法の技術的基準に適合しない建築物が継続的に使用されることは安全確保の観点から望ましくないため，その存続期間は第3

第3節　災害及び仮設建築物

項の規定によって制限されている。なお，許容される存続期間経過後にあっては，本法に適合しない建築物は直ちに違反建築物となる。

第2項

　本項の規定は，災害時における停車場等の公益上必要な用途の応急仮設建築物と，工事現場の事務所や材料置き場などの仮設建築物について，本法で規定されている建築確認・完了検査等の規定，防火・避難関係規定，集団関係規定等の適用を除外するものである。

　本項に掲げる仮設建築物のうち，停車場等の応急仮設建築物については公益上の観点から即刻復旧すべきものであること，工事現場の仮設建築物については工事完了後は撤去されることが前提となっている用途であることから，それぞれ広範に規定の適用が除外されている。

　ただし，使用中の人命の安全は確保すべきであるので，内装制限（法第35条の2），構造耐力（法第20条），採光・換気（法第28条），木造の特殊建築物の延焼防止措置（法第24条）等，基本的な規定の適用は免れない。

　また，防火・準防火地域については，一般に密集市街地が指定されていることが多く，防火的に重要な地域であるので，延べ面積が50㎡を超えるものは，その屋根に延焼防止性能（不燃材料で造り，又はふくこと等）が求められている。

第3項

　第1項又は第2項に規定する応急仮設建築物は，実体規定の適用が緩和されている代わりに，その存続期間は完成後3月を超える場合は許可が必要であるとしている。この場合，著しい支障のあるものについて存続させることは法の目的とするところではないので，許可を行う特定行政庁としては，3月以上存続させる建築物については相当の注意を払う必要がある。

第4項

　応急仮設建築物は，許可の時から最大2年を超えて存続してはならない。したがって，期限内に適法な状態にしなければならない。この趣旨から，3月を越える場合の許可の原則は，その後の存続期間のうちに適法な状態とすることができるもの（改造が許可の条件となることもある。）又は存続期間中は安全上の大きな支障がないもののいずれかに該当するものと考えられる。

　したがって，地方公共団体が計画的に建築する応急仮設住宅等については，適用除外を理由に当座をしのぐことのみにとらわれず，それが，将来的に不良住宅としての禍根とならないように，柱・はり等の主要構造部には本来の技術的基準への適

567

第10章 工作物等

合を求め，その後，逐次，手を加えていくことによって，建築物全体が適法な状態
となりうるように配慮すべきである。

第5項・第8項

　第1項・第2項の応急仮設建築物は，第3項・第4項の規定により，特定行政庁
は2年以内の期間を限って存続期間の許可をすることができるため，最長で2年3
か月間の存続が可能となるが，第5項は，安全上，防火上及び衛生上支障がなく，
かつ，公益上やむを得ないと認める場合においては，更に1年を超えない範囲内に
おいて許可の期間を延長することを可能とする特例規定である。また，本特例の適
用に当たっては，応急仮設建築物の存続期間が徒に延長されることがないようにす
るため，第8項において建築審査会の同意が必要とされている。

　なお，建築物の用途を一時的に変更して使用する場合の特例である「災害救助用
建築物」・「公益的建築物」についても，同様の趣旨の延長規定が置かれている
（法第87条の3第5項・第8項）。

　第5項が制定された経緯については，次のとおりである。従来，「特定非常災害
の被害者の権利利益の保全等を図るための特別措置に関する法律（平成8年法律第
85号。特定非常災害法）」の第8条において，被災者の住宅が不足している場合に
ついて，建築基準法の特例として仮設住宅の存続期間を延長（1年ごと）すること
ができる規定が置かれていたが，延長が可能となるのは，個別の災害が「特定非常
災害」として同法から委任を受けた政令で指定された場合に限られていた。一方
で，新型コロナウイルス感染症の流行を踏まえて，災害時の仮設住宅だけでなく，
感染症対応に必要となる臨時の医療施設を想定した応急仮設建築物の存続期間の延
長に関する要望があったことから，第12次地方分権一括法（令和4年法律第44号）
によって，建築物の用途や災害の規模などの条件を設けることなく，個別に特定行
政庁の判断に応じて期間延長が可能となる第5項が新設された。なお，当該改正に
際して，特定非常災害法第8条は廃止されている。

第6項

　本項の「仮設建築物」は，仮設興業場や博覧会建築物（「仮設興行場等」と定義
されている。）など臨時に設置されるものであることから，特定行政庁の許可に基
づき，防火関係規定（法第21条〜第27条），避難関係規定（法第35条の2・第35条
の3），集団関係規定（法第3章），定期報告等の規定（法第12条）などを適用しな
いものとしている。ただし，構造関係規定（法第20条）については適用除外の対象
となっていない。

568

第3節　災害及び仮設建築物

　一方で，これらの仮設興行場等については，短期間しか存続しないものであっても，不特定又は多数の者の利用に供するという観点から，特定行政庁の許可に当たっては，避難等に関して厳しい条件が付されることが多い。

　なお，本条の適用を受ける仮設興行場等であっても，確認申請の手続は必要である。

第7項・第8項

　第7項は第6項の特例であり，1年を超えて使用する特別の必要がある仮設興行場等について，建築審査会の同意を得ること（第8項）で，1年を超えた適用除外期間を設定することができるものとした規定である。

　近年，国際的規模の競技会等の用に供するなどこれまで想定していなかった理由により1年を超えて仮設興行場等を使用するニーズ（例えば，2020年東京オリンピック・パラリンピック競技大会においては，本大会に先立ち開催されるプレ大会にも利用するため，本大会の約2〜3年前から仮設観客施設等を設ける必要性があった）が生じている。このような仮設興行場等の設置を認めるにあたり，以下の要件を満たす場合には，その安全性の確保や不用意な長期の存続防止を実現できることから，平成30年改正で法制度が創設された。

- ・特定行政庁が，安全上，防火上及び衛生上支障がなく，かつ，公益上やむを得ないと認める場合であること
- ・第三者である建築審査会が，安全性等や存続期間の妥当性を審議の上同意すること

　（建築物の用途を変更して一時的に他の用途の建築物として使用する場合の制限の緩和）

法第87条の3　非常災害があつた場合において，非常災害区域等内にある建築物の用途を変更して災害救助用建築物（住宅，病院その他これらに類する建築物で，国，地方公共団体又は日本赤十字社が災害救助のために使用するものをいう。以下この条及び第101条第1項第16号において同じ。）として使用するとき（その災害が発生した日から1月以内に当該用途の変更に着手するときに限る。）における当該災害救助用建築物については，建築基準法令の規定は，適用しない。ただし，非常災害区域等のうち防火地域内にある建築物については，この限りでない。

2　災害があつた場合において，建築物の用途を変更して公益的建築物（学

569

校，集会場その他これらに類する公益上必要な用途に供する建築物をいう。以下この条及び第101条第1項第16号において同じ。）として使用するときにおける当該公益的建築物については，第12条第1項から第4項まで，第21条，第22条，第26条，第30条，第34条第2項，第35条，第36条（第21条，第26条，第34条第2項及び第35条に係る部分に限る。），第39条，第40条，第3章並びに第87条第1項及び第2項の規定は，適用しない。

3　建築物の用途を変更して第1項の災害救助用建築物又は前項の公益的建築物とした者は，その用途の変更を完了した後3月を超えて当該建築物を引き続き災害救助用建築物又は公益的建築物として使用しようとする場合においては，その超えることとなる日前に，特定行政庁の許可を受けなければならない。ただし，当該許可の申請をした場合において，その超えることとなる日前に当該申請に対する処分がされないときは，当該処分がされるまでの間は，当該建築物を引き続き災害救助用建築物又は公益的建築物として使用することができる。

4　特定行政庁は，前項の許可の申請があつた場合において，安全上，防火上及び衛生上支障がないと認めるときは，2年以内の期間を限つて，その許可をすることができる。

5　特定行政庁は，被災者の需要に応ずるに足りる適当な建築物が不足することその他の理由により前項に規定する期間を超えて使用する特別の必要がある災害救助用建築物又は公益的建築物について，安全上，防火上及び衛生上支障がなく，かつ，公益上やむを得ないと認める場合においては，同項の規定にかかわらず，更に1年を超えない範囲内において同項の規定による許可の期間を延長することができる。被災者の需要に応ずるに足りる適当な建築物が不足することその他の理由により当該延長に係る期間を超えて使用する特別の必要がある災害救助用建築物又は公益的建築物についても，同様とする。

6　特定行政庁は，建築物の用途を変更して興行場等（興行場，博覧会建築物，店舗その他これらに類する建築物をいう。以下同じ。）とする場合における当該興行場等について安全上，防火上及び衛生上支障がないと認めるときは，1年以内の期間（建築物の用途を変更して代替建築物（建築物の工事を施工するためその工事期間中当該従前の建築物に代えて使用する興行場，店舗その他これらに類する建築物をいう。）とする場合における当該代替建

第3節　災害及び仮設建築物

築物については，特定行政庁が当該工事の施工上必要と認める期間）を定め
て，当該建築物を興行場等として使用することを許可することができる。こ
の場合においては，第12条第1項から第4項まで，第21条，第22条，第24
条，第26条，第27条，第34条第2項，第35条の2，第35条の3，第3章及び
第87条第2項の規定は，適用しない。

7　特定行政庁は，建築物の用途を変更して特別興行場等（国際的な規模の会
　議又は競技会の用に供することその他の理由により1年を超えて使用する特
　別の必要がある興行場等をいう。以下この項において同じ。）とする場合に
　おける当該特別興行場等について，安全上，防火上及び衛生上支障がなく，
　かつ，公益上やむを得ないと認めるときは，前項の規定にかかわらず，当該
　特別興行場等の使用上必要と認める期間を定めて，当該建築物を特別興行場
　等として使用することを許可することができる。この場合においては，同項
　後段の規定を準用する。

8　特定行政庁は，第5項の規定により許可の期間を延長する場合又は前項の
　規定による許可をする場合においては，あらかじめ，建築審査会の同意を得
　なければならない。ただし，病院，学校その他の公益上特に必要なものとし
　て国土交通省令で定める用途に供する災害救助用建築物又は公益的建築物に
　ついて第5項の規定により許可の期間を延長する場合は，この限りでない。

　　　（平30法67・追加，令4法44・一部改正）

　法第85条は，災害時の仮設建築物，工事現場の仮設建築物，仮設興行場等の仮設
建築物について，期間を限ってその建築を許可することができるものとし，建築基
準法の一部の規定の適用除外を認めている。これは，その対象となる仮設建築物が
一時的にしか存続せず，最終的には撤去されるという点に着目した措置である。

　法第85条がこうした「建築（新築，増築，改築又は移転）」による仮設建築物に
対する制限緩和であるのに対して，本条は，「既存建築物の用途を変更」して一時
的に他の用途の建築物として使用する場合（例：災害時に既存の事務所を一時的に
学校に用途変更する場合等）について，法の全部又は一部の適用除外を認める規定
である。これは，既存建築物の用途を変更して一時的に他の用途の建築物として使
用する場合においても，当該他の用途の建築物として使用するのは一時的であり，
最終的には変更前の用途に戻るため，建築物そのものの撤去を前提とした法第85条
と趣旨は共通していることから，平成30年改正によって新たに創設された制度であ

第10章　工作物等

る。

　制度の趣旨から，内容は法第85条と同じであり，同条において適用除外が認められている規定のうち，用途に応じて規制内容が異なるものについて，本条においても適用除外を認めている。以下では便宜的に，法第85条の規定に基づくものを「仮設建築物（建築型）」，法第87条の3の規定に基づくものを「仮設建築物（用途変更型）」と呼称する。

表10—10　法第85条「仮設建築物（建築型）」と法第87条の3「仮設建築物（用途変更型）」の比較

	法第85条	法第87条の3
非常災害時における建築物の適用除外	第1項	第1項
災害時に公益上必要な建築物等の適用除外	第2項	第2項
存続期間の延長許可	第3項	第3項
存続期間（2年間）	第4項	第4項
存続期間の再延長（1年ごと）	第5項	第5項
仮設興行場等の適用除外（1年間）	第6項	第6項
国際会議等の興行場等の適用除外（1年超）	第7項	第7項
存続期間の延長に伴う建築審査会同意	第8項	第8項

第4節　仮設建築物・準用工作物に関する政令の規定の緩和

（仮設建築物等に対する制限の緩和）

令第147条　法第85条第2項の規定の適用を受ける建築物（以下この項において「応急仮設建築物等」という。）又は同条第6項若しくは第7項の規定による許可を受けた建築物（いずれも高さが60メートル以下のものに限る。）については，第22条，第28条から第30条まで，第37条，第46条，第49条，第67条，第70条，第3章第8節，第112条，第114条，第5章の2，第129条の2の3（屋上から突出する水槽，煙突その他これらに類するものに係る部分に限る。），第129条の13の2及び第129条の13の3の規定は適用せず，応急仮設建築物等については，第41条から第43条まで，第48条及び第5章の規定は適用しない。

2　災害があつた場合において建築物の用途を変更して法第87条の3第2項に規定する公益的建築物として使用するときにおける当該公益的建築物（以下この項において「公益的建築物」という。），建築物の用途を変更して同条第6項に規定する興行場等とする場合における当該興行場等及び建築物の用途を変更して同条第7項に規定する特別興行場等とする場合における当該特別興行場等（いずれも高さが60メートル以下のものに限る。）については，第22条，第28条から第30条まで，第46条，第49条，第112条，第114条，第5章の2，第129条の13の2及び第129条の13の3の規定は適用せず，公益的建築物については，第41条から第43条まで及び第5章の規定は適用しない。

3　第138条第1項に規定する工作物のうち同項第1号に掲げる煙突でその存続期間が2年以内のもの（高さが60メートルを超えるものにあつては，その構造及び周囲の状況に関し安全上支障がないものとして国土交通大臣が定める基準に適合するものに限る。）については，第139条第1項第3号及び第4号の規定並びに同条第4項において準用する第37条，第38条第6項及び第67条の規定は，適用しない。

4　第138条第1項に規定する工作物のうち同項第2号に掲げる工作物でその存続期間が2年以内のもの（高さが60メートルを超えるものにあつては，その構造及び周囲の状況に関し安全上支障がないものとして国土交通大臣が定める基準に適合するものに限る。）については，第140条第2項において準用

第10章　工作物等

する第139条第1項第3号及び第4号の規定並びに第140条第4項において準用する第37条，第38条第6項及び第67条の規定は，適用しない。

5　第138条第1項に規定する工作物のうち同項第3号又は第4号に掲げる工作物でその存続期間が2年以内のもの（高さが60メートルを超えるものにあつては，その構造及び周囲の状況に関し安全上支障がないものとして国土交通大臣が定める基準に適合するものに限る。）については，第141条第2項において準用する第139条第1項第3号及び第4号の規定並びに第141条第4項において準用する第37条，第38条第6項，第67条及び第70条の規定は，適用しない。

（昭34政344・旧第143条繰下・一部改正，昭45政333・昭55政196・平12政211・平17政192・平19政49・平23政46・平30政255・令元政30・令4政203・令4政295・一部改正）

　法第85条（仮設建築物（建築型））及び法第87条の3（仮設建築物（用途変更型））は，一定の建築物について建築基準法の一部の規定を適用除外することとしているため，当該適用除外される法律の規定から委任を受けた政令の規定も当然に適用されないこととなる。一方，これ以外の規定（法律では適用除外とされていない規定から委任を受けた政令の規定）についても，これらの仮設建築物には制限を緩和すべきものがある。

　また，法第88条（準用工作物）については，一定の工作物について建築基準法の一部の規定を適用することとしているが，存続期間が限られているものについては，仮設建築物等と同様の趣旨から，適用すべき規定のうち一部の規定については制限を緩和すべきものがある。

　本条は，これらの仮設建築物や準用工作物について，政令の規定の一部を適用除外することとしているものである。適用除外となる規定については，表10—11の一覧表のとおりである。なお，本条は，法第85条，法第87条の3又は法第88条を委任根拠としているものではなく，適用除外となる各規定の特例をまとめて規定しているものである。

第1項

　法第85条の仮設建築物に対する緩和で，さらに政令における適用除外条項を定めている規定である。なお，この条に掲げられていない条項であっても，例えば，令第113条の防火壁の構造に関する規定のように，その条項の根拠となる法第26条が

第4節　仮設建築物・準用工作物に関する政令の規定の緩和

法第85条において適用除外とされている場合には，令第113条も適用されない。したがって，法第85条において法第3章がすでに適用対象外とされているため，政令における集団関係規定はすべてこれらの建築物について適用されない。

　法第85条第1項の非常災害時の仮設建築物については，そもそも同項において「建築基準法の全ての規定」が既に適用されないこととされているため，本項の効果を必要としない。したがって，本項の対象は，災害時の仮設建築物・工事現場の仮設建築物（第2項），仮設興行場等（第6項），国際的な規模の会議・競技に使用する仮設興行場等（第7項）のみであり，規模については高さ60m以下のものに限られる。

第2項

　本項は，災害があったときに建築物の用途を変更して法第87条の3第2項に規定する公益的建築物として使用する場合，建築物の用途を変更して同条第5項に規定する興行場等とする場合，建築物の用途を変更して同条第6項に規定する特別興行場等とする場合（いずれも高さが60m以下のものに限る。）について，仮設建築物を建築する場合（第1項）と同様に，政令の一部の規定の適用除外を認めることとしている。

　具体的には，第1項において適用除外が認められている規定のうち，用途に応じて規制内容が異なるものについて，本項においても適用除外を認めている。

第3項～第5項

　準用工作物のうち，一般に臨時的に造られるものと判断されるもの（単なる存続期間の誓約等のみならず，客観的に判断されることを要する。）については，恒久的な安全性確保のための構造基準に関する規定を適用除外している。

第10章　工作物等

表10−11　仮設建築物・準用工作物について適用除外となる政令の規定

政令の条文		第1項		第2項		第3項(煙突)	第4項(柱)	第5項(広告塔等)
条文番号	規定の概要	法第85条第2項	法第85条第6・7項	法第87条の3第2項	法第87条の3第6・7項			
第22条	居室の床の高さ等	○	○	○	○			
第28条	便所の採光・換気	○	○	○	○			
第29条	くみ取便所	○	○	○	○			
第30条	特殊建築物等の便所	○	○	○	○			
第37条	構造部材の耐久	○		○		○		○
第38条第6項	木ぐいを用いた基礎	○		○		○	○	○
第41条	木材	○	○	○			○	
第42条	木造の土台・基礎	○	○	○				
第43条	木造柱の小径	○	○	○				
第46条	木造の軸組	○	○	○	○			
第48条	木造校舎	○	○	○				
第49条	木造外壁の防腐措置	○	○	○	○			
第67条	鋼材の接合	○	○	○				○
第70条	鉄骨柱の防火被覆	○	○	○		○	○	○
第3章第8節	構造計算	○	○	○				
第112条	防火区画	○	○	○	○			
第114条	界壁・間仕切壁等	○	○	○	○			
第5章	避難施設等	○	○	○				
第5章の2	内装	○	○	○				
第129条の2の3※	建築設備の構造強度	○		○				
第129条の13の2	非常用EV不要	○	○	○	○			
第129条の13の3	非常用EV	○	○	○	○			
第139条第1項第3号及び第4号	煙突及び煙突の支線				○	○	○	○

※屋上から突出する水槽、煙突その他これらに類するものに係る部分に限る。

第5節　工事現場又は工事中の建築物

第5節　工事現場又は工事中の建築物

（工事現場の危害の防止）

法第90条　建築物の建築，修繕，模様替又は除却のための工事の施工者は，当
　　該工事の施工に伴う地盤の崩落，建築物又は工事用の工作物の倒壊等による
　　危害を防止するために必要な措置を講じなければならない。

2　前項の措置の技術的基準は，政令で定める。

3　第3条第2項及び第3項，第9条（第13項及び第14項を除く。），第9条の
　　2，第9条の3（設計者及び宅地建物取引業者に係る部分を除く。）並びに
　　第18条第1項及び第25項の規定は，第1項の工事の施工について準用する。

（昭34法156・昭45法109・平10法100・平18法92・平26法54・一部改正）

　本条は，建築物の建築，修繕，模様替又は除却のための工事の施工者が危害防止
上しなければならない必要な措置について定めたものである。

　建築工事現場，特に市街地にあっては，周囲の第三者（隣地その他近傍の土地，
建築物，工作物等を含む。）に及ぼす影響が大きいので，一般通行人，隣接建築
物，隣接地盤等に関連して危害の防止措置の技術的基準が令第7章の8に定められ
ている。

　この規定は，法第87条の4又は法第88条第1項によって指定された建築設備及び
工作物について準用される。手続関係としては，法第12条第5項に基づいて報告を
求められた場合等，特に必要のある場合を除き，建築基準法令上は書類の提出を要
しない。

　なお，特に現場内の労働者の安全な労働条件の確保に着目して規制しているもの
として，労働安全衛生法令があるが，建築基準法令の適用が排除されるものではな
いことに留意する必要がある。

（仮囲い）

令第136条の2の20　木造の建築物で高さが13メートル若しくは軒の高さが9
　　メートルを超えるもの又は木造以外の建築物で2以上の階数を有するものに
　　ついて，建築，修繕，模様替又は除却のための工事（以下この章において
　　「建築工事等」という。）を行う場合においては，工事期間中工事現場の周
　　囲にその地盤面（その地盤面が工事現場の周辺の地盤面より低い場合におい

577

第10章　工作物等

ては，工事現場の周辺の地盤面）からの高さが1.8メートル以上の板塀その他これに類する仮囲いを設けなければならない。ただし，これらと同等以上の効力を有する他の囲いがある場合又は工事現場の周辺若しくは工事の状況により危害防止上支障がない場合においては，この限りでない。

> （昭33政283・追加，昭45政333・一部改正，昭55政273・旧第136条の２繰下
> ・一部改正，昭56政144・旧第136条の２の３繰下，昭62政348・旧第136条の
> ２の４繰下・一部改正，平２政323・旧第136条の２の５繰下，平５政170・旧
> 第136条の２の６繰下，平11政５・旧第136条の２の７繰下，平12政211・旧第
> 136条の２の９繰下，平15政523・旧第136条の２の16繰下，平17政182・旧第
> 136条の２の17繰下，平19政49・旧第136条の２の18繰下）

　木造建築物で高さが13m若しくは軒の高さが９mを超えるもの又は木造以外の建築物で２以上の階数を有するものについて，仮囲いを設けるよう規定している。これは，現場内からの土砂等の隣地，道路への飛散によって通行人が危害を受けたり，現場内に立入って根切りの穴に落下したりしないようにし，あわせて現場内の管理を明確にしようとするものである。また，仮囲いの構造は，高さが1.8m以上で板塀程度のものでなければならない。ただし，これと同等以上の効力ある既存の塀，鉄筋コンクリート造等の壁（窓，出入口を保護したものを含む。）の囲いがある場合，飛散物のない屋内工事を行う場合，その他危害防止上支障がない場合は，仮囲いの高さを減じ，又は設けないことができる。

　　（根切り工事，山留め工事等を行う場合の危害の防止）
令第136条の３　建築工事等において根切り工事，山留め工事，ウエル工事，ケーソン工事その他基礎工事を行なう場合においては，あらかじめ，地下に埋設されたガス管，ケーブル，水道管及び下水道管の損壊による危害の発生を防止するための措置を講じなければならない。
２　建築工事等における地階の根切り工事その他の深い根切り工事（これに伴う山留め工事を含む。）は，地盤調査による地層及び地下水の状況に応じて作成した施工図に基づいて行なわなければならない。
３　建築工事等において建築物その他の工作物に近接して根切り工事その他土地の掘削を行なう場合においては，当該工作物の基礎又は地盤を補強して構造耐力の低下を防止し，急激な排水を避ける等その傾斜又は倒壊による危害の発生を防止するための措置を講じなければならない。

578

第5節　工事現場又は工事中の建築物

4　建築工事等において深さ1.5メートル以上の根切り工事を行なう場合においては，地盤が崩壊するおそれがないとき，及び周辺の状況により危害防止上支障がないときを除き，山留めを設けなければならない。この場合において，山留めの根入れは，周辺の地盤の安定を保持するために相当な深さとしなければならない。

5　前項の規定により設ける山留めの切ばり，矢板，腹起しその他の主要な部分は，土圧に対して，次に定める方法による構造計算によつた場合に安全であることが確かめられる最低の耐力以上の耐力を有する構造としなければならない。

　一　次に掲げる方法によつて土圧を計算すること。

　　イ　土質及び工法に応じた数値によること。ただし，深さ3メートル以内の根切り工事を行う場合においては，土を水と仮定した場合の圧力の50パーセントを下らない範囲でこれと異なる数値によることができる。

　　ロ　建築物その他の工作物に近接している部分については，イの数値に当該工作物の荷重による影響に相当する数値を加えた数値によること。

　二　前号の規定によつて計算した土圧によつて山留めの主要な部分の断面に生ずる応力度を計算すること。

　三　前号の規定によつて計算した応力度が，次に定める許容応力度を超えないことを確かめること。

　　イ　木材の場合にあつては，第89条（第3項を除く。）又は第94条の規定による長期に生ずる力に対する許容応力度と短期に生ずる力に対する許容応力度との平均値。ただし，腹起しに用いる木材の許容応力度については，国土交通大臣が定める許容応力度によることができる。

　　ロ　鋼材又はコンクリートの場合にあつては，それぞれ第90条若しくは第94条又は第91条の規定による短期に生ずる力に対する許容応力度

6　建築工事等における根切り及び山留めについては，その工事の施工中必要に応じて点検を行ない，山留めを補強し，排水を適当に行なう等これを安全な状態に維持するための措置を講ずるとともに，矢板等の抜取りに際しては，周辺の地盤の沈下による危害を防止するための措置を講じなければならない。

　　　（昭33政283・追加，昭34政344・昭45政333・昭55政196・平12政211・平12政312・一部改正）

第10章　工 作 物 等

第1項

　公共用の配管設備の損壊による危害の発生を防止する措置をするよう規定したものである。特に，市街地では，地下配管が交錯しているので，あらかじめ管理者と打ち合わせ，調査する等の方法で保護の措置をする必要がある。

第2項

　地階の根切り工事その他の深い根切り工事について，施工図に基づく安全上の措置を規定したものである。地盤調査（既存ボーリング資料等を含む。），地層，地下水の状況判断，根切り山留めの設計，施工図の作成，実施といった一連の科学的裏づけに立った計画のもとに施工を実施する必要性から特に規定されたものである。

第3項

　土地を掘削する場合，隣接建築物その他の工作物の傾斜又は倒壊による危害の発生を防止するよう規定したものである。ここでは隣接工作物の基礎，地盤の補強による構造耐力の低下の防止，急激な排水を避けることを例示している。

　基礎の補強としては，鋼矢板，くい等で補強したり，レール等で支持したりする方法があり，地盤の補強としては，薬液，モルタルの注入，特殊な排水（ウエルポイント工法等）によったりする方法がある。土地を掘削する以上，隣接地盤になんらかの影響があるのは当然といえる場合が多いが，人が死傷したり，隣接工作物が建築基準法上の違反となったり，保安上危険になったりしないよう措置を講ずることは当然として，その他社会通念上，軽易には回復し得ない損害を防止する必要上特に規定されたものと解せられる。

　特に地下水位下を掘削する場合には，パイピング現象，ボイリング現象が起こらないよう防止対策を施す必要がある。

　なお，損害賠償，隣地立入権等については，民法上の問題として処理される。

第4項

　山留めの設置基準である。崩落する危険性からいって，1.5m以上の根切り工事を行う場合は，原則として山留めを設ける旨規定されている。特に地質が良い場合や適当な勾配をつけるとか，水を抜くとかの工法で崩落するおそれがない場合，又は周辺の状況によって危害防止上支障がない場合には山留めを設けなくてもよい。

　山留めを設ける場合は，根入れが不十分であると軟弱な地盤ではヒービング等による土の掘削側への回り込みを起こすことが多いので，周囲地盤の安全を見込んで相当程度打ち下げなければならない。

第5節　工事現場又は工事中の建築物

第5項

　前項の山留めの耐力についての基準である。これは構造計算を義務づけたものではないが，この基準に示された構造計算でチェックした場合，安全であることが確かめられるものでなければならない。

　山留めはあくまで仮設的な意味をもっているので，安全性の限界を倒壊しない程度として最低の耐力を規定している。その構造計算について述べると，土圧については次のような計算方法が示されている。

① 　土質や工法（水を抜いたり，切ばりにあらかじめ圧縮力をかけたりする工法を含む）に応じて数値を定めるものとしているが，軽微な根切りの場合は，その度ごとにボーリング等による地盤調査を行って土圧を計算するのは，実状に合わないので，深さ3m以内の根切りの場合は土圧を水圧の半分以上と仮定する簡易計算法によってもよいことになっている。

② 　建築物や道路に近接している場合には，土圧のほかその荷重の影響を見込んで計算する必要があり，その荷重のとり方については，実状に応じて定めることになる。

　　次に，土圧によって部材の断面に生ずる応力度を計算することとし，その応力度が次の許容応力度を超えないことを確かめる。

③ 　木材の場合は，繰返し使用している，又は湿っている場合を考慮して令第89条の長期と短期との平均値とするが，特に腹起し材は，曲げ破壊を除き，急に破壊することも少ないので，設計の実情に合わせて，告示で別の値を定めることができることとしている。なお告示（S56建告第1105号）においては，せん断及びめりこみの許容応力度として短期の値等が定められている。

④ 　鋼材，コンクリートの場合は木材に比べて均質であり品質のばらつきが少ないため，短期の値を採用している。

第6項

　維持管理についての規定で，工事中は点検を行い，また必要に応じて山留め，特に切ばりについて補強をほどこし，排水を適当に行う等（豪雨の場合は，逆に水をためるほうがよい場合もある）安全に維持する措置を講じ，また矢板抜取りに際しては，矢板に付着した土が取られることにより生ずる空胴のため周辺地盤が沈下する等による危害が生ずるのを防ぐ措置を講じなければならない旨規定している。特に粘土性地盤の場合は，注意を要し，必要に応じて砂を注入する等の措置が望まれる。

581

第10章　工作物等

（基礎工事用機械等の転倒による危害の防止）

令第136条の4　建築工事等において次に掲げる基礎工事用機械（動力を用い，かつ，不特定の場所に自走することができるものに限る。）又は移動式クレーン（吊り上げ荷重が0.5トン以上のものに限る。）を使用する場合においては，敷板，敷角等の使用等によりその転倒による工事現場の周辺への危害を防止するための措置を講じなければならない。ただし，地盤の状況等により危害防止上支障がない場合においては，この限りでない。

一　くい打機

二　くい抜機

三　アース・ドリル

四　リバース・サーキュレーション・ドリル

五　せん孔機（チュービングマシンを有するものに限る。）

六　アース・オーガー

七　ペーパー・ドレーン・マシン

八　前各号に掲げるもののほか，これらに類するものとして国土交通大臣が定める基礎工事用機械

　　　　　　　（平5政170・追加，平12政312・平20政290・一部改正）

　大規模な建築物の基礎工事においては，長尺の機械が用いられることも多く，これらの機械類が転倒した場合には，当該建築物の現場周囲の建築物の在館者や通行人に対して重大な危害を及ぼすおそれがある。

　本条においては，基礎工事用機械の転倒事故の発生に鑑み，地盤に十分な強度がない場合におけるその転倒防止対策として，工事現場の周辺への危害の防止上必要な措置を定めている。「敷板，敷角等の使用等」とは，具体的には，敷板，敷角又はくいを使用すること，コンクリートやアスファルトにより舗装すること，砂，砂利，砕石を敷きならすこと又は地盤を改良することを想定している。

　また，ただし書において，工事現場の周辺への危害を防止するための措置が講じられているとみなす場合の例外規定を設けているが，これは，地盤が十分な強度を有する場合や，基礎工事用機械・移動式クレーンの転倒によって危害を受けるものが工事現場の周辺にない場合が想定される。

　なお，本条でいう危害には，労働災害は含まれない。

582

第5節　工事現場又は工事中の建築物

（落下物に対する防護）

令第136条の5　建築工事等において工事現場の境界線からの水平距離が5メートル以内で，かつ，地盤面からの高さが3メートル以上の場所からくず，ごみその他飛散するおそれのある物を投下する場合においては，ダストシュートを用いる等当該くず，ごみ等が工事現場の周辺に飛散することを防止するための措置を講じなければならない。

2　建築工事等を行なう場合において，建築のための工事をする部分が工事現場の境界線から水平距離が5メートル以内で，かつ，地盤面から高さが7メートル以上にあるとき，その他はつり，除却，外壁の修繕等に伴う落下物によって工事現場の周辺に危害を生ずるおそれがあるときは，国土交通大臣の定める基準に従つて，工事現場の周囲その他危害防止上必要な部分を鉄網又は帆布でおおう等落下物による危害を防止するための措置を講じなければならない。

（昭33政283・追加，昭39政4・昭45政333・一部改正，平5政170・旧第136条の4繰下，平12政312・一部改正）

第1項

工事現場周辺にくず，ごみ等が飛散するのを防ぐ対策として，ダストシュートの類を設けることを規定している。この場合のダストシュートは木枠を組んだものでもよく，また簡易な方法として，くずかごに入れて吊りおろしたりする場合がある。

第2項

工事に伴う落下物に対する危険防止措置を規定したもので，工事をする部分が境界線から5m以内でかつ地盤面からの高さが7m以上にあるときはもちろん，その他はつり，除却，外壁の修繕等に伴う落下物によって周辺に危害を生ずるおそれのあるときは，危害防止上必要な部分を鉄網，帆布で覆う等の措置を講じなければならない。特に危険度の多い場合は，必要な部分をキャッチウォールのように，下部に斜めに受け板を突き出して保護し，また仮囲いの部分まで鉄網をつける等の措置が望まれる。

なお，技術的基準として，S39建告第91号があり，その運用として住宅局長通達（S42住指発第333号）も出されている。

583

第10章　工作物等

（建て方）

令第136条の6　建築物の建て方を行なうに当たつては，仮筋かいを取り付ける等荷重又は外力による倒壊を防止するための措置を講じなければならない。

2　鉄骨造の建築物の建て方の仮締は，荷重及び外力に対して安全なものとしなければならない。

（昭33政283・追加，昭45政333・一部改正，平5政170・旧第136条の5繰下）

第1項

　建築物の架構を組み立てるときには，一時的に不安定構造になり，自重や風で倒壊するおそれのある場合があるので，仮筋かいを取り付ける等の措置を講ずるよう規定している。

第2項

　鉄骨造の仮締めについてであるが，鉄骨建て方の場合，仮締めで躯体を組み建てるため，工事中の積載荷重，振動等の外力に対して安全なようにしなければならない。

（工事用材料の集積）

令第136条の7　建築工事等における工事用材料の集積は，その倒壊，崩落等による危害の少ない場所に安全にしなければならない。

2　建築工事等において山留めの周辺又は架構の上に工事用材料を集積する場合においては，当該山留め又は架構に予定した荷重以上の荷重を与えないようにしなければならない。

（昭33政283・追加，平5政170・旧第136条の6繰下）

第1項

　工事用材料は，倒壊，崩落等による危害の少ない場所を選んで集積し，その集積の仕方についても不安定な積み方をしないよう規定している。

第2項

　山留めの周辺又は架構の上に工事用材料を集積する場合の規定であるが，なるべく，そのような場所には集積しないようにするのが当然である。敷地の関係からやむをえず集積する場合はその荷重を見込んで，山留め等が安全であることを確かめ

584

第5節　工事現場又は工事中の建築物

る必要がある。

（火災の防止）

令第136条の8　建築工事等において火気を使用する場合においては，その場所に不燃材料の囲いを設ける等防火上必要な措置を講じなければならない。

（昭33政283・追加，平5政170・旧第136条の7繰下）

工事現場では，火気を使用することが多いので特に指定されたものである。火気を使用する場所には，不燃材料の囲いを設けたり，消火用水を用意したりする等の必要な措置を講じなければならない。できれば監視人を置くことが望ましい。

（工事中の特殊建築物等に対する措置）

法第90条の2　特定行政庁は，第9条又は第10条の規定による場合のほか，建築，修繕若しくは模様替又は除却の工事の施工中に使用されている第6条第1項第1号から第3号までの建築物が，安全上，防火上又は避難上著しく支障があると認める場合においては，当該建築物の建築主又は所有者，管理者若しくは占有者に対して，相当の猶予期限を付けて，当該建築物の使用禁止，使用制限その他安全上，防火上又は避難上必要な措置を採ることを命ずることができる。

2　第9条第2項から第9項まで及び第11項から第15項までの規定は，前項の場合に準用する。

（昭51法83・追加，平5法89・一部改正）

　本条は，工事中の建築物を使用する場合に予想される災害を未然に防止することを目的とした規定で，特定行政庁は，工事の施工中に使用されている特殊建築物等が著しく安全上，防火上又は避難上支障があると認めるときは，当該建築物の所有者等に対して使用禁止，使用制限その他必要な措置をとることを命ずることができることとしている。

　本条の対象となる工事は，建築，修繕若しくは模様替又は除去の工事と規定されており，法第7条の6が確認を要する工事に限定しているのに対して，工事の種類，規模にかかわらず全ての工事について適用される。したがって，法第7条の6の規定によっては，使用禁止がされない場合であっても，本条によっては，使用禁止等の措置がとられることがある。

　また，本条は，法第7条の6第1項第1号の規定により一般的には安全上，防火

585

第10章　工作物等

上又は避難上支障がないとして仮使用が承認されている工事中の特殊建築物等に対しても，個別的な事情により支障が生じた場合には適用されることとなる。

　本条によりとられる措置は，建築物の使用禁止，使用制限のほか，その他安全上，防火上又は避難上必要な措置であるが，これには工事中に使用する火気の使用方法，工事用資材の管理方法等工事の施工方法に関する制限，避難施設等の設置等安全な避難経路の確保等の措置がある。

　特定行政庁は，支障となる事情に応じて，建築物の使用禁止等前述の措置のうち必要なものを，それぞれ，その措置をとるのに適した者に命ずることになる。この場合には，命ずる措置に応じて必要な猶予期間が付けられる。

　なお，工事中の特殊建築物等が法第9条の対象となる違反建築物又は法第10条の対象となる保安上又は衛生上有害な建築物である場合については，それぞれの規定に基づく措置がとられることとなり，本条は適用されない。

　本条の適用に関する手続は，法第10条と同様に法第9条第2項から第9項まで及び第11項から第15項までの規定を準用しており，緊急の必要がある場合を除き，あらかじめ，命じようとする措置等を通知し，通知を受けた者から請求があった場合には公開による聴聞を経たうえで，建築物の使用禁止等の措置を命じなければならないこととされている。

　　（工事中における安全上の措置等に関する計画の届出）
法第90条の3　別表第1(い)欄の(1)項，(2)項及び(4)項に掲げる用途に供する建築物並びに地下の工作物内に設ける建築物で政令で定めるものの新築の工事又はこれらの建築物に係る避難施設等に関する工事の施工中において当該建築物を使用し，又は使用させる場合においては，当該建築主は，国土交通省令で定めるところにより，あらかじめ，当該工事の施工中における当該建築物の安全上，防火上又は避難上の措置に関する計画を作成して特定行政庁に届け出なければならない。

　　　　　　（昭51法83・追加，平11法160・一部改正）
　　（工事中における安全上の措置等に関する計画の届出を要する建築物）
令第147条の2　法第90条の3（法第87条の4において準用する場合を含む。）の政令で定める建築物は，次に掲げるものとする。
　一　百貨店，マーケットその他の物品販売業を営む店舗（床面積が10平方メートル以内のものを除く。）又は展示場の用途に供する建築物で3階以上の階又は地階におけるその用途に供する部分の床面積の合計が1,500平

第5節　工事現場又は工事中の建築物

方メートルを超えるもの

二　病院，診療所（患者の収容施設があるものに限る。）又は児童福祉施設
等の用途に供する建築物で5階以上の階におけるその用途に供する部分の
床面積の合計が1,500平方メートルを超えるもの

三　劇場，映画館，演芸場，観覧場，公会堂，集会場，ホテル，旅館，キャ
バレー，カフェー，ナイトクラブ，バー，ダンスホール，遊技場，公衆浴
場，待合，料理店若しくは飲食店の用途又は前2号に掲げる用途に供する
建築物で5階以上の階又は地階におけるその用途に供する部分の床面積の
合計が2,000平方メートルを超えるもの

四　地下の工作物内に設ける建築物で居室の床面積の合計が1,500平方メー
トルを超えるもの

（昭52政266・追加，平7政214・平12政211・令元政30・一部改正）

不特定多数の者が利用する特殊建築物等で相当規模のものについては，工事中の
使用は極めて慎重に対処する必要があることから設けられたものである。

令第147条の2各号に掲げる特殊建築物等（表10—12参照）の建築主は，当該建
築物の新築の工事又は避難施設等に関する工事（法第7条の6関係で説明があ
る。）の施工中にこれを使用しようとする場合は，あらかじめ，工事中の建築物の
安全上の措置等に関する計画を作成して，特定行政庁に届け出なければならない。
なお，用途の判断に当たっては，他の用途に機能的に管理していると認めるため一
体的に管理・利用されている場合には，主たる用途により判断することとなる。

届出をしなければならない工事は，新築の工事又は避難施設等に関する工事であ
り，法第6条第1項の規定による確認を受けなければならない工事とは必ずしも一
致しないものである。

すなわち，大規模な修繕に当たらない修繕の工事と避難施設等に関する工事とを
併せて行う場合や避難施設等に関する工事を単独で行う場合についても，確認の申
請は不要であるが工事中の建築物の安全上の措置等に関する計画の届出は必要とな
る。

令第147条の2各号に掲げる特殊建築物等は，利用者，利用形態等の面から火災
等の災害が発生した場合の危険性を考慮して定められている。

第1号では，百貨店，マーケット等の用途に供する建築物で3階以上の階でこれ
らの用途に供する部分の床面積の合計が1,500㎡を超えるか，又は地階においてこ

第10章　工作物等

れらの用途に供する部分の床面積の合計が1,500㎡を超えるものが対象になるとしている。3階以上の階においても地階においてもそれぞれ1,500㎡を超えないが，両方を合計すれば1,500㎡を超えるというものについては，対象とはならない。

　なお，床面積が10㎡以内の物品販売業を営む店舗を対象から除いているが，これは新聞販売所，牛乳販売店等が他の用途に供する部分に独立して存在している場合を想定し，このような場合には，当該部分を「物品販売業を営む店舗」として床面積を算入しないこととしたものである。したがって，単に物品販売業を営む店舗を10㎡以下に区分したとしても，それを算定の対象から除くものではなく，例えば，ショッピングセンター等の10㎡以下のテナントは，当然に店舗面積に算入されることとなる。

　以上のような考え方は，同条第3号の複合用途建築物についても同様である。

　第4号は，地下街を想定したものであり，この場合は，建築物の用途にかかわりなく算入される。

　なお，本条各号に掲げる用途（対象用途）と，対象用途以外の他の用途が兼用される建築物については，例えば事務所ビルにおける社員用食堂等のように，食堂そのものは「対象用途」に該当するものであっても，当該建築物においては主たる用途（事務所）に付属するものとみなし得る場合には，本条の建築物には該当しない。

　工事中の建築物の安全上の措置等に関する計画の内容及び手続については，施行規則第11条の2で定められている。

表10—12　工事中に使用する場合に安全計画書の作成・届出が必要な建築物

用　途　等		規　模
①　百貨店・マーケット・物品販売業店舗（「床面積 ≧10㎡」のものを除く。）		「3階以上の階・地階の当該用途部分の床面積の合計」>1,500㎡
②　病院・診療所（患者の収容施設のあるもの）・児童福祉施設等		「5階以上の階の当該用途部分の床面積の合計」>1,500㎡
③	劇場・映画館・演芸場・観覧場・公会堂・集会所	「5階以上の階・地階の当該用途部分の床面積の合計」>2,000㎡
	ホテル・旅館	
	キャバレー・カフェー・ナイトクラブ・バー・舞踏場・遊技場・公衆浴場・待合・料理店・飲食店	
	上記①・②	
④　地下工作物内の建築物		「居室の床面積の合計」>1,500㎡

注：工事の種類は，新築の工事及び避難施設等（令第13条）に関する工事である。

第1節　型式適合認定

第11章　型式適合認定・構造方法等の認定

第1節　型式適合認定

（型式適合認定）

法第68条の10　国土交通大臣は，申請により，建築材料又は主要構造部，建築
　設備その他の建築物の部分で，政令で定めるものの型式が，前3章の規定又
　はこれに基づく命令の規定（第68条の25第1項の構造方法等の認定の内容を
　含む。）のうち当該建築材料又は建築物の部分の構造上の基準その他の技術
　的基準に関する政令で定める一連の規定に適合するものであることの認定
　（以下「型式適合認定」という。）を行うことができる。

2　型式適合認定の申請の手続その他型式適合認定に関し必要な事項は，国土
　交通省令で定める。

（平10法100・追加，平11法160・平26法54・一部改正）

　型式適合認定は，建築材料又は建築物の部分の型式（設計仕様）について，あら
かじめ国土交通大臣が一定の技術的基準に適合していることを認定しておくことに
よって，個々の建築確認・検査時の審査を簡略化し，申請者及び建築主事等の負担
の軽減を図るものである。型式適合認定が用いられる事例としては，プレハブ住宅
のように標準的な仕様書に基づき同一の構造方法の建築物を複数建築する場合やエ
レベーターのように同一の型式で量産される建築設備の場合が想定される。これら
の場合には，標準的な設計仕様を個々の確認申請において繰り返し使用することが
多いため，型式適合認定を取得しておくと，効率的に確認検査手続を進めることが
可能となる。

　認定型式に適合する建築材料を用いた建築物や認定型式に適合する建築物の部分
を有する建築物を確認検査の特例として取り扱うことについては，法第6条の3及
び第7条の5に規定されている。具体的には，これらの建築物については，個々の
建築確認・検査において，認定の際にあらかじめ適合すると認められた一定の技術
的基準である「一連の規定」についての審査・検査が省略されることになり，例え
ば，構造計算書や耐火性能検証法により検証した際の計算書等の審査が省略され

589

第11章　型式適合認定・構造方法等の認定

る。また，確認申請の際に構造計算書や構造方法等の認定書の写しの提出が不要となる。ただし，あくまでも「適切な構造計算の実施や，適当な認定を受けた構造方法等の採用などが見込まれる型式」であることの認定を受けることで，これらの図書等の提出を不要としているという考え方であるため，「認定に係る建築物の部分の計画が認定型式に適合していることを確かめること」は必要とされている（H19国交告第835号（確認審査等指針）。詳細は第１章第８節の解説を参照すること。）。さらに認定型式に適合していることの確認までを省略しようとする場合は，次の第２節で解説する「型式部材等製造者認証」まで受ける必要がある。

（型式適合認定の対象とする建築物の部分及び一連の規定）

令第136条の２の11　法第68条の10第１項に規定する政令で定める建築物の部分は，次の各号に掲げる建築物の部分とし，同項に規定する政令で定める一連の規定は，当該各号に定める規定とする。

一　建築物の部分で，門，塀，改良便槽，屎尿浄化槽及び合併処理浄化槽並びに給水タンク及び貯水タンクその他これらに類するもの（屋上又は屋内にあるものを除く。）以外のもの　次のいずれかに掲げる規定

イ　次に掲げる全ての規定

(1)　法第20条（第１項第１号後段，第２号イ後段及び第３号イ後段に係る部分に限る。），法第21条から法第23条まで，法第25条から法第27条まで，法第28条の２（第３号を除く。），法第29条，法第30条，法第35条の２，法第35条の３，法第37条，法第３章第５節（法第61条第１項中門及び塀に係る部分，法第64条並びに法第66条を除く。），法第67条第１項（門及び塀に係る部分を除く。）及び法第84条の２の規定

(2)　第２章（第１節，第１節の２，第20条の８及び第４節を除く。），第３章（第52条第１項，第61条，第62条の８，第74条第２項，第75条，第76条及び第80条の３を除き，第80条の２にあつては国土交通大臣が定めた安全上必要な技術的基準のうちその指定する基準に係る部分に限る。），第４章（第115条を除く。），第５章（第３節，第４節及び第６節を除く。），第５章の２，第５章の３，第７章の２及び第７章の９の規定

ロ　次に掲げる全ての規定

(1)　イ(1)に掲げる規定並びに法第28条（第１項を除く。），法第28条の２

590

第3号，法第31条第1項，法第33条及び法第34条の規定

(2) イ(2)に掲げる規定並びに第2章第1節の2，第20条の8，第28条から第30条まで，第115条，第5章第3節及び第4節並びに第5章の4（第129条の2の4第3項第3号を除き，第129条の2の3第2号及び第129条の2の4第2項第6号にあつては国土交通大臣が定めた構造方法のうちその指定する構造方法に係る部分に限る。）の規定

二　次の表の建築物の部分の欄の各項に掲げる建築物の部分　同表の一連の規定の欄の当該各項に掲げる規定（これらの規定中建築物の部分の構造に係る部分に限る。）

	建築物の部分	一連の規定
(1)	防火設備	イ　法第2条第9号の2ロ，法第27条第1項，法第28条の2（第3号を除く。）及び法第37条の規定 ロ　第109条第1項，第109条の2，第110条の3，第112条第1項，第12項ただし書，第19項及び第21項，第114条第5項，第136条の2第3号イ並びに第137条の10第1号ロ(4)の規定
(2)	換気設備	イ　法第28条の2及び法第37条の規定 ロ　第20条の8第1項第1号（国土交通大臣が定めた構造方法のうちその指定する構造方法に係る部分に限る。）の規定
(3)	屎尿浄化槽	イ　法第28条の2（第3号を除く。），法第31条第2項及び法第37条の規定 ロ　第32条及び第129条の2の3第2号（国土交通大臣が定めた構造方法のうちその指定する構造方法に係る部分に限る。）の規定
(4)	合併処理浄化槽	イ　法第28条の2（第3号を除く。）及び法第37条の規定 ロ　第32条，第35条第1項及び第129条

第11章　型式適合認定・構造方法等の認定

		の2の3第2号（国土交通大臣が定めた構造方法のうちその指定する構造方法に係る部分に限る。）の規定
(5)	非常用の照明装置	イ　法第28条の2（第3号を除く。），法第35条及び法第37条の規定 ロ　第126条の5の規定
(6)	給水タンク又は貯水タンク	イ　法第28条の2（第3号を除く。）及び法第37条の規定 ロ　第129条の2の3第2号（国土交通大臣が定めた構造方法のうちその指定する構造方法に係る部分に限る。）並びに第129条の2の4第1項第4号及び第5号並びに第2項第2号，第3号，第5号及び第6号（国土交通大臣が定めた構造方法のうちその指定する構造方法に係る部分に限る。）の規定
(7)	冷却塔設備	イ　法第28条の2（第3号を除く。）及び法第37条の規定 ロ　第129条の2の3第2号（国土交通大臣が定めた構造方法のうちその指定する構造方法に係る部分に限る。）及び第129条の2の6（第2号を除く。）の規定
(8)	エレベーターの部分で昇降路及び機械室以外のもの	イ　法第28条の2（第3号を除く。）及び法第37条の規定 ロ　第129条の3，第129条の4（第3項第7号を除く。），第129条の5，第129条の6，第129条の8，第129条の10，第129条の11並びに第129条の13の3第6項から第11項まで及び第12項（国土交通大臣が定める構造方法のうちその指定する構造方法に係る部分に限

第1節　型式適合認定

		る。）の規定
(9)	エスカレーター	イ　法第28条の2（第3号を除く。）及び法第37条の規定 ロ　第129条の3及び第129条の12（第1項第1号及び第6号を除く。）の規定
(10)	避雷設備	イ　法第28条の2（第3号を除く。）及び法第37条の規定 ロ　第129条の15の規定

（平12政211・追 加，平12政312・平13政42・平14政393・一 部 改 正，平15政523・旧第136条の2の9繰下・一部改正，平17政182・旧第136条の2の10繰下，平18政308・平19政49・平25政217・平27政11・平28政6・平30政255・令元政30・令元政181・令5政280・一部改正）

（型式適合認定の対象とする工作物の部分及び一連の規定）

令第144条の2　法第88条第1項において準用する法第68条の10第1項に規定する政令で定める工作物の部分は，次の表の工作物の部分の欄の各項に掲げる工作物の部分とし，法第88条第1項において準用する法第68条の10第1項に規定する政令で定める一連の規定は，同表の一連の規定の欄の当該各項に掲げる規定（これらの規定中工作物の部分の構造に係る部分に限る。）とする。

	工作物の部分	一連の規定
(1)	乗用エレベーターで観光のためのもの（一般交通の用に供するものを除く。）の部分で，昇降路及び機械室以外のもの	イ　法第88条第1項において準用する法第28条の2（第3号を除く。）及び法第37条の規定 ロ　第143条第2項（第129条の3，第129条の4（第3項第7号を除く。），第129条の5，第129条の6，第129条の8及び第129条の10の規定の準用に関する部分に限る。）の規定
(2)	エスカレーターで観光のためのもの（一般交通の用に供するも	イ　法第88条第1項において準用する法第28条の2（第3号を除

593

第11章　型式適合認定・構造方法等の認定

		のを除く。）の部分で，トラス又ははりを支える部分以外のもの	く。）及び法第37条の規定 ロ　第143条第2項（第129条の3及び第129条の12（第1項第1号及び第6号を除く。）の規定の準用に関する部分に限る。）の規定
(3)		ウォーターシュート，コースターその他これらに類する高架の遊戯施設又はメリーゴーラウンド，観覧車，オクトパス，飛行塔その他これらに類する回転運動をする遊戯施設で原動機を使用するものの部分のうち，かご，車両その他人を乗せる部分及びこれを支え，又は吊る構造上主要な部分並びに非常止め装置の部分	イ　法第88条第1項において準用する法第28条の2（第3号を除く。）及び法第37条の規定 ロ　前条第1項（同項第1号イ及び第6号にあつては，国土交通大臣が定めた構造方法のうちその指定する構造方法に係る部分に限る。）の規定

（平12政211・追加，平12政312・平18政308・平19政49・平25政217・一部改正）

　型式適合認定の対象として，制度の目的から，規定への適合の検証に時間を要するもの等，個々の建築確認・検査時における審査簡略化の効果が高いものが，下表のとおり定められている。このうち，建築物全体の型式適合認定に係る「一連の規定」については，審査の合理化に資するよう，事前審査が困難な規定を除いたほぼ全ての単体規定が対象とされている。また，事前審査が困難な規定としては，門塀等に係る規定，敷地の衛生及び安全に係る規定（法第19条），施工時の配慮事項を定めた規定など，敷地が決まらなければ審査できない規定が挙げられる。なお，近年建設需要が増加している介護福祉施設等において，車椅子や寝台対応のエレベーター，大型厨房の換気設備など，建築設備については施設に応じてオーダーメイドとなる場合が多いことを踏まえて，「建築物の部分」については，「建築設備のみに係る規定を除いた一連の規定（令第136条の2の11第1号イ）」と，「建築設備も含めた一連の規定（令第136条の2の11第1号ロ）」が定められている。

第1節　型式適合認定

表11—1　「一連の規定」の分類（令第136条の2の11・令第144条の2）

条文				「一連の規定」の対象となる建築物の部分
令第136条の2の11	第1号	イ	建築物の部分※	建築物の部分（換気設備，石綿，水洗便所，避雷設備，昇降機を除く。）
		ロ		建築物の部分（換気設備，石綿，水洗便所，避雷設備，昇降機を含む。）
	第2号		建築設備	防火設備，換気設備，屎尿浄化槽，合併処理浄化槽，非常用の照明装置，給水タンク・貯水タンク，冷却塔設備，エレベーター（昇降路，機械室以外），エスカレーター，避雷設備
令第144条の2			準用工作物	観光用のエレベーター（昇降路，機械室以外），観光用のエスカレーター（トラス又ははりを支える部分を除く。），遊戯施設

※門，塀，合併処理浄化槽等の付属物を除く。

　なお，一般に同じ商品名が付された建築物や設備の場合でも，そのなかには様々な仕様のものが存在することが多い。材料や構造方法等が異なるものは別の型式として取り扱うことが基本であるが，構造，防火等の性能が同程度である場合には，異なる仕様も同じ型式に含めることとしている。

　認定する「一連の規定」としては，当該型式に関する規定のうち，その規定への適合性について事前に審査することが可能な規定が定められている。上述のとおり，敷地の衛生及び安全に係る規定（法第19条）など，敷地が決まらなければ審査できない規定は一連の規定から除かれているが，防火地域内の建築制限，積雪荷重の計算など，認定型式の適用範囲として一定の条件下で適合性が判断できるものは対象とされている。なお，上述したとおり，この「一連の規定」が，確認検査の際の特例対象規定として審査対象から除かれることになる。

　型式適合認定を取得するための手続については，施行規則第10条の5の2に型式適合認定申請書とその添付図書が定められている。また，認定したときは，施行規則第10条の5の3の規定により，申請者に型式適合認定書を通知するとともに，一定の事項を公示することとされている。

第11章 型式適合認定・構造方法等の認定

第2節 型式部材等製造者認証

（型式部材等製造者の認証）
法第68条の11 国土交通大臣は，申請により，規格化された型式の建築材料，
建築物の部分又は建築物で，国土交通省令で定めるもの（以下この章におい
て「型式部材等」という。）の製造又は新築（以下この章において単に「製
造」という。）をする者について，当該型式部材等の製造者としての認証を
行う。
2　前項の申請をしようとする者は，国土交通省令で定めるところにより，国
土交通省令で定める事項を記載した申請書を提出して，これを行わなければ
ならない。
3　国土交通大臣は，第1項の規定による認証をしたときは，国土交通省令で
定めるところにより，その旨を公示しなければならない。

（平10法100・追加，平11法160・一部改正）

　型式部材等製造者の認証は，一定の規格化された型式の建築材料，建築物の部分
又は建築物（型式部材等）の製造又は新築をする者について，当該型式部材等の製
造者としての認証を行うものである。具体的には，型式適合認定を受けた型式部材
等を適切な品質管理のもと認定型式どおりに製造しうる者として国土交通大臣が認
証し，その認証を受けた者（認証型式部材等製造者）が製造する型式部材等につい
ては，個々の建築確認・検査時の審査を不要とし，手続を大幅に簡素化しようとす
るものである。
　この型式部材等製造者の認証の対象となる型式部材等は，施行規則第10条の5の
4に次のとおり定められている。
① 建築物の部分（門，塀，合併処理浄化槽等の付属物を除く。）の場合
　建築物の部分に用いられる材料の種類，形状，寸法及び品質並びに構造方法が
標準化されており，かつ，当該建築物の部分の工場において製造される工程がす
べての製造・施工工程の3分の2以上であるもの。すなわち，プレハブ住宅等の
ように標準化された設計仕様により建設されるもので，工場生産率が3分の2以
上であるものなど。
② 建築設備の場合
　防火設備，換気設備，屎尿浄化槽，合併処理浄化槽，非常用の照明装置，給水

596

第2節　型式部材等製造者認証

タンク・貯水タンク，冷却塔設備，エレベーター（昇降路，機械室以外），エスカレーター，避雷設備で，材料の種類，形状，寸法及び品質並びに構造方法が標準化されており，かつ，据付工事に係る工程以外の工程が工場で行われるもの。

③　準用工作物の場合

　観光用のエレベーター（昇降路，機械室以外），観光用のエスカレーター（トラス又ははりを支える部分を除く。），遊戯施設で，材料の種類，形状，寸法及び品質並びに構造方法が標準化されており，かつ，据付工事に係る工程以外の工程が工場で行われるもの。

型式部材等製造者の認証の申請については，施行規則第10条の5の5の規定により，型式部材等製造者認証申請書に，製造する型式部材等に係る型式適合認定書の写しを添えて行うこととされている。申請書に記載すべき事項については，施行規則第10条の5の6に定められている。また，認証したときは，施行規則第10条の5の7の規定により，申請者に型式部材等製造者認証書を通知するとともに，一定の事項を公示することとされている。

（欠格条項）

法第68条の12　次の各号のいずれかに該当する者は，前条第1項の規定による認証を受けることができない。

　一　建築基準法令の規定により刑に処せられ，その執行を終わり，又は執行を受けることがなくなつた日から起算して2年を経過しない者

　二　第68条の21第1項若しくは第2項又は第68条の23第1項若しくは第2項の規定により認証を取り消され，その取消しの日から起算して2年を経過しない者

　三　法人であつて，その役員のうちに前2号のいずれかに該当する者があるもの

（平10法100・追加，平26法54・一部改正）

建築基準法令の規定により刑に処せられ，その執行を終わった日から2年を経過しない者，認証の取消しを受けて2年を経過しない者等は，型式部材等製造者の認証を受けることができない。

（認証の基準）

法第68条の13　国土交通大臣は，第68条の11第1項の申請が次に掲げる基準に

597

第11章　型式適合認定・構造方法等の認定

適合していると認めるときは，同項の規定による認証をしなければならない。
一　申請に係る型式部材等の型式で型式部材等の種類ごとに国土交通省令で定めるものが型式適合認定を受けたものであること。
二　申請に係る型式部材等の製造設備，検査設備，検査方法，品質管理方法その他品質保持に必要な技術的生産条件が国土交通省令で定める技術的基準に適合していると認められること。

（平10法100・追加，平11法160・一部改正）

次の基準に適合していると認める場合には，認証を行うこととなっている。
①　型式部材等の型式が，型式適合認定を受けていること。
②　型式部材等の品質保持に必要な技術的生産条件が一定の技術的基準に適合していること。技術的基準は，施行規則第10条の5の9に定められているが，その主な内容は次のとおりである。
　a　必要な精度及び性能を有する一定の製造設備を用いて製造されていること。
　b　必要な精度及び性能を有する検査設備を用いて一定の検査が適切に行われていること。
　c　製品の管理，資材の管理，工程の管理，設備の管理，外注管理及び苦情処理に関し，次の方法により品質管理が行われていること。
　　・社内規格が適切に整備されていること。
　　・社内規格に基づいて適切に行われていること。
　　・記録が必要な期間保存されており，有効に活用されていること。
　d　その他品質保持に必要な技術的生産条件を次のとおり満たしていること。
　　・品質管理の推進が工場等の経営指針として確立されていること，各組織の責任及び権限が明確に定められていること，必要な教育訓練が計画的に行われていること等，品質管理の組織的な運営が図られていること。
　　・工場等において，品質管理推進責任者を選任し，品質管理に関する計画の立案及び推進，社内規格の制定，改正等についての統括，製品の品質水準の評価，各工程における品質管理の実施に関する指導及び助言並びに部門間の調整，工程に生じた異常，苦情等に関する処置及びその対策に関する指導及び助言，就業者に対する品質管理に関する教育訓練の推

第2節　型式部材等製造者認証

進，外注管理に関する指導及び助言を行わせていること。

（認証の更新）

法第68条の14　第68条の11第1項の規定による認証は，5年以上10年以内にお
いて政令で定める期間ごとにその更新を受けなければ，その期間の経過によ
つて，その効力を失う。

2　第68条の11第2項及び前2条の規定は，前項の認証の更新の場合について
準用する。

　　　　　（平10法100・追加）

（型式部材等製造者等に係る認証の有効期間）

令第136条の2の12　法第68条の14第1項（法第68条の22第2項において準用
する場合を含む。）（これらの規定を法第88条第1項において準用する場合を
含む。）の政令で定める期間は，5年とする。

　　　　　（平12政211・追加，平15政523・旧第136条の2の10繰下，平17政182・旧第
　　　　　136条の2の11繰下，平27政11・一部改正）

認証の有効期間は5年間とされており，これを経過すると効力を失うこととされ
ている。認証の更新を行う場合においても，申請手続，申請者の欠格条項，認証の
基準については，新たに認証を取得する場合と同様の基準が適用される。

（承継）

法第68条の15　第68条の11第1項の認証を受けた者（以下この章において「認
証型式部材等製造者」という。）が当該認証に係る型式部材等の製造の事業
の全部を譲渡し，又は認証型式部材等製造者について相続，合併若しくは分
割（当該認証に係る型式部材等の製造の事業の全部を承継させるものに限
る。）があつたときは，その事業の全部を譲り受けた者又は相続人（相続人
が2人以上ある場合において，その全員の同意により当該事業を承継すべき
相続人を選定したときは，その者。以下この条において同じ。），合併後存続
する法人若しくは合併により設立した法人若しくは分割によりその事業の全
部を承継した法人は，その認証型式部材等製造者の地位を承継する。ただ
し，当該事業の全部を譲り受けた者又は相続人，合併後存続する法人若しく
は合併により設立した法人若しくは分割により当該事業の全部を承継した法
人が第68条の12各号のいずれかに該当するときは，この限りでない。

　　　　　（平10法100・追加，平12法91・一部改正）

599

第11章　型式適合認定・構造方法等の認定

　本条は，認証を受けた型式部材等製造者の地位の継承について定めたものである。認証型式部材等製造者が型式部材等の製造の事業をすべて譲渡したり，認証型式部材等製造者について相続，合併，分割があったりした場合には，事業を譲り受けた者，相続人，合併後の法人，分割により事業を承継した法人は，法第68条の12に規定された欠格条項に該当しない限り，認証型式部材等製造者の地位を承継することとなっている。なお，型式部材等製造者を分割する場合には，認証に係る技術的生産条件が変化することのないよう，当該認証に係る型式部材等の製造の事業のすべてを承継させるものに限ることとされているので注意が必要である。

　（変更の届出）

法第68条の16　認証型式部材等製造者は，第68条の11第2項の国土交通省令で定める事項に変更（国土交通省令で定める軽微なものを除く。）があつたときは，国土交通省令で定めるところにより，その旨を国土交通大臣に届け出なければならない。

　　　　　　（平10法100・追加，平11法160・一部改正）

　認証型式部材等製造者は，認証を取得する際の申請書に記載した事項に変更があったときは，その旨を国土交通大臣に届け出なければならないとされている。ただし，工場等の沿革及び従業員数の変更については，施行規則第10条の5の10により，軽微なものとされており届出の必要はない。また，施行規則第10条の5の11により，型式部材等の種類の変更，工場等の移転による所在地の変更その他の認証の効力が失われることとなる変更の場合にも，認証そのものが失効することとなるため届出の必要はない。

　（廃止の届出）

法第68条の17　認証型式部材等製造者は，当該認証に係る型式部材等の製造の事業を廃止しようとするときは，国土交通省令で定めるところにより，あらかじめ，その旨を国土交通大臣に届け出なければならない。

2　前項の規定による届出があつたときは，当該届出に係る第68条の11第1項の規定による認証は，その効力を失う。

3　国土交通大臣は，第1項の規定による届出があつたときは，その旨を公示しなければならない。

　　　　　　（平10法100・追加，平11法160・一部改正）

600

第2節　型式部材等製造者認証

　認証型式部材等製造者等は，認証に係る型式部材等の製造事業を廃止しようとするときは，事前に製造事業廃止届出書を国土交通大臣に提出することが義務づけられている。届出があると，認証は効力を失うことになる。また，国土交通大臣は届出があった旨を公示することになっている。

（型式適合義務等）

法第68条の18　認証型式部材等製造者は，その認証に係る型式部材等の製造をするときは，当該型式部材等がその認証に係る型式に適合するようにしなければならない。ただし，輸出のため当該型式部材等の製造をする場合，試験的に当該型式部材等の製造をする場合その他の国土交通省令で定める場合は，この限りでない。

2　認証型式部材等製造者は，国土交通省令で定めるところにより，製造をする当該認証に係る型式部材等について検査を行い，その検査記録を作成し，これを保存しなければならない。

（平10法100・追加，平11法160・一部改正）

　認証型式部材等は，建築確認・検査において型式に適合するものとして取り扱われ（法第68条の20），審査・検査が省略されるものであることから，認証型式部材等製造者に型式適合義務が課されている。認証型式部材等製造者は，施行規則第10条の5の3に定める場合（輸出のため製造をする場合，試験的に製造をする場合又は建築物及び準用工作物以外の工作物に設けるため製造をする場合）を除き，型式部材等が型式に適合するよう製造しなければならないこととされている。

　また，認証型式部材等製造者は，型式適合義務を履行するため，次のとおり自社検査等を行うことが義務づけられている（施行規則第10条の5の4）。

①　施行規則別表第1に従い，必要な精度及び性能を有する検査設備を用いて一定の検査を行うこと。

②　製造される型式部材等が法第68条の13に掲げる基準（認証の基準）に適合することを確認できる検査手順書を作成し，それを確実に履行すること。

③　検査手順書に定めるすべての事項を終了し，製造される型式部材等がその認証に係る型式に適合することを確認するまで型式部材等を出荷しないこと。

④　認証型式部材等ごとに，検査を行った型式部材等の概要，検査年月日及び場所，検査者の氏名，検査数量，検査方法並びに検査結果を記載した検査記録簿を作成すること。

第11章　型式適合認定・構造方法等の認定

⑤　検査記録簿は，製造工場等の所在地において，5年以上保存すること。

（表示等）

法第68条の19　認証型式部材等製造者は，その認証に係る型式部材等の製造を
　　したときは，これに当該型式部材等が認証型式部材等製造者が製造をした型
　　式部材等であることを示す国土交通省令で定める方式による特別な表示を付
　　することができる。

2　何人も，前項の規定による場合を除くほか，建築材料，建築物の部分又は
　　建築物に，同項の表示又はこれと紛らわしい表示を付してはならない。

（平10法100・追加，平11法160・一部改正）

　認証型式部材等製造者は，型式部材等について，認証型式部材等製造者が製造を
したものであることを示す特別な表示をすることができる。この表示は，所定の様
式に従い，型式部材等の見やすい箇所に付するものとする。

（認証型式部材等に関する確認及び検査の特例）

法第68条の20　認証型式部材等製造者が製造をするその認証に係る型式部材等
　　（以下この章において「認証型式部材等」という。）は，第6条第4項に規
　　定する審査，第6条の2第1項の規定による確認のための審査又は第18条第
　　3項に規定する審査において，その認証に係る型式に適合するものとみな
　　す。

2　建築物以外の認証型式部材等で前条第1項の表示を付したもの及び建築物
　　である認証型式部材等でその新築の工事が国土交通省令で定めるところによ
　　り建築士である工事監理者によつて設計図書のとおり実施されたことが確認
　　されたものは，第7条第4項，第7条の2第1項，第7条の3第4項，第7
　　条の4第1項又は第18条第17項若しくは第20項の規定による検査において，
　　その認証に係る型式に適合するものとみなす。

（平10法100・追加，平11法160・平18法92・平26法54・一部改正）

　認証型式部材等製造者が製造する型式部材等については，建築確認の審査におい
て，型式に適合するとみなされ，型式に適合するか否かの審査も省略される。この
ため，確認申請においては，構造計算書等のみならず構造詳細図等の提出も不要と
なっている。審査においては，確認申請に係る建築物等が有する認証型式部材等が
当該認証型式部材等製造者により製造されるものであることを確かめればよいこと

第 2 節　型式部材等製造者認証

になっている（確認審査等指針第 1 第 2 項第 3 号）。

　また，検査においても，同様に型式に適合するものとみなされるが，次の要件を満足していることが必要である。

　①　建築物以外の認証型式部材等については，法第68条の19の規定に基づく表示が型式部材等の見やすい箇所に付されていること。

　②　建築物である認証型式部材等については，施行規則第10条の 5 の16に定めるところにより，完了検査又は中間検査の申請書及びその添付図書（添付図書には，一定の工事終了時に所要部分を写した写真を含む。）を審査し，必要があるときは，法第12条第 5 項の規定による報告を求めて（指定確認検査機関による検査の場合で特に必要があるときは，法第77条の32第 1 項の規定により特定行政庁に照会を行う。），建築士である工事監理者によって設計図書のとおり新築の工事が実施されたことが確認されたものであること。

　認証型式部材等製造者は，型式適合義務を履行するとともに，認証に係る型式部材等の品質保持に必要な技術的生産条件を適切に維持すること等が求められる。このような認証型式部材等製造者の業務に関し，国土交通大臣は，必要な限度において，報告を求めることや，工場等の事業場に立入検査等を行うことができる。

　平成26年改正以前は，認証型式部材等製造者を対象とした報告や検査等は，旧・法第68条の21を根拠規定としていたが，国が自ら必要な調査を迅速・確実に実施できるようにする観点から，調査の対象や目的が個別に制限されない，国土交通大臣の調査権限が創設（法第15条の 2 ）されたことに伴い，法第15条の 2 に基づいて行われることとなる。

　（認証の取消し）

法第68条の21　国土交通大臣は，認証型式部材等製造者が次の各号のいずれかに該当するときは，その認証を取り消さなければならない。

　一　第68条の12第 1 号又は第 3 号に該当するに至つたとき。

　二　当該認証に係る型式適合認定が取り消されたとき。

2　国土交通大臣は，認証型式部材等製造者が次の各号のいずれかに該当するときは，その認証を取り消すことができる。

　一　第68条の16，第68条の18又は第68条の19第 2 項の規定に違反したとき。

　二　認証型式部材等の製造設備，検査設備，検査方法，品質管理方法その他品質保持に必要な技術的生産条件が，第68条の13第 2 号の国土交通省令で

603

第11章　型式適合認定・構造方法等の認定

　　定める技術的基準に適合していないと認めるとき。
　三　不正な手段により認証を受けたとき。
3　国土交通大臣は，前2項の規定により認証を取り消したときは，国土交通
　省令で定めるところにより，その旨を公示しなければならない。
　　　　　（平10法100・追加，平11法160・一部改正，平26法54・旧第68条の22繰上・
　　　一部改正）

　国土交通大臣は，認証型式部材等製造者が次のいずれかに該当するときは，認証
を取り消さなければならないことになっている。
　①　製造者が欠格条項に該当することとなったとき。
　②　認証に係る型式適合認定が取り消されたとき。
　また，国土交通大臣は，認証型式部材等製造者が次のいずれかに該当するとき
は，認証を取り消すことができることになっている。
　①　変更の届出義務違反，型式適合義務違反又は表示義務違反を行ったとき。
　②　品質保持に必要な技術的生産条件が認証の基準に適合していないと認めると
　　き。
　③　不正な手段で認証を受けたとき。
　国土交通大臣は，認証を取り消した場合には，その旨を公示することになってい
る。なお，認証が取り消された場合には，型式部材等製造者は，法第68条の12第2
号の規定により，取消しの日から2年間は認証を取得することはできないので注意
が必要である。

　　（外国型式部材等製造者の認証）
　法第68条の22　国土交通大臣は，申請により，外国において本邦に輸出される
　　型式部材等の製造をする者について，当該型式部材等の外国製造者としての
　　認証を行う。
　2　第68条の11第2項及び第3項並びに第68条の12から第68条の14までの規定
　　は前項の認証に，第68条の15から第68条の19までの規定は同項の認証を受け
　　た者（以下この章において「認証外国型式部材等製造者」という。）に，第68
　　条の20の規定は認証外国型式部材等製造者が製造をする型式部材等に準用す
　　る。この場合において，第68条の19第2項中「何人も」とあるのは「認証外
　　国型式部材等製造者は」と，「建築材料」とあるのは「本邦に輸出される建
　　築材料」と読み替えるものとする。

604

第2節　型式部材等製造者認証

　　　　（平10法100・追加，平11法160・一部改正，平26法54・旧第68条の23繰上・
　　　　一部改正）
　（認証の取消し）
法第68条の23　国土交通大臣は，認証外国型式部材等製造者が次の各号のいずれかに該当するときは，その認証を取り消さなければならない。
　一　前条第2項において準用する第68条の12第1号又は第3号に該当するに至つたとき。
　二　当該認証に係る型式適合認定が取り消されたとき。
2　国土交通大臣は，認証外国型式部材等製造者が次の各号のいずれかに該当するときは，その認証を取り消すことができる。
　一　前条第2項において準用する第68条の16，第68条の18又は第68条の19第2項の規定に違反したとき。
　二　認証に係る型式部材等の製造設備，検査設備，検査方法，品質管理方法その他品質保持に必要な技術的生産条件が，前条第2項において準用する第68条の13第2号の国土交通省令で定める技術的基準に適合していないと認めるとき。
　三　不正な手段により認証を受けたとき。
　四　第15条の2第1項の規定による報告若しくは物件の提出をせず，又は虚偽の報告若しくは虚偽の物件の提出をしたとき。
　五　第15条の2第1項の規定による検査若しくは試験を拒み，妨げ，若しくは忌避し，又は同項の規定による質問に対して答弁をせず，若しくは虚偽の答弁をしたとき。
　六　第4項の規定による費用の負担をしないとき。
3　国土交通大臣は，前2項の規定により認証を取り消したときは，国土交通省令で定めるところにより，その旨を公示しなければならない。
4　第15条の2第1項の規定による検査又は試験に要する費用（政令で定めるものに限る。）は，当該検査又は試験を受ける認証外国型式部材等製造者の負担とする。

　　　　（平10法100・追加，平11法160・一部改正，平26法54・旧第68条の24繰上・
　　　　一部改正）
　（認証外国型式部材等製造者の工場等における検査等に要する費用の負担）
令第136条の2の13　法第68条の23第4項（法第88条第1項において準用する

第11章　型式適合認定・構造方法等の認定

　　場合を含む。）の政令で定める費用は，法第15条の2第1項の規定による検
　　査又は試験のため同項の職員がその検査又は試験に係る工場，営業所，事務
　　所，倉庫その他の事業場の所在地に出張をするのに要する旅費の額に相当す
　　るものとする。この場合において，その出張をする職員を2人とし，その旅
　　費の額の計算に関し必要な細目は，国土交通省令で定める。

　　　　　（平12政211・追加，平12政312・一部改正，平15政523・旧第136条の2の11
　　　　　繰下，平17政182・旧第136条の2の12繰下，平27政11・一部改正）

　外国の型式部材等の製造者で，これを日本に輸出しようとする者は，外国製造者
として国内製造者と同様に認証を取得することができる。適用される規定は，国内
製造者の場合と基本的に同じであるが，法第15条の2第1項に規定する国土交通大
臣による報告徴収に応じない場合や，検査を拒んだ場合等における認証の取消しに
関する取扱いが異なっている。
　また，国土交通大臣が職員に外国製造者の工場等に立入検査を行わせる場合の費
用は，その製造者が負担することとなっており，具体的には，職員の出張旅費をそ
の負担額としている。

　　　（指定認定機関等による認定等の実施）
　法第68条の24　国土交通大臣は，第77条の36から第77条の39までの規定の定め
　　るところにより指定する者に，型式適合認定又は第68条の11第1項若しくは
　　第68条の22第1項の規定による認証，第68条の14第1項（第68条の22第2項
　　において準用する場合を含む。）の認証の更新及び第68条の11第3項（第68
　　条の22第2項において準用する場合を含む。）の規定による公示（以下「認
　　定等」という。）の全部又は一部を行わせることができる。
　2　国土交通大臣は，前項の規定による指定をしたときは，当該指定を受けた
　　者が行う認定等を行わないものとする。
　3　国土交通大臣は，第77条の54の規定の定めるところにより承認する者に，
　　認定等（外国において事業を行う者の申請に基づき行うものに限る。）の全
　　部又は一部を行わせることができる。

　　　　　（平10法100・追加，平11法160・一部改正，平26法54・旧第68条の25繰上・
　　　　　一部改正）

　国土交通大臣は，一定の技術審査能力と公正中立な審査体制を有する者を指定

606

第2節　型式部材等製造者認証

（指定認定機関）し，次の業務の全部又は一部を行わせることができることとなっている。

① 型式適合認定（型式適合認定をしたときの公示を含む。）

② 型式部材等製造者の認証

③ 型式部材等製造者の認証の更新

④ 型式部材等製造者の認証をしたときの公示

国土交通大臣は，認定機関を指定したときは，その認定機関が行う認定等の業務は行わないこととされている。

なお，認定等を外国の機関が実施することも認められており，この場合の機関は，承認認定機関と呼ばれている。

第11章　型式適合認定・構造方法等の認定

第3節　構造方法等の認定

（構造方法等の認定）

法第68条の25　構造方法等の認定（前3章の規定又はこれに基づく命令の規定
　で，建築物の構造上の基準その他の技術的基準に関するものに基づき国土交
　通大臣がする構造方法，建築材料又はプログラムに係る認定をいう。以下同
　じ。）の申請をしようとする者は，国土交通省令で定めるところにより，国
　土交通省令で定める事項を記載した申請書を国土交通大臣に提出して，これ
　をしなければならない。

2　国土交通大臣は，構造方法等の認定のための審査に当たつては，審査に係
　る構造方法，建築材料又はプログラムの性能に関する評価（以下この条にお
　いて単に「評価」という。）に基づきこれを行うものとする。

3　国土交通大臣は，第77条の56の規定の定めるところにより指定する者に，
　構造方法等の認定のための審査に必要な評価の全部又は一部を行わせること
　ができる。

4　国土交通大臣は，前項の規定による指定をしたときは，当該指定を受けた
　者が行う評価を行わないものとする。

5　国土交通大臣が第3項の規定による指定をした場合において，当該指定に
　係る構造方法等の認定の申請をしようとする者は，第7項の規定により申請
　する場合を除き，第3項の規定による指定を受けた者が作成した当該申請に
　係る構造方法，建築材料又はプログラムの性能に関する評価書（以下この条
　において「性能評価書」という。）を第1項の申請書に添えて，これをしな
　ければならない。この場合において，国土交通大臣は，当該性能評価書に基
　づき構造方法等の認定のための審査を行うものとする。

6　国土交通大臣は，第77条の57の規定の定めるところにより承認する者に，
　構造方法等の認定のための審査に必要な評価（外国において事業を行う者の
　申請に基づき行うものに限る。）の全部又は一部を行わせることができる。

7　外国において事業を行う者は，前項の承認を受けた者が作成した性能評価
　書を第1項の申請書に添えて構造方法等の認定を申請することができる。こ
　の場合において，国土交通大臣は，当該性能評価書に基づき構造方法等の認
　定のための審査を行うものとする。

608

第3節　構造方法等の認定

（平10法100・追加，平11法160・平18法92・一部改正，平26法54・旧第68条
の26繰上）

　平成10年の本法の改正において，建築基準の性能規定化等，基準体系の大幅な見
直しが行われた。この「建築基準の性能規定化」により，建築物や建築材料に要求
される性能項目と性能基準が明示されるとともに，その基準を満たすことを検証す
るための方法が整備され，位置づけられることとなった。この検証方法について
は，設計者が比較的容易に対応できる一般的なものから，高度な計算や試験を要す
るものまで様々なものがあり得る。高度な検証方法で検証した建築物については，
通常，建築主事等による審査が困難であることから，国土交通大臣が認定すること
としている。この認定を「構造方法等の認定」という。
　「構造方法等の認定」の対象となるものは，本法第1章から第3章の規定又はこ
れに基づく命令の規定に具体的に定められているが，主なものは次のとおりであ
る。

表11－2　構造方法等の認定・一覧

	法第2条第7号	耐火構造
	法第2条第7号の2	準耐火構造
	法第2条第8号	防火構造
	法第2条第9号	不燃材料
	法第2条第9号の2ロ	20分間防火設備
	法第21条第1項	火災時倒壊防止構造（特定準耐火構造のひとつ）
	法第21条第2項第2号	壁等
	法第22条第1項	屋根不燃区域の屋根
	法第23条	準防火構造
	法第27条第1項	避難時倒壊防止構造（特定準耐火構造のひとつ）
	法第27条第1項	防火設備
	法第61条	延焼防止建築物・準延焼防止建築物
	法第62条	防火地域・準防火地域の屋根
	令第1条第5号	準不燃材料
	令第1条第6号	難燃材料
	令第108条の3第1項第2号	耐火性能検証
	令第108条の3第4項	防火区画検証

609

第11章　型式適合認定・構造方法等の認定

防火	令第109条の３第１号	ロ準耐の屋根の構造
	令第109条の３第２号ハ	ロ準耐の床・直下の天井の構造
	令第112条第１項	特定防火設備
	令第112条第２項	１時間準耐火構造
	令第112条第３項	防火上有害な影響を及ぼさない吹抜き
	令第112条第４項第１号	強化天井
	令第112条第12項	10分間防火設備
	令第112条第19項第１号	自動閉鎖機能を有する防火設備
	令第112条第19項第２号	自動閉鎖機能及び遮煙性能を有する防火設備
	令第112条第21項	区画貫通する風道に設ける特定防火設備
	令第114条第５項	区画貫通する風道に設ける45分間防火設備
	令第115条第１項第３号ロ	煙突の周囲の部分
	令第115条の２第１項第４号	防火壁・防火床の設置を要しない建築物の床の構造
	令第123条第３項第２号	特別避難階段の加圧防排煙
	令第126条の２第２項第１号	排煙設備の別棟対象となる区画
	令第126条の５第２号	非常用の照明装置
	令第126条の６第３号	開放性のある吹抜き
	令第128条の６第１項	区画避難安全検証
	令第129条第１項	階避難安全検証
	令第129条の２第１項	全館避難安全検証
	令第129条の13の２第３号	非常用の昇降機の設置を要しない建築物の特定防火設備
	令第129条の13の３第13項	非常用エレベーターの加圧防排煙
	令第137条の10第４号	防火地域・特定防災街区整備地区の20分間防火設備
	令第145条第１項第２号	道路内に建築することができる建築物の特定防火設備
	法第20条第１項第１号	超高層建築物
	法第20条第１項第２号イ	プログラム
	法第20条第１項第３号イ	プログラム
	令第39条第３項	特定天井の構造
	令第46条第４項	軸組の構造

第3節　構造方法等の認定

構造	令第67条第1項	鋼材の接合（炭素鋼）
	令第67条第1項	鋼材の接合（ステンレス鋼）
	令第67条第2項	継手・仕口の構造
	令第68条第3項	高力ボルト接合
	令第70条	柱の防火被覆
	令第79条第2項	鉄筋の腐食防止
	令第79条の3第2項	鉄骨の腐食防止
	施行規則第8条の3	枠組壁構法の壁及び床版
一般構造	法第28条の2	石綿等飛散防止
	法第30条第1項第1号	遮音構造の界壁
	法第30条第2項	遮音構造の天井
	法第31条第2項	屎尿浄化槽
	法第37条第2号	指定建築材料
	令第20条の2第1号ニ	居室の換気設備
	令第20条の3第2項第1号ロ	火気使用室の換気設備
	令第20条の7第1項第2号	換気が確保された居室
	令第20条の7第2項	第二種ホルムアルデヒド発散建築材料
	令第20条の7第3項	第三種ホルムアルデヒド発散建築材料
	令第20条の7第4項	ホルムアルデヒド発散建築材料に該当しない建築材料
	令第20条の8第1項第1号ロ	ホルムアルデヒド対策の機械換気設備
	令第20条の8第1項第1号ハ	ホルムアルデヒド対策の中央管理方式の空気調和設備
	令第20条の8第2項	ホルムアルデヒド対策の換気設備が不要となる居室
	令第20条の9	ホルムアルデヒド対策の建築材料・換気設備が不要となる居室
	令第22条	最下階の居室の床の構造
	令第22条の2第2号ロ	直接土に接する外壁等の構造
	令第29条	くみ取便所の構造
	令第30条	特殊建築物の便所の構造
	令第35条第1項	合併処理浄化槽の構造
	令第129条の2の4第1項第3号	昇降路内に設ける配管設備

第11章　型式適合認定・構造方法等の認定

令第129条の2の4第2項第3号	飲料水の配管設備の構造
令第129条の2の6第3号	冷却塔設備
令第129条の4第1項第3号	エレベーターのかご及び主要な支持部分の構造
令第129条の8第2項	エレベーターの制御器の構造
令第129条の10第2項	エレベーターの制動装置の構造
令第129条の10第4項	エレベーターのかごを制止する装置・地震時管制装置
令第129条の12第1項第6号	エスカレーターの脱落防止
令第129条の12第5項	エスカレーターの制動装置の構造
令第129条の15第1号	避雷設備
令第139条第1項第3号	工作物の構造方法（高さ60m超）
令第139条第1項第4号ロ	工作物の構造方法（高さ60m以下）
令第144条第1項第1号ロ	遊戯施設の構造方法（高さ60m超）
令第144条第1項第1号ハ(2)	遊戯施設の構造方法（高さ60m以下）
令第144条第1項第3号イ	遊戯施設の客席部分の構造方法
令第144条第1項第5号	遊戯施設の非常止め装置の構造
施行規則第1条の3第1項第1号イ	図書省略
施行規則第1条の3第1項第1号ロ(1)・(2)	図書省略
施行規則第1条の3第1項の表3	図書省略

　なお，平成17年に発生した構造計算書偽装事件を踏まえて行われた平成18年改正（平成19年より施行）において，それまで図書省略の認定の一つであった構造計算プログラムの認定が，法第20条第2号イ及び第3号イに明記され，位置づけ及び内容の変更が行われている。

　第1項の規定は，申請手続について規定したものである。構造方法等の認定の申請をする者は，施行規則第10条の5の21の規定により，所定の様式による申請書に，構造方法等の概要を記載した図書，図面類のほか，構造計算書，実験結果等の必要事項を記載した図書を添付して国土交通大臣に提出することになっている。この場合，図書のみでは評価が困難なときには実物・試験体等の提出を求めることができることとされている。

　なお，第1項に規定されている認定申請書の添付図書や試験体等については，指

第3節　構造方法等の認定

定性能評価機関又は承認性能評価機関に提出することになっているため，国土交通大臣への申請の際には，性能評価書を添付すれば，これらの添付図書や試験体等の提出は不要となっている。

　国土交通大臣は，構造方法等の認定をしたときは，施行規則第10条の5の22の規定により，申請者に認定書を通知するとともに，一定の事項を記載した帳簿を作成し，一般の閲覧に供することとされている。

　第2項の規定は，構造方法等の認定のための国土交通大臣の審査は，審査対象となる構造方法，建築材料又はプログラムの性能に関する評価に基づき行うことを定めたものである。

　つまり，「構造方法等の認定」とは「性能評価」という手続を必須とするものであることが本項において明確化されており，第3項以降は，認定に係る手続の一部を民間機関に委任するために必要な規定である。

　第3項から第7項までの規定は，国土交通大臣が，第2項に定める評価を指定性能評価機関又は承認性能評価機関に行わせる場合の取扱いを定めたものである。国土交通大臣は，高度な技術審査能力と公正中立な審査体制を有する民間機関（国内機関の場合は指定性能評価機関，国外機関の場合は承認性能評価機関）に，評価の全部又は一部を行わせることができることとされている。

　国土交通大臣は，指定性能評価機関の指定をしたときは，その機関が行う評価は行わず，また認定申請者は，その機関が作成した性能評価書を認定申請書に添付しなければならないことになっている。この場合，国土交通大臣は，この性能評価書に基づき，認定のための審査を行うこととなっている。

　なお，「構造方法等の認定」は型式適合認定とは異なり，告示において「国土交通大臣が定める構造方法等」を定めることと同様に，本法に適合する構造方法等を定める行為であることから，技術的な性能を評価する行為のみを民間機関に委任することを可能としつつも，認定自体は国土交通大臣が自ら行うこととしている。

　また，承認性能評価機関は，外国において事業を行う者が構造方法等の認定の申請を行おうとするときに利用できるものであり，承認性能評価機関が作成した性能評価書を認定申請書に添付して認定の申請を行うことができることになっている。この場合，国土交通大臣は，指定性能評価機関の場合と同様に，この性能評価書に基づき，認定のための審査を行うこととなっている。

613

第11章　型式適合認定・構造方法等の認定

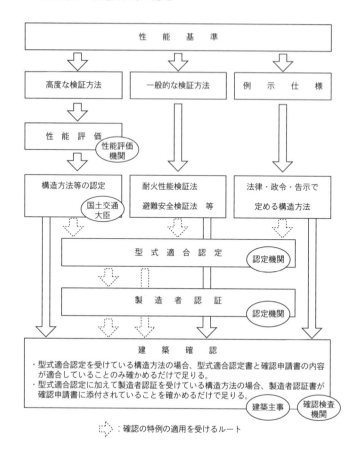

図11－1　建築確認における「型式適合認定」「製造者認証」「構造方法等の認定」の位置づけ

第4節　特殊構造方法等認定

第4節　特殊構造方法等認定

　（特殊の構造方法又は建築材料）

法第38条　この章の規定及びこれに基づく命令の規定は，その予想しない特殊の構造方法又は建築材料を用いる建築物については，国土交通大臣がその構造方法又は建築材料がこれらの規定に適合するものと同等以上の効力があると認める場合においては，適用しない。

　　　　　　　（平26法54・全改）

　（第38条の準用）

法第66条　第38条の規定は，その予想しない特殊の構造方法又は建築材料を用いる建築物に対するこの節の規定及びこれに基づく命令の規定の適用について準用する。

　　　　　　　（平26法54・追加，平30法67・旧第67条の2繰上）

　（第38条の準用）

法第67条の2　第38条の規定は，その予想しない特殊の構造方法又は建築材料を用いる建築物に対する前条第1項及び第2項の規定の適用について準用する。

　　　　　　　（平26法54・追加，平30法67・旧第67条の4繰上）

　本法においては，寸法などの規格を個別に規定する「仕様規定」のほか，一般的な仕様を定めた構造方法等でなくとも，個別規定の性能に関する技術的基準に適合していることを国土交通大臣が認定することにより建築できることとされる「性能規定」がある。

　建築物の安全性等に対する法的要求を仕様書的に基準化することは，明解性の確保に有効な反面，規制の硬直化又は新技術の実用化の阻害という逆効果を一部にもたらすことがありうる。基準の性能規定化を図った平成10年改正以前においては，こうした弊害に対する救済として機能していた規定が本条であり，建設大臣（当時）の認定を得た特殊な建築材料又は構造方法を用いる建築物については，本法第2章（これに基づく命令及び条例を含む。また，法第67条の2による本条の準用により，法第3章第5節（防火地域）の規定を含む。）の規定を特例的に適用しないものとしていた。

　平成12年の改正法施行により，構造・防火・避難等の規定の一部は性能規定化さ

615

第11章　型式適合認定・構造方法等の認定

れ，一般的な検証方法によって建築主事が審査することのできない新たな建築材料
や構造方法等については，個別に国土交通大臣が認定を行うことで対応することと
なった。一方で，技術的な知見が十分に蓄積されておらず，性能規定化ができてい
ない居室の採光，階段の寸法等の規定については，大臣認定の仕組みは設けられ
ず，引き続き，具体的な寸法等の仕様規定に適合させなければならないこととされ
ていた。こうした状況を踏まえて，性能規定化されている場合は当該性能を満たす
範囲内で大臣の認定を受けることで足り，また，性能既定化されていない場合は新
たな性能や構造方法等が開発された時点で法令を改正することで足りるとの考えに
基づき，法第38条及び第67条の2は廃止された。

　しかしながら，近年，建築技術の開発が進展し，現在の規定には適合しないもの
の，これと同等以上の効力を有することが見込まれる構造方法等の開発が進められ
ていることや，企業間における競争の激化や消費者ニーズの多様化等により，従来
以上に技術開発のサイクルが早まってきていることなど，新たな技術が開発される
度に法令を改正する必要がある現行制度は，新技術の迅速な実用化の妨げとなって
いることから，新たに開発された建築技術をタイムリーに導入できる制度として，
平成26年改正により，法第38条（第2章の特例）及び法第66条（第3章第5節の特
例。旧・法第67条の2に相当）が改めて創設された。また，この際，平成10年以降
に創設された制度である「特定防災街区整備地区」に関する建築物の防火規定につ
いても法第38条を準用した特例を適用できることとする法第67条の2が新たに創設
された。

　これにより，「予想しない特殊の構造方法又は建築材料を用いる建築物」につい
ては，「法第2章　建築物の敷地，構造及び建築設備」，「法第3章第5節　防火地
域及び準防火地域」，「法第67条第1項・第2項　特定防災街区整備地区」の規定・
命令に関して，「国土交通大臣がその構造方法又は建築材料がこれらの規定に適合
するものと同等以上の効力があると認める場合」に，適用しないことができること
となった。

　なお，これらの規定に基づく大臣認定については，「特殊構造方法等認定」と定
義され，通常の大臣認定の場合のように性能評価機関による評価を前提とせず，直
接に国土交通大臣に申請をすることとされている（法第68条の26）。

　令和6年3月現在，特殊構造方法等認定の実例は，平城宮跡における第一次大極
殿院南門等の復元建築物を対象とした認定（平成29年）のみである。認定当時は，
法第21条第1項の規定により当該建築物は耐火構造とする必要があったが，その敷

616

第4節　特殊構造方法等認定

地が特別史跡・世界遺産であることから，火災時の倒壊によって被害を受けるおそれがある建築物が将来にわたって建築されないこと等を踏まえて，特殊構造方法等認定を受けることで同項の適用を受けないこととしたものである。なお，平成30年改正において法第21条第1項ただし書が設けられ，「周囲に延焼防止上有効な空地」を有する建築物が同項の規定の適用を受けない例外規定が設けられたのは，この平城宮跡における復元建築物に係る認定を行う際の検討成果を踏まえたものである。

（特殊構造方法等認定）

法第68条の26　特殊構造方法等認定（第38条（第66条及び第67条の2において準用する場合を含む。）の規定による認定をいう。以下同じ。）の申請をしようとする者は，国土交通省令で定めるところにより，国土交通省令で定める事項を記載した申請書を国土交通大臣に提出して，これをしなければならない。

（平26法54・追加，平30法67・一部改正）

本条は，法第38条（同条を準用する法第66条・法第67条の2を含む。）の認定に必要な手続を定めたものである。

法第38条以外の「構造方法等の認定」との違いは，「構造方法等の認定」の場合は性能評価機関による「評価」を前提とした「審査」を行うこととされているのに対して（法第68条の25），本条の「特殊構造方法等の認定」の場合は，国土交通大臣において直接審査を行うこととされている点である。これは，「構造方法等の認定」は性能規定化されている規定を対象としており，国土交通大臣以外の者であっても，一定のルールを定めることで安定的な評価が可能であるのに対して，「特殊構造方法等の認定」は性能規定化されていない規定について同等以上の効力があることを確かめる必要があり，予見できない建築技術の内容を審査する必要があるという実態を踏まえたものである。

表11－3　「構造方法等の認定」と「特殊構造方法等認定」の比較

	認定の根拠条文	手続規定	認定の主体
構造方法等の認定	以下の各規定のうち「国土交通大臣の認定」について言及されているもの ① 法第1章～第3章の各規定 ② 上記①から委任を受けた政令等の各規定	法第68条の25	国土交通大臣 （ただし，認定の前提となる「評価」については，指定性能評価機関が実施）

第11章　型式適合認定・構造方法等の認定

| 特殊構造方法等認定 | 法第38条 | 法第68条の26 | 国土交通大臣（指定性能評価機関の関与なし） |

第1節　指定機関

第12章　機関・建築審査会・不服申立て

第1節　指定機関

　法第4章の2「指定建築基準適合判定資格者検定機関等」は，本法に基づいて設置される各種の機関について，指定手続，業務や事務の実施方法，監督処分等について定めたものである。具体的には，以下の8機関が対象であり，それぞれの業務内容は表12―1のとおりである。

表12―1　機関の一覧

機関の種別		機関の行う事務・業務	
検定機関	指定建築基準適合判定資格者検定機関	建築基準適合判定資格者検定事務 （法第5条の2第1項）	
	指定構造計算適合判定資格者検定機関	構造計算適合判定資格者検定事務 （法第5条の5第1項）	
指定機関・承認機関	指定確認検査機関	確認検査	建築確認 （法第6条の2第1項）
			完了検査 （法第7条の2第1項）
			中間検査 （法第7条の4第1項）
			仮使用認定 （法第7条の6第1項第2号）
	指定構造計算適合性判定機関	構造計算適合性判定 （法第6条の3第1項）	
	指定認定機関 承認認定機関	認定等	型式適合認定 （法第68条の10第1項）
			型式部材等製造者の認証 （法第68条の11第1項，第68条の22第1項）
			認証の更新 （法第68条の14第1項）
			認証の公示 （法第68条の11第3項）
	指定性能評価機関 承認性能評価機関	性能評価 （法第68条の25第3項）	

619

第12章　機関・建築審査会・不服申立て

　以下では，便宜上，「指定建築基準適合判定資格者検定機関」，「指定構造計算適合判定資格者検定機関」，「指定確認検査機関」，「指定構造計算適合性判定機関」，「指定認定機関」及び「指定性能評価機関」の6機関を「指定機関」と，「承認認定機関」及び「承認性能評価機関」の2機関を「承認機関」と，「指定建築基準適合判定資格者検定機関」及び「指定構造計算適合判定資格者検定機関」の2機関のことを「検定機関」と総称する。

表12—2　指定機関

	指定確認検査機関	指定構造計算 適合性判定機関	指定認定機関
指定	第77条の18	第77条の35の2	第77条の36
欠格条項	第77条の19	第77条の35の3	第77条の37
指定の基準	第77条の20	第77条の35の4	第77条の38
指定の公示等	第77条の21	第77条の35の5	第77条の39
業務区域の変更	第77条の22	第77条の35の6	第77条の40
指定の更新	第77条の23	第77条の35の7	第77条の41
役員の選任・解任	—	—	—
確認検査員等	第77条の24	第77条の35の9	第77条の42
秘密保持義務等	第77条の25	第77条の35の10	第77条の43
業務実施の義務	第77条の26	第77条の35の11	第77条の44
業務規程	第77条の27	第77条の35の12	第77条の45
指定区分等の掲示	第77条の28	第77条の35の13	—
国交大臣への報告	—	—	第77条の46
事業計画等	—	—	—
帳簿の備付け等	第77条の29	第77条の35の14	第77条の47
書類の閲覧	第77条の29の2	第77条の35の15	—
監督命令	第77条の30	第77条の35の16	第77条の48
報告，検査等	第77条の31	第77条の35の17	第77条の49
照会及び指示	第77条の32	—	—
機関に対する配慮	第77条の33	—	—
業務の休廃止等	第77条の34	第77条の35の18	第77条の50
指定の取消し等	第77条の35	第77条の35の19	第77条の51
委任の公示等	—	第77条の35の8	—
委任の解除	—	第77条の35の20	—
行政による実施	—	第77条の35の21	第77条の52
審査請求	第94条	第94条	第77条の53

620

第1節　指定機関

　また，指定機関については，それぞれの機関ごとに指定の主体は国土交通大臣又は都道府県知事とすることが規定されているが，両者を総称して「指定権者」というものとする。

　指定機関に関する各規定は表12―2のとおりである。以下では，各規定について解説するが，「審査請求」に関する解説のみは，特定行政庁等を対象とした審査請求についてまとめている第4節「不服申立て」において解説する。

に関する規定の一覧

指定性能評価機関	指定建築基準 適合判定資格者検定機関	指定構造計算 適合判定資格者検定機関
第77条の56[※1]	第77条の2	第77条の17の2
第77条の56[※1]	第77条の3	第77条の17の2[※2]
第77条の56[※1]	第77条の4	第77条の17の2[※2]
第77条の56[※1]	第77条の5	第77条の17の2[※2]
第77条の56[※1]	―	―
第77条の56[※1]	―	―
―	第77条の6	第77条の17の2[※2]
第77条の56[※1]	第77条の7	第77条の17の2[※2]
第77条の56[※1]	第77条の8	第77条の17の2[※2]
第77条の56[※1]	―	―
第77条の56[※1]	第77条の9	第77条の17の2[※2]
―	―	―
―	―	―
―	第77条の10	第77条の17の2[※2]
第77条の56[※1]	第77条の11	第77条の17の2[※2]
―	―	―
第77条の56[※1]	第77条の12	第77条の17の2[※2]
第77条の56[※1]	第77条の13	第77条の17の2[※2]
―	―	―
―	―	―
第77条の56[※1]	第77条の14	第77条の17の2[※2]
第77条の56[※1]	第77条の15	第77条の17の2[※2]
―	―	―
―	―	―
第77条の56[※1]	第77条の16	第77条の17の2[※2]
第77条の56[※1]	第77条の17	第77条の17の2[※2]

※1　認定機関の規定を準用。
※2　建築基準適合判定資格者検定機関の規定を準用

第12章　機関・建築審査会・不服申立て

第1項　指定に関する規定

（指定）

（指定確認検査機関） 第77条の18	（指定構造計算適合性判定機関） 第77条の35の2
1　第6条の2第1項（第87条第1項，第87条の4又は第88条第1項若しくは第2項において準用する場合を含む。以下この項において同じ。）又は第7条の2第1項（第87条の4又は第88条第1項若しくは第2項において準用する場合を含む。以下この項において同じ。）の規定による指定（以下この節において単に「指定」という。）は，第6条の2第1項の規定による確認又は第7条の2第1項及び第7条の4第1項（第87条の4又は第88条第1項において準用する場合を含む。）の検査並びに第7条の6第1項第2号（第87条の4又は第88条第1項若しくは第2項において準用する場合を含む。）の規定による認定（以下「確認検査」という。）の業務を行おうとする者の申請により行う。	1　第18条の2第1項の規定による指定（以下この節において単に「指定」という。）は，構造計算適合性判定の業務を行おうとする者の申請により行う。

622

第1節　指定機関

（指定認定機関） 第77条の36	（建築基準適合判定資格者検定機関） 第77条の2
1　第68条の24第1項（第88条第1項において準用する場合を含む。）の規定による指定（以下この節において単に「指定」という。）は，認定等を行おうとする者（外国にある事務所により行おうとする者を除く。）の申請により行う。	1　第5条の2第1項の規定による指定は，一を限り，建築基準適合判定資格者検定事務を行おうとする者の申請により行う。

第12章　機関・建築審査会・不服申立て

（指定確認検査機関） 第77条の18	（指定構造計算適合性判定機関） 第77条の35の2
2　前項の申請は，国土交通省令で定めるところにより，国土交通省令で定める確認検査の業務の区分（以下この節において「指定区分」という。）に従い，確認検査の業務を行う区域（以下この節において「業務区域」という。）を定めてしなければならない。	2　前項の申請は，国土交通省令で定めるところにより，構造計算適合性判定の業務を行う区域（以下この節において「業務区域」という。）を定めてしなければならない。
3　国土交通大臣又は都道府県知事は，指定をしようとするときは，あらかじめ，業務区域を所轄する特定行政庁（都道府県知事にあつては，当該都道府県知事を除く。）の意見を聴かなければならない。	3　国土交通大臣は，指定をしようとするときは，あらかじめ，業務区域を所轄する都道府県知事の意見を聴かなければならない。
（平10法100・追加・一部改正，平11法87・平11法160・平18法92・平26法54・平30法67・令5法58・一部改正）	（平18法92・追加，平26法54・一部改正）

　（指定性能評価機関）

法第77条の56　第68条の25第3項（第88条第1項において準用する場合を含む。以下この条において同じ。）の規定による指定は，第68条の25第3項の評価（以下「性能評価」という。）を行おうとする者（外国にある事務所により行おうとする者を除く。）の申請により行う。

2　第77条の36第2項の規定は前項の申請に，第77条の37，第77条の38，第77条の39第1項及び第77条の41の規定は第68条の25第3項の規定による指定に，第77条の39第2項及び第3項，第77条の40，第77条の42から第77条の45まで並びに第77条の47から第77条の52までの規定は前項の規定による指定を受けた者（以下この条，第97条の4及び第100条において「指定性能評価機関」という。）に，第77条の53の規定は指定性能評価機関の行う性能評価又

（指定認定機関） 第77条の36	（建築基準適合判定資格者検定機関） 第77条の2
2　前項の申請は，国土交通省令で定めるところにより，国土交通省令で定める区分に従い，認定等の業務を行う区域（以下この節において「業務区域」という。）を定めてしなければならない。	
（平10法100・追 加，平11法160・平26法54・一部改正）	（平10法100・追加，平26法54・一部改正）

　　はその不作為について準用する。この場合において，第77条の38第1号，第
　　77条の42，第77条の43第1項及び第77条の51第2項第5号中「認定員」とあ
　　るのは「評価員」と，同項第1号中「第77条の46第1項，第77条の47」とあ
　　るのは「第77条の47」と，第77条の53中「処分」とあるのは「処分（性能評
　　価の結果を除く。）」と読み替えるものとする。
　　　　　　　　（平10法100・追加，平18法92・平26法54・平26法69・一部改正）
法第77条の17の2　第5条の5第1項の規定による指定は，一を限り，構造計
　　算適合判定資格者検定事務を行おうとする者の申請により行う。
　2　第77条の3，第77条の4及び第77条の5第1項の規定は第5条の5第1項
　　の規定による指定に，第77条の5第2項及び第3項並びに第77条の6から第
　　77条の16までの規定は指定構造計算適合判定資格者検定機関に，前条の規定
　　は指定構造計算適合判定資格者検定機関が行う構造計算適合判定資格者検定

625

第12章　機関・建築審査会・不服申立て

> 事務について準用する。この場合において，第77条の16第1項中「第5条の
> 2第3項」とあるのは，「第5条の5第2項において準用する第5条の2第
> 3項」と読み替えるものとする。
>
> 　　　　（平26法54・追加）

　各条第1項の規定は，指定機関の指定は，各業務を行おうとする者の申請により
行うことを定めたものである。指定認定機関の場合について，法第77条の36におい
て「外国にある事務所により行おうとする者を除く。」とされているのは，外国の
機関については「指定」ではなく，別途，法第77条の54において「承認」という手
続を定めているためである。指定性能評価機関の場合も同様である。なお，指定建
築基準適合判定資格者検定機関及び指定構造計算適合判定資格者検定機関は，それ
ぞれ1機関のみを指定することになっている。

　各条第2項の規定は，指定の申請の方法を定めたものであるが，具体的内容は
「建築基準法に基づく指定資格検定機関等に関する省令（平成11年建設省令第13
号。以下「機関省令」という。）」に定められている。

　指定確認検査機関，指定認定機関及び指定性能評価機関に関する指定の申請は，
機関省令第15条で定められた区分に従い行うことになっている。指定確認検査機関
の場合は，戸建て住宅から大規模な建築物までのすべてを取り扱う機関は少ないと
考えられることから，建築物の規模等と確認・検査の別に応じて指定区分が定めら
れており，指定を受けようとする者（申請機関）は該当する区分を選択して申請す
ることになっている。なお，業務対象とする建築物を，さらに用途，階数，高さ等
により絞り込むことも可能であり，この場合は，法第77条の27に基づく業務規程に
おいて限定することになる。また，指定認定機関の場合は機関省令第33条に定めら
れた区分に従い，どのような型式（建築物の部分，防火設備など）の認定等を行う
のか，指定性能評価機関の場合は機関省令第59条に定められた区分に従い，どのよ
うな性能評価（構造計算，耐火構造，遮音など）を行うのかを，それぞれ定めて申
請する必要がある。

　また，指定確認検査機関，指定構造計算適合性判定機関，指定認定機関及び指定
性能評価機関の場合は，業務を行おうとする区域，すなわち，どの区域に建設され
る建築物を対象に業務を行うのかを定めて申請する必要がある。この際，行政の境
界にかかわらず特定の区域に限定して業務を行うことも可能である。

　なお，指定確認検査機関及び指定構造計算適合性判定機関については，複数の都

第1節　指定機関

道府県にまたがって業務を行おうとする場合には国土交通大臣（業務を一の地方整備局の管轄区域内のみで行う場合は，地方整備局長）が，一の都道府県内のみで業務を行おうとする場合には当該都道府県知事が，それぞれ指定を行うこととされている（法第6条の2第2項，法第7条の2第2項，法第18条の2第2項）ため，申請機関はそれぞれの者に一定の申請書に必要書類を添付して申請することになっている。

　各条第3項の規定は，国土交通大臣又は都道府県知事が指定確認検査機関の指定を行う際には関係する特定行政庁の意見を，国土交通大臣が指定構造計算適合性判定機関の指定を行う際には関係する都道府県知事の意見を，それぞれ聴かなければならないことを定めたものである。指定確認検査機関による確認検査は，法第6条の2第1項の規定により建築主事による確認検査とみなされることから，特定行政庁にとって，申請機関が公正かつ的確に業務を行いうるかどうかは極めて重要である。このため，指定確認検査機関の指定にあたって特定行政庁の関与を位置づけたものである。また，構造計算適合性判定は，法第6条の3第1項において都道府県知事が行うこととした上で，法第18条の2第1項に基づく指定を行った場合に指定構造計算適合性判定機関が実施するものとされていることから，国土交通大臣が指定を行う場合（複数の都道府県を業務区域とする申請機関の場合）には，その業務区域に含まれる都道府県知事の関与を位置づけたものである。

　この意見聴取は，地域における確認検査や構造計算適合性判定の需要等を踏まえた申請機関の組織体制の妥当性，申請者の利便性からみた事務所の位置の妥当性，申請業務区域における地域の実情を踏まえた申請機関の資本関係や職員の構成の妥当性等について，地域の実情を把握している特定行政庁や都道府県知事の意見を指定の可否に反映させる観点から行われる。指定権者は，特定行政庁や都道府県知事から意見の提出があった場合には，その内容を踏まえ，必要に応じ，申請機関に申請内容の見直しその他必要な措置を講じるよう指示するとともに，必要な措置が行われたときでなければ指定を行わないことになる。

627

第12章　機関・建築審査会・不服申立て

（欠格条項）

（指定確認検査機関） 第77条の19	（指定構造計算適合性判定機関） 第77条の35の3
1　次の各号のいずれかに該当する者は，指定を受けることができない。	1　次の各号のいずれかに該当する者は，指定を受けることができない。
一　未成年者	一　未成年者
二　破産手続開始の決定を受けて復権を得ない者	二　破産手続開始の決定を受けて復権を得ない者
三　禁錮以上の刑に処せられ，又は建築基準法令の規定により刑に処せられ，その執行を終わり，又は執行を受けることがなくなつた日から起算して5年を経過しない者	三　禁錮以上の刑に処せられ，又は建築基準法令の規定により刑に処せられ，その執行を終わり，又は執行を受けることがなくなつた日から起算して5年を経過しない者
四　第77条の35第1項又は第2項の規定により指定を取り消され，その取消しの日から起算して5年を経過しない者	四　第77条の35第2項の規定により第77条の18第1項に規定する指定を取り消され，その取消しの日から起算して5年を経過しない者
五　第77条の35の19第2項の規定により第77条の35の2第1項に規定する指定を取り消され，その取消しの日から起算して5年を経過しない者	五　第77条の35の19第1項又は第2項の規定により指定を取り消され，その取消しの日から起算して5年を経過しない者
六　第77条の62第2項（第77条の66第2項において準用する場合を含む。）の規定により第77条の58第1項又は第77条の66第1項の登録を消除され，その消除の日から起算して5年を経過しない者	六　第77条の62第2項（第77条の66第2項において準用する場合を含む。）の規定により第77条の58第1項又は第77条の66第1項の登録を消除され，その消除の日から起算して5年を経過しない者

第1節　指定機関

（指定認定機関） 第77条の37	（建築基準適合判定資格者検定機関） 第77条の3
1　次の各号のいずれかに該当する者は，指定を受けることができない。	1　次の各号のいずれかに該当する者は，第5条の2第1項の規定による指定を受けることができない。
一　未成年者	一　一般社団法人又は一般財団法人以外の者
二　破産手続開始の決定を受けて復権を得ない者	
三　禁錮以上の刑に処せられ，又は建築基準法令の規定により刑に処せられ，その執行を終わり，又は執行を受けることがなくなつた日から起算して2年を経過しない者	二　建築基準法令の規定により刑に処せられ，その執行を終わり，又は執行を受けることがなくなつた日から起算して2年を経過しない者
四　第77条の51第1項若しくは第2項の規定により指定を取り消され，又は第77条の55第1項若しくは第2項の規定により承認を取り消され，その取消しの日から起算して2年を経過しない者	三　第77条の15第1項又は第2項の規定により指定を取り消され，その取消しの日から起算して2年を経過しない者

第12章　機関・建築審査会・不服申立て

（指定確認検査機関） 第77条の19	（指定構造計算適合性判定機関） 第77条の35の3
七　建築士法第7条第4号又は第23条の4第1項第3号に該当する者	七　建築士法第7条第4号又は第23条の4第1項第3号に該当する者
八　公務員で懲戒免職の処分を受け，その処分の日から起算して3年を経過しない者	八　公務員で懲戒免職の処分を受け，その処分の日から起算して3年を経過しない者
九　心身の故障により確認検査の業務を適正に行うことができない者として国土交通省令で定めるもの	九　心身の故障により構造計算適合性判定の業務を適正に行うことができない者として国土交通省令で定めるもの
十　法人であつて，その役員のうちに前各号のいずれかに該当する者があるもの	十　法人であつて，その役員のうちに前各号のいずれかに該当する者があるもの
十一　その者の親会社等（その者の経営を実質的に支配することが可能となる関係にあるものとして政令で定める者をいう。以下同じ。）が前各号のいずれかに該当する者	十一　その者の親会社等が前各号のいずれかに該当する者
（平10法100・追加・一部改正，平11法151・平18法92・平26法54・令元法37・一部改正）	（平18法92・追加，平26法54・令元法37・一部改正）

（親会社等）

令第136条の2の14　法第77条の19第11号の政令で定める者は，法第77条の18第1項又は法第77条の35の2第1項に規定する指定を受けようとする者に対して，それぞれ次のいずれかの関係（次項において「特定支配関係」とい

（指定認定機関） 第77条の37	（建築基準適合判定資格者検定機関） 第77条の3
五　心身の故障により認定等の業務を適正に行うことができない者として国土交通省令で定めるもの	
六　法人であつて，その役員のうちに前各号のいずれかに該当する者があるもの	四　その役員のうちに，イ又はロのいずれかに該当する者がある者 イ　第2号に該当する者 ロ　第77条の6第2項の規定による命令により解任され，その解任の日から起算して2年を経過しない者
（平10法100（平11法151）・追加，平18法92・令元法37・一部改正）	（平10法100・追加，平18法50・一部改正）

う。）を有する者とする。

一　その総株主（株主総会において決議をすることができる事項の全部につき議決権を行使することができない株主を除く。）又は総出資者の議決権の3分の1を超える数を有していること。

二　その役員（理事，取締役，執行役，業務を執行する社員又はこれらに準

第12章　機関・建築審査会・不服申立て

　ずる者をいう。以下この項において同じ。）に占める自己の役員又は職員
　（過去2年間に役員又は職員であつた者を含む。次号において同じ。）の
　割合が3分の1を超えていること。
　三　その代表権を有する役員の地位を自己又はその役員若しくは職員が占め
　　ていること。
2　ある者に対して特定支配関係を有する者に対して特定支配関係を有する者
　は，その者に対して特定支配関係を有する者とみなして，この条の規定を適
　用する。

(平19政49・全改，平27政11・令元政91・一部改正)

　指定機関が公正かつ的確に業務を行うようにするためには，指定の段階で不適格
者を排除しておく必要がある。このため，欠格条項が定められており，過去に刑罰
に処せられた者等は，指定を受けることができないとこととされている。また，指
定の申請者が法人である場合には，欠格条項に該当する者が役員にいるときは，指

（指定の基準）

（指定確認検査機関） 第77条の20	（指定構造計算適合性判定機関） 第77条の35の4
1　国土交通大臣又は都道府県知事は，指定の申請が次に掲げる基準に適合していると認めるときでなければ，指定をしてはならない。	1　国土交通大臣又は都道府県知事は，指定の申請が次に掲げる基準に適合していると認めるときでなければ，指定をしてはならない。
一　第77条の24第1項の確認検査員又は副確認検査員（いずれも常勤の職員である者に限る。）の数が，指定区分ごとに確認検査を行おうとする建築物の種類，規模及び数に応じて国土交通省令で定める数以上であること。	一　第77条の35の9第1項の構造計算適合性判定員（職員である者に限る。）の数が，構造計算適合性判定を行おうとする建築物の規模及び数に応じて国土交通省令で定める数以上であること。

第1節　指定機関

定を受けることができないことになっている。

　さらに，指定確認検査機関・指定構造計算適合性判定機関の申請機関について親
会社等がある場合には，その親会社等が欠格条項に該当する場合にも指定を受ける
ことができない。ここで，「親会社等」とは，申請機関の経営を実質的に支配する
ことが可能となる関係にあるものとして令第136条の2の14に定められている。同
条において，申請機関に対して次のいずれかの特定支配関係を有する者が親会社等
とされている。

　①　総株主又は総出資者の議決権の3分の1を超える数を有していること。
　②　役員に占める自己の役員又は職員の割合が3分の1を超えていること。
　③　代表権を有する役員の地位を自己又はその役員若しくは職員が占めているこ
　　と。

　なお，ある者に対して特定支配関係を有する者に対して特定支配関係を有する者
は，その者に対して特定支配関係を有する者とみなされる。

（指定認定機関） 第77条の38	（建築基準適合判定資格者検定機関） 第77条の4
1　国土交通大臣は，指定の申請が次に掲げる基準に適合していると認めるときでなければ，指定をしてはならない。	1　国土交通大臣は，第5条の2第1項の規定による指定の申請が次に掲げる基準に適合していると認めるときでなければ，その指定をしてはならない。
一　職員（第77条の42第1項の認定員を含む。第3号において同じ。），設備，認定等の業務の実施の方法その他の事項についての認定等の業務の実施に関する計画が，認定等の業務の適確な実施のために適切なものであること。	一　職員（第77条の7第1項の建築基準適合判定資格者検定委員を含む。），設備，建築基準適合判定資格者検定事務の実施の方法その他の事項についての建築基準適合判定資格者検定事務の実施に関する計画が，建築基準適合判定資格者検定事務の適確な実施のために適切なものであること。

633

第12章　機関・建築審査会・不服申立て

（指定確認検査機関） 第77条の20	（指定構造計算適合性判定機関） 第77条の35の4
二　前号に定めるもののほか，職員，確認検査の業務の実施の方法その他の事項についての確認検査の業務の実施に関する計画が，確認検査の業務の適確な実施のために適切なものであること。	二　前号に定めるもののほか，職員，設備，構造計算適合性判定の業務の実施の方法その他の事項についての構造計算適合性判定の業務の実施に関する計画が，構造計算適合性判定の業務の適確な実施のために適切なものであること。
三　その者の有する財産の評価額（その者が法人である場合にあつては，資本金，基本金その他これらに準ずるものの額）が国土交通省令で定める額以上であること。	三　その者の有する財産の評価額（その者が法人である場合にあつては，資本金，基本金その他これらに準ずるものの額）が国土交通省令で定める額以上であること。
四　前号に定めるもののほか，第2号の確認検査の業務の実施に関する計画を適確に実施するに足りる経理的基礎を有するものであること。	四　前号に定めるもののほか，第2号の構造計算適合性判定の業務の実施に関する計画を適確に実施するに足りる経理的基礎を有するものであること。
五　法人にあつては役員，法人の種類に応じて国土交通省令で定める構成員又は職員（第77条の24第1項の確認検査員又は副確認検査員を含む。以下この号において同じ。）の構成が，法人以外の者にあつてはその者及びその職員の構成が，確認検査の業務の公正な実施に支障を及ぼすおそれがないものであること。	五　法人にあつては役員，第77条の20第5号の国土交通省令で定める構成員又は職員（第77条の35の9第1項の構造計算適合性判定員を含む。以下この号において同じ。）の構成が，法人以外の者にあつてはその者及びその職員の構成が，構造計算適合性判定の業務の公正な実施に支障を及ぼすおそれがないものであること。

第1節　指定機関

（指定認定機関） 第77条の38	（建築基準適合判定資格者検定機関） 第77条の4
二　前号の認定等の業務の実施に関する計画を適確に実施するに足りる経理的及び技術的な基礎を有するものであること。	二　前号の建築基準適合判定資格者検定事務の実施に関する計画を適確に実施するに足りる経理的及び技術的な基礎を有するものであること。
三　法人にあつては役員，第77条の20第5号の国土交通省令で定める構成員又は職員の構成が，法人以外の者にあつてはその者及びその職員の構成が，認定等の業務の公正な実施に支障を及ぼすおそれがないものであること。	

635

第12章　機関・建築審査会・不服申立て

（指定確認検査機関） 第77条の20	（指定構造計算適合性判定機関） 第77条の35の4
六　その者又はその者の親会社等が第77条の35の5第1項の指定構造計算適合性判定機関である場合には，当該指定構造計算適合性判定機関に対してされた第18条の2第4項の規定により読み替えて適用される第6条の3第1項の規定による構造計算適合性判定の申請に係る建築物の計画について，第6条の2第1項の規定による確認をしないものであること。	六　その者又はその者の親会社等が指定確認検査機関である場合には，当該指定確認検査機関に対してされた第6条の2第1項の規定による確認の申請に係る建築物の計画について，第18条の2第4項の規定により読み替えて適用される第6条の3第1項の規定による構造計算適合性判定を行わないものであること。
七　前号に定めるもののほか，その者又はその者の親会社等が確認検査の業務以外の業務を行つている場合には，その業務を行うことによつて確認検査の業務の公正な実施に支障を及ぼすおそれがないものであること。	七　前号に定めるもののほか，その者又はその者の親会社等が構造計算適合性判定の業務以外の業務を行つている場合には，その業務を行うことによつて構造計算適合性判定の業務の公正な実施に支障を及ぼすおそれがないものであること。
八　前各号に定めるもののほか，確認検査の業務を行うにつき十分な適格性を有するものであること。	八　前各号に定めるもののほか，構造計算適合性判定の業務を行うにつき十分な適格性を有するものであること。
（平10法100・追加，平11法160・平18法92・平26法54・令5法58・一部改正）	（平18法92・追加，平26法54・一部改正）

　これらの規定は，指定機関の指定のための最低限の条件を定めたものであり，この条件を満たさなければ指定をしてはならないこととされている。これらを根拠に一定の事項が機関省令に規定されているほか，指定確認検査機関・指定構造計算適合性判定機関については，国土交通省住宅局長より「指定確認検査機関指定準則（平成11年4月28日付け住指発第201号・住街発第48号別添（令和6年3月27日最

636

（指定認定機関） 第77条の38	（建築基準適合判定資格者検定機関） 第77条の4
四　認定等の業務以外の業務を行つ 　ている場合には，その業務を行う 　ことによつて認定等の業務の公正 　な実施に支障を及ぼすおそれがな 　いものであること。	三　建築基準適合判定資格者検定事 　務以外の業務を行つている場合に 　は，その業務を行うことによつて 　建築基準適合判定資格者検定事務 　の公正な実施に支障を及ぼすおそ 　れがないものであること。
五　前各号に定めるもののほか，認 　定等の業務を行うにつき十分な適 　格性を有するものであること。	
（平10法100・追加，平11法160・平18法92・ 一部改正）	（平10法100・追加，平11法160・平26法54・ 一部改正）

終改定）)」，「指定構造計算適合性判定機関指定準則（平成27年3月2日付け国住指
発第4541号（令和6年3月27日最終改正）)」が通知されている。指定確認検査機関
・指定構造計算適合性判定機関の場合には，指定権者（国土交通大臣，各都道府県
知事）が多数存在しており，統一的な運用を図るためには，法に定められた指定基
準の解釈・運用を明らかにしておく必要があることから，これらの指定準則が設け

第12章　機関・建築審査会・不服申立て

られているものである。一方，指定認定機関・指定性能評価機関・指定建築基準適
合判定資格者検定機関・指定構造計算適合判定資格者検定機関の場合には，その指
定権者は国土交通大臣のみであるので，指定準則は定められていない。ただし，こ
れらの指定準則のない指定機関についても，法や機関省令で規定されている指定基
準は，指定確認検査機関，指定構造計算適合性判定機関の指定基準と共通するもの
が多く，その運用にあたっても，該当する事項については，指定確認検査機関等の
指定準則の考え方が概ね準用される。

（指定の公示等）

（指定確認検査機関） 第77条の21	（指定構造計算適合性判定機関） 第77条の35の5
1　国土交通大臣又は都道府県知事は，指定をしたときは，指定を受けた者（以下「指定確認検査機関」という。）の名称及び住所，指定区分（当該指定確認検査機関が第77条の24第1項の確認検査員を選任しないものである場合にあつては，指定区分及びその旨。第77条の28において同じ。），業務区域並びに確認検査の業務を行う事務所の所在地を公示しなければならない。	1　国土交通大臣又は都道府県知事は，指定をしたときは，指定を受けた者（以下この節及び第100条において「指定構造計算適合性判定機関」という。）の名称及び住所並びに業務区域を公示しなければならない。
2　指定確認検査機関は，その名称若しくは住所又は確認検査の業務を行う事務所の所在地を変更しようとするときは，変更しようとする日の2週間前までに，その指定をした国土交通大臣又は都道府県知事（以下この節において「国土交通大臣等」という。）にその旨を届け出なければならない。	2　指定構造計算適合性判定機関は，その名称又は住所を変更しようとするときは，変更しようとする日の2週間前までに，その指定をした国土交通大臣又は都道府県知事（以下この節において「国土交通大臣等」という。）にその旨を届け出なければならない。

第1節　指定機関

　なお,「認定員」・「評価員」の数については,その算定方法が示されていない
が,行おうとする業務の内容に応じて,妥当性が総合的に判断される。一方で,一
の機関しか指定しないこととされている指定建築基準適合判定資格者検定機関・指
定構造計算適合判定資格者検定機関における「建築基準適合判定資格者検定委員」
・「構造計算適合判定資格者検定委員」については,法令上の上限として「10名」
が定められている（令第7条,令第8条の5第2項）。

（指定認定機関） 第77条の39	（建築基準適合判定資格者検定機関） 第77条の2
1　国土交通大臣は,指定をしたとき は,指定を受けた者（以下この節, 第97条の4及び第100条において 「指定認定機関」という。）の名称 及び住所,指定の区分,業務区域, 認定等の業務を行う事務所の所在地 並びに認定等の業務の開始の日を公 示しなければならない。	1　第5条の2第1項の規定による指 定は,一を限り,建築基準適合判定 資格者検定事務を行おうとする者の 申請により行う。
2　指定認定機関は,その名称若しく は住所又は認定等の業務を行う事務 所の所在地を変更しようとするとき は,変更しようとする日の2週間前 までに,その旨を国土交通大臣に届 け出なければならない。	

第12章　機関・建築審査会・不服申立て

3　国土交通大臣等は，前項又は第77条の24第4項の規定による届出（同項の規定による届出にあつては，同条第1項の確認検査員を選任していない指定確認検査機関が同項の確認検査員を選任した場合又は同項の確認検査員及び副確認検査員を選任している指定確認検査機関が当該確認検査員の全てを解任した場合におけるものに限る。）があつたときは，その旨を公示しなければならない。	3　国土交通大臣等は，前項の規定による届出があつたときは，その旨を公示しなければならない。
（平10法100・追加，平11法160・令5法58・一部改正）	（平18法92・追加，平26法54・一部改正）

（業務区域の変更）

（指定確認検査機関） 第77条の22	（指定構造計算適合性判定機関） 第77条の35の2
1　指定確認検査機関は，業務区域を増加しようとするときは，国土交通大臣等の認可を受けなければならない。	1　第18条の2第1項の規定による指定（以下この節において単に「指定」という。）は，構造計算適合性判定の業務を行おうとする者の申請により行う。
2　指定確認検査機関は，業務区域を減少したときは，国土交通省令で定めるところにより，その旨を国土交通大臣等に届け出なければならない。	2　前項の申請は，国土交通省令で定めるところにより，構造計算適合性判定の業務を行う区域（以下この節において「業務区域」という。）を定めてしなければならない。
3　第77条の18第3項及び第77条の20第1号から第4号までの規定は，第1項の認可について準用する。この場合において，第77条の18第3項中「業務区域」とあるのは，「増加しようとする業務区域」と読み替えるものとする。	3　国土交通大臣は，指定をしようとするときは，あらかじめ，業務区域を所轄する都道府県知事の意見を聴かなければならない。

640

第1節　指定機関

3　国土交通大臣は，前項の規定による届出があつたときは，その旨を公示しなければならない。	
（平10法100・追加，平11法160・平18法92・一部改正）	（平10法100・追加，平26法54・一部改正）

（指定認定機関） 第77条の40	（建築基準適合判定資格者検定機関）
1　指定認定機関は，業務区域を増加し，又は減少しようとするときは，国土交通大臣の許可を受けなければならない。	
2　第77条の38第1号及び第2号の規定は，前項の許可について準用する。	

第12章　機関・建築審査会・不服申立て

（指定確認検査機関） 第77条の22	（指定構造計算適合性判定機関） 第77条の35の2
4　国土交通大臣等は，第1項の認可をしたとき又は第2項の規定による届出があつたときは，その旨を公示しなければならない。	
（平10法100・追加，平11法160・平18法92・一部改正）	（平18法92・追加，平26法54・一部改正）

【指定の公示等】

　国土交通大臣又は都道府県知事は，指定機関の指定を行ったときは，その内容を公示することとなっている。公示すべき内容は，指定機関の種別に応じて異なるが，名称，住所，指定の区分，業務区域，業務を行う事務所の所在地，業務の開始日を公示することになっている。

　また，指定確認検査機関は，名称，住所，業務を行う事務所の所在地を変更しようとする場合には，変更日の2週間前までに，指定を受けた国土交通大臣又は都道府県知事に届け出なければならない。この場合にも変更の内容が公示されることになっている。

【業務区域の変更】

　これらの規定は，業務区域の変更を行うときの手続を定めたものである。業務区域を定めることとされていない指定建築基準適合判定資格者検定機関・指定構造計算適合判定資格者検定機関については，当該手続の定めはない。

　指定確認検査機関の場合，業務区域を増加させるときには指定権者の認可が必要

（指定の更新）

（指定確認検査機関） 第77条の23	（指定構造計算適合性判定機関） 第77条の35の7
1　指定は，5年以上10年以内において政令で定める期間ごとにその更新を受けなければ，その期間の経過によつて，その効力を失う。	1　指定は，5年以上10年以内において政令で定める期間ごとにその更新を受けなければ，その期間の経過によつて，その効力を失う。

第1節　指定機関

（指定認定機関） 第77条の40	（建築基準適合判定資格者検定機関）
3　国土交通大臣は，第1項の許可をしたときは，その旨を公示しなければならない。	
（平10法100・追加，平11法160・一部改正）	

であり，減少させるときには指定権者への届出が必要である。その他の指定機関の場合は，業務区域の増加・減少いずれの場合であっても，指定権者の認可・許可が必要である。

業務区域の変更に係る認可にあたっては，その業務区域を所轄する特定行政庁・都道府県知事の意見を聴くとともに，新規の指定の際に適用される指定基準（必要な職員の数，経理的基礎など）が準用される。また，業務区域を増加させる場合，減少させる場合，いずれもその内容が公示されることになっている。

なお，業務区域の増減によって，従来，都道府県知事の指定であったものが国土交通大臣の指定に，逆に国土交通大臣の指定であったものが都道府県知事の指定になることがある。このような指定換えの場合には，新たな申請として手続を行う必要がある。また，新たに指定を行った国土交通大臣等が，従前の指定をした都道府県知事等に通知し，従前の指定が取り消されることになっている（機関省令第22条）。

（指定認定機関） 第77条の41	（建築基準適合判定資格者検定機関）
1　指定は，5年以上10年以内において政令で定める期間ごとにその更新を受けなければ，その期間の経過によって，その効力を失う。	

643

第12章　機関・建築審査会・不服申立て

2　第77条の18から第77条の20までの規定は，前項の指定の更新の場合について準用する。	2　第77条の35の2から第77条の35の4までの規定は，前項の指定の更新の場合について準用する。
（平10法100・追加）	（平18法92・追加，平26法54・旧第77条の35の6繰下）

　（指定確認検査機関に係る指定の有効期間）
令第136条の2の15　法第77条の23第1項の政令で定める期間は，5年とする。

　　　　　　　（平19政49・追加）

　（指定構造計算適合性判定機関に係る指定の有効期間）
令第136条の2の16　法第77条の35の7第1項の政令で定める期間は，5年とする。

　　　　　　　（平19政49・追加，平27政11・一部改正）

　（指定認定機関等に係る指定等の有効期間）
令第136条の2の17　法第77条の41第1項（法第77条の54第2項，法第77条の56第2項又は法第77条の57第2項において準用する場合を含む。）の政令で定める期間は，5年とする。

　　　　　　　（平12政211・追加，平15政523・旧第136条の2の13繰下，平17政182・旧第136条の2の14繰下，平19政49・旧第136条の2の15繰下）

　指定機関の指定は，5年ごとに更新を受けなければならないことになっている。更新の場合も，新規の申請のときと同様の基準が適用され，指定権者の審査を受けることになる。更新の手続がなされなかった場合は，期限後には自動的に指定の効力は失われる。

　なお，指定建築基準適合判定資格者検定機関・指定構造計算適合判定資格者検定機関については，特に更新の定めはない。

　（役員の選任及び解任）
法第77条の6　指定建築基準適合判定資格者検定機関の役員の選任及び解任

644

第1節　指定機関

2　第77条の36から第77条の38までの規定は，前項の指定の更新の場合について準用する。	
（平10法100・追加）	

は，国土交通大臣の認可を受けなければ，その効力を生じない。

2　国土交通大臣は，指定建築基準適合判定資格者検定機関の役員が，第77条の9第1項の認可を受けた建築基準適合判定資格者検定事務規程に違反したとき，又は建築基準適合判定資格者検定事務に関し著しく不適当な行為をしたときは，指定建築基準適合判定資格者検定機関に対し，その役員を解任すべきことを命ずることができる。

（平10法100・追加，平11法160・平26法54・一部改正）

法第77条の17の2

1　（略）

2　第77条の3，第77条の4及び第77条の5第1項の規定は第5条の5第1項の規定による指定に，第77条の5第2項及び第3項並びに第77条の6から第77条の16までの規定は指定構造計算適合判定資格者検定機関に，前条の規定は指定構造計算適合判定資格者検定機関が行う構造計算適合判定資格者検定事務について準用する。この場合において，第77条の16第1項中「第5条の2第3項」とあるのは，「第5条の5第2項において準用する第5条の2第3項」と読み替えるものとする。

（平26法54・追加）

　指定建築基準適合判定資格者検定機関・指定構造計算適合判定資格者検定機関の役員の選任及び解任は，国土交通大臣の認可を受ける必要があるとともに，指定機関の役員が「建築基準適合判定資格者検定事務規程」・「構造計算適合判定資格者検定事務規定」に違反したときや検定事務に関し著しく不適当な行為をしたときは，国土交通大臣は指定機関に対し，その役員の解任を命ずることができることとされている。

645

第12章　機関・建築審査会・不服申立て

第2項　業務に関する規定

（確認検査員）	（構造計算適合性判定員）
（指定確認検査機関） 第77条の24	（指定構造計算適合性判定機関） 第77条の35の9
1　指定確認検査機関は，確認検査を行うときは，確認検査員又は副確認検査員（当該確認検査が大規模建築物に係るものである場合にあつては，確認検査員）に確認検査を実施させなければならない。	1　指定構造計算適合性判定機関は，構造計算適合性判定を行うときは，構造計算適合性判定員に構造計算適合性判定を実施させなければならない。
2　確認検査員は，第77条の58第1項の登録（同条第2項の一級建築基準適合判定資格者登録簿への登録に限る。）を受けている者のうちから，選任しなければならない。	2　構造計算適合性判定員は，第77条の66第1項の登録を受けた者のうちから選任しなければならない。
3　副確認検査員は，第77条の58第1項の登録（同条第2項の二級建築基準適合判定資格者登録簿への登録に限る。）を受けている者のうちから，選任しなければならない。	3　指定構造計算適合性判定機関は，構造計算適合性判定員を選任し，又は解任したときは，国土交通省令で定めるところにより，その旨を国土交通大臣等に届け出なければならない。
4　指定確認検査機関は，確認検査員又は副確認検査員を選任し，又は解任したときは，国土交通省令で定めるところにより，その旨を国土交通大臣等に届け出なければならない。	4　国土交通大臣等は，構造計算適合性判定員の在任により指定構造計算適合性判定機関が第77条の35の4第5号に掲げる基準に適合しなくなつたときは，指定構造計算適合性判定機関に対し，その構造計算適合性判定員を解任すべきことを命ずることができる。

第1節　指定機関

（認定員）	（建築基準適合判定資格者検定委員）
（指定認定機関） 第77条の42	（建築基準適合判定資格者検定機関） 第77条の7
1　指定認定機関は，認定等を行うときは，国土交通省令で定める方法に従い，認定員に認定等を実施させなければならない。	1　指定建築基準適合判定資格者検定機関は，建築基準適合判定資格者検定の問題の作成及び採点を建築基準適合判定資格者検定委員に行わせなければならない。
2　認定員は，建築技術に関して優れた識見を有する者として国土交通省令で定める要件を備える者のうちから選任しなければならない。	2　建築基準適合判定資格者検定委員は，建築及び行政に関し学識経験のある者のうちから選任しなければならない。
3　指定認定機関は，認定員を選任し，又は解任したときは，国土交通省令で定めるところにより，その旨を国土交通大臣に届け出なければならない。	3　指定建築基準適合判定資格者検定機関は，建築基準適合判定資格者検定委員を選任し，又は解任したときは，国土交通省令で定めるところにより，その旨を国土交通大臣に届け出なければならない。
4　国土交通大臣は，認定員が，第77条の45第1項の認可を受けた認定等業務規程に違反したとき，認定等の業務に関し著しく不適当な行為をしたとき，又はその在任により指定認定機関が第77条の38第3号に掲げる基準に適合しなくなつたときは，指定認定機関に対し，その認定員を解任すべきことを命ずることができる。	4　国土交通大臣は，建築基準適合判定資格者検定委員が，第77条の9第1項の認可を受けた建築基準適合判定資格者検定事務規程に違反したとき，又は建築基準適合判定資格者検定事務に関し著しく不適当な行為をしたときは，指定建築基準適合判定資格者検定機関に対し，その建築基準適合判定資格者検定委員を解任すべきことを命ずることができる。

第12章　機関・建築審査会・不服申立て

（指定確認検査機関） 第77条の24	（指定構造計算適合性判定機関） 第77条の35の 9
5　国土交通大臣等は，確認検査員又は副確認検査員の在任により指定確認検査機関が第77条の20第 5 号に掲げる基準に適合しなくなつたときは，指定確認検査機関に対し，その確認検査員又は副確認検査員を解任すべきことを命ずることができる。	
（平10法100・追加・一部改正，平11法160・平18法92・令 5 法58・一部改正）	（平18法92・追加，平26法54・旧第77条の35の 7 繰下・一部改正）

【専門職員の概要】

　本法における指定機関は，下表のとおり，各指定機関が担う業務に関する専門的な知識や経験を有する職員（以下「専門職員」という。）を関与させることが義務づけられている。専門職員については，本法で規定する資格を有していることや，機関省令で規定する要件を満たすことなどが求められる。

　ここに掲げた各条においては，指定機関の種別ごとに，専門職員による業務実施の義務付け（第 1 項），専門職員に必要な資格や要件（第 2 項），専門職員の選任・解任に伴う指定権者への届出義務（第 3 項），専門職員の新たな選任や兼職によって指定機関が指定基準に適合しなくなった場合における指定権者による解任命令（第 4 項）について，それぞれ規定されている。

表12— 3　機関の種別に応じた専門職員の概要

機関の種別	専門職員		
	種別	必要な資格・経験	実施する業務
指定確認検査機関	確認検査員	建築基準適合判定資格者	確認検査
指定構造計算適合性判定機関	構造計算適合性判定員	構造計算適合判定資格者	構造計算適合性判定
指定認定機関	認定員	機関省令第38条	認定等
指定性能評価機関	評価員	機関省令第64条	性能評価
指定建築基準適合判定資格者検定機関	建築基準適合判定資格者検定委員	建築及び行政に関する学識経験	建築基準適合判定資格者検定の問題の作成及び採点
指定構造計算適合判定資格者検定機関	構造計算適合性判定資格者検定委員	建築及び行政に関する学識経験	構造計算適合判定資格者検定の問題の作成及び採点

648

第1節　指定機関

（指定認定機関） 第77条の42	（建築基準適合判定資格者検定機関） 第77条の7
（平10法100・追加，平11法160・一部改正）	（平10法100・追 加，平11法160・平26法54・ 一部改正）

【確認検査員（法第77条の24）】

　指定確認検査機関は，建築基準適合判定資格者として国土交通大臣の登録を受けた者の中から確認検査員を選任し，これに確認検査を実施させなければならないことになっている。確認検査員の資格を持たない者は，補助員として確認検査の補助的な業務を行うことのみが許容されている。

【構造計算適合性判定員（法第77条の35の9）】

　指定構造計算適合性判定機関は，構造計算適合判定資格者として国土交通大臣の登録を受けた者の中から構造計算適合性判定員を選任し，これに判定を実施させなければならないことになっている。

【認定員（法第77条の42）】

　指定認定機関は，認定員に認定等を実施させなければならないことになっている。この認定員の要件は，建築技術に関して優れた識見を有する者として，機関省令第38条に次のとおり定められている。

(1)　型式適合認定を行う場合

　①　学校教育法に基づく大学又はこれに相当する外国の学校において建築学，機械工学，電気工学，衛生工学その他の認定等の業務に関する科目を担当する教授若しくは准教授の職にあり，又はあった者

　②　建築，機械，電気若しくは衛生その他の認定等の業務に関する分野の試験研究機関において試験研究の業務に従事し，又は従事した経験を有する者で，か

649

第12章　機関・建築審査会・不服申立て

つ，これらの分野について高度の専門的知識を有する者

③　建築基準適合判定資格者検定に合格した者で，かつ，建築物の敷地，構造及び建築設備の安全上，防火上又は衛生上の観点からする審査又は検査に係る部門の責任者としてこれらの業務に関して3年以上の実務の経験を有する者

④　国土交通大臣が上記の者と同等以上の知識及び経験を有すると認める者

(2)　型式部材等製造者認証を行う場合

①　(1)の①～③のいずれかに該当する者

②　建築材料又は建築物の部分の製造，検査又は品質管理（工場等で行われるものに限る。）に係る部門の責任者としてこれらの業務に関して5年以上の実務の経験を有する者

③　国土交通大臣が上記の者と同等以上の知識及び経験を有すると認める者

認定等の方法については，機関省令第37条に定められている。型式適合認定の審査は，認定員2名以上により，書類審査によって行うことになっている。なお，建築物の部分の型式については，一般構造に関する規定から構造耐力規定，防火規定等に至るまで幅広い範囲を審査する必要があるので，専門分野を踏まえた認定員の適切な組み合わせが可能となるよう審査体制を整えておく必要がある。

また，型式部材等製造者認証の審査については，書類審査に加え，工場等の事業場を実地で審査しなければならない（一定の場合を除く。）ことになっている。認

（秘密保持義務等）

（指定確認検査機関） 第77条の25	（指定構造計算適合性判定機関） 第77条の35の10
1　指定確認検査機関（その者が法人である場合にあつては，その役員。次項において同じ。）及びその職員（確認検査員又は副確認検査員を含む。同項において同じ。）並びにこれらの者であつた者は，確認検査の業務に関して知り得た秘密を漏らし，又は盗用してはならない。	1　指定構造計算適合性判定機関（その者が法人である場合にあつては，その役員。次項において同じ。）及びその職員（構造計算適合性判定員を含む。次項において同じ。）並びにこれらの者であつた者は，構造計算適合性判定の業務に関して知り得た秘密を漏らし，又は盗用してはならない。

第1節　指定機関

定員2名以上で審査を行うのは，型式適合認定と同様である。

【評価員（法第77条の56第2項）】

　指定性能評価機関は，評価員に性能評価を実施させなければならないことになっている。この評価員の要件は，機関省令第64条に次のとおり定められている。なお，指定認定機関の認定員では認められていた要件が，評価員では認められていないものがあるので注意が必要である。

　　①　学校教育法に基づく大学又はこれに相当する外国の学校において建築学，機械工学，電気工学，衛生工学その他の性能評価の業務に関する科目を担当する教授若しくは准教授の職にあり，又はあった者

　　②　建築，機械，電気若しくは衛生その他の性能評価の業務に関する分野の試験研究機関において試験研究の業務に従事し，又は従事した経験を有する者で，かつ，これらの分野について高度の専門的知識を有する者

　　③　国土交通大臣が上記の者と同等以上の知識及び経験を有すると認める者

　性能評価の方法については，機関省令第63条に定められている。基本的には書類審査により性能評価を行うことになっているが，一定の認定に係る性能評価を行う場合には，定められた試験方法により性能を確認する必要がある。具体的には，耐火構造，遮音構造，防火材料等の性能評価を行う場合である。指定性能評価機関は，このための試験設備や施設を有していることが必要とされる。

（指定認定機関） 第77条の43	（建築基準適合判定資格者検定機関） 第77条の8
1　指定認定機関（その者が法人である場合にあつては，その役員。次項において同じ。）及びその職員（認定員を含む。次項において同じ。）並びにこれらの者であつた者は，認定等の業務に関して知り得た秘密を漏らし，又は盗用してはならない。	1　指定建築基準適合判定資格者検定機関の役員及び職員（建築基準適合判定資格者検定委員を含む。第3項において同じ。）並びにこれらの職にあつた者は，建築基準適合判定資格者検定事務に関して知り得た秘密を漏らしてはならない。

651

第12章　機関・建築審査会・不服申立て

（指定確認検査機関） 第77条の25	（指定構造計算適合性判定機関） 第77条の35の10
2　指定確認検査機関及びその職員で確認検査の業務に従事するものは，刑法その他の罰則の適用については，法令により公務に従事する職員とみなす。	2　指定構造計算適合性判定機関及びその職員で構造計算適合性判定の業務に従事するものは，刑法その他の罰則の適用については，法令により公務に従事する職員とみなす。
（平10法100・追加，平18法92・令5法58・一部改正）	（平18法92・追加，平26法54・旧第77条の35の8繰下）

　第1項は，指定機関の秘密保持義務について定めたものである。機関の役員や職員（専門職員を含む。）は，その機関を退職した以降も，業務に関して知り得た秘密を外に漏らしたり，知り得た秘密を他の業務に利用したりすることが禁止されている。

　第2項（法第77条の8の場合は第3項）は，いわゆる「みなし公務員規定」と呼ばれるものである。機関の役員や職員（専門職員を含む。）は，贈収賄罪などの刑法等の罰則の適用について公務員と同様の取扱いを受けることになり，厳しい罰則が適用されることになっている。

　特に，検定機関において，検定の問題作成や採点に直接携わる検定委員については，更なる義務として，厳正の保持，不正行為の禁止を定めている（法第77条の8第2項（法第77条の17の2第2項による準用を含む。）。

第1節　指定機関

（指定認定機関） 第77条の43	（建築基準適合判定資格者検定機関） 第77条の8
	2　前項に定めるもののほか，建築基準適合判定資格者検定委員は，建築基準適合判定資格者検定の問題の作成及び採点に当たつて，厳正を保持し不正な行為のないようにしなければならない。
2　指定認定機関及びその職員で認定等の業務に従事するものは，刑法その他の罰則の適用については，法令により公務に従事する職員とみなす。	3　建築基準適合判定資格者検定事務に従事する指定建築基準適合判定資格者検定機関の役員及び職員は，刑法（明治40年法律第45号）その他の罰則の適用については，法令により公務に従事する職員とみなす。
（平10法100・追加，平18法92・一部改正）	（平10法100・追加，平26法54・一部改正）

第12章　機関・建築審査会・不服申立て

<table>
<tr><td colspan="2" align="center">（確認検査の義務）</td><td colspan="2" align="center">（構造計算適合性判定の義務）</td></tr>
<tr><td colspan="2" align="center">（指定確認検査機関）
第77条の26</td><td colspan="2" align="center">（指定構造計算適合性判定機関）
第77条の35の11</td></tr>
<tr><td colspan="2">1　指定確認検査機関は，確認検査を行うべきことを求められたときは，当該確認検査が大規模建築物に係るものである場合において当該指定確認検査機関が確認検査員を選任しないものであることその他の正当な理由がある場合を除き，遅滞なく，確認検査を行わなければならない。</td><td colspan="2">1　指定構造計算適合性判定機関は，構造計算適合性判定を行うべきことを求められたときは，正当な理由がある場合を除き，遅滞なく，構造計算適合性判定を行わなければならない。</td></tr>
<tr><td colspan="2">（平10法100・追加，令5法58・一部改正）</td><td colspan="2">（平26法54・追加）</td></tr>
<tr><td colspan="2" align="center">（確認検査業務規程）</td><td colspan="2" align="center">（構造計算適合性判定業務規程）</td></tr>
<tr><td colspan="2" align="center">（指定確認検査機関）
第77条の27</td><td colspan="2" align="center">（指定構造計算適合性判定機関）
第77条の35の12</td></tr>
<tr><td colspan="2">1　指定確認検査機関は，確認検査の業務に関する規程（以下この節において「確認検査業務規程」という。）を定め，国土交通大臣等の認可を受けなければならない。これを変更しようとするときも，同様とする。</td><td colspan="2">1　指定構造計算適合性判定機関は，構造計算適合性判定の業務に関する規程（以下この節において「構造計算適合性判定業務規程」という。）を定め，国土交通大臣等の認可を受けなければならない。これを変更しようとするときも，同様とする。</td></tr>
<tr><td colspan="2">2　確認検査業務規程で定めるべき事項は，国土交通省令で定める。</td><td colspan="2">2　構造計算適合性判定業務規程で定めるべき事項は，国土交通省令で定める。</td></tr>
<tr><td colspan="2">3　国土交通大臣等は，第1項の認可をした確認検査業務規程が確認検査の公正かつ適確な実施上不適当となつたと認めるときは，その確認検査業務規程を変更すべきことを命ずることができる。</td><td colspan="2">3　国土交通大臣等は，第1項の認可をした構造計算適合性判定業務規程が構造計算適合性判定の公正かつ適確な実施上不適当となつたと認めるときは，その構造計算適合性判定業務規程を変更すべきことを命ずることができる。</td></tr>
<tr><td colspan="2">（平10法100・追加，平11法160・一部改正）</td><td colspan="2">（平18法92・追加，平26法54・旧第77条の35の9繰下・一部改正）</td></tr>
</table>

654

第1節　指定機関

（認定等の義務）

（指定認定機関） 第77条の44	（建築基準適合判定資格者検定機関）
1　指定認定機関は，認定等を行うべきことを求められたときは，正当な理由がある場合を除き，遅滞なく，認定等を行わなければならない。	
（平10法100・追加）	

（認定等業務規程）　　　　　　　（建築基準適合判定資格者検定事務規程）

（指定認定機関） 第77条の45	（建築基準適合判定資格者検定機関） 第77条の9
1　指定認定機関は，認定等の業務に関する規程（以下この節において「認定等業務規程」という。）を定め，国土交通大臣の認可を受けなければならない。これを変更しようとするときも，同様とする。	1　指定建築基準適合判定資格者検定機関は，建築基準適合判定資格者検定事務の実施に関する規程（以下この節において「建築基準適合判定資格者検定事務規程」という。）を定め，国土交通大臣の認可を受けなければならない。これを変更しようとするときも，同様とする。
2　認定等業務規程で定めるべき事項は，国土交通省令で定める。	2　建築基準適合判定資格者検定事務規程で定めるべき事項は，国土交通省令で定める。
3　国土交通大臣は，第1項の認可をした認定等業務規程が認定等の公正かつ適確な実施上不適当となつたと認めるときは，その認定等業務規程を変更すべきことを命ずることができる。	3　国土交通大臣は，第1項の認可をした建築基準適合判定資格者検定事務規程が建築基準適合判定資格者検定事務の公正かつ適確な実施上不適当となつたと認めるときは，その建築基準適合判定資格者検定事務規程を変更すべきことを命ずることができる。
（平10法100・追加，平11法160・一部改正）	（平10法100・追 加，平11法160・平26法54・一部改正）

655

第12章　機関・建築審査会・不服申立て

【業務の義務】

　指定機関（検定機関を除く。）は，業務の依頼があったときは，正当な理由がない限り，業務の引受けを拒否してはならないとされている。正当な理由がある場合とは，例えば，指定確認検査機関や指定構造計算適合性判定機関の場合であれば，その機関の業務区域や業務区分から外れた確認検査の依頼がなされた場合が考えられる。

　依頼内容がその機関における業務規程に定められた業務範囲に適合していれば，基本的に依頼された業務を行わなければならない。

　なお，検定機関については，建築主等から直接依頼を受けるものではなく，国土交通大臣から一の機関のみが指定を受けることとされているため，機関による事務の実施を義務づける規定は置かれていない。

【業務規程・事務規定】

　本法における指定機関は，下表のとおり，各業務・事務に応じた「業務規程・事務規程」を定めて，指定権者の認可を得る必要がある。業務規程・事務規程を変更する場合も同様である。

表12―4　機関の種別に応じた業務規程・事務規程

機関の種別	業務規程・事務規程
指定確認検査機関	確認検査業務規程（機関省令第26条）
指定構造計算適合性判定機関	構造計算適合性判定業務規程（機関省令第31条の9）
指定認定機関	認定等業務規程（機関省令第41条）
指定性能評価機関	性能評価業務規程（機関省令第67条）
指定建築基準適合判定資格者検定機関	建築基準適合判定資格者検定事務規程 （機関省令第6条）
指定構造計算適合判定資格者検定機関	構造計算適合判定資格者検定事務規程 （機関省令第6条（第13条の3による準用））

　これらの業務規程・事務規程に記載すべき事項として，機関省令の各条において，業務を行う時間・休日，事務所の所在地とその業務区域，業務範囲，業務の実施方法，手数料の収納方法，専門職員の選任・解任，秘密保持，身分証の携帯，専門職員の配置，業務の実施体制，業務の公正かつ適確な実施を確保するための措置，業務実績等を記載した書類の備置き・閲覧などの細目が，指定機関の種別ごとに定められている。手数料については，収納方法のみを記載することになっており，手数料の額そのものは認可する事項となっていない。例えば，指定確認検査機

656

第1節　指定機関

関は，審査の難易度等に応じて手数料を増額・減額するような手数料のルールを設定することも可能である。ただし，不適切な運用がなされることのないよう，手数料の減額を行う場合の要件は，あらかじめ業務規程に記載し認可を受けておくことが必要である。

　また，建築材料や構造方法に要求される性能を検証する一般的な方法は，法令に規定されているが，構造方法等の認定において必要となる高度な検証方法は規定されていない。これは，新しい建築材料や構造方法に対応して多様な性能検証方法が考えられることから，これにできるだけ柔軟に対応できるようにするための措置である。しかし，指定性能評価機関において評価のルールが定められていないと，その評価結果にバラツキが生じることになり，国土交通大臣の認定の際に支障が生じることになる。このため，指定性能評価機関は，性能評価のための「業務方法書」を性能評価業務規程の中で定め，国土交通大臣から業務規程の認可を受ける際に，業務方法書の妥当性について審査を受けることになっている。業務方法書の変更を行う場合にも，業務規程の変更認可申請としてチェックを受けることになる。

　なお，業務規程・事務規程が不適当となった場合には，指定権者は，その業務規程の変更を命令することができることとされている。

【指定区分・業務区域等の掲示（確認検査・構造計算適合性判定）】

　（指定区分等の掲示等）

法第77条の28　指定確認検査機関は，国土交通省令で定めるところにより，指定区分，業務区域その他国土交通省令で定める事項について，その事務所において公衆に見やすいように掲示するとともに，電気通信回線に接続して行う自動公衆送信（公衆によつて直接受信されることを目的として公衆からの求めに応じ自動的に送信を行うことをいい，放送又は有線放送に該当するものを除く。第77条の35の13において同じ。）により公衆の閲覧に供しなければならない。

　　　　　　　（平10法100・追加，平11法160・令5法58・令5法63・一部改正）

　（指定）

法第77条の35の2　第18条の2第1項の規定による指定（以下この節において単に「指定」という。）は，構造計算適合性判定の業務を行おうとする者の申請により行う。

　2　前項の申請は，国土交通省令で定めるところにより，構造計算適合性判定

第12章　機関・建築審査会・不服申立て

の業務を行う区域（以下この節において「業務区域」という。）を定めてしなければならない。

3　国土交通大臣は，指定をしようとするときは，あらかじめ，業務区域を所轄する都道府県知事の意見を聴かなければならない。

（平18法92・追加，平26法54・一部改正）

指定確認検査機関・指定構造計算適合性判定機関は，事務所の中に「指定確認検査機関票」を掲示し，指定を受けた主要な内容と業務の内容が分かるようにしておく必要がある。記載すべき事項はそれぞれ下表のとおりである。

表12—5　指定確認検査機関・指定構造計算適合性判定機関の掲示事項

指定確認検査機関	指定構造計算適合性判定機関
指定の区分	—
業務区域	業務区域
指定の番号	指定の番号
指定の有効期間	指定の有効期間
機関の名称	機関の名称
代表者氏名	代表者氏名
主たる事務所の住所及び電話番号	主たる事務所の住所及び電話番号
取り扱う建築物等	取り扱う建築物
実施する業務の態様（確認検査，中間検査，完了検査の別）	—
—	委任都道府県知事

【国土交通大臣への報告（認定等）】

（国土交通大臣への報告等）

法第77条の46　指定認定機関は，認定等を行つたときは，国土交通省令で定めるところにより，国土交通大臣に報告しなければならない。

2　国土交通大臣は，前項の規定による報告を受けた場合において，指定認定機関が行つた型式適合認定を受けた型式が第1章，第2章（第88条第1項において準用する場合を含む。）若しくは第3章の規定又はこれに基づく命令の規定に適合しないと認めるときは，当該型式適合認定を受けた者及び当該型式適合認定を行つた指定認定機関にその旨を通知しなければならない。この場合において，当該型式適合認定は，その効力を失う。

第1節　指定機関

（平10法100・追加，平11法160・一部改正）

　指定認定機関は，認定等を行ったときは，型式適合認定書又は型式部材等製造者認証書の写しを添えて，国土交通大臣に報告しなければならないことになっている。

　国土交通大臣は，指定認定機関からの報告を受けた場合に，当該機関が認定を行った型式が建築基準法令に適合しないと認めるときは，型式適合認定を受けた者及び指定認定機関にその旨を通知することになっている。この通知があると，その型式適合認定は効力を失うことになる。

【事業計画の認可（検定）】

　（事業計画等）

法第77条の10　指定建築基準適合判定資格者検定機関は，毎事業年度，事業計画及び収支予算を作成し，当該事業年度の開始前に（指定を受けた日の属する事業年度にあつては，その指定を受けた後遅滞なく），国土交通大臣の認可を受けなければならない。これを変更しようとするときも，同様とする。

2　指定建築基準適合判定資格者検定機関は，毎事業年度，事業報告書及び収支決算書を作成し，当該事業年度の終了後3月以内に国土交通大臣に提出しなければならない。

（平10法100・追加，平11法160・平26法54・一部改正）

　検定機関は，毎事業年度，「事業計画」及び「収支予算書」を作成し，国土交通大臣の認可を受けるとともに，毎事業年度，「事業報告書」及び「収支決算書」を作成し，国土交通大臣に提出しなければならないこととされている。なお，事業計画を変更する場合も，同様の認可が必要である。

第12章　機関・建築審査会・不服申立て

（帳簿の備付け等）

（指定確認検査機関） 第77条の29	（指定構造計算適合性判定機関） 第77条の35の14
1　指定確認検査機関は，国土交通省令で定めるところにより，確認検査の業務に関する事項で国土交通省令で定めるものを記載した帳簿を備え付け，これを保存しなければならない。	1　指定構造計算適合性判定機関は，国土交通省令で定めるところにより，構造計算適合性判定の業務に関する事項で国土交通省令で定めるものを記載した帳簿を備え付け，これを保存しなければならない。
2　前項に定めるもののほか，指定確認検査機関は，国土交通省令で定めるところにより，確認検査の業務に関する書類で国土交通省令で定めるものを保存しなければならない。	2　前項に定めるもののほか，指定構造計算適合性判定機関は，国土交通省令で定めるところにより，構造計算適合性判定の業務に関する書類で国土交通省令で定めるものを保存しなければならない。
（平10法100・追加，平11法160・一部改正）	（平18法92・追加，平26法54・旧第77条の35の10繰下）

（書類の閲覧）

（指定確認検査機関） 第77条の29の2	（指定構造計算適合性判定機関） 第77条の35の15
1　指定確認検査機関は，国土交通省令で定めるところにより，確認検査の業務を行う事務所に次に掲げる書類を備え置き，第6条の2第1項の規定による確認を受けようとする者その他の関係者の求めに応じ，これを閲覧させなければならない。	1　指定構造計算適合性判定機関は，国土交通省令で定めるところにより，構造計算適合性判定の業務を行う事務所に次に掲げる書類を備え置き，構造計算適合性判定を受けようとする者その他の関係者の求めに応じ，これを閲覧させなければならない。
一　当該指定確認検査機関の業務の実績を記載した書類	一　当該指定構造計算適合性判定機関の業務の実績を記載した書類

660

第1節　指定機関

（指定認定機関） 第77条の47	（建築基準適合判定資格者検定機関） 第77条の11
1　指定認定機関は，国土交通省令で定めるところにより，認定等の業務に関する事項で国土交通省令で定めるものを記載した帳簿を備え付け，これを保存しなければならない。	1　指定建築基準適合判定資格者検定機関は，国土交通省令で定めるところにより，建築基準適合判定資格者検定事務に関する事項で国土交通省令で定めるものを記載した帳簿を備え付け，これを保存しなければならない。
2　前項に定めるもののほか，指定認定機関は，国土交通省令で定めるところにより，認定等の業務に関する書類で国土交通省令で定めるものを保存しなければならない。	
（平10法100・追加，平11法160・一部改正）	（平10法100・追加，平11法160・平26法54・一部改正）

（指定認定機関）	（建築基準適合判定資格者検定機関）

661

第12章　機関・建築審査会・不服申立て

（指定確認検査機関） 第77条の29の2	（指定構造計算適合性判定機関） 第77条の35の15
二　確認検査員又は副確認検査員の氏名及び略歴を記載した書類	二　構造計算適合性判定員の氏名及び略歴を記載した書類
三　確認検査の業務に関し生じた損害を賠償するために必要な金額を担保するための保険契約の締結その他の措置を講じている場合にあつては，その内容を記載した書類	三　構造計算適合性判定の業務に関し生じた損害を賠償するために必要な金額を担保するための保険契約の締結その他の措置を講じている場合にあつては，その内容を記載した書類
四　その他指定確認検査機関の業務及び財務に関する書類で国土交通省令で定めるもの	四　その他指定構造計算適合性判定機関の業務及び財務に関する書類で国土交通省令で定めるもの
（平18法92・追加，令5法58・一部改正）	（平26法54・追加）

【帳簿の備付け等】

　指定機関は，一定の事項を記載した帳簿を備え付け，これを業務の全部を廃止する等により指定権者に引き継ぐまで保存しなければならないことになっている。帳簿に記載すべき事項については，それぞれ下表のとおりである。

　また，指定確認検査機関，指定構造計算適合性判定機関，指定認定機関及び指定性能評価機関は，業務に関する書類について，それぞれ下表のとおり保存することが義務付けられている。

第1節　指定機関

（指定認定機関）	（建築基準適合判定資格者検定機関）

表12-6　機関が備え付ける帳簿

機関の種別	帳簿に記載すべき事項
指定確認検査機関	建築計画概要書等に記載すべき事項，業務の引受年月日，検査引受の建築主事への通知年月日，検査を行った年月日，確認検査員の氏名，確認検査の結果，確認済証等の番号・交付年月日，手数料の額，確認審査報告書等の特定行政庁への報告年月日
指定構造計算適合性判定機関	申請書等に記載すべき事項，申請等を受けた年月日，構造計算適合性判定員の氏名，判定の結果，判定の結果を記載した通知書の番号・交付年月日，手数料の額
指定認定機関	申請者の氏名（名称）・住所（主たる事務所の所在地），認定等の対象となるものの概要，申請を受けた年月日，型式部材等製造者の認証に係る実地検査の実施年月日，認定員の氏名，審査の結果，認定番号，認定書・認証書の通知年月日，認定等に係る国土交通大臣への報告年月日，認定等に係る公示の番号・公示年月日
指定性能評価機関	申請者の氏名（名称）・住所（主たる事務所の所在地），性能評価の申請に係る概要，申請を受けた年月日，試験が行われた工場等の名称・所在地等の概要，試験の立会等を行った年月日，評価員の氏名，評価書の交付年月日
指定建築基準適合判定資格者検定機関 指定構造計算適合判定資格者検定機関	検定年月日，検定地，受検者の受検番号・氏名・生年月日及び合否の別，合格年月日

第12章　機関・建築審査会・不服申立て

表12-7　機関が保存する書類

機関の種別	保存すべき書類	保存期間
指定確認検査機関	確認検査の申請書，仮使用の認定申請書，確認審査等の指針に従って審査・検査を行ったことを証する書類，国土交通大臣が定める基準に従って仮使用の認定を行ったことを証する書類，構造計算適合性判定に係る適合判定通知書又はその写し，建築物エネルギー消費性能適合判定に係る適合判定通知書等又はその写し，	確認済証の交付日から15年間
指定構造計算適合性判定機関	構造計算適合性判定の申請書	適合判定通知書の交付日から15年間
指定認定機関	認定・認証に係る申請書，認定書・認証の写し，審査の結果を記載した図書	型式適合認定の業務に係るものは指定権者への引継ぎを完了するまで，型式部材等製造者の認証の業務に係るものは5年間
指定性能評価機関	認定申請書，性能評価書の写し，審査の結果を記載した図書	指定権者への引継ぎを完了するまで

第3項　国・特定行政庁等による関与に関する規定

（監督命令）

（指定確認検査機関） 第77条の30	（指定構造計算適合性判定機関） 第77条の35の16
1　国土交通大臣等は，確認検査の業務の公正かつ適確な実施を確保するため必要があると認めるときは，その指定に係る指定確認検査機関に対し，確認検査の業務に関し監督上必要な命令をすることができる。	1　国土交通大臣等は，構造計算適合性判定の業務の公正かつ適確な実施を確保するため必要があると認めるときは，その指定に係る指定構造計算適合性判定機関に対し，構造計算適合性判定の業務に関し監督上必要な命令をすることができる。

第 1 節　指定機関

【書類の閲覧（指定確認検査機関・指定構造計算適合性判定機関）】

　指定確認検査機関・指定構造計算適合性判定機関については，法第77条の21・第77条の35の5の規定により，名称，住所，指定の区分，業務区域等が指定権者によって公示されることになっているが，建築主等が指定機関を選択するための情報としては不十分であるので，本条により，指定機関の業務・財務に関する情報を開示させようとするものである。

　特に，各条第4号に掲げる書類については，具体的には機関省令第29条の2・第31条の11の2のそれぞれ第1項に定められており，以下の書類が定められている。

① 　定款及び登記事項証明書

② 　財産目録，貸借対照表及び正味財産増減計算書又は損益計算書

③ 　法人の場合，役員・構成員の氏名・略歴，発行済株式総数の5％以上の株式を有する株主等の氏名又は名称，持ち株数等を記載した書類

④ 　親会社等が指定構造計算適合性判定機関の場合（主体が指定構造計算適合性判定機関のときは，親会社等が指定確認検査機関の場合），親会社等の名称・住所を記載した書類

　指定機関は，機関省令第29条の2・第31条の11の2のそれぞれ第2項から第6項に定めるところにより，これらの書類を適切に維持管理して，建築主等の関係者の求めに応じ，閲覧させなければならない。

（指定認定機関） 第77条の48	（建築基準適合判定資格者検定機関） 第77条の12
1 　国土交通大臣は，認定等の業務の公正かつ適確な実施を確保するため必要があると認めるときは，指定認定機関に対し，認定等の業務に関し監督上必要な命令をすることができる。	1 　国土交通大臣は，建築基準適合判定資格者検定事務の公正かつ適確な実施を確保するため必要があると認めるときは，指定建築基準適合判定資格者検定機関に対し，建築基準適合判定資格者検定事務に関し監督上必要な命令をすることができる。

第12章　機関・建築審査会・不服申立て

2　国土交通大臣等は，前項の規定による命令をしたときは，国土交通省令で定めるところにより，その旨を公示しなければならない。	2　国土交通大臣等は，前項の規定による命令をしたときは，国土交通省令で定めるところにより，その旨を公示しなければならない。
（平10法100・追 加，平11法160・平18法92・一部改正）	（平18法92・追 加，平26法54・旧第77条の35の11繰下・一部改正）

　指定権者は，その指定に係る指定機関が適正に業務を行っていないような場合には，監督命令を行うことができる。なお，指定機関がこの監督命令に違反したときは，後述する法第77条の35第2項等の規定により，指定の取消し，業務停止命令を行うことができることになっている。

　また，指定確認検査機関・指定構造計算適合性判定機関の場合，指定権者は，監

（報告，検査等）

（指定確認検査機関） 第77条の31	（指定構造計算適合性判定機関） 第77条の35の17
1　国土交通大臣等は，確認検査の業務の公正かつ適確な実施を確保するため必要があると認めるときは，その指定に係る指定確認検査機関に対し確認検査の業務に関し必要な報告を求め，又はその職員に，指定確認検査機関の事務所に立ち入り，確認検査の業務の状況若しくは帳簿，書類その他の物件を検査させ，若しくは関係者に質問させることができる。	1　国土交通大臣等又は委任都道府県知事は，構造計算適合性判定の業務の公正かつ適確な実施を確保するため必要があると認めるときは，国土交通大臣等にあつてはその指定に係る指定構造計算適合性判定機関に対し，委任都道府県知事にあつてはその構造計算適合性判定を行わせることとした指定構造計算適合性判定機関に対し，構造計算適合性判定の業務に関し必要な報告を求め，又はその職員に，指定構造計算適合性判定機関の事務所に立ち入り，構造計算適合性判定の業務の状況若しくは設備，帳簿，書類その他の物件を検査させ，若しくは関係者に質問させることができる。

第 1 節　指定機関

（平10法100・追加，平11法160・一部改正）	（平10法100・追 加，平11法160・平26法54・一部改正）

督命令を行ったときは，命令をした年月日，指定確認検査機関の名称，命令の内容，原因となった事実等を公示しなければならない。この場合，国土交通大臣指定機関の場合は官報，都道府県知事指定機関の場合は都道府県の公報やウェブサイト等で公示することとされている（機関省令第29条の3，第31条の11の3）。

（指定認定機関） 第77条の49	（建築基準適合判定資格者検定機関） 第77条の13
1　国土交通大臣は，認定等の業務の公正かつ適確な実施を確保するため必要があると認めるときは，指定認定機関に対し認定等の業務に関し必要な報告を求め，又はその職員に，指定認定機関の事務所に立ち入り，認定等の業務の状況若しくは設備，帳簿，書類その他の物件を検査させ，若しくは関係者に質問させることができる。	1　国土交通大臣は，建築基準適合判定資格者検定事務の公正かつ適確な実施を確保するため必要があると認めるときは，指定建築基準適合判定資格者検定機関に対し建築基準適合判定資格者検定事務に関し必要な報告を求め，又はその職員に，指定建築基準適合判定資格者検定機関の事務所に立ち入り，建築基準適合判定資格者検定事務の状況若しくは設備，帳簿，書類その他の物件を検査させ，若しくは関係者に質問させることができる。

第12章　機関・建築審査会・不服申立て

（指定確認検査機関） 第77条の31	（指定構造計算適合性判定機関） 第77条の35の17
2　特定行政庁は，その指揮監督の下にある建築主事等が第6条第1項の規定による確認をする権限を有する建築物の確認検査の適正な実施を確保するため必要があると認めるときは，その職員に，指定確認検査機関の事務所に立ち入り，確認検査の業務の状況若しくは帳簿，書類その他の物件を検査させ，又は関係者に質問させることができる。	
3　特定行政庁は，前項の規定による立入検査の結果，当該指定確認検査機関が，確認検査業務規程に違反する行為をし，又は確認検査の業務に関し著しく不適当な行為をした事実があると認めるときは，国土交通省令で定めるところにより，その旨を国土交通大臣等に報告しなければならない。	2　委任都道府県知事は，前項の規定による立入検査の結果，当該指定構造計算適合性判定機関（国土交通大臣の指定に係る者に限る。）が，構造計算適合性判定業務規程に違反する行為をし，又は構造計算適合性判定の業務に関し著しく不適当な行為をした事実があると認めるときは，国土交通省令で定めるところにより，その旨を国土交通大臣に報告しなければならない。
4　前項の規定による報告を受けた場合において，国土交通大臣等は，必要に応じ，第77条の35第2項の規定による確認検査の業務の全部又は一部の停止命令その他の措置を講ずるものとする。	3　前項の規定による報告を受けた場合において，国土交通大臣は，必要に応じ，第77条の35の19第2項の規定による構造計算適合性判定の業務の全部又は一部の停止命令その他の措置を講ずるものとする。
5　第15条の2第2項及び第3項の規定は，第1項及び第2項の場合について準用する。	4　第15条の2第2項及び第3項の規定は，第1項の場合について準用する。
（平10法100・追加・一部改正，平11法160・平18法92・平26法54・令5法58・一部改正）	（平18法92・追加，平26法54・旧第77条の35の12繰下・一部改正）

668

第1節　指定機関

（指定認定機関） 第77条の49	（建築基準適合判定資格者検定機関） 第77条の13
2　第15条の2第2項及び第3項の規定は，前項の場合について準用する。	2　第15条の2第2項及び第3項の規定は，前項の場合について準用する。
（平10法100・追 加，平11法160・平26法54・一部改正）	（平10法100・追加・一部改正，平11法160・平26法54・一部改正）

669

第12章　機関・建築審査会・不服申立て

【報告，検査等（指定確認検査機関）】

　第1項は，指定権者である国土交通大臣等が，公正適確な業務の実施を確保するため必要と判断したときは，指定確認検査機関に対して必要な報告を求めたり，事務所の立入検査を実施したりすることができることを定めたものである。

　第2項は，指定確認検査機関の業務と関係のある特定行政庁が，指定確認検査機関に対して立入検査ができることを定めたものである。指定確認検査機関が確認済証を交付した場合において，当該確認に対する特定行政庁の是正権限が存在していること等を理由として，当該確認に関する国家賠償請求事件の被告適格が特定行政庁に認められていること（最高裁平成17年6月24日第2小法廷決定），さらに，指定確認検査機関による業務が適正に実施されることを確保するためには，地域の事情に通じた特定行政庁が，機動的・即地的な監督を行うことが必要であることから，本規定により，特定行政庁にも指定確認検査機関に対する監督権限を付与することとしたものである。ここで，特定行政庁が立入検査を行う必要があると認める場合とは，指定確認検査機関から提出される確認審査報告書，完了検査報告書等の内容に疑義がある場合や，周辺住民からの通報や内部通報等により，不適切な審査・検査が行われている疑いが生じた場合などが想定される。

　第3項において，特定行政庁は，立入検査の結果，指定確認検査機関に確認検査業務規程に違反する等の事実があると認めたときは，その旨を指定権者である国土交通大臣等に報告することとされており，さらに，第4項において，報告を受けた国土交通大臣等は，必要に応じて，業務停止命令等の措置を講ずるものとされている。

　第5項は，立入検査を行う職員は，身分証明書を携帯しなければならないこと等を定めたものである。

【報告，検査等（指定構造計算適合性判定機関）】

　内容としては指定確認検査機関の場合と同様であるが，第1項においては，報告徴収や立入検査の権限を有する者として，指定権者である国土交通大臣等だけでなく「委任都道府県知事」が位置づけられている。これは，構造計算適合性判定については，都道府県知事が行うこととされている業務を機関に委任できるものとして位置づけられている（法第18条の2第1項）ことを踏まえて，委任を行った都道府県知事においても同様の措置を執ることができるとされたものである。委任都道府県知事において，立入検査の結果，指定構造計算適合性判定機関に構造計算適合性判定業務規程に違反する等の事実があると認めたときは，その旨を指定権者である

第1節　指定機関

国土交通大臣等に報告することとされている（第2項）。

【報告，検査等（上記以外の指定機関）】

　指定権者が国土交通大臣のみであり，特定行政庁や委任都道府県知事による関与がないため，指定確認検査機関の場合の第1項及び第5項に相当する内容のみが規定されている。

【照会及び指示（指定確認検査機関）】

> （照会及び指示）
>
> **法第77条の32**　指定確認検査機関は，確認検査の適正な実施のため必要な事項について，特定行政庁に照会することができる。この場合において，当該特定行政庁は，当該照会をした者に対して，照会に係る事項の通知その他必要な措置を講ずるものとする。
>
> 2　特定行政庁は，前条第2項に規定する建築物の確認検査の適正な実施を確保するため必要があると認めるときは，指定確認検査機関に対し，当該確認検査の適正な実施のために必要な措置をとるべきことを指示することができる。
>
> （平10法100・追加，平18法92・一部改正）

　指定確認検査機関は，その業務において道路の状況，都市計画の決定状況等の情報が必要となる。また，条例の解釈を確認する必要が生じる場合もあると考えられる。このため，第1項により，指定確認検査機関は，確認検査の適正な実施のため必要な事項を特定行政庁に照会することができることになっている。照会を受けた特定行政庁は，その照会に対する回答等の措置を講じなければならないこととされている。

　特定行政庁は，指定確認検査機関から確認審査報告書，完了検査報告書等の提出を受けた場合に，確認検査が不適切に行われていると判断したときは，確認済証を無効にしたり，法第9条に基づく是正命令等を行ったりすることができる。しかし，これらの措置は，事後的な是正手段であり，これだけではより早い段階で必要な対応を行うことが困難である。このため，周辺住民からの通報や内部通報等によって指定確認検査機関が行う確認検査の内容に疑義が生じた場合には，第2項により，その指定確認検査機関に対して，確認検査の内容の再検討など，必要な措置を行うよう指示することができることとしている。

【機関への配慮（指定確認検査機関）】

671

第12章　機関・建築審査会・不服申立て

（指定確認検査機関に対する配慮）

法第77条の33　国土交通大臣及び地方公共団体は，指定確認検査機関に対して，確認検査の業務の適確な実施に必要な情報の提供その他の必要な配慮をするものとする。

（平10法100・追加，平11法160・一部改正）

　国土交通大臣や地方公共団体は，指定確認検査機関に対して，道路の状況，都市計画の決定状況など，業務上必要となる情報の提供等について配慮を行うこととなっている。

【委任の公示・解除（指定構造計算適合性判定機関）】

（委任の公示等）

法第77条の35の8　第18条の2第1項の規定により指定構造計算適合性判定機関にその構造計算適合性判定を行わせることとした都道府県知事（以下「委任都道府県知事」という。）は，当該指定構造計算適合性判定機関の名称及び住所，業務区域並びに当該構造計算適合性判定の業務を行う事務所の所在地並びに当該指定構造計算適合性判定機関に行わせることとした構造計算適合性判定の業務及び当該構造計算適合性判定の業務の開始の日を公示しなければならない。

2　国土交通大臣の指定に係る指定構造計算適合性判定機関は，その名称又は住所を変更しようとするときは委任都道府県知事に，構造計算適合性判定の業務を行う事務所の所在地を変更しようとするときは関係委任都道府県知事に，それぞれ，変更しようとする日の2週間前までに，その旨を届け出なければならない。

3　都道府県知事の指定に係る指定構造計算適合性判定機関は，構造計算適合性判定の業務を行う事務所の所在地を変更しようとするときは，変更しようとする日の2週間前までに，その旨を委任都道府県知事に届け出なければならない。

4　委任都道府県知事は，前2項の規定による届出があつたときは，その旨を公示しなければならない。

（平26法54・追加）

（構造計算適合性判定の委任の解除）

672

第1節　指定機関

> **法第77条の35の20**　委任都道府県知事は，指定構造計算適合性判定機関に構造
> 計算適合性判定の全部又は一部を行わせないこととするときは，その6月前
> までに，その旨を指定構造計算適合性判定機関に通知しなければならない。
> 2　委任都道府県知事は，指定構造計算適合性判定機関に構造計算適合性判定
> の全部又は一部を行わせないこととしたときは，その旨を公示しなければな
> らない。
>
> 　　　（平26法54・追加）

　平成18年改正による構造計算適合性判定の制度創設にあたり，指定構造計算適合
性判定機関の指定権者は，当該機関の業務区域にかかわらず都道府県知事とされて
いた。これは，構造計算適合性判定が都道府県知事の業務であることに加えて，本
制度を創設する原因となった構造計算書偽装事件において，全国的に活動している
民間の指定確認検査機関が偽装を見落としていた経緯があったため，民間機関より
も信頼性が高いと考えられた「建築・住宅センター」などの各都道府県内で業務を
行う者を指定構造計算適合性判定機関と想定していたためである。

　一方で，その後の指定構造計算適合性判定機関による業務区域の拡大が年々進
み，広域的な区域で業務を行う機関が多くなり，複数の都道府県域にまたがって業
務を行う指定構造計算適合性判定機関の監督を各都道府県知事それぞれが行うこと
となり，適正な監督が困難になっているとともに，行政効率の観点からも問題が生
じていたことから，平成26年改正により，業務区域が複数の都道府県域にまたがる
指定構造計算適合性判定機関については，国土交通大臣が指定し，監督することと
された（第18条の2）。

　これに伴って，指定権者（国土交通大臣又は都道府県知事）と，実際に構造計算
適合性判定を行わせることとする者（都道府県知事）が一致しない状況も生じるた
め，判定を機関に委任する都道府県知事を「委任都道府県知事」と位置づけ，委任
都道府県知事が機関の業務に関する事項の公示を行うこと，指定構造計算適合性判
定機関が名称や事務所所在地等を変更しようとする場合には委任都道府県知事に届
け出ること，委任都道府県知事が委任を解除する場合には機関への事前通知や公示
を行うことを規定することにより，構造計算適合性判定が安定的に継続して実施さ
れる体制を整えている。

673

第12章　機関・建築審査会・不服申立て

（国土交通大臣・委任都道府県知事による業務・事務の実施）

（指定確認検査機関）	（指定構造計算適合性判定機関） 第77条の35の21
	1　委任都道府県知事は，指定構造計算適合性判定機関が次の各号のいずれかに該当するときは，第18条の2第3項の規定にかかわらず，当該指定構造計算適合性判定機関が休止し，停止を命じられ，又は実施することが困難となつた構造計算適合性判定の業務のうち他の指定構造計算適合性判定機関によつて行われないものを自ら行うものとする。
	一　第77条の35の18第1項の規定により構造計算適合性判定の業務の全部又は一部を休止したとき。
	二　第77条の35の19第2項の規定により構造計算適合性判定の業務の全部又は一部の停止を命じられたとき。
	三　天災その他の事由により構造計算適合性判定の業務の全部又は一部を実施することが困難となつた場合において委任都道府県知事が必要があると認めるとき。

674

第1節　指定機関

（指定認定機関） 第77条の52	（建築基準適合判定資格者検定機関） 第77条の16
1　国土交通大臣は，指定認定機関が次の各号のいずれかに該当するときは，第68条の24第2項の規定にかかわらず，当該指定認定機関が休止し，停止を命じられ，又は実施することが困難となつた認定等の業務のうち他の指定認定機関によつて行われないものを自ら行うものとする。	1　国土交通大臣は，指定建築基準適合判定資格者検定機関が第77条の14第1項の規定により建築基準適合判定資格者検定事務の全部若しくは一部を休止したとき，前条第2項の規定により指定建築基準適合判定資格者検定機関に対し建築基準適合判定資格者検定事務の全部若しくは一部の停止を命じたとき，又は指定建築基準適合判定資格者検定機関が天災その他の事由により建築基準適合判定資格者検定事務の全部若しくは一部を実施することが困難となつた場合において必要があると認めるときは，第5条の2第3項の規定にかかわらず，建築基準適合判定資格者検定事務の全部又は一部を自ら行うものとする。
一　第77条の50第1項の規定により認定等の業務の全部又は一部を休止したとき。	
二　前条第2項の規定により認定等の業務の全部又は一部の停止を命じられたとき。	
三　天災その他の事由により認定等の業務の全部又は一部を実施することが困難となつた場合において国土交通大臣が必要があると認めるとき。	

第12章　機関・建築審査会・不服申立て

（指定確認検査機関）	（指定構造計算適合性判定機関） 第77条の35の21
	2　委任都道府県知事は，前項の規定により構造計算適合性判定の業務を行い，又は同項の規定により行つている構造計算適合性判定の業務を行わないこととしようとするときは，あらかじめ，その旨を公示しなければならない。
	3　委任都道府県知事が第1項の規定により構造計算適合性判定の業務を行うこととし，又は国土交通大臣等が第77条の35の6第1項の規定により業務区域の減少を認可し，第77条の35の18第1項の規定により構造計算適合性判定の業務の廃止を許可し，若しくは第77条の35の19第1項若しくは第2項の規定により指定を取り消した場合における構造計算適合性判定の業務の引継ぎその他の必要な事項は，国土交通省令で定める。
	（平18法92・追加，平26法54・旧第77条の35の15繰下・一部改正）

【国土交通大臣・委任都道府県知事による業務・事務の実施】

　指定機関（指定確認検査機関を除く。）が，業務を休止したり，業務停止を命じられたり，天災等により業務の実施が困難となったりした場合において，その業務を行う指定機関が他にないときは，その業務・事務に応じて，国土交通大臣又は委任都道府県知事が自ら業務・事務を行うことになっている。

　この場合，業務・事務を行うこととなった国土交通大臣・委任都道府県知事は，その旨をあらかじめ公示しなければならないことになっている。新たに指定機関を

（指定認定機関） 第77条の52	（建築基準適合判定資格者検定機関） 第77条の16
2 　国土交通大臣は，前項の規定により認定等の業務を行い，又は同項の規定により行つている認定等の業務を行わないこととしようとするときは，あらかじめ，その旨を公示しなければならない。	2 　国土交通大臣は，前項の規定により建築基準適合判定資格者検定事務を行い，又は同項の規定により行つている建築基準適合判定資格者検定事務を行わないこととしようとするときは，あらかじめ，その旨を公示しなければならない。
3 　国土交通大臣が，第 1 項の規定により認定等の業務を行うこととし，第77条の40第 1 項の規定により業務区域の減少を許可し，第77条の50第 1 項の規定により認定等の業務の廃止を許可し，又は前条第 1 項若しくは第 2 項の規定により指定を取り消した場合における認定等の業務の引継ぎその他の必要な事項は，国土交通省令で定める。	3 　国土交通大臣が，第 1 項の規定により建築基準適合判定資格者検定事務を行うこととし，第77条の14第 1 項の規定により建築基準適合判定資格者検定事務の廃止を許可し，又は前条第 1 項若しくは第 2 項の規定により指定を取り消した場合における建築基準適合判定資格者検定事務の引継ぎその他の必要な事項は，国土交通省令で定める。
（平10法100・追 加，平11法160・平26法54・一部改正）	（平10法100・追 加，平11法160・平26法54・一部改正）

指定し，国土交通大臣・委任都道府県知事が業務・事務を行わないこととするときも同様に公示しなければならない。

第12章　機関・建築審査会・不服申立て

第4項　業務の休廃止・指定の取消しに関する規定

（確認検査の業務の休廃止等）（構造計算適合性判定の業務の休廃止等）（認定等

（指定確認検査機関） 第77条の34	（指定構造計算適合性判定機関） 第77条の35の18
1　指定確認検査機関は，確認検査の業務の全部又は一部を休止し，又は廃止しようとするときは，国土交通省令で定めるところにより，あらかじめ，その旨を国土交通大臣等に届け出なければならない。	1　指定構造計算適合性判定機関は，国土交通大臣等の許可を受けなければ，構造計算適合性判定の業務の全部又は一部を休止し，又は廃止してはならない。
	2　国土交通大臣は，指定構造計算適合性判定機関の構造計算適合性判定の業務の全部又は一部の休止又は廃止により構造計算適合性判定の業務の適正かつ確実な実施が損なわれるおそれがないと認めるときでなければ，前項の許可をしてはならない。
	3　国土交通大臣は，第1項の許可をしようとするときは，関係委任都道府県知事の意見を聴かなければならない。
2　前項の規定により確認検査の業務の全部を廃止しようとする届出があつたときは，当該届出に係る指定は，その効力を失う。	4　国土交通大臣等が第1項の規定により構造計算適合性判定の業務の全部の廃止を許可したときは，当該許可に係る指定は，その効力を失う。
3　国土交通大臣等は，第1項の規定による届出があつたときは，その旨を公示しなければならない。	5　国土交通大臣等は，第1項の許可をしたときは，その旨を公示しなければならない。
（平10法100・追加，平11法160・一部改正）	（平18法92・追加，平26法54・旧第77条の35の13繰下・一部改正）

678

第1節　指定機関

の業務の休廃止等）（建築基準適合判定資格者検定事務の休廃止等）

（指定認定機関） 第77条の50	（建築基準適合判定資格者検定機関） 第77条の14
1　指定認定機関は，国土交通大臣の許可を受けなければ，認定等の業務の全部又は一部を休止し，又は廃止してはならない。	1　指定建築基準適合判定資格者検定機関は，国土交通大臣の許可を受けなければ，建築基準適合判定資格者検定事務の全部又は一部を休止し，又は廃止してはならない。
2　国土交通大臣が前項の規定により認定等の業務の全部の廃止を許可したときは，当該許可に係る指定は，その効力を失う。	2　国土交通大臣が前項の規定により建築基準適合判定資格者検定事務の全部の廃止を許可したときは，当該許可に係る指定は，その効力を失う。
3　国土交通大臣は，第1項の許可をしたときは，その旨を公示しなければならない。	3　国土交通大臣は，第1項の許可をしたときは，その旨を公示しなければならない。
（平10法100・追加，平11法160・一部改正）	（平10法100・追加，平11法160・平26法54・一部改正）

第12章　機関・建築審査会・不服申立て

【業務の休廃止】

　指定確認検査機関は，確認検査業務の全部又は一部を休廃止しようとするとき
は，その旨を指定を受けた国土交通大臣等に事前に届け出るとともに，その届出書
の写しを業務区域を所轄する特定行政庁に送付しなければならない（機関省令第30
条第2項）ことになっている。

　一方で，指定確認検査機関以外の指定機関は，指定確認検査機関とは異なり，指
定権者の許可がなければ，業務・事務の全部又は一部を休廃止することができな
い。特に，国土交通大臣が指定を行った指定構造計算適合性判定機関については，
その業務の休廃止による影響によって判定業務の実施に支障を生じないと認められ

（指定の取消し等）

（指定確認検査機関） 第77条の35	（指定構造計算適合性判定機関） 第77条の35の19
1　国土交通大臣等は，その指定に係る指定確認検査機関が第77条の19各号（第4号を除く。）のいずれかに該当するに至つたときは，その指定を取り消さなければならない。	1　国土交通大臣等は，その指定に係る指定構造計算適合性判定機関が第77条の35の3各号（第5号を除く。）のいずれかに該当するに至つたときは，その指定を取り消さなければならない。
2　国土交通大臣等は，その指定に係る指定確認検査機関が次の各号のいずれかに該当するときは，その指定を取り消し，又は期間を定めて確認検査の業務の全部若しくは一部の停止を命ずることができる。	2　国土交通大臣等は，その指定に係る指定構造計算適合性判定機関が次の各号のいずれかに該当するときは，その指定を取り消し，又は期間を定めて構造計算適合性判定の業務の全部若しくは一部の停止を命ずることができる。

680

第1節　指定機関

なければ休廃止はできないこととされており，さらに，影響を受ける都道府県の知事からも意見を聴取した上で国土交通大臣は許可を行うこととされている。

　届出や許可によって指定機関がすべての業務・事務を廃止することとなったときは，指定は効力を失うこととされている。このときは，機関省令第31条により，帳簿を国土交通大臣等に，確認検査の申請書等の書類を所轄特定行政庁に引き継ぐことになっている。

　指定権者は，業務の休廃止の届出があったときや許可を行ったときは，その旨を公示しなければならないこととされている。

（指定認定機関） 第77条の51	（建築基準適合判定資格者検定機関） 第77条の15
1　国土交通大臣は，指定認定機関が第77条の37各号（第4号を除く。）の一に該当するに至つたときは，その指定を取り消さなければならない。	1　国土交通大臣は，指定建築基準適合判定資格者検定機関が第77条の3第1号，第2号又は第4号のいずれかに該当するに至つたときは，その指定を取り消さなければならない。
2　国土交通大臣は，指定認定機関が次の各号の一に該当するときは，その指定を取り消し，又は期間を定めて認定等の業務の全部若しくは一部の停止を命ずることができる。	2　国土交通大臣は，指定建築基準適合判定資格者検定機関が次の各号のいずれかに該当するときは，その指定を取り消し，又は期間を定めて建築基準適合判定資格者検定事務の全部若しくは一部の停止を命ずることができる。

第12章　機関・建築審査会・不服申立て

（指定確認検査機関） 第77条の35	（指定構造計算適合性判定機関） 第77条の35の19
一　第6条の2第4項若しくは第5項（これらの規定を第87条第1項，第87条の4又は第88条第1項若しくは第2項において準用する場合を含む。），第7条の2第3項から第6項まで（これらの規定を第87条の4又は第88条第1項若しくは第2項において準用する場合を含む。），第7条の4第2項，第3項若しくは第6項（これらの規定を第87条の4又は第88条第1項において準用する場合を含む。），第7条の6第3項（第87条の4又は第88条第1項若しくは第2項において準用する場合を含む。），第18条の3第3項，第77条の21第2項，第77条の22第1項若しくは第2項，第77条の24第1項から第4項まで，第77条の26，第77条の28から第77条の29の2まで又は前条第1項の規定に違反したとき。	一　第18条の2第4項の規定により読み替えて適用される第6条の3第4項から第6項まで若しくは第18条第7項から第9項までの規定又は第18条の3第3項，第77条の35の5第2項，第77条の35の6第1項，第77条の35の8第2項若しくは第3項，第77条の35の9第1項から第3項まで，第77条の35の11，第77条の35の13から第77条の35の15まで若しくは前条第1項の規定に違反したとき。
二　第77条の27第1項の認可を受けた確認検査業務規程によらないで確認検査を行つたとき。	二　第77条の35の12第1項の認可を受けた構造計算適合性判定業務規程によらないで構造計算適合性判定を行つたとき。
三　第77条の24第5項，第77条の27第3項又は第77条の30第1項の規定による命令に違反したとき。	三　第77条の35の9第4項，第77条の35の12第3項又は第77条の35の16第1項の規定による命令に違反したとき。
四　第77条の20各号に掲げる基準に適合していないと認めるとき。	四　第77条の35の4各号に掲げる基準に適合していないと認めるとき。

第1節　指定機関

（指定認定機関） 第77条の51	（建築基準適合判定資格者検定機関） 第77条の15
一　第77条の39第2項，第77条の40第1項，第77条の42第1項から第3項まで，第77条の44，第77条の46第1項，第77条の47又は前条第1項の規定に違反したとき。	一　第77条の5第2項，第77条の7第1項から第3項まで，第77条の10，第77条の11又は前条第1項の規定に違反したとき。
二　第77条の45第1項の認可を受けた認定等業務規程によらないで認定等を行つたとき。	二　第77条の9第1項の認可を受けた建築基準適合判定資格者検定事務規程によらないで建築基準適合判定資格者検定事務を行つたとき。
三　第77条の42第4項，第77条の45第3項又は第77条の48の規定による命令に違反したとき。	三　第77条の6第2項，第77条の7第4項，第77条の9第3項又は第77条の12の規定による命令に違反したとき。
四　第77条の38各号に掲げる基準に適合していないと認めるとき。	四　第77条の4各号に掲げる基準に適合していないと認めるとき。

683

第12章　機関・建築審査会・不服申立て

（指定確認検査機関） 第77条の35	（指定構造計算適合性判定機関） 第77条の35の19
五　確認検査の業務に関し著しく不適当な行為をしたとき，又はその業務に従事する確認検査員若しくは副確認検査員若しくは法人にあつてはその役員が，確認検査の業務に関し著しく不適当な行為をしたとき。	五　構造計算適合性判定の業務に関し著しく不適当な行為をしたとき，又はその業務に従事する構造計算適合性判定員若しくは法人にあつてはその役員が，構造計算適合性判定の業務に関し著しく不適当な行為をしたとき。
六　不正な手段により指定を受けたとき。	六　不正な手段により指定を受けたとき。
3　国土交通大臣等は，前2項の規定により指定を取り消し，又は前項の規定により確認検査の業務の全部若しくは一部の停止を命じたときは，その旨を公示しなければならない。	3　国土交通大臣等は，前2項の規定により指定を取り消し，又は前項の規定により構造計算適合性判定の業務の全部若しくは一部の停止を命じたときは，その旨を公示するとともに，国土交通大臣にあつては関係都道府県知事に通知しなければならない。
（平10法100・追加，平11法87・平11法160・平18法92・平26法54・平30法67・令5法58・一部改正）	（平18法92・追加，平26法54・旧第77条の35の14繰下・一部改正）

【指定の取消し等】

　国土交通大臣等は，指定機関が欠格条項に該当するようになった場合には，指定を取り消さなければならない（各条第1項）。

　また，指定機関が，実施すべき手続を怠ったとき，業務規程・事務規程によらないで業務を行ったとき，指定基準に適合していないときなどには，指定権者は，指定の取消しや業務停止命令を行うことができることになっている（各条第2項）。なお，国土交通大臣が，その指定する確認検査機関に対して行う処分については，「指定確認検査機関の処分等の基準（H18国住指第525号）」及び「指定構造計算適合性判定機関の処分等の基準（R元国住指第3301号）」が定められており，不正行

684

第1節　指定機関

（指定認定機関） 第77条の51	（建築基準適合判定資格者検定機関） 第77条の15
五　認定等の業務に関し著しく不適当な行為をしたとき，又はその業務に従事する認定員若しくは法人にあつてはその役員が，認定等の業務に関し著しく不適当な行為をしたとき。	五　その役員又は建築基準適合判定資格者検定委員が，建築基準適合判定資格者検定事務に関し著しく不適当な行為をしたとき。
六　不正な手段により指定を受けたとき。	六　不正な手段により指定を受けたとき。
3　国土交通大臣は，前2項の規定により指定を取り消し，又は前項の規定による認定等の業務の全部若しくは一部の停止を命じたときは，その旨を公示しなければならない。	3　国土交通大臣は，前2項の規定により指定を取り消し，又は前項の規定により建築基準適合判定資格者検定事務の全部若しくは一部の停止を命じたときは，その旨を公示しなければならない。
（平10法100・追加，平11法160・一部改正）	（平10法100・追加，平11法160・平26法54・一部改正）

為等の内容・程度，社会的影響，情状等を総合的に勘案して行うこととされている。

　指定権者は，指定の取消しや業務停止命令を行ったときは，その旨を公示することになっている（各条第3項）。

第12章　機関・建築審査会・不服申立て

第2節　承認機関

　（承認）

法第77条の54　第68条の24第3項（第88条第1項において準用する場合を含む。以下この条において同じ。）の規定による承認は，認定等を行おうとする者（外国にある事務所により行おうとする者に限る。）の申請により行う。

2　第77条の36第2項の規定は前項の申請に，第77条の37，第77条の38，第77条の39第1項及び第77条の41の規定は第68条の24第3項の規定による承認に，第77条の22（第3項後段を除く。），第77条の34，第77条の39第2項及び第3項，第77条の42，第77条の44，第77条の45，第77条の46第1項並びに第77条の47から第77条の49までの規定は第68条の24第3項の規定による承認を受けた者（以下この条，次条及び第97条の4において「承認認定機関」という。）に，第77条の46第2項の規定は承認認定機関が行つた認定等について準用する。この場合において，第77条の22第1項，第2項及び第4項並びに第77条の34第1項及び第3項中「国土交通大臣等」とあるのは「国土交通大臣」と，第77条の22第3項前段中「第77条の18第3項及び第77条の20第1号から第4号までの規定」とあるのは「第77条の38第1号及び第2号の規定」と，第77条の42第4項及び第77条の45第3項中「命ずる」とあるのは「請求する」と，第77条の48中「命令」とあるのは「請求」と読み替えるものとする。

　　　　　　　　（平10法100・追加，平11法160・平18法92・平26法54・一部改正）

　（承認の取消し等）

法第77条の55　国土交通大臣は，承認認定機関が前条第2項において準用する第77条の37各号（第4号を除く。）の一に該当するに至つたときは，その承認を取り消さなければならない。

2　国土交通大臣は，承認認定機関が次の各号の一に該当するときは，その承認を取り消すことができる。

　一　前条第2項において準用する第77条の22第1項若しくは第2項，第77条の34第1項，第77条の39第2項，第77条の42第1項から第3項まで，第77条の44，第77条の46第1項又は第77条の47の規定に違反したとき。

686

第2節　承認機関

二　前条第2項において準用する第77条の45第1項の認可を受けた認定等業務規程によらないで認定等を行つたとき。

三　前条第2項において準用する第77条の42第4項，第77条の45第3項又は第77条の48の規定による請求に応じなかつたとき。

四　前条第2項において準用する第77条の38各号に掲げる基準に適合していないと認めるとき。

五　認定等の業務に関し著しく不適当な行為をしたとき，又はその業務に従事する認定員若しくは法人にあつてはその役員が，認定等の業務に関し著しく不適当な行為をしたとき。

六　不正な手段により承認を受けたとき。

七　国土交通大臣が，承認認定機関が前各号の一に該当すると認めて，期間を定めて認定等の業務の全部又は一部の停止の請求をした場合において，その請求に応じなかつたとき。

八　前条第2項において準用する第77条の49第1項の規定による報告をせず，又は虚偽の報告をしたとき。

九　前条第2項において準用する第77条の49第1項の規定による検査を拒み，妨げ，若しくは忌避し，又は同項の規定による質問に対して答弁をせず，若しくは虚偽の答弁をしたとき。

十　次項の規定による費用の負担をしないとき。

3　前条第2項において準用する第77条の49第1項の規定による検査に要する費用（政令で定めるものに限る。）は，当該検査を受ける承認認定機関の負担とする。

（平10法100・追加，平11法160・一部改正）

（承認認定機関等の事務所における検査に要する費用の負担）

令第136条の2の18　法第77条の55第3項（法第77条の57第2項において準用する場合を含む。）の政令で定める費用は，法第77条の54第2項（承認性能評価機関にあつては，法第77条の57第2項）において準用する法第77条の49第1項の検査のため同項の職員がその検査に係る事務所の所在地に出張をするのに要する旅費の額に相当するものとする。この場合において，その出張をする職員を2人とし，その旅費の額の計算に関し必要な細目は，国土交通省令で定める。

（平12政211・追加，平12政312・一部改正，平15政523・旧第136条の2の14

第12章　機関・建築審査会・不服申立て

　　　　繰下，平17政182・旧第136条の２の15繰下，平19政49・旧第136条の２の16繰
　　　　下）

　（承認性能評価機関）

法第77条の57　第68条の25第６項（第88条第１項において準用する場合を含
　む。以下この条において同じ。）の規定による承認は，性能評価を行おうと
　する者（外国にある事務所により行おうとする者に限る。）の申請により行
　う。

２　第77条の36第２項の規定は前項の申請に，第77条の37，第77条の38，第77
　条の39第１項及び第77条の41の規定は第68条の25第６項の規定による承認
　に，第77条の22（第３項後段を除く。），第77条の34，第77条の39第２項及び
　第３項，第77条の42，第77条の44，第77条の45，第77条の47から第77条の49
　まで並びに第77条の55の規定は第68条の25第６項の規定による承認を受けた
　者（第97条の４において「承認性能評価機関」という。）について準用す
　る。この場合において，第77条の22第１項，第２項及び第４項並びに第77条
　の34第１項及び第３項中「国土交通大臣等」とあるのは「国土交通大臣」
　と，第77条の22第３項前段中「第77条の18第３項及び第77条の20第１号から
　第４号までの規定」とあるのは「第77条の38第１号及び第２号の規定」と，
　第77条の38第１号，第77条の42及び第77条の55第２項第５号中「認定員」と
　あるのは「評価員」と，第77条の42第４項及び第77条の45第３項中「命ず
　る」とあるのは「請求する」と，第77条の48中「命令」とあるのは「請求」
　と，第77条の55第２項第１号中「，第77条の46第１項又は第77条の47」とあ
　るのは「又は第77条の47」と読み替えるものとする。

　　　　（平10法100・追加，平11法160・平18法92・平26法54・一部改正）

【承認機関】

　外国にある事務所で認定等又は性能評価の業務を行おうとする者は，承認認定機
関・承認性能評価機関として国土交通大臣の承認を受けることができる。承認を受
ければ，外国で事業を行う者の申請に係る認定等・性能評価の業務を行うことがで
きるようになる。承認の手続や報告の義務等は，指定認定機関・指定性能評価機関
の場合と基本的に同じである。

第3節　建築審査会

第3節　建築審査会

（建築審査会）

法第78条　この法律に規定する同意及び第94条第1項前段の審査請求に対する裁決についての議決を行わせるとともに，特定行政庁の諮問に応じて，この法律の施行に関する重要事項を調査審議させるために，建築主事を置く市町村及び都道府県に，建築審査会を置く。

2　建築審査会は，前項に規定する事務を行う外，この法律の施行に関する事項について，関係行政機関に対し建議することができる。

（昭37法161・平26法69・一部改正）

建築審査会は，都道府県及び建築主事を置く市町村に，執行機関たる特定行政庁の附属機関（地方自治法（昭和22年法律第67号）第138条の4第3項及び第202条の3）として置かれるものである。なお，法第97条の2第1項の規定により建築主事を置く市町村においては，建築審査会は必置とされておらず，建築審査会を置かない場合は都道府県の建築審査会が管轄する。法第97条の3第1項の規定により建築主事を置く特別区には，建築審査会が置かれる（地方自治法施行令（昭和22年政令第16号）第210条の17に規定されている，特別区に係る建築基準法の適用の特例）。

建築審査会は，法第94条第1項前段の審査請求に対する裁決を行うこととされており，特定行政庁，建築主事，建築監視員，都道府県知事，指定確認検査機関又は指定構造計算適合性判定機関の処分・不作為に対する請求について採決を行う（第1項）。

また，建築審査会においては，特定行政庁の諮問に応じて建築基準法の施行に関する重要事項を調査審議するほか，建築基準法の施行に関する事項について関係行政機関に対して建議することができる（第2項）。

しかし，本条で規定するこれらのほかに建築審査会の権限として重要なことは，法第48条による例外許可のように，特定行政庁が許可等の意思決定を行う前提としての法的要件として同意権を有することであり，具体的には以下の内容について，各条において建築審査会の同意権が設定されている。

表12－8　建築審査会の同意に係る規定

条文	同意の対象
法第3条第1項第3号	・特定行政庁が，建築基準法の適用対象外となる建築物とするため，地方公共団体が自ら保存・活用のために条例で指定する保存建築物の指定をする場合

第12章　機関・建築審査会・不服申立て

法第３条第１項第４号	・特定行政庁が，建築基準法の適用対象外となる建築物とするため，国宝・重要文化財・保存建築物等として指定されている建築物について，その原形の再現を認める場合
法第12条第２項	・特定行政庁が，国等の建築物を定期点検の対象外とするため，指定する場合
法第12条第４項	・特定行政庁が，国等の建築物の建築設備等を定期点検の対象外とするため，指定する場合
法第42条第６項	・特定行政庁が，幅員1.8m未満の道を２項道路として指定する場合 ・特定行政庁が，別途，２項道路の水平距離を指定する場合
法第43条第２項第２号	・特定行政庁が，接道条件の例外を許可する場合
法第44条第１項第２号	・特定行政庁が，公益上必要な建築物について道路内における建築を許可する場合
法第44条第２項	・特定行政庁が，公共用歩廊等について道路内における建築を許可する場合
法第46条第１項	・特定行政庁が，壁面線を指定する場合
法第47条	・特定行政庁が，歩廊の柱等について壁面線を越えて建築することを許可する場合
法第48条第15項	・特定行政庁が，用途規制の例外を許可する場合
法第56条の２第１項	・特定行政庁が，日影規制の例外を許可する場合
法第68条の７第２項	・特定行政庁が，予定道路を指定する場合
法第85条第７項	・特定行政庁が，建築基準法の一部の規定を適用対象外とするため，１年を超えて使用する仮設興行場等の建築を許可する場合
法第87条の３第７項	・特定行政庁が，建築基準法の一部の規定を適用対象外とするため，建築物の用途を変更して特別興行場等として１年を超えて使用することを許可する場合

（建築審査会の組織）

法第79条　建築審査会は，委員５人以上をもつて組織する。

2　委員は，法律，経済，建築，都市計画，公衆衛生又は行政に関しすぐれた
　経験と知識を有し，公共の福祉に関し公正な判断をすることができる者のう
　ちから，市町村長又は都道府県知事が任命する。

（昭34法156・昭45法109・平25法44・一部改正）

　本条は，建築審査会の組織について規定している。委員の任命に当たっては第２項に定める分野（法律，経済，建築，都市計画，公衆衛生又は行政）の学識経験者の中から広く選択するよう配慮する必要があるが，現実に人材を確保することが困難な場合には各分野の者を全て含むことは必ずしも必要ではない。また，委員には，第２項に定める分野以外の者を任命することはできない。

第3節　建築審査会

　なお，法制定当時から，建築審査会の委員の人数は「5人又は7人」とされていたが，地方分権改革における義務付け・枠付けの見直しにあたり，「地域の自主性及び自立性を高めるための改革の推進を図るための関係法律の整備に関する法律（平成25年法律第44号。第3次地方分権一括法）」の成立により，「5人以上」に改められた（第1項）。

　（委員の欠格条項）

法第80条　次の各号のいずれかに該当する者は，委員となることができない。

　一　破産手続開始の決定を受けて復権を得ない者

　二　禁錮以上の刑に処せられ，その執行を終わるまで又はその執行を受けることがなくなるまでの者

　　　　　（昭34法156・追加，平11法151・平18法92・一部改正，平27法50・旧第80条
　　　　　の2繰上・一部改正）

　本条は，委員の欠格条項について規定している。第1号及び第2号では，建築審査会の委員として公正に職務を執行できない事由があると認められる者が掲げられている。このうち，「復権」とは，破産者が破産の宣告により失った公私の権利を享有する能力を回復させることである（破産法第255条及び第256条）。

　また「その執行を受けることがなくなるまでの者」とは，刑の執行を猶予されている者（刑法第25条），仮に釈放された者（刑法第28条）等をいう。

　（委員の解任）

法第80条の2　市町村長又は都道府県知事は，それぞれその任命に係る委員が前条各号のいずれかに該当するに至つた場合においては，その委員を解任しなければならない。

　2　市町村長又は都道府県知事は，それぞれその任命に係る委員が次の各号のいずれかに該当する場合においては，その委員を解任することができる。

　一　心身の故障のため職務の執行に堪えないと認められる場合

　二　職務上の義務違反その他委員たるに適しない非行があると認められる場合

　　　　　（昭34法156・追加，平27法50・旧第80条の3繰上・一部改正）

　本条は，委員の解任について規定している。第1項では，市町村長又は知事が建築審査会の委員として公正に職務を執行できないことが明らかであるため，委員を

第12章　機関・建築審査会・不服申立て

解任しなければならない場合を定めている。

　第２項では，第１項ほど委員としての不適格事由が明らかではないが，職務の執行に重大な影響を与えるため，市町村長又は知事の判断で委員を解任することができることを定めている。したがって，委員が建築物の建築に関し罪を犯して罰金の刑に処せられたような場合には，解任すべきであろう。

　　（会長）

法第81条　建築審査会に会長を置く。会長は，委員が互選する。

2　会長は，会務を総理し，建築審査会を代表する。

3　会長に事故があるときは，委員のうちからあらかじめ互選された者が，その職務を代理する。

　　（委員の除斥）

法第82条　委員は，自己又は３親等以内の親族の利害に関係のある事件については，この法律に規定する同意又は第94条第１項前段の審査請求に対する裁決に関する議事に加わることができない。

　　　　　　　　（昭38法151・平26法69・一部改正）

　建築審査会は，いわゆる第三者機関としての行政委員会の一種であり，特定行政庁の一定の行為に対して同意を与える等その権限行使を公正ならしめ，また，建築基準法の施行に関する行政不服申立てを第三者的立場から公正に審理，裁決すること等の事務を行う附属機関である。

　したがって，建築審査会の取り扱う具体的な事件が委員と特殊な関係を有する場合，当該委員については公正な職務を期待することができないおそれがあるため，本条は委員自身やその親族に関する事件の議事に当該委員は加わることができないものとしている。

　　（条例への委任）

法第83条　この章に規定するものを除くほか，建築審査会の組織，議事並びに委員の任期，報酬及び費用弁償その他建築審査会に関して必要な事項は，条例で定める。この場合において，委員の任期については，国土交通省令で定める基準を参酌するものとする。

　　　　　　　　（平27法50・一部改正）

　委員は，地方公務員法の特別職に当たるものでこれに対する監督の権限を明確に

692

第3節 建築審査会

したものである。

なお，法制定当時から，建築審査会の委員の任期については，「旧・法第80条」において「2年」という定めがあったが，建築審査会の開催が多い地方公共団体においては委員となり得る学識経験者の確保に支障をきたしているという実態を踏まえて，「地域の自主性及び自立性を高めるための改革の推進を図るための関係法律の整備に関する法律（平成27年法律第50号。第5次地方分権一括法）」の成立に伴い，同条は廃止され，本条の後段として「委員の任期については，国土交通省令で定める基準を参酌するものとする」という規定が追加された。参酌基準については，施行規則第10条の15の7において，①任期は2年（補欠の委員の任期は前任者の残任期間），②再任可能，③任期満了時も後任が任命されるまで職務を行う旨が規定されており，これらはいずれも旧・法第80条で規定されていた内容である。

第12章　機関・建築審査会・不服申立て

第4節　不服申立て

（不服申立て）

法第94条　建築基準法令の規定による特定行政庁，建築主事等若しくは建築監
視員，都道府県知事，指定確認検査機関又は指定構造計算適合性判定機関の
処分又はその不作為についての審査請求は，行政不服審査法第4条第1号に
規定する処分庁又は不作為庁が，特定行政庁，建築主事等若しくは建築監視
員又は都道府県知事である場合にあつては当該市町村又は都道府県の建築審
査会に，指定確認検査機関である場合にあつては当該処分又は不作為に係る
建築物又は工作物について第6条第1項（第87条第1項，第87条の4又は第
88条第1項若しくは第2項において準用する場合を含む。）の規定による確
認をする権限を有する建築主事等が置かれた市町村又は都道府県の建築審査
会に，指定構造計算適合性判定機関である場合にあつては第18条の2第1項
の規定により当該指定構造計算適合性判定機関にその構造計算適合性判定を
行わせた都道府県知事が統括する都道府県の建築審査会に対してするものと
する。この場合において，不作為についての審査請求は，建築審査会に代え
て，当該不作為庁が，特定行政庁，建築主事等，建築監視員又は都道府県知
事である場合にあつては当該市町村の長又は都道府県知事に，指定確認検査
機関である場合にあつては当該指定確認検査機関に，指定構造計算適合性判
定機関である場合にあつては当該指定構造計算適合性判定機関に対してする
こともできる。

2　建築審査会は，前項前段の規定による審査請求がされた場合においては，
当該審査請求がされた日（行政不服審査法第23条の規定により不備を補正す
べきことを命じた場合にあつては，当該不備が補正された日）から1月以内
に，裁決をしなければならない。

3　建築審査会は，前項の裁決を行う場合においては，行政不服審査法第24条
の規定により当該審査請求を却下する場合を除き，あらかじめ，審査請求
人，特定行政庁，建築主事等，建築監視員，都道府県知事，指定確認検査機
関，指定構造計算適合性判定機関その他の関係人又はこれらの者の代理人の
出頭を求めて，公開による口頭審査を行わなければならない。

4　第1項前段の規定による審査請求については，行政不服審査法第31条の規
定は適用せず，前項の口頭審査については，同法第9条第3項の規定により

694

第4節　不服申立て

読み替えられた同法第31条第2項から第5項までの規定を準用する。

（昭34法156・昭37法161・昭45法109・平10法100・平11法87・平26法54・平

26法69・平30法67・令5法58・一部改正）

法第95条　建築審査会の裁決に不服がある者は，国土交通大臣に対して再審査
請求をすることができる。

（昭37法161・全改，平11法160・一部改正）

　行政庁の処分が違法又は不当である場合に，これを是正する制度としては，行政
庁に対する国民の請願，行政不服審査法（平成26年法律第68号。以下「行審法」と
いう。）を中心とする不服申立制度及び行政訴訟制度などがある。これらのうち，
行政庁に対する国民の請願は，国民の側に当該処分を審理し裁断すべきことを請求
する権利を発生させるものではない。

　一方，行政訴訟は，裁判所による公正，妥当な判断を期待しうるが，手続的に簡
易迅速ではないし，費用の点にも問題がある。行審法を中心とする不服申立制度
は，簡易迅速な手続による国民の権利利益の救済と，行政の適正な運営を図ること
を目的として設けられた制度である。

　行政庁の処分その他公権力の行使に当たる行為に関する不服申立てについては，
他の法律に特別の定めがある場合を除くほか，行審法の定めるところによる。法第
94条は，建築基準法令の規定による特定行政庁，建築主事，建築監視員，都道府県
知事，指定確認検査機関又は指定構造計算適合性判定機関の「処分」又は「不作
為」に関し，「不服申立て」をなすべき審査庁等の特例を規定する。以下では，「不
服申立て」の制度に関し，「処分」と「不作為」のそれぞれの場合について解説す
る。なお，行審法は平成26年の全部改正により，「不服申立て」の手続を「審査請
求」に一元化（従来は審査請求と並列関係にあった異議申立ては廃止）するなどの
抜本的な見直しが行われており，本法においても，同改正に対応した改正が行われ
た。

1　審査請求の概要

（審査請求の対象）

(1)　処分

　行審法における「処分」とは，同法第1条第2項において「行政庁の処分その他
公権力の行使に当たる行為」とされている。一般に，処分とは，法令に基づき優越
的立場において，国民に対し権利を設定し，義務を課しその他具体的に法律上の効

第12章　機関・建築審査会・不服申立て

果を発生させる行為と解されているが，具体的な行為が処分に当たるかどうかの判
定は，難しい場合もある。

　行政庁の公権力の行使に当たる行為が外部に向けてなされておらず，内部的な段
階にとどまっている間は，私人の権利義務に直接影響を与えるに至っていないこと
から，処分とはいえない（消防同意が処分に当たらないことにつき，福岡高裁昭和
29年2月26日判決，最高裁昭和34年1月29日第1小法廷判決参照）。

(2)　不作為

　不作為についての不服申立ては，法令に基づく申請に対して行政庁の許可，認可
等に関する処分が必ずしも迅速かつ適正に行われていないため国民の不利益を考慮
し，行政の迅速かつ適正な処理の促進を図るために認められているものである。不
作為が成立するためには，「法令に基づく申請」を前提とし，行政庁が「相当の期
間が経過」したにもかかわらず，「何らの処分をもしないこと」を必要とする（行
審法第3条）。

　したがって，法第9条の違反是正措置のように申請を待ってなされる行為でない
ものは，不服申立ての対象となりうる不作為ではない。しかし，違反建築物を是正
するという行政的責任は免れないことはもちろんである。

　相当の期間とは，社会通念上当該申請を処理するのに必要とされる期間という意
味であるが，個々の処分の内容，態様に応じ，具体的に判断されるべきものである
（S38住指発第32号参照）。

（審査請求をすることができる者）

(1)　処分

　処分について審査請求をすることができる者は，「行政庁の処分に不服がある
者」（行審法第2条），すなわち，違法又は不当な行政処分により直接に自己の権利
若しくは利益を侵害された者又は侵害されるおそれがある者である。処分の相手方
たると第三者たるとを問わない。

　判例では，法第6条による建築確認処分の対象である建築物の近隣居住者が法規
違反の確認処分によって保健衛生上不断の悪影響を受け，あるいは火災等の危険に
さらされるおそれがあるときは，法律上の当該処分の取消しを請求する原告適格を
有するものとしている（東京地裁昭和27年6月25日判決，佐賀地裁昭和32年4月4
日判決，横浜地裁昭和40年8月16日判決参照）。

　往時の裁決例では，許可に係る騒音工場から相当の距離に居住する者は，当該工
場の構造，作業内容，設備等からみて，直接被害を受けてはいないとして請願人の

第 4 節　不服申立て

適格性を欠くとするものがある（昭和32年 9 月13日訴願裁決参照）が，近時の学説，判例の大勢は，国民の権利，利益の救済の観点から原告の適格性を広く解する傾向にある。

　なお，相手方の申請どおり認めて許可した処分については，当該処分の相手方は，申請後に事情の変更がない限り，その処分については不服がないと考えられるので不服申立ては認められない（ S 37行管理第 6 号参照）。

(2)　不作為

　不作為について審査請求をすることができる者は，「法令に基づき行政庁に対して処分についての申請をした者」であって，「申請から相当の期間が経過したにもかかわらず，行政庁の不作為がある場合」（行審法第 3 条）である。不作為についての利害関係人は，当該不作為状態によって直接不利益を被る者である申請者だからである。

　違反建築に対して処分の行われないことを理由とする審査請求はできない。

2　審　査　庁

　「審査請求」とは，行政庁の処分又は不作為について，処分をした行政庁（以下「処分庁」という。）又は不作為に係る行政庁（以下「不作為庁」という。）以外の行政庁に対してする不服申立てをいう。「再審査請求」とは，第一審として処分についての審査請求の裁決を経た後さらに行う不服申立てをいう。以下では，審査請求がされた行政庁（行審法第 9 条において「審査庁」と定義されている。）について解説する。

(1)　処分の場合

　処分についての審査請求は，原則として，処分庁に上級行政庁があるときに直近上級行政庁に対しすることができる（行審法第 4 条）。ところが，この原則に対しては例外があり，処分庁に上級行政庁がある場合においても，法律に特別の定めがある場合には，他の行政庁に対し審査請求が認められる。すなわち，法第94条第 1 項前段の場合がこれである。

　したがって，法又はこれに基づく命令若しくは条例の規定による処分に不服がある場合には，建築審査会に審査請求をすることができる。すなわち，本法における「処分についての審査請求」に関する審査庁は建築審査会である。

　また，行審法第 9 条第 1 項では，審査庁はその職員のうちから「審理員」を指名すること等が原則とされているが，同項ただし書第 3 号において「地方自治法第138条の 4 第 3 項に規定する機関」についてはこの例外とされており，前述のとおり建

697

第12章　機関・建築審査会・不服申立て

築審査会は当該機関に該当するため，審理員の指名を行う必要がない。一方で，同条第3項の規定により，行審法上における「審理員」の役割については，「審査庁」たる建築審査会が担うこととなる。

　処分についての審査請求に係る審査庁たる建築審査会の裁決に不服がある者は，国土交通大臣に対して再審査請求をすることができる（行審法第6条第1項及び法第95条）。この場合においては，原処分を対象とすること，審査請求の裁決を対象とすることのいずれについても可能である。

(2)　不作為の場合

　「不作為についての審査請求」に関する審査庁は，処分の場合と同様に原則として建築審査会である。一方で，法第94条第1項後段では，不作為庁の種別に応じて，次の表のとおり，建築審査会の代わりに審査請求を行うことができるものとされている。建築審査会の代わりの審査庁への他の主体に審査請求を行うこととした場合，行審法の特則として位置づけられている法第94条第2項から第4項までの規定（審査請求日から1月以内の裁決，口頭審査の実施）は適用されない。また，この場合，審査庁においても，審理員の指名など行審法の通常の手続が必要となる。

表12— 9　建築審査会に代わる審査庁

不作為庁	建築審査会に代わる審査庁
特定行政庁，建築主事，建築監視員又は都道府県知事	当該市町村の長又は当該都道府県知事
指定確認検査機関	当該指定確認検査機関
指定構造計算適合性判定機関	当該指定構造計算適合性判定機関

　なお，再審査請求は，行審法第6条第1項の規定によって明らかなとおり，「処分」についての審査請求の裁決に不服がある場合に認められるものであって，「不作為」についての審査請求の裁決に不服がある場合には認められない。

　建築基準法に基づく処分又は不作為に対する不服申立ての制度は，図12— 1のとおりである。

第4節　不服申立て

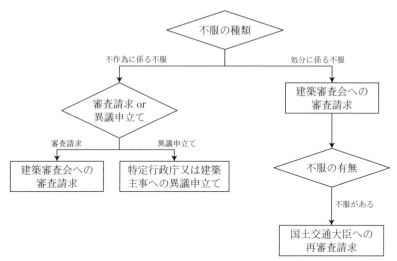

図12―1　不服申立ての流れ

3　審査請求の手続

　審査請求は，原則として，「審査請求書」を提出することを要し，正副2通を提出しなければならない（行審法第19条，行審法施行令第4条第1項）。なお，こうした手続については，再審査請求においても，同様である（行審法第66条）。

(1) 処分についての審査請求

　① 審査請求書の提出

　　行審法第19条第2項各号に掲げる事項（審査請求人の氏名・名称及び住所・居所，審査請求に係る処分の内容，当該処分があったことを知った年月日等）を記載した「審査請求書」を行審法第18条に規定する期間内（処分があったことを知った日の翌日から起算して3月以内【主観的期間】，かつ，処分のあった日の翌日から起算して1年以内【客観的期間】）に，審査庁たる建築審査会に提出する。なお，審査請求は処分庁を経由して提出することができる。この場合における審査請求期間の計算については，処分庁に審査請求書を提出したとき審査請求があったものとみなされる（行審法第21条）。

　② 処分等の執行停止

　　審査請求は，処分の効力，処分の執行又は手続の続行を妨げないのが原則であ

第12章　機関・建築審査会・不服申立て

るが，審査庁たる建築審査会は，必要があると認める場合には，審査請求人の申立てにより，処分庁の意見を聴取した上で執行停止をすることができる（行審法第25条）。

③　処分庁による弁明書の提出・審査請求人による反論書の提出

審査請求を適法なものとして受理したときは，審査庁たる建築審査会は本案について審理する。建築審査会は，処分庁に対して「弁明書」の提出を求めることができ，この提出があったときは審査請求人に送付しなければならず，これに対して審査請求人は弁明書に記載された事項に対する反論を記載した書面（反論書）を提出することができる（行審法第29条及び第30条）。

裁決を行う場合には，あらかじめ，審査請求人と処分庁である特定行政庁，建築主事，指定確認検査機関等の関係人の出頭を求めて，公開による口頭審査を行わなければならない（法第94条第3項）。このような公開による口頭審査は，審査請求人の主張・立証の機会を保障することにより審査請求人の権利利益を保護し，それとともに審査の公正適正化を図り，さらには処分そのものの適正化を図るために設けられているものと考えられる。したがって，公開による口頭審査が欠ければ，原則として裁決は違法であり，取消しの対象となるが，審査請求が不適法であり，適法となる余地がない場合には，法第94条第3項の手続を経ずに却下の裁決をしても違法ではない（浦和地裁昭和44年11月27日判決，Ｓ44住指発第1414号参照）。

また，口頭審査に関しては，行審法第31条第2項から第5項までの規定を準用することとされている（法第94条第4項）。すなわち，以下のとおりである。

- 建築審査会が期日及び場所を指定し，全ての審理関係人を招集してさせること
- 申立人は，建築審査会の許可を得て，補佐人とともに出頭することができること
- 建築審査会は，事件に関係のない事項などに関する申立人の陳述を制限できること
- 申立人は，建築審査会の許可を得て，事件に関し，処分庁に質問できること

④　裁決の期間

建築審査会は，審査請求について審理の結果，審査請求がされた日から1月以内に裁決しなければならない（法第94条第2項）。この期間は努力期間と解されており，裁決期間が経過した後になされる裁決も違法ではないと解されている。

700

第4節　不服申立て

　なお，行審法第23条の規定により不備を補正すべきことを命じた場合は，不備が補正された日から1月以内に採決することとされている。

⑤　裁決の内容

　裁決は，これを内容的にみれば，「却下の裁決」，「棄却の裁決」及び「認容の裁決」の3種に分かれる。

　「却下の裁決」は，本案の審理を拒絶する裁決である。審査請求が期間経過後にされたとき，その他不適法なときになされる（行審法第45条第1項）。同項における「その他不適法である場合」とは，審査請求の利益を欠く場合，補正命令に応じなかった場合等である。なお，審査請求書が行審法第19条に違反するもの（例えば，審査請求書の記載事項に不満があるとき，審査請求書に代表者等の氏名の記載がされていないとき等）であっても，審査庁たる建築審査会は相当の期間を定めてその補正を命じなければならない（行審法第23条）。

　「棄却の裁決」は，審査請求に理由がなく，原処分を是認するときになされる裁決である（行審法第45条第2項）。「棄却の裁決」は，「却下の裁決」と違って本案に関する裁決である。

　「認容の裁決」は，審査請求に理由があるときになされる裁決である。「処分（事実上の行為を除く。）」についての審査請求の場合，審査庁たる建築審査会は裁決で当該処分の全部又は一部を取り消し（行審法第46条第1項本文），「事実上の行為」についての審査請求の場合，審査庁たる建築審査会は裁決で処分庁に対し当該事実上の行為の全部又は一部を撤廃すべきことを命ずるとともに，当該事実上の行為が違法又は不当である旨を宣言する（行審法第47条）。

(2)　不作為についての審査請求

①　審査請求書の提出

　行審法第19条第3項各号に掲げる事項（審査請求人の氏名・名称及び住所・居所，不作為に係る処分についての申請の内容・年月日等）を記載した「審査請求書」を審査庁に提出する。この際，処分の申請に対し，相当の期間を経過したときは，不作為状態の存する限り，いつでも不服申立てをすることができ，不服申立て期間の制限はない。なお，審査請求は不作為庁を経由して提出することができる（行審法第21条）。

②　不作為庁による弁明書の提出・審査請求人による反論書の提出

　弁明書・反論書の提出に関する規定は，処分の審査請求の場合と同様である（行審法第29条及び第30条）。また，裁決を行う場合には，あらかじめ，審査請

701

第12章　機関・建築審査会・不服申立て

求人と処分庁である特定行政庁，建築主事，指定確認検査機関等の関係人の出頭
を求めて，公開による口頭審査を行わなければならないことも同様である（法第
94条第3項）。

③　裁決の期間

処分の審査請求の場合と同様である（法第94条第2項）。

④　裁決の内容

「却下の裁決」：不作為についての審査請求が，処分についての申請から相当
　　　　　　　　の期間が経過しないでされたものである場合や不適法である
　　　　　　　　ときは，審査庁は，裁決で当該審査請求を却下する（行審法
　　　　　　　　第49条第1項）。

「棄却の裁決」：不作為についての審査請求に理由がないときは，審査庁は，
　　　　　　　　裁決で当該審査請求を棄却する（行審法第49条第2項）。

「認容の裁決」：不作為についての審査請求に理由があるときは，審査庁は，
　　　　　　　　当該不作為庁に対し，速やかに申請に対するなんらかの行為
　　　　　　　　をすべきことを命ずるとともに，裁決で当該不作為が違法又
　　　　　　　　は不当である旨を宣言する。審査庁が不作為庁自身である場
　　　　　　　　合は，当該処分も行う必要がある（行審法第49条第3項）。

(3)　再審査請求

再審査請求は，審査請求についての裁決があったことを知った日の翌日から起算
して1月以内かつ，当該裁決のあった日の翌日から起算して1年以内にしなければ
ならないこと（行審法第62条），国土交通大臣が再審査請求を受理したときは，建
築審査会に対し審査請求についての裁決書の送付を求めることができること（行審
法第63条）のほかは，再審査請求の要件及び手続については，処分についての審査
請求に関する規定が原則的に準用される（行審法第66条）。なお，不作為について
は，再審査請求はできない。

(4)　教示

教示制度は，処分をする際に処分の相手方に対し不服申立てによる救済を受けら
れること等を教えようとするものである。

特定行政庁，建築主事又は建築監視員は，審査請求をすることができる処分を書
面でする場合には，処分の相手方に対し当該処分につき審査請求をすることができ
る旨並びに審査請求をすべき行政庁（建築審査会）及び審査請求をすることができ
る期間を教示しなければならない（行審法第82条第1項）。

702

第 4 節　不服申立て

　ただし，申請どおりの処分をした場合には，教示を行う必要はない（S 37行管理
第99号参照）。教示がなされなかった場合には，当該処分についての不服のある者
は，当該処分庁に不服申立書を提出することができる（行審法第83条第 1 項）。不
服申立書の提出があった場合において，当該処分が審査請求をすることができる処
分であるときは，処分庁は，速やかに当該不服申立書の正本を建築審査会に送付し
なければならない。

　不服申立書の正本が送付されたときは，はじめから建築審査会に不服申立てがさ
れたものとみなされる（行審法第83条第 3 項及び第 4 項）。もっとも，教示をしな
かったとき又は誤った教示をしたときでも，それによって教示に係る処分が違法に
なるものではない。

　建築審査会は，処分についての審査請求の裁決をする場合には，裁決書に再審査
請求をすることができる旨，再審査請求をすべき行政庁が国土交通大臣である旨及
び再審査請求期間を記載して，教示しなければならない（行審法第50条第 3 項）。

4　不服申立てと行政訴訟との関係

　特定行政庁，建築主事等による処分の取消しの訴えは，当該処分についての建築
審査会の裁決を経た後でなければ，提起することができないものとされていた（旧
・法第96条）。行政事件訴訟法（昭和37年法律第139号）は，訴願前置主義を廃止
し，原則として審査請求と行政訴訟との選択を認めた上で，例外として法律の定め
のある場合に限り，審査請求を前審として経るべきものとしている（行政事件訴訟
法第 8 条第 1 項）。建築基準法の旧第96条では，建築審査会という第三者的な機関
が審査請求の裁決を行うのでその判断を尊重する趣旨で，行政事件訴訟法の例外を
定めているものであった。しかしながら，こうした不服申立前置については，国民
の裁判を受ける権利を不当に制限しているとの批判もあったことから，平成26年の
行政不服審査制度の見直しに合わせて同条が廃止され，不服申立てをするか直ちに
出訴するかは，国民が選択できるものとされた。

5　指定認定機関等に関する審査請求

　（審査請求）
法第77条の53　この法律の規定による指定認定機関の行う処分又はその不作為
　については，国土交通大臣に対し，審査請求をすることができる。この場合
　において，国土交通大臣は，行政不服審査法第25条第 2 項及び第 3 項，第46
　条第 1 項及び第 2 項，第47条並びに第49条第 3 項の規定の適用については，

703

第12章　機関・建築審査会・不服申立て

　　指定認定機関の上級行政庁とみなす。

（平10法100・追加，平11法160・平26法69・一部改正）

　　（**審査請求**）

法第77条の17　指定建築基準適合判定資格者検定機関が行う建築基準適合判定
　　資格者検定事務に係る処分又はその不作為については，国土交通大臣に対
　　し，審査請求をすることができる。この場合において，国土交通大臣は，行
　　政不服審査法（平成26年法律第68号）第25条第2項及び第3項，第46条第1
　　項及び第2項，第47条並びに第49条第3項の規定の適用については，指定建
　　築基準適合判定資格者検定機関の上級行政庁とみなす。

（平10法100・追加，平11法160・平26法54・平26法69・一部改正）

　指定認定機関の行う型式適合認定，型式部材等製造者認証等の処分又はその不作
為，指定性能評価機関の行う性能評価の処分又はその不作為，検定機関が行う検定
事務に係る処分又はその不作為については，国土交通大臣に対し，行政不服審査法
による審査請求ができることとされている。

　なお，行政不服審査法上，もっぱら人の学識技能に関する試験又は検定の結果に
ついての処分は不服申立てができないことになっているので，建築基準適合判定資
格者検定や構造計算適合性判定資格者検定の合否決定の処分については，国土交通
大臣に対して審査請求をすることはできない。

第13章 罰　　則

　法第7章の規定は，本法上の義務違反に対して一定の刑罰を科すことができるものとして，本法の実効を確保することを図ったものである。

　法第7章に規定する犯罪（最高3年以下の懲役）についての公訴の時効は，当該犯罪行為の終わったときから3年を経過することによって完成する（刑事訴訟法（昭和23年法律第131号）第250条第2項第5号及び第253条）。なお，犯罪の捜査は，検察官及び司法警察職員がその権限をもっている（刑事訴訟法第189条第2項及び第191条第1項）ので，特定行政庁等は，法第7章に該当する犯罪行為があると認めたときは，検察官又は司法警察員に対し，書面又は口頭により告発しなければならない（刑事訴訟法第239条第2項及び第241条第1項）が，急を要するときのほかは，告発人，被告発人の住所，氏名，職業，年齢，告発の原因である事実の行為時期と概要，罪名及び該当法令の条項，告発年月日，その他必要な時効を記載した告発書によって行う。

　また，平成17年に発覚した構造計算書偽装問題では，構造計算書を偽装するという違法な設計が行われたことにより，著しく構造耐力に欠ける危険な建築物が建築されるに至った。このような違法設計は，建築物の利用者や周辺住民の生命・身体に著しい危険を及ぼすものであるが，当時の規定においては，その原因者である設計者について50万円以下の罰金刑しか科すことができず，犯罪の違法性の程度と法定刑の大きさが著しく乖離しているという問題があった。このため，平成18年の法改正においては，違反設計を行った設計者に対する罰則をはじめとして，建築基準法の罰則体系を全面的に見直し，大幅な強化を図っている。

　なお，法第7章の解説に当たり，条文上は罰則の軽重に応じて各条がまとめられているところであるが，以下においては罰則の内容や性質ごとに説明をまとめている。

第13章　罰　　則

第1節　建築主，設計者，施工者等に対する罰則

法第98条　次の各号のいずれかに該当する者は，3年以下の懲役又は300万円以下の罰金に処する。

一　第9条第1項又は第10項前段（これらの規定を第88条第1項から第3項まで又は第90条第3項において準用する場合を含む。）の規定による特定行政庁又は建築監視員の命令に違反した者

二　第20条（第1項第1号から第3号までに係る部分に限る。），第21条，第26条，第27条，第35条又は第35条の2の規定に違反した場合における当該建築物又は建築設備の設計者（設計図書に記載された認定建築材料等（型式適合認定に係る型式の建築材料若しくは建築物の部分，構造方法等の認定に係る構造方法を用いる建築物の部分若しくは建築材料又は特殊構造方法等認定に係る特殊の構造方法を用いる建築物の部分若しくは特殊の建築材料をいう。以下同じ。）の全部又は一部として当該認定建築材料等の全部又は一部と異なる建築材料又は建築物の部分を引き渡した場合においては当該建築材料又は建築物の部分を引き渡した者，設計図書を用いないで工事を施工し，又は設計図書に従わないで工事を施工した場合（設計図書に記載された認定建築材料等と異なる建築材料又は建築物の部分を引き渡された場合において，当該建築材料又は建築物の部分を使用して工事を施工した場合を除く。）においては当該建築物又は建築設備の工事施工者）

三　第36条（防火壁，防火床及び防火区画の設置及び構造に係る部分に限る。）の規定に基づく政令の規定に違反した場合における当該建築物の設計者（設計図書に記載された認定建築材料等の全部又は一部として当該認定建築材料等の全部又は一部と異なる建築材料又は建築物の部分を引き渡した場合においては当該建築材料又は建築物の部分を引き渡した者，設計図書を用いないで工事を施工し，又は設計図書に従わないで工事を施工した場合（設計図書に記載された認定建築材料等と異なる建築材料又は建築物の部分を引き渡された場合において，当該建築材料又は建築物の部分を使用して工事を施工した場合を除く。）においては当該建築物の工事施工者）

四　第87条第3項において準用する第27条，第35条又は第35条の2の規定に違反した場合における当該建築物の所有者，管理者又は占有者

五　第87条第3項において準用する第36条（防火壁，防火床及び防火区画の

第 1 節 建築主，設計者，施工者等に対する罰則

設置及び構造に関して，第35条の規定を実施し，又は補足するために安全
上及び防火上必要な技術的基準に係る部分に限る。）の規定に基づく政令
の規定に違反した場合における当該建築物の所有者，管理者又は占有者

2 前項第 2 号又は第 3 号に規定する違反があつた場合において，その違反が
建築主又は建築設備の設置者の故意によるものであるときは，当該設計者又
は工事施工者を罰するほか，当該建築主又は建築設備の設置者に対して同項
の刑を科する。

（平18法92・全改，平26法54・平30法67・一部改正）

法第99条 次の各号のいずれかに該当する者は，1 年以下の懲役又は100万円
以下の罰金に処する。

一 第 6 条第 1 項（第87条第 1 項，第87条の 4 又は第88条第 1 項若しくは第
2 項において準用する場合を含む。），第 7 条の 6 第 1 項（第87条の 4 又は
第88条第 2 項において準用する場合を含む。）又は第68条の19第 2 項（第88
条第 1 項において準用する場合を含む。）の規定に違反した者

二 第 6 条第 8 項（第87条の 4 又は第88条第 1 項若しくは第 2 項において準
用する場合を含む。）又は第 7 条の 3 第 6 項（第87条の 4 又は第88条第 1
項において準用する場合を含む。）の規定に違反した場合における当該建
築物，工作物又は建築設備の工事施工者

三 第 7 条第 2 項若しくは第 3 項（これらの規定を第87条の 4 又は第88条第
1 項若しくは第 2 項において準用する場合を含む。）又は第 7 条の 3 第 2
項若しくは第 3 項（これらの規定を第87条の 4 又は第88条第 1 項において
準用する場合を含む。）の期限内に第 7 条第 1 項（第87条の 4 又は第88条
第 1 項若しくは第 2 項において準用する場合を含む。）又は第 7 条の 3 第
1 項（第87条の 4 又は第88条第 1 項において準用する場合を含む。）の規
定による申請をせず，又は虚偽の申請をした者

四 第 9 条第10項後段（第88条第 1 項から第 3 項まで又は第90条第 3 項にお
いて準用する場合を含む。），第10条第 2 項若しくは第 3 項（これらの規定
を第88条第 1 項又は第 3 項において準用する場合を含む。），第11条第 1 項
（第88条第 1 項から第 3 項までにおいて準用する場合を含む。）又は第90
条の 2 第 1 項の規定による特定行政庁又は建築監視員の命令に違反した者

五 第12条第 5 項（第 1 号に係る部分に限る。）又は第15条の 2 第 1 項（こ
れらの規定を第88条第 1 項から第 3 項までにおいて準用する場合を含
む。）の規定による報告をせず，又は虚偽の報告をした者

707

第13章　罰　　則

六　第12条第6項又は第15条の2第1項（これらの規定を第88条第1項から
第3項までにおいて準用する場合を含む。）の規定による物件の提出をせ
ず，又は虚偽の物件の提出をした者

七　第12条第7項又は第15条の2第1項（これらの規定を第88条第1項から
第3項までにおいて準用する場合を含む。）の規定による検査若しくは試
験を拒み，妨げ，若しくは忌避し，又は質問に対して答弁せず，若しくは
虚偽の答弁をした者

八　第20条（第1項第4号に係る部分に限る。），第22条第1項，第23条，第
25条，第28条第3項，第28条の2（第88条第1項において準用する場合を
含む。），第32条（第88条第1項において準用する場合を含む。），第33条
（第88条第1項において準用する場合を含む。），第34条第1項（第88条第
1項において準用する場合を含む。），第34条第2項，第35条の3，第37条
（第88条第1項において準用する場合を含む。），第61条，第62条，第64
条，第67条第1項又は第88条第1項において準用する第20条の規定に違反
した場合における当該建築物，工作物又は建築設備の設計者（設計図書に
記載された認定建築材料等の全部又は一部として当該認定建築材料等の全
部又は一部と異なる建築材料又は建築物の部分を引き渡した場合において
は当該建築材料又は建築物の部分を引き渡した者，設計図書を用いないで
工事を施工し，又は設計図書に従わないで工事を施工した場合（設計図書
に記載された認定建築材料等と異なる建築材料又は建築物の部分を引き渡
された場合において，当該建築材料又は建築物の部分を使用して工事を施
工した場合を除く。）においては当該建築物，工作物又は建築設備の工事
施工者）

九　第36条（消火設備，避雷設備及び給水，排水その他の配管設備の設置及
び構造並びに煙突及び昇降機の構造に係る部分に限り，第88条第1項にお
いて準用する場合を含む。）の規定に基づく政令の規定に違反した場合に
おける当該建築物，工作物又は建築設備の設計者（設計図書に記載された
認定建築材料等の全部又は一部として当該認定建築材料等の全部又は一部
と異なる建築材料又は建築物の部分を引き渡した場合においては当該建築
材料又は建築物の部分を引き渡した者，設計図書を用いないで工事を施工
し，又は設計図書に従わないで工事を施工した場合（設計図書に記載され
た認定建築材料等と異なる建築材料又は建築物の部分を引き渡された場合
において，当該建築材料又は建築物の部分を使用して工事を施工した場合

第1節　建築主，設計者，施工者等に対する罰則

を除く。）においては当該建築物，工作物又は建築設備の工事施工者）

十～十四　　（略）

十五　第87条第3項において準用する第28条第3項又は第35条の3の規定に
違反した場合における当該建築物の所有者，管理者又は占有者

十六　第87条第3項において準用する第36条（消火設備の設置及び構造に関
して，第35条の規定を実施し，又は補足するために安全上及び防火上必要
な技術的基準に係る部分に限る。）の規定に基づく政令の規定に違反した
場合における当該建築物の所有者，管理者又は占有者

2　前項第8号又は第9号に規定する違反があつた場合において，その違反が
建築主，工作物の築造主又は建築設備の設置者の故意によるものであるとき
は，当該設計者又は工事施工者を罰するほか，当該建築主，工作物の築造主
又は建築設備の設置者に対して同項の刑を科する。

　　　（平18法92・全改，平26法54・平30法67・一部改正）

法第101条　次の各号のいずれかに該当する者は，100万円以下の罰金に処す
る。

一　第5条の6第1項から第3項まで又は第5項の規定に違反した場合にお
ける当該建築物の工事施工者

二　第12条第1項若しくは第3項（これらの規定を第88条第1項又は第3項
において準用する場合を含む。）又は第5項（第2号に係る部分に限り，
第88条第1項から第3項までにおいて準用する場合を含む。）の規定によ
る報告をせず，又は虚偽の報告をした者

三　第19条，第28条第1項若しくは第2項，第31条，第43条第1項，第44条
第1項，第47条，第52条第1項，第2項若しくは第7項，第53条第1項若
しくは第2項，第53条の2第1項（第57条の5第3項において準用する場
合を含む。），第54条第1項，第55条第1項，第56条第1項，第56条の2第
1項，第57条の4第1項，第57条の5第1項，第59条第1項若しくは第2
項，第60条第1項若しくは第2項，第60条の2第1項若しくは第2項，第
60条の2の2第1項から第3項まで，第60条の3第1項若しくは第2項，
第67条第3項若しくは第5項から第7項まで又は第68条第1項から第3項
までの規定に違反した場合における当該建築物又は建築設備の設計者（設
計図書に記載された認定建築材料等の全部又は一部として当該認定建築材
料等の全部又は一部と異なる建築材料又は建築物の部分を引き渡した場合
においては当該建築材料又は建築物の部分を引き渡した者，設計図書を用
いないで工事を施工し，又は設計図書に従わないで工事を施工した場合

709

第13章　罰　　　則

　　（設計図書に記載された認定建築材料等と異なる建築材料又は建築物の部
　　分を引き渡された場合において，当該建築材料又は建築物の部分を使用し
　　て工事を施工した場合を除く。）においては当該建築物又は建築設備の工
　　事施工者）

四　第36条（居室の採光面積，天井及び床の高さ，床の防湿方法，階段の構
　　造，便所の設置及び構造並びに浄化槽の構造に係る部分に限る。）の規定
　　に基づく政令の規定に違反した場合における当該建築物又は建築設備の設
　　計者（設計図書に記載された認定建築材料等の全部又は一部として当該認
　　定建築材料等の全部又は一部と異なる建築材料又は建築物の部分を引き渡
　　した場合においては当該建築材料又は建築物の部分を引き渡した者，設計
　　図書を用いないで工事を施工し，又は設計図書に従わないで工事を施工し
　　た場合（設計図書に記載された認定建築材料等と異なる建築材料又は建築
　　物の部分を引き渡された場合において，当該建築材料又は建築物の部分を
　　使用して工事を施工した場合を除く。）においては当該建築物又は建築設
　　備の工事施工者）

五　第48条第１項から第14項まで又は第51条（これらの規定を第88条第２項
　　において準用する場合を含む。）の規定に違反した場合における当該建築
　　物又は工作物の建築主又は築造主

六　第58条第１項の規定による制限に違反した場合における当該建築物の設
　　計者（設計図書を用いないで工事を施工し，又は設計図書に従わないで工
　　事を施工した場合においては，当該建築物の工事施工者）

七　（略）

八　第85条第３項の規定に違反した場合における当該建築物の建築主

九　第85条第４項又は第５項の規定により特定行政庁が定めた期間を超えて
　　応急仮設建築物を存続させた場合における当該建築物の所有者，管理者又
　　は占有者

十　第85条第６項又は第７項の規定により特定行政庁が定めた期間を超えて
　　仮設興行場等を存続させた場合における当該建築物の所有者，管理者又は
　　占有者

十一　第84条第１項の規定による制限又は禁止に違反した場合における当該
　　建築物の建築主

十二　第87条第２項又は第３項において準用する第28条第１項，第48条第１
　　項から第14項まで又は第51条の規定に違反した場合における当該建築物の
　　所有者，管理者又は占有者

第 1 節　建築主，設計者，施工者等に対する罰則

　　十三　第88条第 2 項において準用する第87条第 2 項又は第 3 項において準用
　　　する第48条第 1 項から第14項まで又は第51条の規定に違反した場合におけ
　　　る当該工作物の所有者，管理者又は占有者
　　十四　第87条第 3 項において準用する第36条（居室の採光面積及び階段の構
　　　造に関して，第28条第 1 項又は第35条の規定を実施し，又は補足するため
　　　に安全上，防火上及び衛生上必要な技術的基準に係る部分に限る。）の規
　　　定に基づく政令の規定に違反した場合における当該建築物の所有者，管理
　　　者又は占有者
　　十五　第87条の 3 第 3 項の規定に違反した場合における当該建築物の所有
　　　者，管理者又は占有者
　　十六　第87条の 3 第 4 項又は第 5 項の規定により特定行政庁が定めた期間を
　　　超えて当該建築物を災害救助用建築物又は公益的建築物として使用した場
　　　合における当該建築物の所有者，管理者又は占有者
　　十七　第87条の 3 第 6 項又は第 7 項の規定により特定行政庁が定めた期間を
　　　超えて当該建築物を興行場等として使用した場合における当該建築物の所
　　　有者，管理者又は占有者
　　十八　第90条第 1 項（第87条の 4 又は第88条第 1 項において準用する場合を
　　　含む。）の規定に違反した者
2 　前項第 3 号，第 4 号又は第 6 号に規定する違反があつた場合において，そ
　の違反が建築主又は建築設備の設置者の故意によるものであるときは，当該
　設計者又は工事施工者を罰するほか，当該建築主又は建築設備の設置者に対
　して同項の刑を科する。

　　　　（昭26法195・昭27法160・昭34法156・昭36法115・昭38法151・昭43法101・
　　　　昭44法38・昭45法109・昭49法67・昭50法66・昭51法83・昭58法44・昭62法66
　　　　・平 4 法82・平 6 法62・平 9 法79・平10法100・平11法87・平14法22・平14法
　　　　85・平15法101・平16法111・一部改正，平16法67・旧第99条繰下・一部改
　　　　正，平18法 5 ・平18法92・平18法46（平18法92）・平18法114・平26法39・平
　　　　26法54・平28法72・平29法26・平30法67・令 2 法43・令 4 法44・令 4 法69・
　　　　一部改正）

法第103条　次の各号のいずれかに該当する者は，50万円以下の罰金に処す
　る。
　　一　（略）
　　二　第15条第 1 項の規定又は第87条第 1 項において読み替えて準用する第 7
　　　条第 1 項の規定による届出をせず，又は虚偽の届出をした者

711

第13章 罰 則

　三　第77条の29第2項又は第89条（第87条の4又は第88条第1項若しくは第2項において準用する場合を含む。）の規定に違反した者

　四～八　（略）

　　　　（昭34法156・昭45法109・昭49法67・昭51法83・昭62法66・平10法100・平11法87・一部改正，平16法67・旧第100条繰下・一部改正，平18法92・一部改正，平26法54・旧第102条繰下・一部改正，平30法67・一部改正）

　具体的な罰則の種類については，法第98条，第99条，第101条及び第103条において，刑の軽重に応じて分類されており，その概要は表13―1のとおりである。

表13―1　建築基準法における罰則の対象（建築主，設計者，施工者等）

	第98条	第99条	第101条	第103条
内容	3年以下の懲役又は300万円以下の罰金	1年以下の懲役又は100万円以下の罰金	100万円以下の罰金	50万円以下の罰金
命令違反	違反建築物についてなされた工事施工停止命令，是正命令等に違反した者（第1項第1号）	作業停止命令に違反した工事従事者，既存不適格建築物や工事中の建築物への是正命令に違反した建築主等（第1項第4号）		
技術的基準違反	「多数の者の死亡に繋がるおそれのある技術的基準」に違反した設計者・建築主等（第1項　第2号～第5号，第2項）	「人の生命・身体への危害の発生に繋がるおそれのある技術的基準」に違反した設計者・建築主（第1項　第8号・第9号・第15号・第16号，第2項）	「左記以外の技術的基準」に違反した建築物の設計者・建築主等（第1項第3号～第6号・第12号～第14号，第2項）	
手続その他の違反	確認済証・検査済証の交付を受けずに工事や使用を行った建築主等（第1項第1号）　確認済証・中間検査合格証の交付を受けずに工事に着手した工事施工者（第1項第2号）　期限内に中間検査・完了検査を申請しない者（第1項第3号）　国土交通大臣・特定行政庁等による報告徴収・立入検査・質問等を拒否した者（第1項第5～7号）	建築士の設計によらずに工事を行った施工者（第1項第1号）　期限を越えて仮設建築物を存続させた所有者等（第8号～第10号・第15号～第17号）　被災市街地における建築制限に違反した建築主（第11号）　定期報告をしない所有者（第1項第2号）　工事場の危害防止措置を行っていない施工者（第1項第18号）	着工・除却・用途変更後の届出を行わなかった建築主・施工者（第2号）　工事現場における確認の表示や設計図書の備え付けをしていない施工者（第3号）

712

第1節　建築主，設計者，施工者等に対する罰則

1　命令違反に係る罰則について

（重大な命令違反）

法第98条第1項第1号では，法第9条第1項又は第10項前段の規定による特定行政庁又は建築監視員の違反是正命令を受けたにもかかわらず，あえてこれに従わない者に対して，3年以下の懲役又は300万円以下の罰金を科すものとした。当該命令違反を罪情の最も重いものと評価したものである。

また，法違反について罰則の定めがない規定についても，その規定に関する違反があった場合に法第9条の規定による是正命令を受け，これに従わない場合には，本号の適用を受ける。例えば，法第29条（地階の防湿措置等）の違反については罰則の定めがないが，同条違反について法第9条の命令を受け，これに従わないときは，本条の適用を受ける。

（その他の命令違反）

法第99条第1項第4号では，①違反工事が明らかな工事について，建築主・工事の請負人・現場管理者がいない場合に，工事従事者に対して作業停止を命じたとき（法第9条第10項後段），②保安上危険又は衛生上有害となるおそれがある建築物について，是正勧告に関する措置や除却や使用禁止等の措置を命じたとき（法第10条第2項・第3項），③集団規定に関して公益上支障があると認めて除却や使用禁止等を命じたとき（法第11条第1項），④工事中の特殊建築物等について安全上・防火上・避難上支障があると認めて使用禁止等の措置を命じたとき（法第90条の2第1項）について，特定行政庁又は建築監視員の違反是正命令を受けたにもかかわらず，あえてこれに従わない者に対して，1年以下の懲役又は100万円以下の罰金を科すことができるものとしている。

（命令違反と技術的基準違反の関係）

技術的基準違反による刑事責任を負う者と，これらの命令違反の責任を負う者とは，必ずしも一致しない。例えば，法第26条に「防火壁又は防火床によつて有効に区画し，かつ，各区画の床面積の合計をそれぞれ1,000㎡以内としなければならない」という場合，建築物に防火壁・防火床を設け得る立場にある者（例えば建築主）又は当該規定の違反を阻止し得る立場にある者（例えば設計者，工事施工者）は，全て同条の規定による義務を負うのであるが，一般の建築主に対して，技術的に相当高度の規定である本法の理解を要求することは無理な面もあるので，法第98条第1項第2号は，法第26条違反の刑事責任を「設計者」に負わせたのである。

例えば，法第98条第1項第1号に基づく法第9条第1項（違反建築物）又は第10

713

第13章　罰　　則

項前段（違反することが明らかな工事中の建築物）の是正命令は，これらの項に列記する者のうち，是正措置を実施しうる権原を有する者（完成した建築物については，その所有者であることが多いと考えられる。）に対して行われるので，先の例と同じく法第26条違反が原因をなしている場合でも，命令違反による刑事責任を負う者と技術的基準違反の刑事責任を負う者とは，必ずしも一致しない。

　なお，本法の罰則規定において対象となる「設計者」については例外がある。まず，設計図書を用いないで工事を施工した場合や，設計図書に従わないで工事を施工した場合など，そもそも設計者が関与せずに違反を生じる場合については，技術的基準違反の刑事責任を追うのは「工事施工者」となる。また，「型式適合認定を受けた型式」，「構造方法等の認定（大臣認定）を受けた構造方法等」，「特殊構造方法等認定を受けた構造方法等」を用いる建築物の部分や建築材料として，これらと異なる建築材料等を引き渡したことにより技術的基準違反が生じた場合については，その刑事責任を負うのは，「建築材料又は建築物の部分を引き渡した者」となる。これは，各種認定に係る建築材料等については，通常使用される建築材料等とは異なり，規格化されていない特殊なものが多く，工事施工者がその仕様違いを認識することは困難であることを踏まえたものである。

2　技術的基準違反に係る罰則について（第98条・第99条・第101条）
各条第1項
　本法における技術的基準について違反した者については，刑事犯における場合と異なり，必ずしも故意の存することを必要とせず，過失あるをもって足ると考えるべきである。というのは，およそ行政刑罰は犯人の主観的悪性に対してではなく，行政法上，一定の義務を負っている者の義務違反の事実に対して，その違反者を処罰することにより，行政法規の実効性を確保しようとするものだからである。

　また，違反の内容に応じて，刑の内容は次のように規定されている。

(1)　多数の者の死亡に繋がるおそれのある技術的基準に係る違反の場合，3年以下の懲役又は300万円以下の罰金（法第98条第1項）
　　・構造関係規定（構造計算を要する建築物の基準），防火・避難関係規定（大規模建築物の主要構造部に係る防火基準等）に違反した場合の「設計者」（第2号・第3号）
　　・用途変更に際して防火・避難関係規定に違反した場合の「所有者，管理者又は占有者」（第4号・第5号）

714

第1節　建築主，設計者，施工者等に対する罰則

(2)　人の生命・身体への危害の発生に繋がるおそれのある技術的基準に係る違反の場合，1年以下の懲役又は100万円以下の罰金（法第99条第1項）
- 構造関係規定（構造計算を要しない建築物の基準），防火・避難関係規定（市街地内の建築物の屋根・外壁に係る防火基準等），一般構造関係規定（火気使用室の換気基準，ホルムアルデヒド対策，昇降機の構造基準，建築材料の品質基準等）に違反した場合の「設計者」（第8号・第9号）
- 用途変更に際して防火・避難関係規定に違反した場合の「所有者，管理者又は占有者」（第15号・第16号）
(3)　その他の技術的基準に係る違反の場合，100万円以下の罰金（第101条）
- 一般構造関係規定（敷地，採光・換気，便所等），道路関係規定（接道，道路内建築制限等），形態関係規定（容積率，建蔽率，高さ等）などに違反した場合の「設計者」（第3号・第4号・第6号）
- 立地関係規定（用途地域等）に違反した場合の「建築主又は築造主」（第5号）
- 用途変更に際して一般構造関係規定（採光等），立地関係規定（用途地域等）に違反した場合の「所有者，管理者又は占有者」（第12号・第13号・第14号）

　また，これらの技術的基準に係る規定に違反した場合は，原則として「設計者」が処罰されることとされている。これは，先に命令違反に関する罰則の項で述べたとおり，これらの項に掲げる条項による義務は，建築主，工作物の築造主又は建築設備の設置者も当然負担するのであるが，これらの条項に定める技術的基準の理解には相当専門的な知識を必要とするので，一般の建築主，築造主又は設置者に対して違法性の認識を期待することは無理な面もあるので，専門家たる設計者を処罰することとしたものである。設計者ではなく工事施工者等が対象になる場合についても，先の命令違反に関する説明と同様である。

各条第2項

　上述したように，技術的基準に関する規定に違反した場合については，一般的に建築主，工作物の築造主又は建築設備の設置者に対して違法性の認識を要求することは無理であるので，各条第1項では設計者又は工事施工者のみが処罰されることとされたのであるが，建築主等が，法に違反することを知りながら，あえてこれを犯すという悪質な場合もある。したがって，この場合には，当該設計者又は工事施工者を罰するほか，当該建築主，工作物の築造主又は建築設備の設置者に対しても同様の刑を科することとされたのである。

715

第13章 罰 則

3 手続違反に係る罰則について

　本法に基づく手続としては，届出，表示，報告，検査等が準備されているが，こ
れらの手続を行わなかったり，虚偽の内容で手続を行ったりするなど，規定に違反
した者に対する罰則も定められている。必ずしも故意を必要とせず，過失があるこ
とをもって足りると解すべきは，技術的基準違反の説明において述べたとおりであ
る。

　なお，法第12条第7項ただし書の規定により，他人の住居に立ち入る場合には，
あらかじめ，その居住者の承諾を得なければならないので，立ち入ろうとする者が
この義務を怠った場合において，居住者が検査等を拒み，又は妨げたときは，正当
な理由があるものとして，本条は適用されるべきではない。また，拒み又は妨げる
行為が暴行又は脅迫の程度にまで至った場合には，刑法（明治40年法律第45号）第
95条の公務執行妨害罪が成立する。

第2節　指定機関に対する罰則

法第99条　次の各号のいずれかに該当する者は，1年以下の懲役又は100万円以下の罰金に処する。

　一～六　（略）

　七　第12条第7項又は第15条の2第1項（これらの規定を第88条第1項から第3項までにおいて準用する場合を含む。）の規定による検査若しくは試験を拒み，妨げ，若しくは忌避し，又は質問に対して答弁せず，若しくは虚偽の答弁をした者

　八・九　（略）

　十　第77条の8第1項（第77条の17の2第2項において準用する場合を含む。）の規定に違反して，その職務に関して知り得た秘密を漏らした者

　十一　第77条の8第2項（第77条の17の2第2項において準用する場合を含む。）の規定に違反して，事前に建築基準適合判定資格者検定若しくは構造計算適合判定資格者検定の問題を漏らし，又は不正の採点をした者

　十二　第77条の25第1項，第77条の35の10第1項又は第77条の43第1項（第77条の56第2項において準用する場合を含む。）の規定に違反して，その職務に関して知り得た秘密を漏らし，又は盗用した者

　十三　第77条の35第2項の規定による確認検査の業務の停止の命令に違反した者

　十四～十六　（略）

2　（略）

　　　　　　　　　　（平18法92・全改，平26法54・平30法67・一部改正）

法第100条　第77条の15第2項（第77条の17の2第2項において準用する場合を含む。），第77条の35の19第2項又は第77条の51第2項（第77条の56第2項において準用する場合を含む。）の規定による建築基準適合判定資格者検定事務，構造計算適合判定資格者検定事務又は構造計算適合性判定，認定等若しくは性能評価の業務の停止の命令に違反したときは，その違反行為をした指定建築基準適合判定資格者検定機関若しくは指定構造計算適合判定資格者検定機関の役員若しくは職員（建築基準適合判定資格者検定委員及び構造計算適合判定資格者検定委員を含む。）又は指定構造計算適合性判定機関，指定認定機関若しくは指定性能評価機関（いずれもその者が法人である場合に

第13章　罰　　則

あつては，その役員）若しくはその職員（構造計算適合性判定員，認定員及び評価員を含む。）（第104条において「指定建築基準適合判定資格者検定機関等の役員等」という。）は，１年以下の懲役又は100万円以下の罰金に処する。

(平18法92・全改，平26法54・一部改正)

法第101条　次の各号のいずれかに該当する者は，100万円以下の罰金に処する。

一　（略）

二　第12条第１項若しくは第３項（これらの規定を第88条第１項又は第３項において準用する場合を含む。）又は第５項（第２号に係る部分に限り，第88条第１項から第３項までにおいて準用する場合を含む。）の規定による報告をせず，又は虚偽の報告をした者

三～十八　　（略）

2　　（略）

(昭26法195・昭27法160・昭34法156・昭36法115・昭38法151・昭43法101・昭44法38・昭45法109・昭49法67・昭50法66・昭51法83・昭58法44・昭62法66・平４法82・平６法62・平９法79・平10法100・平11法87・平14法22・平14法85・平15法101・平16法111・一部改正，平16法67・旧第99条繰下・一部改正，平18法５・平18法92・平18法46（平18法92）・平18法114・平26法39・平26法54・平28法72・平29法26・平30法67・令２法43・令４法44・令４法69・一部改正)

法第102条　第12条第５項（第３号に係る部分に限る。）の規定による報告をせず，又は虚偽の報告をしたときは，その違反行為をした指定構造計算適合性判定機関（その者が法人である場合にあつては，その役員）又はその職員（構造計算適合性判定員を含む。）は，100万円以下の罰金に処する。

(平26法54・追加)

法第103条　次の各号のいずれかに該当する者は，50万円以下の罰金に処する。

一　第６条の２第５項（第87条第１項，第87条の４又は第88条第１項若しくは第２項において準用する場合を含む。），第７条の２第６項（第87条の４又は第88条第１項若しくは第２項において準用する場合を含む。），第７条の４第６項（第87条の４又は第88条第１項において準用する場合を含

む。）又は第7条の6第3項（第87条の4又は第88条第1項若しくは第2項において準用する場合を含む。）の規定による報告書若しくは添付書類の提出をせず，又は虚偽の報告書若しくは添付書類の提出をした者

二　（略）

三　第77条の29第2項又は第89条（第87条の4又は第88条第1項若しくは第2項において準用する場合を含む。）の規定に違反した者

四　第77条の31第1項又は第86条の8第4項（第87条の2第2項において準用する場合を含む。）の規定による報告をせず，又は虚偽の報告をした者

五　第77条の31第1項又は第2項の規定による検査を拒み，妨げ，又は忌避した者

六　第77条の31第1項又は第2項の規定による質問に対して答弁せず，又は虚偽の答弁をした者

七　第77条の29第1項の規定に違反して，帳簿を備え付けず，帳簿に記載せず，若しくは帳簿に虚偽の記載をし，又は帳簿を保存しなかつた者

八　第77条の34第1項の規定による届出をしないで確認検査の業務の全部を廃止し，又は虚偽の届出をした者

　　　（昭34法156・昭45法109・昭49法67・昭51法83・昭62法66・平10法100・平11

　　　法87・一部改正，平16法67・旧第100条繰下・一部改正，平18法92・一部改

　　　正，平26法54・旧第102条繰下・一部改正，平30法67・一部改正）

法第104条　次の各号のいずれかに該当するときは，その違反行為をした指定建築基準適合判定資格者検定機関等の役員等は，50万円以下の罰金に処する。

一　第77条の13第1項（第77条の17の2第2項において準用する場合を含む。），第77条の35の17第1項又は第77条の49第1項（第77条の56第2項において準用する場合を含む。）の規定による報告をせず，又は虚偽の報告をしたとき。

二　第77条の11（第77条の17の2第2項において準用する場合を含む。），第77条の35の14第1項又は第77条の47第1項（第77条の56第2項において準用する場合を含む。）の規定に違反して，帳簿を備え付けず，帳簿に記載せず，若しくは帳簿に虚偽の記載をし，又は帳簿を保存しなかつたとき。

三　第77条の13第1項（第77条の17の2第2項において準用する場合を含む。），第77条の35の17第1項又は第77条の49第1項（第77条の56第2項に

第13章　罰　　則

おいて準用する場合を含む。）の規定による検査を拒み，妨げ，若しくは
忌避し，又は質問に対して答弁せず，若しくは虚偽の答弁をしたとき。

　四　第77条の14第１項（第77条の17の２第２項において準用する場合を含
む。），第77条の35の18第１項又は第77条の50第１項（第77条の56第２項に
おいて準用する場合を含む。）の許可を受けないで建築基準適合判定資格
者検定事務，構造計算適合判定資格者検定事務又は構造計算適合性判定，
認定等若しくは性能評価の業務の全部を廃止したとき。

　五　第77条の35の14第２項又は第77条の47第２項（第77条の56第２項におい
て準用する場合を含む。）の規定に違反したとき。

（平18法92・追加，平26法54・旧第103条繰下・一部改正）

法第106条　次の各号のいずれかに該当する者は，30万円以下の過料に処す
る。

　一・二　　（略）

　三　第77条の29の２の規定に違反して，書類を備え置かず，若しくは関係者
の求めに応じて閲覧させず，又は書類に虚偽の記載をし，若しくは虚偽の
記載のある書類を関係者に閲覧させた者

２　第77条の35の15の規定に違反して，書類を備え置かず，若しくは関係者の
求めに応じて閲覧させず，又は書類に虚偽の記載をし，若しくは虚偽の記載
のある書類を関係者に閲覧させた指定構造計算適合性判定機関（その者が法
人である場合にあつては，その役員）又はその職員は，30万円以下の過料に
処する。

（平18法92・追加，平26法54・旧第105条繰下・一部改正，平30法67・令元法
37・一部改正）

　本法においては，適判検定機関，構造適判検定機関，確認検査機関，構造計算適
合性判定機関，認定機関，性能評価機関という，国土交通大臣の指定によって業務
を行う各種の「指定機関」が定められているところである。これらの機関について
は，本法の円滑かつ適確な運用を図る上で重要な機能を担うこととなっているた
め，業務上の違反が生じた場合，その役員や職員の公正性を確保できなくなった場
合等について，必要な罰則を科すことができるように措置している。

　実際に違反行為をした指定機関の役員・職員に対する罰則の適用にあたっては，
「職員」には各指定機関の業務に関わる「建築基準適合判定資格者検定委員（適判

720

第2節　指定機関に対する罰則

検定機関)」,「構造計算適合判定資格者検定委員（構造適判検定機関)」,「構造計算適合性判定員（構造計算適合性判定機関)」,「認定員（認定機関)」,「評価員（性能評価機関)」が含まれることとされている（第100条，第102条，第104条)。これらの規定では，確認検査機関における「確認検査員」について明記されていないが，同条に相当する確認検査機関関係の違反は第99条・第103条において「者」が対象とされているため，違反行為をした「確認検査員」にも同様に罰則が適用されることが見込まれている。

　具体的な罰則の種類については，法第99条，第100条，第102条，第103条，第104条及び第106条において，刑の軽重に応じて分類されており，その概要は表13―2のとおりである。表中で「指定機関」とあるのは，各種の指定機関すべてが対象であることを意味する。

表13― 2　建築基準法における罰則の対象（指定機関）

	第99条・第100条	第101条・第102条	第103条・第104条	第106条
内容	1年以下の懲役又は100万円以下の罰金	100万円以下の罰金	50万円以下の罰金	30万円以下の過料
命令違反	業務の停止命令に違反した指定機関（第99条第1項第13号・第100条)			
手続その他の違反	建築主事，特定行政庁，国土交通大臣による報告要求や検査に対して拒否を行った指定機関（第99条第7号) 秘密保持義務等に違反した指定機関の役員・職員（第99条第1項第10号・第11号・第12号)	特定行政庁，建築主事又は建築監視員の求めに応じた報告をしない確認検査機関，構造計算適合性判定機関（第101条第1項第2号，第102条)	確認審査報告書，完了検査報告書，中間検査報告書，仮使用認定報告書の提出をしない確認検査機関（第103条第1号) 帳簿等の備付けや保存を行っていない指定機関（第103条第3号・第7号，第104条第2号・第5号) 国土交通大臣，都道府県知事，特定行政庁による報告要求や検査に対して拒否等を行った指定機関（第103条第4号・第5号・第6号，第104条第1号・第3号) 未届・未許可で業務の全部を廃止した指定機関（第103条第8号，第104条第4号)	業務実績を記載した書類等を事務所に備え置き，関係者に閲覧させなければならないにもかかわらず，その行為を怠ったり，虚偽の記載のある書類の閲覧をさせたりした確認検査機関，構造計算適合性判定機関（第1項第3号，第2項)

721

第13章　罰　　則

第3節　その他の者に対する罰則

法第99条　次の各号のいずれかに該当する者は，1年以下の懲役又は100万円以下の罰金に処する。

一　第6条第1項（第87条第1項，第87条の4又は第88条第1項若しくは第2項において準用する場合を含む。），第7条の6第1項（第87条の4又は第88条第2項において準用する場合を含む。）又は第68条の19第2項（第88条第1項において準用する場合を含む。）の規定に違反した者

二～十三　（略）

十四　第77条の62第2項（第77条の66第2項において準用する場合を含む。）の規定による禁止に違反して，確認検査又は構造計算適合性判定の業務を行つた者

十五・十六　（略）

2　（略）

　　　　（平18法92・全改，平26法54・平30法67・一部改正）

法第101条　次の各号のいずれかに該当する者は，100万円以下の罰金に処する。

一～六　（略）

七　第68条の18第2項（第88条第1項において準用する場合を含む。）の規定に違反して，検査を行わず，検査記録を作成せず，虚偽の検査記録を作成し，又は検査記録を保存しなかつた者

八～十八　（略）

2　（略）

　　　　（昭26法195・昭27法160・昭34法156・昭36法115・昭38法151・昭43法101・昭44法38・昭45法109・昭49法67・昭50法66・昭51法83・昭58法44・昭62法66・平4法82・平6法62・平9法79・平10法100・平11法87・平14法22・平14法85・平15法101・平16法111・一部改正，平16法67・旧第99条繰下・一部改正，平18法5・平18法92・平18法46（平18法92）・平18法114・平26法39・平26法54・平28法72・平29法26・平30法67・令2法43・令4法44・令4法69・一部改正）

法第106条　次の各号のいずれかに該当する者は，30万円以下の過料に処す

第 3 節　その他の者に対する罰則

る。
一　第12条の 2 第 3 項（第12条の 3 第 4 項（第88条第 1 項において準用する
　　場合を含む。）又は第88条第 1 項において準用する場合を含む。）の規定に
　　よる命令に違反した者
二　第68条の16若しくは第68条の17第 1 項（これらの規定を第88条第 1 項に
　　おいて準用する場合を含む。）又は第77条の61（第 3 号を除き，第77条の66
　　第 2 項において準用する場合を含む。）の規定による届出をせず，又は虚
　　偽の届出をした者
三　（略）
2　（略）

（平18法92・追加，平26法54・旧第105条繰下・一部改正，平30法67・令元法
37・一部改正）

　第 1 節及び第 2 節で説明した建築主，設計者，施工者等，指定機関以外の者につ
いても，以下の表13— 3 のとおり，本法による罰則の適用を受ける場合がある。

表13— 3　建築基準法における罰則の対象（その他の者）

対象者	違反の内容		罰則の内容	
認証型式部材等製造者	製造をする型式部材等に関する検査や検査記録の作成・保存を適切に行わなかった場合	第68条の18第 2 項違反	100 万円以下の罰金	第 101 条第 1 項第 7 号
	認証を受けた事項の変更に関する届出を行わなかった場合	第68条の16違反	30万円以下の過料	第 106 条第 1 項第 2 号
	型式部材等の製造事業の廃止に関する届出を行わなかった場合	第68条の17第 1 項違反	30万円以下の過料	第 106 条第 1 項第 2 号
適判資格者・構造適判資格者	業務禁止となったにもかかわらず，確認検査や構造計算適合性判定の業務を行った場合	第77条の62第 2 項・第77条の66第 2 項違反	1 年以下の懲役又は100万円以下の罰金	第99条第 1 項第14号
	禁錮刑・懲役刑や，建築基準法令の規定や建築士法の規定によって刑に処せられたことの届出をしなかった場合	第77条の61・第77条の66第 2 項違反	30万円以下の過料	第 106 条第 1 項第 2 号
適判資格者・構造適判資格者の相続人	適判資格者・構造適判資格者の死亡の届出をしなかった場合	第77条の61・第77条の66第 2 項違反	30万円以下の過料	第 106 条第 1 項第 2 号
建築物調査員・建築設備等検査員	資格者証の返納命令に違反した場合	第12条の 2 第 3 項・第12条の 3 第 4 項違反	30万円以下の過料	第 106 条第 1 項第 1 号

723

第13章　罰　　　則

| 全ての者 | 「認証型式部材等製造者が製造した型式部材等であることを示す特別な表示」を不正に行った場合 | 第68条の19第2項違反 | 1年以下の懲役又は100万円以下の罰金 | 第99条第1項第1号 |

第4節　法人重科（両罰規定）

法第105条　法人の代表者又は法人若しくは人の代理人，使用人その他の従業者がその法人又は人の業務に関して，次の各号に掲げる規定の違反行為をした場合においては，その行為者を罰するほか，その法人に対して当該各号に定める罰金刑を，その人に対して各本条の罰金刑を科する。

　一　第98条第1項第1号（第19条第4項，第20条，第21条，第22条第1項，第23条，第25条から第27条まで，第28条第3項，第28条の2，第32条から第35条の3まで，第36条（防火壁，防火床，防火区画，消火設備，避雷設備及び給水，排水その他の配管設備の設置及び構造並びに煙突及び昇降機の構造に係る部分に限る。），第37条，第61条，第62条，第64条又は第67条第1項，第3項若しくは第5項から第7項までの規定に違反する特殊建築物等（第6条第1項第1号に掲げる建築物その他多数の者が利用するものとして政令で定める建築物をいう。以下この条において同じ。）又は当該特殊建築物等の敷地に関してされた第9条第1項又は第10項前段（これらの規定を第90条第3項において準用する場合を含む。）の規定による命令の違反に係る部分に限る。），第98条（第1項第1号を除き，特殊建築物等に係る部分に限る。）並びに第99条第1項第8号，第9号，第15号及び第16号並びに第2項（特殊建築物等に係る部分に限る。）　1億円以下の罰金刑

　二　第98条（前号に係る部分を除く。），第99条第1項第1号から第7号まで，第8号及び第9号（特殊建築物等に係る部分を除く。），第12号（第77条の25第1項に係る部分に限る。），第13号，第14号並びに第15号及び第16号（特殊建築物等に係る部分を除く。）並びに第2項（特殊建築物等に係る部分を除く。），第101条並びに第103条　各本条の罰金刑

　　　　　　（昭34法156・平10法100・一部改正，平16法67・旧第101条繰下・一部改正，
　　　　　　平18法92・旧第103条繰下・一部改正，平26法54・旧第104条繰下・一部改
　　　　　　正，平30法67・一部改正）

　本条は，第98条，第99条，第101条又は第103条の違反行為があった場合における現実の行為者と，法人又は使用者等との両罰規定を定めたものである。本法の各制限規定については，現実の行為者が義務者であることはもちろんであるが，法人や

第13章　罰　　則

使用者等も違法行為を行い得るか，又は違反行為を防止し得る立場にあるので，これらの者も義務者である。

　したがって，法人の代表者又は法人若しくは人の代理人，使用人その他の従業者がその法人又は人の業務に関して，本法の規定に係る違反行為をした場合においては，その行為者を罰するほか，その法人又は人に対して各本条の罰金刑を科するものとされた。ここで「法人又は人の業務に関して」とは，その法人又は人が，職業等その社会生活上の地位に基づいて，継続して行っている事務又は事業に関係しての意味であり，業務の遂行と密接な関係を有するものであればこれに該当し，必ずしも行為そのものが業務自体であることを要しない。

　法人，使用者等の責任は，現実の行為者の行為についての代位責任でなく，本法上これらの者に課せられた義務に違反することに対するこれらの者自身の過失責任である。したがって，法人又は人の代理人，使用人その他の従業者の当該違反行為を防止するため，当該業務に対し，相当の注意及び監督が尽くされたことの証明があったときは，その法人又は人については，刑罰を科さないものとされる。

　なお，「業務に対し，相当の注意及び監督が尽くされたことの証明」としては，法人の機関又は雇主等がその代理人，使用人その他の従業者の業務の遂行に当たり，それぞれの行為が業務上遵守すべき義務に違反することがないかどうか，業務の目的を達成するのに不適当な行為でないかどうか等を監視し，必要に応じて，法律に違反する行為を防止するため，適切な指示，命令等を行ったことの確信を抱かせる程度の挙証が必要であると考えられる。

第5節　条例に違反する者に対する罰則

法第107条　第39条第2項，第40条若しくは第43条第3項（これらの規定を第87
　条第2項において準用する場合を含む。），第43条の2（第87条第2項におい
　て準用する場合を含む。），第49条第1項（第87条第2項又は第88条第2項に
　おいて準用する場合を含む。），第49条の2（第87条第2項又は第88条第2項
　において準用する場合を含む。），第50条（第87条第2項又は第88条第2項に
　おいて準用する場合を含む。），第68条の2第1項（第87条第2項又は第88条
　第2項において準用する場合を含む。），第68条の9第1項（第87条第2項に
　おいて準用する場合を含む。）又は第68条の9第2項の規定に基づく条例に
　は，これに違反した者に対し，50万円以下の罰金に処する旨の規定を設ける
　ことができる。

　　　（昭34法156・昭43法101・昭45法109・昭49法67・昭55法34・昭62法66・平4
　　　法82・一部改正，平10法100・旧第102条繰下，平12法73・平15法101・平16法
　　　111・一部改正，平16法67・旧第103条繰下・一部改正，平18法92・旧第105条
　　　繰下・一部改正，平26法54・旧第106条繰下，平30法67・一部改正）

　地方公共団体の条例における罰則規定に関しては，一般的に，地方自治法（昭和
22年法律第67号）第14条第3項により，条例に違反した者に対し，①2年以下の懲
役又は禁錮，②100万円以下の罰金，拘留，科料又は没収の刑，③5万円以下の過
料を科する旨の規定を設けることができる。しかしながら，この規定は「法令に特
別の定めがあるものを除くほか」とされており，建築基準法においては本条におい
て「特別の定め」を置いていることから，その限りにおいて地方自治法第14条第3
項の規定は排除されることとなる。

　本条の規定によれば，次に掲げる各規定に基づく条例について，これに違反した
者に対して，50万円以下の罰金に処する旨の規定を設けることができる。この場
合，地方自治法の規定は適用されないため，これらの条例の違反に関しては，上述
の懲役等の刑を課すことはできない。

・災害危険区域内の建築制限に関する条例（法第39条第2項）
・地方の気候・風土の特殊性などによる単体規定に関する制限の附加条例（法第
　40条）
・建築物の用途，規模に応じた敷地と道路に関する制限の附加条例（法第43条第

第13章　罰　　則

3 項)
- 敷地が 4 m未満の道路にのみ接する建築物に対する制限に関する条例（法第43条の 2)
- 特別用途地区内における建築の制限・禁止に関する条例（法第49条第 1 項）
- 特定用途制限地域内における建築物の用途の制限に関する条例（法第49条の 2)
- 用途地域等における建築物の敷地，構造，建築設備に関する制限を定める条例（法第50条）
- 地区計画等の区域内における建築物の制限に関する条例（法第68条の 2 第 1 項）
- 都市計画区域外の指定区域内における建築物の敷地・構造に関する制限を定める条例（法第68条の 9 第 1 項）
- 準景観地区内における建築物の構造・敷地に関する制限を定める条例（法第68条の 9 第 2 項）

建築基準法の主要な改正経過

○昭和32年 5 月15日法律第101号による改正（第 1 次）

第 1　道路内の建築制限に関する規定の整備

　　道路に建築することができる建築物の範囲に，地盤面下のもの又は公衆便所等公益上必要な建築物のほかに，新たに政令で定める建築物で，特定行政庁が安全上，防火上若しくは衛生上他の建築物の利便を妨げ，その他周囲の環境を害するおそれがないと認めるものを加えることとすること。この場合の許可については，建築審査会の同意を要するものとすること（第44条関係）。

第 2　建ぺい率に関する規定の整備

　　商業地域内で，かつ，準防火地域内にある主要構造部が耐火構造の建築物の建築面積の敷地面積に対する割合の限度を 8 割までとすること（第53条関係）。

第 3　仮設建築物に関する規定の整備

　　特定行政庁の許可を受けて本法の適用を一部緩和することができる仮設建築物の種類に，工事を施工するために従前の既存の建築物に代えて必要となる仮設店舗の類を加え，その存続期間を工事施工上必要と認める期間とすること（第85条関係）。

第 4　空地地区内における総合的設計に関する規定の整備

　　空地地区内において都市計画として決定された一団地の住宅経営による建築物を総合的設計によって建築する場合において，当該建築物が当該都布計画に定められている建築物の延べ面積又は建築面積の合計の敷地面積に対する割合及び建築物の敷地境界線までの距離の基準に適合しており，かつ，特定行政庁がその各建築物の位置及び構造が当該空地地区内の住居の環境の保護に支障がないと認めるときは，空地地区内の制限の規定は適用しないこととすること（現時点では廃止されている）。

○昭和34年 4 月24日法律第156号による改正（第 2 次）

第 1　防火に関する規定の整備

1　建築材料等の進歩に伴い，耐火建築物及び簡易耐火建築物の規定を設け，これによって特殊建築物及び防火地域等の防火に関する構造制限を強化整備すること（第 2 条，第27条，第61条，第62条関係）。

2　3 階以上の建築物，地下建築物，無窓工場等についても，避難施設，消火設

備等が，政令で定める技術的基準に従って支障がないようにしなければならないものとすること（第35条関係）。

3　特殊建築物，地下建築物，無窓工場等は，その内装を政令で定める技術的基準に従って防火上支障がないようにしなければならないものとすること（第35条の2関係）。

4　無窓の居室は，その主要構造部を耐火構造とし，又は不燃材料で造らなければならないものとすること（第35条の3関係）。

第2　道路に関する規定の整備

がけ地その他土地の状況によりやむを得ない場合においては，幅員1.8m未満の既存の道路も本法にいう道路として取り扱うことができるものとし，その境界線は，中心線から1.35mまでの線とすること（第42条関係）。

第3　用途地域に関する規定の整備

1　用途地域内の建築制限について，工場等の施設の進歩に応じ，新しく制限を必要とする建築物を追加するとともに，公害の少なくなった建築物を削ること（第48条関係）。

2　特別用途地区内における建築制限について，必要と認める場合には，建設大臣の承認を得て，地方公共団体の条例で制限を緩和することもできるものとすること（第49条第2項関係）。

3　用途地域等内における建築設備等の制限で，その地域等の指定の目的のために必要なものは，地方公共団体の条例で定めるものとすること（第50条関係）。

第4　建築物の高さと空地に関する規定の整備

1　過少宅地が多い等土地の状況によりやむを得ない場合で，特定行政庁が建設大臣の承認を得て指定する区域については，建築面積の敷地面積に対する割合は，敷地面積の6割とし，敷地面積から30㎡を差し引かないものとすること（廃止）。

2　空地地区における外壁等により敷地境界線までの距離の制限を，外壁等が公園等の空地に面する場合には緩和できるものとすること（第56条第3項関係）。

3　建築物の周囲に広い空地がある場合等で，交通上支障がない場合等には，建築物の道路幅による高さの制限を緩和できるものとすること（第43条第1項関係）。

4　高架の工作物内に設ける建築物について，防火上支障がない場合等には，建築物の高さ及び道路幅による高さの制限規定は適用しないものとすること（第57条第1項関係）。

第5　違反是正措置の強化

特定行政庁は，違反することが明らかな工事中の建築物について緊急の必要がある場合は，聴聞等の手続を経ないで直ちに工事の施工の停止の命令を出し得ることとする等，違反是正の措置を強化すること（第9条関係）。

第6　手続等に関する規定の整備

1　昇降機等の建築設備及び飛行塔その他政令で指定する工作物の設置についても，確認申請等の手続及び構造耐力等の規定を準用するものとすること（第88条関係）。

2　確認申請手数料を物価の変動に伴い引き上げるものとすること（第6条第6項関係）。

3　特定行政庁の指定する特殊建築物の所有者は，建築物の構造，設備等の維持保全の状況を，定期に特定行政庁に報告しなければならないものとすること（第12条第1項関係）。

4　昇降機等の建築設備の所有者は，建築設備の維持保全の状況について，定期に建築主事の検査を受けなければならないものとすること（第12条第2項関係）。

5　建築審査会の委員の欠格条項及び解任条項を追加する等，建築審査会に関する規定を整備すること（第79条，第80条，第80条の2，第80条の3関係）。

6　その他手続等の規定について整備すること。

○昭和36年6月5日法律第115号による改正（第3次）

第1　市街地の整備改善を図るための特例措置

建設大臣は，都市計画上市街地の整備改善を図るため必要があると認める場合においては，住宅地区改良法による改良地区その他建築物及びその敷地の整備をすべき地区又は街区について，都市計画法の定める手続により，その街区内における建築物の高さの最高限度及び壁面の位置の制限を定めて，第1種ないし第6種特定街区を指定し，建築物の延べ面積の敷地面積に対する割合について制限するものとすること（第60条関係）。

第2　車庫及び自動車修理工場に関する規定の整備

建築基準法の主要な改正経過

1　自動車車庫で床面積の合計が50㎡以下のものについて，防火上の構造制限を緩和すること（第24条第2号関係）。

2　商業地域内において床面積の合計が300㎡を超えない自動車修理工場を建築できるものとすること（別表第2関係）。

第3　特殊建築物の防火上の規定の整備

キャバレー，カフェー，ナイトクラブ，バー又は自動車修理工場の用途に供する建築物の防火上の構造制限を強化すること（別表第1関係）。

第4　違反是正に関する規定の整備

法令に違反することが明らかな工事中の建築物については，工事従事者に対しても作業の停止を命ずることができるものとすること（第9条第10項関係）。

第5　建築協定に関する規定の整備

建築物の用途に関しても建築協定で基準を定めることができるものとすること（第69条関係）。

○昭和38年7月16日法律第151号による改正（第4次）

第1　容積地区制度の創設

1　建設大臣は，都市計画上又は土地利用上必要があると認める場合においては，都市計画法の定める手続により，都市計画の施設として，第1種ないし第10種容積地区を指定することができるものとし，その地区内においては，容積地区の種別及び道路の幅員により，建築物の延べ面積の敷地面積に対する割合を制限するものとすること（現時点では廃止されている。）。

2　容積地区内においては，建築物の高さの限度の規定は適用せず，道路の幅員と建築物の高さとの関係の規定は適用を緩和するものとすること（現時点では廃止されている。）。

3　容積地区内においては，隣地境界線からの水平距離に応じて，建築物の高さを制限するものとすること（現時点では廃止されている。）。

第2　特定街区の規定の整備

特定街区について，種別による建築物の延べ面積の敷地面積に対する割合の規制を廃し，建設大臣が特定街区の指定の際にその割合の最高限度を定めるものと改めること（第60条第1項関係）。

第3　高層建築物に対する規制の強化

高さが31mを超える建築物について，防火の見地から，内装の制限を設けるこ

と（第35条の２関係）。

第４　確認手数料の引上げ

大規模建築物の増加傾向に鑑み，確認手数料の限度を10万円に引き上げること（第６条第６項関係）。

第５　仮設建築物に関する規定の整備

非常災害の場合における応急仮設建築物等に対する緩和区域の指定は，都道府県知事の承認でできるものと改めること（第85条第１項関係）。

○昭和45年６月１日法律第109号による改正（第５次）

〔１　総則関係〕

第１　執行体制の整備拡充

建築基準法の執行主体（特定行政庁）を次のとおり整備拡充すること。

１　25万以上の人口を有する市の長は，当該市の区域について，法の執行を行わなければならない（第４条第１項関係）。

２　前号に規定する市以外の市又は町村の長は，当該市又は町村の区域について，都道府県知事と協議のうえ，法の執行の全部又は一部を行うことができる（第４条第２項関係）。

３　都道府県知事は，前２号の規定により市町村長が執行する事務以外の事務について，法の執行を行う（第４条第５項関係）。

第２　違反是正措置の整備強化

違反建築物に対する是正措置を次のとおり整備強化すること。

１　特定行政庁は，除却，移転等の違反是正を命じた場合において，義務者がその命令に従った措置を履行しないときは，行政代執行法により代執行を行うことができる（第９条第12項関係）。

２　特定行政庁は，違反是正を命じた場合においては，標識の設置等によりその旨を公示しなければならず，違反建築物の所有者等は，標識の設置を拒み，又は妨げてはならない（第９条第13項関係）。

３　特定行政庁は，その吏員のうちから建築監視員を命じ，この法律又はこれに基づく命令若しくは条例の規定に違反して工事している者に対して当該工事の施工の停止を命ずる等の権限を行わせることができる（第９条の２関係）。

第３　違反建築物の設計者等の処分

特定行政庁は，違反是正を命じた場合においては，建築物の設計者，工事の請

建築基準法の主要な改正経過

負人又は宅地建物取引業者の住所，氏名等をこれらの者を監督する建設大臣又は都道府県知事に通知し，建設大臣又は都道府県知事は，これらの者について営業の停止等必要な措置を講じ，その結果を特定行政庁に通知しなければならないものとすること（第9条の3関係）。

第4　建築関係職員の質問の権限

建築主事，建築監視員その他の職員は，確認，違反是正命令等をしようとする場合においては，建築物の所有者，工事の施工者等に対し，必要な事項を質問することができるものとすること（第12条第4項関係）。

〔2　建築物の敷地，構造及び建築設備に関する基準〕

第1　耐火建築物又は簡易耐火建築物に関する墓準の整備

耐火建築物又は簡易耐火建築物としなければならない特殊建築物（劇場，ホテル，学校，百貨店等）の別表第1(い)欄各項に掲げる用途に，当該各項に掲げる用途に類するものを加えるものとすること（第27条，別表第1関係）。

第2　建築設備に関する基準の整備強化

1　劇場，映画館等の建築物又は建築物のうちかまど，こんろ等の火気を使用する設備を設けた部分には，政令で定めるところにより，換気設備を設けなければならないものとすること（第28条関係）。

2　高さ31mを超える建築物（政令で定めるものを除く。）には，非常用の昇降機を設けなければならないものとすること（第34条第2項関係）。

第3　遮音に関する基準の整備

長屋又は共同住宅の各戸の界壁は，政令で定めるところにより，遮音上有効な構造としなければならないものとすること（第30条の2関係）。

第4　避難に関する基準の整備

第1の用途の特殊建築物，階数が3以上である建築物，延べ面積が1,000㎡を超える建築物等について，排煙設備及び非常用の照明装置等に関する基準を定めるものとすること（第35条関係）。

第5　内装制限に関する基準の適用範囲の拡充

内装制限に関する基準は，第1の用途の特殊建築物のほか，階数が3以上である建築物，延べ面積が1,000㎡を超える建築物又は建築物のうちかまど，こんろ等の火気を使用する設備を設けた部分にも適用があるものとすること（第35条の2関係）。

第6　建築材料の品質に関する基準の整備

建築物の主要構造部のほか，建築物の安全上，防火上又は衛生上重要な部分に使用する建築材料の品質は，建築大臣の指定する日本工業規格又は日本農林規格に適合するものでなければならないものとすること（第37条関係）。

〔3 都市計画区域内の建築物の敷地，構造及び建築設備に関する基準〕

第1 用途地域の整備

1 現行の4用途地域（住居地域，商業地域，準工業地域及び工業地域）のほかに，新たに近隣商業地域を設けるとともに，現行の住居専用地区を第一種住居専用地域及び第二種住居専用地域に，工業専用地区を工業専用地域に，それぞれ改め，8用途地域とするものとすること（第48条，別表第2関係）。

新たな4用途地域は，次のとおりとする。

(1) 第一種住居専用地域は，低層住宅に係る良好な住居の環境を保護するための地域とし，現行の住居専用地区において制限されている建築物のほか，新たに大学，高等専門学校，各種学校，特殊浴場を制限する。

(2) 第二種住居専用地域は，中高層住宅に係る良好な住居の環境を保護するための地域とし，住居地域において制限される建築物のほか，工場，遊技場，旅館等を制限する。

(3) 近隣商業地域は，近隣の住宅地の住民に対する日用品の供給を行うことを主たる内容とする商業その他の業務の利便を増進するための地域とし，商業地域において制限される建築物のほか，キャバレー，劇場，観覧場等を制限する。

(4) 工業専用地域は，工業の利便を増進するための地域とし，現行の工業専用地区において制限されている建築物のほか，遊技場等を制限する。

2 住居地域において特殊浴場を排除するとともに，公害を伴う工場に関する規制を強化するものとすること（第48条，別表第2関係）。

第2 容積率制限の全面適用

都市計画区域内においては，建築物の延べ面積の敷地面積に対する割合（容積率）は，用途地域内では当該地域に関する都市計画で定める割合以下，用途地域外では10分の40以下とするものとすること（第52条関係）。

なお，現行の容積地区は，廃止する。

第3 建ぺい率制限の合理化

現行の建築物の建築面積の敷地面積に対する割合（建ぺい率）の制限を緩和し，第一種住居専用地域では10分の3から10分の6までの範囲内において当該地

建築基準法の主要な改正経過

域に関する都市計画で定める割合以下，近隣商業地域及び商業地域では10分の8以下，その他の用途地域では10分の6以下，用途地域外では10分の7以下とするものとすること（第53条関係）。

なお，現行の空地地区は廃止し，敷地境界からの壁面の位置の後退については，第一種住居専用地域に限り，当該地域に関する都市計画で定めることができるものとする（第54条関係）。

第4　建築物の高さに関する基準の整備

建築物の高さに関する基準を次のとおり整備するものとすること。

1　第1種住居専用地域については，建築物の高さは10m以下とし，第一種住居専用地域外では現行の建築物の高さ制限（住居地域内では20m以下，住居地域外では31m以下）は，廃止する（第55条関係）。

2　建築物の各部分の高さの制限（斜線制限）については，現行の道路斜線，隣地斜線のほか，第一種住居専用地域及び第二種住居専用地域に限り，新たに敷地の北側境界からの斜線制限を設ける（第56条関係）。

第5　道路位置指定基準の制定

特定行政庁が指定する私道の線形，構造等に関する基準を新たに設けるものとすること（第42条第1項第5号関係）。

〔4　その他〕

第1　確認申請書に関する図書の閲覧

特定行政庁は，確認申請書に関する図書のうちで建設省令で定めるものについて閲覧の請求があった場合には，これを閲覧させなければならないものとすること（第93条の2関係）。

第2　検討

政府は，工事の施工の停止命令等の履行を確保するための措置について検討するものとすること。

第3　他法律の改正等

都市計画法等の関係法律の所要の改正を行うとともに，所要の経過措置を定めるものとすること。

○昭和49年6月1日法律第67号（都市計画法及び建築基準法の一部を改正する法律）による改正

1　工業専用地域内の建ぺい率の強化

工業専用地域内の建築物の建築面積の敷地面積に対する割合について，10分の3，10分の4，10分の5又は10分の6のうち当該地域に関する都市計画において定められたものを超えてはならないものとすること（第53条関係）。

2　特定の工作物についての用途規制

製造施設，貯蔵施設，遊戯施設等政令で定める工作物について，用途規制を行うこととし，このため建築主事の確認を行うものとすること（第88条関係）。

○昭和51年11月15日法律第83号による改正（第6次）

第1　建築物に関する規制の強化

1　建築等について確認を要する特殊建築物の範囲を拡大し，新たにキャバレー，ナイトクラブ，遊技場等を加えるものとすること（第6条第1項第1号関係）。

2　特殊建築物等を新築する場合又はこれらの建築物の増築，大規模の修繕等の工事で避難施設等に関するものをする場合においては，原則として当該建築物は使用してはならないものとすること。ただし，特定行政庁が，安全上，防火上又は避難上支障がないと認めて承認したときは，仮に，使用することができるものとする（第7条の2及び第18条関係）。

3　特定行政庁は，工事の施工中に使用されている特殊建築物等が著しく安全上，防火上又は避難上支障があると認めるときは，当該建築物の所有者等に対して使用禁止，使用制限その他必要な措置をとることを命ずることができるものとする（第90条の2関係）。

4　百貨店，病院，ホテル，キャバレー等の用途に供する特殊建築物及び地下の工作物内に設ける建築物の建築主は，当該建築物の新築の工事又は避難施設等に関する工事の施工中にこれを使用する場合は，あらかじめ，当該工事中の安全上の措置等に関する計画書を作成して特定行政庁に届け出なければならないものとすること（第90条の3関係）。

第2　第二種住居専用地域における環境保全措置の強化

1　第二種住居専用地域内で建築してはならない建築物として，次の各号に掲げるものを加えるものとすること（第48条第2項及び別表第2関係）。

(1)　3階以上の部分を第一種住居専用地域内において建築することができない建築物の用途に供するもの

建築基準法の主要な改正経過

(2) 第一種住居専用地域内において建築することができない建築物の用途に供するものでその用途に供する部分の床面積の合計が1,500㎡を超えるもの

2 都市計画において定められる第二種住居専用地域内の建築物の容積率として，10分の20,10分の30及び10分の40のうち10分の40を廃止し，新たに10分の10及び10分の15を加えることとした（第52条第1項関係）。

3 都市計画において定められる第二種住居専用地域内の建築物の建ぺい率として，10分の6のほかに，新たに10分の3，10分の4及び10分の5を加えるものとすること（第53条第1項関係）。

第3 日影規制の新設

表(い)欄の各項に掲げる地域の全部又は一部で地方公共団体の条例で指定する区域（以下「対象区域」という。）内にある表(ろ)欄の当該各項に掲げる建築物は，冬至日の直太陽時による午前8時から午後4時まで（道の区域内にあっては，午前9時から午後3時まで）の間において，それぞれ，表(は)欄の各項に掲げる平均地盤面からの高さの水平面対象区域外の部分及び当該建築物の敷地内の部分を除く。）に，敷地境界線からの水平距離が5mを超える範囲において，表(に)欄の(1)，(2)又は(3)の号（同表の3の項にあっては(1)又は(2)の号）のうちから地方公共団体がその地方の気候及び風土，土地利用の状況等を勘案して条例で指定する号に掲げる時間以上日影となる部分を生じさせることのないものとしなければならないものとすること（第56条の2関係）。

表　日影による中高層の建築物の制限

	(い)	(ろ)	(は)	(に)		
	地域	制限を受ける建築物	平均地盤面からの高さ		敷地境界線からの水平距離が10m以内の範囲における日影時間	敷地境界線からの水平距離が10mを超える範囲における日影時間
1	第一種住居専用地域	軒の高さが7mを超える建築物又は地階を除く階数が三以上の建築物	1.5m	(1)	3時間（道の区域内にあっては，2時間）	2時間（道の区域内にあっては，1.5時間）
				(2)	4時間（道の区域内にあっては，3時間）	2.5時間（道の区域内にあっては，2時間）
				(3)	5時間（道の区域内にあっては，4時間）	3時間（道の区域内にあっては，2.5時間）
2	第二種住居専用地域	高さが10mを超える建築物	4m	(1)	3時間（道の区域内にあっては，2時間内）	2時間（道の区域内にあっては，1.5時間）
				(2)	4時間（道の区域内にあっては，3時間）	2.5時間（道の区域内にあっては，2時間）

				(3)	5時間（道の区域内にあっては，4時間）	3時間（道の区域内にあっては，2.5時間）
3	住居地域，近隣商業地域又は準工業地域	高さが10mを超える建築物	4 m	(1)	4時間（道の区域内にあっては，3時間）	2.5時間（道の区域内にあっては，2時間）
				(2)	5時間（道の区域内にあっては，4時間）	3時間（道の区域内にあっては，2.5時間）

この表において，平均地盤面からの高さとは，当該建築物が周囲の地面と接する位置の平均の高さにおける水平面からの高さをいうものとする。

第4　建築協定に関する規定の整備

建築協定について，次のような特則を設けるものとする。

(1) 借地権の目的となっていない土地の所有者は，1人で，当該土地の区域を建築協定区域とする建築協定を定めることができること（第76条の3関係）。

(2) 土地の所有者等の全員の合意によって締結する建築協定について，借地権の目的となっている土地の所有者の合意がない場合においても，建築協定書を作成することができるものとし，あわせて土地の共有者等の取扱いに関する規定を設けること（第70条第2項及び第76条の2関係）。

第5　その他

1　容積率の制限強化

前面道路の幅員による容積率の制限について，第一種住居専用地域，第二種住居専用地域若しくは住居地域又は特定行政庁が都市計画地方審議会の議を経て定める区域内の建築物にあっては10分の6掛を10分の4掛に改めることとした（第52条第1項関係）。

2　第一種住居専用地域内における建築物の高さの限度の緩和

建築物の高さが10mを超えてはならないこととされている第1種住居専用地域内において，特定行政庁が低層住宅に係る良好な住居の環境を害するおそれがないと認める場合には，その敷地内に相当規模の空地があり，かつ，高さが12m以下である建築物を建築することができるものとすること（第55条関係）。

3　敷地内に広い空地を有する建築物の容積率等の特例（総合設計制度）の新設

その敷地内に政令で定める空地を有し，かつ，その敷地面積が政令で定める規模以上である建築物で市街地の環境の整備改善に資するものの建築を促進するため，規定の整備を行うこととした（第59条の2関係）。

4　建築物又はその敷地が区域又は地域の内外にわたる場合の措置

建築基準法の主要な改正経過

　　建築物又はその敷地がこの法律の規定による建築物に関する制限を受ける区
　域又は地域の内外にわたる場合における建築物の容積率若しくは建ぺい率又は
　各部分の高さについては，建築物又はその敷地の全部について敷地の過半の属
　する区域又は地域における制限を適用することを改め，容積率及び建ぺい率に
　ついては異なる区域又は地域に属する敷地の部分の面積比を基準とした割合を
　限度とし，各部分の高さについては異なる区域又は地域内の建築物の部分につ
　いて当該区域又は地域の制限を適用することとした（第52条，第53条，第55
　条，第56条及び第91条関係）。

○昭和55年5月1日法律第35号（都市計画法及び建築基準法の一部を改正する法
　律）による改正
第1　地区計画の区域内における市町村の条例に基づく制限
　1　市町村は，地区計画の区域内において，地区計画の内容として定められた建
　　築物の敷地，構造，建築設備又は用途に関する事項について，適正な都市機能
　　と健全な都市環境を確保するため合理的に必要と認められる限度において，特
　　に重要な事項につき，条例で，これらに関する制限として定めることができる
　　ものとすること。
　2　建築物の敷地面積に関する制限を条例で定める場合においては，当該条例
　　に，当該条例の規定の施行又は適用の際，現に建築物の敷地として使用されて
　　いる土地で当該規定に適合しないもの又は現に存する所有権その他の権利に基
　　づいて建築物の敷地として使用するならば当該規定に適合しないこととなる土
　　地について，その全部を一の敷地として使用する場合の適用の除外に関する規
　　定を定めるものとすること（第68条の2関係）。
第2　道路の位置の指定に関する特例
　　地区計画等に道の配置及び規模が定められている場合には，当該地区計画等の
　区域における第42条第1項第5号の規定による私道の位置の指定は，特別の事情
　がある場合を除き，これらの計画に即して行うものとすること（第68条の3関
　係）。
第3　予定道路の指定
　　特定行政庁は，地区計画等の区域において一定の要件に該当する場合には，こ
　れらの計画に定められた道の配置及び規模に即して予定道路の指定を行うことが
　できるものとし，当該指定を行った予定道路の土地の区域内における建築物の建

築等について必要な制限を行うものとすること。ただし，当該指定に伴う制限により指定の際現に予定道路の敷地となる土地を含む土地について所有権その他の権利を有する者が当該土地をその権利に基づいて利用することを著しく妨げることとなるときは，この限りでない（第68条の4関係）。

第4　その他

その他建築物の敷地が地区計画等の区域の内外にわたる場合の容積率及び建ぺい率の制限の適用について必要な規定を設ける等所要の規定を設けるものとすること。

○昭和58年5月20日法律第44号（建築士法及び建築基準法の一部を改正する法律）による改正

第1　建築確認制度の合理化

次に掲げる建築物の建築（1に掲げる建築物にあっては，新築に限る。）については，建築基準法令の単体規定の一部を建築確認の対象法令から除外するものとすること（第6条の2関係）。

1　建築基準法第6条第1項第1号から第3号までに掲げる建築物のうち，建築材料及び構造方法が一体として規格化された型式（一定の基準に該当するものとして建設大臣が指定したものに限る。）の住宅

2　建築基準法第6条第1項第4号に掲げる建築物で建築士の設計に係るもの

第2　建築検査制度の合理化

第1の1及び2に掲げる建築物の建築の工事で，建築士である工事監理者によって設計図書のとおりに実施されたことが確認されたものについては，建築基準法令の単体規定の一部を建築検査の対象法令から除外するものとすること（第7条の2関係）。

第3　建築物の適正な維持保全の確保

1　定期報告制度の対象建築物の所有者等は，その建築物の維持保全に関する計画の作成等の措置を講ずるものとすること（第8条第2項関係）。

2　定期報告制度の対象建築物の範囲を拡大すること（第12条第1項関係）。

第4　建築確認に関する消防長等の同意制度の合理化

防火地域等以外の区域内における住宅（長屋，共同住宅等を除く。）に係る建築確認に関し，消防長等の同意を不要とし，消防長等に通知すれば足りるものとすること（第93条第1項～第3項関係）。

建築基準法の主要な改正経過

○昭和62年6月5日法律第66号（建築基準法の一部を改正する法律）による改正

第1　木造建築物等に係る制限の合理化

1　木造建築物に係る高さ制限の合理化

安全上及び防火上必要な技術的基準に適合する木造建築物について，高さが13m又は軒の高さが9mを超えて建築することができるものとすること（第21条第1項関係）。

2　防火壁設置義務の合理化

次の大規模木造建築物等について，防火壁の設置を必要としないものとすること（第26条関係）。

(1)　火災の発生のおそれが少ない用途に供する建築物で，防火上必要な技術的基準に適合するもの

(2)　畜舎等の建築物で，その周辺地域が農地等であり，特定行政庁が建築物の構造等により避難上及び延焼防止上支障がないと認めるもの

3　準防火地域内の建築物の防火制限の合理化

防火上必要な技術的基準に適合する3階建て木造建築物等について，準防火地域内で建築することができるものとすること（第62条第1項関係）。

第2　建築物の形態制限等の合理化

1　道路幅員による容積率制限の合理化

(1)　幅員6m以上の前面道路が延長70m以内で幅員15m以上の道路に接続する場合においては，都市計画により定まる容積率の限度の範囲内で，当該幅員15m以上の道路までの前面道路の延長に応じ，道路幅員による容積率の限度を割り増すものとすること（第52条第3項関係）。

(2)　壁面線の指定がある場合において，特定行政庁が許可した建築物については，都市計画により定まる容積率の限度の範囲内で，その前面道路の境界線は当該壁面線にあるものとみなして道路幅員による容積率の限度を割り増すものとすること（第52条第5項関係）。

2　第一種住居専用地域内における建築物の高さの制限の合理化

第一種住居専用地域内における建築物の高さの限度を都市計画で定めるものとし，当該限度として，現在の10mのほか12mを加えることとすること（第55条第1項関係）。

3　道路斜線制限及び隣地斜線制限の合理化

道路斜線制限及び隣地斜線制限について，次のような合理化を行うものとす

ること（第56条第1項及び第2項関係）。

(1) 道路斜線制限の適用については，前面道路の反対側の境界線から一定距離以下の範囲内のみに限る。

(2) 前面道路の境界線から後退した建築物について，その後退距離に応じて，道路斜線制限を緩和する。

(3) 高さ20m又は31mを超える部分が隣地境界線から後退して建築される建築物について，その後退距離に応じて，隣地斜線制限を緩和する。

4 総合的設計による一団地の建築物の取扱いの整備改善

特定行政庁が安全上，防火上及び衛生上支障がないと認めたことにより同一敷地内にあるものとみなされた総合的設計による建築物に係る一団地内において，当該総合的設計による建築物以外の建築物を建築しようとする者は，特定行政庁の認定を受けなければならないものとし，併せて公告手続を整備するものとすること（第86条第2項～第5項関係）。

第3 その他

1 建築士法の一部改正

一級建築士でなければ設計又は工事監理をしてはならないものとして，高さが13m又は軒の高さが9mを超える木造の建築物を加えるものとする（建築士法第3条関係）。

2 都市計画法の一部改正

第一種住居専用地域に関する都市計画において定める事項として，建築物の高さの限度を加えるものとする（都市計画法第8条関係）。

3 その他所要の規定の整備を行うものとする。

〇昭和63年5月20日法律第49号（都市再開発法及び建築基準法の一部を改正する法律）による改正

第1 再開発地区計画の区域内の制限の緩和等（第68条の3関係）

1 再開発地区計画の区域（再開発地区整備計画において建築物の延べ面積の敷地面積に対する割合の最高限度が定められている区域に限る。）内においては，当該再開発地区計画の内容に適合する建築物で，特定行政庁が支障がないと認めるものについては，建築物の延べ面積の敷地面積に対する割合の一般の制限の規定は適用しないものとすること。

2 再開発地区計画の区域（再開発地区整備計画が定められている区域に限る。

建築基準法の主要な改正経過

3において同じ。）内においては，敷地内に有効な空地が確保されていること
等により特定行政庁が支障がないと認めて許可した建築物については，斜線制
限の規定は適用しないものとすること。
3　再開発地区計画の区域内の建築物に対する用途制限の側外許可について特例
を設けるものとすること。

第2　その他
所要の改正を行うものとすること。

○平成元年6月28日法律第56号（道路法等の一部を改正する法律）による改正
1　敷地等と道路との関係に関する規定の合理化
建築物の敷地が接していなければならない道路から，高架の道路その他の道路
であって自動車の沿道への出入りができない構造のもの（2において「特定高架
道路等」という。）で，地区計画又は再開発地区計画の区域（地区整備計画又は
再開発地区整備計画において建築物その他の工作物の敷地として併せて利用すべ
き区域として定められている区域に限る。2において同じ。）内のものを除くも
のとすること（第43条関係）。
2　道路内の建築制限の緩和
道路内に建築できる建築物として，地区計画又は再開発地区計画の区域内の自
動車のみの交通の用に供する道路又は特定高架道路等の上空又は路面下に設ける
建築物のうち，地区計画又は再開発地区計画の内容に適合するもので特定行政庁
が安全上，防火上及び衛生上支障がないと認めるものを加えるものとすること
（第44条関係）。

○平成2年6月29日法律第61号（都市計面法及び建築基準法の一部を改正する法律）による改正
1　地区計画の区域内における建築物の延べ面積の敷地面積に対する割合の特例
地区計画の区域（住居地域，近隣商業地域，商業地域又は準工業地域内であっ
て，地区整備計画においてその全部又は一部を住宅の用途に供する建築物に係る
建築物の延べ面積の敷地面積に対する割合の最高限度が，それ以外の建築物に係
るものの数値以上で，かつ，第52条第1項第3号又は第4号に掲げる数値以上そ
の1.5倍以下で定められている区域のうち，地区整備計画及び第68条の2第1項
の規定に基づく条例で，建築物の延べ面積の敷地面積に対する割合の最低限度，

744

建築物の敷地面積の最低限度及び道路に面する壁面の位置の制限が定められている区域に限る。）内にあるその全部又は一部を住宅の用途に供する建築物については，当該地区計画において定められた建築物の延べ面積の敷地面積に対する割合の最高限度を第52条第1項第3号又は第4号に掲げる数値とみなして，同条の規定を適用することとした（第68条の3関係）。

2　住宅地高度利用地区計画の区域内の制限の緩和等

(1)　住宅地高度利用地区計画の区域（住宅地高度利用地区整備計画において建築物の延べ面積の敷地面積に対する割合の最高限度が定められている区域に限る。）内においては，当該住宅地高度利用地区計画の内容に適合する建築物で，特定行政庁が支障がないと認めるものについては，第52条の規定は適用しないこととした。

(2)　住宅地高度利用地区計画の区域（住宅地高度利用地区整備計画において10分の6以下の数値で建築物の建築面積の敷地面積に対する割合の最高限度が定められている区域に限る。）内においては，当該住宅地高度利用地区計画の内容に適合する建築物で，特定行政庁が支障がないと認めるものについては，第53条第1項から第3項まで及び第5項の規定は適用しないこととした。

(3)　住宅地高度利用地区計画の区域（住宅地高度利用地区整備計画において20m以下の高さで建築物の高さの最高限度が定められている区域に限る。）内においては，当該住宅地高度利用地区計画の内容に道合し，かつ，その敷地面積が一定の規模以上の建築物であって特定行政庁が支障がないと認めるものについては，第55条第1項及び第2項の規定は適用しないこととした。

(4)　住宅地高度利用地区計画の区域（住宅地高度利用地区整備計画が定められている区域に限る。）内においては，敷地内に有効な空地が確保されていること等により，特定行政庁が支障がないと認めて許可した建築物については，第56条の規定は適用しないこととした。

(5)　住宅地高度利用地区計画の区域内の建築物に対する第48条の例外許可について特例を設けることとした（以上第68条の4関係）。

○平成4年6月26日法律第82号（都市計画法及び建築基準法の一部を改正する法律）による改正

第1　木造建築物に関する建築規制の見直し

1　木造などの構造で耐火構造に準ずる耐火性能を有するものを準耐火構造と

し，主要構造部を準耐火構造とした建築物と現行の簡易耐火建築物を，新たに準耐火建築物として法律上位置づけること（第2条関係）。

2　防火・準防火地域以外の地域にある3階建共同住宅等について，一定の基準に適合する準耐火建築物とすることができるものとすること（第27条関係）。

第2　伝統的建築物に関する建築規制の見直し

文化財保護法に基づく条例により，所要の措置が講じられている伝統的建築物で特定行政庁が指定したもの等について，建築基準法令の適用を除外すること（第3条関係）。

第3　「建築物」の定義の明確化

土地に定着する工作物のうち，屋根及び柱又は壁を有するものについて，「これに類する構造のもの」を含むことを法文上明確化すること（第2条関係）。

第4　簡易な構造の建築物に対する建築規制の合理化

開放的な自動車車庫や，膜材料で作ったテニスコートの覆い等，簡易な構造の建築物について，防火性能に関する規制の緩和を図ること（第84条の2関係）。

第5　用途地域制度等の充実

1　住居系の用途地域を細分化し，新たな特別用途地区を創設すること（第48条・第49条，都市計画法第8条・第9条関係）。

2　用途地域の区分に応じた個別建築物の用途規制について，用途地域の細分化に併せて所要の見直しを行うこと（第48条・別表第2関係）。

3　法第48条各項ただし書の許可を受けた建築物の増改築等を行う場合について，公開による聴聞及び建築審査会の同意の手続を不要とすること。

第6　誘導容積制度の創設

公共施設が未整備の段階では低い暫定容積率を適用して地区全体の有効利用の妨げとなる無秩序な建設行為を防ぎ，地区全体の有効利用に必要な公共施設整備の条件が整った段階では目標容積率を適用するものとすること（第68条の3第1項・第2項，都市計画法第12条の5第4項・第5項関係）。

第7　都市計画区域外等の建築規制の合理化

1　都市計画区域外の建築物について，地方公共団体の条例により，容積率や建築物の高さ等について，制限を定めることができるものとすること（第68条の9関係）。

2　用途地域の指定のない区域のうち，特定行政庁が指定する区域においては，容積率・建ぺい率の最高限度の選択肢を拡充し，地方公共団体の条例によって

区域を指定して日影規制を適用することができるものとすること（第52条第1項・第53条第1項・第56条の2第1項・別表第4関係）。

第8　地区計画等の拡充

1　地区計画を市街化調整区域にも定められるようにすること（都市計画法第12条の5第1項・第3項関係）。

2　住宅地高度利用地区計画及び再開発地区計画と同様に，地区計画においても要請制度を設けること（都市計画法第12条の5第9項関係）。

3　一団地認定制度において，複数の建築物について工区を分けて建築することができる旨を明らかにすること（第86条第2項関係）。

4　予定道路制度において，都市計画道路と同等の容積率制限の緩和措置を認めるものとし，特定行政庁が許可した場合には，予定道路の幅員を現実の道路幅員とみなして，前面道路の道路幅員による容積率制限を適用すること（第68条の7第5項関係）。

第9　その他の建築規制の詳細化・合理化

1　特定行政庁が指定する区域においては，原則として，幅員6m以上の道に限って道路として取り扱うこと（第42条関係）。

2　第一種・第二種低層住宅専用地域において，必要に応じ，敷地規模の最低限度規制を定められること（第54条の2関係）。

3　商業地域の容積率に200％及び300％を追加すること（第52条第1項関係）。

4　住居地域等の建ぺい率制限について，総合的設計制度の適用を可能とすること（第86条第1項関係）。

5　特定行政庁が，建築物等に関する台帳の整備その他の措置を講ずるものとし，違法な用途転用等の防止に資する措置を講ずる努力義務について規定を追加すること（第12条第5項関係）。

6　建築基準法の規定による許可には条件を付することができることを明確化するとともに，許可条件に違反した建築物について直ちに違反措置命令を行うことができるようにすること（第9条・第92条の2関係）。

○平成6年6月29日法律第62号（建築基準法の一部を改正する法律）による改正（第8次）

第1　住宅の地階に係る容積率制限の不算入措置

法第52条第2項の規定により，建築物の地階で住宅の用途に供する部分を当該

建築基準法の主要な改正経過

建築物の住宅の用途に供する部分の床面積の合計の3分の1を限度として延べ面積に不算入とすること。

第2　防火壁に関する制限の合理化

防火壁の設置を要しない畜舎について，申請の手続の簡素化を図るため，特定行政庁の認定を廃止し，建設大臣が定める一定の基準に適合すれば足りるものとすること（第26条関係）。

○平成10年6月12日法律第100号（建築基準法の一部を改正する法律）による改正（第9次）

第1　建築確認・検査の民間開放

これまで建築主事が行ってきた確認検査業務について，所要の審査能力を備える公正中立な民間機関（指定確認検査機関）も行うことができるものとすること（第6条の2，第7条の2，第7条の4関係）。

第2　建築基準の性能規定化

1　建築基準の性能項目・性能基準を明示するとともに，それを検証するための試験方法や計算方法を提示すること（第2条，第20条から第24条まで，第25条，第31条第2項，第36条，第62条から第64条まで関係）。

2　性能規定化に対応し，構造技術基準を満たす型式の標準設計仕様等の認定や，規格化された型式の部材，設備，住宅等の製造者の認証に係る制度を創設すること（第68条の10から第68条の24まで関係）。

第3　建築基準の見直し

1　採光規制の対象から事務室等を除外して規制対象を合理化するとともに，採光開口部の面積の算定方法を合理化すること（第28条第1項関係）。

2　住宅の居室について一律に日照を確保しなければならないこととする規制を廃止すること（第29条関係）。

3　住宅等の地下の居室を原則禁止とする規制を改め，設置基準を明確化すること（第30条関係）。

4　準防火地域内にある3階建共同住宅等について，一定の基準に適合する準耐火建築物（1時間準耐火建築物）とすることができるものとすること（第27条関係）。

第4　土地の有効利用に資する建築規制手法の導入

1　複数敷地により構成される一団の土地の区域内において，既存建築物の存在

を前提とした合理的な設計により建築物を建築する場合，各建築物の位置及び構造が安全上，防火上，衛生上支障がないと特定行政庁が認めるものについては，複数建築物が同一敷地内にあるものとみなして，建築規制を適用すること（第86条から第86条の6まで関係）。

2　建築主事の判断による特例的取扱いについて，建築確認の民間開放等を踏まえ，特定行政庁の許可による方式とすること（第43条第1項，第44条第1項，第53条第4項関係）。

第5　中間検査の導入

特定行政庁は，必要に応じ，一定の構造・用途等の建築物について，中間検査を受けるべき工程を指定するものとすること。指定された建築物は，建築主事又は指定確認検査機関の中間検査を受けなければ工事を続行できないものとすること（第7条の3関係）。

第6　確認検査等に関する図書の閲覧

特定行政庁による建築物の台帳整備を義務化し，建築物の計画概要に加えて，検査の実施状況等についても図書の閲覧ができるものとすること（第12条第5項・第6項，第93条の2関係）。

○平成14年7月12日法律第85号（建築基準法等の一部を改正する法律）による改正（第10次）

第1　まちづくりに関する都市計画の提案制度の創設

住民等の自主的まちづくりの推進や，地域の活性化を図りやすくするため，土地所有者，まちづくり協議会，まちづくりNPO等が，一定の面積以上の一体的な区域について，土地所有者等の3分の2以上の同意を得て，都市計画の提案ができることとすること（都市計画法第21条の2〜第21条の5関係）。

第2　用途地域における容積率等の選択肢の拡充

地域ごとのまちづくりの多様な課題に適切に対応できるようにするため，容積率制限，建ぺい率制限，日影制限等の選択肢の拡充を行うこと（第52条・第53条・第53条の2・第56条・第56条の2関係）。

第3　容積率制限等を迅速に緩和する制度の導入

1　総合設計制度における審査基準を定型化し，許可を経ずに，建築確認の手続で迅速に緩和できる制度を導入すること。

2　複数棟からなる開発プロジェクトを円滑・迅速に実現するため，総合設計制

建築基準法の主要な改正経過

度と一団地認定制度の手続を一本化すること。

第4　地区計画制度の見直し

現行の地区計画制度を整理・合理化し，一つの地区計画で，地区の特性に応じて用途制限・容積率制限等を緩和・強化できる制度とすること（第68条の2・第68条の3関係）。

第5　シックハウス対策のための規制の導入

1　クロルピリホスを発散するおそれのある建築材料の使用を禁止すること（第28条の2関係）。

2　ホルムアルデヒドを発散するおそれのある建築材料の使用を制限するとともに，気密性の低い在来木造住宅等を除き，換気設備の設置を義務づけること（第28条の2関係）。

○平成16年6月2日法律第67号（建築物の安全性及び市街地の防災機能の確保等を図るための建築基準法等の一部を改正する法律）による改正

第1　著しく危険又は有害となるおそれがある既存不適格建築物に対する勧告及び是正命令制度の創設

特定行政庁は，不特定又は多数の者が利用する既存不適格建築物について，劣化が進み，放置すれば著しく危険又は有害となるおそれがあると認めるときは，所有者等に対して勧告し，必要な場合には是正命令を行うことができるものとすること（第10条関係）。

第2　建築物に係る報告・検査精度の充実及び強化

1　国，都道府県及び建築主事を置く市町村の建築物のうち，不特定又は多数の者が利用するものについて，損傷，腐食等の劣化の状況を定期に点検することを義務づけること（第12条関係）。

2　特定行政庁等による報告徴収の対象に，定期点検等を行った一級建築士等を加えること（第12条関係）。

3　建築主事等は，違反是正命令等をするために必要な限度において，建築物等の立入検査をすることができるものとすること（第12条関係）。

4　定期報告等の書類のうち建築物の安全性に関わる一定のものを，特定行政庁における閲覧に供すること（第93条の2関係）。

第3　特例容積率適用地区内における建築物の容積率の特例等（第57条の2から第57条の4まで）

建築基準法の主要な改正経過

第4　一団地内の一の建築物に対する制限の特例

　　市街地における防災空間の確保等のため，隣接空地を含む一団地内に建築される一の建築物について，特定行政庁の認定を受けて，当該一団地を当該建築物の一の敷地とみなして容積率等の規制を適用することができるものとすること（第86条から第86条の5まで関係）。

第5　既存不適格建築物に関する規制の合理化

　　既存不適格建築物を一部でも増改築等した際に，即座に全ての基準に適合させる必要のある現行制度を合理化し，増改築等の全体計画を特定行政庁が認定した場合には，工事に係る部分から順次基準に適合させることを可能とする等の措置を講ずること（第86条の7，第86条の8，第86条の9関係）。

第6　その他

　　罰則の強化（是正命令に従わない場合の法人重課等），容積率不算入の対象となる住宅地下室の範囲を条例で制限できるものとすること（第52条，第98条から第105条まで関係）。

○平成18年2月10日法律第5号（石綿による健康等に係る被害の防止のための大気汚染防止法等の一部を改正する法律）による改正

　　吹付けアスベスト，アスベスト含有吹付けロックウール等飛散のおそれのあるものの使用を規制するため，以下の措置をとるものとすること（第28条の2第1号・第2号関係）。

①　増改築時における除去等を義務づけ

②　アスベストの飛散のおそれのある場合に勧告・命令等を実施

③　報告聴取・立入検査を実施

④　定期報告制度による閲覧の実施

○平成18年6月21日法律第92号（建築物の安全性の確保を図るための建築基準法等の一部を改正する法律）による改正

第1　建築確認・検査の厳格化

1　一定の高さ以上等の建築物について指定機関による構造計算審査を義務づけること（第6条等関係）。

2　建築確認の審査方法及び中間検査・完了検査の検査方法の指針を策定し，公表すること（第18条の3関係）。

751

3 建築確認の審査期間を延長すること（第6条等関係）。

4 3階建て以上の共同住宅について中間検査を法律で義務づけること（第7条の3等関係）。

第2 指定確認検査機関の業務の適正化

1 指定要件を強化（損害賠償能力，公正中立要件，人員体制等）すること。

2 指定取消し，建築基準適合判定資格者の登録取消し等の後，指定を受けられない期間を延長（2年間→5年間）すること。

3 指定に当たって，業務区域内の特定行政庁の意見を聴取すること。

4 特定行政庁による指導監督を強化（立入検査権限の付与，特定行政庁からの報告に基づく業務停止命令等の実施）すること。

第3 図書保存の義務付け等

1 特定行政庁に対して，図書の保存を義務づけること。

2 指定確認検査機関及び建築士事務所の図書保存期間を延長すること（省令事項）。

第4 建築士等の業務の適正化及び罰則の強化

1 建築士等の業務を適正化すること。

2 建築士等に対する罰則を大幅に強化すること。

3 確認申請書等に担当した全ての建築士の氏名等の記載を義務づけること（省令事項）。

4 建築士の免許取消し後，免許を与えない期間を延長（2年間→5年間）すること。

5 建築士事務所の登録取消し後，登録を受け付けない期間を延長（2年間→5年間）すること。

第5 建築士，建築士事務所及び指定確認検査機関の情報開示

1 建築士及び建築士事務所に関する情報開示を徹底すること。

2 指定確認検査機関に関する情報開示を徹底すること。

第6 住宅の売主等の瑕疵担保責任

1 宅建業者に対し，契約締結前に保険加入の有無等について相手方に説明することを義務づけること。

2 宅建業者，一戸建て住宅等の工事請負業者に対し，契約締結時に加入している保険等の内容を記載した書面を買主に交付することを義務づけること。

建築基準法の主要な改正経過

○平成26年6月4日法律第54号（建築基準法の一部を改正する法律）による改正
（第10次）

第1 移転に関する規定の整備

1 第3条第2項の規定を適用しないものに，工事の着手がこの法律又はこれに基づく命令若しくは条例の規定の施行又は適用の後である移転に係る建築物又はその敷地を追加するものとすること（第3条第3項関係）。

2 第3条第2項の規定により建築基準法令の規定の適用を受けない建築物について政令で定める範囲内において移転をする場合においては，第3条第3項第3号及び第4号の規定にかかわらず，建築基準法令の規定は，適用しないものとすること（第86条の7第4項関係）。

第2 建築基準適合判定資格者検定制度に関する規定の整備

指定資格検定機関の指定建築基準適合判定資格者検定機関への名称の変更その他所要の改正を行うものとすること（第5条第4項，第5条の2，第5条の3及び第77条の2から第77条の17まで関係）。

第3 構造計算適合判定資格者検定制度の創設

1 構造計算適合判定資格者検定は，建築士の設計に係る建築物の計画について構造計算適合性判定を行うために必要な知識及び経験について行うものとすること（第5条の4関係）。

2 国土交通大臣は，第77条の17の2第1項及び同条第2項において準用する第77条の3から第77条の5までの規定の定めるところにより指定する者（以下「指定構造計算適合判定資格者検定機関」という。）に，構造計算適合判定資格者検定の実施に関する事務（以下「構造計算適合判定資格者検定事務」という。）を行わせることができるものとすること（第5条の5関係）。

第4 構造計算適合性判定制度の見直し等

1 建築確認に関する規定の整備

建築主事又は第6条の2第1項の指定を受けた者は，申請に係る建築物の計画が構造計算適合性判定を要するものであるときは，建築主から適合判定通知書又はその写しの提出を受けた場合に限り，確認をすることができるものとすること（第6条第5項及び第6条の2第3項関係）。

2 構造計算適合性判定制度の見直し

(1) 建築主は，確認の申請に係る建築物の計画が第20条第1項第2号若しくは第3号に定める基準（一定の方法又はプログラムによる構造計算によって確

753

かめられる安全性を有することに係る部分に限る。以下「特定構造計算基準」という。）又は第3条第2項（第86条の9第1項において準用する場合を含む。）の規定により第20条の規定の適用を受けない建築物について第86条の7第1項の政令で定める範囲内において増築若しくは改築をする場合における同項の政令で定める基準（特定構造計算基準に相当する基準として政令で定めるものに限る。以下「特定増改築構造計算基準」という。）に適合するかどうかの確認審査を要するものであるときは，構造計算適合性判定（当該建築物の計画が特定構造計算基準又は特定増改築構造計算基準に適合するかどうかの判定をいう。以下同じ。）の申請書を提出して都道府県知事の構造計算適合性判定を受けなければならないものとすること。ただし，当該建築物の計画が特定構造計算基準（一定の方法による構造計算によつて確かめられる安全性を有することに係る部分のうち確認審査が比較的容易にできるものとして政令で定めるものに限る。）又は特定増改築構造計算基準（確認審査が比較的容易にできるものとして政令で定めるものに限る。）に適合するかどうかを，構造計算に関する高度の専門的知識及び技術を有する者として国土交通省令で定める要件を備える者である建築主事が確認審査をする場合又は第6条の2条第1項の規定による指定を受けた者が当該国土交通省令で定める要件を備える者である確認検査員に確認のための審査をさせる場合は，都道府県知事の構造計算適合性判定を受けなくてもよいものとすること（第6条の3第1項関係）。

(2) 建築主は，構造計算適合性判定の結果を記載した通知書の交付を受けた場合において，当該通知書が適合判定通知書（当該建築物の計画が特定構造計算基準又は特定増改築構造計算基準に適合するものであると判定された旨が記載された通知書をいう。以下同じ。）であるときは，一定の場合を除き，当該適合判定通知書の交付に係る建築物の計画が建築基準関係規定に適合するものであることについて確認をする建築主事又は第6条の2第1項の規定による指定を受けた者に，当該適合判定通知書又はその写しを提出しなければならないものとすること（第6条の3第7項関係）。

(3) 建築主は，(2)の場合において，建築物の計画が建築主事の確認に係るものであるときは，第6条第4項の期間（同条第6項の規定により同条第4項の期間が延長された場合にあっては，当該延長後の期間）の末日の3日前までに，適合判定通知書又はその写しを当該建築主事に提出しなければならない

ものとすること（第6条の3第8項関係）。

第5　指定確認検査機関による仮使用認定制度の創設

　建築主事又は第7条の2第1項の規定による指定を受けた者が，安全上，防火上及び避難上支障がないものとして国土交通大臣が定める基準に適合していることを認めたときは，検査済証の交付を受ける前においても，仮に，当該建築物又は建築物の部分を使用し，又は使用させることができるものとすること（第7条の6第1項関係）。

第6　定期調査・検査報告制度の強化

1　定期調査・検査の対象の見直し

(1)　第6条第1項第1号に掲げる建築物で安全上，防火上又は衛生上特に重要であるものとして政令で定めるもの（国，都道府県及び建築主事を置く市町村の建築物（以下「国等の建築物」という。）を除く。）及び当該政令で定めるもの以外の特定建築物（同号に掲げる建築物その他政令で定める建築物をいう。(3)において同じ。）で特定行政庁が指定するもの（国等の建築物を除く。）を定期調査及び報告の義務の対象とすること。

(2)　(1)の調査は，一級建築士若しくは二級建築士又は建築物調査員資格者証の交付を受けている者にさせなければならないものとすること。

(3)　特定建築設備等（昇降機及び特定建築物の昇降機以外の建築設備等をいう。）で安全上，防火上又は衛生上特に重要であるものとして政令で定めるもの（国等の建築物に設けるものを除く。）及び当該政令で定めるもの以外の特定建築設備等で特定行政庁が指定するもの（国等の建築物に設けるものを除く。）を定期検査及び報告の義務の対象とするものとすること。

(4)　(3)の検査は，一級建築士若しくは二級建築士又は建築設備等検査員資格者証の交付を受けている者（2の(2)において「建築設備等検査員」という。）にさせなければならないものとすること（第12条第1項から第4項まで関係）。

2　建築物調査員資格者証及び建築設備等検査員資格者証

(1)　国土交通大臣は，次のいずれかに該当する者に対し，建築物調査員資格者証又は建築設備等検査員資格者証を交付するものとすること。

イ　一定の講習の課程を修了した者

ロ　イの者と同等以上の専門的知識及び能力を有すると国土交通大臣が認定した者

755

(2) 建築設備等検査員が1の(3)の検査を行うことができる建築設備等の種類は，建築設備等検査員資格者証の種類に応じて国土交通省令で定めるものとすること（第12条の2及び第12条の3関係）。

第7　特定行政庁による建築物の調査権限の強化

1　特定行政庁，建築主事又は建築監視員による報告徴収の対象に，建築材料等を製造した者及び建築物に関する調査をした者を追加するものとすること（第12条第5項関係）。

2　特定行政庁又は建築主事にあっては第6条第4項，第6条の2第6項，第7条第4項，第7条の3第4項，第9条第1項，第10項若しくは第13項，第10条第1項から第3項まで，第12条第1項又は第90条の2第1項の規定の施行に必要な限度において，建築監視員にあっては第9条第10項の規定の施行に必要な限度において，当該建築物若しくは建築物の敷地の所有者，管理者若しくは占有者，建築主，設計者，建築材料等を製造した者，工事監理者，工事施工者又は建築物に関する調査をした者に対し，帳簿，書類その他の物件の提出を求めることができるものとすること（第12条第6項関係）。

3　建築主事又は特定行政庁の命令若しくは建築主事の委任を受けた当該市町村若しくは都道府県の職員及び建築監視員の立入検査等の対象に，建築材料等を製造した者の事業場及び建築物に関する調査をした者の事業場を追加するものとすること（第12条第7項関係）。

第8　国土交通大臣による建築物の調査権限の創設

国土交通大臣は，第1条の目的を達成するため特に必要があると認めるときは，建築物若しくは建築物の敷地の所有者等，建築主，設計者，建築材料等を製造した者，工事監理者，工事施工者，建築物に関する調査をした者若しくは第68条の10第1項の型式適合認定，第68条の25第1項の構造方法等の認定若しくは第68条の26の特殊構造方法等認定（以下「型式適合認定等」という。）を受けた者に対し，建築物の敷地，構造，建築設備若しくは用途，建築材料等の受取若しくは引渡しの状況，建築物に関する工事の計画若しくは施工の状況又は建築物に関する調査の状況に関する報告若しくは帳簿，書類その他の物件の提出を求め，又はその職員に，建築物，建築物の敷地，建築材料等を製造した者の事業場，建築工事場，建築物に関する調査をした者の事業場若しくは型式適合認定等を受けた者の事業場に立ち入り，建築物，建築物の敷地，建築設備，建築材料，建築材料等の製造に関係がある物件，設計図書その他建築物に関する工事に関係がある物

件，建築物に関する調査に関係がある物件若しくは型式適合認定等に関係がある物件を検査させ，若しくは試験させ，若しくは建築物若しくは建築物の敷地の所有者等，建築主，設計者，建築材料等を製造した者，工事監理者，工事施工者，建築物に関する調査をした者若しくは型式適合認定等を受けた者に対し必要な事項について質問させることができるものとすること（第15条の2関係）。

第9 国，都道府県又は建築主事を置く市町村の建築物に対する確認等に関する手続の整備

国，都道府県又は建築主事を置く市町村の建築物についての構造計算適合性判定に関する規定の整備を行うものとすること（第18条関係）。

第10 指定構造計算適合性判定機関の指定権者の変更

第18条の2第1項の規定による指定は，二以上の都道府県の区域において同項の規定による構造計算適合性判定の業務を行おうとする者を指定する場合にあっては国土交通大臣が，一の都道府県の区域において同項の規定による構造計算適合性判定の業務を行おうとする者を指定する場合にあっては都道府県知事がするものとすること（第18条の2第2項関係）。

第11 構造耐力に関する規定の整備

構造耐力に関する基準の適用上一の建築物であっても別の建築物とみなすことができる部分として政令で定める部分が二以上ある建築物の当該建築物の部分は，構造耐力の規定の適用については，それぞれ別の建築物とみなすものとすること（第20条第2項関係）。

第12 木造建築関連基準の見直し

1 大規模の建築物の主要構造部に関する基準の見直し

延べ面積が3000平方メートルを超える建築物（その主要構造部（床，屋根及び階段を除く。）の政令で定める部分の全部又は一部に木材，プラスチックその他の可燃材料を用いたものに限る。）は，次のいずれかに適合するものとしなければならないものとすること。

(1) 第2条第9号の2イに掲げる基準に適合するものであること。

(2) 壁，柱，床その他の建築物の部分又は防火戸その他の政令で定める防火設備（以下「壁等」という。）のうち，通常の火災による延焼を防止するために当該壁等に必要とされる性能に関して政令で定める技術的基準に適合するもので，国土交通大臣が定めた構造方法を用いるもの又は国土交通大臣の認定を受けたものによって有効に区画し，かつ，各区画の床面積の合計をそれ

建築基準法の主要な改正経過

それ3000平方メートル以内としたものであること（第21条第2項関係）。
2 耐火建築物又は準耐火建築物としなければならない特殊建築物に関する基準
の見直し

次のいずれかに該当する特殊建築物は，その主要構造部を当該特殊建築物に
存する者の全てが当該特殊建築物から地上までの避難を終了するまでの間通常
の火災による建築物の倒壊及び延焼を防止するために主要構造部に必要とされ
る性能に関して政令で定める技術的基準に適合するもので，国土交通大臣が定
めた構造方法を用いるもの又は国土交通大臣の認定を受けたものとし，かつ，
その外壁の開口部であつて建築物の他の部分から当該開口部へ延焼するおそれ
があるものとして政令で定めるものに，防火戸その他の政令で定める防火設備
（その構造が遮炎性能に関して政令で定める技術的基準に適合するもので，国
土交通大臣が定めた構造方法を用いるもの又は国土交通大臣の認定を受けたも
のに限る。）を設けなければならないものとすること。
(1) 別表第1(ろ)欄に掲げる階を同表(い)欄(1)項から(4)項までに掲げる用途に供す
るもの
(2) 別表第1(い)欄(1)項から(4)項までに掲げる用途に供するもので，その用途に
供する部分（同表(1)項の場合にあっては客席，同表(2)項及び(4)項の場合に
あっては2階の部分に限り，かつ，病院及び診療所についてはその部分に患
者の収容施設がある場合に限る。）の床面積の合計が同(は)表欄の当該各項に
該当するもの
(3) 別表第1(い)欄(4)項に掲げる用途に供するもので，その用途に供する部分の
床面積の合計が3000平方メートル以上のもの
(4) 劇場，映画館又は演芸場の用途に供するもので，主階が1階にないもの
（第27条第1項関係）。

第13 特殊の構造方法又は建築材料

建築基準法第2章の規定及びこれに基づく命令の規定は，その予想しない特殊
の構造方法又は建築材料を用いる建築物については，国土交通大臣がその構造方
法又は建築材料がこれらの規定に適合するものと同等以上の効力があると認める
場合においては，適用しないものとすること（第38条関係）。

第14 容積率制限の合理化

1 建築物の地階で老人ホーム，福祉ホームその他これらに類するもの（以下
「老人ホーム等」という。）の用途に供する部分の床面積については，当該建

築物の老人ホーム等の用途に供する部分の床面積の合計の３分の１を限度として建築物の容積率の算定の基礎となる延べ面積に算入しないものとすること。

2　政令で定める昇降機の昇降路の部分の床面積については，建築物の容積率の算定の基礎となる延べ面積に算入しないものとすること（第52条第３項及び第６項関係）。

第15　指定構造計算適合判定資格者検定機関の創設

第３の２による指定は，一を限り，構造計算適合判定資格者検定事務を行おうとする者の申請により行うものとし，その他所要の規定を整備するものとすること（第77条の17の２関係）。

第16　指定構造計算適合性判定機関に関する規定の整備

1　指定
(1)　第10による指定の申請は，国土交通省令で定めるところにより，構造計算適合性判定の業務を行う区域（以下「業務区域」という。）を定めてしなければならないものとすること（第77条の35の２第２項関係）。
(2)　国土交通大臣は，(1)の指定をしようとするときは，あらかじめ，業務区域を所轄する都道府県知事の意見を聴かなければならないものとすること（第77条の35の２第３項関係）。

2　指定の基準
次に掲げる基準を指定の基準として追加するものとすること。
(1)　構造計算適合性判定員（職員である者に限る。）の数が，構造計算適合性判定を行おうとする建築物の規模及び数に応じて国土交通省令で定める数以上であること。
(2)　その者の有する財産の評価額（その者が法人である場合にあっては，資本金，基本金その他これらに準ずるものの額）が国土交通省令で定める額以上であること（第77条の35の４関係）。

3　業務区域の変更
(1)　指定構造計算適合性判定機関は，業務区域を増加し，又は減少しようとするときは，国土交通大臣等の認可を受けなければならないものとすること（第77条の35の６第１項関係）。
(2)　国土交通大臣は，指定構造計算適合性判定機関が業務区域を減少しようとするときは，当該業務区域の減少により構造計算適合性判定の業務の適正かつ確実な実施が損なわれるおそれがないと認めるときでなければ，(1)の認可

建築基準法の主要な改正経過

をしてはならないものとすること（第77条の35の6第2項関係）。

(3) 国土交通大臣等は，(1)の認可をしたときは，その旨を公示しなければならないものとすること（第77条の35の6第4項関係）。

4　委任の公示等

(1) 指定構造計算適合性判定機関にその構造計算適合性判定を行わせることとした都道府県知事（以下「委任都道府県知事」という。）は，当該指定構造計算適合性判定機関の名称及び住所，業務区域並びに当該指定構造計算適合性判定機関に行わせることとした構造計算適合性判定の業務等を公示しなければならないものとすること（第77条の35の8第1項関係）。

(2) 国土交通大臣の指定に係る指定構造計算適合性判定機関は，その名称又は住所を変更しようとするときは委任都道府県知事に，構造計算適合性判定の業務を行う事務所の所在地を変更しようとするときは関係委任都道府県知事に，それぞれ，変更しようとする日の2週間前までに，その旨を届け出なければならないものとすること（第77条の35の8第2項関係）。

(3) 都道府県知事の指定に係る指定構造計算適合性判定機関は，構造計算適合性判定の業務を行う事務所の所在地を変更しようとするときは，変更しようとする日の2週間前までに，その旨を委任都道府県知事に届け出なければならないものとすること（第77条の35の8第3項関係）。

(4) 委任都道府県知事は，2及び3の届出があったときは，その旨を公示しなければならないものとすること（第77条の35の8第4項関係）。

5　構造計算適合性判定の義務

指定構造計算適合性判定機関は，構造計算適合性判定を行うべきことを求められたときは，正当な理由がある場合を除き，遅滞なく，構造計算適合性判定を行わなければならないものとすること（第77条の35の11関係）。

6　業務区域等の掲示

指定構造計算適合性判定機関は，国土交通省令で定めるところにより，業務区域その他国土交通省令で定める事項を，その事務所において公衆に見やすいように掲示しなければならないものとすること（第77条の35の13関係）。

7　書類の閲覧

指定構造計算適合性判定機関は，構造計算適合性判定の業務を行う事務所に書類を備え置き，構造計算適合性判定を受けようとする者その他の関係者の求めに応じ，これを閲覧させなければならないものとすること（第77条の35の15

関係)。

8　報告，検査等

(1)　指定構造計算適合性判定機関を指定した国土交通大臣等又は委任都道府県知事は，指定構造計算適合性判定機関に対し，報告徴収，立入検査等をすることができることとする（第77条の35の17第1項関係）。

(2)　委任都道府県知事は，(1)による立入検査の結果，当該指定構造計算適合性判定機関（国土交通大臣の指定に係る者に限る。）が，構造計算適合性判定業務規程に違反する行為をし，又は構造計算適合性判定の業務に関し著しく不適当な行為をした事実があると認めるときは，その旨を国土交通大臣に報告しなければならないものとすること（第77条の35の17第2項関係）。

(3)　(2)による報告を受けた場合において，国土交通大臣は，必要に応じ，構造計算適合性判定の業務の全部又は一部の停止命令その他の措置を講ずるものとすること（第77条の35の17第3項関係）。

9　構造計算適合性判定の業務の休廃止等

(1)　指定構造計算適合性判定機関は，国土交通大臣等の許可を受けなければ，構造計算適合性判定の業務の全部又は一部を休止し，又は廃止してはならないものとすること（第77条の35の18第2項関係）。

(2)　国土交通大臣は，指定構造計算適合性判定機関の構造計算適合性判定の業務の全部又は一部の休止又は廃止により構造計算適合性判定の業務の適正かつ確実な実施が損なわれるおそれがないと認めるときでなければ，(1)の許可をしてはならないものとすること（第77条の35の18第3項関係）。

10　構造計算適合性判定の委任の解除

(1)　委任都道府県知事は，指定構造計算適合性判定機関に構造計算適合性判定の全部又は一部を行わせないこととするときは，その6月前までに，その旨を指定構造計算適合性判定機関に通知しなければならないものとすること（第77条の35の20第1項関係）。

(2)　委任都道府県知事は，指定構造計算適合性判定機関に構造計算適合性判定の全部又は一部を行わせないこととしたときは，その旨を公示しなければならないものとすること（第77条の35の20第2項関係）。

第17　構造計算適合判定資格者の登録

構造計算適合判定資格者検定に合格した者又はこれと同等以上の知識及び経験を有する者として国土交通省令で定める者は，国土交通大臣の登録を受けること

建築基準法の主要な改正経過

ができるものとし，その他所要の規定の整備を行うものとすること（第77条の66関係）。

第18　罰則

1　実体規定違反の罰則の対象者として，設計者及び工事施工者に加え，設計図書に記載された認定建築材料等（型式適合認定，構造方法等の認定又は特殊構造方法等認定に係る建築材料等をいう。）の全部又は一部として当該認定建築材料等の全部又は一部と異なる建築材料等を引き渡した者を追加するものとすること（第98条，第99条及び第101条関係）。

2　その他罰則に関し所要の改正を行うものとすること。

第19　その他

その他所要の改正をすること。

○平成30年 6 月27日法律第67号（建築基準法の一部を改正する法律）による改正（第11次）

第 1　建築確認を要しない特殊建築物の範囲の拡大

別表第 1 (い)欄に掲げる用途に供する特殊建築物のうち確認を要するものを，当該用途に供する部分の床面積の合計が200平方メートルを超えるものとすること（第 6 条第 1 項第 1 号関係）。

第 2　建築物の維持保全に関する規定の整備

1　維持保全計画の作成等を義務付ける建築物の対象の見直し

維持保全計画の作成等を義務付ける建築物の対象を，国等が所有し，又は管理する建築物を除く次のいずれかに該当する建築物とすること。

(1)　特殊建築物で安全上，防火上又は衛生上特に重要であるものとして政令で定めるもの

(2)　(1)の特殊建築物以外の特殊建築物その他政令で定める建築物で，特定行政庁が指定するもの（第 8 条第 2 項関係）

2　既存不適格建築物の所有者等に対する特定行政庁による指導及び助言

特定行政庁は，建築物の敷地，構造又は建築設備（いずれも第 3 条第 2 項の規定により第 2 章の規定又はこれに基づく命令若しくは条例の規定の適用を受けないものに限る。）について，損傷，腐食その他の劣化が生じ，そのまま放置すれば保安上危険となり，又は衛生上有害となるおそれがあると認める場合においては，当該建築物又はその敷地の所有者，管理者又は占有者に対して，

762

修繕，防腐措置その他当該建築物又はその敷地の維持保全に関し必要な指導及び助言をすることができるものとすること（第9条の4関係）。

第3　防火・避難に関する規定の整備

1　「延焼のおそれのある部分」の定義の見直し

　　建築物の外壁面と隣地境界線等との角度に応じて，当該建築物の周囲において発生する通常の火災時における火熱により燃焼するおそれのないものとして国土交通大臣が定める部分については，「延焼のおそれのある部分」には該当しないものとすること（第2条第6号関係）。

2　木造建築物等の耐火性能に係る制限の合理化

　　次のいずれかに該当する建築物（その主要構造部（床，屋根及び階段を除く。）の政令で定める部分の全部又は一部に木材，プラスチックその他の可燃材料を用いたものに限る。）は，その主要構造部を通常火災終了時間（建築物の構造，建築設備及び用途に応じて通常の火災が消火の措置により終了するまでに通常要する時間をいう。）が経過するまでの間当該火災による建築物の倒壊及び延焼を防止するために主要構造部に必要とされる性能に関して政令で定める技術的基準に適合するもので，国土交通大臣が定めた構造方法を用いるもの又は国土交通大臣の認定を受けたものとしなければならないものとすること。ただし，その周囲に延焼防止上有効な空地で政令で定める技術的基準に適合するものを有する建築物については，これを要しないものとすること。

⑴　地階を除く階数が四以上である建築物

⑵　高さが16メートルを超える建築物

⑶　別表第1(い)欄(5)項又は(6)項に掲げる用途に供する特殊建築物で，高さが13メートルを超えるもの（第21条第1項関係）

3　木造建築物等である特殊建築物の外壁等に関する規制の廃止

　　第22条第1項の市街地の区域内にある木造建築物等である一定の特殊建築物について，その外壁及び軒裏で延焼のおそれのある部分を防火構造としなければならないこととする規制を廃止すること（第24条関係）。

4　大規模建築物の区画に関する規制の合理化

　　延べ面積が1000平方メートルを超える建築物について行うべき1000平方メートル以内の区画は，防火床により行うことができることとし，その設置及び構造に関して必要な技術的基準は，政令で定めるものとすること（第26条及び第36条関係）。

建築基準法の主要な改正経過

　5　耐火建築物等としなければならない特殊建築物の対象の合理化

　　　第27条第1項の規定に適合しなければならない特殊建築物の対象から，階数が三以下で延べ面積が200平方メートル未満のもの（3階を別表第1(い)欄(2)項に掲げる用途で政令で定めるものに供するものにあっては，政令で定める技術的基準に従って警報設備を設けたものに限る。）を除くものとすること（第27条第1項関係）。

第4　長屋又は共同住宅の各戸の界壁に関する規制の合理化

　　　長屋又は共同住宅の天井の構造が，遮音性能に関して政令で定める技術的基準に適合するもので，国土交通大臣が定めた構造方法を用いるもの又は国土交通大臣の認定を受けたものである場合には，当該各戸の界壁を小屋裏又は天井裏に達するものとしなくてもよいものとすること（第30条関係）。

第5　接道規制に関する規定の整備

　1　接道規制の適用除外に係る手続の合理化

　　　その敷地が幅員4メートル以上の道（第43条第1項に規定する道路に該当するものを除き，避難及び通行の安全上必要な一定の基準に適合するものに限る。）に2メートル以上接する建築物のうち，利用者が少数であるものとしてその用途及び規模に関し一定の基準に適合するもので，特定行政庁が交通上，安全上，防火上及び衛生上支障がないと認めるものについては，同項の規定は適用しないものとすること（第43条第2項第1号関係）。

　2　接道規制を条例で付加できる建築物の対象の拡大

　　　地方公共団体は，その敷地が袋路状道路にのみ接する建築物で，延べ面積が150平方メートルを超えるもの（一戸建ての住宅を除く。）について，その用途，規模又は位置の特殊性により，第43条第1項の規定によっては避難又は通行の安全の目的を十分に達成することが困難であると認めるときは，条例で，その敷地又は建築物と道路との関係に関して必要な制限を付加できるものとすること（第43条第3項第5号関係）。

第6　用途規制の適用除外に係る手続の合理化

　　　日常生活に必要な一定の建築物で，騒音又は振動の発生その他の事象による住居の環境の悪化を防止するために必要な一定の措置が講じられているものの建築について第48条第1項から第7項までの規定のただし書の規定による許可をする場合においては，建築審査会の同意の取得を要しないものとすること（第48条第16項第2号関係）。

第7 容積率規制の合理化

　老人ホーム，福祉ホームその他これらに類するものの共用の廊下又は階段の用に供する部分の床面積については，容積率の算定の基礎となる延べ面積に算入しないものとすること（第52条第3項及び第6項関係）。

第8 建蔽率規制の合理化

　1 延焼防止性能を有する建築物に関する建蔽率規制の合理化

　(1) 都市計画で定められた建蔽率の限度の数値に10分の1を加えるものとする建築物として，防火地域（都市計画において定められた建蔽率の限度が10分の8とされている地域を除く。）内にある耐火建築物と同等以上の延焼防止性能を有する建築物又は準防火地域内にある耐火建築物，準耐火建築物等を追加するものとすること（第53条第3項第1号イ及びロ関係）。

　(2) 建蔽率規制を適用しない建築物として，防火地域（都市計画において定められた建蔽率の限度が10分の8とされている地域に限る。）内にある耐火建築物と同等以上の延焼防止性能を有する建築物を追加するものとすること（第53条第6項第1号関係）。

　2 前面道路の境界線から後退して壁面線の指定等がある場合における建蔽率規制の合理化

　　前面道路の境界線から後退して壁面線の指定等がある場合において，当該壁面線等を越えない建築物で，特定行政庁が安全上，防火上及び衛生上支障がないと認めて許可したものの建蔽率は，その許可の範囲内で，第53条第1項から第3項までの限度を超えるものとすることができるものとすること（第53条第5項関係）。

第9 日影規制の適用除外に係る手続の合理化

　　第56条の2第1項ただし書の規定による許可を受けた建築物を周囲の居住環境を害するおそれがないものとして政令で定める位置及び規模の範囲内において増築等する場合においては，同項の規定は適用しないものとすること（第56条の2第1項ただし書関係）。

第10 防火地域等内の建築物に関する規制の合理化

　1 防火地域及び準防火地域内の建築物に関する規制の合理化

　　防火地域又は準防火地域内にある建築物は，その外壁の開口部で延焼のおそれのある部分に防火戸その他の政令で定める防火設備を設け，かつ，壁，柱，床その他の建築物の部分及び当該防火設備を通常の火災による周囲への延焼を

建築基準法の主要な改正経過

防止するためにこれらに必要とされる性能に関して防火地域及び準防火地域の別並びに建築物の規模に応じて政令で定める技術的基準に適合するもので，国土交通大臣が定めた構造方法を用いるもの又は国土交通大臣の認定を受けたものとしなければならないものとすること（第61条関係）。

2　特定防災街区整備地区内の建築物に関する規制の合理化

　　特定防災街区整備地区内に建築することができる建築物として，耐火建築物と同等以上の延焼防止性能を有する建築物及び準耐火建築物と同等以上の延焼防止性能を有する建築物を追加するものとすること（第67条第1項関係）。

第11　仮設建築物及び用途変更に関する規定の整備

1　仮設興行場等の仮設建築物の設置期間の特例

　　特定行政庁は，国際的規模の競技会等の用に供することその他の理由により1年を超えて使用する特別の必要がある仮設興行場等について，安全上，防火上及び衛生上支障がなく，かつ，公益上やむを得ないと認める場合には，建築審査会の同意を得て，当該仮設興行場等の使用上必要と認める期間を定めてその建築を許可することができるものとすること（第85条第6項及び第7項関係）。

2　既存建築物について二以上の工事に分けて用途の変更に伴う工事を行う場合の制限の緩和

(1)　一の既存不適格建築物について二以上の工事に分けて用途の変更に伴う工事を行う場合（第86条の8第1項に規定する場合に該当する場合を除く。）において，特定行政庁が当該二以上の工事の全体計画が次に掲げる基準に適合すると認めたときは，全体計画に係る最後の工事に着手するまでは，第87条第3項に掲げる規定を準用しないものとすること。

①　一の建築物の用途の変更に伴う工事を二以上の工事に分けて行うことが当該建築物の利用状況その他の事情によりやむを得ないものであること。

②　全体計画に係る全ての工事の完了後において，当該全体計画に係る建築物及び建築物の敷地が建築基準法令の規定に適合することとなること。

③　全体計画に係るいずれの工事の完了後においても，当該全体計画に係る建築物及び建築物の敷地について，交通上の支障，安全上，防火上及び避難上の危険性並びに衛生上及び市街地の環境の保全上の有害性が増大しないものであること。

(2)　第86条の8の申請の手続，認定を受けた全体計画の変更，工事状況の報告

建築基準法の主要な改正経過

徴収，改善命令及び認定の取消しに関する所要の規定は，1の認定について準用するものとすること（第87条の2関係）。

3　建築物の用途を変更して一時的に他の用途の建築物として使用する場合における制限の緩和

既存建築物の用途を変更して一時的に他の用途の建築物として使用する場合について，仮設建築物を建築する場合（第85条）と同様に，法の全部又は一部の適用除外を認めるものとすること（第87条の3関係）。

第12　その他

その他所要の改正を行うものとすること。

○令和4年6月17日法律第69号（脱炭素社会の実現に資するための建築物のエネルギー消費性能の向上に関する法律等の一部を改正する法律）による改正

1　建築確認を要する木造の建築物の範囲の拡大

建築主は，二以上の階数を有し，又は延べ面積が200平方メートルを超える木造の建築物を建築しようとする場合等においては，当該工事に着手する前に，その計画が建築基準関係規定に適合するものであることについて，建築主事の確認を受け，確認済証の交付を受けなければならないものとすること（第6条第1項関係）。

2　防火に関する制限の合理化

(1)　耐火建築物は，その主要構造部のうち，防火上及び避難上支障がない部分以外の部分が耐火構造である建築物等をいうものとすること（第2条第9号の2イ関係）。

(2)　延べ面積が3000平方メートルを超える建築物は，その壁，柱，床その他の建築物の部分又は防火戸その他の防火設備を通常の火災時における火熱が当該建築物の周囲に防火上有害な影響を及ぼすことを防止するためにこれらに必要とされる性能に関する技術的基準に適合するもので，国土交通大臣が定めた構造方法を用いるもの又は国土交通大臣の認定を受けたものとしなければならないものとすること（第21条第2項関係）。

(3)　(2)に規定する基準等の適用上一の建築物であっても別の建築物とみなすことができる部分が二以上ある建築物の当該建築物の部分は，当該基準等に係る規定の適用については，それぞれ別の建築物とみなすものとすること（第21条第3項，第27条第4項及び第61条第2項関係）。

建築基準法の主要な改正経過

(4) 防火上有効な構造の防火壁等によって他の部分と有効に区画されている部分（以下「特定部分」という。）を有する建築物であって、当該建築物の特定部分の特定主要構造部が耐火構造であるもの等に該当し、かつ、当該特定部分の外壁の開口部で延焼のおそれのある部分に第2条第9号の2ロに規定する防火設備を有するもの等に係る第26条第1項の規定の適用については、当該建築物の特定部分及び他の部分をそれぞれ別の建築物とみなし、かつ、当該特定部分を同項第1号に該当する建築物とみなすものとすること（第26条第2項関係）。

3 構造に関する制限の合理化等

(1) 建築物の計画（第20条第1項第4号に掲げる建築物に係るもののうち、構造設計一級建築士の構造設計に基づくもの等に限る。）が特定構造計算基準又は特定増改築構造計算基準に適合するかどうかの確認審査等を、構造計算に関する高度の専門的知識及び技術を有する者である建築主事がする場合等は、建築主は、構造計算適合性判定を受けなくてもよいものとすること（第6条の3第1項及び第18条第4項関係）。

(2) 地階を除く階数が三である木造の建築物であって、高さが13メートルを超え、16メートル以下であるもの等の構造方法は、構造耐力上主要な部分ごとに応力度が許容応力度を超えないことを確かめること等の基準に従った構造計算（以下「許容応力度計算」という。）で、国土交通大臣が定めた方法によるもの等によって確かめられる安全性を有するものでよいものとすること（第20条第1項第2号関係）。

(3) 高さが60メートル以下である建築物（第20条第1項第2号に掲げる建築物を除く。）のうち、木造の建築物で地階を除く階数が三以上であるもの又は延べ面積が300平方メートルを超えるものの構造方法は、許容応力度計算で、国土交通大臣が定めた方法によるもの等によって確かめられる安全性を有するもの等でなければならないものとすること（第20条第1項第3号関係）。

4 居室の採光に関する制限の合理化

住宅の居室には、採光のための窓その他の開口部を設け、その採光に有効な部分の面積は、その居室の床面積に対して、5分の1から10分の1までの間において居室の種類に応じ政令で定める割合以上としなければならないものとすること（第28条第1項関係）。

建築基準法の主要な改正経過

5　容積率等に関する制限の合理化

(1)　住宅又は老人ホーム等に設ける機械室等（給湯設備等を設置するためのものであって，市街地の環境を害するおそれがないものに限る。）で，特定行政庁が交通上，安全上，防火上及び衛生上支障がないと認めるものの床面積は，容積率の算定の基礎となる延べ面積には，算入しないものとすること（第52条第6項第3号関係）。

(2)　建築物のエネルギー消費性能の向上のため必要な外壁に関する工事等を行う構造上やむを得ない建築物で，特定行政庁が交通上，安全上，防火上及び衛生上支障がないと認めて許可したものの容積率は，その許可の範囲内において，第52条第1項から第9項までの規定による限度を超えるものとすることができるものとすること（第52条第14項第3号関係）。

(3)　建築物のエネルギー消費性能の向上のため必要な外壁に関する工事等を行う構造上やむを得ない建築物で，特定行政庁が安全上，防火上及び衛生上支障がないと認めて許可したものの建蔽率は，その許可の範囲内において，第53条第1項から第3項までの規定による限度を超えるものとすることができるものとすること（第53条第5項第4号関係）。

(4)　第一種低層住居専用地域等内においては，再生可能エネルギー源の利用に資する設備の設置のため必要な屋根に関する工事等を行う構造上やむを得ない建築物で，特定行政庁が低層住宅に係る良好な住居の環境を害するおそれがないと認めて許可したものの高さは，その許可の範囲内において，第55条第1項及び第2項の規定による限度を超えるものとすることができるものとすること（第55条第3項関係）。

(5)　都市計画において建築物の高さの最高限度が定められた高度地区内においては，再生可能エネルギー源の利用に資する設備の設置のため必要な屋根に関する工事等を行う構造上やむを得ない建築物で，特定行政庁が市街地の環境を害するおそれがないと認めて許可したものの高さは，その許可の範囲内において，当該最高限度を超えるものとすることができるものとすること。

6　一の敷地とみなすこと等による制限の緩和等の対象の拡大

一の敷地とみなすこと等による制限の緩和等の対象について，大規模の修繕又は大規模の模様替をする建築物を追加するもの等とすること（第86条，第86条の2及び第86条の4関係）。

7　既存不適格建築物に関する制限の合理化

建築基準法の主要な改正経過

(1) 第3条第2項等の規定により第21条，第22条第1項，第23条，第25条，第35条（同条の階段，出入口その他の避難施設及び排煙設備に関する技術的基準のうち政令で定めるもの並びに同条の敷地内の避難上及び消火上必要な通路に関する技術的基準のうち政令で定めるものに係る部分に限る。），第36条（同条の防火壁及び防火区画の設置及び構造に関する技術的基準のうち政令で定めるもの（以下「防火壁等に関する技術的基準」という。）に係る部分に限る。），第43条第1項，第44条第1項又は第62条の規定の適用を受けない建築物について政令で定める範囲内において増築等をする場合においては，第3条第3項の規定にかかわらず，これらの規定は適用しないものとすること（第86条の7第1項関係）。

(2) 第3条第2項等の規定により第21条，第23条，第26条，第27条，第36条（防火壁等に関する技術的基準（政令で定める防火区画に係る部分を除く。）に係る部分に限る。）又は第61条の規定の適用を受けない建築物であって，これらの規定に規定する基準の適用上一の建築物であっても別の建築物とみなすことができる部分（以下「独立部分」という。）が二以上あるものについて増築等をする場合においては，第3条第3項の規定にかかわらず，当該増築等をする独立部分以外の独立部分に対しては，これらの規定は適用しないものとすること（第86条の7第2項関係）。

(3) 第3条第2項等の規定により第35条（同条の廊下並びに非常用の照明装置及び進入口に関する技術的基準のうち政令で定めるものに係る部分に限る。），第35条の2又は第37条の規定の適用を受けない建築物について増築等をする場合においては，第3条第3項の規定にかかわらず，当該増築等をする部分以外の部分に対しては，これらの規定は適用しないものとすること（第86条の7第3項関係）。

8 その他所要の改正を行うものとすること。

索　引

ー あ ー

圧力タンク……………………… 上801
安全装置………………………… 上844

ー い ー

イ簡耐…………………………… 上534
維持保全計画…………………… 上159
異種換気………………………… 上809
異種用途区画…………………… 上635
イ準耐…………………………… 上533
いす式階段昇降機……………… 上824
１時間準耐火基準……………… 上623
一団地（の総合的設計制度）…… 下397
一連の規定……… 下589, 下594, 下595
一般部分………………………… 上624
飲料水の配管設備……………… 上803

ー う ー

動く歩道………………… 上822, 上850

ー え ー

エスカレーター…… 上822, 上849, 上850
エレベーター…………………… 上821
エレベーター強度検証法………… 上828

エレベーターの荷重…………… 上832
延焼防止建築物………………… 上590
延焼防止告示…………………… 上591
延焼防止時間…………………… 上592
延焼防止上有効な空地………… 上539
沿道地区計画…………………… 下335
煙突……………………………… 上795
煙突等…………………………… 下525

ー お ー

応急仮設建築物………………… 下566
オープンタイプエレベーター…… 上823
押出排煙………… 上707, 上716, 上723
押出排煙方式…………………… 上716
汚水……………………………… 上806

ー か ー

加圧防排煙………… 上707, 上723, 上724
加圧防排煙方式………………… 上724
回転運動をする遊戯施設………… 下545
ガイドシュー…………………… 上830
開発整備促進区………………… 下365
階避難安全検証………………… 上774
階避難安全性能………………… 上775
外部延焼防止帯………………… 上634
外部雷保護システム…………… 上868
外部連絡装置…………………… 上847

771

索　　引

界壁………………………………… 上639

開放的簡易建築物………………… 下558

火炎開口部………………………… 上565

火炎到達部分……………………… 上565

過荷重検知装置…………………… 上847

火気使用室………………………… 上748

確認区域…………………………… 上77

確認審査等指針…………… 上127, 下590

隔壁………………………………… 上639

かご………………………………… 上832

囲い込み…………………………… 上266

かご位置保持装置………………… 上840

火災温度上昇係数………………… 上664

火災継続時間……………………… 上663

火災継続予測時間………………… 上647

火災時倒壊防止構造……… 上545, 上547

火災時倒壊防止性能……………… 上542

風道………………………………… 上801

仮設建築物（建築型）…………… 下572

仮設建築物（用途変更型）……… 下572

仮設興行場等……………… 下568, 下569

学校等……………………………… 上747

火熱遮断壁等……………………… 上646

可燃物燃焼部分…………………… 上757

壁等………………………………… 上646

簡易リフト………………………… 上823

換気支配型燃焼…………………… 上663

換気上有効な開口部……………… 上252

換気設備…………………………… 上808

換気に有効な部分………………… 上239

緩衝器……………………………… 上845

― き ―

機械換気設備……………… 上245, 上808

機械換気設備等…………………… 上278

機械式駐車場……………………… 上818

機械室……………………………… 上841

機械室なしエレベーター………… 上823

基準告示…………………………… 下447

基準時……………………………… 下442

既存不適格建築物………… 上34, 下431

既存不適格状態…………………… 上34

北側斜線制限……………………… 下233

逆止弁……………………………… 上846

客席………………………………… 下546

逆流防止…………………………… 上804

給気口……………………………… 上810

救助上の無窓居室………… 上681, 上682

給水………………………………… 上797

給水系統…………………………… 上803

給水装置…………………………… 上803

給水タンク………………………… 上805

給湯設備…………………………… 上801

給湯設備の転倒防止措置………… 上795

給排水配管………………………… 上801

狭義の建築物……………… 上7, 上586

居住環境向上用途誘導地区……… 下313

居住誘導区域……………………… 下313

許容応力度計算…………………… 下449

許容応力度等計算………………… 下449

索　引

— く —

空間部分······················ 上625
空気調和······················ 上815
空調システム··················· 上815
区画避難安全検証··············· 上770
区画避難安全性能··············· 上770
区画部分··················· 上769, 上770
駆動装置······················ 上839
クロスコネクション············· 上803

— け —

計画建築物···················· 上592
景観重要建造物················· 下326
景観地区·················· 下324, 下325
型式部材等···················· 下596
限界耐力計算··················· 下449
建築基準関係規定················ 上78
建築主事等···················· 上100
建築設備の構造強度············· 上794
建築線························· 下40
建築物························ 上7
検定機関······················ 下620
限定特定行政庁·················· 上19
建蔽率························ 下194
兼用住宅······················ 下78

— こ —

公益的建築物··················· 下568
高架の遊戯施設················· 下545

広義の建築物················ 上7, 上586
公共用歩廊····················· 下50
高層区画······················ 上628
構造計算告示··················· 下535
高層住居誘導地区··············· 下298
構造適判機関等················· 上100
構造適判検定機関··············· 上63
構造適判資格者················· 上61
構造方法等の認定··············· 下609
高度地区······················ 下300
高度利用地区··················· 下302
告示型耐火性能検証法··········· 上659
告示型防火区画検証法··········· 上662
告示仕様·················· 上492, 上493
国土交通大臣の認定を受けた換
　気設備····················· 上247
小荷物専用昇降機·········· 上823, 上853
固有特定避難時間··············· 上574

— さ —

災害救助用建築物··············· 下568
再開発等促進区················· 下362
採光関係比率··················· 上230
最高限高度地区················· 下300
採光斜線······················ 上230
採光に有効な部分の面積（採光
　有効面積）················· 上226
採光補正係数··················· 上230
最低限高度地区················· 下300
最低敷地面積制限··············· 下199
3号建築物················· 上77, 上93
3項道路······················ 下47

773

索　　引

— し —

時間判定法	上762
地震時管制運転装置	上846
自然換気設備	上244, 上808
自然排煙	上707, 上723
実特定避難時間	上574
指定機関	下620
指定権者	下621
自動車運搬用エレベーター	上822
児童福祉施設等	上222
遮炎性	上512
遮炎性能	上524
遮音告示	上299
斜交エレベーター	上845
斜線制限	下211
遮熱性	上512, 上520
就寝型児童福祉施設等	上753
集団規定	下1
周辺危害防止構造	上552
周辺高火熱面積	上550, 上551
重要建築設備等	上169
重要建築物	上167
集落地区計画	下338
主索	上827
10分間防火設備	上529
主要構造部	上10, 上491
主要構造部防火規定	上645
主要な支持部分	上827
準延焼防止建築物	上591
準遮熱性	上647

準耐火建築物	上532
準耐火構造	上515
準竪穴区画	上631
準不燃材料	上507
準防火構造	上522
準防火地域	上583
準用工作物	下525
上階延焼抑制防火設備	
	上545, 上547, 上571
浄化槽告示	上310
蒸気管	上801
昇降機	上818
昇降機等	下525
昇降機に該当しない搬送設備	上819
昇降路	上835
承認機関	下620
乗用エレベーター	上821
人荷共用エレベーター	上822
身体保持装置	下546
寝台用エレベーター	上822
浸透ます	上807
診療所	下82

— す —

スパンドレル	上634

— せ —

制御器	上839
製造施設等	下525
制動機（ブレーキ）	上852

774

索　引

制動装置·························· 上844, 上852
性能要求規定····························· 上494
接道義務························· 下43, 下44
全館避難安全検証····················· 上778
全館避難安全性能····················· 上780

― そ ―

総合設計制度··························· 下305
増築・移転等·················· 上38, 下432
増築等····················· 上103, 下432
想定建築物···························· 上592
測定線······························· 下286

― た ―

第一種機械換気······················· 上813
耐火建築物···························· 上531
耐火構造····························· 上511
耐火性能関係規定····················· 上668
耐火性能検証告示····················· 上663
耐火性能検証法······················· 上659
第三者効····························· 下415
第三種機械換気······················· 上813
耐震診断基準························· 下449
第二種機械換気······················· 上813
高さ判定法···························· 上762
ダクトスペース······················· 上801
竪穴区画····························· 上629
ためます····························· 上807
段差解消機···························· 上823

― ち ―

地域地区制···························· 下12
地下街······························· 上742
地区計画····························· 下331
中央管理方式の空気調和設備
······················· 上247, 上808
調速機······························· 上844
重複利用区域·························· 下44
直通階段····························· 上687
貯水タンク···························· 上805

― つ ―

追加的防火規定······················· 上651
通常火災終了時間····················· 上543
通常火災終了時間防火設備········· 上545
通常排煙設備·························· 上709
通常防火設備·························· 上528
通所型児童福祉施設·················· 上710
釣合おもり···························· 上830

― て ―

停電灯······························· 上847
テーブルタイプの小荷物専用昇
　降機······························ 上854
適判検定機関························· 上63
適判資格者··························· 上59
適用判定規定·························· 上494
手すり······························· 上851
電気設備····························· 上866

775

索　引

天空率 ……………………… 下244

天井救出口 ………………… 上833

伝統的建造物群保存地区… 下327, 下328

— と —

戸 ………………………………… 上632

ドアスイッチ ………………… 上840

道路斜線制限 ………………… 下211

道路内建築制限 …………… 下48, 下49

戸開走行保護装置 …………… 上846

特殊建築物 …………………… 上9

特殊構造方法等認定 ………… 下615

特定街区 ……………………… 下308

特定空間部分 ……… 上624, 上711

特定建築基準適合判定資格者
　　（ルート2主事）………… 上103

特定建築設備等 ……………… 上169

特定建築物 …………………… 上166

特定構造計算基準 …………… 上102

特定主要構造部 ……………… 上492

特定準耐火構造 ……………… 上517

特定小規模特殊建築物 ……… 上575

特定増改築構造計算基準 …… 上102

特定竪穴基準 ………………… 下469

特定避難時間 ………………… 上569

特定不燃材料 ………………… 上506

特定部分 ……………………… 上624

特定防火設備 ………………… 上529

特定防災街区整備地区 ……… 下317

特定用途誘導地区 …………… 下315

特定廊下等 …………………… 上624

特別避難階段 ………………… 上699

特別用途地区 ………………… 下140

特例容積率適用地区 ………… 下291

都市機能誘導区域 …………… 下313

都市再生特別地区 …………… 下311

— な —

難燃材料 ……………………… 上508

— に —

2項道路 ……………………… 下36

二次消防運転 ………………… 上865

二重系ブレーキ ……………… 上846

20分間防火設備 ……………… 上528

日影規制 ……………………… 下272

荷物用エレベーター ………… 上822

認証型式部材等製造者 ……… 下596

認定型耐火性能検証法 ……… 上659

認定型防火区画検証法 ……… 上662

認定仕様 …………… 上492, 上493

— ね —

燃焼器具等 …………………… 上250

燃料支配型燃焼 ……………… 上664

— は —

排煙機 ……………… 上707, 上723

排煙告示 ……………………… 上716

776

索　引

排煙上の無窓居室……………… 上679
排煙設備………………………… 上706
排煙窓………………… 上707, 上723
配管設備……………… 上795, 上797
排気口…………………………… 上810
排気筒…………………………… 上810
排水……………………………… 上797
排水設備………………………… 上806
ハンドレール…………………… 上851

— ひ —

被延焼開口部…………………… 上564
非常時採光上の無窓居室……… 上679
非常停止ボタン………………… 上852
非常止め装置…………………… 上844
非常用エレベーター…… 上859, 上860
非常用の昇降機………………… 上855
非常用の照明装置……………… 上728
非常用の進入口………………… 上733
非損傷性……………… 上512, 上520
非特定主要構造部……………… 上494
１人協定………………………… 下428
避難安全検証…………………… 上761
避難階………………… 上126, 上687
避難階段………………………… 上698
避難施設等…………… 上125, 上677
避難時倒壊防止構造…………… 上573
避難時倒壊防止性能…………… 上567
避難上有効なバルコニー……… 上692
病院……………………………… 下82
避雷設備………………………… 上867

— ふ —

封じ込め………………………… 上266
腐食……………………………… 上800
不燃材料………………………… 上505
踏段……………………………… 上851

— へ —

壁面線………………… 下56, 下57
別建築物みなし部分…………… 上645
別表特殊建築物………………… 上9
ヘリポート用エレベーター…… 上823

— ほ —

防煙壁…………………………… 上707
防火区画………………………… 上620
防火区画検証法………………… 上662
防火区画等関係規定…………… 上668
防火建築物……………………… 上596
防火構造………………………… 上520
防火床…………………………… 上603
防火上主要な間仕切壁………… 上641
防火設備………………………… 上527
防火設備建築物………………… 上597
防火地域………………………… 上583
防火壁…………………………… 上603
報告不要告示…………………… 上167
防災街区整備地区計画………… 下340

777

索　引

ホームエレベーター……………… 上823

歩行距離…………………………… 上687

補正固有特定避難時間…… 上574, 上579

保有遮炎時間……………………… 上664

保有水平耐力計算………………… 下449

保有耐火時間……………………… 上664

― ま ―

巻上機……………………………… 上839

膜構造建築物 …………………… 下558

マシンビーム……………………… 上827

― み ―

水を入れる設備…………………… 上804

水を受ける設備…………………… 上804

― む ―

無窓居室…………………………… 上677

― め ―

メールシュート…………………… 上801

面積区画…………………………… 上622

― も ―

燃えしろ設計……………………… 上547

― や ―

屋根不燃化区域…………………… 上579

― ゆ ―

油圧ジャッキ……………………… 上839

油圧パワーユニット……………… 上839

遊戯施設強度検証法 ……………… 下547

ＵＣＭＰ…………………………… 上846

― よ ―

容積率……………………………… 下163

用途規制…………………………… 下61

― り ―

離隔距離…………………………… 下546

リネンシュート…………………… 上801

リミットスイッチ………………… 上844

料理店……………………………… 下105

隣地斜線制限……………………… 下228

― る ―

ルートＡ・Ｂ・Ｃ………………… 上761

― れ ―

冷温水管…………………………… 上801

778

冷却塔設備…………………………… 上817
令第3章第8節の構造計算……… 下449
歴史的風致維持向上地区計画…… 下342
連担建築物設計制度 ………………下402

— ろ —

ロ簡耐…………………………………… 上534
ロ準耐…………………………………… 上534

逐条解説　建築基準法　改訂版（下）

令和6年9月30日　第1刷発行

編　著　　逐条解説建築基準法編集委員会
発　行　　株式会社　ぎょうせい

〒136-8575　東京都江東区新木場1-18-11
URL：https://gyosei.jp

フリーコール　0120-953-431
ぎょうせい　お問い合わせ　検索　https://gyosei.jp/inquiry/

〈検印省略〉

※乱丁、落丁はお取り替えいたします。　©2024　Printed in Japan
印刷　ぎょうせいデジタル㈱
ISBN978-4-324-11411-7
(5108950-00-000)
〔略号：逐条建築（改訂）〕